WEISHEIT UND PRÄDESTINATION

Weisheitliche Urordnung und Prädestination in den Textfunden von Qumran

VON

ARMIN LANGE

E.J. BRILL

LEIDEN · NEW YORK · KÖLN

1995

The paper in this book meets the guidelines for permanence and durability of the Committee on Production Guidelines for Book Longevity of the Council on Library Resources.

Library of Congress Cataloging-in-Publication Data

Lange, Armin, 1961-
   Weisheit und Prädestination : weisheitliche Urordnung und
Prädestination in den Textfunden von Qumran / von Armin Lange.
      p.   cm. — (Studies on the texts of the desert of Judah, ISSN
0169-9962 ; v. 18)
      Revision of thesis—Ev.-Theol. Fakultät der Westfälischen Wilhelms
-Universität in Münster, 1994.
      Includes bibliographical references and index.
      ISBN 9004104321 (cloth :alk. paper)
      1. Dead Sea scrolls—Criticism, interpretation, etc.   2. Wisdom-
-Religious aspects—Judaism.   3. Predestination (Jewish theology)
I. Title.   II. Series.
BM487.L3163   1995
296.1'55—dc20
                                                          95-20930
                                                             CIP

Die Deutsche Bibliothek – CIP-Einheitsaufnahme

Lange, Armin:
Weisheit und Prädestination : weisheitliche Urordnung und
Prädestination in den Textfunden von Qumran / von Armin
Lange. – Leiden ; New York ; Köln : Brill, 1995
   (Studies on the texts of the desert of Judah ; Vol. 18)
   Zugl.: Münster (Westfalen), Univ., Diss., 1994
   ISBN 90-04-10432-1
NE: GT

ISSN   0169-9962
ISBN   90 04 10432 1

PRINTED IN THE NETHERLANDS

WEISHEIT UND PRÄDESTINATION

STUDIES ON THE TEXTS
OF THE DESERT OF JUDAH

EDITED BY

F. GARCIA MARTINEZ
A. S. VAN DER WOUDE

VOLUME XVIII

Diethardt Römheld,
dem Freund und Kollegen

VORWORT

Bei der vorliegenden Arbeit handelt es sich um eine leicht überarbeitete Fassung meiner Dissertation, die im Sommer 1994 unter dem Titel „Weisheit und Prädestination: Eine Untersuchung zum Zusammenhang von weisheitlicher Urordnung und prädestinatianischer Geschichtsordnung in den Textfunden von Qumran" bei der Ev.–Theol. Fakultät der Westfälischen Wilhelms–Universität in Münster eingereicht wurde. Für die Drucklegung wurden die Transkriptionen von 4Q417 2 und 4Q180 1 im Rockefeller–Museum in Jerusalem an den dort lagernden Originalen überprüft. Ferner wurden die seit dem Sommer 1994 neu veröffentlichten Texte und Publikationen eingearbeitet und die Anregungen der beiden Gutachter meiner Dissertation, Prof. Dr. H. Lichtenberger und Prof. Dr. H.–P. Müller, aufgenommen. Der Band DJD XIII erschien leider erst nach Erstellen der Druckvorlage und konnte daher nicht mehr berücksichtigt werden.

Die Rechte an dem hier edierten Fragment 4Q417 2 liegen bei Prof. Dr. J. Strugnell. Für seine Erlaubnis, dieses Fragment im Rahmen der vorliegenden Arbeit zu edieren, sei ihm an dieser Stelle herzlich gedankt. Prof. Dr. Dr. H. Stegemann erlaubte mir freundlicherweise seine bislang unpublizierte Edition der *Hôdāyôt*-Handschrift 1QH^a zu benutzen (Rekonstruktion der Hodajot), wofür ich mich ebenfalls bedanken möchte. Zählung und Textzitate dieser Handschrift richten sich im folgenden nach dieser Edition (zur Sache s. u., 195f.).

Da die Textfunde von Qumran zu Teilen sehr verstreut veröffentlicht worden sind, und auch die Sekundärliteratur zu den einzelnen Texten nicht immer leicht zugänglich ist, wurden den einzelnen Kapiteln der Arbeit jeweils ausführliche Einleitungen sowie Transkriptionen, Rekonstruktionen und Übersetzungen der auszulegenden Texte beigegeben. Transkriptionen und Rekonstruktionen wurden, soweit Photographien zur Verfügung standen und die Handschriften entsprechend beschädigt sind, mit Hilfe einer eigens hierfür entwickelten Methode erarbeitet (Computer Aided Text-Reconstruction and Transcription = CATT): Zu diesem Zweck wurden die Möglichkeiten moderner Bildbearbeitungssoftware genutzt, um Textlücken zu rekonstruieren, Buchstabenreste zu identifizieren und verdunkelte Textbereiche wieder lesbar zu machen.[1]

Vor der Drucklegung wurde das Manuskript der vorliegenden Arbeit von Prof. Dr. G. J. Brooke, Prof. Dr. Drs. h.c. M. Hengel und Prof. Dr. Dr. H. Stegemann durchgesehen. Für ihre Anregungen möchte ich mich an dieser Stelle herzlich bedanken. Mein Dank gilt auch Prof. Dr. F. García Martínez und Prof. Dr. A. S. van der Woude, die die Arbeit in ihre

---

[1] Eine Beschreibung der Methode findet sich bei Lange, CATT-Manual, 1-14.

Reihe „Studies on the Texts of the Desert of Judah" aufgenommen haben, sowie dem Haus E. J. Brill und seinen Mitarbeitern für die Publikation des Buches. Promotion und Druckfassung wurden von Herrn J. Frey, Frau S. Montag, Herrn Dr. P. Pilhofer und Herrn Dr. K. F. D. Römheld Korrektur gelesen, wofür ich mich herzlich bedanken möchte. Ein besonderer Dank gilt Prof. Dr. H. Lichtenberger für Betreuung und Begutachtung der Arbeit sowie Prof. Dr. H.–P. Müller für die Erstellung des Zweitgutachtens.

Wendelsheim, den 22. Mai 1995   A. Lange

INHALTSVERZEICHNIS

Vorwort VII

1 Einleitung 1

   1.1 Die Essener und die Texte von Qumran 5

      1.1.1 Khirbet Qumran und die Texte von Qumran 5
      1.1.2 Merkmale essenischer Texte 6
      1.1.3 Geschichte und Theologie der Essener 20

   1.2 Forschungsgeschichte, Problemstellung, Textauswahl 30

      1.2.1 Forschungsgeschichte 30
      1.2.2 Problemstellung 32
      1.2.3 Textauswahl 40

TEIL I: NICHTESSENISCHE UND PROTOESSENISCHE TEXTE

2 4QSapA: 4Q417 2 45

   2.1 Einleitung 45
   2.2 Transkription 50
   2.3 Übersetzung 52
   2.4 Gliederung 54
   2.5 Auslegung 55
   Exkurs: Die himmlischen Tafeln 69
   2.6 Ergebnis 91

3 Engelwesen und Urordnung: 1Q27 1 I 93

   3.1 Einleitung 93
   3.2 Transkription 96
   3.3 Übersetzung 97
   3.4 Auslegung 98
   Exkurs: Engelfall und himmlische Geheimnisse 109
   3.5 Ergebnis 120

4 Die Zwei–Geister–Lehre 121

   4.1 Einleitung in die Sammelhandschrift 1QS 121
   4.2 Einleitung in die Zwei–Geister–Lehre 126
   4.3 Transkription 135

4.4 Übersetzung 137
4.5 Gliederung 140
4.6 Auslegung 143
Exkurs: Der *maśkîl* 144
4.7 Das Verständnis der Zwei–Geister–Lehre im *yaḥad* 165
4.8 Ergebnis 168

5 Die Sabbatlieder: 4Q402 4 171

5.1 Einleitung 171
5.2 Transkription 176
5.3 Übersetzung 177
5.4 Gliederung 177
5.5 Auslegung 178
5.6 Ergebnis 185

6 Ergebnis 187

Teil II: Die Texte des *yaḥad*

7 Die *Hôdāyôt*: 1QH^a IX$_1$–X$_4$ 195

7.1 Einleitung 195
7.2 Transkription 204
7.3 Übersetzung 206
7.4 Gliederung 209
7.5 Auslegung 211
7.6 Ergebnis und Auswertung 229

8 Die Damaskusschrift: CD II$_{2-13}$ 233

8.1 Einleitung 233
8.2 Transkription der Geniza–Handschrift A 244
8.3 Textkritik 244
8.4 Der ursprüngliche Text 246
8.5 Übersetzung 246
8.6 Gliederung 247
8.7 Auslegung 251
8.8 Ergebnis und Auswertung 267

9 Die Pescharim 271

9.1 Einleitung in die Pescharim 271
9.2 Der Pescher auf die Epochen: 4Q180 1 275

9.2.1 Einleitung 275

9.2.2 Transkription 277
9.2.3 Übersetzung 277
9.2.4 Auslegung 278
9.2.5 Ergebnis 281

9.3 Pescher Habakuk: 1QpHab VI$_{12}$–VIII$_3$ 282

9.3.1 Einleitung 282
9.3.2 Transkription 286
9.3.3 Übersetzung 287
9.3.4 Gliederung 288
9.3.5 Auslegung 289
9.3.6 Ergebnis 294

10 Ergebnis und Auswertung 297

10.1 Die weisheitlichen Urordnung in den Texten des *yaḥad* ... 297
10.2 Weisheit und Apokalyptik 301

Abkürzungverzeichnis und Zeichenerklärung 307

Literaturverzeichnis 309

Register 329

KAPITEL 1

EINLEITUNG

Die Textfunde von Qumran haben in vielen Bereichen der alt– und neutes-
tamentlichen Exegese zu neuen Einsichten geführt.[1] Der Themenbereich
Weisheit in Qumran ist bislang jedoch kaum bearbeitet worden. In von
Rads grundlegender Monographie „Weisheit in Israel" findet sich lediglich
ein kurzer Hinweis auf den Beginn der Zwei–Geister–Lehre (1QS III₁₅f.),[2]
und in dem wesentlich jüngeren Werk von Preuß werden die Texte von
Qumran gar nicht erwähnt.[3] Auch in der dem Thema Weisheit und Neues
Testament gewidmeten Habilitationsschrift von von Lips (Weisheitliche
Traditionen im Neuen Testament) sind die Textfunde von Qumran nur
von marginaler Bedeutung.

   Nicht viel anders sieht es im Bereich der Qumranforschung selbst aus.
Lediglich zwei unveröffentlichte amerikanische Dissertationen[4] widmen
sich diesem Themenbereich: Worrel (Concepts of Wisdom in the Dead
Sea Scrolls, Diss. Claremont Graduate School, Claremont 1968) hält die
essenische Bewegung für eine apokalyptische Weisheitsgemeinschaft, die
für sich beanspruchte, auf Grund von Offenbarungen besondere Weisheit
zu besitzen, welche nur ihren Mitgliedern zugänglich war. Es sind im wesentlichen drei Gründe, die Worrel zu dieser Auffassung bringen: 1.) Bei
dem Gründer der Gemeinschaft handelt es sich um eine Lehrergestalt. 2.)
Dieser Lehrer behauptet von sich, Weisheit, Erkenntnis und Einsicht als
göttliche Gabe offenbart bekommen zu haben. 3.) Die Selbstbezeichnungen der Essener bestehen aus weisheitlichen Begriffen (z. B. עצה). Dem
gilt es zu erwidern, daß sich unter den essenischen Texten von Qumran
kein Text weisheitlicher Gattung findet,[5] daß ferner die weisheitlichen
Schriften des AT und der frühjüdischen Zeit in Qumran nur in wenigen
Abschriften gefunden wurden und daß schließlich diese weisheitlichen
Texte in den Textfunden von Qumran kaum zitiert werden. Lediglich von
Hiob, Tobit und zwei bislang unbekannten Texten weisheitlicher Gattung (4QSap A, Myst) fanden sich in Qumran mehr als drei Kopien. In
der Theologie der Essener haben eigentlich weisheitliche Themen keine

---

   [1] Im folgenden Literaturüberblick werden lediglich solche Arbeiten berücksichtigt, die
sich mit weisheitlichen Formen, weisheitlicher Begrifflichkeit und/oder weisheitlichem Gedankengut in den Texten von Qumran befassen. Arbeiten, die der Analyse eines einzelnen
Textes gewidmet sind oder einen Überblick über die in Qumran gefundenen Texte geben,
bleiben unberücksichtigt.
   [2] 343f.
   [3] Einführung, passim.
   [4] Die Arbeit von Tanzer „The Sages at Qumran: Wisdom in the Hodayot" (Diss. Harvard
1986) stand mir leider nicht zur Verfügung. Ein Brief an die Autorin blieb unbeantwortet,
so daß dieser Titel hier lediglich der Vollständigkeit halber erwähnt werden kann.
   [5] Zur Unterscheidung zwischen essenischen und nichtessenischen Texten s. u., 10ff.

zentrale z. B. Eschatologie, Bund, Thora, Kultus und Reinheitsfragen vergleichbare Bedeutung (zur Sache s. u., 28ff.). Obwohl in den Texten von Qumran viele weisheitliche Begriffe und Motive aufgenommen werden, dürfte es daher dem Charakter der essenischen Bewegung nicht angemessen sein, sie als eine apokalyptische Weisheitsgemeinschaft zu beschreiben. Des weiteren ist es problematisch, wenn man, wie Worrel, nicht zwischen nichtessenischen, protoessenischen und essenischen Texten unterscheidet, da dies notwendig zu einer Verzeichnung des Bildes der essenischen Bewegung führen muß.

In seiner umfangreichen Monographie zum Thema „Frühjüdische Weisheitstraditionen: Zum Fortgang weisheitlichen Denkens im Bereich des frühjüdischen Jahweglaubens" knüpft Küchler (88–109) an die Ergebnisse von Worrel an und will den Lehrer der Gerechtigkeit als „… die *klassische Gestalt des apokalyptischen Weisen* …" verstehen (93). Die Gruppe von Qumran stellt sich für ihn „… als ‚Weisheitsgemeinde' dar, als יחד כול אנשי סודי …, die ihre geheimnisvolle Weisheit in der ‚Ratsversammlung' Gottes … zu hören …" bekommt (90). Die an Worrels Arbeit kritisierten Punkte gelten für Küchler gleichermaßen.

Auch Schnabel verarbeitet in seiner Dissertation über „Law and Wisdom from Ben Sira to Paul" (166–226) die Ergebnisse Worrels und betrachtet die Essener im Anschluß an Worrel und Küchler als eine weisheitliche Gemeinschaft: „This claim can be substantiated on the basis of the sapiential phraseology which is diffused throughout the Qumran texts …, the occurence of literary genres which are characteristic of the wisdom tradition, and the sapiential propensities of documents like 1QS and CD whose function was the regulation of the life of the Community …, the frequency and content of the pericopes related to the wisdom tradition and of sapiential concepts …, the claim of the Community to possess wisdom …, the emphasis on teaching … and right ethical conduct …, as well as on the basis of the inevitable relationship with the contemporary sapiential milieu" (191). Betrachtet man die von Schnabel angeführten Beweise dieser These, fallen wiederum die bei Worrel kritisierten Schwächen auf: Es wird nicht zwischen essenischen, protoessenischen und nichtessenischen Texten unterschieden.[6] Viele Texte, die laut Schnabel weisheitliche Gattungen haben, sind anderen Gattungen zuzuordnen: Als Beispiel seien hier die Gemeinderegeln 1QS und CD XIII–XVI genannt, die Schnabel wegen ihres didaktischen Charakters als von der Form her weisheitlich einordnet.[7]

---

[6] Für Schnabel sind beispielsweise 4Q184 und 4Q185 essenische Texte (vgl. 198).

[7] Es ist aufschlußreich, die von Schnabel gegebene Liste der Texte aus Qumran, die seiner Meinung nach eine weisheitliche Gattung haben (198f.), genauer zu studieren: Neben den Gemeinderegeln werden z. B. auch astronomisch–astrologische Texte als weisheitlich beschrieben. Unter astrologischen Texten versteht Schnabel dabei neben tatsächlich astrologischen Werken (wie z. B. 4Q186) auch Handschriften wie 4Q180 (es handelt sich bei

Auch erscheint es mir nicht möglich, eine Gemeinschaft, deren zentrale Anliegen Bund, Thora, Reinheit, Kult und Eschatologie sind, als weisheitlich zu bezeichnen. Daran vermag auch die Verarbeitung weisheitlicher Motive und die Verwendung weisheitlicher Begriffe nichts zu ändern. Wäre dies allein Grund genug, den *yaḥad* als weisheitlich zu charakterisieren, müßte auch manches prophetische Buch des AT als weisheitlich bezeichnet werden, nur weil in ihm weisheitliche Traditionen verarbeitet wurden oder weil es sich mit weisheitlichen Gedanken auseinandersetzt.

Deutsch (Hidden Wisdom and the Easy Yoke, 74–81) stellt fest, daß die Weisheit in den Texten von Qumran als etwas Verborgenes dargestellt wird, das der Offenbarung bedarf und das den Mitgliedern des *yaḥad* durch ihren Leiter vermittelt wird.

> In the broader context of the Qumran literature, God's counsel is synonymous with the „mysteries." The latter include divine providence, creation, Torah and the evil mysteries. Wisdom and Torah language converge in an eschatological understanding of the community's historical experience. Wisdom is not identified with Torah, nor is it personified. Rather, it pertains primarily to God as the source of mysteries and to human beings as a quality by which one understands those mysteries. (81)

Neben den Publikationen weisheitlicher Texte aus Qumran[8] gibt es noch einige Aufsätze, die dem Themenbereich Weisheit in Qumran gewidmet sind oder aber Teilaspekte dieses Themas bearbeiten: Lührmann zeigt auf, daß der von Sanders als essenisch angesehne Ps 154 (11QPs[a] XVIII)[9] nicht in Qumran verfaßt wurde, sondern schon vor dem 2. Jh. v. Chr. entstand und der Weisheitsliteratur seiner Zeit nahesteht.[10] Der Aufsatz von Lipscomb/Sanders („Wisdom at Qumran") vermeidet die an den oben referierten Monographien kritisierten Fehler: Die Autoren resümieren ihre Arbeit wie folgt: „… there are no true wisdom texts among the scrolls of undisputed Essene authorship. While the Essene documents contain vocabulary, a concern for knowledge and instruction, and an ethical dualism found in wisdom literature, their wisdom elements are superimposed upon an esoteric sectarian doctrine of an apocalyptic community which considered itself alone to be the true Israel" (278).[11] Otzen (Old Testament Wisdom Literature and Dualistic Thinking in Late Judaism,

---

dem Text um einen thematischen Pescher; s. u., 275ff.) und 4Q260 (es handelt sich um eine Handschrift, die Teile von 1QS und einen jetzt 4QOtot genannten kalendarischen Text enthält).

[8] S. z. B. Puech, *Béatitudes*, 82–80 (4Q525 1–3); Allegro, Cave 4, 82–87 (4Q184 und 4Q185) und Baillet, Grotte 4, 4–10 (4Q486 und 4Q487); 73f. (4Q498).

[9] S. Psalms Scroll, 69f. und Dead Sea Psalms Scroll, 108f.

[10] Ein Weisheitspsalm aus Qumran, passim.

[11] Problematisch erscheint mir in dem Aufsatz jedoch die Beschreibung der essenischen Gemeinschaft als apokalyptisch. Da sich unter den essenischen Texten von Qumran keine Apokalypsen fanden, dürfte Vorsicht geboten sein, wenn man den *yaḥad* als apokalyptisch

156f.) möchte die ethischen Aussagen der Zwei–Geister–Lehre auf dem Hintergrund des ethischen Dualismus der Weisheit verstanden wissen. Romaniuk (Le théme de la sagesse dans les documents des Qumrân) untersucht das Vorkommen der Begriffe סכל, ערמה, דעת, מוסר, חכמה und בינה in einigen der in Qumran gefundenen Texte (hauptsächlich 1QHᵃ, 1QS, CD). Newsom stellt in ihrer Untersuchung zum Amt des *maśkîl* in den Texten von Qumran („The Sage in the Literature of Qumran: The Functions of the *Maśkîl*") fest, daß es sich um ein Amt weisheitlicher Herkunft handelt, das in Qumran jedoch keine weisheitliche Funktion mehr hat. Fabry gibt, durch die Veröffentlichung von 4Q525 angeregt, in seinem Aufsatz „Der Makarismus—mehr als nur eine weisheitliche Lehrform" einen Überblick über die in Qumran gefundenen Makarismen mit einer kurzen Diskussion der jeweiligen Belege.[12]

Daß zum Themenkomplex Weisheit in Qumran bislang nicht mehr gearbeitet wurde, dürfte sich aus der Tatsache erklären, daß die großen in Qumran gefundenen Weisheitstexte erst seit kurzem und nur zu Teilen in einer vorläufigen Publikation vorliegen.[13] Publiziert wurden bislang nur einige kleinere Weisheitstexte: 1Q27,[14] 4Q184,[15] 4Q185,[16] und 4Q525 1–3.[17] Hinzu kommen noch einige stark zerstörte Texte, die zwar als weisheitlich bezeichnet werden, deren weisheitlicher Charakter sich jedoch nicht mehr zweifelsfrei feststellen läßt.[18]

Da, wie oben erwähnt, die großen Weisheitstexte aus Höhle 4 noch immer unveröffentlicht sind, kann bislang nur die Verarbeitung weisheitlicher Motive und Gedanken in den nicht weisheitlichen Texten von Qumran methodisch adäquat untersucht werden. Auch die vorliegende Arbeit widmet sich einem solchen Unterfangen. Weil in den elf Höhlen von Qumran Reste von ca. 900 Schriftrollen gefunden wurden, von denen ca. 400 Handschriften Abschriften 120 bislang unbekannter Texte sind,[19] zwingt schon die bloße Zahl der zu bearbeitenden Texte zur Be-

---

charakterisieren möchte (zur Sache s. H. Stegemann, Apokalyptik, 511–516 und Carmignac, Apocalyptique, 22–33).

[12] Zur Sache vgl. den von Brooke vorgenommenen Vergleich der Makarismen von 4Q525 mit Mt 5,3–12 (Wisdom, passim).

[13] Von einigen Handschriften existiert lediglich eine vorläufige Publikation, die ohne Erlaubnis der Herausgeber der Texte vorgenommen wurde: Wacholder/Abegg, Preliminary Edition, 1–203. Die Publikation einiger weniger Fragmente dieser Texte bei Eisenman/Wise (Qumran–Rollen, 246–260) ist für eine Analyse der Weisheit in Qumran leider wenig hilfreich, da wichtige Fragmente dort unberücksichtigt bleiben, z. B. das in dieser Arbeit veröffentlichte Fragment 4Q417 2 (s. u., 45ff.).

[14] Barthélemy/Milik, Cave 1, 102–107.

[15] Allegro, Cave 4, 82–85.

[16] A. a. O., 85–87; s. auch Lichtenberger, Eine weisheitliche Mahnrede, passim.

[17] Puech, Béatitudes, 82–90.

[18] Baillet, Grotte 4, 4f.5–10.73f.

[19] Zur Sache s. H. Stegemann, Essener, 121.136.

schränkung. Beim momentanen Publikationsstand erscheint eine Analyse der in den Textfunden von Qumran häufig zu findenden Verbindung von Prädestination und weisheitlicher Urordnung von vorrangiger Bedeutung, denn einerseits ist die Vorstellung einer präexistenten Schöpfungsordnung in der Weisheit von zentraler Bedeutung, und andererseits stellt der Prädestinationsgedanke einen zentralen Topos der essenischen Theologie dar. Die vorliegende Arbeit hat sich daher die Untersuchung des Zusammenhangs von weisheitlicher Urordnung und prädestinatianischer Geschichtsordnung in den Texten von Qumran zum Thema gestellt. Dabei wird im folgenden ein Text dann als weisheitlich bezeichnet, wenn er sich weisheitlicher Gattungen (Sprüche, weisheitliche Lehrerzählung, weisheitliche Lehrrede etc.), weisheitlichen Vokabulars (דעת, בינה, חכמה, מוסר, etc.)[20] und weisheitlichen Gedankenguts (weisheitliche Urordnung, Tun–Ergehen–Zusammenhang etc.) bedient bzw. von ihnen geprägt ist.

Bevor mit dieser Untersuchung begonnen werden kann, gilt es, sich mit einer aus dem Thema der Arbeit erwachsenden Frage zu beschäftigen: Was sind die Texte von Qumran? Im Rahmen dieser Frage ist vor allem zu klären, welche Texte von den Essenern selbst verfaßt worden sind und welche Texte von ihnen lediglich abgeschrieben oder erworben wurden. Im Anschluß daran soll ein kurzer Überblick über Geschichte und Theologie der Essener gegeben werden.

1.1 Die Essener und die Texte von Qumran

1.1.1 Khirbet Qumran und die Texte von Qumran

Es gehört zur opinio communis, daß sich die in den Höhlen von Qumran gefundenen Texte im Besitz der ehemaligen Bewohner der nahe den Höhlen gelegenen Ruinen befunden haben. Besonders deutlich wird der Zusammenhang zwischen den Ruinen und den Höhlen von Qumran, wenn die Töpferwaren dieser Fundorte miteinander verglichen werden: „The pottery from the caves is identical with that of the Khirbeh. The same pastes have been used and the same forms recur here, particularly in the case of the many cylindrical jars, which, apart from a single exception, are not found outside the area of Qumran. The indications are, therefore, that all the ceramic material was manufactured in the same place, the workshop which was in use at Khirbet Qumran during Periods I*b* and II."[21] Auf die Tatsache, daß zumindest einige der Rollen in Qumran

---

[20] Zur weisheitlichen Begrifflichkeit s. Fox, Words for Wisdom, passim.

[21] De Vaux, Archaeology, 54f.; zur Sache a. a. O., 49–57. Bei der von de Vaux genannten Ausnahme handelt es sich um ein Grab in Quailba im nördlichen Transjordanland (a. a. O., 54f. Anm. 1). Zu den in Qumran gefundenen Töpferwaren s. jetzt auch den Aufsatz von Magness, The Community of Qumran in Light of Its Pottery, passim.

selbst kopiert wurden, weisen die in den Ruinen von Qumran gefundenen Tintenfässer hin.[22] Die Höhlen selbst sind unterschiedlicher Natur.
Sie sind teils einige Kilometer von den Ruinen entfernt, teils aber auch
nur wenige Meter. Einige der Höhlen sind natürlichen Ursprungs, andere
wurden von Menschen in den Mergel der nahe den Ruinen gelegenen
Hänge geschlagen.[23] In einer der künstlichen Höhlen (Höhle 4) fanden
sich Reste von ca. 560 Texten.[24] Ein Teil der elf Höhlen wurde lediglich als
Versteck genutzt, in das die kostbaren Schriftrollen vor den angreifenden
Römern in Sicherheit gebracht wurden, einige von ihnen dienten jedoch
auch als Wohnhöhlen (Höhle 4Q, 5Q, 7Q–10Q).[25]

1.1.2 Merkmale essenischer Texte

Schon Hunzinger hat in einem Vergleich von 1QM XIV mit 4QMª 8–10
gezeigt, daß es sich bei 1QM um eine redaktionelle Überarbeitung von
4QMª handelt. Aus der Art der Redaktion schloß er:

> Es legt sich aber doch der Gedanke nahe, daß sich in den Varianten unseres
> Textes nicht nur eine Verschiebung der theologischen Tendenzen *innerhalb*
> der Gemeinde von Qumrān zu erkennen gibt, sondern daß hier vielmehr ein
> älterer Text, der außerhalb Qumrāns entstanden ist, im Sinne der Sekten-
> theologie überarbeitet ist. Wir hätten dann in 4QMª eine Kopie des alten,
> nicht–qumrānischen Textes des Buches Milḥamā vor uns, während 1QM
> eine sozusagen „qumrānisierte" Fassung darstellte.[26]

Hunzingers Resultat macht es wahrscheinlich, daß auch andere nichtbiblische Texte aus Qumran nichtessenischer Herkunft sind—eine Tatsache,
die durch den einander teilweise widersprechenden Inhalt der einzelnen
in Qumran gefundenen Texte bestätigt wird.[27] Es gilt daher Kriterien zu
entwickeln, mit deren Hilfe es möglich wird, essenische von nichtessenischen Texten zu unterscheiden. Zu diesem Zweck soll im folgenden ein
kurzer Überblick über die in Qumran gefundenen Texte und die Zahl der

---

Lediglich Rengstorf (Bibliothek vom Toten Meer), Golb (Origin and Identification und
Who hid the Dead Sea Scrolls?) und im Anschluß an Rengstorf Ekschmitt (Schriftfunde,
157 159) gehen davon aus, daß zwischen der Siedlung von Qumran und den in den Höhlen
von Qumran gefundenen Texten keine Verbindung besteht. Sie halten die Schriftfunde für
die am Ende des ersten jüdischen Krieges „evakuierte" Tempelbibliothek. Dem dürfte jedoch
neben den qumranspezifischen Töpfereiprodukten in Höhlen und Ruinen auch die Tatsache
widersprechen, daß sich in den Pescharim und in der Damaskusschrift (10 Abschriften in
Qumran) Polemiken gegen die Priesterschaft des Jerusalemer Tempels finden.

[22] S. de Vaux, Archaeology, 29f.
[23] S. a. a. O., 52f.
[24] H. Stegemann, Essener, 108.
[25] Zur Sache s. H. Stegemann, Essener, 109f.
[26] Milḥamā, 149f.
[27] Man vergleiche z. B. den thorafrommen halachischen Text MMT mit der Theologie des
ebenfalls in Qumran gefundenen Buches Kohelet.

jeweils von einem Text gefundenen Abschriften gegeben werden. Das aus
diesem Überblick gewonnene Bild von den Bewohnern von Qumran soll
anschließend mit den Textzeugen einer nur aus Qumran bekannten Gattung, den Pescharim, verglichen werden, um an Hand dieses Vergleiches
Kriterien für die Identifikation essenischer Texte zu gewinnen.

Bei etwa einem Drittel der in den Höhlen von Qumran gefundenen
Rollen handelt es sich um Abschriften von im masoretischen Kanon des
AT enthaltenen Texten.[28] Auffallend ist die geringe Zahl von Weisheitstexten: In den 11 Höhlen fanden sich ganze 16 Abschriften kanonischer und
deuterokanonischer Weisheitstexte: Prov ist in 2 Abschriften vorhanden
(4QPrv^{a-b}), vom Buch Koh blieben 2 Abschriften erhalten (4QQoh^{a-b}),
und von Sir fand sich in Höhle 2 noch ein hebräisches Fragment (2QSir).
Auffallend ist die verhältnismäßig hohe Zahl von Kopien der Bücher
Hiob und Tobit: Von Hiob fanden sich 4 hebräische Abschriften (2QJob,
4QJob^{a-b}, 4QpaleoJob) und 2 Targume (4QtgJob, 11QtgJob), von Tobit
wurden 4 aramäische (4QTob ar^{a-d}) und eine hebräische Version des Werkes (4QTob hebr) gefunden. Demgegenüber wurden 80 Handschriften
der fünf Bücher des Pentateuch gefunden (28 × Dtn, 21 × Ex, 18 × Gen,
10 × Lev, 6 × Num). Die meisten Abschriften weist in Qumran jedoch
der Psalter auf (31 Kopien).[29] Außerdem sind einige Prophetenbücher in
großer Zahl vertreten: Von Jes sind 19 Abschriften erhalten, und das Do-
dekapropheton fand sich in insgesamt 8 Kopien. Ferner sind Reste von 7
Rollen des Buches Jer und von 5 Rollen des Buches Ez bekannt. Dagegen
fanden sich von den frühen Propheten insgesamt 10 Handschriften. Die
in den Ketubim zusammengefaßten Texte des AT sind in unterschiedlicher Stückzahl belegt: 4 Abschriften des Buches Ruth, 3 Abschriften der
Klagelieder, 3 Abschriften des Hohenlieds und 8 Kopien des Danielbuches.[30] Lediglich vom Buch Esther fanden sich bestenfalls Vorformen—in
Qumran ist kein Fragment der im AT erhaltenen Version dieses Buches
belegt.[31] Aus dem Bereich der deuterokanonischen Texte sind noch 14
Kopien der Jubiläen[32] und 13 Abschriften von im äthiopischen Henochbuch gesammelten Werken der Henochliteratur zu erwähnen.[33]

Dem sich aus diesem Befund ergebenden Bild entspricht in etwa die
Verteilung der Texte, die vor den Funden von Qumran gänzlich unbekannt waren: Es fanden sich insgesamt 21 Abschriften unterschiedlicher

---

[28] Ein Überblick über die Handschriften findet sich bei Tov, Dead Sea Scrolls on Microfiche, Companion Volume, 20–55.

[29] Des weiteren fand sich noch jeweils eine Abschrift der Psalmen 89 und 122.

[30] Zum Psalter und den weisheitlichen Texten aus den Ketubim s. o.

[31] Zur Sache s. Milik, Esther, passim.

[32] S. VanderKam, Jubilees Fragments, 642f.

[33] Ein im äthHen nicht erhaltenes und bislang nur aus der manichäischen Literatur bekanntes dem Henochkreis angehörendes Werk, das sogenannte Buch der Giganten, fand
sich in 8 Abschriften.

kalendarischer Werke.[34] Zwölf Abschriften von Werken hauptsächlich halachischer Natur, die in der Sammelhandschrift 1QS[35] zusammengefaßt
sind, 10 Kopien der Damaskusschrift (Gemeinderegel mit historischer
Einleitung), 7 bzw. 8 Abschriften eines vorläufig 4QSapiential Work A
genannten Weisheitstextes,[36] 6 Kopien eines Briefes halachischen und
kalendarischen Inhalts an den Jerusalemer Tempel (4QMMT) und 6 Abschriften von drei verschiedenen, an Reinheitsfragen orientierten Texten
(4QTohorot A–C) deuten auf ein großes halachisches Interesse der Essener hin. Liturgisch–poetische Werke sind ebenfalls in großer Zahl vorhanden: Es fanden sich 9 Abschriften einer Art Engelliturgie, der sogenannten Sabbatlieder, 8 Kopien der psalmenartigen *Hôdāyôt* und 5 Abschriften eines ebenfalls psalmenartigen, den *Hôdāyôt* ähnelnden Werkes, das
Barki Nafschi genannt wird. Auch das sich in der Vielzahl von Abschriften prophetischer und apokalyptischer Texte andeutende eschatologisch–
apokalyptische Interesse der Bewohner von Qumran spiegelt sich in den
Abschriften bislang unbekannter Texte wider: Es fanden sich 8 Abschriften der sogenannten Kriegsregel, eines Textes, der den eschatologischen
Krieg zwischen den Söhnen der Finsternis und den Söhnen des Lichts
schildert, und 8 Abschriften der testamentartigen Abschiedsrede Amrams.
Besonders deutlich wird das eschatologische Interesse der Bewohner von
Qumran in der Vielzahl von Texten einer bislang nur aus Qumran bekannten auslegenden Textgattung, den sogenannten Pescharim.[37] In ihnen
werden Bücher des AT, meistens Propheten oder Psalmen, eschatologisch
auf die Geschichte der Essener ausgelegt.[38]

Der hier skizzierte Bibliotheksbestand zeichnet somit ein erstes Bild
von den ehemaligen Bewohnern der Siedlung von Qumran: Die vielen
Abschriften von Büchern des Pentateuchs, insbesondere des Dtn, deuten
ebenso auf eine starke Ausrichtung ihres Lebens an der Thora hin, wie die
vielen Kopien nichtbiblischer Werke halachischen Charakters. Die große
Zahl von Abschriften des Psalters sowie die Vielzahl liturgischer Werke

---

[34] Zur Zahl der kalendarischen Texte s. Newsom, Literature from Qumran, 170. Im folgenden werden nur solche Texte genannt, von denen mindestens fünf Kopien gefunden
wurden.

[35] Zu 1QS als Sammelhandschrift s. u., 124.

[36] Zur Anzahl der in Qumran gefundenen Kopien des Textes s. u., 45f.

[37] Zwar ist noch umstritten, ob es sich bei den gefundenen Pescharim jeweils um eigenständige Werke handelt, oder ob zumindest teilweise mehrere Abschriften eines Pescher
vorliegen. Die große Zahl der gefundenen Pescharim rechtfertigt es jedoch, sie an dieser
Stelle zu berücksichtigen.

[38] Bis zu ihrer endgültigen Publikation bleibt die Zahl der Abschriften des vorläufig als
4QSap A bezeichneten Werkes unsicher: 3 Abschriften können dem Text sicher zugeordnet
werden, drei weitere könnten auf Grund terminologischer Ähnlichkeiten ebenfalls Textzeugen dieses Werkes darstellen. Textüberlappungen in den 4Q418 zugehörigen Fragmenten
machen es möglich, daß unter dem Siglum 4Q418 Fragmente zweier Handschriften zusammengefaßt werden (zur Sache s. u., 45f.).

unter den Texten von Qumran (*Hôdāyôt*, Sabbatlieder etc.) könnte ebenso auf einen kultisch–priesterlichen Charakter der Gemeinschaft hinweisen wie die Vielzahl kalendarischer Texte und die sechs Abschriften der sich mit Reinheitsfragen beschäftigenden Texte 4QTohorot A–C. Ein besonderes Interesse an prophetischen Texten und ihrer eschatologischen Auslegung in den Pescharim weisen auf eine eschatologische Grundströmung in der Gemeinschaft ebenso hin, wie die große Zahl von Handschriften prophetischer und apokalyptischer Texte.

Das oben gezeichnete Bild mag sich wie ein repräsentativer Querschnitt durch die Theologie des Frühjudentums ausnehmen, bei näherem Hinsehen fallen jedoch signifikante Lücken auf: Es fehlen jüdisch–hellenistische Schriften wie z. B. Eupolemos und Artapanos. Das Fehlen dieser Schriften könnte auf eine Ablehnung der hellenistischen Kultur hinweisen. Die Tatsache, daß keine Kopien der Makkabäerbücher in Qumran bezeugt sind, könnte andeuten, daß die Bewohner der Siedlung von Qumran dem am Tempel beheimateten hasmonäischen Herrscherhaus distanziert gegenüberstanden.

Aus dieser Bestandsaufnahme in Qumran gefundener Schriften ergibt sich ein erstes Bild von dem theologische Charakter der essenischen Gemeinschaft. Im folgenden gilt es, Kriterien zur Identifikation essenischer Texte zu entwickeln, mit deren Hilfe die Konturen dieses Bildes schärfer herausgearbeitet werden können.

Eine Besonderheit der Qumranfunde versetzt die Forschung in die Lage, solche Kriterien mit relativ großer Sicherheit zu entwickeln. In der gesamten bekannten atl. und jüdischen Literatur ist eine spezielle Form auslegender Literatur, die sich in Qumran fand, die sogenannten Pescharim, unbekannt.[39] Es kann daher davon ausgegangen werden, daß Texte, die dieser Gattung angehören, von den Mitgliedern des *yahad* selbst verfaßt worden sind.[40] Da die Pescharim folglich sicher essenischen Ursprungs sind, können ihre Textinhalte im folgenden mit dem oben an Hand des reinen Mengenbefundes skizzierten Bild verglichen werden. Auf diese Weise dürfte es möglich sein, inhaltliche und formale Kritierien

---

[39] Zur Gattung der Pescharim und ihren Besonderheiten s. u., 271ff.

[40] Der מקצת מעשה התורה (MMT) genannte und in mehreren Abschriften in Qumran gefundene Brief an den Hohenpriester des Jerusalemer Tempels ist dagegen in seiner literarischen Form nicht qumranspezifisch. Die Herausgeber des Textes, E. Qimron und J. Strugnell, vergleichen ihn der Form nach u. a. mit neutestamentlichen Texten: „The contents of MMT suggest that it should be classed with corporate or public letters sent from one group to another, or even with treatises, rather than with the private letter. Unfortunately, while we have many examples of the last type, of the first and second we have only a few: a few group letters in post–mishnaic literature, one or two in intertestamental literature and others in the New Testament. Treatises are represented at least by Hebrews (if not also by Luke and Acts)" (Miqsat, 114). Es erscheint daher nicht sinnvoll, MMT für die Gewinnung von Kriterien essenischer Texte heranzuziehen.

für die Identifikation eines von den Essenern verfaßten Textes zu entwickeln. Bevor dies geschieht, ist auf einige orthographische und formale
Besonderheiten vieler in Qumran gefundener Texte hinzuweisen.

Orthographie

Schon lange ist bekannt, daß insbesondere die in Qumran gefundenen
Abschriften biblischer Texte verschiedenen orthographischen Systemen
folgen, wobei eine später in den masoretischen Handschriften zu findende Orthographie von einer qumranischen Orthographie unterschieden werden kann. Da diese qumranische Orthographie sich fast durchgehend auch
in den Abschriften der Texte findet, die bislang nur aus Qumran bekannt
sind, schloß Tov, daß es ein qumranspezifisches Orthographiesystem gibt,
dem nichtessenische Texte, die in Qumran abgeschrieben wurden, angepaßt worden sind.[41] Diese Orthographie zeichnet sich hauptsächlich
durch eine wesentlich stärker verbreitete Plene–Schreibweise aus, zuwei-
len wird sogar für ein *qameṣ ḥatuf* eine *mater lectionis* verwendet (כול statt
כל oder חוכמה statt חכמה). Eine weitere Eigentümlichkeit sind Digra-
phen wie z. B. הואה für הוא und רואש für ראש. Besonders auffällig sind
auch die in vielen Handschriften nicht durchgehend belegten Langformen
von Pronomen (z. B. המה statt הם) und Pronominalsuffixen (z. B. המה–
statt הם–).[42] Ferner schreiben jene Handschriften, die die Qumranorthographie verwenden, Gottesbezeichnungen, insbesondere das Tetragramm,

---

[41] S. Orthography and Language, passim; Hebrew Biblical Manuscripts, 10–16 und Textual
Criticism, 108–110.

[42] Eine Beschreibung der qumranischen Orthographie findet sich bei Qimron, Hebrew
of the Dead Sea Scrolls, passim; vgl. auch die Tabellen bei Tov, Orthography and Language,
50–55.

Auf Grund einer Diskussion des Gebrauchs von Perfekt und Waw Perfekt, Imperfekt
und Waw–Imperfekt in den Pescharim, 1QS, 1QSa, 1QSb, 1QM und 11QTemp^a möchte
Smith ein grammatisches Phänomen als Kriterium zur Identifikation in vorqumranischer
Zeit abgefaßter Texte einführen: Er stellt fest, daß die Tempelrolle im Gegensatz zu den
sonst untersuchten Texten wesentlich mehr Imperfekta als Waw–Imperfekta verwendet—
das Verhältnis ist 44:1. Nach Smith ist die Tempelrolle daher vor der Gründung des *yahad*
zu datieren. Dabei geht er davon aus, daß dieser Gebrauch der Tempora eine Mittelstufe
zwischen dem biblischen und dem mischnischen Hebräisch darstellt: „Hence, the development from converted forms in narrative prose and free standing forms in the direct speech
of classical biblical Hebrew to a lack of converted forms and predominance of free standing
forms in Mishnaic Hebrew involved a complex middle stage, manifesting a wide variety of
distributions of converted and unconverted forms in conjunction with free standing forms.
This middle stage perhaps began as early as the sixth century when the perfect began to re-
place the converted imperfect for narration in inscriptions ... and lasted in various Hebrew
dialects past the onset of Mishnaic Hebrew" (Perfect and Imperfect Forms, 12f.; vgl. auch
ders., Waw–Consecutive, 59–63 und Waw–Consecutive at Qumran, passim). Da diese Art
der Verwendung der Tempora jedoch nach Smiths Angaben schon im 6. Jh. v. Chr. begann
und erst in mischnischer Zeit ihr Ende fand, dürfte sie sich nur bedingt als Kriterium für die
Identifikation essenischer Texte eignen und kann lediglich im Einzelfall zusätzliche Indizien
beisteuern.

oft mit paläohebräischen Buchstaben, obwohl sie sonst die Quadratschrift verwenden.[43] Von den in Qumran gefundenen nichtbiblischen Texten entsprechen laut Tov lediglich 3Q15; 4Q380; 4Q381; 4QJub[a] und 4QJub[e] nicht dem qumranischen Orthographiesystem.[44] Leider kann diese qumranspezifische Orthographie kein eindeutiges Identifikationskriterium für Texte, die im *yaḥad* verfaßt wurden, darstellen, da die Abschriften biblischer Texte zeigen, daß dieses Orthographiesystem von den Essenern auch auf nicht von ihnen verfaßte Texte übertragen wurde. Ferner ist darauf hinzuweisen, daß seit der Veröffentlichung von Tovs Arbeiten zur Sache weitere nichtbiblische Handschriften mit masoretischer Orthographie bekannt wurden: So folgt die Orthographie von 4Q399, eine nur in wenigen Fragmenten erhaltene Abschrift von MMT, dem masoretischen Orthographiesystem folgt: „The spelling follows the standard of MT, with none of either the fuller or the unhistoric phonetic spellings of QH", [45] und fünf der zehn 4QS–Handschriften weisen ebenfalls überwiegend die Merkmale dieses Orthographiesystems auf (s. u., 124). Mit Blick auf 4QS[j] führt Dimant daher aus:

> The degree of distinctiveness of each mode of orthography and their precise significance are yet to be established by further research. As a matter of fact, one often finds a mixture of the two types of orthography in one and the same text, as pointed out to me by Elisha Qimron. In an unpublished paper he notes that ... a copy to the typical CT [scil. community terminology] work the *Manual of Discipline* (4Q264) is written throughout in defective and not full orthography ...[46]

Das verwendete orthographische System allein vermag somit keinen Aufschluß darüber zu geben, ob ein Text essenischer oder nichtessenischer Herkunft ist, befähigt aber, mit Einschränkungen, zu einer Aussage darüber, ob eine Handschrift essenischen oder nichtessenischen Ursprungs ist.[47]

---

[43] Zur Sache s. u. a. Tov, Hebrew Biblical Manuscripts, 13f.

[44] S. Orthography and Language, 33f.39.56. Die in der Geniza der Kairoer Esra–Synagoge gefundenen Handschriften der Damaskusschrift entsprechen laut Tov (a. a. O., 40) dem qumranischen Orthographiesystem nicht, jedoch dürfte dies auf eine Anpassung an das masoretische System durch die mittelalterlichen Abschreiber zurückzuführen sein, die 4QD–Handschriften weisen die Qumranorthographie auf.

[45] Qimron/Strugnell, Miqsat, 39.

[46] Qumran Manuscripts, 29.

[47] Es wäre zu überlegen, ob wichtige Texte neben der, für den Alltag bestimmten, sogenannten qumranischen Orthographie auch im masoretischen System kopiert wurden, oder ob es sich bei 4Q399 und den fünf 4QS–Handschriften um Kopien handelt, die außerhalb des *yaḥad* hergestellt wurden.

Gottesbezeichnungen[48]

Eine Eigenart der Pescharim ist, daß in ihnen das Tetragramm nicht mehr
frei gebraucht wird, sondern nur noch in den Zitaten der auszulegenden
atl. Schriften. Dort wird es häufig in paläohebräischer Schrift geschrieben. Anstelle des Tetragramms wird in den auslegenden Textstücken der
Pescharim fast durchgehend אל verwendet. In diesem Umgang mit dem
Tetragramm entsprechen die Pescharim der überwiegenden Mehrheit der
nichtbiblischen Texte von Qumran. H. Stegemann hat nachgewiesen, daß
der freie Gebrauch des Tetragramms in der altestamentlich–jüdischen Literatur ab dem 3. Jh. v. Chr. nicht mehr üblich ist.[49] Es ist daher wahrscheinlich, daß ein Text, in dem das Tetragramm noch frei gebraucht
wird, nicht vom *yaḥad* verfaßt wurde. Jedoch kann auch der Gebrauch
oder Nicht–Gebrauch des Tetragramms allein keinen Aufschluß darüber
geben, ob ein Text in Qumran verfaßt worden ist oder nicht, da der freie
Gebrauch des Tetragramms ja auch in anderen Texten aus frühjüdischer
Zeit vermieden wurde. Neben dem Tetragramm werden in den Pescharim
auch die Gottesbezeichnungen אלהים und אדוני vermieden.[50] Lediglich
die Gottesbezeichnung אל wird häufig gebraucht. Es könnte hierin ein
positives und ein negatives Kriterium für die Identifikation essenischer
Textes liegen. Es muß jedoch angemerkt werden, daß eine spezielle Variante der Gottesbezeichnung אל in den Pescharim ebenso wie in den meisten anderen Texten von Qumran vermieden wird, nämlich אל ישראל. Sie
findet sich gehäuft lediglich in 1QM, 4QM?ha.b, 4Q379, 4Q502, 4Q503
und 4Q512.[51] Es darf davon ausgegangen werden, daß der freie literarische Gebrauch des Tetragramms in einem Text ein sicheres Indiz für eine
nichtessenische Verfasserschaft ist.[52] Der gehäufte Gebrauch von אלהים
oder אל ישראל könnte ebenfalls auf eine nichtessenische Verfasserschaft

---

[48] Zu den in Qumran verwendeten Gottesbezeichnungen s. Fitzmyer, Responses, 50–52
und Skehan, Divine Name, 14–28.

[49] „Der freie Gebrauch des Tetragramms ist in der palästina–jüdischen Literatur … im
3. Jh. v. Chr. erloschen; allenfalls Relikte dieses älteren Brauches lassen sich auch danach
noch feststellen, bei der Neuformulierung von Texten aber nicht nach der Mitte des
2. Jh. v. Chr." (H. Stegemann, Gottesbezeichnungen, 216). In seiner Habilitationsschrift führt
H. Stegemann aus, um welche Relikte es sich handelt: Es sind dies zum einen die sogenannten
Bibelparaphrasen und zum anderen poetisch–liturgische Texte. Bei der ersten Gruppe ist die
Verwendung des Tetragramms seiner Meinung nach durch die paraphrasierten Texte bedingt
und bei der zweiten Gruppe durch die besonderen Konstituenten liturgischer Texte. Die
Verwendung des Tetragramms in Dan 9,2.4.10 ist seiner Meinung nach auf eine literarische
Vorlage zurückzuführen (Aufkommen und Ausbreitung, 173–183).

[50] Zur Vermeidung von אלהים in essenischen Texten s. Newsom, Literature from Qumran,
182f. und H. Stegemann, Gottesbezeichnungen, 196.

[51] אל ישראל ist sonst lediglich in 1QS III$_{24}$ und 4QMidrEschat^a II$_{18}$; 4QMidrEschat^b
X$_9$ belegt.

[52] Vgl. auch Newsom, Literature from Qumran, 177; H. Stegemann, Gottesbezeichnungen, 216 und Skehan, Divine Name, 14–28.

hindeuten, während die Verwendung von אל eine essenische Abfassung wahrscheinlich macht.

Kalender

Talmon hat schon 1951 darauf hingewiesen, daß in 1QpHab XI₄₋₈ in Auslegung von Hab 2,15 berichtet werde, daß der Frevelpriester [scil. der Hohepriester in Jerusalem] am Yom Kippur den Lehrer der Gerechtigkeit „am Ort seiner Verbannung", also außerhalb Jerusalems, überfallen habe. Da der Hohepriester jedoch an diesem Festtag im Tempel in Jerusalem unabkömmlich ist, schloß Talmon zu recht, daß die Verfasser der Pescharim und die Priesterschaft am Tempel zu Jerusalem nach verschiedenen Kalendern lebten.[53] Wie die Analyse verschiedener Texte gezeigt hat, handelt es sich bei diesem in Qumran verwendeten Kalender um einen solaren Kalender (das Jahr hat 52 Wochen und 364 Tage) im Gegensatz zu dem heute im Judentum üblichen lunaren Kalender (das Jahr hat 50 Wochen und 354 Tage). Beide Kalender arbeiten mit Schaltmonaten. Die Monate und Wochentage trugen im Solarkalender keine Namen.[54] Der Kalender selbst ist älter als die Essener, da er schon in den Jubiläen und in der Henochliteratur (äthHen 6–19; 72–82) verwendet wird. Untersuchungen von Jaubert haben gezeigt, daß die priesterlichen Schriften des AT ihn ebenfalls voraussetzen (Ez, P, Hag, Sach, I–II Chr, Esr, Neh).[55] Es spricht vieles dafür, daß der Solarkalender mit Beginn der Perserzeit von Heimkehrern aus Ägypten eingeführt wurde und bis zur Hasmonäerzeit der offizielle Kalender des Judentums war.[56] Eine aus biblischen Texten nicht bekannte Eigenart einer in Qumran gefundenen Gruppe kalendarischer Texte (4QMišmarot A–H; 4QOtot)[57] ist die Tatsache, daß die Wochen nach den in I Chr 24,7–18 genannten 24 priesterlichen Dienstklassen (מִשְׁמָרוֹת) gezählt werden, und zwar so, „... daß die 24 Priesterordnungen in einem 26 Wochen umfassenden Halbjahr jeweils um zwei Wochen ‚rückwärts rotieren'."[58] Diese

---

[53] S. Yom Hakippurim, 192–194 und ders., Calendar, 152f. Eine ausführliche Darstellung und Diskussion dieses Kalenders findet sich bei Gleßmer, 364–Tage–Kalender, passim. Eine kurze Zusammenfassung des Wesentlichen gibt H. Stegemann, Essener, 231–241; vgl. auch ders., Qumran Essenes, 114–122 und Milik, Ten Years of Discovery, 107–133. Ein knappes Referat der Forschungsgeschichte findet sich bei VanderKam, Calendarical Texts, 371–377.

[54] Zur Sache s. z. B. Fitzmyer, Responses, 85.

[55] S. u. a. Date, 33–38. Zur Sache vgl. auch VanderKam, Reassessment, 390–399; H. Stegemann, Essener, 234f. und ders., Bedeutung der Qumranfunde, 15.

[56] So H. Stegemann, Essener, 233–236.

[57] Eine vorläufige Transkription aller Handschriften findet sich bei Wacholder/Abegg, Preliminary Edition Fasc. 1, 60–95. 4QMiš Bᵃ (4Q321) wurde von den Herausgebern des Textes, Sh. Talmon und I. Knohl, 1991 in Photographie und Transkription veröffentlicht (Calendarical Scroll).

[58] Gleßmer, 364–Tage–Kalender, 384. Es mag hier am Rande vermerkt werden, daß 1QM II₂ anstelle von 24 von 26 Dienstklassen spricht, ohne daß jedoch die Namen der einzelnen Dienstklassen genannt würden. Daß diese kalendarische Funktion der Mišmarot kein

kalendarische Orientierung an den priesterlichen Dienstklassen, zeigt, daß
die Essener bemüht waren, ihren eigenen Kalender mit anderen in Judäa
gebrauchten Kalendersystemen abzustimmen. Neben der Integration der
priesterlichen Dienstklassen zeigen dies besonders deutlich auch die lunaren Elemente der kalendarischen Texte: Als Beispiel sei hier die sich auf
die Phasen den Mondes beziehende Vokalel דוק genannt.[59] Zwei weitere
Besonderheiten des in Qumran nachgewiesenen Solarkalenders sind, daß
die Woche in ihm mit einem Mittwoch beginnt, da Gott nach Gen 1,14ff.
an diesem Tag Sonne, Mond und Sterne geschaffen habe,[60] und daß der
Tag, anders als im jüdischen Lunarkalender, mit dem Morgen statt dem
Abend beginnt.[61]

Es kann festgehalten werden, daß Texte, die einen lunar bestimmten
Kalender bezeugen, mit hoher Wahrscheinlichkeit nichtessenischen Ursprungs sind, während andererseits der Solarkalender lediglich ein Hinweis auf essenische Verfasserschaft sein kann: Ein Text, der Hinweise auf
einen solchen Kalender enthält, kann aber auch aus vorhasmonäischer
Zeit stammen oder von einer anderen konservativen Gruppe, die den
überkommenen Solarkalender bewahrt hat, verfaßt worden sein.[62]

Tempel und Kult

Auch die oben auf Grund der Verteilung der Handschriften in der Bibliothek von Qumran vermutete gespannte Beziehung zum Jerusalemer
Tempel spiegelt sich in den Pescharim wider:

פשרו על הכוהן הרשע אשר נקרא על שם האמת בתחלת עומדו
וכאשר משל בישראל רם לבו ויעזוב את אל ויׄבגוד בחוקים בעבור
הון ויגזול ויקבוץ הון אנשי חמס אשר מרדו באל והון עמים לקח
לוסיף עליו עון אשמה ודרכי תו[ע]בות פעל בכול נדת טמאה

Seine Deutung bezieht sich auf den Frevelpriester,[63] der zu Beginn
seines Amtes nach dem Namen der Wahrheit benannt wurde.[64] Aber
als er herrschte in Israel, wurde er hochmütig, verließ Gott und han-

---

Qumranspezifikum ist, zeigen eine in Cäsarea (s. Talmon, Calendar, 156) und eine in Galiläa
gefunden Inschrift (s. Eshel, Inscription of the Priestly Courses).

[59] Die genaue Bedeutung von דוק ist noch ungeklärt: Knohl/Talmon möchten das Wort
mit dem Beginn des Abnehmens des Mondes in Verbindung bringen (Calendarical Scroll,
519–520), während Wacholder/Abbeg (Preliminary Edition, Fasc. 1, 68) es auf den Neumond
beziehen. Auf die Mischung von Elementen aus drei verschiedenen kalendarischen Systemen
in den kalendarischen Texten von Qumran hat als erster Milik hingewiesen, travail d'édition
des manuscrits, 25.

[60] S. H. Stegemann, Essener, 233.

[61] S. Talmon, Calendar, 150.159.

[62] Zur Sache vgl. u. a. Newsom, Literature from Qumran, 177f.

[63] Mit dem Frevelpriester ist der hasmonäische Hohepriester Jonathan gemeint (s. u., 24).

[64] Zu קרא על שם vgl. z. B. Gen 48,6.

delte treulos gegen die Gebote um des Geldes willen (wörtl. wegen
des Reichtums). Und er raubte und raffte (wörtl. sammelte) Reichtum von Männern des Unrechts, die sich gegen Gott auflehnten, und
nahm den Reichtum von Völkern, so daß er über sich die frevelhafte
Sünde (noch) vermehrte—auf Wegen der Greueltaten handelte er in
aller schmutziger Unreinheit. [1QpHab VIII$_{8-13}$ (Pescher auf Hab
2,5f.)]

פשרו על הכוהן הרשע אשר רדף אחר מורה הצדק לבלעו בכעס
חמתו אבית גלותו ובקץ מועד מנוחת יום הכפורים הופיע אליהם
לבלעם ולכשילם ביום צום שבת מנוחתם

Seine Deutung bezieht sich auf den Frevelpriester, der den Lehrer der Gerechtigkeit mit der Wut seines Zornes[65] im Haus seines
Exils[66] verfolgte, um ihn zu verschlingen. Und zur Zeit des Festes
des Versöhnungstages erschien er bei ihnen, um sie zu verschlingen
und zu Fall zu bringen am Tag des Fastens, dem Sabbat ihrer Ruhe.
[1QpHab XI$_{4-8}$ (Pescher auf Hab 2,15)]

Aus dieser Ablehnung des Jerusalmer Tempels und seiner Priesterschaft
entwickelten sich zwei Propria der essenischen Theologie, die sich u. a. in
4QMidrEschat^a II$_{19}$–III$_7$ niedergeschlagen haben:

[כאמר בפי הנביא ושמתי מקום לעמי לישראל ונטעתיו ושכן תחתיו
ולוא ירגז עוד ולוא ישיא בוא ע]וֹד אויב[ולוא יוסי]ף בן עולהֿ[
לענות]וֹ כאשר בראישונה ולמן חיים אשר [צויתי שופטים] על עמי
ישראל הואה הבית אשר] יכין[ל]וֹא[בֿאֿחרית הימים כאשר כתוב
בספר [מושה מקדש] יהיה כֿוֿנֿנֿו ידיכה יהוה ימלוך עולם ועד הואה
הבית אשר לוא יבוא שמה [ערל לב וערל ב]שֿר[עד]עֿולם ועֿמֿוני
ומואבי וממזר ובן נכר וגד עד עולם כיא קדושי שם יהֿ[וֿ]הֿ [ימלוֿ]ך
]עולם תמיד עליו יראה ולוא ישמוהו עוד זרים כאשר השמו
בראישונה את מקד[ש י]שראל בחטאתמה ויואמר לבנות לוא מקדש
אדם להיות מקטירים בוא לוא לפני מעשי תודה

[wie er gesagt hat durch den Mund des Propheten (?): „Und ich
will meinem Volk einen Platz zuweisen und es einpflanzen, damit
es an seinem Ort wohne und sich nicht mehr ängstige. Und kein]
(1) Feind [wird es me]hr [überfallen, und kein] Ruchloser [wird
fortfahr]en, [es zu bedrücken] wie vordem, seit dem Tag, an dem (2)
[ich Richter bestellt habe]über mein Volk Israel" (2Sam 7,10–11aα

---

[65] Zu חמתו vgl. Jes 51,17.22.

[66] Zur Übersetzung von אבית גלותו mit „Haus seines Exils" s. u. a. Brownlee, Midrash–
Pesher, 182; vgl. z. B. auch das אבית משכו in Mur 424 (s. Milik, Textes hébreux et araméens,
156).

+ Ps 89,23(?)). Dies ist das Haus, welches[er errichten wird]für[sich] am Ende der Tage, wie es geschrieben steht im Buch des (3) [Mose: „Das Heiligtum,]YHWH, welches deine Hände errichtet haben. YHWH ist König für immer und ewig" (Ex 15,17b–19). Dies ist das Haus, in welches nicht eintreten wird (4) [der am Herzen Unbeschnittene noch der am Fl]eisch [Unbeschnittene für]immer noch ein Ammoniter noch ein Moabiter noch ein Bastard noch ein Fremder noch ein Proselyt für immer, sondern die Heiligen des Namens (?). (5) „YH[W]H [ist König (?) für]immer" (Ex 15,18): beständig wird er über ihm erscheinen, und Fremde werden es nicht mehr zerstören, wie sie vordem zerstörten (6) das Heiligtu[m I]sraels wegen derer Sünde. Und er sagte, daß man ihm ein Heiligtum von Menschen bauen solle, damit darin seien für ihn Rauchopfer (7) vor ihm, Taten/Werke des Dankes.[67]

Zweierlei wird deutlich: a) Der *yaḥad* versteht sich selbst als der verheißene eschatologische Tempel (vgl. auch 4QMidrEschat^a III$_{10–13}$). An die Stelle des Gebäudes in Jerusalem tritt die von Gott erwählte essenische Gemeinschaft als eine soziologische Größe.[68] b) Bei den im Text genannten Rauchopfern handelt es sich nicht um Opfer im eigentlichen Sinn, sondern um Handlungen, wie die Apposition מעשי תודה zeigt. „Zu denken ist bei den מעשי תודה sicher an Gebete und Hymnen. Literarische Fixierungen dieser sind in Qumran etwa in Gestalt der Hodajot erhalten. Parallelen zu der Vorstellung als Tempel und den darin dargebrachten Opfern sind zahlreich in der Qumranliteratur, man vergleiche z. B. die entsprechenden Stellen in 1QS VIII und IX."[69] Man muß somit davon ausgehen, daß der Jerusalemer Opferkult in Qumran abgelehnt wurde, und daß an die Stelle des Opfers das Gotteslob trat.[70]

Diese Distanz zum Jerusalemer Tempel spiegelt sich auch in dem in Qumran gefundenen liturgischen Material wieder:

> In den Qumrantexten fehlen einerseits Laiengebete, die in etwa der pharisäisch–rabbinischen Schlichtheit entsprächen, es fehlen auch Belege für die bekannten publikumsbezogenen Leviten–Gesänge, aber es fehlen auch zen-

---

[67] Transkription und Rekonstruktion finden sich bei Steudel, Midrasch zur Eschatologie, 24f.; die Übersetzung findet sich a. a. O., 30f.

[68] Zur Sache s. u. a. Brooke, Exegesis, 178–193; Dimant, Community as Temple, 172–189 und Steudel, Midrasch zur Eschatologie, 165f.

[69] Steudel, Midrasch zur Eschatologie, 166.

[70] Zur Sache vgl. z. B. H. Stegemann, Qumran Essenes, 122–126 und Vermes, Qumran in Perspective, 180f. Eine solche Ablehnung des Jerusalemer Opfergottesdienstes durch die Essener wird auch in Jos Ant XVIII$_{19}$ (nach der Lesart der Epitome des Josephus und der lateinischen Übersetzung) und Philo, Quod omnis probus liber sit 75 erwähnt (zur Sache vgl. auch 1QS IX$_{3ff.}$; CD VI$_{11–20}$; XI$_{17–21}$; XVI$_{13f.}$). Zur Ablehnung des Jerusalemer Opfergottesdienstes als Kriterium zur Identifikation essenischer Texte s. auch Lichtenberger, Menschenbild, 16.

trale, exklusiv–priesterliturgische Komplexe wie die Q^{e}duššah fast völlig.
Die *Jaḥad*-Gemeinschaft, die ja selbst die Kultfunktion des Tempels
vorübergehend zu erfüllen meinte, brauchte und hatte wohl auch kein Pu-
blikum, konsequenterweise fehlt auch der „aaronidische" Priestersegen—
außer in einer anlaßspezifisch modifizierten Form [scil. 1QS II$_{1ff.}$].[71]

Thora

Die sich durch die vielen Handschriften des Pentateuch und das gehäufte
Vorkommen halachischer Texte nahelegende große Bedeutung der Thora spiegelt sich ebenfalls in den Pescharim wider. Ihre Auffassung von
der Thora ist jedoch zu einem großen Teil von der Spannung zwischen
yaḥad und Jerusalemer Tempel geprägt: Sowohl die Pharisäer als auch das
Jerusalemer Priestertum haben nach Auffassung der Essener die Thora
verworfen (s. z. B. 4QpJes^b II$_{6f.}$ und 1QpHab V$_{11f.}$). Dem *yaḥad* dagegen
wurde durch den Lehrer der Gerechtigkeit erst offenbart, wie die Thora
zu erfüllen ist: פשר הדבר] על מורה הצדק אשר] גלה את תורת הצ[דק]
(„Die Auslegung des Wortes [bezieht sich auf den Lehrer der Gerechtigkeit, der] die Thora der Gere[chtigkeit] offenbart hat"; 4QpJes^e 1–2$_3$).
Diese Funktion des Lehrers, das richtige Verständnis der Thora überhaupt erst zugänglich zu machen, hat sich in seinem Titel דורש התורה
(„Ausleger der Thora" 4QMidrEschat^a III$_{11}$ und 4QMidrEschat^b IX$_5$)
niedergeschlagen. Weil somit ein Erfüllen der Thora nur innerhalb des
yaḥad möglich ist, können die Essener sich auch als עושי התורה („Täter
des Gesetzes") bezeichnen (s. z. B. 4QpPs^a 1–10 II$_{15.23}$; 1QpHab VIII$_1$;
XII$_{4f.}$).

Dualismus und Eschatologie

Auch das oben geschilderte eschatologisch–apokalyptische Element der
essenischen Theologie findet sich in den Pescharim wieder. Explizit ist
es in 4QMidrEschat$^{a.b}$; 11QMelch und 4Q181 belegt, implizit jedoch
in fast allen Pescharim: Das damit verbundene Weltbild ist dualistischer
Natur. Die Welt ist in zwei Bereiche aufgeteilt, die eine ethisch positive
bzw. negative Qualität haben. Es handelt sich um den Herrschaftsbereich
Belials, der über die Söhne der Finsternis herrscht, und um die Söhne des
Lichts, die mit dem *yaḥad* gleichzusetzen sind. Der Herrschaftssphäre
Belials ist alles Nichtessenische zuzurechnen. Sie zeichnet sich durch Fre-
vel und Gesetzesbruch aus, wozu auch die Mitglieder des *yaḥad* verleitet
werden sollen (4QMidrEschat^a III$_{7ff.}$). Beiden Sphären gehören neben
Menschen auch Engelwesen an, und beide stehen unter der Herrschaft ei-
nes Engelwesens (4QMidrEschat^b X$_{8–11}$; XI$_{12}$; vgl. 4Q181 1$_{1–6}$). Mit dem
Hereinbrechen des Eschatons werden Belial und seine Anhänger vernich-

---

[71] J. Maier, Kult und Liturgie, 585.

tet, während ein thorafrommer Rest, die Angehörigen des *yaḥad*, gerettet werden (s. 4QMidrEschat[a] IV[1ff.]). Diese Rettung wird als ein Läuterungs– und Reinigungsgeschehen beschrieben (s. 4QMidrEschat[b] IX[9–11]). Die eschatologische Vernichtung der frevelhaften, Belial zugehörigen Sphäre des Seins wird auch vom Autor des Pescher 11QMelch beschrieben:

> He interprets the freedom accorded in the biblical jubilee as the eschato-logical liberation of the Sons of Light imprisoned by the evil Belial (ii 1–6). This liberation will take place at „the End of Days" (ii 4), at the end of the tenth jubilee (ii 7) ... The chief actor in these events is Melchizedek, the eschatological judge who figures as a priest in Gen 14:18 and Ps. 110:4. In this capacity he acts as liberator and expiator of sins for the Sons of Light while wreaking vengeance upon Belial and his hosts (ii 13–14).[72]

Historische Personen und Selbstbezeichnungen

Schon die oben zitierten Stellen aus dem Pescher Habakuk (s. o., 14f.) zeigen, daß in den Pescharim autoritative Texte auf bestimmte Personen und Ereignisse der Geschichte der essenischen Gemeinschaft ausgelegt wurden. Werden diese Personen in einem Text genannt, so darf das als ein Hinweis auf ihren essenischen Ursprung verstanden werden.

Es handelt dabei um den sogenannten „Lehrer der Gerechtigkeit" (מורה הצדק),[73] eine wichtige Gründergestalt der essenischen Gemein-schaft, die auch als דורש התורה („Ausleger der Thora") bezeichnet wird,[74] den sogenannten „Frevelpriester" (הכוהן הרשע),[75] den „Lügen-mann" (איש הכזב),[76] die „Männer des Spottes" (אנשי הלצון),[77] jene, „die auf glatte Dinge hin auslegen" (דורשי החלקות),[78] und den „Löwen des Zorns" (כפיר החרון).[79]

Einige typische Selbstbezeichnungen der Essener können ein wei-teres Indiz für die essenische Herkunft eines Textes darstellen: „Der Rat der Gemeinschaft" (עצת היחד),[80] „die Männer der Gemeinschaft" (אנשי היחד)[81] und „die Versammlung der Gemeinschaft" (עדת היחד).[82]

---

[72] Dimant, Pesharim, 247f.

[73] S. z. B. 1QpHab I[13]; II[2]; V[10]; 4QPs[a] 1–10 III[15].

[74] S. z. B. 4QMidrEschat[a] III[11] und 4QMidrEschat[b] IX[5].

[75] S. z. B. 1QpHab VIII[8]; IX[9]; XI[4]; XII[2.8]; 4QpJes[c] 30[3]; 4QpPs[a] 1–10 IV[8].

[76] S. z. B. 1QpHab II[1f.]; V[11]; 4QpPs[a] 1–10 I[26]; IV[14]. Zur eschatologischen Wiederkehr des דורש התורה s. CD VII[18].

[77] S. z. B. 4QpJes[b] II[6.10].

[78] S. z. B. 4QpJes[c] 23 II[10]; 4QpNah 3–4 I[2.7]; II[2.4]; III[3.6f.]; 4QMidrEschat[b] IX[12].

[79] S. z. B. 4QpNah 3–4 I[5f.]; 4QpHos[b] 2[2].

[80] S. z. B. 1QpHab XII[4]; 1QpMic 10[6]; 4QpJes[d] 1[2]; 4QpPs[a] 1–10 II[15]; 4QMidrEschat[a] III[17]; 4QMidrEschat[b] X[5].

[81] S. z. B. 4QpJes[e] 9[3]; 4QMidrEschat[b] VIII[1].

[82] S. z. B. 4QpPs[a] 1–10 IV[19].

Eine Selbstbezeichnung der Essener, die zwar in den Pescharim nicht belegt ist, dafür aber in den an Hand der oben schon entwickelten Kriterien zweifelsfrei als essenisch zu identifizierenden Texten D, 1QS I$_1$–III$_{12}$ und 1QS V$_1$–IX$_{26}$, ist הברית („der Bund"), so daß ein Text, der dieses Wort nicht auf ganz Israel, sondern auf eine spezifische Gruppe bezogen gebraucht, mit einiger Wahrscheinlichkeit essenischen Ursprungs sein dürfte. Selbstverständlich sind die hier genannten Konstruktus–Verbindungen nicht die einzigen Selbstbezeichnungen der Essener, jedoch können als Kriterium für die Identifikation von essenischen Texten andere Selbstbezeichnungen wie z. B. עדה, עצה bzw. עצתו oder בני צדוק nicht verwendet werden, da diese auch außerhalb der Texte von Qumran belegt sind.[83]

Zitat und Verarbeitung essenischer Texte

Newsom hat als ein weiteres positives Kriterium für die Identifikation essenischer Texte das Zitieren oder Verarbeiten eines eindeutig als essenisch identifizierten Textes vorgeschlagen.[84] Dies setzt jedoch voraus, daß vom *yaḥad* verfaßte Texte nur vom *yaḥad* gelesen und rezipiert wurden—ein Axiom, was nur schwer zu beweisen oder zu widerlegen ist. Es erscheint daher angebracht, einen Text nicht allein auf Grund eines solchen Zitates als essenisch zu bezeichnen, zumal häufig unklar bleiben muß, ob ein Text essenischen Ursprungs ist oder nicht. Ein zusätzliches Indiz für die Abfassung eines Textes durch den *yaḥad* können jedoch Zitat und/oder Verarbeitung eines essenischen Textes darstellen.

Fazit

Es ergeben sich für die Identifikation essenischer Texte folgende Kriterien:

— Die qumranische Orthographie.
— Kein freier Gebrauch des Tetragramms. אל ישראל und אלהים, אדוני werden in essenischen Texten nur selten gebraucht. Gottesbezeichnungen werden häufig mit Buchstaben des paläohebräischen Alphabets geschrieben.
— Der Solarkalender.
— Eine radikale Thoraobservanz nach der Interpretation der Thora durch den Lehrer der Gerechtigkeit.
— Polemik gegen den Jerusalemer Tempel und seine Priesterschaft.
— Ablehnung des Opfergottesdienstes in Jerusalem.
— Die essenische Gemeinschaft betrachtet sich selbst als den neuen Tempel.

---

[83] Zu sprachlichen Kriterien für die Identifikation essenischer Texte vgl. auch Dimant, Qumran Manuscripts, 27–29.
[84] S. Literature from Qumran, 176; vgl. Baillet, Grotte 4, 81.

— Eine mit einem ethisch–kosmischen Dualismus verbundene Naherwartung.

— Personen aus der Geschichte der Essener und essenische Selbstbezeichnungen.

— Das Verarbeiten oder Zitieren essenischer Texte.

Damit ein Text als essenisch charakterisiert werden kann, müssen nicht alle der oben genannten Kriterien zutreffen. Bedingt durch den Gegenstand eines Textes kann es sein, daß das eine oder andere Merkmal nicht in einem Text zu finden ist, z. B. werden 1QS V$_{1ff.}$ keine Personen aus der Geschichte des *yaḥad* genannt, da es sich um eine Gemeinderegel handelt. Die hier ermittelten Kriterien werden im folgenden jeweils in den Einleitungen zu den einzelnen in der Arbeit analysierten Texten angewandt.

1.1.3 Geschichte und Theologie der Essener

Identität

Die schon von Sukenik[85] vertretene und später zur opinio communis gewordene Hypothese, daß es sich bei den Eigentümern der Bibliothek von Qumran um Essener gehandelt habe, ist in letzter Zeit hinterfragt worden: Hierzu gaben zum einen die Ähnlichkeiten der Halacha der Texte von Qumran mit der sadduzäischen Halacha, wie sie von den Rabbinen dargestellt wird, Anlaß,[86] und zum anderen die Unterschiede zwischen den Essenerberichten des Flavius Josephus und Philo von Alexandrien einerseits und den Texten von Qumran andererseits.[87] Die Ähnlichkeiten von sadduzäischer und qumranischer Halacha dürften darauf zurückzuführen sein, daß sich die Essener während der ersten Phase ihres Bestehens aus der Jerusalemer Priesterschaft rekrutierten,[88] und müssen nicht notwendig auf eine sadduzäische Identität der Essener hinweisen. Bezüglich der antiken Essenerberichte haben H. Stegemann (Qumran Essenes, 108–138 und Qumran und das Judentum, 183–193) und Bergmeier (Essenerberichte, passim) gezeigt, daß ihre Gemeinsamkeiten mit den Texten von Qumran bei weitem die Unterschiede überwiegen: Sowohl in den an-

---

[85] S. Dead Sea Scrolls, 29. Zur Sache vgl. auch Dupont-Sommer, Die essenischen Schriften, 44–74.

[86] S. z. B. Schwartz, Law and Truth, 229ff.; Schiffman, *Miqsat Maʿaśeh Ha–Torah*, 456f.; Sadducean Origins, 41ff; Dead Sea Scrolls 83ff. und Halakhah, passim. Schiffman unterscheidet dabei zwischen den Sadduzäern, wie sie von Josephus beschrieben werden und den in den rabbinischen Texten erwähnten Zadokiden als zwei Gruppen einer großen priesterlichen Bewegung (s. z. B. Halakhah, 285). Zur Diskussion mit Schiffman s. VanderKam, Essenes or Sadducees, 51ff.

[87] S. z. B. Golb, Origin and Identification, passim. Zu Golbs These s. jetzt auch seine jüngst erschienenen Arbeiten „Qumran: Wer schrieb die Schriftrollen vom Toten Meer?" und „Khirbet Qumran and the Manuscripts of the Judean Wilderness".

[88] So z. B. auch VanderKam, Implications, 26.

tiken Essenerberichten als auch in den Texten von Qumran finden sich
Hinweise auf Gemeinschaftsmähler, eine strikte Gemeindehierarchie, eine
lange Probezeit neuer Mitglieder, Gemeinschaftseigentum, ein gespann-
tes Verhältnis zum Jerusalemer Opferkult. Ferner stimmen die Ergebnisse
der Ausgrabungen von Qumran, falls das große Bassin vor dem Speisesaal
zu Reinigungszwecken benutzt wurde, mit den von den antiken Autoren
berichteten Reinigungsbäder der Essener überein.[89] Wie Bergmeier gezeigt hat, sind die Unterschiede zwischen den antiken Essenerberichten[90]
und der sich in den Texten von Qumran widerspiegelnden Gemeinschaft
durch den Charakter der von den antiken Autoren verwendeten Quellen
bedingt:

> Die Essener–Referate des Josephus beruhen … primär, wenn nicht fast aus-
> schließlich, auf Quellengut, dürfen also nicht wie authentische Berichte eines
> Zeitzeugen, geschweige denn eines Insiders gelesen werden. Die Großrefe-
> rate bell. 2,119–161, ant. 15,371–379 und ant. 18,18–22 weisen einerseits
> inhaltliche und sprachliche Parallelen zu Philos Essäer–Texten (prob 75–91,
> apol 1–18) auf, andererseits lassen sie enge Berührungen mit den Thera-
> peuten Philos und den Essenern des Plinius erkennen. In der historischen
> Grundfrage, wie die Essener der klassischen antiken Texte mit der Gemeinde
> von Qumran zusammenhängen, genauer: wie sich Übereinstimmungen auf
> der einen und Differenzen auf der anderen Seite erklären, führt meine Unter-
> suchung zu dem Ergebnis: Die klassischen Essenertexte schöpfen aus Quel-
> len mit je eigener literarischer Intention, und ebendiese Intentionen erklären
> die Divergenzen zu den authentischen Zeugnissen der Qumrangemeinde.[91]

Es darf somit davon ausgegangen werden, daß es sich bei den Eigentümern
der Bibliothek von Qumran um die in den antiken Berichten beschriebenen Essener handelt.

Geschichte

Wenn im folgenden eine kurze Schilderung der essenischen Geschichte
gegeben wird, so kann es sich hierbei lediglich um ein zusammenfassendes
Referat der opinio communis handeln, eine detaillierte Ausarbeitung ist
wegen der Menge des Materials an dieser Stelle nicht möglich.[92]

---

[89] S. H. Stegemann, Qumran Essenes, 108–138; zur Sache vgl. auch Vermes/Goodman,
Classical Sources, 2–14.

[90] Eine vollständige Quellensammlung bietet Adam, Antike Berichte über die Essener;
eine repräsentative Auswahl der wichtigsten Quellen findet sich bei Vermes/Goodman,
Classical Sources, 19ff.

[91] Bergmeier, Essenerberichte, 114.

[92] Für Detailfragen sei auf Callaways Buch „The History of the Qumran Community"
verwiesen. Zentral für Darstellung und Erforschung der Geschichte der Essener ist außerdem H. Stegemanns Dissertation „Die Enstehung der Qumrangemeinde" und ders., „The
Qumran Essenes—Local Members of the Main Jewish Union in Late Second Temple Times."

Die Entstehungszeit der essenischen Partei kann aus der Damaskusschrift entnommen werden:[93] In CD I[5ff.] wird geschildert, daß eine Art
Vorform dieser Partei 390 Jahre nach der Eroberung Jerusalems durch
Nebukadnezar von Gott ins Leben gerufen worden sei, was das Jahr 197
v. Chr. meinen müßte. Da aus dieser Zeit die in der Damaskusschrift beschriebenen Freveltaten Israels, welche zur Gründung einer sich „der neue
Bund" (CD VI[19]; VIII[21]; XIX[33f.]; XX[12]) nennenden Bewegung geführt
haben,[94] nicht bekannt sind, nimmt man an, daß die Zeit der hellenisie-
renden Religionsreformen des Hohenpriesters Menelaos (ca. 170 v. Chr.)
gemeint ist;[95] was eine Abweichung von 27 Jahren ausmachen würde (=
417 Jahre). Hierfür spräche auch, daß schon einer „… der besten jüdischen Geschichtsschreiber jener Zeit, Demetrios (Ende 3. Jh. v. Chr.) …
die Spanne zwischen dem Exilsbeginn und seiner eigenen Zeit ebenfalls
um genau 27 Jahre kürzer berechnet hatte, als wir heutigen Historiker dies
für richtig halten."[96] Man geht heute davon aus, daß schon diese Gruppe frommer Juden auf das hereinbrechende Eschaton wartete, in dem
die frevelhafte Gegenwart dem Glaubens- und Weltbild ihren frommen
Erwartungen angepaßt werden würde.[97] Zwanzig Jahre später (ca. 150
v. Chr.), so berichtet die Damaskusschrift, sei der Lehrer der Gerechtigkeit zu dem „neuen Bund" gestoßen: „Und sie waren Blinde und solche,
die nach dem Weg tasten, zwanzig Jahre lang. Und Gott achtete auf ihre

---

Auf zwei weitere Modelle zur Geschichte des *yaḥad* sei zumindest kurz hingewiesen: 1.)
Die sogenannte Groningen Hypothese geht davon aus, daß die Essener ihren Ursprung in
der apokalyptischen Bewegung Palästinas des 3. und 2. Jh. v. Chr. hatten, daß es in dieser Bewegung in der Mitte des 2. Jh. v. Chr., hervorgerufen durch den Lehrer der Gerechtigkeit, zu
einem Schisma gekommen ist, welches zur Gründung der Qumrangemeinde führte, und daß
mit dem Frevelpriester nicht eine historische Persönlichkeit gemeint ist, sondern das Amt
des Hohenpriesters in Jerusalem, also der jeweils regierende Hohepriester (s. van der Woude,
Wicked Priests; García Martínez, Qumran Origins und García Martínez/van der Woude,
„Groningen" Hypothesis; zur Diskussion der Groningen Hypothese s. Lim, Wicked Priests,
passim). 2.) Murphy–O'Connor geht davon aus, daß eine Vorläufergemeinde des *yaḥad* aus
konservativen „Spätheimkehrern" aus dem babylonischen Exil bestand, die sich abgestoßen
von der hellenistischen Kultur und Frömmigkeit Palästinas in die Wüste zurückzogen, wo
dann später der Lehrer der Gerechtigkeit zu ihnen stieß (s. die Aufsätze „The Essenes and
Their History" und „The Essenes in Palestine").
    Ferner werden Überlegungen angestellt, ob die Siedlung in Khirbet Qumran in ihrer
ersten hellenistischen Besiedlungsphase eine *villa rustica* gewesen sein könnte, die dann der
Balsamproduktion gedient hätte (Donceel/Donceel–Voûte, Archaeology, 22–32).
    [93] Zur essenischen Abfassung der Damaskusschrift s. u., 243.
    [94] Zu הברית החדשה als Selbstbezeichnung nur der Vorläufergemeinschaft des *yaḥad* s.
H. Stegemann, Gesetzeskorpus, 427f. (s. dort auch Anm. 79).
    [95] So H. Stegemann (Qumran Essenes, 139f.) in Anlehnung an Steudel (Midrasch zur
Eschatologie, 205f.) und Laato (Chronology in the Damascus Document, 607–609). Ähnlich
auch Schiffman, Dead Sea Scrolls, 91.
    [96] H. Stegemann, Essener, 173 (der Demetriosbeleg findet sich bei Clemens Alexandrinus,
Strom. 1,21,141,1–2), vgl. ders., Bedeutung der Qumranfunde, 15.
    [97] Talmon, Waiting for the Messiah, 278–280.

Werke, denn mit vollkommenen Herzen hatten sie ihn gesucht, und erweckte ihnen einen Lehrer der Gerechtigkeit, um sie auf den Weg seines Herzens zu führen" (CD I9–11).[98]

Die Stellung des Lehrers der Gerechtigkeit innerhalb der jüdischen Gesellschaft seiner Zeit läßt sich an den Titeln ablesen, die dieser Gründerpersönlichkeit gegeben werden, insbesondere an הכוהן aus 4QpPsᵃ 1–10 III15.

> Die wichtigsten Beweise dafür, das der Lehrer der Gerechtigkeit ein in Jerusalem amtierender Hohepriester gewesen ist, sind seine Titel. Seine üblicherweise mit „der Lehrer der Gerechtigkeit" wiedergegebene hebräische Bezeichnung als „moreh ha-sedeq" meint genaugenommen „Der (einzige gemäß der Tora) Richtiges Lehrende". Das ist ein traditioneller Amtstitel des Hohenpriesters, der ihn als höchste Lehrautorität in Israel kennzeichnet. Das gleiche gilt für die Bezeichnungen dieser Gestalt als „moreh ha–jachid", „Der einzigartige Lehrer", und als „doresch ha–torah", „Der (höchstrangige) Tora–Interpret". Ebenso wie der Hohepriester Simon im Weisheitsbuch des Jesus Sirach (Sir 50,1) wird er auch verabsolutierend als „ha–kohen", „Der Priester (schlechthin)" tituliert, was ihn als Spitze des Tempelkultes in Jerusalem charakterisiert.[99]

Welche Erwartungen der „neue Bund" an diesen hohepriesterlichen Lehrer stellte, und wie er ihnen begegnete, schildert Talmon wie folgt: „It fell to him to find the means for bridging the gap between the unduly protracted *now* and the disappointingly delayed *then*. This he apparently did by transforming the loose group–cohesion of the founding members into a structured socioreligious system. Under his guidance, their utopian

---

[98] Namentlich bekannt ist der Lehrer der Gerechtigkeit nicht, wie überhaupt in den bislang veröffentlichten Texten von Qumran, von 4Q477 abgesehen, Mitglieder des *yaḥad* nicht namentlich genannt werden. Bei 4Q477 handelt es sich wohl um eine Art Disziplinarbuch: „Apparently, this text preserves remnants of a legal record, compiled by the sect's Overseer (מבקר), of those members who were rebuked after commiting a sin" (E. Eshel, Rebukes by the Overseer, 111; zur Sache vgl. auch a. a. O., 121). Genannt werden [...]אלֹ בן יוחנן (2 II3), חנניה נותוס (2 II5) und [... עון]שמ בן חנניה (2 II9).

[99] H. Stegemann, Essener, 205f.; eine ausführliche Begründung seiner These gibt H. Stegemann in seinem Buch „Die Enstehung der Qumrangemeinde" (A 79–82); vgl. u. a. auch ders., Qumran Essenes, 139f.; Murphy O'Connor, Teacher of Righteouness, passim und Vermes, Qumran in Perspective, 144.
Diese These wurde von Wise (Teacher of Righteousness, 589–602) angezweifelt, da seiner Meinung nach der determinierte Singular des Nomens כהן (הכהן) in der jüdischen Literatur niemals den Hohenpriester bezeichne, dieser Titel laute vielmehr immer הכהן הגדול. Demgegenüber ist auf eine in der Münzanstalt von Jerusalem geprägte Silbermünze aus dem 4. Jh. v. Chr. hinzuweisen. Sie trägt die Legende יוחנן] הכהן ("Jochanan, der Priester"). Wegen der damaligen Gepflogenheiten im Münzwesen darf es als sicher gelten, daß mit יוחנן der Hohepriester gemeint ist, der die Prägung dieses Münztypus veranlaßt hat (zur Münze s. Barag, Silver Coin, 7–17). Für die Zeit der Gründung des *yaḥad* ist הכהן als Bezeichnung des Hohenpriesters, wie von H. Stegemann gezeigt wurde (Essener, 206; vgl. Qumrangemeinde, A 79–82), in Sir 50,1 belegt.

millenarism, which originally had anarchistic overtones, crystallized into
a structured order."[100] Zwar begegnet an keiner Stelle der Texte von
Qumran jemals der Name des Lehrers der Gerechtigkeit, trotzdem ist es
möglich, zumindest den Zeitraum festzulegen, in dem er das Hohepriesteramt innehatte. Josephus berichtet, daß das Hohepriesteramt nach dem
Tod des Alkimos (159 v. Chr.) und vor dem Amtsantritt des Jonathan (152
v. Chr.) verwaist gewesen sei (Ant XX$_{237}$). In dieses sogenannte Intersacerdotium dürfte, wie H. Stegemann gezeigt hat, die Amtszeit des Lehrers
der Gerechtigkeit fallen:

> Das [scil. das Intersacerdotium] aber ist, von der damaligen Sachlage her
> betrachtet, ganz unmöglich. Im Jahre 164 v. Chr. hatten die Makkabäer mit
> dem traditionellen Kult auch die jährliche Begehung der jüdischen Feste im
> Tempel wieder eingeführt. Deren höchstes ist der Versöhnungstag, der ohne
> einen Hohenpriester gar nicht toragemäß begangen werden kann, solange
> der Tempel besteht. Auch hatten die aufständischen Makkabäer im Jahre 157
> v. Chr. mit den Seleukiden Frieden geschlossen, so daß es im Lande nunmehr
> ruhig war und keinerlei Grund bestehen konnte, auf die jährliche Feier des
> Versöhnungstages und den dafür unbedingt erforderlichen Hohenpriester
> zu verzichten. Erst die Qumran–Funde haben die Informationslücke der bis-
> herigen historischen Überlieferung geschlossen. Sie zeigen, daß der Lehrer
> der Gerechtigkeit, bevor er die essenische Union begründete, Hoherprie-
> ster am Jerusalemer Tempel gewesen sein muß, und zwar als unmittelbarer
> Amtsvorgänger des Makkabäers Jonatan, der das Hohepriesteramt im Jahre
> 152 v. Chr. okkupierte.[101]

Dieser Lehrer– und Gründergestalt stehen zwei Gegner gegenüber, der
sogenannte Frevelpriester (הכוהן הרשע) und der „Mann des Spottes"
(איש הלצון). Eingehende Untersuchungen haben gezeigt, daß es sich bei
dem Frevelpriester um den Makkabäer Jonathan handelt, der sich das
Amt des Hohenpriesters nach Meinung der priesterlichen Traditiona-
listen des *yaḥad* widerrechtlich angeeignet hatte.[102] Jonathan stammte
zwar aus einem Priestergeschlecht, war jedoch kein Zadokide, und nur
die Angehörigen dieses Geschlechts durften zum Hohenpriester gemacht
werden. Erschwerend kam wohl hinzu, daß Jonathan sich von dem Se-
leukiden Alexander Balas zum Hohenpriester ernennen ließ (s. Jos Ant
XIII$_{43–45}$), wozu der nach den jüdischen Religionsgesetzen gar nicht be-
fugt war. Die Theologie des Lehrers der Gerechtigkeit führte schon bald
nach seiner Ankunft zu einem Schisma (CD I$_{14ff.}$). Sein innergemeind-

---

[100] Waiting for the Messiah, 284.
[101] Essener, 205 (vgl. auch a. a. O., 206–213 und ders., Qumrangemeinde, 210–232); zur
oben geschilderten Gründungsgeschichte s. auch Stemberger, Pharisäer, Sadduzäer, Essener,
116.
[102] Zur Identifikation des Frevelpriesters s. u. a. H. Stegemann, Qumrangemeinde, 95–115
und Vermes, Qumran in Perspective, 150f.

licher Kontrahent wird „Mann des Spottes" genannt (אִישׁ הלצון). Die
Anhänger dieses Mannes werden als solche, die „nach glatten Dingen suchen" (אשר דרשו בחלקות), bezeichnet. Wie Schiffman gezeigt hat, handelt es sich dabei um ein Wortspiel auf zwei Kernbegriffe der pharisäischen
Theologie, מִדְרָשׁ und הֲלָכָה (Plural הֲלָכוֹת).[103] Seiner Meinung nach spielt
die Wendung auf das Bestreben der Pharisäer an, die Thora durch „Ver-
einfachung" ihrer Vorschriften auch für das einfache Volk im alltäglichen
Leben erfüllbar zu machen, sie sozusagen zu glätten. Aus diesem Schisma
im ursprünglichen *yaḥad* dürften Pharisäer und Essener hervorgegangen
sein.

Für die Zeit nach der Gemeindegründung sind für die essenische Ge-
schichte kaum noch historisch verwertbare Daten vorhanden: In CD
XIX$_{35}$–XX$_1$ wird der Tod des Lehrers der Gerechtigkeit vermerkt, den
H. Stegemann „… um 110 v. Chr. datieren …" möchte.[104] Im Pescher
Nahum findet sich eine Notiz darüber, daß der Hasmonäer Alexander
Jannai, der sogenannte „Löwe des Zorns", jene, die nach glatten Dingen suchen [scil. die Pharisäer], ans Holz gehängt [scil. gekreuzigt] habe
(4QpNah 3–4 I$_{6f.}$). Dabei dürfte es sich wohl um die in Jos Ant XIII$_{380–381}$
geschilderte Kreuzigung von 800 Pharisäern durch Alexander Jannai handeln. In Qumran fand sich nun ein kleines Lederstück (4Q448), das neben
einem Teil von Psalm 154 auch einen Lobpreis auf einen König Jonathan
enthält. Die äußere Form des Fragmentes macht es wahrscheinlich, daß
es sich um eine nicht „abgeschickte" Grußadresse handelt. Die Herausgeber des Textes haben den König Jonathan als Alexander Jannai, dessen
hebräischer Name יוֹנָתָן lautete, identifiziert.[105] Es kann daher spekuliert
werden, ob der Text ein nicht abgeschicktes Gratulationsschreiben der
Essener an Alexander Jannai wegen dieser Kreuzigung der 800 Pharisäer
ist.[106] Auf eine weitere Annäherung der Essener an einen Jerusalemer
Herrscher könnten die Berichte des Josephus über die besonderen Beziehungen der Essener zu Herodes dem Großen hinweisen (s. Jos Ant
XV$_{371–378}$). Insgesamt gibt das literarisch erhaltene Material aber kaum
weitere Auskünfte über die Geschichte der Essener.

Weitere Informationen bieten jedoch die Ausgrabungen von Khirbet
Qumran:[107] Datierbar ist archäologisch eigentlich erst die zweite Phase

---

[103] Pharisees and Sadducees, 274ff.

[104] Essener, 166.

[105] S. Eshel/Eshel/Yardeni, Qumran Composition, 217; vgl. auch J. Maier, Qumranfunde,
6.

[106] So H. Stegemann, Essener, 187f.; s. aber die Bedenken der Herausgeber des Textes
(Eshel/Eshel/Yardeni, Qumran Composition, 218f.).

[107] Einen Überblick über die bei den Ausgrabungen in Khirbet Qumran gemachten Funde
gibt de Vauxs Buch „Archaelogy and the Dead Sea Scrolls" (s. auch ders., Qumran, passim).
Ein knappe Diskussion der Funde im Hinblick auf die Geschichte von Qumran bietet
Callaway, History, 29–51.

der hellenistischen Besiedlung von Qumran (Ib), sie dürfte etwa in der Zeit Alexander Jannais (103–75 v. Chr.) oder Johannes Hyrkans (134–104 v. Chr.) beginnen. Da die erste Besiedlungsphase (Ia) nur von kurzer Dauer war, kann davon ausgegangen werden, daß die Siedlung von Qumran erst gegen Ende des 2. Jh. v. Chr. von den Essenern gegründet worden ist.[108]

Dieser Befund dürfte darauf hinweisen, daß die Siedlung erst nach der Gründung des *yaḥad* entstanden ist. Das könnte bedeuten, daß die Essener sich auch an anderen Plätzen als Qumran angesiedelt haben, was dem Bericht des Josephus (Bell II[124]) entspräche. H. Stegemann hat nun an Hand der Zahl der auf den Friedhöfen von Qumran gefundenen Gräber und an Hand der Größe des Versammlungsraums von Qumran errechnet, daß nur jeweils ca. 50–60 Menschen die Siedlung von Qumran gleichzeitig bewohnt haben.[109] Da Josephus jedoch von ca. 4000 Essenern spricht (Ant XVIII[20]), ist davon auszugehen, daß es noch weitere essenische Siedlungen gegeben haben muß. Weiterhin folgert H. Stegemann aus der von Josephus angegebenen Zahl, daß es sich bei den Essenern keinesfalls, wie lange angenommen, um eine kleine, isolierte religiöse Sekte gehandelt haben kann: Vergleicht man die 4000 Essener mit den etwa 6000 Pharisäern, die es nach Josephus gegeben hat, zeigt dies, daß die Essener vielmehr zu den großen Religionsparteien ihrer Zeit zu rechnen sind.[110]

An einem weiteren Punkt stimmen die Berichte des Josephus (Bell II[152f.]) mit den archäologischen Funden überein: Er berichtet, daß die Essener von den Römern während des ersten jüdischen Krieges zu hunderten dahingemetzelt worden sind. Dem entspricht de Vauxs Schilderung der jüngsten Bestandteile der Phase II der Besiedlung von Khirbet Qumran:

> The end of Period II is marked by a violent destruction. In the main building the tower to the north–west, fortified by its ramp of stones, offered a stouter resistance. But all the rooms of the south–west and north–west were filled with debris from the collapse of the ceilings and superstructures to a height which varies between 1.10 m. and 1.50 m. In the centre and the south–east, where the courtyard is situated and certain lighter structures had been put up, the damage was less considerable, but the destruction extended throughout the whole building. Iron arrow–heads have been recovered, and almost everywhere a layer of a powdery black substance gives evidence to the burning of the roofs. The buildings, therefore, were reduced to ruins by a military action, and, since the last coins of Period II are Jewish coins

---

[108] S. de Vaux, Archaeology, 5; vgl. Cross, antike Bibliothek, 67–69; Callaway, History, 32 und J. Maier, Zwischen den Testamenten, 278.

[109] Essener, 67–72.

[110] H. Stegemann, Essener, 194–196; H. Stegemann hat diese These ausführlich in seinem Aufsatz „The Qumran Essenes—Local Members of the Main Jewish Union in Late Second Temple Times" dargelegt (passim); zur Sache vgl. auch Stemberger, Pharisäer, Sadduzäer, Essener, 122–125.

from the First Revolt, it is reasonable to conclude that the destruction took place during the Jewish War.[111]

Neben den Berichten des Josephus und dem archäologischen Befund könnte weiterhin auch die Tatsache, daß einer der Anführer der jüdischen Kriegsparteien den Namen „Johannes, der Essener" trug (s. Jos Bell II567), auf eine essenische Beteiligung am ersten jüdischen Krieg hinweisen.[112] Man kann daher wohl davon ausgegangen, daß die Essener in den ersten jüdischen Krieg mit hineingezogen wurden. Zumindest die Siedlung von Qumran wurde 68 n. Chr. von den Römern völlig zerstört. Anschließend verliert sich die essenische Partei im Dunkel der Geschichte.

Zum Schluß sei ein kurzer Hinweis auf die neuere Populärliteratur zum Thema erlaubt: Aufbauend auf den Thesen des amerikanischen Judaisten und Orientalisten R. Eisenman[113] haben die Journalisten M. Baigent und R. Leigh in ihrem Buch „Verschlußsache Jesus" behauptet, bei den Bewohnern der Siedlung von Qumran habe es sich nicht um Essener, sondern um Zeloten gehandelt, die militant gegen die römische Besatzung vorgegangen seien. Der als Lehrer der Gerechtigkeit bezeichnete Gründer dieser Gemeinschaft sei Jakobus, der Bruder Jesu, gewesen, was nach ihrer Ansicht auch die christliche Urgemeinde zu Zeloten machen würde. Paulus sei der in den Texten von Qumran als Lügenmann bezeichnete Gegner des Jakobus und ein römischer Spion gewesen, der die qumranischen „Widerstandskämpfer" ausspioniert hätte. Bei dem Frevelpriester handele es sich dagegen um die „Person des Hohenpriesters Ananas" (sic!, S. 249 und passim, gemeint ist Ananias). Dies alles sei unter dem Einfluß der katholischen Kirche von den Qumranwissenschaftlern über vierzig Jahre verborgen worden, ließe sich aber eindeutig aus bislang noch unveröffentlichten und absichtlich zurückgehaltenen Texte entnehmen.

Ähnlich phantastisch und eher dem Genre der Fantasy zugehörig sind die Hypothesen der australischen Gelehrten B. Thiering: Für sie sind die Evangelien nach der Methode der Pescharim geschrieben worden (sic!) und entsprechend dieser Methode auszulegen. Eine solche Interpretation der Evangelien fördert ihrer Meinung nach zu Tage, daß sich das Leben Jesu in Qumran abgespielt habe. Bei Jesus handelt es sich für sie um den Frevelpriester, während Johannes der Täufer der Lehrer der Gerechtigkeit sei.[114] Sie meint dann in der Lage zu sein, eine auf die Minute genaue Schilderung des Lebens Jesu geben zu können, wobei Jesus für sie nicht am Kreuz, sondern erst sehr viel später als Familienvater in Rom gestorben ist.

---

[111] Archaeology, 36.
[112] Zur Sache vgl. u. a. Dimant, Qumran Sectarian Literature, 543.
[113] S. James the Just, passim und Macabees, Zadokites, Christians, passim.
[114] S. Jesus von Qumran, passim.

Diese und ähnliche Phantastereien wurden anderenorts schon ausführlich widerlegt,[115] es braucht daher an dieser Stelle lediglich auf eine allen
Autoren dieser sogenannten Sachbücher zugängliche Information hingewiesen zu werden, die ihre Kartenhäuser in sich zusammenstürzen läßt:
Die von den oben genannten Autoren in ihren Werken heftig angezweifelte paläographische Datierung der in Qumran gefundenen Schriftrollen wurde durch eine jüngst möglich gewordene AMS–Datierung einiger
Handschriften glänzend bestätigt.[116] Dies bedeutet aber, daß einige Abschriften der Texte, die den Lehrer der Gerechtigkeit erwähnen, an den
Beginn des 1. Jh. v. Chr. datiert werden müssen, somit kann es sich bei
den Bewohnern der Siedlung von Qumran bzw. bei den Verfassern der
Texte, die den Lehrer der Gerechtigkeit und den Frevelpriester erwähnen,
keineswegs um Christen gehandelt haben.

Theologie und Selbstverständnis

Da eine ausführliche Darstellung der essenischen Theologie ebenso wie
eine Darstellung der essenischen Geschichte den Rahmen dieser Arbeit
sprengen würde, kann hier erneut nur ein kurzer Überblick gegeben werden: In den Augen des *yaḥad* waren durch die Zustände am Jerusalemer
Tempel (Lunarkalender, nichtzadokidischer Hoherpriester) die Bundesverpflichtungen Israels gebrochen worden. Die Redaktion der Kriegsregel in 1QM XIV zeigt besonders deutlich, welche Konsequenzen daraus
im *yaḥad* gezogen wurden: Ein Vergleich des Textes mit seiner Vorlage
durch Hunzinger hat ergeben, daß die Selbstbezeichnungen der aus dem
babylonischen Exil heimkehrenden ersten Gola vom *yaḥad* auf sich selbst
übertragen worden sind. Man verstand sich als ein letzter heiliger Rest des
Bundes Gottes mit Israel.[117] Nur noch im *yaḥad* wurde die Thora wirk-
lich erfüllt und so die Bundesverpflichtungen eingehalten. Das Kernstück
der essenischen Theologie ist somit ethischer Natur und besteht aus der
Erfüllung der Thora.[118] Der zentrale Stellenwert der Thora in der essenischen Bewegung kann besonders gut am Ringen um die Bedeutung der
einzelnen Vorschriften der Thora abgelesen werden, wie es sich z. B. in
zahlreichen Halachot in MMT, S und der Damaskusschrift niedergeschlagen hat.

---

[115] S. Fitzmyer, Responses, passim; Berger, Qumran und Jesus, 20–40; Betz/Riesner, Jesus,
Qumran und der Vatikan, 13–137 und H. Stegemann, Essener, 23–52; zur Auseinandersetzung mit den Thesen von Baigent/Leigh s. auch Fitzmyer, Katholiken–Hetze, passim.

[116] S. Bonani u. a., Radiocarbon Dating. Die Ergebnisse dieser Studie wurden von Broshi
bereits im März 1991 auf einem Kongreß in Madrid vorgetragen und hätten den Autoren
der jeweiligen Werke bei gründlicher Recherche zu diesem Zeitpunkt bekannt sein können.

[117] S. Milḥamā, 147–149; zur Sache vgl. auch Talmon, Waiting for the Messiah, 280.

[118] Zur zentralen Bedeutung von Bund und Thora im *yaḥad* s. auch Vermes, Dead Sea
Scrolls in English, 3. Aufl., 36–41.

Besonders wichtig war für die Essener dabei die Beachtung kalenda-
risch vorgegebener Kultzeiten, z. B. des Sabbats oder der großen Festtage
(vgl. CD III[12ff.]). In ihnen spiegelte sich für den *yaḥad* die schon vor der
Schöpfung von Gott festgelegte Ordnung des Seins wieder [s. z. B. 1QS
IX[26ff.]; 1QH[a] XX[7ff.] (Ed. Suk. XII[4ff.])]. Bei dieser von Gott schon vor
der Schöpfung geschaffenen kalendarischen Ordnung des Seins handelt es
sich nach der Meinung der Essener um den in Qumran befolgten Solarkalender. Man könnte von einer schöpfungstheologischen Legitimation der
Kultzeiten sprechen.

Durch die Distanzierung vom Tempel und seinem Opfergottesdienst
mußte der *yaḥad* eine neue Form des Gottesdienstes entwickeln, die wiederum sein Selbstverständnis geprägt haben wird: An die Stelle des ver-
unreinigten Opfers im Tempel von Jerusalem trat im *yaḥad* der Lobpreis
Gottes (s. z. B. 4QMidrEschat[a] III[6f.]). Die Gemeinschaft sah sich selbst
als Tempel Gottes (4QMidrEschat[a] II[19]–III[7.10–13]):

> In late Second Temple times, the Essenes were the only Jews who refused
> to partake in the altar offerings, or in any other cultic performances, at the
> Jerusalem temple. They did not generally refuse animal offerings, nor did
> they tend to spiritualize the cult in principle as Philo, or other hellenistic Jews
> of that time, used to do. The Essenes only established an alternative for as
> long as there was no other way to follow the very strict cultic prescriptions of
> the Torah. Their *main* obstacle was, indeed, the pagan lunar calendar, which
> had in the meantime become official at the temple. It was this calendar
> which basically kept them away from the altar offerings there, not any
> considerations of secondary aspects like spiritual offerings instead of those
> real animal offerings prescribed by the Torah.[119]

Von zentraler Bedeutung sind für den *yaḥad* auch die Reinheitsvorschriften der Thora. Hierauf weisen zum einen sechs Abschriften von 4QToho-
rot A–C hin, in denen konkrete Anleitungen zum Thema Reinheit und
Unreinheit gegeben werden,[120] und zum anderen das gehäufte Auftreten
von Reinigungsterminologie in den essenischen Texten von Qumran, wie
z. B. Bildungen der Wurzeln טהר,[121] טמא[122] und des Nomens נדה.[123]
Die große Bedeutung der Reinheitsvorschriften für die Essener betont
auch der Bericht des Josephus: Die Essener hätten, so schildert er, vor den
Mahlzeiten und nach dem Ausscheiden der Exkremente Reinigungsbäder

---

[119] H. Stegemann, Qumran Essenes, 124; zur Sache vgl. auch Vermes, Qumran in Perspective, 180f. und ders., Dead Sea Scrolls in English, 3. Aufl., 50f.
[120] Erste Fragmente des Textes wurden von Milik, Milkî-ṣedeq, 127–130 und Eisen-
man/Wise, Qumran Rollen, 210-217 veröffentlicht. In diesem Zusammenhang ist auch
auf den von Baillet „Rituel de purification" genannten Text 4Q512 (s. Grotte 4, 262–286)
hinzuweisen.
[121] S. K. G. Kuhn, Konkordanz, 79.
[122] S. a. a. O., 80.
[123] S. ebd.

genommen (s. Bell II$_{129.149}$). Die eigentliche Reinigung ist für die Essener jedoch ein geistiges Geschehen (s. 1QS III$_{6-9}$), so daß man von einer pneumatischen Reinheitslehre sprechen könnte.

Die große Bedeutung von Reinheitsvorschriften, Tempel und Kultus in der Theologie des *yaḥad* zeigt den priesterlichen Charakter dieser Bewegung aufs deutlichste auf. Dem entspricht es, daß die בני צדוק häufig an hervorgehobener Stelle genannt werden: 1QS V$_{2.9}$; 1QSa I$_{2.24}$; II$_3$; 1QSb III$_{22}$; CD III$_{21f.}$; IV$_3$; 4QMidrEschat^a III$_{17}$. Wie stark priesterlich der *yaḥad* tatsächlich geprägt war, zeigt 1QSa:

> Der Schlußteil dieser Gemeindeordnung (1QSa II, 11–22) ist eine besondere Anweisung für den Fall, daß der Messias kommt—mit seinem Kommen wurde offenbar für die nähere Zukunft gerechnet—und an gemeinschaftlichen Veranstaltungen der Essener teilnimmt. Trotz seines unbezweifelbaren hohen Ranges muß der Messias auch dem einfachsten Priester bei diesen Anlässen in jeder Hinsicht den Vorrang lassen. Denn der Messias stammt als Nachkomme Davids ja wie dieser nur aus dem Stamme Juda, nicht aus dem höherrangigen Priesterstamm Levi.[124]

Das Geschichtsbild der Essener war, wie in der vorliegenden Arbeit gezeigt werden wird, prädestinatianisch und ihr Weltbild dualistisch bestimmt (s. o., 17f.). Diesem prädestinatianisch–dualistischem Geschichtsbild entspricht eine Eschatologie, die die Vernichtung der Söhne der Finsternis und den Triumph der Söhne des Lichts erwartet (s. o., 17f.).

1.2 Forschungsgeschichte, Problemstellung, Textauswahl

1.2.1 Forschungsgeschichte[125]

Von einigen Hinweisen in den wenigen der Weisheit in Qumran gewidmeten Arbeiten abgesehen, ist der Zusammenhang zwischen weisheitlicher Urordnung und prädestinierter Geschichtsordnung in den Texten von Qumran noch nicht untersucht worden. Signifikant für die Forschungslage ist, daß in der dem Thema „Qumran and Predestination" gewidmeten Arbeit Merills die Weisheit nicht einmal erwähnt wird, obwohl weisheitlich beeinflußte Texte wie 1QH^a IX (Ed. Suk. I) Gegenstand der Analyse sind.

---

[124] H. Stegemann, Essener, 162. Zur Auslegung von 1QSa II$_{11ff.}$ s. Schiffman, Eschatological Community, 53–67; zum priesterlichen Charakter des *yaḥad* s. u. a. auch J. Maier, Qumranfunde, 9.

[125] Die wichtigsten Weisheitstexte aus Qumran sind jüngst von Wacholder/Abegg gesammelt und in vorläufigen Transkriptionen veröffentlicht worden (Preliminary Edition, Fasc. 2, 1–203). Englische Übersetzungen der Texte finden sich bei García Martínez, Dead Sea Scrolls Translated.

Obwohl Worrel viele der für das Thema wichtigen Texte untersucht, beläßt er es bei dem Hinweis: „Creation is by God alone, according to his sole will and design. But a special functional recognition is given to his wisdom and knowledge. All nature is foreordained; all deeds are foreknown; man and nature are predestined."[126]

Für von Rad ist die weisheitliche Vorstellung von der Determination der Zeiten, wie sie sich in Koh 3,1–12; 6,10; Sir 15,11–20; 23,20; 39,25.30 niederschlägt, die Basis, auf der apokalyptische Schriften wie Dan (s. 2,21); AssMos (s. 12,4f.); äthHen (s. 39,11); Jub (s. 32,21) ihre Geschichtstheologie entwickeln. In diesem Zusammenhang zitiert von Rad auch den Beginn der Zwei–Geister–Lehre (1QS III[15f.]).[127]

Lipscomb/Sanders weisen darauf hin, daß der Gegenstand der Weisheit in Qumran die offenbarten Geheimnisse von Gottes prädestinatianischer Ordnung seien:

> The object of wisdom at Qumran was the revealed mysteries of God's predestined plan of salvation, knowledge of sectarian doctrine, for example, as it is elaborated in 1QS 3:13–4:26. The search for knowledge gained through consistent personal experience of the divine world order found in wisdom texts does not appear in the Essene documents. Nor may these passages be designated sapiential on the basis of form. The focal thought of the Essene community was apocalyptic, not sapiential, and the sapiential terminology employed at Qumran provides only the external garb which clothes the central concern of the sect about God's predestined plan and the imminent eschaton.[128]

Solche Hinweise finden sich auch in den Arbeiten Lichtenbergers: Aufgrund seiner Rekonstruktion von 4Q185 1–2 III[11–13] vermutet er, daß dieser von ihm als weisheitliche Mahnrede charakterisierte Text eine Vorstufe zu den „... weitergehenden deterministischen (Aussagen) von z. B. 1QH 1 [scil. Ed. Stegemann 1QH^a IX] oder 1QS 3, 15–17 ..." darstelle.[129] In seiner 1980 veröffentlichten Dissertation führt er aus:

> Der Schöpfungspsalm in 1QH 1 [scil. Ed. Stegemann 1QH^a IX] preist Gott in seiner Unvergleichlichkeit und Weisheit ..., als den, der alles zu seiner Ehre und nach seinem Wohlgefallen geschaffen und dabei alles festgelegt hat. Diese Bestimmung reicht von der Festlegung der Bahnen der Gestirne bis hin zur Zahl der Abfolge der Menschengeschlechter, von Gottes Heimsuchung mit Heil und Schlägen bis hin zur Bestimmung der Taten des einzelnen Menschen.[130]

---

[126] Concepts of Wisdom, 218.
[127] Weisheit, 343.
[128] Wisdom at Qumran, 278.
[129] Eine weisheitliche Mahnrede, 161.
[130] Menschenbild, 165.

Schnabel erkennt, daß sich in den Texten von Qumran der weisheitliche Gedanke einer präexistenten Schöpfungsordnung mit dem Gedanken einer vorherbestimmten Geschichte verbindet, jedoch möchte er 1QS
III₁₅₋₁₇ lediglich im Kontext der Verbindung von Weisheit und Gesetz
verstehen. Die hier gemeinte Ordnung realisiert sich für ihn in zwei
Aspekten, in der מחשבה, Gottes präexistentem Plan, und den משפטים
„... as a designation for the precepts or laws which determine the affairs
of the world."[131] In seinen Ausführungen zu 1QHᵃ IX₂₋₂₂ (Ed. Suk.
I₁₋₂₀) stellt er zwar fest, der Hymnus habe „... strong deterministic overtones referring to the predestination of all created beings (1,7–15 [scil Ed.
Stegemann IX₉₋₁₇]) and of man (1,19 [scil. Ed. Stegemann IX₂₁])",[132]
jedoch geht er diesem Sachverhalt nicht weiter nach.

1.2.2 Problemstellung

In den weisheitlichen Werken Israels aus der Zeit des Zweiten Tempels
findet sich häufig die Vorstellung von einer präexistenten Ordnung der
Welt. Sie wird einerseits als kosmologische Schöpfungsordnung und andererseits als ethische Ordnung dargestellt. In einigen Texten nimmt diese
als Weisheit bezeichnete Ordnung sogar personale Gestalt an (Hyposta-
se). Die genannten Vorstellungen finden sich in Prov 1–9; Hiob, Sir, Bar
3,9–4,4, und Koh.

Diese präexistente Schöpfungsordnung hat zum einen die Ordnung
des Kosmos zum Inhalt. Besonders deutlich wird dieser kosmologische
Aspekt der weisheitlichen Urordnung, wenn man die erste Gottesrede
des Hiobbuchs betrachtet (Hiob 38f.; vgl. auch 11QPsᵃ XXVI₉₋₁₅). In ihr
wird Hiob in Form langer Ketten rhetorischer Fragen die ihm verborgene Ordnung des Kosmos von Gott aufgezeigt. Beispielsweise ist dem
Meer eine Grenze gesetzt, die es nicht überschreiten darf, dem Morgenrot
ein Ort zugewiesen, oder dem Regen ein Weg gewiesen. Jedoch hat die
weisheitliche Urordnung nicht nur kosmologische Aspekte, vielmehr beinhaltet sie ebenso die ethische Ordnung des Seins. Dieser ethische Aspekt
tritt zutage, wenn z. B. in Koh 3,1–8 jeder menschlichen Handlung eine
geeignete Zeit zugewiesen wird, oder aber, wenn die Weisheit in Sir 24
und Bar 3,9–4,4 mit der Thora identifiziert wird. Geschichtliches, etwa
in Gestalt menschlicher Schicksale oder Handlungen, ist jedoch in den
eigentlich weisheitlichen Texten kein Teil dieser Urordnung.

Ebenso vielfältig wie Gegenstände und Inhalte der weisheitlichen Urordnung sind auch ihre Funktionen: Sie diente Gott als „Bauplan" der
Schöpfung. Dies wird besonders in Prov 3,19f. und Prov 8,22ff. deut-

---

[131] Law and Wisdom, 208.
[132] A. a. O., 210f.

lich, findet sich aber auch in anderen weisheitlichen Texten, wie z. B. Hi 28,25–27 oder 11QPs?ha XXVI₁₁f..

Für den Menschen hat sie die Funktion einer ethischen Richtschnur, die es ihm ermöglicht, sich „ordnungsgemäß" zu verhalten, und an der er sein Handeln orientieren kann. Lebt er der weisheitlichen Urordnung entsprechend, geht es ihm gut, lebt er ihr zuwider, geht es ihm schlecht (Tun-Ergehen–Zusammenhang). Besonders deutlich wird dies, wenn man beachtet, daß in Prov 3,19–26 auf die Feststellung, Gott habe die Welt mit Hilfe der Weisheit geschaffen, ein Lehrrede des Inhalts folgt, sich an der Weisheit zu orientieren, damit es einem gut ergehe:

19 יְהוָה בְּחָכְמָה יָסַד־אָרֶץ כּוֹנֵן שָׁמַיִם בִּתְבוּנָה

20 בְּדַעְתּוֹ תְּהוֹמוֹת נִבְקָעוּ וּשְׁחָקִים יִרְעֲפוּ־טָל

21 בְּנִי אַל־יָלֻזוּ מֵעֵינֶיךָ נְצֹר תֻּשִׁיָּה וּמְזִמָּה

22 וְיִהְיוּ חַיִּים לְנַפְשֶׁךָ וְחֵן לְגַרְגְּרֹתֶיךָ

23 אָז תֵּלֵךְ לָבֶטַח דַּרְכֶּךָ וְרַגְלְךָ לֹא תִגּוֹף

24 אִם־תִּשְׁכַּב לֹא־תִפְחָד וְשָׁכַבְתָּ וְעָרְבָה שְׁנָתֶךָ

25 אַל־תִּירָא מִפַּחַד פִּתְאֹם וּמִשֹּׁאַת רְשָׁעִים כִּי תָבֹא

26 כִּי־יְהוָה יִהְיֶה בְכִסְלֶךָ וְשָׁמַר רַגְלְךָ מִלָּכֶד

19 Mit Weisheit hat der Herr die Erde gegründet, die Himmel hat er mit Einsicht (an ihren Ort) gestellt.

20 Durch seine Erkenntnis brachen Fluten hervor und träufeln Wolken Tau.

21 Mein Sohn, verliere sie nicht aus den Augen, halte fest an Umsicht und Besonnenheit,

22 und es wird für dich Leben geben und anmutigen Schmuck für deinen Hals.

23 Dann wirst du deinen Weg sicher gehen, und dein Fuß wird nicht anstoßen.

24 Legst du dich nieder, so wirst du nicht erschrecken, und liegst du, ist angenehm dein Schlaf.

25 Du wirst dich nicht fürchten vor plötzlicher Schrecknis, noch vor dem Verderben der Frevler, wenn es kommt,

26 denn der Herr wird deine Zuversicht sein und deinen Fuß vor der Schlinge behüten.

Auf diese Weise erfüllt die weisheitliche Urordnung eine sinnstiftende Funktion: In ihr wird die Erwartung des Menschen erfüllt, daß sein Handeln einen Sinn hat, daß nämlich dem Gerechten Gutes widerfahre und der Frevler seiner Strafe nicht entgehe.

Auch die Art und Weise, wie der Mensch die weisheitliche Urordnung erkennen kann, ist vielfältig: In der Sammlung Prov 1–9 ist sie jedem Menschen zugänglich. Sie kann dort mit Hilfe der Belehrung erfaßt werden. Dies zeigt besonders schön die Tatsache, daß auf das Lied der personifizierten Weisheit in Prov 8,22–31 (dort stellt sich die Weisheit als präexistente Schöpfungsmittlerin dar) eine kurze Aufforderung folgt, auf die Lehre des Weisen zu hören (8,32ff.). Anderseits kann die Epistemologie in Prov 1–9 aber auch völlig mit der Ethik verschmelzen, Erkenntnis geschieht hier im Handeln selbst:

יִרְאַת יְהוָה רֵאשִׁית דָּעַת חָכְמָה וּמוּסָר אֱוִילִים בָּזוּ

Die Furcht des Herrn ist der Anfang der Erkenntnis, aber die Toren verachten Weisheit und Zucht. [Prov 1,7]

Für von Rad enthält dieser Satz „in nuce … die ganze Erkenntnistheorie Israels".[133] Die ethische Dimension dieser Epistemologie wird besonders deutlich, wenn man die parallele Stellung von יִרְאַת יְהוָה, דָּעַת und חָכְמָה, מוּסָר in Prov 1,7 betrachtet.

Erst in der Krise der nachexilischen Weisheit, wie sie sich in den Hiobdialogen widerspiegelt, verliert die Weisheit diesen Erkenntnisoptimismus. Hiob kommt in langen Dialogen mit seinen Gesprächspartnern zu einer Anklage Gottes. In diesen Dialogen stellt das Leiden des Gerechten das weisheitliche Axiom einer kosmologisch–ethischen Ordnung der Welt in Frage: Durch den wegen des Leidens des Gerechten fraglich gewordenen Tun–Ergehen–Zusammenhang wird auch die dieses Postulat erst ermöglichende weisheitliche Urordnung fraglich. Der Ausweg aus dieser Krise ist, wie die Gottesreden des Hiobbuches (Hiob 38ff.) zeigen, revelatorischer Natur. Von der Form her handelt es sich bei den Gottesreden um Streitreden,[134] von der Sache her um Offenbarung (וַיַּעַן־יְהוָה אֶת־אִיּוֹב מִן הַסְּעָרָה וַיֹּאמַר) „und Gott antwortete Hiob aus der Wolke und sprach"; Hiob 38,1) eines verborgenen Geheimnisses, nämlich der für Hiob nicht mehr erkennbaren sinnstiftenden weisheitlichen Urordnung. Wie sehr die Gottesreden nicht nur Streitrede, sondern auch Offenbarung sind, wird deutlich, wenn man beachtet, daß die Dialoge des Hiobbuches sich in Form und Gliederung sowohl am Rechtsstreit als auch am Klagepsalm orientierten.[135] Die Gottesreden übernehmen dabei nach Westermann die Funktion der Gottesantwort in den Klagepsalmen. Er skizziert ihre Position und Funktion im Gesamtaufbau der Dialoge des Hiobbuches wie folgt:

Die Herausforderung zum Rechtsstreit ist in den Wunsch gefaßt, daß Gott antworten möge. Es kommen hier zwei Linien zusammen, die das Ganze bis hierher durchziehen: der Rechtsvorgang und die Klage. Im Rechtsvorgang ruft Hiob, der von den Freunden beschuldigt war, ein Frevler zu sein

---

[133] Weisheit, 94. Zur Sache vgl. Joachim Becker, Gottesfurcht, 218.
[134] Zur Sache s. Westermann, Aufbau, 108.
[135] Zur Sache s. Westermann, Aufbau, passim.

(22), die höhere Instanz an, die aber gleichzeitig sein Gegner ist, den er zum Rechtsstreit herausfordert. In der Klage ist jetzt genau der Punkt erreicht, an dem in den Klagepsalmen die Antwort Gottes erwartet wird. Der Punkt also, an dem in einigen Volksklagepsalmen die Antwort Gottes direkt wiedergegeben wird (z. B. Ps 85, 9), in einigen KE die Erhöhung durch Gott einen tiefen Einschnitt bezeichnet wie z. B. Ps 28, 6ff nach 1–5. Begrich hat gezeigt, daß hinter beidem die gottesdienstliche Tradition des „Heilsorakels" stehen muß. Von diesem Hintergrund her bekommt das Faktum der Antwort Gottes erst seine ganze Bedeutung. Sie steht an der Stelle der Gottesantwort in den Klagepsalmen ...[136]

Gott, der Hiob die dem Kosmos zugrundeliegende Ordnung mit einer erdrückenden Fülle rhetorischer Fragen vor Augen führt, ermöglicht ihm so erneut den Zugang zur Sinn und Geborgenheit stiftenden Urordnung. Ausführlich wird das Thema der verborgenen und dem Menschen entrückten Weisheit in Hiob 28 behandelt.[137] In diesem Weisheitslied wird die Größe der Weisheit gepriesen, indem in 22 Versen ausgeführt wird, die Weisheit sei dem Menschen verborgen (Hiob 28,1–22). Anschließend wird geschildert, Gott habe die Weisheit während der Schöpfung erkannt und benutzt (Hiob 28,23–27). Erst der letzte Vers des Liedes deutet eine Möglichkeit für den Menschen an, die ihm verborgene weisheitliche Urordnung zu erkennen: וַיֹּאמֶר לָאָדָם הֵן יִרְאַת אֲדֹנָי הִיא חָכְמָה וְסוּר מֵרָע בִּינָה („Und er [scil. Gott] sagte zum Menschen: ‚Siehe die Furcht des Herrn ist Weisheit und Sich–Abwenden vom Bösen, das ist Einsicht'"; Hiob 28,28).[138] Es handelt sich um eine kurze Lehrrede, die einen Kernsatz der Weisheit, auf den oben bereits hingewiesen wurde (vgl. Prov 1,7), wiedergibt. Es scheint, als ob in Hiob 28,28 die traditionelle ethische Epistemologie der Weisheit vorliegt: Gottesfurcht und Böses vermeiden führen zu Erkenntnis. Jedoch täuscht der Eindruck. Entscheidend ist das auf das Lied folgende וַיֹּאמֶר לָאָדָם. Gott spricht zum Menschen und offenbart ihm diese Quintessenz der Weisheit. Hier ist mit חָכְמָה und בִּינָה der Erkenntnisweg, sondern der Erkenntnisgegenstand gemeint, welchen Gott dem Menschen offenbart.[139]

---

[136] Westermann, Aufbau, 109.

[137] Ob Hiob 28 sekundär ist oder zum ursprünglichen Bestand der Dialoge gehört, ist hier nicht von Bedeutung, da es an dem Skopus des Liedes nichts ändert (zur Diskussion um Hiob 28 s. H.–P. Müller, Hiobproblem, 129–134).

[138] Vers 28 als einen „... bewußt korrigierende(n) Zusatz ..." anzusehen [so Westermann im Anschluß an die Mehrzahl der Hiobexegeten (Aufbau, 133)], erscheint mir nicht zwingend; vielmehr dürfte es für das in Hiob 28 erhaltene Weisheitslied geradezu unabdingbar sein, daß auf die Ausführungen zur Unnahbarkeit der Weisheit eine Erläuterung folgt, wie der Mensch die Weisheit erkennen kann. Hierin ähnelt Hiob 28 Bar 3,9–4,4 (zur Sache s. de Wilde, Hiob, 278f.).

[139] Die Grundlagen dieser revelatorischen Epistemologie mögen durchaus in den bildhaft formulierten Reden der personifizierten Weisheit in Prov 1 und 8 zu finden sein.

Eine gemäßigtere Form dieser revelatorischen Weisheit findet sich im Buch Jesus Sirach. Zwar wird betont, daß die präexistente Urordnung der Welt von Gott über all seine Werke ausgegossen worden sei (Sir 1,1–10), jedoch wird im folgenden Abschnitt (1,11ff.) ausgeführt, die Gottesfurcht sei der Anfang der Weisheit: Ἀρχὴ σοφίας φοβεῖσθαι τὸν κύριον, καὶ μετὰ πιστῶν ἐν μήτρᾳ συνεκτίσθη αὐτοῖς. („Der Anfang der Weisheit ist es, den Herrn zu fürchten, und mit dem Frommen wurde sie im Mutterleib zugleich erschaffen"; Sir 1,14). Dies ist wohl so zu verstehen, daß der in Prov 1,7 eingeschlagene ethische Erkenntnisweg, die Gottesfurcht, als ein Weg verstanden wird, mit dessen Hilfe Gott dem Menschen die ihm verborgene Ordnung offenbart. Eine andere Form, wie Gott dem Menschen die weisheitliche Urordnung offenbart, findet sich in Sir 24: Die Verse 1-22 stellen eine aus der Tradition überkommene Aretalogie der personifizierten Weisheit dar.[140] Diese Aretalogie wird vom Autor des Buches Sir in Vers 23ff. ausgelegt. Entscheidend ist der Satz Ταῦτα πάντα νόμον ὃν ἐνετείλατο ἡμῖν Μωυσῆς κληρονομίαν συναγωγαῖς Ιακωβ[141] („Dies alles ist das Gesetz, das uns Mose befohlen hat als ein Erbteil für die Gemeinden Jakobs"; 24,23). Weisheit und Gesetz werden hier eng miteinander verbunden. Die Weisheit offenbart sich Israel als Gabe Gottes im Gesetz. Wie sehr dabei die Weisheit das Gesetz dominiert, wird jedoch erst deutlich, wenn gesehen wird, daß ab dem Vers 25 die Thora in Sir 24 nicht mehr genannt wird und daher offenbar kein „... Gegenstand eines bevorzugten Interesses ..." ist.[142] Vielmehr zeigen die folgenden Verse, daß in Sir 24 „... der spezifische Aufgabenkreis der Weisheit den Lehrern von der Tora ..." nicht entwunden wird.[143] „Nicht die Weisheit gerät in den Schatten der Großmacht der Tora, sondern umgekehrt sehen wir Sirach damit beschäftigt, die Tora von dem Verstehenshorizont der Weisheit her zu legitimieren und zu interpretieren."[144] Die Thora „... ist die in eine Gestalt getretene Urordnung aller Welt."[145]

Diese Vorstellung von der Thora als dem Offenbarungsmedium der Weisheit verschmilzt in Bar 3,9–4,4 mit jener von der verborgenen weisheitlichen Urordnung: Nach zwei einleitenden Lehreröffnungsrufen (3,9.14)[146] schildern die Verse 3,15–31 ausführlich, wie verborgen und unzugänglich die Weisheit ist, lediglich Gott kennt sie (3,32–35), und er hat

---

[140] Zum traditionellen Charakter von Sir 24,1–22 s. Lange, Weisheit und Torheit, 66.

[141] Bei βίβλος διαθήκης θεοῦ ὑψίστου („Buch des Bundes des höchsten Gottes"; 24,23a) handelt es sich um eine Glosse (zur Sache s. u. a. Marböck, Gesetz, 8 und Rickenbacher, Weisheitsperikopen, 126f.).

[142] Von Rad, Weisheit, 317.

[143] A. a. O., 316.

[144] Ebd.

[145] Ebd.

[146] Zum sekundären Charakter von Bar 3,10–13 s. Lange, Weisheit und Torheit, 89. Interessanterweise stellt der erste Lehreröffnungsruf eine Anspielung auf das š°maʿ jiśraʾel

sie Israel in Gestalt der Thora offenbart (3,36–4,4). Daß diese Verbindung von Thora und Weisheit kein Proprium der Bücher Jesus Sirach und Baruch ist, sondern in unterschiedlichen theologischen Ausformungen weit verbreitet war, mögen die im folgenden genannten Texte zeigen: In Dtn 4,6 wird die Weisheit Israels als ein Erfüllen der Thora beschrieben, und auch in dem der Gruppe der Weisheitspsalmen zuzurechnenden Psalm 1 wird der Lebensweg des Gerechten als von der Thora bestimmt charakterisiert. In 4Q525 wird im Anschluß an eine Folge von אשרי–Sprüchen, die mit dem Lob des Mannes schließt, der an der Weisheit festhält, geschildert, wie dieser Mann sein Leben an der Thora ausrichtet (3 II$_{1-6}$). In CD VI$_{2ff.}$ wird betont, Gott habe aus Aaron Einsichtige (נבונים) und aus Israel Weise (חכמים) erweckt. Der Kontext macht dabei deutlich, daß es sich bei diesen Weisen um die thorafrommen Angehörigen des *yaḥad* handelt (VI$_{5f.}$), ja, daß ihr Weise–Sein gerade in der Erfüllung der Thora besteht.

Ein Weg, jene Krise der Weisheit zu bewältigen, die aus der enttäuschten Erwartung an die Wirklichkeit, daß, wer Gutes tue, auch Gutes erleben müsse, herrührte, und die sich in Form einer Erkenntniskrise niederschlug, war es somit, die zu erkennende weisheitliche Urordnung dem Menschen zu entrücken. Die Theologie wurde der Wirklichkeit angepaßt, indem die postulierte, aber in der Alltagserfahrung nicht verifizierbare und daher dem Menschen verborgene sinnstiftende Ordnung gemäß eben dieser Alltagserfahrung auch im theologischen Gebäude dem Menschen entrückt wurde. Als Reaktion auf diese Entrückung der weisheitlichen Urordnung entwickelte sich eine Offenbarungstheologie, die gewährleistete, daß die dem Menschen entrückte Ordnung erwählten Offenbarungsträgern zugänglich blieb. Man kann von einer revelatorischen Weisheit sprechen.

Mit der Vorstellung von der weisheitlichen Urordnung der Welt verbinden sich an einigen Stellen der späteren weisheitlichen Schriften der Epoche des Zweiten Tempels deterministische und prädestinatianische Elemente. Meist jedoch handelt es sich hierbei lediglich um Spitzensätze, die noch nicht zu einem prädestinatianischen System ausgeformt sind. So kann in Koh 6,10 ausgeführt werden

מַה־שֶּׁהָיָה כְּבָר נִקְרָא שְׁמוֹ וְנוֹדָע אֲשֶׁר־הוּא אָדָם
וְלֹא־יוּכַל לָדִין עִם שֶׁתַּקִּיף[147] מִמֶּנּוּ

Was existiert, wurde schon längst bei seinem Namen gerufen, und bekannt war, was ein Mensch ist; und er vermag nicht zu richten mit jemandem, der stärker ist als er.

(Dtn 6,4f.) dar (Ἄκουε, Ισραηλ); was schon zu Beginn des Textes auf eine enge Verbindung von Weisheit und Thora hindeutet.

Nun ist dieser Spitzensatz sicherlich im Rahmen des Denkens Koh's zu verstehen. Es wird hier die auch anderenorts im Buch thematisierte, den Menschen erdrückende Allmacht Gottes beschrieben (darauf deutet besonders der zweite Halbvers hin). Daß es für Koh unmöglich ist, die der Welt zugrundeliegende Ordnung zu erkennen (s. z. B. 3,9–12; 6,12), führt dazu, daß er das Schicksal des Menschen als von Gott willkürlich festgesetzt und determiniert erlebt, sich aber nicht in der Lage sieht, mit diesem übermächtigen Gott zu richten.

Jesus Sirach dagegen erfüllt die Gewißheit, „… ein ‚ontologisches Strukturgesetz' der Schöpfung entdeckt zu haben …: Die Welt ist nicht einheitlich, sondern kennt ‚paarweise' d. h. dialektisch–polare Strukturen, die Gott in sie hineingelegt hat"[148] (33,7–15):

7	[מה יו]ם יום כי כלו אור שונה [מ]על שמש
8	מת בחכמת ײ נשפטו ויש מהם מועדים
9	[מהם ב]רך והקדשו ומהם שם לימי מספר
10	[וכל איש מכ]לי חמר ומן עפר נוצר אדם
11	[חכמ]ת ײ תבדילם וישם אותם דרי הא[דמה] ויש[נ]ה] את דרכיהם
12	[מהם ברך והרי]ם מה [ו]מהם הקדיש וא[ליו הקריבם] [מהם קלל ו]השפילם ודחפם ממעבד[י]ה[ם]
13	[כחומר ביד ה]יוצר לאחוז כרצון [כן האדם ביד] עושהו להתיצב מפניו חלק
14	[נוכח רע] טוב ונוכח חיים מות נוכח איש טוב רשע ונוכח האור ח[שך]
15	הבט אל כל מעשה אל כולם שנים שנים זה לעומת [זה][149]

7 Was unterscheidet einen Tag vom anderen? Ja, sie sind vollkommen!
   Das Licht des Jahres kommt von der Sonne!

8 Nur durch die Weisheit des Herrn wurden sie unterschieden,
   und es gibt unter ihnen auch Festtage.

9 (Einige) [von ihnen segne]te er, und sie wurden geheiligt,
   und andere wiederum machte er zu gezählten Tagen.

10 [Ein jeder Mensch ist wie ein] Tongefäß,
   und von Staub ist gebildet der Mensch.

11 [Die Weisheit] des Herrn hat sie geordnet,
   und er hat sie eingeteilt in Geschlechter auf Erden
   und hat verschieden gemacht ihre Wege.

---

[147]Bei שֶׁהִתַּקִּיף (so 𝕷) handelt es sich um einen Abschreibfehler, wie schon das *Qere* andeutet und wie es einige Handschriften der masoretischen Texttradition und zwei in der Geniza der Kairoer Esra Synagoge gefundene Koheletfragmente bestätigen.
[148] Hengel, Judentum und Hellenismus, 263f.
[149]Transkription und Rekonstruktion nach Vattioni, Ecclesiastico, 173–175.

12   (Einige) [von ihnen segnete er und erhöhte er] um ein Stück,
     [und] (andere) von ihnen heiligte er und ließ [sie zu sich nahen];
     (andere wiederum) [von ihnen verfluchte er und] erniedrigte sie,
     und stieß sie herunter von ihrem Postament.
13   [Wie Lehm in der Hand des] Töpfers,
     um ihn nach Wohlgefallen zu kneten,
     [so ist der Mensch in der Hand] seines Schöpfers,
     vor ihm zu stehen, hat er zugeteilt.
14   [Gegenüber dem Bösen] steht das Gute,
     und gegenüber dem Leben steht der Tod;
     gegenüber dem guten Menschen steht der böse,
     und gegenüber dem Licht steht die [Finsternis].
15   Blicke auf ein jedes Werk Gottes:
     Sie alle sind paarweise, eines entsprechend dem anderen.[150]

Im Text wird von der polaren Struktur der kalendarischen Ordnung der
Welt (geheiligte Festtage und Wochentage) auf die Struktur der menschliche Existenz geschlossen,[151] wobei Vers 14 zeigt, daß das Hauptanliegen
des Textes ethischer Natur ist: Die Antithese von Böse und Gut wird
dort mit den Antithesen von Leben und Tod, Licht und Finsternis verglichen. Wann Gott diese Ordnung festgesetzt hat, wird in Vers 10 deutlich:
Dort wird betont, Gott habe den Menschen aus Staub erschaffen. Es
handelt sich um ein Schöpfungsmotiv. Da Vers 11 sich mit der Behauptung anschließt, die Weisheit Gottes habe die Menschen geordnet und in
Geschlechter eingeteilt, muß davon ausgegangen werden, daß diese weisheitliche Urordnung, nach der Gott eingeteilt hat, für Sir 33,7–15 schon
vor der Schöpfung existierte. Da weiterhin sowohl Vers 8 als auch Vers 11
davon sprechen, daß die Unterscheidung zwischen Fest- und Wochenta-
gen bzw. zwischen Gut und Böse durch die Weisheit Gottes geschah, darf
davon ausgegangen werden, daß die weisheitliche Urordnung nach der
Meinung des Siraciden eine polar–dualistische Struktur hatte. Es bleibt
festzuhalten: In Sir 33,7–15 wird eine ethisch–dualistische Struktur des
Seins geschildert, die nach Meinung des Siraciden die weisheitliche Urordnung darstellt.[152]
     Über diesen ethischen Dualismus hinaus weist die Tatsache, daß die
Weisheit Gottes die Menschen in diesem Text der guten oder bösen Sphäre
des Seins zuteilt und sie in verschiedene Geschlechter einteilt (Vers 11),
auf deterministisches Denken hin. Im Unterschied zu den im folgenden
untersuchten Texten ist jedoch lediglich die Zugehörigkeit des Menschen
zu einem Geschlecht und seine ethische Disposition Teil der präexisten-

---

[150] Zur Übersetzung s. Sauer, Jesus Sirach, 586.
[151] Vgl. Hengel, Judentum und Hellenismus, 264.
[152] Vgl. z. B. Snaith, Ecclesiasticus, 161f. und Skehan/di Lella, Wisdom of Ben Sira, 401.

ten weisheitlichen Urordnung, seine einzelnen Handlungen dagegen sind
noch nicht festgelegt. Es scheint daher angebracht, von ethischer Determination bzw. Prädestination zu sprechen. Die Handlungen des Menschen,
also die Geschichte, sind nur in soweit davon betroffen, wie es ihre ethische Wertigkeit anbelangt. Von Rads These, Jesus Sirach lege „… die Lehre
von der göttlichen Determination der Zeiten an den Gesamthorizont aller
Geschehnisse …" an,[153] ist also dahingehend zu relativieren, daß für Jesus Sirach nicht die einzelnen Handlungen des Menschen vorherbestimmt
sind, sondern lediglich seine Zugehörigkeit zu einer bestimmten ethischen
Disposition.

Es kann zusammengefaßt werden: Schon in der Weisheit selbst ist
die Vorstellung von einer präexistenten weisheitlichen Urordnung in
den Kontext prädestinatianischen Denkens rückt. Weiterhin wird die
ursprünglich in der Weisheit jedem Menschen zugängliche ethisch–
kosmologische Schöpfungsordnung der Wahrnehmungsfähigkeit des
Menschen entrückt, um der aus der weisheitlichen Sinnkrise resultie-
renden Erkenntniskrise zu begegnen. Anders als noch in der Sammlung
Prov 1–9 ist der Mensch auf die Offenbarung Gottes angewiesen, will er
die Ordnung des Seins erkennen und verstehen. Diese Offenbarung der
nun verborgenen weisheitlichen Urordnung kann jedoch verschiedene
Formen annehmen. Sie ereignet sich in einem ethisch positiven Handeln
(Gottesfurcht; s. Sir 1,1ff.), in der Offenbarung der Thora am Sinai (Sir
24, Bar 4,1–4) oder einer direkten göttlichen Offenbarung (Hiob 28; 38f.).

Findet sich nun in den Texten von Qumran die Vorstellung von einer präexistenten Urordnung und wird in diesem Zusammenhang weisheitliches Vokabular gebraucht, darf davon ausgegangen werden, daß
die weisheitliche Vorstellung von einer präexistenten Schöpfungsordnung
aufgenommen und verarbeitet wird.

1.2.3 Textauswahl

In den Texten von Qumran findet sich das Theologumenon von der weisheitlichen Urordnung[154] in 11QPs^a XXVI$_{9-15}$;[155] 4Q417 2 I; 1Q27 1 I;
1QS III$_{13}$–IV$_{26}$; 4Q402 4 par MasŠirŠabb I$_{1-7}$, 1QH^a IX (Ed. Suk I); V$_{24ff.}$
(Ed. Suk. XIII$_{7ff.}$); XX$_{7ff.}$ (Ed. Suk. XII$_{4ff.}$); CD II$_{2-13}$; 1QpHab VI$_{12}$–

---

[153] Weisheit, 343.
[154] Es werden hier nur solche Belege genannt, wo die Vorstellung eindeutig identifiziert
werden kann. Fragmente, in denen das Theologumenon genannt sein könnte, deren Textbeschädigungen aber kein klares Urteil zulassen, werden nicht bearbeitet. So wäre es z.B.
verlockend, Hiob 28 mit dem entsprechenden Textstück aus Qumran zu vergleichen
(11QtgJob XII–XIII), jedoch vereiteln umfangreiche Textlücken dieses Vorhaben (zum Text s. van der Ploeg/van der Woude, Targum de Job, 34–37 und Sokoloff, Targum
to Job, 50–53).
[155] Zu 11QPs^a XXVI$_{9-15}$ s. o., 32.

VIII$_3$; 4Q180 1$_{1-5}$; 1QM X$_{3-18}$; 4Q185 1–2 III$_{11-13}$; 4Q299 2 II$_{9-16}$ und 4Q511 30.

Von diese Texten werden im folgenden 1QM X$_{3-18}$; 4Q185 1–2 III$_{11-13}$; 4Q299 2 II$_{9-16}$ und 4Q511 30 nicht untersucht, da Textbeschädigungen ihre Analyse unmöglich machen:

1QM X$_{3-18}$ ist zwar ähnlich gut erhalten wie beispielsweise 4Q402 4 (par MasŠirŠabb I$_{1-7}$), jedoch handelt es sich bei 1QM um eine vom *yaḥad* redaktionell überarbeitete Abschrift einer u. a. in 4QM^a bewahrten Vorlage.[156] Für eine Trennung von Redaktion und Vorlage reichen die erhaltenen Textreste von 1QM X$_{3-18}$ nicht aus, so daß eine Analyse dieses Textes nicht sinnvoll erscheint.

Zu 4Q185 1–2 III$_{11-13}$ führt Lichtenberger aus: „Diese Aussagen können als Vorstufen gelten für die weitergehenden deterministischen von z. B. 1QH 1 [scil. Ed. Stegemann IX] oder 1QS 3, 15–17, haben aber zum Teil eine enge Parallele zu 1QH 1, 27ff [scil. Ed. Stegemann, IX$_{29ff.}$]."[157] Diese Interpretation des Textes basiert jedoch zum größten Teil auf seiner Rekonstruktion der lacunae der Handschrift:

הלא אֿ‮[‬להי‮]‬ֿם עשה לבוֿת ויד‮[‬ע מזמתיהם אלהים יביט‮]‬ אֿלֿ כֿל חדרי
בטן וחפש כליתו ‮[‬אל‮]‬ֿהֿ‮[‬י‮]‬ֿם עשה‮]‬ לשון וידע דֿברה אלהים עשה ידים
‮[‬וידע פעלתיהן‮]‬

Hat G[ot]t nicht die Herzen gemacht, und er wei[ß ihre Gedanken]? [Gott sieht] in alle Kammern des Innersten, und er prüft seine Nieren. [G]o[tt] [hat] die Zunge [gemacht], und er kennt ihr Wort; Gott hat die Hände gemacht, [und er kennt ihre Taten].[158]

Da letzte Sicherheit bei der Rekonstruktion von Textlücken diesen Umfangs nicht erreicht werden kann, erscheint es angebracht, im folgenden auf den Beleg zu verzichten.

Gleiches gilt für 4Q511 30, ein Fragment der sogenannten „Lieder des *maśkîl*" (4Q510–4Q511). Nitzan zeigt, daß in ihnen die Vorstellung von einer präexistenten Ordnung des Seins zu exorzistischen Zwecken benutzt wird: Den Geistern werde, um sie zu vertreiben, in dem Text dargelegt, daß ihre Macht, entsprechend der präexistenten Schöpfungsordnung, mit

---

[156] Zur Sache s. Hunzinger, Milḥamā, 133.147–151.

[157] Eine weisheitliche Mahnrede, 161. Die freie Verwendung des Tetragramms in 4Q185 (s. 1–2 II$_3$) zeigt, daß der Text nicht später als zu Beginn des 2. Jh. v. Chr. datiert werden sollte (vgl. a. a. O., 162 und Tobin, 4Q185, 148). Wesentlich vor dieser Zeit sollte der Text jedoch auch nicht angesetzt werden, da in 4Q185 1–2 II$_{8f.}$ eine Art endzeitliches Engelgericht erwähnt wird: „This suggests that 4Q185 comes from a point in the development of Jewish wisdom literature when that literature comes to be influenced by a more apocalyptic outlook such as is found especially in *1 Enoch* 91–105" (Tobin, 4Q185, 152).

[158] Zu Transkription und Übersetzung s. Lichtenberger, Eine weisheitlicher Mahnrede, 160f.

dem Eschaton ende.[159] Jedoch lassen die Textbeschädigungen keine klare
Interpretation des Textes zu.

Von 4Q299 2 II$_{9-16}$ sind nur die Zeilenanfänge erhalten. In ihnen
finden sich Wendungen wie ומזמת כול מעשה [„und der Plan eines jeden (Schöpfungs)werkes"] und כול מחשבת עושה [„(der) ganze Plan des
Schöpfers"]. Der erhaltene Textbestand erlaubt jedoch über die Feststellung, daß in diesem Textstück eine Form der weisheitlichen Urordnung
thematisiert wird, hinaus keine weitergehende Interpretation.

Als letztes ist hier noch auf einen von Berger erneut veröffentlichten
Text aus der Kairoer Geniza einzugehen, die sogenannte „Weisheitsschrift
aus der Kairoer Genizah".[160] Berger möchte in diesem Text eine um 100
n. Chr. zu datierende und aus dem Diasporajudentum Ägyptens stammende Weisheitsschrift sehen.[161] Eine Untersuchung des Textes durch Nebe
ergab, daß sich unter sämtlichen in Qumran gefundenen Fragmenten keine Abschrift dieses Textes fand.[162] Ferner stellt Nebe fest, daß es zwar
Berührungspunkte zwischen den Texten von Qumran und der Weisheitsschrift aus der Kairoer Geniza gibt, jedoch deuten „sprachliche, form-
und tradtionsgeschichtliche Gemeinsamkeiten … nicht auf eine zeitliche
Verwandtschaft von WG [scil. die Weisheitschrift aus der Kairoer Geniza]
mit den Qumrantexten."[163] Weiterhin gilt für ihn:

> Diese essenischen Lebensideale nach Philo stimmen zwar in vielen Punkten
> mit denen von WG überein, die Verwandtschaft von WG erscheint aber
> im Grunde als eine Verwandtschaft mit dem theologischen System Philos,
> genauer gesagt mit den platonischen und pythagoreischen Idealen.[164]

Desweiteren haben Rüger und Nebe überzeugend nachgewiesen, daß dieser Text zur mittelalterlichen Piyyut–Literatur zu rechnen ist und keinesfalls im 1. Jh. n. Chr. verfaßt worden sein kann.[165]

---

[159] Hymns from Qumran, passim (s. besonders 62f.); vgl. dies., Qumran Prayer, 253–259.
[160] Berger, Die Weisheitsschrift aus der Kairoer Geniza.
[161] Weisheitsschrift, 76–79.
[162] Mündliche Auskunft auf dem Treffen der IOQS in Paris 1992.
[163] Weisheitsschrift, 249.
[164] A. a. O., 253.
[165] Rüger, Weisheitsschrift, 3–19; Nebe, Text und Sprache, 295–303.394f.

TEIL I

NICHTESSENISCHE
UND
PROTOESSENISCHE TEXTE

KAPITEL 2

4QSAP A: 4Q417 2

2.1 Einleitung

Der Text trägt bis zu seiner endgültigen Publikation den vorläufigen Titel 4Q Sapiental Work A (4QSap A). Er gehört zu einer Gruppe von mehreren Weisheitsschriften aus Höhle 4 (4Q410–413, 4Q415–421 und 4Q423–426). Ursprünglich scheint man davon ausgegangen zu sein, daß es sich um *ein* Buch handelt,[1] jedoch vermutete Strugnell schon bald, daß die genannten Handschriften Textzeugen mehrerer Werke sind.[2] Wacholder/Abegg identifizieren mit Hilfe der Preliminary Concordance schon 7 Texte, von denen drei in mehreren Abschriften vorliegen.[3] In der von Tov publizierten Liste finden sich dagegen sogar 11 Texte, von denen zwei mit mehreren Abschriften vertreten sind.[4] 4QSap A ist in Höhle 4 in bis zu sieben zu Teilen stark beschädigten und fragmentarischen Abschriften erhalten (4QSap A^{a-e} = 4Q415–418.419(?).423).[5] Die Handschriften 4Q416–418 überlappen sich, so daß für sie eine sichere Zuordnung möglich ist.[6] In 4Q423 sind keine aus 4Q415–418 bekannten Textstücke erhalten, jedoch überschneiden sich die Fragmente 3 und 4 der Handschrift mit 1Q26 (4Q423 3$_{2-4}$ par 1Q26 2$_{2-4}$; 4Q423 4$_{1-2}$ par 1Q26 1$_{5-6}$).[7] Laut Harrington könnte auch 4Q419 eine Abschrift von 4QSap A darstellen,[8] jedoch spricht sich Elgvin gegen diese Zuordnung von 4Q419 zu 4QSap A aus.[9] 4Q418 dagegen stellt nach Elgvin zwei vom gleichen Abschreiber angefertigte Handschriften dieses Textes dar, da es zwischen den 4Q418 zugeordneten Fragmenten zu Textüberschneidungen komme:

> The letters שלם from the word ישלם of the text of 4Q416 1 13 appears in two different fragments of 418—frgs. 2 and 213. Both fragments definitely preserve the text known from 416 1. This overlap therefore demon-

---

[1] So Küchler, Weisheitstraditionen, 107. Das von Spijkerman vorgestellte Fragment eines Weisheitstexts (Chronique du Musée, 325) wird in der Preliminary Concordance nicht zu 4QSap A gerechnet.

[2] Le travail d'édition, 64.

[3] Preliminary Edition, Fasc. 2, 40–184.

[4] Companion Volume, 43f. In einer früheren Version der Liste (Tov, Unpublished Qumran Texts, 123) werden 4Q416–419 zu Sapiential Work A gerechnet.

[5] 4Q415 findet sich auf der Rückseite von 4Q414.

[6] S. dazu die Transkriptionen bei Wacholder/Abegg, Preliminary Edition, Fasc. 2, 54–158.

[7] S. dazu die Transkriptionen bei Wacholder/Abegg, Preliminary Edition, Fasc. 2, 167. Diese Zuordnung der 6 Handschriften in den Listen Tovs wurde jüngst von den beiden Herausgebern des Textes, J. Strugnell und D. J. Harrington, bestätigt (Qumran Cave 4 Texts, 492; vgl. auch Harrington, Wisdom at Qumran, 133).

[8] S. Wisdom at Qumran, 133.

[9] S. Admonition Texts, 180.

strates without any doubt that 418 preserves remnants of two copies of
Sap. Work A. A similar doublet can be shown on the words לעומר ועומר
from 415 11 2. These two words are preserved both on 418 167 and
on the following fragment of three lines from PAM 41.909, which is not
found in the preliminary concordance of J. Strugnell and H. Stegemann:
אשר לוא / יחד למשקלמה / לעומר ועומר ... The text of 418 33 possibly
overlaps with two words from 418 167 of this same text.[10]

Erste Angaben über die materiale Rekonstruktion der einzelnen Handschriften von 4QSap A und verschiedene in ihnen bezeugte Textformen
finden sich ebenfalls bei Elgvin:

> The large fragments from 4Q416 and 417, which partly overlap one another,
> enable us to reconstruct the sequence of seven different columns: 417 2 i;
> 417 2 ii (417 frgs. 3 and 4 possibly belong to this column); (after a possible
> break) 417 1 i (= 416 2 i); 416 2 ii (= 417 1 ii); 416 2 iii; 416 2 iv; (and after a
> possible break) 416 1.
>   Different editiorial stages of Sap. Work A seem to be reflected by 416
> and 418. If my analysis of two of the photographs of 418 8 is correct, the text
> of almost a full column is absent in 418 where (compared with the running
> text we know from 416) we would expect to find it. Part of this text is found
> in 418 but placed elsewhere.[11]

Nach den von Cross veröffentlichten Tabellen[12] zu urteilen sind die
Handschriften von 4QSap A als herodianisch einzuordnen: Die ältesten
Handschriften sind 4Q415 und 4Q418 (Ende des 1. Jh. v. Chr.). 1Q26
stammt aus dem letzten Viertel des 1. Jh. v. Chr. oder dem ersten Viertel
des 1. Jh. n. Chr. 4Q417 stammt aus der ersten Hälfte des 1. Jh. n. Chr.,
4Q416 und 4Q423 aus der Mitte des 1. Jh. n. Chr. Weiteren Aufschluß
gibt 1QH^a IX$_{28f.}$ (Ed. Suk. I$_{26f.}$): Dort wird auf 4Q417 2 I$_8$ angespielt (zur
Sache s. u., 226). Ferner wird 4Q418 55$_{10}$ in 1QH^a XVIII$_{29f.}$ (Ed. Suk.
X$_{27f.}$) zitiert.[13] Da die *Hôdāyôt* in der 2. Hälfte des 2. Jh. v. Chr. verfaßt
wurden (zur Datierung der *Hôdāyôt* s. u., 201), ergibt sich für 4QSap A
ein *terminus ante quem* zwischen 150 und 100 v. Chr.[14]

---

[10] Ebd. Anm. 4. Zur Beurteilung von Elgvins These muß die endgültige Publikation der
Handschriften abgewartet werden. Die Frage kann nur mit Hilfe der von H. Stegemann entwickelten Methode zur Lokalisation von Fragmenten in der ursprünglichen Kolumnenfolge
einer Rolle entschieden werden (zu H. Stegemanns Methode s. u., 195).

[11] Admonition Texts, 181.

[12] Development of the Jewish Scripts, 137f.148f.162–164.

[13] So Harrington, Wisdom at Qumran, 143f.

[14] Vgl. Elgvin, Admonition Texts, 181. Zu 4Q416–418 als herodianische Handschriften
s. auch Harrington, Wisdom at Qumran, 140. Für H. Stegemann dagegen stammen die
drei ältesten Handschriften des Textes aus der Zeit von 125–50 v. Chr. (Essener, 142). Ein
endgültiges Urteil muß einer Untersuchung der Handschriften im Rockefeller Museum
durch einen Paläographen vorbehalten bleiben.

Da 4QSap A keine historisch verwertbaren Aussagen enthält, müssen sprachliche Kriterien zur Ermittlung eines *terminus post quem* herangezogen werden: Wacholder/Abegg klassifizieren das Hebräisch der Weisheitstexte aus Höhle 4 wie folgt: „The Hebrew is by and large classic, though with an admixture of Aramaic."[15] Die Aramaismen des Textes[16] tragen wenig zu seiner Datierung bei. Interessanter ist die Verwendung später Vokabeln und Konstruktionen: Beispielhaft sei hier das in den hebräischen Texten des AT nicht vorkommende persische Lehnwort רז genannt. Es findet sich erst bei Sir (8,18; 12,11) und in den aramäischen Teilen des Danielbuches (2,18f.30.47; 4,6). In Qumran ist es sowohl in aramäischen (4QEnGiants^a 9$_3$; 4QEn^c 5 II$_{26}$; 1QGenAp I$_{2f.}$; II$_1$) als auch vor allen in den hebräischen Texten belegt (1QS, 1QM; CD; 1QpHab etc.). Mit Ausnahme der schwer zu datierenden Texte aus der Henochtradition und der Danielerzählung stammen alle Belege aus dem 2. Jh. v. Chr. oder sind noch jünger. In eine ähnliche Richtung weist das 4Q417 2 I$_{11}$ belegte Partizip der Wurzel כשר. Das aramäische Lehnwort[17] ist im Hebräischen erst Est 8,5; Koh 2,21; 5,10 (כִּשְׁרוֹן); 11,6 und Sir 13,4 belegt. Auch das Part. Hi. der Wurzel בין findet sich erst in späten Texten: I Chr 15,22; II Chr 34,12; Dan 8,23; Sir 10,1; 38,4; 42,21; 1QH^a VII$_{21}$ (Ed. Suk. 10$_{10}$); X$_{20}$ (Ed. Suk. II$_{18}$); 4Q381 45$_1$; 4Q509 12–13 I$_3$. Als letztes Beispiel sei die Infinitivkonstruktion עם התהלכו (4Q417 2 I$_{12}$) angeführt:[18] Der Infinitiv mit עם in temporaler Bedeutung findet sich erst bei Esra (1,11) und Sir (38,23; 40,14). „It is well established that this usage is late."[19] Der *terminus post quem* ist somit gegen Ende des 3. Jh. oder zu Beginn des 2. Jh. v. Chr. anzusiedeln.

Stellt man in Rechnung, daß ein Text meist eine gewisse Zeit, bevor er zitiert wird, verfaßt worden ist, so ergibt sich für 4QSap A eine Datierung zwischen dem Ende des 3. und der Mitte des 2. Jh. v. Chr.[20]

---

[15] Preliminary Edition, Fasc. 2, XIV.

[16] S. z. B. מדהב 4Q416 2 II$_{14}$; 4Q418 176$_3$.

[17] Zur Herkunft aus dem Aramäischen s. Kellermann, § כשר, 382. Ältester Beleg ist ein in die persische Zeit datierter Papyrus aus Saqqâra (s. Segal, Aramaic Texts from Saqqâra, 67f. (= 48 II$_{1f.}$)); jüngere Belege finden sich bei Cantineau, Tadmorea, 351 (= 25$_{10}$) und in CIS II 3913 II$_{105}$.

[18] Der Kontext zeigt, daß es sich nicht um das Nomen עם handeln kann, sondern um die Präposition עם. Ebenso kann התהלכו nicht als 3. Pers. pl. Perfekt Hitp. (הִתְהַלְכוּ) interpretiert werden, da ein dieser Form entsprechendes Subjekt im Kontext nicht vorkommt. Es kann sich somit bei התהלכו nur um einen Inf. cstr. Hitp. mit einem Suffix der 3. Pers. mask. sing. handeln (הִתְהַלְכוּ).

[19] Qimron, Hebrew of the Dead Sea Scrolls, 74; zu עם mit Infinitiv vgl. u. a. auch 1QM XVI$_8$ und 1QS X$_{2.10}$.

[20] H. Stegemann schlägt, aufbauend auf einer relativen Chronologie aller in Qumran gefundenen Texte, eine Datierung im 4. oder 3. Jh. v. Chr. vor (Essener, 143). Die erläuterten sprachlichen Befunde scheinen mir eine Datierung im 4. Jh. v. Chr. auszuschließen.

Neben kleineren, voneinander unabhängigen Absätzen finden sich in 4QSap A auch in größeren Sinnzusammenhängen stehende Argumentationen. Es finden sich Paränesen, Lehrgedichte und hymnisches Material. Die Grundorientierung des Textes ist ethisch–epistemologischer Natur. Über weite Strecken dominieren Imperative und Jussive den Text, letztere gerne mit אל negiert. Man darf daher wohl von einer ethischen Grundorientierung von 4QSap A ausgehen. In dem größten zusammenhängenden Fragment (4Q416 2 I–IV) wird u. a. die Armut thematisiert: Man solle sich seiner Armut (ריש) bescheiden und nicht nach verderblichem Reichtum streben, dann könne auch ein Armer das Geheimnis des Werdens (רז נהיה) erkennen. Neben dieser ethisch orientierten Epistemologie gibt es auch eine offenbarungstheologische Erkenntnislehre. In den hymnischen Stücken wird Gott nicht nur als Schöpfer, sondern auch als Spender der Erkenntnis gepriesen. Auch eine Verbindung von Weisheit und Thora, wie sie etwa aus Sir 24 und Bar 3,9–4,4 bekannt ist (s. o., 36f.), ist 4QSap A nicht fremd (s. z. B. 4Q417 2 I[14]). Darüber hinaus kann das Werk aber auch mythisches Material verarbeiten, wie beispielsweise die Verwendung von Engelfall– und Sintflutmotivik in 4Q416 1[12] zeigt. Harrington skizziert 4QSap A daher wie folgt:

> This Qumran sapiential work is a wisdom instruction expressed in small units and put together without much apparent concern for logical or thematic progression. In some places the sage's appeal is to pragmatism or to reward and punishment at judgment, while in other places there are deductions from Scripture and symbolic uses of Scripture. In from and content it is similar to Sirach, parts of Proverbs (especially chaps. 22–23), late Egyptian wisdom writings, Jesus' instructions in the Synoptic Gospels, and the letter of James.[21]
>
> One of the most striking features of the document is its extensive vocabulary with regard to poverty: the nouns *maḥsor* and *rîš / rê(')š*, and the adjectives *rîš* and *'ebyôn*. Yet poverty is presented not so much as an ideal or a more perfect state as it is a symbol of human limitation and morality. Though this vocabulary appears in other wisdom texts, it is particularly prominent in this work. Another prominent term is *raz nihyāh* (or *nihyeh*). We have been translating it as „the mysteries of what is to be (or, come)" since in some contexts it appears to refer to the eschatological plan of God.[22]

Eine Abfassung von 4QSap A durch den *yaḥad* erscheint mir ausgeschlossen, da sich weder für den *yaḥad* typische Begrifflichkeit (Selbstbezeichnungen etc.) noch zentrale Topoi seiner Theologie im Text finden, und auch sonst nichts auf eine solche Verfasserschaft hinweist (Zitate esseni-

---

[21] Wisdom at Qumran, 144.
[22] A. a. O., 145.

scher Schriften etc.).[23] Ferner dürften gegen eine essenische Abfassung von 4QSap A die Ausführungen zu Vater und Mutter in 4Q416 2 III$_{15ff.}$ sprechen, da der *yaḥad*, wie z. B. die Gemeinderegeln dokumentieren, nicht von den im antiken Judentum üblichen Familienstrukturen geprägt war, sondern andere Formen des Zusammenlebens entwickelt hatte.[24] Die Bedeutung von 4QSap A für den *yaḥad* wird zum einen aus der Zahl der in Qumran gefundenen Abschriften des Textes deutlich, zum anderen aus der Tatsache, daß in 1QH^a IX$_{28f.}$ (Ed. Suk. I$_{26f.}$) auf 4Q417 2 I$_8$ angespielt wird (zur Sache s. u., 226.) und in 1QH^a XVIII$_{29f.}$ (Ed. Suk. X$_{27f.}$) 4Q418 55$_{10}$ zitiert wird.[25]

Der hier besprochene Abschnitt des Textes findet sich, fragmentisch erhalten, in zwei Handschriften:[26]

4Q418 43: Das 16 Zeilen umfassende Fragment wurde aus 4 Einzelstücken zusammengesetzt (s. PAM 43483). Das größte Einzelstück hat unregelmäßige Bruchränder und fügt sich in ein 5,2×5,2 cm messendes Quadrat ein. Das zweite und das dritte Einzelstück sind ca. 2,4×2,4 cm und 2,2×1,8 cm groß. Das vierte Einzelstück mißt nur ca. 1×1 cm. Insgesamt sind in den 16 Zeilen Reste von 51 Wörtern erhalten. Davon finden sich 33 Wörter ganz oder teilweise in 4Q417 2. Kolumnenränder sind im Fragment nicht erhalten.

4Q417 2: Auf dem Fragment sind Reste von zwei Kolumnen erhalten. In der ersten Kolumne ist von den Zeilen 1–7 und 19–27 jeweils der größte Teil weggebrochen. Von der zweiten Kolumne sind lediglich kleine Reste der Zeilen 3–16 erhalten. Außerdem finden sich viele kleine Löcher in dem Fragment, und an einigen Stellen ist die Tinte abgeplatzt oder verblichen. Mit Hilfe von 4Q417 1 läßt sich erschließen, daß eine Kolumne der Handschrift 4Q417 ca. 27–28 Zeilen umfaßt hat. Somit dürfte in Kol. I des zweiten Fragments der ersten erhaltenen Zeile keine weitere Zeile vorhergegangen sein, obwohl der oberer Kolumnenrand weggebrochen ist. Das Fragment ist ca. 19,5 cm hoch und 20 cm breit. Der Abstand zwischen den beiden Kolumnen schwankt zwischen 0,8 und 1,7 cm, der untere Ko-

---

[23] Zur Sache vgl. H. Stegemann, Essener, 142f. und Harrington/Strugnell, Qumran Cave 4 Texts, 494. Zu inhaltlichen und formalen Kriterien für die Identifikation essenischer Texte s. o., 10ff.

[24] So Harrington, Wisdom at Qumran, 148. Elgvin dagegen will für 4QSap A eine essenische Herkunft annehmen (Admonition Texts, 185f.191f.), kann dafür jedoch nur auf vage Ähnlichkeiten im Vokabular von 4QSap A und einiger essenischer Text verweisen. Die für 4QSap A wichtigen familiären Lebensstrukturen will Elgvin vor dem Hintergrund essenischer Siedlungen außerhalb von Qumran verstanden wissen, in denen solche Lebensstrukturen möglich gewesen wären (a. a. O., 193f.). Für eine solche essenische Abfassung von 4QSap A spricht sich, ohne eine nähere Begründung zu geben, auch Dimant aus (Qumran Manuscripts, 43).

[25] Zum Zitat s. Harrington, Wisdom at Qumran, 142f.

[26] Da 4Q417 2 und 4Q418 43 bislang noch unveröffentlicht sind, werden die beiden Fragmente, anders als sonst in der vorliegenden Arbeit üblich, im folgenden genau beschrieben.

lumnenrand ist ca. 2,5 cm hoch, und der rechte Rand der Kolumne I mißt
ca. 1 cm.

2.2 Transkription

Kolumne I[27]

1   [...] אָ֫תה מבֿ[י]֫[ן] [...]

2   [...]יֿהֿ[...]o o ...ה בֿרֿזֿי פלֿ[או ... o אל הנוראים תֿשׁכיל ראש o ...]

3   [...]יֿ וֿפֿהֿ[...]בה oooהֿבֿטֿ[... קדם למה נהיה ומה נהיה]

4   [בפיהו ...]לֿהֿתֿהֿלֿךֿ לתֿ[...]o[...למֿהֿ]

5   [הוֿא ולמה נהיה במה...] בֿכֿוֿלֿ[...]תֿעֿשֿה וֿמֿ[ה]

6   [...יוֿמם ובלילה הגה ברז נֿ]הֿיֿה ודרוש תמיֿד וֿאז תֿדֿע אמת ועול
     חכמה

7   [וֿפֿוֿ]תֿoֿחֿהֿ[28] הֿבֿטֿ[29] מֿעֿשֿ[ה] רעים[30] בֿכוֿל דֿרֿכֿיֿהֿם עֿם פֿקֿוֿדֿתֿם[31]
     לֿכֿוֿל קצי עולם ופקודת

8   עד וֿאז תדע בֿיֿ[ן טו]בֿ לֿ[רע כמֿ[עֿשֿ]יהם כיֿ[א אל הדעות סֿוֿ[ד] אמת
     וברז נהיה

9   [פֿ]רֿשׁ אֿת אֿישׁהֿ[32] עשֿהֿ[...]o[...]כֿ[...]מה ולכל vacat מה יֿצרה וֿמֿֿמשֿלֿת
     מעשיה

10 לֿo[...]בה יֿבול [אֿ]תֿ כֿ[וֿ]לֿ [...]בֿ[...]וֿיפֿ[רֿשׁ למֿ[בֿ]ינתם לכול מֿ[עשׂי]ֿם
     להתהלך

---

[27] In der folgenden Transkription ist 4Q417 2, soweit möglich, mit Hilfe von 4Q418 43
rekonstruiert worden.

[28] Das חכמה verlangt, analog zu אמת ועול, nach einem Antipoden. Zu erwarten wäre
ein ואולת, was jedoch um 1 1/2 Buchstaben zu lang ist. Der erhaltene Rest des ת und das
folgende ה gehören m. E. zu einem Wort. Der ungewöhnlich große Zwischenraum zwischen
den beiden Buchstaben ist auf einen Schreibfehler zurückzuführen. Der Abschreiber schrieb
zwischen ת und ה noch einen weiteren Buchstaben, evtl. ו, bemerkte anschließend seinen
Fehler und löschte ihn wieder; es dürfte וֿפֿתֿֿחֿהֿ (Inf. abs. Qal פתה) zu rekonstruieren sein
(s. Abb. 3–5).

[29] Von ה ist der Rest des rechten Abstrichs erhalten. Im Original sind außerdem Reste des
rechts über den rechten Abstrich hinausgehenden Teils des oberen Balkens zu erkennen.
Von ב ist ein kleiner Rest des vertikalen Strichs erhalten (auf das ה folgend). Auf dem Photo
PAM 42578 finden sich ferner auf einem auf dem Photo PAM 41942 nicht zu sehenden Stück
Leder, das vom Original weggebrochen ist und auch im Rockefeller Museum nicht mehr
auffindbar war, Reste eines ט.

[30] Auf dem Photo PAM 42578 sind auf dem schon in PAM 41942 weggebrochenen
Lederstück die Buchstaben מֿעֿשֿ zu erkennen, was zu מֿעֿשֿ[ה] zu ergänzen ist. Das sich
anschließende בכוֿל דֿרֿכֿיֿהם עֿם פֿקֿוֿדֿתֿם verlangt nach einem darauf in einer Konstruktus–
Verbindung folgenden Nomen im Plural, das eine negative charakterisierte Gruppe bezeich-
net. Der verbleibende Platz von höchstens 6 Buchstaben inklusive Leeräumen rät zu der
Rekonstruktion מֿעֿשֿ[ה] רעים (zur Sache s. auch u., 61).

[31] 4Q418 43₅ liest פֿקֿוֿדֿתם. Dieser Plural dürfte wegen des vorhergehenden דרכיהם die
ursprüngliche Lesart darstellen. Es handelt sich um einen Abschreibfehler.

[32] Zur Transkription s. u., 62.

כי

11 בֹֿ[יצר] מֿבינתֹוֿ וֹיֿפֿרש לֹכֿ[ול...]ֿרֿיה ובכושר מבינות נֿתֿ[ן נסֿ]תֿרי

12 מחשבתו עם התהלכוֿ [תמיֿ]ֿםֿ [בכול מֿ]ֿעֿשֿיו אלה שחר תמיד והתבונן [בכוֿ]ֿל

13 תוצאותֿמה וֿאֿז תדע בֿכבודֿ [עֿ]ֿםֿ רֹזֿי פלאֹוֿ וגבורות מעשיו וֿאֿתֿה הֿ

14 מבין ריֹש פֿעלתכה בזכרון העֿ[ת]ֿ כי הֿ[בא חֿרֿוֿת חֿוֿקֹוֿםֿ³³ הֿֿחקיק כול הֿפֿקודֿה

15 כי חֿרֿות מחוקק לאל עֿל כול עֿ[ולות] בני שית וֿספר זכרון כתוב לֿפֿניו עם

16 לשמרי דברֿוֿ וֿהֿוֿאֿה חזון הֿהֿגֿהֿ³⁴ ספר זכרון וֿינחילה לאנוש עם רוח כֿ[י]ֿא

17 כֿתבנית קדושים יצרֿו ועוֿד לֹוֿאֿ נֿתֿן הֿגֿהֿ³⁵ לֿרוח בֿשֿר כי לֹא ידע בין

18 טֿוֿבֿ לרֿע כמשפט vacat רֿ[וֿ]ֿחֿו ואתה בן מבֿ[יֿן] הֿבֿט vacat בֿרז נֿהֿיֿה וֿדֿע

19 [בֿנחלֿ]ֿתֿ כֿוֿלֿ חי והתהלכו נֿקֿיֿדֿ[...]ֿעֿֿהֿ[...]ֿלֿ[...]ֿוֿעֿוֿ[ר...]

20 [...]ֿהֿ בֿין רוֿב למעט ובסֹוֿדֿֿהֿֿמֿהֿ [...]

21 [...]ֿצֿיֿכֿה בֿרז נֿהיֿהֿ[...]

22 [...]ֿיֿ כֿוֿל חזון דע ובכֹוֿֿלֿ[...]

23 [...]ֿוֿהֿ[ת]ֿחֿוֿֿזֿק תמיד אל תיגע בֿעֿוֿלֿהֿ [...]

24 [...]ֿבֿה לֿֿאֿ יֿנֿקֿה כֿפֿי נֿחֿלֿתֿו בֿהֿיֿרֿ[...]

25 כֿֿיֿ משכיל התבונןֿ בֿֿדֿיֿכֿה וֿבֿֿאֿיֿֿשֿ[...]

26 [מֿ]ֿסדו בכה o[...]ֿoיֿֿהֿן עם פֿעֿוֿלֿֿתֿֿ[...]ֿ וֿֿאֿחֿרֿי

27 לֿ[וֿ]ֿֿאֿ תתרו אחֿרֿ לֿבֿבֿכֿ[מה] עֿ[יֿ]ֿֿנֿיֿכֿמֿה [...]³⁶

Kolumne II

3 בֿרז נֿ[היה ...]

4 נחומים לֿוֿ [...]

5 התהלך תֿֿמֿ[ים ...]

6 ברך שמוֿ[...]

7 בֿשֿֿמֿחֿֿתֿֿֿמֿֿֿה הֿ[...]

8 גדולים רחמי אֿ[ל ...]

---

³³ 4Q418 434 liest החוק. In 4Q417 2 I₁₄ sind die letzten beiden Buchstaben des Wortes ausradiert, aber noch erkennbar. Es handelt sich um einen Abschreibfehler, der später, evtl. vom Schreiber der Rolle selbst, korrigiert wurde. Vgl. Wacholder/Abegg, Preliminary Edition, Fasc. 2, 66.

³⁴ In Zeile 17 ist eindeutig הגה zu lesen zu lesen, daher wird das Wort auch hier zu הֿהֿגֿהֿ rekonstruiert, was die verbliebenen Reste des letzten Buchstabens und der freie Platz bis zum nächsten Wort durchaus erlauben (s. Abb. 6–7).

³⁵ Hier ist nicht ההגו zu lesen, wie dies Wacholder/Abegg vorschlagen, sondern הגֿהֿ (s. Abb. 6–7). Bei diesem הגֿהֿ dürfte es sich um eine Haplographie von ההגה handeln.

³⁶ 4Q417 2 I₂₇ ist Zitat aus Num 15,39 und wurde nach diesem Vers rekonstruiert.

9   הלל אל ועל כול נגע בר[ך ... כול]
וֹ

10   בֹּרֹצונו היוֹ הואה מֹבִין o[...]

11   יפקוד כול דרכיכה עֹ[...]oֹ

12   אל תפתכה מחשבת יצֹרֹ רע[...]

13   לאמת תדרוש אל תפֹתֹכֹהֹ מֹ[...]
צוה

14   בלוא נבונות בשר אל תשגכֹ[ה ...]

15   תחשוב[...] אֹל תאֹ[מ]רֹ[...]

16   כִֹ[...]

2.3 Übersetzung

Kolumne I

(1) [...] Du bist Ratgeb[e]r[37][...]

(2) [...] in die Geheimnisse seines Wun[ders. ... Lehre nicht jene, die in Ehren gehalten werden, Armut[38] o ...]

(3) [...] und Mund [... betrachte ... Urzeit, warum etwas entsteht und was entsteht]

(4) [durch seinen Mund ...] um zu wandeln [... warum]

(5) [etwas ist und warum etwas entsteht, wodurch ...] in allem [...] du sollst tun, und w[as]

(6) [... bei Tag und bei Nacht sinne über das Geheimis des We]rdens nach, und suche unablässig danach, und dann wirst du erkennen Wahrheit und Frevel, Weisheit (7) [und Torh]eit.

Betrachte das Wer[k der Frevler] auf all ihren Wege zusammen mit ihren Heimsuchungen in allen Epochen der Ewigkeit und der letztendlichen Heimsuchung, (8) und dann wirst du unterscheiden können zw[is]chen [dem Gu]ten und [dem Bösen gemäß ihren We]rk[en, de]nn der Gott der Erkenntnis ist das Fundament[39] der Wahrheit, und im Geheimnis des Werdens (9) hat er (die) Frau unterschieden, er hat gemacht [...] und für sie alle, und (was) ist ihre Gesinnung[40] (10) in allem [...] er hat alles vermischt [... und getr]ennt zu ihrer Einsicht in alle W[erke], damit sie wandeln (11) in der [Gesinnung] seiner Einsicht, und er hat getrennt für

---

[37] García Martínez (Dead Sea Scrolls Translated, 387) will das Partizip verbal verstehen („you understand"). Die parallele Konstruktion in Zeile 18 legt jedoch die nominale Interpretation von מבין nahe.

[38] Zur Übersetzung von ראש mit „Armut" (= רֵאש) vgl. García Martínez, Dead Sea Scrolls Translated, 387.

[39] Zu סוד als „Fundament" s. Jastrow, Dictionary, 961. Die Übersetzung legt sich wegen des folgenden auf ein Schöpfungsgeschehen bezogenen Satzes nahe (s. u., 62).

[40] Wörtlich „und (was) ist die Herrschaft ihrer Werke in allem [...]".

al[le …]denn […] wird er tränken, und in den, der zur Einsicht taugt, hat er gege[ben] die [verborg]enen (Dinge) (12) seines Planes, solange er [vollkomm]en wandelt [in all] seinen [We]rken.

Nach diesen suche unablässig und verschaffe dir Einsicht i[n all] (13) ihre Ursprünge, und dann wirst du die Herrlichkeit [gemein]sam mit den Geheimnissen seines Wunders und seinen mächtigen Werken erkennen, und du (14) wirst einsehen: Armselig ist dein Tun im Gedächtnis der Ze[it, denn] eingehauen [hat er] das Gebot [geb]racht, einschlagen ließ er alle Heimsuchung, (15) denn Eingemeißeltes wurde eingehauen von[41] Gott um all der F[revel] der Söhne Seths willen, und das Buch der Erinnerung wurde vor ihm geschrieben (16) für die, die auf sein Wort achten, und die Vision der Erklärung ist das Buch der Erinnerung.[42] Und er hat es Enosch[43] gemeinsam mit dem Volk des Geistes zum Erbteil gegeben, [den]n (17) gemäß der Gestalt der Heiligen ist seine [Ge]sinnung. Doch die Erklärung wurde nicht dem Geist des Fleisches gegeben, denn er vermag nicht, zwischen (18) Gut und Böse zu unterscheiden gemäß dem Gesetz seines Geistes. *vacat*

Und du, der du der Schüler eines Lehrers bist, betrachte das Geheimnis des Werdens, *vacat* erkenne (19) [das Erbtei]l allen Lebens, daß sie nämlich rein[44] wandeln sollen […] und au[ch …]
(20) […] sei es viel, sei es wenig. Und in ihrem Plan […]
(21) […] dich im Geheimnis des Werdens […]
(22) […] jede Vision erkenne. Und in jeder […]
(23) Und erweise [dich] unablässig als stark. Werde nicht müde um des Unrechts willen […]
(24) in ihr, soll nicht straflos bleiben, gemäß seinem Anteil am Zwielicht […]
(25) denn der Unterweiser hat sich Einsicht verschafft in deine Geheimnisse und in einem Mann […]
(26) sein [Fun]dament in dir […] gemeinsam mit dem Tun […]
(27) n[ic]ht sollt ihr eur[em H]er[zen] und euren Au[ge]n nachspüren […]

Kolumne II

(3) im Geheimnis des W[erdens …]
(4) Tröstungen für ihn […]

---

[41] „Bei Vben im Pass nennt ל den Urheber …" HAL³, 485. Zu אל als logischem Subjekt von מחוקק vgl. auch die Übersetzung von Harrington, Wisdom at Qumran, 144.

[42] Zu חזון ההגה s. u., 85

[43] Harrington (Wisdom at Qumran, 145) übersetzt אנוש nicht als einen Eigennamen, sondern als „Mensch" („man"). Zur Übersetzung von אנוש mit „Enosch" s. u., 86f.

[44] נקיד ist Adverb von נקד II; s. Jastrow, Dictionary, 933.

(5) wandele voll[kommen …]
(6) Preise seinen Namen[…]
(7) in ihrer Freude[…]
(8) Groß ist die Barmherzigkeit Got[tes …]
(9) Lobe Gott, und wegen jeder Heimsuchung prei[se ihn … alles]
(10) wurde durch seinen Willen, und er ist es, der Einsicht vermittelt […]
(11) er wird all deine Wege prüfen […]
(12) lasse dich nicht von einem Vorhaben übler Gesinnung verleiten […]
(13) suche nach der Wahrheit, lasse di[ch] nicht verleiten von […]
(14) ohne daß er Einsichten des Fleisches gebot. Du sollst nicht hochmütig
werden […]
(15) Du sollst achten […] nicht sollst du sa[g]en […]
(16) denn[…]

2.4 Gliederung

Von zentraler Bedeutung für die Gliederung des Textstückes ist das
1,8 cm lange *vacat*[45] in I$_{18}$.[46] Auf dieses *vacat* folgt ein Neueinsatz:
[ן]מבי בן ואתה ("Und du, der du der Schüler eines Lehrers bist"). Die
Wendung nimmt das [בי]מ אתה aus Zeile 1 wieder auf: In I$_{1-18}$ werden
einige Erläuterungen und Ermahnungen über und für den Lehrer gegeben
(zu מבין als "Lehrer" s. u., 56), darauf folgen Erläuterungen und Ermahnungen über und für den Schüler (I$_{18ff.}$). Ab Zeile 18 macht der fragmentarische Zustand des Textes eine weitere Gliederung unmöglich. Wegen
des hymnischen Charakters von II$_{6ff.}$ darf aber angenommen werden, daß
sich an die Ausführungen über den Schüler ein Hymnus auf Gott als den
Schöpfer allen Seins und eigentlichen Lehrer aller Dinge anschließt. Die
in II$_{12ff.}$ folgenden Imperative und Jussive deuten mit hoher Wahrscheinlichkeit auf sich an den Hymnus anschließende Ermahnungen hin.

Auch für die Zeilen I$_{1-6}$ ist eine Feingliederung des Textes nicht
möglich. Lediglich für die Zeilen I$_{6-18}$ kann eine solche geleistet werden: Es ist insbesondere das dreifache תדע ואז (I$_6$, I$_8$, I$_{13}$—mit מבין ואתה
in I$_{13f.}$ wiederaufgenommen), das den Text gliedert. Der Wendung geht jeweils eine Kette von Imperativen voraus, die zu Betrachtungen und Beobachtungen auffordern (I$_6$ und I$_{12}$),[47] welche zu der oder den mit תדע ואז
eingeleiteten Erkenntnissen führen. In den beiden letzten Teilstücken von

---

[45] Eine vergleichende Analyse der *vacat*s in den Handschriften von 4QSap A ist leider
nicht möglich, da sich in ihnen lediglich zwei Stellen, an denen ein *vacat* vorkommt, überlappen (4Q416 2 III$_9$ par 4Q418 9$_8$ und 4Q417 2 I$_{18}$ par 4Q418 43$_{14}$). In beiden Fällen ist
das *vacat* nur in einer der beiden Handschriften belegt.

[46] Das in Zeile 18 auf הבט folgende *vacat* ist auf verderbtes und nicht beschreibbares
Leder zurückzuführen. Im Paralleltext 4Q418 43$_{14}$ findet es sich nicht.

[47] In I$_7$ dürften diese Imperative am jetzt zerstörten Zeilenanfang gestanden haben.

4Q417 2 I$_{1-18}$ wird diese Erkenntnisfähigkeit des Lehrers jeweils doppelt begründet (I$_{8ff.}$ und I$_{14ff.}$).[48] Somit ergibt sich folgende Gliederung:

A I$_{1-6}$ Inhalt kaum zu erschließen.[49]

B I$_{6f.}$ Erkenntnis von Wahrheit und Frevel, Weisheit und Torheit

    a) I$_6$ Kognitive Imperative

    b) I$_{6f.}$ Aus der Beobachtung folgende Erkenntnis

C I$_{7-12}$ Erkenntnis von Gutem und Bösem

    a) I$_7$ Kognitiver Imperativ

    b) I$_8$ Aus der Beobachtung folgende Erkenntnis

    c) I$_{8-12}$ Doppelte Begründung der Erkenntnismöglichkeit

        α) I$_{8-11}$ Erste Begründung

        β) I$_{11-12}$ Zweite Begründung

D I$_{12-18}$ Erkenntnis von ewiger Herrlichkeit, Schöpfungswundern und Armut des eigenen Tuns

    a) I$_{12-13}$ Kognitive Imperative

    b) I$_{13-14}$ Aus der Beobachtung folgende Erkenntnis

    c) I$_{14-18}$ Doppelte Begründung der Erkenntnismöglichkeit

        α) I$_{14}$ Erste Begründung

        β) I$_{15-18}$ Zweite Begründung

2.5 Auslegung

I$_{1-6}$: אתה מבין benennt den Adressaten von 4Q417 2 I$_{1-18}$, dem die Ermahnungen, zu betrachten, wahrzunehmen etc., gelten. Das Partizip Hi. der Wurzel בין kann denjenigen bezeichnen, „... der sich auf etwas versteht, d. h. sachkundig ist ...: 2Chr 34, 12 ‚die sich auf Musikinstrumente verstanden'; Dan 8, 23 ‚in Ränken erfahren' (מבין חידות); 1Chr 15,22 ‚er verstand sich auf [das Tragen]'."[50] Weiterhin kann מבין auch den „Klugen, Verständigen, Einsichtigen" benennen: Sir 38,4 „Gott läßt aus der Erde Heilmittel hervorgehen, und ein kluger Mann soll sie nicht verachten";[51] 1QH^a X$_{20}$ (Ed. Suk. II$_{18}$) „du hast in sein Herz gegeben, eine Quelle der

---

[48] In I$_{14}$ gehört das die Begründung signalisierende כי zum rekonstruierten Textbestand, so daß es für Gliederungszwecke nur bedingt zu verwenden ist.

[49] Unter Umständen könnte הבט (I$_3$) darauf hinweisen, daß zumindest ein weiterer Block von Imperativen und folgendem ואז תדע vorausgegangen ist.

[50] Ringgren, § בִּין, 625.

[51] Übersetzung nach Sauer, Jesus Sirach, 596.

Erkenntnis zu öffnen für alle Verständigen."[52] Neben dieser neutralen
Konnotation dient das Wort in späten Texten auch als Amtsbezeichnung:
Sir 42,21 „Die Macht seiner Weisheit bleibt bestehen, einer ist er von Ewigkeit her, nichts kann hinzugefügt werden und nichts kann weggenommen
werden, keinen Lehrer (מבין) braucht er";[53] Sir 10,1 „Der Richter eines
Volkes erzieht sein Volk, und die Herrschaft eines Verständigen (מבין) hat
seine Ordnung."[54]

In 4QSap A wird מבין sowohl als Bezeichnung eines Amtes wie
auch in der neutralen Bedeutung „verständig" gebraucht: In 4Q417 2
I$_{14}$ umschreibt das dort verbal gebrauchte Partizip parallel zu תדע einen
Erkenntnisprozeß.[55] In 4Q417 2 I$_{18}$ dagegen demonstriert die Wendung
ואתה בן מבין, daß מבין in 4QSap A auch als Bezeichnung eines Amtes gebraucht werden kann, etwa in der Bedeutung „Schüler eines Lehrers".[56]
Ein weiterer Beleg von מבין in 4QSap A gibt zusätzliche Informationen
über das so benannte Amt:

> קצו אשר גלה אל אוזן מבינים ברז נהי[ה...] אתה מבין בהביטכה
> בכול אלהֿ oo [...ל]ל[...]

seine Epoche, was Gott offenbart hat dem Ohr der Lehrer durch das
Geheimnis des Werde[ns ...] Du, Lehrer, wenn du all diese (Dinge)
betrachtest [...] (4Q418 123 II$_{4f.}$)

Ähnlich wie in den schon genannten Belegen wird in diesem Text eine
Offenbarung über oder durch das „Geheimnis des Werdens" thematisiert. Mit aller Vorsicht darf das Amt des מבין daher in 4QSap A mit
dem Empfang offenbarten Wissens und der Fähigkeit, es zu verstehen,
in Verbindung gebracht werden. Das in 4Q417 2 I aus der Textgliederung deutlich ersichtliche Gegenüber von מבין (4Q417 2 I$_1$) und בן מבין
(4Q417 2 I$_{18}$) deutet wohl auf ein Gegenüber von Lehrer und Schüler
hin. מבין bezeichnet somit in 4QSap A eine institutionalisierte Lehrer–

---

[52] Übersetzung nach Lohse, Texte aus Qumran, 117. 1QH^a VII$_{21}$ (Ed. Suk. 10$_{10}$); 4Q381
45$_1$ und 4Q509 12–13 I$_3$ tragen wegen starker Textbeschädigungen wenig zur Bedeutungs-
analyse von מבין bei. In 4Q381 45$_1$ übersetzt Schuller das Wort mit „understand" (Non
Canonical Psalms, 172), hält aber auch die Übersetzung „teacher" nicht für ausgeschlossen
(a. a. O. 173).

[53] Übersetzung nach Sauer, Jesus Sirach, 611.

[54] Übersetzung nach Sauer, Jesus Sirach, 528.

[55] 4Q417 2 II$_{10}$ ist zu stark beschädigt, als daß man eine Aussage über den Gebrauch von
מבין an dieser Stelle machen könnte.

[56] Zu בן מבין in der Bedeutung „Schüler" vgl. z. B. בְּנֵי הַנְּבִיאִים II Reg 6,1. Zwar könnte בן מבין
auch den Angehörigen der Klasse der מבינים bezeichnen (vgl. HAL^3, 132; s. z. B. בֶּן־חֲכָמִים
Jes 19,11 und בְּנֵי הַנְּבִיאִים I Reg 20,35); dagegen spricht jedoch, daß das מבין in Zeile I$_1$
durch die textimmanente Gliederung deutlich von בן מבין in Zeile I$_{18}$ unterschieden wird.
Ein ואתה מבין ist auch in 4Q418 81$_{15}$ belegt, jedoch ist dieses Textstück an entscheidender
Stelle zerstört, so daß es keinen weiteren Aufschluß gibt.

bzw. Ratgeberpersönlichkeit, die über die Fähigkeit verfügt, offenbartes Wissen zu verstehen und zu lehren.[57]

Die in I3-5 erhaltenen Wortreste deuten auf eine schöpfungstheologische Thematik des Abschnitts hin: Der Lehrer wird zum Betrachten (הבט; I3) eines urzeitlichen Geschehens (קדם; I3)[58] aufgefordert. Der Satz למה נהיה ומה נהיה] בפיהו („[Warum etwas entsteht, und was entsteht] durch seinen Mund"; I3f.) deutet auf ein Schöpfungsgeschehen hin, wie es sich auch im priesterschriftlichen Schöpfungsbericht findet. Das Partizip Ni. der Wurzel היה; נהיה) wird im folgenden deutlich vom Part. Qal (הווא) unterschieden: [למה הווא ולמה נהיה] („[Warum etwas ist, und warum etwas entsteht]"; I4f.). Die Formulierung נהיה בפיהו zeigt, daß נהיה ein Werden bezeichnet und keinen Zustand (Sein).[59] Der Lehrer wird aufgefordert, zu betrachten, warum etwas entsteht, und was durch Gottes Mund entsteht, d. h., er wird aufgefordert, Gott als den Schöpfer allen Seins wahrzunehmen. Das תעשה in Zeile 5 läßt es als möglich erscheinen, daß aus dieser Betrachtung Konsequenzen für das Handeln des Lehrers gezogen werden, jedoch ist wegen der Textbeschädigungen kein sicheres Urteil möglich. Auf relativ sicheren Boden begibt sich die Interpretation erst mit der Zeile 6.

I6f.: Zentral für das Verständnis des Textes ist der Begriff רז נהיה: Dieses „Geheimnis des Werdens"[60] zu betrachten und immerfort zu suchen führt zur Erkenntnis von „Wahrheit und Frevel, Weisheit und Torheit." Der Begriff ist neben 4QSap A noch in 1QS; 1Q27 (vgl. auch 4Q299 und 4Q300) und 4QSap B belegt.[61] Wacholder/Abegg möchten in ihm die Bezeichnung eines literarischen Werkes erkennen:

Two interpretations suggest themselves. One is that the appeal to searching and studying the *Raz Niheyeh* refers to a work, or works, that had been available to the author(s) and readers of these compositions but has since

---

[57] Daß מבין in den Texten von Qumran ein Amt bezeichnet, darauf könnte auch 1QH[a] X20 (Ed. Suk. II18) hinweisen: Dort werden die zum Jerusalemer Tempelestablishment gehörenden Gegner des Lehrers der Gerechtigkeit als מבינים bezeichnet.

[58] Zu קדם in der Bedeutung „Urzeit, Vorzeit" s. II Reg 19,25; Jes 23,7; 37,26; 51,9 und 1QH[a] V28f. (Ed. Suk. XIII11f.).

[59] Zum Gegensatzpaar הווא und נהיה vgl. 1QS III15; 1QM XVII5 und 4Q180 11f. Zur Diskussion um die Bedeutung von נהיה s. Wernberg–Møller, Manual of Discipline, 68.

[60] Eisenman/Wise möchten den Ausdruck präsentisch verstehen und übersetzen mit „Geheimnis der Existenz" [Qumran Rollen, 257 (im englischen Original „Mystery of Existence", Dead Sea Scrolls Uncovered, 244.254)]. Demgegenüber ist an zwei schon von Brownlee (Manual, 54f.) im Zusammenhang mit der Diskussion um den רז נהיה in 1QS XI3 und 1Q26 14 angeführte Belege aus dem Buch Sir zu erinnern: In Sir 42,19 übersetzt die 𝔊 נהיות mit τὰ ἐσόμενα. Zur futurischen Bedeutung von רז נהיה s. auch Harrington/Strugnell, Qumran Cave 4 Texts, 493.

[61] S. Brown u. a., Preliminary Concordance, 1756–1759. Die Belege 1Q26 14; 4Q415 64; 241; 4Q416 2 III21; 173; 4Q417 2 I18.21; II3; 4Q418 774 und 1721 sind wegen Textbeschädigungen für die Analyse des Begriffs unbrauchbar.

perished. The other possibility is that *Raz Niheyeh* is the sectarian title for many of the works found in this fascicle [scil. die von Wacholder/Abbeg publizierten Weisheitschriften].[62]

Gegen diese These spricht jedoch die vielfältige Verwendung des Begriffs:[63] Der רז נהיה kann betrachtet und erforscht (דורש, הבט) werden (4Q416 2 I5; 2 III14). Resultat ist die Fähigkeit, erkennen zu können, was gut oder schlecht für den Menschen ist (4Q416 2 III14), und wer Anteil an der Herrlichkeit bzw. am Frevel hat (4Q416 2 I5).[64] Erkenntnis wird jedoch nicht nur aus dem Betrachten des „Geheimnis des Werdens" gezogen. Gott kann sich des רז נהיה bedienen, um Offenbarung zu vermitteln und die Herzen der Menschen zu erleuchten. Diese offenbarungsmittelnde Funktion des „Geheimnis des Werdens" hat sich geradezu formelhaft verfestigt:[65]

1Q26 14	כאשר גלה אוזנכה ברז נהׄ]ה [...
4Q416 2 III17f.	וכאשר גלה אוזנכה ברז נהיה
4Q418 123 II4	אשר גלה אל אוזן מבינים ברז נהׄ]ה [...
4Q418 1842	[...א]שׄר גלה אוזנכה ברז נהיה ביוׄם

Besonders interessant ist 4Q416 2 III17f. Dort dient die Formel als Begründung der Ermahnung, Vater und Mutter zu ehren, nachdem die vorhergehende Ermahnung, den Eltern zu dienen, damit begründet wurde, daß Gott sie über die Kinder gesetzt habe. Aus dem „Geheimnis des Werdens" werden so konkrete ethische Verhaltensregeln geschöpft. Bei der Aufforderung, Vater und Mutter zu ehren, liegt es nahe, an das Gebot gleichen Inhalts aus dem Dekalog zu denken (Ex 20,12; Dtn 5,16)[66] und רז נהיה mit der Thora zu identifizieren. Dies um so mehr, als man das häufig mit dem Begriff in Verbindung stehende דרש „in den Qumrantexten … im wesentlichen als einen der termini technici begreifen dürfen (wird), mit dem die strenge Gesetzesfrömmigkeit mit ihrer Gesetzeserforschung und –auslegung und der dadurch manifestierten Gotteszugehörigkeit, die Zugehörigkeit zum Bund und zur wahren Gemeinde zum Ausdruck gebracht worden ist."[67] Jedoch wird דרש in 4QSap A, ähnlich wie in Koh 1,13, eher neutral oder in weisheitlichem Sinne gebraucht. Gegenstände der mit dem Verb umschriebenen Suche sind אמת (4Q418 69 II7); בינה (4Q418 886) und דעת (4Q416 2 III13) oder aber חפץ (4Q418

---

[62] Preliminary Edition, Fasc. 2, XIII.

[63] Vgl. auch Harrington (Wisdom at Qumran, 144f.), der sich mit Hinweis auf 4Q417 2 I14–18 gegen die These von Wacholder/Abbeg ausspricht.

[64] Vgl. auch 1QS XI3f.

[65] Zur Formulierung גלה אוזן vgl. u. a. auch 4Q299 86 und 1QHᵃ IX23 (Ed. Suk. I21); XIV7 (Ed. Suk. VI4).

[66] Ein Zitat oder eine literarische Anspielung ist durch mangelnde Ähnlichkeit im Wortlaut ausgeschlossen.

[67] S. Wagner, § דָּרַשׁ, 329.

81₁₈; 158₃) und תענוג (4Q416 2 II₁₉). Lediglich in 4Q418 81₇ könnte das gesuchte Objekt nomistischer Natur sein: ואתה דרוש משפטיו („und du suche nach seinen Geboten"). So ist das Gebot des Dekalogs, Vater und Mutter zu ehren, sicherlich Teil des „Geheimnis des Werdens", jedoch bezeichnet der Begriff in 4Q416 2 III₁₈ nicht nur die Thora, sondern umfaßt sehr viel mehr, wie drei weitere Belege verdeutlichen mögen:[68] In 1Q27 wird רז נהיה zum einen gleichgesetzt mit den Dingen der Vorzeit, die eine nicht mehr zu identifizierende Gruppe nicht zu erkennen vermag: ולוא ידעו רז נהיה ובקדמוניות לוא התבוננו („und sie haben das Geheimnis des Werdens nicht erkannt, und in die früheren Dinge haben sie keine Einsicht"; 1 I₃). Zum anderen bezeichnet der Begriff ein zukünftiges Ereignis, vor dem eben diese Gruppe sich nicht wird retten können: ולוא ידעו מה אשר יבוא עליהמה ונפשמה לוא מלטו מרז נהיה („und sie haben nicht erkannt, was über sie kommen wird, und werden sich nicht retten vor dem Geheimnis des Werdens"; I₃f.). In 4Q418 77₂ wird das „Geheimnis des Werdens" in einem Atemzug mit der Geschichte[69] der Menschen genannt: [... ר]ז נהיה וקח תולדות] א[דם וראה בכוש̇ר] („[... Ge]heimnis des Werdens, und nimm die Geschichte der Menschen wahr und betrachte den, der würd[ig] ist ..."). Der Begriff dürfte sich an dieser Stelle wohl auf Geschichte und Ursprung der Menschen beziehen. In 4Q417 2 I₈ schließlich bezeichnet רז נהיה eine Sache, durch und mit der Gott die Frau vom Mann trennte (s. u., 63).[70]

Zumindest die in 1Q27 1 I₄ anzutreffende eschatologische Komponente von רז נהיה und die Verwendung des Begriffs als Bezeichnung jenes Ordnungskriteriums, in und mit dem Gott die Frau vom Mann unterschied (4Q417 2 I₈), schließen die These von Wacholder/Abegg, der Begriff bezeichne ein literarisches Werk, aus.[71] Die besprochenen Belege legen statt dessen eine andere Interpretation nahe: רז נהיה ist das Ordnungsinstrument, mit und nach dem die Schöpfung geordnet wurde (4Q417 2 I₈).[72] Diese Interpretation wird besonders durch die Verwen-

---

[68] Für eine weisheitsnomistische Tendenz von 4QSap A spricht auch die Tatsache, daß in 4Q417 2 I₂₇ Num 15,39 zitiert wird.

[69] Zu תולדות als „Geschichte" vgl. die Ausführungen zu תולדות כול בני איש in der Auslegung von 1QS III₁₃ (s. u., 148).

[70] Ein weiteres Mal ist רז נהיה nach einer Auskunft von A. Dupont–Sommer an A. Caquot in einem noch unveröffentlichten Fragment belegt: ברז נהיה דרוש מולדיו ואז תדע נחלתו (s. Caquot, 4Q Mess Ar, 152 Anm. 21). In Ermangelung seines Kontextes kann der Beleg jedoch nicht zur Analyse des Begriffs herangezogen werden.

[71] Die von Wacholder/Abegg geäußerte Vermutung, רז נהיה sei der vom yaḥad den (im zweiten Band der Preliminary Edition veröffentlichten) Weisheitstexten verliehene Titel (Preliminary Edition, Fasc. 2, XIII), scheitert schon an der Tatsache, daß 4QSap A nicht vom yaḥad verfaßt wurde, und daß daher der in diesem Text häufig belegte Begriff schwerlich essenischen Ursprungs sein kann.

[72] Ähnlich wohl auch Schiffman (Dead Sea Scrolls, 205): „This mystery, never fully explained in any of the wisdom or *Mysteries* texts, is the hidden wisdom vouchsafed by God."

dung des Wortes רז in 1QHᵃ IX (Ed. Suk. I) bestätigt: In 1QHᵃ IX$_{13.15}$ (Ed. Suk. I$_{11.13}$) benennt das Wort jene Ordnung, nach der sich Naturphänomene verhalten. In 1QHᵃ IX$_{23}$ (Ed. Suk. I$_{21}$) wird die im vorhergehenden Kontext dargestellte Schöpfungsordnung mit der Konstruktus–Verbindung רזי פלא bezeichnet, und in 1QHᵃ IX$_{31}$ (Ed. Suk. I$_{29}$) wird רז parallel zu dem Wort חשבון gebraucht, um die Ordnung der Sprache zu umschreiben. Die mit רז bezeichnete Ordnung ist Bestandteil einer fernen Urzeit (1Q27 1 I$_4$). Teil dieses „Geheimnis des Werdens" sind Ursprung und Geschichte der Menschen (4Q418 77$_2$). Es ist Offenbarungsinstrument Gottes und selbst Inhalt der Offenbarung (1Q26 1$_4$; 4Q416 2 III$_{18}$; 4Q418 123 II$_4$; 184$_2$). Der Mensch vermag es zu betrachten und nach ihm zu forschen (4Q416 2 I$_5$; 2 III$_{14}$). Sowohl Offenbarung als auch Erkenntnis des „Geheimnisses des Werdens" bewirken die Fähigkeit, zwischen Gutem und Bösem unterscheiden zu können (4Q416 2 I$_{5f.}$; 2 III$_{14}$), sowie ein ethisch positives Handeln, was unter Umständen einem Gebot des Dekalogs entspricht (4Q416 2 III$_{9f.}$).

רז נהיה bezeichnet somit ein Phänomen, das ethische, historische, nomistische, eschatologische und urzeitliche Komponenten in sich vereinigt. Es handelt sich um eine Welt– bzw. Schöpfungsordnung, die ethische und historische Komponenten enthält und sich dereinst im Eschaton erfüllt.[73] Es beginnen sich also im Begriff רז נהיה die ethisch–sittlichen Elemente der weisheitlichen Urordnung mit der Vorstellung einer prädestinatianischen, auf das Eschaton zulaufenden Geschichtsordnung zu vereinigen.

Damit fügt sich 4Q417 2 I$_{6f.}$ gut in das skizzierte Bild ein: Nachsinnen[74] über das Geheimnis des Werdens sowie die ständige Suche nach ihm verhelfen zur Erkenntnis von Wahrheit und Frevel, Weisheit und Torheit. Insbesondere der oben aufgezeigte weisheitsnomistische Aspekt des „Geheimnisses des Werdens" findet sich in 4Q417 2 I$_6$: Falls die Rekonstruktion der Zeile zutrifft, handelt es sich um ein Zitat von Ps 1,2:

כִּי אִם בְּתוֹרַת יְהוָה חֶפְצוֹ וּבְתוֹרָתוֹ יֶהְגֶּה יוֹמָם וָלַיְלָה

sondern er hat Lust an der Thora des Herrn und sinnt über seine Thora nach Tag und Nacht.

4Q417 1 I$_{10f.}$ zeigt besonders deutlich, was gemeint ist: [הבט ברז] נהיה וקח מולדי ישע ודע מי נוחל כבוד ועול („betrachte das Geheimnis des Werdens, nimm die Kinder[75] des Heils wahr und erkenne, wer Erbteil hat an Herrlichkeit und Frevel"). Das Sein ist in diesem Text in die zwei

---

[73] Vgl. Harrington, Wisdom at Qumran, 150: „God's plan for creation is called the *raz nihyeh* (,mystery of what is to be/come' or simply ,mystery of being'). The many references to this phrase assume that both the speaker and the one being instructed know to what it refers, though we as outsiders are never informed."

[74] Zu הגה (I$_6$) in der Bedeutung „nachsinnen über" vgl. Ps 63,7.

[75] Zu מולד als „Kind, Nachfahre" s. Jastrow, Dictionary, 742.

Sphären Herrlichkeit und Frevel unterteilt, an denen ein jedes Lebewesen teil hat (vgl. 1QS III₁₃–IV₂₆; 4Q186 etc.).[76] Das Betrachten des „Geheimnisses des Werdens" und der „Kinder des Heils" vermittelt ein Wissen darüber, wer an welcher Sphäre teil hat.

4Q417 2 I₆f. liegt also ein dualistisches Weltbild zugrunde. Der Lehrer wird ermahnt, über die mit רז נהיה bezeichnete weisheitliche Urordnung nachzusinnen und immerfort nach ihr zu suchen, dann werde er die Ordnung der Welt erkennen. Die Gegensatzpaare אמת und עול, חכמה und פותה zeigen dabei, daß diese der Welt zugrundeliegende Ordnung, wie auch in anderen weisheitlichen Texten (vgl. z. B. Sir 33,7–15; zur Sache s. o., 38ff.), von einem ethischen Dualismus geprägt ist.

I₇–₁₂: Wegen der oben (s. o., 54) aufgezeigten Struktur des Abschnitts dürfte mit großer Sicherheit am Beginn der Zeile 7 ein Imperativ kognitiven Inhalts gestanden haben: Der noch erhaltene Buchstabenbestand legt ein הֹבֵ[ט] nahe. Vom Objekt der Betrachtung ist nur noch ein Teil erhalten (מֵעֲשֵׂ[ה). Es kann dem Sinn nach aus den Suffixen der adverbialen Ergänzung בְּכוֹל דרכיהם עֹם פְּקוּדתֹם erschlossen werden:[77] Die Suffixe von דרך und פקודה beziehen sich auf eine nicht näher spezifizierte Gruppe von Menschen. Dem Tenor des Textes nach zu urteilen dürfte es sich um eine negativ qualifizierte Gruppe handeln. Als Objekt der Beobachtung kann daher מֵעֲשֵׂ[ה רעים] ergänzt werden. Der Zeitraum, auf den sich die Betrachtung der Menschen erstrecken soll, umfaßt alle Epochen der Zeit (קצי עולם) und die endzeitlichen Heimsuchungen (פקודת עד). Die Wendung לכול קצי עולם ופקודת עד („in allen Epochen der Geschichte und bei der letztendlichen Heimsuchung") findet sich in gleicher Verwendung in 1QHᵃ V₂₆f. (Ed. Suk XIII₉f.). Sie wird sowohl in den *Hôdāyôt* als auch in 4Q417 2 I₇f. als Zeitangabe gebraucht und umschreibt das Ganze des Seins von der Schöpfung bis zum Eschaton: Der Lehrer wird ermahnt, den Lebenswandel der Menschen (דרכיהם) und ihre Heimsuchungen (פקודותם) in allen Epochen der Zeit und im eschatologischen Gericht zu betrachten. Das parallel zu דרכיהם gebrauchte פקודותם bezeichnet im Gegensatz zu פקודת עד nicht die eschatologische Heimsuchung, sondern die den Menschen im Laufe seines Lebens treffenden Heimsuchungen.[78] Auf diese Weise wird ein Zusammenhang zwischen dem Wandel des Menschen und seinen Heimsuchungen hergestellt, welcher es dem Lehrer ermöglicht, zwischen dem Guten und dem Bösen zu unterscheiden (ואז תדע בין טוב לרע). Es klingt der Tun–

---

[76] Zur Trennung der Welt in die Bereiche אמת und עול s. besonders 1QS III₁₈f.

[77] Die Wendung findet sich ähnlich auch in 4Q419 8 II₄: [... מהמה דרכיהם עם פקוד]ותם („um ihretwillen ihre Wege gemeinsam mit ihren Heimsuchungen …"). Der noch vorhandene Kontext erlaubt jedoch keine näheren Schlüsse über den Gebrauch der Wendung oder den mit den Suffixen bezeichneten Personenkreis.

[78] Vgl. den Gebrauch von פקודה in 1QS III₁₄f.

Ergehen–Zusammenhang an. Diese Fähigkeit des Lehrers, am Ergehen des Menschen (פקודה) seinen ethischen Wert erkennen zu können, bedarf der in I$_{8-12}$ folgenden doppelten Begründung.

I$_{8-11}$: Der Text der ersten Begründung ist stark beschädigt, so daß sie nur bedingt interpretierbar ist. Mit Ausnahme des Satzes אל הדעות סוד אמת („der Gott der Erkenntnis ist das Fundament der Wahrheit"; I$_8$) scheint die erste Begründung nur in Verbalsätzen konstruiert zu sein. Der Nominalsatz kann daher als Motto verstanden werden, das von den folgenden Verbalsätzen ausgeführt wird.

Der Gottestitel אל הדעות wird in den Texten von Qumran im Zusammenhang mit dem Schöpfungsgeschehen (1QS III$_{15}$) und der Sündenvergebung gebraucht (s. u., 150). Hymnisch wird der „Gott der Erkenntnis" in den *Hôdāyôt* als Schöpfer, als der Gott, der die Ordnung festgelegt hat, geschildert: [...ת הכינו[ת ה.אשר הדעות אל ברוך. Der „Gott der Erkenntnis" ist es, der die kalendarische Ordnung der Zeit festgesetzt hat [1QH^a XX$_{13}$ (Ed. Suk. XII$_{10}$)]. Als Schöpfer der Welt und ihrer Ordnung ist er aber auch derjenige, bei dem die Gerechtigkeit und das Fundament der Wahrheit liegen [1QH^a IX$_{28}$ (Ed. Suk. I$_{26}$)].

Mit Ausnahme von 4Q417 2 I$_8$ ist סוד אמת nur noch in den *Hôdāyôt* belegt.[79] Es wird dort parallel zu מעשי צדקה [1QH^a IX$_{28f.}$ (Ed. Suk. I$_{26f.}$)], בינה [1QH^a X$_{12}$ (Ed. Suk. II$_{10}$)], משפט [1QH^a XIII$_{10f.}$ (Ed. Suk. V$_{8f.}$)], ברית [1QH^a XIII$_{11}$ (Ed. Suk. V$_9$)] und מעין בינה [1QH^a XIII$_{28}$ (Ed. Suk. V$_{26}$)] gebraucht. Der Begriff ist in den *Hôdāyôt* von hohem ethischen Gehalt, etwa im Sinne von ethisch richtiger Rat. Er kann aber auch eine wahre Erkenntnis bzw. Einsicht bezeichnen oder aber den Ursprung einer Erkenntnis meinen.[80] Die Schöpfungsthematik des folgenden Kontextes sowie die Verbindung des „Gottes der Erkenntnis" in 1QS III$_{15}$ mit dem Schöpfungsgeschehen deuten jedoch für 4Q417 2 I$_8$ in eine andere Richtung: „*sôd* is a common term in creation texts to describe the creator's establishment of the earth on firm and solid basis (Prov 3: 19–20)."[81] Gott ist das Fundament, auf dem die der Schöpfung zugrundeliegende Wahrheit ruht.

Wie dies gemeint ist, zeigen die folgenden Zeilen (I$_{8-10}$). Dort wird die Schöpfung der Frau beschrieben:[82] Das „Geheimnis des Werdens", die präexistente Ordnung des Seins, dient dabei als Schöpfungsinstrument,

---

[79] 1QH^a IX$_{29}$ (Ed. Suk. I$_{27}$); X$_{12}$ (Ed. Suk. II$_{10}$); XIII$_{11.28}$ (Ed. Suk. V$_{9.26}$). Die Parallele zu 1QH^a IX$_{28}$ (Ed. Suk. I$_{26}$) erklärt sich aus der Abhängigkeit der *Hôdāyôt* von 4QSap A (zur Sache s. u., 226).

[80] Vgl. 1QH^a X$_{12}$ (Ed. Suk. II$_{10}$) und XIII$_{28}$ (Ed. Suk. V$_{26}$).

[81] Perdue, Cosmology and Social Order, 59.

[82] Die Transkription der Zeile bleibt unsicher. Es könnte auch אושה (= aram. אוש II, „Fundament") gelesen werden. Das ה wäre dann Suffix 3. fem. sing. und müßte sich auf אמת beziehen; פרש wäre in diesem Fall mit „ausbreiten" zu übersetzen. Wegen der Suffixe von מעשיה und יצרה dürfte es aber vorzuziehen sein, אישה zu transkribieren.

eine Vorstellung, die sich, auf die ganze Schöpfung bezogen, auch in Prov 3,19f. findet:

יְהוָה בְּחָכְמָה יָסַד־אָרֶץ כּוֹנֵן שָׁמַיִם בִּתְבוּנָה

בְּדַעְתּוֹ תְּהוֹמוֹת נִבְקָעוּ וּשְׁחָקִים יִרְעֲפוּ־טָל

> Mit Weisheit hat der Herr das Land gegründet,
> die Himmel hat er mit Einsicht (an ihrem Ort) gestellt.
> Durch seine Erkenntnis brachen die Fluten hervor,
> und träufeln Wolken Tau.

In der dem Sein zugrundeliegenden Ordnung hat Gott die Frau getrennt und ihr ihren Platz zugewiesen.

Nachdem so das ordnende Schöpfungshandeln Gottes pars pro toto geschildert wurde, wird das Ausgeführte verallgemeinert: Sein Schöpfungshandeln wird als ein Vermischen (יבול)[83] und Unterscheiden (פרש) beschrieben.[84] Der Zweck dieses Unterscheidens ist Einsicht, למבינתם (I10). Das Beziehungswort des Suffixes ם- befand sich in einem jetzt zerstörten Textstück. Mit großer Wahrscheinlichkeit ist mit „ihrer Einsicht" die Einsicht des Menschen gemeint.

Das Nomen מבינה findet sich nur in 4QSap A.[85] Da Nominalbildungen mit *mem*-Präfix „… eine Handlung … oder Ergebnis, Ort und Zeit, Art und Weise des Vorgangs oder das Werkzeug …" bezeichnen,[86] dürfte sich das Bedeutungsspektrum von מבינה nicht sonderlich von dem des Nomens בינה unterscheiden.[87]

Das trennende und unterscheidende Schöpfungshandeln Gottes dient der Einsicht des Menschen in alle Schöpfungswerke (וַיפ[רֹ]שׁ למ[ב]ינתם [לכול מ[עשים „[und getr]ennt zu ihrer Einsicht in alle W[erke"; I10), damit sie wandeln in der Gesinnung seiner Einsicht (להתהלך ב[יצר] מבינתו; I10f.). Der Zweck des trennenden und unterscheidenden Schöpfungshandelns Gottes ist somit die Einsicht des Menschen in die Werke der Schöpfung und ein dieser Erkenntnis angemessener Lebenswandel.

Erschien es vor der Begründung der Erkenntnisfähigkeit des Lehrers so, als ob dieser Gute und Böse aus eigener Kraft erkennen könne, so beugt diese Begründung gerade einem solchen Mißverständnis vor. Der Lehrer ist fähig, gute und böse Menschen zu erkennen, weil Gott das Sein in der Schöpfung rubrizierte. Er vermag Gut und Böse zu erkennen, wenn er

---

[83] Zu בלל in der Bedeutung „Vermischen" vgl. 4QJub[c] 14 (= Jub 21,7). Der Beleg wurde Brown u. a., Preliminary Concordance, 496 entnommen.

[84] Zu פרש als Umschreibung des trennenden göttlichen Schöpfungshandelns vgl. 11QtgJob XXVI5. Für den Hinweis auf diesen Beleg danke ich Herrn Roland Deines, Tübingen. Zum Text s. Sokoloff, Targum to Job, 78f.

[85] Brown u. a., Preliminary Concordance, 1217: 4Q417 2 I10.11; 29 I7; 4Q418 438.

[86] R. Meyer, Hebräische Grammatik, Bd. 2, 33.

[87] Eine Begriffsanalyse des Nomens ist nicht möglich, da die wenigen Fragmente, in denen מבינה belegt ist, große Textbeschädigungen aufweisen.

den Wandel der Menschen betrachtet, weil der „Gott der Erkenntnis" die Welt in Gut und Böse eingeteilt hat, damit der Mensch in der Gesinnung eben dieser Erkenntnis ein gutes Leben führe.

*I*11f.: Es folgt eine zweite Begründung für diese Fähigkeit des Lehrers, Gute und Böse an ihrem Wandel zu erkennen. Die Bedeutung des beschädigten ersten Gliedes des Verses יֹרֶיה[…] läßt sich am besten aus seinem zweiten Glied erschließen: וּבְכוֹשֶׁר מבינות נֹתֵ[ן נס]תֵּרי מחשבתו („und wer der Einsichten würdig ist, in den hat er die verborgenen (Dinge) seines Plans gegeben").

Daß כשר an dieser Stelle, wie im rabbinischen Judentum, im Sinne ritueller Tauglichkeit gebraucht ist, ist unwahrscheinlich. Die vorrabbinischen Belege von כשר legen vielmehr nahe, „*kšr* als aram. Wurzel zu fassen und das im Hebr. spärlich belegte *kšr* als aram. Lehnwort zu verstehen …"[88] Im Aramäischen ist die Wurzel in den Saqqâra–Papyri schon im 5. oder 4. Jh. v. Chr. in der Bedeutung „tauglich, geeignet sein" belegt.[89] In ähnlicher Bedeutung findet es sich auf einer tadmoräischen Grabinschrift aus dem 1. Jh. n. Chr.[90] und einer aus Palmyra stammenden Inschrift aus der Zeit Trajans.[91] In der Bedeutung „geeignet, würdig sein" findet sich כשר in den Erweiterungen des Targum Jonathan zu Sach 3,5.8:

ואמר שוו מצנפא דכיא על רישיה ושויא מצנפא דכיא על רישיה
ואסבוהי איתתה דכשרא לכוהנתא[92]

Und er sagte: „Setzt einen reinen Turban auf sein Haupt". Und sie setzten einen reinen Turban auf sein Haupt und ließen ihn eine Frau heiraten, die für einen Priester geeignet ist. (Sach 3,5)

שמע כען יהושע כהנא רבא את וחברך דיתבין קדמך ארי גברין
כשרין למעבד להון נסא אנון ארי האנא מיתי ית עבדי משיחא
ויתגלי[94]

Höre nun Josua, Hoherpriester, du und deine Freunde, die vor dir sitzen, denn sie sind würdig, daß das Zeichen für sie vollzogen wird, denn, siehe, ich will meinen Knecht, den Gesalbten, kommen lassen, auf daß er offenbart werde. (Sach 3,8)

Im Hebräischen sind Bildungen der Wurzel כשר erst spät belegt. Der Gebrauch der Wurzel ähnelt dort dem Aramäischen:

---

[88] Kellermann, § כָּשֵׁר; vgl. Kautzsch, Aramaismen, 44 und M. Wagner, Aramaismen, 68.

[89] S. Segal, Saqqâra, 67f. (= 48 II1f.).

[90] S. Cantineau, Tadmorea, 351f. (= 25₁₀).

[91] CIS 3913 II₁₀₅; „כָּשֵׁר ,congruum, conveniens'" (CIS II.3 S. 69).

[92] Text nach Sperber, Latter Prophets, 481.

[94] Text nach Sperber, Latter Prophets, 481.

בְּבֹּקֶר זְרַע אֶת־זַרְעֶךָ וְלָעֶרֶב אַל־תַּנַּח יָדֶךָ כִּי אֵינְךָ יוֹדֵעַ אֵי זֶה יִכְשָׁר
הֲזֶה אוֹ־זֶה וְאִם־שְׁנֵיהֶם :כְּאֶחָד טוֹבִים

Am Morgen säe deinen Samen, und am Abend lasse deine Hand nicht ruhen, denn du weißt nicht, ob dieses taugt oder jenes, oder ob sie beide zugleich gut sind. (Koh 11,6)

וְכָשֵׁר הַדָּבָר לִפְנֵי הַמֶּלֶךְ

… und das Wort angemessen ist vor dem König (Est 8,5)

אם תשכר לו יעבד בך ואם תכרע יחמל עליך

Wenn du ihm [scil. dem Reichen] nützlich bist, läßt er dich arbeiten, aber wenn du zusammenbrichst, so legt er noch Lasten auf dich. (Sir 13,4)[95]

„Erst in der Mischna und der sich daran anschließenden jüdischen Literatur wird *kāšer* bei der Erörterung des rituell Zulässigen in ritualgesetzlicher Hinsicht zum terminus technicus für alles religionsgesetzlich zur Verwendung Geeignete und zum Genuß Erlaubte.“[96]

Da nichts im Kontext von 4Q417 2 I$_{11}$ auf eine religionsgesetzlich orientierte Befähigung zum Empfang der verborgenen Dinge des göttlichen Planes hinweist und die Wurzel כשר in der Abfassungszeit des Textes nicht in dieser Bedeutung belegt ist, kann ein solcher Gebrauch von כשר in 4Q417 2 I$_{11}$ ausgeschlossen werden.[97] Vielmehr meint das בכושר מבינות („in den, der zu Einsichten taugt“) hier lediglich eine nicht näher spezifizierte Eignung für das Wissen um die נס[תֹּ]רי מחשבתו.

Die Wendung נס[תֹּ]רי מחשבתו ist nur in 4Q417 2 I$_{11f.}$ belegt. Das Partizip Ni. der Wurzel סתר wird in den Texten von Qumran neutral gebraucht. Mit ihm wird eine Mühsal beschrieben, die vor jemandes Augen nicht verborgen bleibt [1QH^a XIX$_{22}$ (Ed. Suk. XI$_{19}$)], eine nicht näher beschriebene Einsicht, die dem Menschen verborgen ist (1QS XI$_6$), aber auch verborgenes Wissen um die rechte Thoraerfüllung, das Gott jenen offenbart hat, die seinen Geboten treu bleiben (CD III$_{12–16}$).[98] מחשבה

---

[95] Zur Übersetzung s. Sauer, Jesus Sirach, 537.

[96] Kellermann, § כָּשֵׁר, 383.

[97] Der zweite Beleg der Wurzel in 4QSap A (4Q418 77$_2$) ist leider an entscheidender Stelle beschädigt, so daß er keinen Aufschluß über den Gebrauch der Wurzel im Text geben kann.

[98] Unter Verweis auf 1QS V$_{7–12}$; VIII$_{1f.11f.}$; IX$_{17}$; CD III$_{12–16}$ versteht Schiffman (Halakhah, 22–32) das Begriffspaar נגלה und נסתר als Bezeichnungen für die allen offenbare Schrift (נגלה) und ihre nur den Mitgliedern des *yaḥad* zugängliche verborgene Deutung (נסתר): „The *nigleh*, then, is nothing more than Scripture, while the *nistar* is sectarian interpretation of it" (32). Da in 4Q417 2 I$_{8–12}$ jedoch kein schriftlich festgehaltener Text thematisiert ist, kann Schiffmans Interpretation des Begriffspaares in der Damaskusschrift nicht auf diesen Beleg übertragen werden.

kann in 4QSap A ein menschliches Vorhaben bezeichnen (4Q416 2 III₁₄ par 4Q418 9₁₄; 4Q417 2 II₁₂). Das Suffix der 3. mask. sing. kennzeichnet die נס[תרי מחשבתו] hier jedoch als die verborgenen Dinge des göttlichen Plans,[99] welche offenbart werden, wenn jemand ein vollkommenes Leben führt[100]—eine Hypothese, die durch die Verwendung von מחשבה zur Bezeichnung eines präexistenten göttlichen Planes von Schöpfung und Geschichte in 1QS III₁₅ bestätigt wird (s. u., 152f.).

Parallel zu diesem zweiten Glied der zweiten Begründung dürfte auch ihr zerstörtes erstes Glied einen offenbarungstheologischen Inhalt gehabt haben, etwa in dem Sinn, „mit Wissen tränkt er" jenen, der dazu taugt. Nachdem in der ersten Begründung die Fähigkeit des Lehrers, Gute und Böse an ihrem Lebenswandel zu unterscheiden, auf Gottes ordnendes Schöpfungshandeln zurückgeführt wurde, wird jetzt dargelegt, daß Gott den „verborgenen Rat" einem Menschen von vollkommenem Lebenswandel offenbart.

Es kann zusammengefaßt werden: In 4Q417 2 I₇₋₁₂ wird der Lehrer ermahnt, den Frevel der Menschen in Zusammenhang mit ihren Heimsuchungen zu betrachten. An diesen Heimsuchungen kann er gute von bösen Menschen unterscheiden. Anders gesagt: Am Ergehen eines Menschen kann er erkennen, ob er gut oder böse ist (Tun–Ergehen–Zusammenhang). Wieso dies möglich ist, wird im folgenden zweifach begründet: 1.) Gott hat die Welt in Kategorien geschaffen: Er hat z. B. zwischen Mann und Frau unterschieden. Es wird eine aus Gegensätzen bestehende dualistisch geprägte Schöpfungsordnung angesprochen, wie sie schon in Sir 33,7–15 begegnete. 2.) Gott offenbart die verborgenen Teile dieser Ordnung dem Menschen, der ihrer würdig ist, d. h. dem Menschen, der einen vollkommenen Lebenswandel hat. Durch diese beiden Begründungen wird die scheinbar eigenständige Erkenntnisfähigkeit des Lehrers an Gottes Schöpfungshandeln und Offenbarung gebunden. Der Lehrer kann nur deshalb zwischen Gut und Böse unterscheiden, weil Gott seine Schöpfung in und mit ihrer präexistenten Ordnung in Gut und Böse unterteilt hat und weil er die verborgenen Teile dieser Ordnung dem Lehrer offenbart hat.

I₁₂₋₁₈: Die Zeilen I₁₂₋₁₈ dürfen als Höhepunkt und Ziel der Ermahnung des Lehrers verstanden werden, da nur in diesem Teil unseres Abschnittes eine doppelte, aus der beherzigten Ermahnung folgende Er-

---

[99] In dieser Bedeutung ist מחשבה auch in 1QS III₁₅; IV₄; 1QM XIII₂; 1QM XIV₁₄ (par 4Q491 8–10 I₁₂) und evtl. in dem stark beschädigten Text 4Q503 51–55₁₃ belegt. Das Part. Ni. der Wurzel סתר könnte ein solches geheimes Wissen auch in 4Q401 14 II₇ umschreiben (zur Sache vgl. Newsom, Sabbath Sacrifice, 30.139).

[100] עם התהלכו drückt keine Bedingung, sondern eine Gleichzeitigkeit aus. Zu עם mit Infinitiv s. Qimron, Hebrew of the Dead Sea Scrolls, 74.

kenntnis aufgezeigt wird [ואז תדע (I₁₃) und ואתה מבין (I₁₃f.)]. Der emp-
fohlene Erkenntnisweg, der zum Erfolg führen soll, lautet:

אלה שחר תמיד והתבונן [בכו]ל תוצאותמה

Nach diesen suche unablässig und verschaffe dir Einsicht i[n all]
ihren Ursprung. (I₁₂f.)

Als Beziehungswort von אלה darf das direkt vorher genannte מעשיו
gelten. Nach den Werken Gottes soll der Lehrer unablässig suchen, in
ihre Ursprünge soll er sich Einsicht verschaffen. שחר bezeichnet keine beliebige Suche: Die Gleichsetzung von רצונו שחר תמיד mit dem
בכל מוסר הבא שכמכה in 4Q416 2 III₁₂f. zeigt, daß das Verb das weisheitliche Erkenntnisstreben umschreibt, wie es der Verfasser von 4QSap A
verstand:[101]

רצונו שחר תמיד אביון אתה אל תאמר רש אני ול[א] אדרוש דעת
בכל מוסר הבא שכמכה

Suche unablässig nach seinem Willen. Arm bist du. Sage nicht: „Ich
bin arm, daher will ich nicht nach Erkenntnis suchen." Bringe deinen
Rücken unter alle Zucht.

Nach den Werken Gottes zu suchen, sich Einsicht über ihren Ursprung[102]
zu verschaffen, das meint in diesem Text den Rücken unter die Knute
des Weisheitslehrers zu beugen. Auf 4Q417 2 I₁₂ff. übertragen bedeutet
dies: Sucht der Lehrer mit Hilfe der weisheitlichen Lehre und Zucht
nach den Werken Gottes und ihrem Ursprung, so winkt ihm doppelter
Lohn: Er wird die Herrlichkeit gemeinsam mit den Geheimnissen seiner
Wunder und den Machttaten seiner Werke erkennen, und er wird sich
über die Armseligkeit seiner eigenen Taten bewußt werden (4Q417 2 I₁₃f.).
Daß menschliches Handeln und seine Konsequenzen in der Weisheit von
großer Bedeutung sind, ist altbekannt (Tun–Ergehen–Zusammenhang).
Zwei Belege aus ganz unterschiedlichen Werken mögen dies in Erinnerung
rufen.

---

[101] Auf den weisheitlichen Charakter der mit der Wurzel umschriebenen Suche weist auch
die Tatsache hin, daß שחר II fast ausschließlich in weisheitlichen Texten belegt ist: Prov
1,28; 7,15; 8,17; 13,24; Hiob 7,21; 8,5; 24,5; 4Q416 2 II₇ par 4Q417 1 II₁₀ par 4Q418 87;
4Q416 2 III₁₂ par 4Q418 9₁₂; 4Q418 35₃; 4Q418 45 II₁; 4Q418 55₅; 4Q419 1₁₁; 4Q525 3
II₃. In nicht–weisheitlichem Kontext findet sich שחר II lediglich in Jes 26,9; Ps 63,2; 78,34.
Der Beleg 4Q382 44₁ ist noch unveröffentlicht und konnte daher nicht in die Analyse des
Wortes mit einbezogen werden.
[102] Zu תוצאות in der Bedeutung „Ursprung, Ursache" vgl. Prov 4,23. 1Q27 1 I₁₂ par 4Q299
1₇; 4Q420 1 II₄ par 4Q421 1 II₁₅ bieten nicht genug Kontext, um zur Klärung der Bedeutung
des Nomens herangezogen werden zu können.

זֵכֶר צַדִּיק לִבְרָכָה וְשֵׁם רְשָׁעִים יִרְקָב

Das Andenken eines Gerechten bleibt in Segen, aber der Name der
Frevler verwest. (Prov 10,7)

כִּי אֵין זִכְרוֹן לֶחָכָם עִם־הַכְּסִיל לְעוֹלָם בְּשֶׁכְּבָר הַיָּמִים הַבָּאִים הַכֹּל
נִשְׁכָּח וְאֵיךְ יָמוּת הֶחָכָם עִם־הַכְּסִיל

Denn keine Erinnerung gibt es an den Weisen mitsamt dem Toren
ewiglich,
in den Tagen, die kommen, wird längst schon alles vergessen sein.
Ach, gemeinsam mit dem Toren stirbt der Weise. (Koh 2,16)

In der Weisheit galt: Das Andenken an den Gerechten gibt diesem Un-
sterblichkeit (Prov 10,7). Schon Koh zog dieses Postulat in Zweifel. Für
ihn steht fest, daß in den kommenden Tagen niemand des verstorbenen
Weisen oder Toren gedenken wird. Aus dieser Tradition heraus ist auch
4Q417 2 I₁₃f. zu interpretieren. „In der Zeit" wird nur der Taten Gottes gedacht werden, die armseligen Taten des Menschen, hier des weisen
Lehrers, geraten in Vergessenheit. Die Ausweglosigkeit des gescheiterten
Unsterblichkeitsgedankens der Weisheit ließ Koh neben anderen Aporien
an der weisheitlichen Lebenssicht scheitern. In 4QSap A dagegen wird der
Gedanke, daß keine Erinnerung an die Taten des Weisen bleibt angesichts
der Herrlichkeit Gottes und seiner machtvollen Taten, ins Positive ge-
kehrt: Daß die Taten des Menschen verblassen und armselig erscheinen
gegenüber der Macht und Herrlichkeit Gottes, daß das Tun des Weisen,
um mit Koh zu sprechen, gleich dem des Toren bedeutunglos ist, gerade
das zeigt die Größe und Herrlichkeit Gottes. So wird eine erneute Geborgenheit in Gott erreicht, nachdem die alte Sicherheit, daß ein richtiges
Handeln auch ein positives Ergehen, in diesem Fall das Weiterleben in der
Erinnerung, nach sich ziehe, verloren ging.[103] Formale Befunde geben
dieser zweiten Folgerung aus der Betrachtung der Werke Gottes und ihres Ursprunges ein besonderes Gewicht: Nur in 2 I₁₄ wird an Stelle des die
verheißene Erkenntnis aus den angemahnten Beobachtungen des Lehrers
einleitenden ואז תדע eine partizipiale Formulierung benutzt. ואתה מבין.

---

[103] Diese theologische Struktur ist zu Ende gedacht und zur Form verfestigt in Gestalt der
Niedrigkeitsdoxologie fester Bestandteil des Gotteslobes u. a. der *Hôdāyôt* geworden. Zur
Niedrigkeitsdoxologie s. u. a. Lichtenberger, Menschenbild, 73–93; H.–W. Kuhn, Enderwar-
tung, 27 und Jürgen Becker, Heil Gottes, 139.

Exkurs: Die himmlischen Tafeln

Bevor nun die doppelte Begründung (I$_{14-18}$) dieser Erkenntnisfähigkeit des Lehrers untersucht werden kann, scheint es ratsam, in einem längeren Exkurs die verschiedenen Arten himmlischer Bücher und ihr Vorkommen in den Texten des antiken Judentums zu untersuchen, da ein solches himmlisches Buch im folgenden von großer Bedeutung sein wird:

Das Motiv himmlischer Bücher oder Schrifttafeln findet in der Literatur verschiedener antiker Kulturen Verwendung. Meist kann zwischen drei Gruppen solcher Bücher unterschieden werden, die hier in Anlehnung an Koep als *Schicksalsbuch*, *Buch der Werke* und *Buch des Lebens* kategorisiert werden.[104] Die Namen der einzelnen Bücher differieren in den Belegen; die Bezeichnung der Kategorien erhebt nicht den Anspruch, den antiken Bezeichnungen der himmlischen Bücher zu entsprechen. Was sich hinter den einzelnen Bezeichnungen verbirgt, erklärt sich aus den folgenden Erörterungen:

Himmlische Bücher in der griechischen und mesopotamischen Welt

„Man glaubte, der Ablauf der Weltgeschichte und zumal das Leben des Menschen sei im voraus schriftlich niedergelegt und vollziehe sich nach den in den *Schicksalstafeln* enthaltenen Angaben."[105] „This well–known and intriguing belief in the existence of heavenly tablets upon which were recorded the deeds and destiny of individuals as well as nations can be traced from Sumerian to Talmudic times."[106] „The gods in Mesopotamia were considered the determiners of destiny, and they wrote their decisions on ‚tablets of destiny' (*ṭuppi šīmāti*). Nabu, the divine scribe, was in possession of these records, and kings frequently offered their prayers to him."[107] So findet sich zum Beispiel in einem Gebet Aschurbanipals an den Schreibergott Nabu der Satz *balāṭiya ina pānika šaṭir* („My live is inscribed before you").[108] Und Nebukadnezar spricht in einem Gebet an diese Gottheit: *ina lēïka kīnim mukīn puluk šamê u erṣeti ibe arāku ūmiya šuṭur littūtim* („On your … unchangeable tablet, which established the boundaries of heaven and earth, proclaim length of days for me, inscribe long life").[109] In der Kosmologie des Zweistromlandes spielen diese himmlischen Schicksalstafeln eine wichtige Rolle: Auf ihnen ist der Verlauf der Geschichte verzeichnet, aber auch das Leben des einzelnen Menschen. Sie wurden zum ersten Mal während der Weltschöpfung fixiert, wer-

---

[104] Das himmlische Buch, 18.
[105] A. a. O., 3.
[106] Paul, Heavenly Tablets, 345.
[107] A. a. O., 346.
[108] Transkription und Übersetzung ebd.
[109] Transkription und Übersetzung ebd.

den aber beim babylonischen Neujahrsfest im Sinne einer Wiederholung
der Schöpfung jährlich neu festgesetzt. Das Schreiben der himmlischen
Schicksalstafeln ist Aufgabe des Marduk unterstehenden Schreibergottes
Nabu.[110] Neben diesen Schicksalstafeln „… finden wir (vereinzelt) …
auch den Gedanken an eine Buchführung über unsere Taten ausgespro-
chen. So vermerkt der Schreibergott Nebo, der die menschlichen Taten
beobachtet, je nach dem qualitativen Befund seine Feststellungen auf der
Tafel der Gnade oder auf der *Tafel der Sünde*.“[111]

In der griechischen und lateinischen Literatur sind himmlische Bücher
erst spät belegt. „Bei Nonnus von Panopolis …, der um die Wende des
vierten zum fünften nachchristlichen Jahrhundert vor seiner Bekehrung
zum Christentum in dem Epos Dionysiaca den sagenhaften Indienzug des
Gottes Dionysos schildert, finden wir die Ansicht vertreten, die Weltgeschichte sei vom Weltenschöpfer, dem Gott Phanes, im voraus auf Tafeln
schriftlich festgelegt worden.“[112] „Ovid läßt in einem Gespräch zwischen
Jupiter und Venus, die um Aufnahme der Seele Cäsars unter die Götter
bittet, den Götterfürsten die Unabänderlichkeit des Schicksals verkünden,
das in einem aus Eisen und Erz gefertigten *tabularium*, einer Art Archiv,
aufbewahrt sei.“[113] Neben diesen literarischen Bezeugungen eines himmlischen Schicksalsbuchs findet sich, häufig auf Sarkophagen, die Moira
(Schicksalsgöttin) Atropos mit einer Buchrolle abgebildet, die wohl ein
himmlisches Schicksalsbuch darstellen soll.[114] Auch ein Buch der Werke
ist in der griechisch–römischen Literatur nicht unbekannt.[115]

Eine besondere Beziehung der himmlischen zur weisheitlichen Urordnung findet sich in den genannten Texten ebensowenig wie eine Identifikation dieser Bücher mit einer wie auch immer gearteten Form eines
Gesetzes.[116]

Himmlische Bücher im Alten und Neuen Testament

Im Alten Testament sind alle drei Kategorien himmlischer Bücher belegt.
Ein Schicksalsbuch, in welchem das Schicksal der Menschen, aber auch
der Verlauf der Geschichte festgelegt ist, wird z. B. in Ps 139,16 erwähnt:

---

[110] Zur Sache s. Koep, Das himmlische Buch, 4f.; vgl. Meissner, Babylonien, 125.
[111] Koep, Das himmlische Buch, 14; vgl. Meissner, Babylonien, 125 und Paul, Heavenly
Tablets, 346.
[112] Koep, Das himmlische Buch, 7; Nonnus, Dionysiaca, 12,29–45.
[113] Koep, Das himmlische Buch, 7; Ovid, Metamorphosen 15,809–815.
[114] Zur Sache s. Koep, Das himmlische Buch, 10–13.
[115] Zur Sache s. a. a. O., 14–16.
[116] Eine Ausnahme mag hier der von Koep genannte Ovid–Beleg darstellen (Das himmlische Buch, 7): die hier genannten, aus Eisen und Erz gefertigten Tafeln erinnern an den
Brauch, die im Senat Roms beschlossenen Gesetze auf solchen Tafeln festzuhalten. Eine
Anspielung auf das mosaische Gesetz stellt dies jedoch mit Sicherheit nicht dar.

גְּמָלַי רָאוּ עֵינֶיךָ וְעַל־סִפְרְךָ כֻּלָּם יִכָּתֵבוּ יָמִים יֻצָּרוּ וְלֹא אֶחָד מֵהֶם

Deine Augen sahen all meine Taten, in deinem Buche standen sie alle
geschrieben, meine Tage wurden gebildet, als noch keiner von ihnen
da war.[117]

Ein Buch der Werke, in dem alle Taten der Menschen notiert werden,
findet sich u. a. in Mal 3,16:

אָז נִדְבְּרוּ יִרְאֵי יְהוָה אִישׁ אֶת־רֵעֵהוּ וַיַּקְשֵׁב יְהוָה וַיִּשְׁמָע וַיִּכָּתֵב סֵפֶר
זִכָּרוֹן לְפָנָיו לְיִרְאֵי יְהוָה וּלְחֹשְׁבֵי שְׁמוֹ

Da redeten miteinander, die den Herrn fürchten; und der Herr merk-
te darauf und hörte es. Und es ward vor ihm in ein Gedenkbuch
geschrieben für die, welche den Herrn fürchten und seinen Namen
ehren.[118]

Eine Besonderheit des Alten Testament und der von ihm beeinflußten
Kreise ist das sogenannte Buch des Lebens. Wird der Name eines Menschen aus diesem Buch gestrichen, so stirbt er.

וַיָּשָׁב מֹשֶׁה אֶל־יְהוָה וַיֹּאמַר אָנָּא חָטָא הָעָם הַזֶּה חֲטָאָה גְדֹלָה וַיַּעֲשׂוּ
לָהֶם אֱלֹהֵי זָהָב וְעַתָּה אִם־תִּשָּׂא חַטָּאתָם וְאִם־אַיִן מְחֵנִי נָא מִסִּפְרְךָ
אֲשֶׁר כָּתָבְתָּ וַיֹּאמֶר יְהוָה אֶל־מֹשֶׁה מִי אֲשֶׁר חָטָא־לִי אֶמְחֶנּוּ מִסִּפְרִי

Also kehrte Mose zum Herrn zurück und sprach: Ach dieses Volk
hat eine große Sünde begangen: sie haben sich einen Gott aus Gold
gemacht. Und nun vergib ihnen doch ihre Sünde! Falls nicht, tilge
mich aus deinem Buch, das du geschrieben hast. Der Herr aber
sprach zu Mose: Wer sich an mir versündigt, den tilge ich aus dem
Buch. (Ex 32,31–33)

Der Beleg zeigt, daß Götzendienst ein Streichen aus dem Buch des Lebens, also den Tod, zur Folge haben kann. Im Laufe der Zeit führte die
Tatsache, daß eine schwere Sünde ein Gestrichen–Werden aus dem Buch
des Lebens bedeutet, dazu, daß das Buch des Lebens mit dem Buch der
Werke verschmolz: Gerechte sind es, die im Buch des Lebens aufgeschrieben sind, die Frevler und Feinde Davids sollen nicht unter ihnen stehen im
Buch des Lebens (Ps 69,29). In der apokalyptischen Literatur kann daher
das Buch des Lebens als eine Art Gerichtsverzeichnis dienen: Wer in ihm
nicht aufgeführt ist, ist verloren, wer im Buch des Lebens aufgeführt ist,

---

[117]Vgl. auch Dan 10,21. Zum hier rekonstruierten Text von Ps 139,16 s. den Apparat der
BHS.
[118]In Dan 7,10 kann ein solches Buch der Werke als Grundlage des eschatologischen
Gerichts dienen.

wird gerettet werden (Dan 12,1;[119] Apk 13,8; 17,8; 20,12.15). Im Kontext
dieser Verschmelzung vom Buch des Lebens und dem Buch der Werke ist
wohl auch Phil 4,3 zu verstehen:

Ναὶ ἐρωτῶ καὶ σέ, γνήσιε σύζυγε, συλλαμβάνου αὐταῖς, αἵτινες ἐν τῷ
εὐαγγελίῳ συνήθλησάν μοι μετὰ καὶ Κλήμεντος καὶ τῶν λοιπῶν συν-
εργῶν μου, ὧν τὰ ὀνόματα ἐν βίβλῳ ζωῆς.

Ja, ich bitte auch dich, du echter Syzygos, nimm dich ihrer an, die
mit mir im Evangelium gekämpft haben zugleich mit Clemens und
meinen übrigen Mitarbeitern, deren Namen im Buch des Lebens
stehen.

Jene, die im Buch des Lebens stehen, zählen zu den durch das Evangelium
Erlösten, zu den Mitgliedern der christlichen Gemeinde. Das im eschatologischen Gericht über Heil und Verdammnis entscheidende Buch des
Lebens (jene, die in ihm aufgelistet sind, werden Teil haben am Heil) wird
hier im Schema des „Schon–Jetzt und Noch–Nicht" auf die christliche
Gemeinde übertragen. Die Mitglieder der Gemeinde sind im Buch des
Lebens aufgelistet und haben schon jetzt Teil am eschatologischen Heil,
welches noch aussteht und doch schon eingetroffen ist.[120]
	Somit findet sich die aus 4QSap A bekannte Verbindung von himmli-
schen Tafeln, Gesetz und Schöpfungsordnung (s. u.) weder im Alten noch
im Neuen Testament.

Himmlische Bücher im Judentum

Im Frühjudentum werden himmlische Bücher in den verschiedensten
Schriften erwähnt. Hier sei beispielhaft die Verwendung von himmlischen Büchern in den Testamenten der zwölf Patriarchen, den Jubiläen,
dem Henochkreis und den Texten von Qumran besprochen.
	Die Handschriften β und A bzw. A^β der TestXII fügen himmlische
Tafeln an verschiedenen Stellen in den Text ein bzw. ersetzen andere Begriffe verschiedentlich durch die himmlischen Tafeln. In zwei Belegen
beinhalten die himmlischen Tafeln nach diesen Handschriften Geschichtliches: Levi vernichtete nach eigener Aussage die Amoriter, „wie es auf den
himmlischen Tafeln steht" (καθὼς γέγραπται ἐν ταῖς πλαξὶ τῶν οὐρανῶν
TestLev 5,4), und Asser prophezeit den Ungehorsam seiner Kinder gegenüber den Geboten, was er nach den Handschriften β und A auf den

---

[119] Plöger nimmt für Dan 12,1 einen religionsgeschichtlichen Zusammenhang mit den babylonischen Bürgerschaftslisten an (Daniel, 171), jedoch erscheint mir die oben aufgezeigte
Herleitung näherzuliegen, da das Danielbuch dem Alten Testament sowohl zeitlich als auch
kulturell näher stehen dürfte als dem Zweistromland (so auch Mertens, Daniel im Lichte der
Texte vom Toten Meer, 65f.).
[120] Ähnlich auch G. Barth, Philipper, 71.

himmlischen Tafeln gelesen haben möchte (ἀνέγνων γὰρ ἐν ταῖς πλαξὶ τῶν οὐρανῶν ὅτι ἀπειθοῦντες ἀπειθήσετε αὐτῷ … „Denn ich erkannte auf den Tafeln des Himmels: Ihr werdet ihm ganz ungehorsam sein …“; TestAss 7,5). In TestAss 2,10 dagegen möchten diese Handschriften die in 1,3–2,9 geschilderte ethische Zwei–Wege Lehre nicht auf den Tafeln des Gesetzes (ἐν ταῖς πλαξὶ τῶν ἐντολῶν), sondern auf den Tafeln des Himmels (ἐν ταῖς πλαξὶ τῶν οὐρανῶν) niedergelegt finden.[121] Neben diesen in den genannten Handschriften als himmlische Tafeln bezeichneten himmlischen Büchern werden in den TestXII noch Schriften bzw. Tafeln der Väter genannt, auf denen geschichtliche Ereignisse in der Art eines Schicksalsbuches festgelegt wurden: Sebulon las in ihnen von der Spaltung Israels (TestSeb 9,5), und Levi verweist, mit Ausnahme der Handschriften β und A[β], auf sie bezüglich seiner Vernichtung der Amoriter (TestLev 5,4). Prophezeiungen über die Geschichte des Volkes Israel werden außerdem einem Buch Henochs entnommen (TestDan 5,6 und TestNaph 4,19).[122]

Die in den TestXII nur in einigen Handschriften bezeugte Verbindung von Gesetz bzw. Geschichte und himmlischen Tafeln ist in den Jubiläen deutlicher belegt:

> Le caractère législatif des tables célestes est prépondérant dans le livre Jubilés … Elles constituent un code de prescriptions pénales ou rituelles.[123]

> Fragt man nach dem *Inhalt* der himmlischen Tafeln auf Grund der Vorstellungen der Jub, so ergibt sich, daß er vielgestaltig ist. Er deckt sich nicht mit dem Inhalt der Tora. Neben den Gesetzen für die Beschneidung (15, 25), das Laubhüttenfest (16, 29) und die Abgabe des Zehnten (32, 15), welche auch im Pentateuch stehen, enthalten die himmlischen Tafeln nach dem Zeugnis der Jub auch solche über die Bekleidung (3, 31); die Verfluchung des Totschlägers (4, 5), das Verhältnis zwischen Israeliten und Heiden (30, 9) und den „Zusatz"–Tag zum Laubhüttenfest (32, 28). Einen wesentlichen Bestandteil ihres Inhalts machen die Gesetze über die *Festzeiten*, die Ordnung des Jahres und der Jahrwochen, aus. So ist z. B. die Bestimmung über das Wochenfest (6, 21), das Passa (49, 8), die viermal dreizehn Wochen des Jahres (6, 31) sowie die „Einteilung der Tage" und der „Feste des Bundes" (6, 35) „eingegraben und angeordnet auf den himmlischen Tafeln".[124]

---

[121] Zur Sache s. Eppel, Tables célestes: „La correspondance entre la loi mosaïque et les tables du ciel ne saurait être plus clairement attestée que Test. Aser 2, 10, où les deux groupes de mss. donnent comme leçons équivalentes: ‚les tables des commandements' et ‚les tables des cieux'" (405).

[122] Die Handschrift β kennt eine solche Schrift Henochs, in welcher von der Erzähleben aus gesehen noch ausstehende Ereignisse der Geschichte des Volkes Israel niedergeschrieben sind, auch in TestLev 14,1; 16,1 und TestJud 18,1. Ein Buch des Lebens ist in dem Einschub der Handschrift E zu TestLev 18,2 zu finden (Zeile 59f.).

[123] Eppel, Tables célestes, 405.

[124] Nauck, Lex insculpta, 139.

Jedoch bleibt der Inhalt der himmlischen Tafeln in den Jub nicht auf
halachische Fragen beschränkt. In Jub 5,13ff. wird berichtet, daß auf den
himmlischen Tafeln das eschatologische Urteil über jedes Wesen des Himmels, der Erde und der Scheol eingemeißelt ist. Auf ihnen ist nach Jub 16,9
ebenfalls das Urteil über Lot und seine Nachfahren festgelegt, daß es ihnen
genauso ergehen werde wie Sodom und Gomorrha. Jub 24,33 berichtet,
daß Isaaks Fluch über die Philister auf den Tafeln zu finden ist, auf daß
er am eschatologischen Gerichtstag ausgeführt werde. Und in Jub 1,29
wird das Jubiläenbuch selbst zu einem Teilstück einer größeren Sammlung himmlischer Tafeln, auf denen die Einteilung der Zeit, der Verlauf
der Geschichte etc. verzeichnet sind. Aus diesen Tafeln werden sie von
einem Engel ausgesucht, um Mose übergeben zu werden.

Somit haben die himmlischen Tafeln in den Jub einerseits den Charakter eines Gesetzesbuches, dessen Gebote sich teils mit dem Pentateuch
überschneiden, teils aber auch in ihm nicht zu finden sind, andererseits
dienen sie, ähnlich dem Buch des Lebens in der apokalyptischen Literatur
(s. o., 71), als eine Art Register, nach dem am eschatologischen Gerichtstag das Urteil über jeden Teil des Seins vollstreckt werden wird, und teils
enthalten sie die Einteilung der Zeit und den Verlauf der Geschichte.[125]

In der Henochliteratur vereinen die himmlischen Tafeln zwei Funktionen in sich: Auf ihnen ist der Ablauf der Geschichte festgehalten, wie er
Henoch in der 10–Wochen–Apokalypse von einem Engel offenbart wurde und wie er ihn auf den himmlischen Tafeln gelesen hat (93,1). Henoch
kann Lamech in Kapitel 106 Auskunft geben über Herkunft und Schicksal
Noahs sowie über die Zeit nach Noah, „denn ich kenne die Geheimnisse
[des Herrn, die] Heilige mir mitteilten und zeigten und die ich auf den
himmlischen Tafeln las" (מרוא דין] קדישין אחויוני [מרי̊א̊ ברז֯י̊ [בד[י̊ ידע אנה ברזי̊
קר̊ית שמי̊א [ודי בלוחת] ואחזיוני; 4QEnᶜ 5 II₂₆f.).[126] An anderer Stelle
kann sogar gesagt werden, die himmlischen Tafeln umfaßten alles, was im
folgenden als die Taten aller Menschen definiert wird, also die menschliche
Geschichte:

> Und er sprach zu mir: „Henoch, betrachte diese himmlischen Tafeln und
> lies, was auf ihnen geschrieben ist, und merke dir jede Einzelheit!" Und ich
> betrachtete die himmlischen Tafeln und las alles, was geschrieben war, und
> merkte mir alles; und ich las das Buch aller Werke der Menschen und aller

---

[125] Zu einem ähnlichen Ergebnis für Jub kommt, nachdem er einen Überblick über sämtliche Jub–Belege, die die himmlischen Tafeln erwähnen, gegeben hat, auch García Martínez
(Tablas Celeste, 349): „Gracias a las TC, que son a la vez el arquetipo preexistente de la
Torah, el Libro del Destino y la Torah Oral, puede él no sólo reescribir la historia, sino
interpretar el presente e imponerle una linea de conducta que garantice su futuro."

[126] Transkription nach Milik, Enoch, 209f.; die Ergänzungen des aramäischen Texts wurden
von Milik an Hand des äthiopischen Henoch vorgenommen. Die Umschreibung des Inhalts
der himmlischen Tafeln muß auf keine besondere Verbindung dieses Belegs mit 4Q417 2
I₁₅–₁₈ hinweisen, da die Vokabel רז in frühjüdischer Zeit weit verbreitet war.

Fleischgeborenen, die auf Erden (sein werden) bis in ewige Generationen. (äthHen 81,1f.)[127]

„1 En. 81.2 indicates that the course of human history has been written beforehand."[128] Die himmlischen Tafeln haben im Henochbuch nicht nur die Geschichte der Menschen zum Inhalt. Das endzeitliche Wohlergehen der Gerechten ist ebenso auf den Tafeln nachzulesen (103,2f.) wie eine Anleitung für die Engel, wie sie mit den Sündern umzugehen haben (108,7). Auch das Ergehen der Riesen liest Henoch auf einer himmlischen Tafel nach und teilt ihnen in einem Brief ihren Untergang mit (4QEnGiants[a] 8). Somit beinhalten die himmlischen Tafeln in der Henoch–Literatur in der Art eines Schicksalsbuchs einen vorgezeichneten Geschichtsverlauf, eine Geschichtsordnung, die von der Schöpfung bis ins Eschaton reicht. Diese Geschichtsordnung ist dem Seher Henoch zugänglich, während sie dem normalen Sterblichen verborgen bleiben muß.

In den Textfunden von Qumran werden himmlische Bücher verschiedentlich erwähnt:[129] In 4Q504 1–2 VI$_{14}$ wird der Satz כול הכתוב בספר החיים ("alle, die im Buch des Lebens eingeschrieben sind") neutral als Umschreibung für die Lebenden gebraucht. Diese Verwendung erinnert an Ex 32,32: Wer im Buch des Lebens aufgelistet ist, gehört zu den Lebenden; aus diesem Buch gestrichen zu werden, bedeutet den Tod. Himmlische Tafeln werden weiterhin in 4Q180 1$_3$; CD II$_{2ff.}$ und 4Q537 1$_3$ erwähnt. In 4Q180 1$_3$ beinhalten sie eine Schilderung einer in Epochen gegliederten Geschichte der Menschen und werden mit den Mose am Sinai übergebenen Gesetzestafeln identifiziert (zur Sache s. u., 280). In CD II$_{2ff.}$ wird mit dem Begriff פרוש קציהם bzw. פרוש שמותיהם, wie CD XVI$_{2–4}$ zeigt, eine in Epochen eingeteilte den Verlauf der Geschichte prädestinierende Ordnung beschrieben. Der Kontext des Belegs macht dabei deutlich, daß sich diese Vorstellung in CD aus der Weisheit herleitet (s. u., 251ff.). In 4Q537 1 (4QAJa) begegnet Jakob, als er auf seiner Flucht vor seinem Bruder Esau in Bethel übernachtet, im Traum einem Engel, der ihm sieben Tafeln überreicht, auf denen er sein zukünftiges Schicksal nachliest. Auf einer weiteren Tafel findet er die Ermahnung, Bethel nicht zu einem Heiligtum

---

[127] Die Übersetzung wurde aus Uhlig, Henochbuch, 59 entnommen.

[128] Davidson, Angels at Qumran, 94.

[129] Die Belege von לוח in 1Q23 31$_{1f.}$ und 2Q26 1$_{1.3}$ sind zu beschädigt, als das sie etwas über über Funktion und Inhalt der himmlischen Tafeln in diesen Texten aussagen könnten. Der Ausruf [...]עתה הנה הכול כתוב בלוחות אשר [4QMidrEschat[b] X$_{12}$ (= 4Q177 1–4$_{12}$)] könnte auf eine Verbindung von himmlischen Tafeln und Geschichte hinweisen, jedoch ist der Text an entscheidender Stelle beschädigt, so daß sich nichts Sicheres sagen läßt; Steudel merkt an, daß als Parallelbegriff zu diesen לוחות in 4QMidrEschat[b] (= 4Q177) 18$_2$ ספר החיים denkbar wäre (Midrasch zur Eschatologie, 120 Anm. 4). Ferner ist ein himmlisches Buch wohl in 4Q529 1$_6$ belegt, jedoch ist die Handschrift zu zerstört, als daß sie zur Analyse beitragen könnte.

zu machen.[130] In CD XX$_{17ff.}$ wird Mal 3,16–18 zitiert, ohne daß dem
ספר זכרון eine andere Bedeutung als im Buch Maleachi zukäme, es meint
auch hier ein Buch, in dem Gott die Werke der Menschen „verbucht".

Eine Verbindung von himmlischen Tafeln und einer Art himmlischer
Thora dürfte auch in dem unten besprochenen Beleg 4Q400 1 I$_{4-6}$ vorliegen (s. u., 89): „In der Versammlung aller Gottwesen [der Erkenntnis
und in den Versammlungen aller Geister] Gottes hat er seine Gebote für
alle geistigen Gottwesen eingemeißelt und die Gerichte [seiner Herrlichkeit für alle, die] Erkenntnis [begründen], das Volk, das Einsicht in seine
Herrlichkeit besitzt, die Gottwesen, die sich der Erkenntnis nähern."

Bei den drei Büchern, die in 4Q534, einem Text der sich mit der Geburt
und der Person Noahs beschäftigt, erwähnt werden (I$_5$),[131] handelt es sich
dagegen wohl nicht um himmlische Bücher[132] sondern um eine Urform
der Henochliteratur,[133] da ihr Inhalt weder in Form einer Offenbarung
noch in Form einer Himmelsreise vermittelt wird. Noah lernt sie vielmehr
einfach kennen. Daß es sich bei den in 4Q534 I$_5$ erwähnten Büchern nicht
um himmlische Bücher handelt, wird durch die Tatsache bestätigt, daß
himmlische Bücher oder Tafeln in keinem Text auf eine bestimmte Zahl
beschränkt sind. Auch in 4Q537 wird lediglich ausgeführt, daß ein Engel
Jakob 4 und 3 Tafeln zeigt, nicht aber, daß es nur sieben himmlische Tafeln
gäbe. Der Beleg ist daher für die Frage nach den himmlischen Büchern
nicht von Interesse.

In den Texten von Qumran finden sich somit alle drei Typen himmlischer Bücher. Die Sabbatlieder belegen eine Verbindung von Thora

---

[130] Die Erstpublikation des Textes erfolgte durch Milik, Écrits préesséniens, 103ff.; die
endgültige Publikation erfolgte jüngst durch Puech, Fragments d'un apocryphe de Lévi,
488ff. Es dürfte sich um den von Starcky (Le travail d'édition, 66) und Dupont–Sommer
(Die essenischen Schriften, 352f.) erwähnten aramäischen Text, in dem die himmlischen
Tafeln belegt sind, handeln.

[131] Ursprünglich wurde der Text für messianisch gehalten (so z. B. Starcky, Texte messianique, 64–65 und Carmignac, Horoscopes, 206f.). Fitzmyer ist jedoch der Nachweis gelungen,
daß er sich mit der Geburt Noahs beschäftigt („Elect of God" Text, 354ff.370ff.; vgl. Starcky, Maître de Justice, 53–55; Grelot, Hénoch et ses écritures, 493–496 und Beyer, Texte,
269.) García Martínez (Qumran and Apocalyptic, 1–44) möchte in dem Text ein Fragment
oder eine Zusammenfassung eines Teils des verschollenen Buches Noah sehen. Caquot (4Q
Mess Ar) schließlich möchte das Werk auf Henoch beziehen (zur Kritik dieser Hypothese
s. García Martínez, Qumran and Apocalyptic, 18f.).

[132] So Fitzmyer, „Elect of God" Text, 362f. Carmignac (Horoscopes, 212) möchte eines
der Bücher als das ספר ההגו von 1QSa I$_7$ identifizieren, wofür sich im Text jedoch kein
Anhaltspunkt findet. Schnabel (Law and Wisdom, 213) geht davon aus, „...that the ‚three
books' refer by all means to the authoritative writings of the Community [scil. des yaḥads]
..." Da eine essenische Herkunft von 4Q534 aber zumindest fraglich erscheint, darf diese
Hypothese wohl verworfen werden.

[133] So zuerst Grelot, Hénoch et ses écriture, 493–496; vgl. auch Milik, Écrits préesseniens,
94; ders., Enoch, 67f.; Starcky, Maître de Justice, 56 und García Martínez, Qumran and
Apocalyptic, 8f.18f.

und himmlischen Tafeln,[134] andere Texte bezeugen die schon aus dem
AT bekannten Verwendungen himmlischer Bücher. In 4Q180 1 und CD
II$_{2ff.}$ findet sich eine Verbindung von Thora (4Q180), präexistenter Seins-
und Geschichtsordnung (aus der Weisheit hergeleitet) und himmlischen
Büchern.

Aus der Vielzahl rabbinischer Belege eines himmlischen Buches sollen hier einige bei Ginzberg aufgeführte Legenden nicht unerwähnt
bleiben.[135]

Nach einem langen Gebet um Vergebung und Weisheit erscheint Adam
nach drei Tagen der Engel Raziel, um ihm ein Buch zu überreichen:[136]

> On the third day after he had offered up this prayer, while he was sitting
> on the banks of the river that flows forth out of Paradise, there appeared
> to him, in the heat of the day, the angel Raziel, bearing a book in his hand.
> The angel addressed Adam thus: „O Adam, why art thou so fainthearted?
> Why art thou distressed and anxious? Thy words were heard at the moment
> when thou didst utter thy supplication and entreaties, and I have received
> the charge to teach thee pure words and deep understanding, to make thee
> wise through the contents of the sacred book in my hand, to know what will
> happen to thee until the day of thy death. And all thy descendants and all
> the later generations, if they will but read this book in purity, with a devout
> heart and an humble mind, and obey its precepts, will become like unto thee.
> They, too, will foreknow what things shall happen, and in what month and
> on what day or in what night. All will be manifest to them—they will know
> and understand whether a calamity will come, a famine or wild beasts, floods
> or drought; whether there will be abundance of grain of dearth; whether the
> wicked will rule the world; whether locusts will devastate the land; whether
> the fruits will drop from the trees unripe; whether boils will afflict men;
> whether wars will prevail, or diseases or plagues among men and cattle;
> whether good is resolved upon in heaven, or evil; whether blood will flow,

---

[134] Auf eine Verbindung von Reinheitshalacha und himmlischen Tafeln könnte auch das
in 4Q512 1–6 XII$_4$ belegte בלוחות עולﬦ hinweisen, jedoch ist der Text so stark beschädigt,
daß eine solche Interpretation spekulativ bleiben muß.

[135] Eine Besprechung aller Belege würde eine eigenständige Arbeit zum Thema erfordern,
und ist daher an dieser Stelle nicht möglich.

[136] Ginzberg, Legends of the Jews, Bd. 1, 91f. „Sefer Raziel (beginning). This book which
came down to us in its present form from the thirteenth century, and is probably the work of
R. Eleazar of Worms, contains, in its many parts, old genoic mysticism" (Ginzberg, Legends
of the Jews, Bd. 5, 117). In anderer Form ist die Legende im Zohar I,55b überliefert. Weitere
Belege himmlischer Bücher im rabbinischen Judentum finden sich bei Strack/Billerbeck,
Kommentar, Bd. 2, 169–176. Beispielhaft sei hier der Midrasch zu Esther 2,23 zitiert, in dem
Est 2,23 mit Hilfe von Mal 3,16 ausgelegt wird: „V. 23. und die Sache ward untersucht und
also befunden. R. Levi im Namen des R. Acha ben Schilo vom Datteldorfe sagte: Wenn es
sich schon mit dem Buche eines menschlichen Wesens so verhält, wie wird es erst sein, wenn
das Buch Gottes kommen wird, wie es heisst Mal. 3, 16: ‚Und der Ewige merkt auf und
höret und ein Denkbuch ward vor ihm geschrieben für die Gottesfürchtigen und die, welche
seinen Namen achten.'" (Übersetzung Zu anderen Versionen der Geschichte von Adam und
dem Buch Raziel s. auch Ginzberg, Legends of the Jews, Bd. 1, 154–157.

and the death–rattle of the slain be heard in the city. And now, Adam, come
and give heed unto what I shall tell thee regarding the manner of this book
and its holiness."

… Then Adam knew that he who had spoken to him was an angel of
God, and it was from the Holy King Himself that the book had come, and
he used it in holiness and purity. It is the book out of which all things worth
knowing can be learnt, and all mysteries, and it teaches also how to call
upon angels and make them appear before men, and answer all questions.
But not all alike can use the book, only he who is wise and God–fearing,
and resorts to it in holiness.

Dieses himmlische Buch ist gemäß rabbinischen Legenden auch jenes
Buch, aus dem Henoch, Noah, Shem, Abraham, Jakob, Levi, Moses,
Josua und Salomo ihre Weisheit bezogen haben:

Upon the death of Adam, the holy book disappeared, but later the cave in
which it was hidden was revealed to Enoch in a dream. It was from this
book that Enoch drew his knowledge of nature, of the earth and of the
heavens, and he became so wise through it that his wisdom exceeded the
wisdom of Adam. Once he had committed it to memory, Enoch hid the
book again.

Now, when God resolved upon bringing the flood on the earth, He
sent the archangel Raphael to Noah, as the bearer of the following message:
„I give thee herewith the holy book, that all secrets and mysteries written
therein may be made manifest unto thee, and that thou mayest know how to
fulfil its injunction in holiness, purity, modesty, and humbleness. Thou wilt
learn from it how to build an ark of the wood of the gopher tree, wherein
thou, and thy sons, and thy wife shall find protection."

Noah took the book, and when he studied it, the holy spirit came upon
him, and he knew all things needful for the building of the ark and the
gathering together of the animals. The book, which was made of sapphires,
he took with him into the ark, having first enclosed it in a golden casket.
All the time he spent in the ark it served him as a time–piece, to distinguish
night from day. Before his death, he entrusted it to Shem, and he in turn
to Abraham. From Abraham it descended through Jacob, Levi, Moses, and
Joshua to Solomon, who learnt all his wisdom from it, and his skill in the
healing art, and also his mastery over the demons.[137]

Es kann zusammengefaßt werden: Himmlische Bücher finden sich nicht
nur im Frühjudentum, sondern sind in vielen antiken Kulturen weit verbreitet. Es können drei Typen himmlischer Bücher voneinander unterschieden werden: a) die Schicksalsbücher, in denen die Geschichte der
Welt und das Leben des Individuums festgelegt ist, b) Bücher der Werke,
in denen notiert wird, welche guten oder schlechten Taten ein Mensch

---

[137]Ginzberg, Legends of the Jews, Bd. 1, 156f.

vollbracht hat, c) ein Buch des Lebens, aus dem gestrichen wird, wer sterben muß.

In der apokalyptischen Literatur des Alten und Neuen Testaments verschmelzen das Buch des Lebens und das Buch der Werke zu einer Art eschatologischem Gerichtsbuch, das beim endzeitlichen Gericht aufgeschlagen wird, und aus dem die Taten des einzelnen entnommen werden können (s. z. B., Apk 20,12). Nach ihm wird dann entschieden, ob der zu beurteilende Mensch des Heils würdig ist oder nicht. Dem entspricht es, daß in anderen Texten aus frühjüdischer Zeit alle drei Typen himmlischer Bücher, häufig in Gestalt der himmlischen Tafeln, miteinander verschmelzen. Dies ist durch ein prädestinatianisches Weltbild bedingt: Ist nicht nur der Verlauf der Geschichte, sondern auch das Schicksal des einzelnen schon vor Beginn der Welt festgelegt, so müssen auch seine Taten (Buch der Werke) sowie seine Lebenszeit (Buch des Lebens) auf den himmlischen Tafeln zu finden sein. Der Inhalt dieser Tafeln kann nun sogar einfach „alles", also die Gesamtheit des Seins (äthHen 81,1f.) umfassen.

In einigen Texten des Frühjudentums nehmen die Geschichte und Ordnung des Seins umfassenden himmlischen Tafeln die Gestalt eines Gesetzeswerkes an. Ein Teil der in ihm zu findenden Gebote ist auch im Pentateuch enthalten, ein großer Teil jedoch nicht [so in den Jub (s. o., 73), den TestXII (s. o., 72), den Sabbatliedern (s. o., 76) und 4Q180 (s. o., 75)]. Ein solcher Art gestaltetes himmlisches Buch findet sich selbst in den rabbinischen Legenden des Mittelalters. Auch dieses Buch hat alle Geheimnisse Gottes zum Inhalt. Noah gibt es die zum Bau der Arche notwendigen Informationen, Adam vermittelt es umfassende Kenntnis der Geschichte und Weisheit, und auch Henoch hat sein Wissen aus ihm bezogen. Neben diesem alles umfassenden himmlischen Buch sind jedoch sowohl in den Texten des Frühjudentums wie auch bei den Rabbinen die ursprünglichen Formen himmlischer Bücher weiter in Gebrauch.

Eine Beziehung der himmlischen Tafeln zur weisheitlichen Urordnung findet sich nur in 4Q180 1 und CD II$_{2ff.}$ Eine Form von Weltordnung enthalten die himmlischen Tafeln in jenen Büchern, in denen sie die Gesamtheit des Seins umfassen (s. z. B. äthHen 81,1f.).[138]

---

138 Ein Ausblick auf die Adaption der Vorstellung von den himmlischen Tafeln durch den Islam im Koran findet sich bei Bishop, Preserved Tablet(s), passim.

*I*₁₄₋₁₈: Nachdem die Verwendung himmlischer Bücher im Judentum sowie die Herkunft des Motivkreises erörtert wurde, kann dazu übergegangen werden, die in den Zeilen 2 I₁₄₋₁₈ folgende doppelte Begründung für die Fähigkeit des Lehrers, die verheißene Erkenntnis von Gottes Herrlichkeit und der eigenen Bedeutungslosigkeit erlangen zu können, auszulegen. Die erste Begründung lautet:

[כי ה]בא ח[ר]ות החוק[ם] החקיק כול הפקודה

[denn] eingehauen [hat er] das Ge[b]ot [geb]racht und einschlagen lassen hat er alle Heimsuchung. (2 I₁₄)

חרות ist im AT nur in Ex 32,16, und beschreibt dort das Einmeißeln der Gebote auf den Gesetzestafeln durch Gott. Außerhalb der Texte von Qumran begegnet eine Form der Wurzel חרת noch Sir 45,11, wo das Wort im Rahmen einer Beschreibung der Gravuren der Brustschilde des priesterlichen Gewandes verwendet wird. In einer in Karthago gefundenen Kruginschrift beschreibt חרת das Beschriften des Kruges:

חרת   שיחולן שמֹ עבד עבדמלקרת בן חלצבעל בן בעלחנא
במחסף

(Krug) des *jaḥwelon* (des Sohnes) des *šamar*, Knecht des *ʿAbdmelkart*, Sohn des *Ḥelleṣbaʿal* Sohn des *Baʿalḥanaʾ*, auf Töpferware geschrieben (CIS I 6002).[139]

In den Texten von Qumran sind Formen der Wurzel חרת weiter verbreitet, jedoch immer in Verbindung mit nomistischer Terminologie: Metaphorisch kann חוק הרות Willen und Verpflichtung zum Gotteslob („ein Gebot ist eingemeißelt auf meine Zunge"; 1QS X₈) umschreiben, aber auch die Evidenz der eigenen Sündhaftigkeit („meine Sünde liegt mir vor Augen wie ein eingemeißeltes Gesetz"; 1QS X₁₁). Als eingemeißelt werden in den Texten von Qumran Gebote kultischen Inhalts beschrieben (z. B. das Gotteslob zum Zeitpunkt kalendarischer und astronomischer Eckdaten 1QS X₆),[140] aber auch die von Gott festgelegten Gebote für die

---

[139] Eine Transkription der Inschrift in Quadratschrift findet sich bei Lidzbarski, Ephemeris, 170. Zur Bedeutung von מחסף s. Tomback, Lexicon, 171; vgl. auch Harris, Grammar, 103.

[140] Nauck möchte in חוק הרות einen „... terminus technicus für die im Himmel aufbewahrten, durch Mose offenbarten ... Tafeln ..." sehen, da hier die mit הוק חרות bezeichneten Gebote zum Lobe Gottes sich nicht in der Thora fänden, wohl aber in den Jubiläen Inhalt der himmlischen Tafeln wären (Lex insculpta, 139; ähnlich Nötscher, Gesetz der Freiheit, 81 und Dupont–Sommer, Contribution, 241). Demgegenüber bleibt zu betonen, daß im Kontext des Belegs nichts auf ein kosmisches Gesetz oder die himmlischen Tafeln hinweist und daß der Begriff in Anspielung auf Ex 32,16 doch wohl eher eine Beziehung zum Sinaigesetz herstellen will. Daß sich ein vergleichbares Gebot im Pentateuch nicht findet, zeigt lediglich, daß die Thora des *yaḥad* weiter gefaßt war als der heutige Pentateuch.

himmlische Kultgemeinde (4Q400 1 I$_{4-6.15}$). Ohne חוק, aber als Zitat von
Ex 32,16 findet sich חרות in 4Q180 1$_3$, wo eine am Sinai offenbarte Ge-
schichtsordnung in die „Tafeln" eingemeißelt wird (s. u., 280). In 1QH^a
IX$_{25-27}$ (Ed. Suk. I$_{23-25}$) wird הכול aufgezeichnet mit dem „Meißel des
Gedächtnisses" (חרת זכרון; s. u., 224).

Determiniert und ohne Näherbestimmung gebrauchtes חוק ist biblisch
nicht belegt. Es findet sich jedoch in CD IV$_{12}$ und 11QTemp^a LXVI$_9$. CD
IV$_{12}$ ist ein abgewandeltes Zitat von Mi 7,11:

| יֹום לִבְנֹות גְּדֵרָיִךְ יֹום הַהוּא יִרְחַק חֹק | נבנתה הגדר רחק החוק[141] |

Es (kommt) der Tag, zu bauen dei-   Die Mauer ist erbaut, fern ist das
ne Mauer, jener Tag, da (deine)   Gesetz. (CD IV$_{12}$)
Grenze weit wird. (Mi 7,11)

Am Ende der Geschichtsdarstellung CD II$_{14}$–IV$_{12}$ wird die Verheißung
von Mi 7,11 resümierend uminterpretiert auf die Ferne des Gesetzes im
sündigen Volk. In der Tempelrolle wird Dtn 22,28f. im Rahmen der Bearbeitung von Dtn 18,1–23,1 (11QTemp^a LX–LXVI) wie folgt erweitert:[142]

| כִּי־יִמְצָא אִישׁ נַעַר בְתוּלָה אֲשֶׁר לֹא־אֹרָשָׂה וּתְפָשָׂהּ וְשָׁכַב עִמָּהּ וְנִמְצָאוּ וְנָתַן הָאִישׁ הַשֹּׁכֵב עִמָּהּ לַאֲבִי הַנַּעַר חֲמִשִּׁים כֶּסֶף וְלֹו־תִהְיֶה לְאִשָּׁה תַּחַת אֲשֶׁר עִנָּה לֹא־יוּכַל שַׁלְּחָהּ כָּל־יָמָיו | כי יפתה איש נערה בתולה אשר לוא אורשה והיא רויה לו מן החוק ושכב עמה ונמצא ונתן האיש השוכב עמה לאבי הנערה חמשים כסף ולוא תהיה לאשה תחת אשר ענה לוא יוכל לשלחה כול ימיו |

Wenn ein Mann eine Jungfrau   Wenn ein Mann ein Mädchen
trifft, die noch nicht verlobt ist,   betört, das Jungfrau und nicht ver-
und sie ergreift und bei ihr liegt,   lobt ist, und wenn sie ihm nach
und er wird ertappt, so soll der   dem Gesetz (als Ehefrau) zulässig
Mann, der bei dem Mädchen gele-   wäre, und er liegt bei ihr und
gen ist, ihrem Vater fünfzig Lot Sil-   wird ertappt, so gibt der Mann,
ber geben und sie zum Weibe neh-   der bei ihr gelegen hat, dem Vater
men dafür, daß er sie geschwächt   des Mädchens fünfzig Silberstücke,
hat; er darf sie nicht verstoßen sein   und sie soll seine Ehefrau wer-
Leben lang. (Dtn 22,28f.)   den, dafür, daß er sie vergewaltigt
                                        hat. Er darf sie sein ganzes Leben
                                        lang nicht entlassen. (11QTemp^a
                                        LXVI$_{8-11}$)

---

[141] Die Handschrift A aus der Geniza von Kairo liest החיק. Es handelt sich hier mit hoher
Wahrscheinlichkeit um einen Abschreibfehler, vgl. u. a. Qimron, Text of CDC, 17.

[142] Zur Transkription s. Yadin, Temple Scroll, Bd. 2, 298 und zur Übersetzung J. Maier,
Tempelrolle, 66.

Das והיא רויה לו מן החוק wurde vom Autor der Tempelrolle ergänzt „…
to establish that the obligation to marry the young woman applies when
the man is permitted to marry her under pentateuchal law …"[143] Es
darf somit als erwiesen gelten, daß der Begriff החוק sowohl in essenischen als auch nichtessenischen Texten das Gesetz bezeichnen kann.[144]
ה[בא חרות החוק dürfte daher, da schon im Kontext nomistische Begrifflichkeit benutzt wurde, auch in 4Q417 2 I₁₄ das Gesetz meinen. Jedoch
hat Gott nicht nur das eingemeißelte Gesetz gebracht, ebenso hat er alle
Heimsuchung (פקודה) einschlagen lassen. חקק bezeichnet, insbesondere
in späterer Zeit, ebenso wie הרות eine schriftliche Fixierung, genauer gesagt, das Einmeißeln einer Inschrift in einen Stein.[145] Für כול פקודה ist
daher eine eschatologische Bedeutung ausgeschlossen, es dürfte im Sinne
einer Bestrafung eventueller Übertretungen des Gesetzes jede menschliche Plage bzw. Heimsuchung bezeichnen. Gott hat, in Stein gehauen,
Ordnung und Gesetz und, ebenfalls in Stein gemeißelt, die diesem Gesetz korrespondierende פקודה in die Welt gebracht. Die Begriffe הרות
und חקק dürften dabei auf das Sinaigeschehen und die mosaischen Tafeln
anspielen.

Der Lehrer kann die Herrlichkeit Gottes, wunderbare Geheimnisse,
die Größe der Werke Gottes und die eigene Bedeutungslosigkeit erkennen,
weil Gott Israel am Sinai die Thora gegeben hat. Dies erinnert an die
Verbindung von Thora und Weisheit, wie sie sich z. B. in Sir 24 und Bar
3,9–4,4 findet. Weil Gott dem Menschen im Gesetz Einblick in Schöpfung
und Ordnung der Welt gegeben hat, vermag der Lehrer zu erkennen.

*I*₁₅₋₁₈: Auch die zweite Begründung für die Erkenntnisfähigkeit des
Lehrers bedient sich nomistischer Begrifflichkeit. Wie die Gliederung der
Übersetzung zeigt (s. o., 53), ist sie in zwei Strophen unterteilt. Ihre inhaltliche Anbindung an die vorhergehende Begründung ist durch die Worte
חרות und מחוקק gegeben.

In der ersten Strophe werden in einem zweifachen synonymen Parallelismus Aussagen über das eingemeißelte Gebot, das Gott in die Welt
gebracht hat, getroffen. Es wurde von Gott selbst um der Frevel der Söhne
Seths willen eingemeißelt. Diese Erwähnung der Söhne des Seth macht
nun eine einfache Identifikation des hier genannten und von Gott selbst

---

[143] Yadin, Temple Scroll, Bd. 2, 298.

[144] Zu חוק als Bezeichnung des Gesetzes in den Texten von Qumran s. auch die 1971
erschienene Arbeit Limbecks (Ordnungen des Heils, 175–179). Leider konnte Limbeck so
wichtige Texte wie die Tempelrolle für seine Analyse von חוק noch nicht berücksichtigen,
da sie bei Veröffentlichung seiner Arbeit noch nicht erschienen waren.

[145] Vgl. Nötscher, Himmlische Bücher, 76 Anm. 14. Diese Bedeutung könnte, der Wurzel
aus dem Aramäischen zugewachsen sein. Vgl. DISO³, 95; HAL³, 333; Sokoloff, Dictionary,
213; Jastrow, Dictionary, 497. In einem prädestinatianischen Kontext ist חקק in den *Hôdāyôt*
und in der Damaskusschrift belegt: 1QHᵃ IX₂₆ (Ed. Suk. I₂₄) (s. u., 224f.) und 4QDᶜ 15₋₈
(s. u., 269).

verfaßten Textes mit der Sinaithora unmöglich, da Seth nach den biblischen Erzählungen vor der Sintflut lebte (vgl. Gen 4,25f.; zu den Söhnen des Seth s. u.). Für einen nomistischen Charakter des Werkes sprechen die im Anschluß an die vorhergegangene Zeile verwendeteten Begriffe מחוקק und חרות. Weiteren Aufschluß über das hier gemeinte Werk gibt der folgende im Parallelismus synonyme Halbvers: וספר זכרון כתוב לפניו לשמרי דברו („und das Buch der Erinnerung wurde vor ihm geschrieben für jene, die auf sein Wort achten"; 2 I$_{15f.}$). Es handelt sich um ein um לשמרי דברו erweitertes Zitat von Mal 3,16 (vgl. CD XX$_{17ff.}$). Mit den שמרי דברו sind jedoch keine himmlischen Wesen gemeint—etwa die sogenannten „Wächter". Diese werden sowohl in aramäischen (s. Dan 4,10.20; 4QEn^b 1 IV$_6$; 4QEn^c 1 V$_{19}$; 4QEn^e 1 XXII$_5$; XXVII$_{19}$; 4QEn^g 1 III$_{21}$) als auch in hebräischen Texten (s. CD II$_{18}$) mit עירין bzw. עירים bezeichtet.[146] שמרי דברו dürfte vielmehr die Gruppe derer beschreiben, die die Gebote Gottes, sein Wort, befolgen und beachten. In dieser Bedeutung findet sich das in den Texten von Qumran selten belegte שמר auch in 4Q254 4$_3$: שׁוֹמרי מצות אל („die, die auf das Gebot Gottes achten"). Bei dem „Buch der Erinnerung" selbst, das für die mit שמרי דברו bezeichneten Thorafrommen in mythischer Urzeit in himmlischen Gefilden verfaßt wurde, handelt es sich in Mal 3,16 um ein himmlisches *Buch der Werke*, in dem die guten und bösen Taten der Menschen aufgeschrieben werden. Der Kontext von 4Q417 2 I$_{15f.}$ legt jedoch für 4QSap A eine weiter gefaßte Vorstellung vom „Buch der Erinnerung" nahe: Die im AT nur im Zusammenhang mit der Stiftung der Thora belegte Vokabel חרת (Ex 32,16; vgl. 4Q180 1$_3$) sowie die bewußte Aufnahme dieses Themas in 2 I$_{14}$ legen nahe, daß eine himmlische Form der Thora ebenso Teil des „Buches der Erinnerung" gewesen ist (vgl. den Gebrauch himmlischer Bücher in den Jubliäen) wie der im vorhergegangen Kontext angetroffene ethische Dualismus (2 I$_{6f.}$) und die dort skizzierte Schöpfungsordnung (2 I$_{7-12}$). Es dürfte sich somit bei dem „Buch der Erinnerung" in 4QSap A um ein himmlisches Buch handeln, in dem die präexistente Ordnung der Welt schriftlich fixiert wurde. Es umfaßt die Taten der Menschen, ethische Richtlinien (himmlische Thora) und die ethisch geprägte dualistische Struktur des Seins.

---

[146] In CD II$_{18}$ liest die Genizah–Handschrift A aus der Esra–Synagoge zu Kairo zwar עירי שמים, jedoch wurde der für diese Stelle lange konjizierte Abschreibfehler kürzlich durch Lesart von 4QD^a zur Stelle bestätigt: עירי שמים (s. Qimron, Text of CDC, 13).

Auf diesen zweiten Teilvers folgt die Identifikation dieses Buches: „Das Buch der Erinnerung ist die Vision der Erklärung."[147] Ein Buch Hago (ספר הגו) wird in den Texten von Qumran verschiedentlich erwähnt:

ומן נע[ו]ריו לל[מ]דהו בספר ההגו וכפי יומיו ישכילו בחוקי הברית

Von [seiner] Jug[end] an, [soll] man ihn im Buch der Erklärung [bele]hren,
und entsprechend seines Alters soll man ihm Einsicht in die Gebote des Bundes geben. (1QSa I$_{6f.}$)

מבוננים בספר ההגו וביסודי הברית

Die wohl unterrichtet sind im Buch der Erklärung und in den Grundlagen des Bundes. (CD X$_6$)

ובמקום עשרה אל ימש איש כהן מבונן בספר ההגי על פיהו ישקו כולם

Und an einem Ort von 10 (Leuten) darf kein Priester fehlen, der im Buch der Erklärung unterrichtet ist—auf ihn sollen alle hören. (CD XIII$_{2f.}$)

והכהן אשר יפקד ברואש[148] הרבים מבן שלושים שנה ו̇עד בן ששים מבונן בספר ההֹגֹו ו̇בֹכֹל ממשפטי התורה לדברם כמשפטם

Und der Priester, der als Oberhaupt den Vielen befiehlt, soll zwischen 30 und 60 Jahren sein und unterrichtet sein im Buch der Erklärung und in allen Bestimmungen der Thora, damit er für sie Recht spreche gemäß ihren Bestimmungen. (CD XIV$_{6-8}$)

Schon Ginzberg erkannte, daß es sich bei dem Buch der Erklärung um ein Werk halachischer Natur handelt: Er faßt die Bezeichnung הגו als einen Inf. abs. der Wurzel הגה auf und übersetzt sie „das Buch der Erklärungen",

---

[147] Der eigentümlich tautologische Klang dieses letzten Gliedes des Parallelismus (die Wiederholung ספר זכרון erscheint überflüssig) könnte zu der Annahme verleiten, es handele sich bei diesem Teilvers um die Glosse eines späteren Abschreibers, evtl. aus dem *yaḥad*, zumal sich bei einem Wegfall des Teilverses ein glatter Anschluß ergäbe. Jedoch erklärt sich die Tautologie durch das vorhergegangene Zitat von Mal 3,16 (2 I$_{15}$): Mit diesem dritten Teilvers wird die aus Mal 3,16 stammende Bezeichnung „Buch der Erinnerung" durch den Verfasser von 4QSap A als „Vision der Erklärung" identifiziert und interpretiert. Gegen eine von einem Mitglied des *yaḥad* in den Text gesetzte Glosse spräche weiterhin, daß in den Texten des *yaḥad* lediglich ein ספר ההגו, nicht aber ein חזון ההגה belegt ist.

[148] Handschrift A aus der Kairoer Genizah liest אש, 4QD^b ברואש. Es handelt sich um einen Abschreibfehler der Genizah–Handschrift (vgl. Qimron, Text, 37, Anm. 11).

eine These, die durch 4Q417 2 I₁₆ glänzend bestätigt wurde:[149] „Aus dem
Vorhergehenden ergibt sich nun, daß ספר ההגו nichts anderes ist als ‚das
Buch der Erklärungen', das heißt die autoritative Schrifterklärung, wie sie
bei unserer Sekte in Gebrauch war, also etwa eine ‚sektiererische Mischnah'."[150] Eine Übersetzung „Vision der Erklärung" bzw. „Buch der Erklärung" scheint daher angebracht.[151]

Zwei Gründe sprechen dafür, חזון ההֹגֹה in 4Q417 2 I₁₆ als dieses
„Buch der Erklärungen" zu identifizieren:

1. חזון ההֹגֹה wird in Zeile 16 als ein ספר זכרון bezeichnet, ist also
   schriftlich fixiert.
2. Der Kontext zeigt, daß der Inhalt der חזון ההֹגֹה nomistischer Natur
   ist (חרות החוק).[152]

Der nichtessenische Charakter von 4QSap A schließt es jedoch aus, daß es
sich um eine essenische Form der Mischnah handelt, denn die Bezeichnung
חזון (Vision) weist auf einen offenbarungstheologischen Charakter des
Werkes hin. Auch eine Identifikation mit der Thora verbietet sich daher
von selbst.

Näheren Aufschluß über den Inhalt der „Vision der Erklärung" gibt
der Satz כיא כתבנית קדושים יצרו („denn gemäß der Gestalt der Heiligen ist seine Gesinnung"; 2 I₁₆f.). Wacholder/Abegg möchten תבנית hier
auf das „Buch der Erinnerung" bzw. die Vision der Erklärung beziehen
und übersetzen „... because he created it as a sacred blueprint ..."[153]
Die Konnotation „Bauplan" findet sich für das Nomen תבנית sowohl in
atl. Belegen als auch in den Sabbatliedern: In Ex 25,9.40 bezeichnet es

---

[149] Eine unbekannte jüdische Sekte, MGWJ 56, 417.

[150] Ebd. Ähnlich auch Baumgarten, Qumran Law, 16, Rabin, Zadokite Document, 50 und
Ph. R. Davies, The Temple Scroll and the Damaskus Document, 206f. Goshen–Gottstein,
(Sefer Hago) nimmt ebenfalls ein Dokument halachischer Natur an, liest jedoch ההגי und
versteht die Bezeichnung unter Verweis auf 1QHª XIX₂₄f. (Ed. Suk. XI₂₁f.) als alternative
Schreibweise von הֶהָגֶה. Licht (Megillat ha–Serakim, 255f.) identifiziert das Buch der Erklärung gar mit der Thora, was jedoch durch CD IV₆₋₈ ausgeschlossen sein dürfte (so
neuerdings auch H. Stegemann, Essener, 162; zur Sache vgl. Baumgarten, Qumran Law, 16).
Yadin (Temple Scroll, Bd. 1, 393–397), hält es für möglich, daß in den oben zitierten Belegen
aus den Texten des *yaḥad* ספר ההגו gemeinsam mit anderen Termini [ספר התורה החתום
CD IV₁₋₅ und ספר התורה השנית 4Q171 3–10 IV₆₋₈, 4QMidrEschatᵇ X₁₃f. (= 4Q177 1–
4̲13–14)] eine von mehreren Bezeichnungen des *yaḥad* für die Tempelrolle darstellt.

[151] Eine Übersetzung, die einen Namen annimmt, z. B. „Buch Hagi" (so Lohse, Texte aus
Qumran, 47.87.93), läßt das Determinativ unberücksichtigt. Einen Eigennamen anzunehmen
und mit Genitiv zu übersetzen („das Buch, die Vision des Hago"), wäre gerade für חזון ההֹגֹה
naheliegend, der Genitiv würde in diesem Fall als *genitivus objectivus* den Empfänger der
Vision kennzeichnen, ist jedoch sowohl wegen der Form (Inf. abs.) als auch wegen des
Determinativs (ההֹגֹה) unmöglich—Eigennamen sind im Hebräischen an sich determiniert.

[152] Zur Identifikation des eingemeißelten Gebotes mit חזון ההֹגֹה s. Wacholder/Abegg,
Preliminary Edition, Fasc. 2, XIII.

[153] Ebd.

einen von Gott auf dem Sinai offenbarten Bauplan der Stiftshütte und
ihrer Gerätschaften, in Jos 22,28 und II Reg 16,10 den Plan zweier bereits
existierender Altäre und in II Chr 28,11f.18f. einen von David erstellten Bauplan des ersten Tempels sowie einzelner seiner Teilbereiche.[154] In
4Q403 1 I43f. wird das Wort resümierend als Bezeichnung einer im vorhergehenden Kontext gegebenen Beschreibung des Firmaments im Sinne
von Bauplan, Aufbau des Firmaments gebraucht.

Gegen die Auslegung von Wacholder/Abegg spricht jedoch zum einen,
daß der Satz „denn er hat es als einen heiligen Bauplan geschaffen" keine
Begründung dafür wäre, daß Enosch zusammen mit dem Volk des Geistes die „Vision der Erklärung" gegeben wurde. Zum anderen würde es in
diesem Zusammenhang erstaunen, daß das Verb יצר auf ein Buch bezogen würde, wo doch das Erstellen dieses himmlischen Buches im Kontext
mit den Verben כתב, חרת und חקק beschrieben wird. Es erscheint daher
sinnvoller, קדושים als Bezeichnung himmlischer Engelwesen zu verstehen, wie dies beispielsweise auch in den Sabbatliedern belegt ist (s. z.B.
4Q403 1 I24.31).[155] יצרו ist dann nicht verbal zu interpretieren, sondern
ist das Nomen יֵצֶר mit Suffix der 3. mask. sing. Es bezieht sich auf Enosch
und bezeichnet seine Gesinnung.[156] תבנית meint dann, wie auch in den
Sabbatliedern (4Q403 1 II3; 11QŠirŠabb 5–62),[157] die Gestalt, das Wesen
der קדושים genannten Engelwesen. Es wird gesagt, Enosch sei als ein-
zigem Menschen die Vision der Erklärung gegeben worden, weil seine
Gesinnung eben diesem Volk des Geistes, den himmlischen Engelwesen,
entspräche (zu רוח עם als Engelvolk s. u.).

Die Funktion und Bedeutung von אנוש und רוח עם im Text erklären
sich von ihrem in I17 genannten Gegenpart her, dem „Geist des Fleisches"
(רוח בשר): In 1QHᵃ IV37 (Ed. Suk. XVII25); V30 (Ed. Suk. XIII13) bezeichnet diese Wendung der opinio communis zufolge den Geist des
Menschen.[158] Im Sinne der paulinischen Antithese zweier mit σάρξ
und πνεῦμα bezeichneter kosmischer Mächte wird die Wendung in den

---

[154] In einigen Midraschim, die sich mit den Kultgeräten und dem Tempel beschäftigen,
werden Ex 25,9.40 und I Chr 28,11f.18f. gerne als Belege für die Existenz himmlischer Ur-
bzw. Vorbilder von Tempel und Kultgeräten benutzt (zur Sache s. Ego, Im Himmel wie auf
Erden, 27–44.56–61).

[155] Zur Sache s. Newsom, Songs of the Sabbath Sacrifice, 24f.

[156] יצר ist hier nicht im Sinne der rabbinischen Trieblehre von יצר טוב und יצר רע zu
verstehen, sondern bezeichnet die Gesinnung Enoschs. Zu diesem Gebrauch des Nomens
s. z.B. auch Jub 1,22; 7,24; 12,20; CD II16; 1QS V5; 1QHᵃ VII26 (Ed. Suk. XV13). Zu
יצר in vorrabbinischer Zeit s. auch Lichtenberger, Vorkommen und Bedeutung, passim und
Murphy, Yēṣer (s. dort zum Gebrauch des Nomens in den Hôdāyôt besonders die Seiten
339–343).

[157] Vgl. auch 1QM X14.

[158] „I have found no clear disagreement among scholars on the meaning of ruaḥ in these
texts as refering in some sense to the spirit of man ..." (Sekki, Meaning of ruaḥ, 104).

Hôdāyôt nicht, oder doch nur im Ansatz gebraucht.[159] Für 1QH^a V$_{30}$ (Ed. Suk. XIII$_{13}$) deutet der den Zweck des „Geistes des Fleisches" beschreibende Infinitiv להבין darauf hin, daß hier mit רוח בשר eine nicht näher beschriebene Form menschlicher Einsichtsfähigkeit gemeint ist. In den verschiedenen Handschriften von 4QSap A qualifiziert רוח בשר eine soziale Gruppe bzw. einen Teil der Welt als negativ und widergöttlich und nähert sich so dem paulinischen Gegensatz von Geist und Fleisch. In 4Q416 1$_{12}$ bezeichnet die Wendung in einer Sintflutgeschichte eine mit den abtrünnigen Himmelssöhnen verbundene Gruppe: מים ותהומות פחדו ויתערערו כל רוח בשר ובני השמי]ם...[(„Wasser und Urfluten haben erschreckt und in Panik versetzt allen Geist des Fleisches und die Söhne des Himme[ls ...]"). In 4Q418 81$_{1f.}$ disqualifiziert die Konstruktus–Verbindung den Bereich des Menschlichen, aus dem Gott den Erwählten erhebt, und den dieser darum zu hassen und abzulehnen hat: הבדילכה מכול רוח בשר ואתה הבדל מכול אשר שנא והנזר מכול תעבות נפש („Er hat dich absondern lassen aus allem Geist des Fleisches, daher sondere dich ab von allem, was er haßt, und halte dich fern von allem Greuel der Begierde"). Die Begründung, „die Erklärung" sei nicht dem Geist des Fleisches gegeben, da dieser nicht zwischen Gut und Böse zu unterscheiden vermöge, rückt den Gebrauch von רוח בשר im hier diskutierten Beleg 4Q417 2 I$_{17}$ ebenso in diesen Kontext,[160] wie die Unterscheidung von עם רוח und רוח בשר.

Da אנוש 4Q417 2 I$_{16f.}$ von der den Bereich des Menschlichen als widergöttlich qualifizierenden רוח בשר ausgeschlossen wird, ist es unwahrscheinlich, daß אנוש das den Menschen bezeichnende Nomen ist,[161] es handelt sich vielmehr um ein *nomen proprium* und meint den in Gen 4,26; 5,6f.9–11; I Chr 1,1; Sir 49,16 genannten Sohn des Seth;[162] was durch die Anmerkung, das Buch der Erinnerung sei um des Frevels der Söhne des Seth willen geschrieben worden, bestätigt wird. Dem Motiv vom Frevel der Söhne Seths entspricht es, daß in der rabbinischen Tradition „... mit der Person Enoschs bzw. mit der ganzen Generation Enoschs ..." der Engelfall und der Beginn des Götzendienstes verbunden wird.[163] Diese negative Wertung Enoschs und der Enoschtradition widerspricht dem

---

[159] Vgl. F. Nötscher, Terminologie, 85; ders., Geist und Geister, 175f. und Fabry, § רוח 419.

[160] Interessanterweise steht der Gebrauch von רוח בשר in 4Q417 2 I$_{17}$ damit in krassem Gegensatz zu 1QH^a V$_{30}$ (Ed. Suk. XIII$_{13}$), wo der Begriff ja gerade die menschliche Erkenntnisfähigkeit bezeichnet.

[161] So z. B. in der Übersetzung von Harrington (Wisdom at Qumran, 145.). Zu אנוש als Kollektivum („der Mensch") s. z. B. Clines, Dictionary of Classical Hebrew, Bd. 1, 334.

[162] Vgl. auch die Übersetzung von Wacholder/Abegg, Preliminary Edition, Fasc. 2, XIII.

[163] Schäfer, Enosch, 152. Zur Sache vgl. Mekhilta de Rabbi Yishmael S. 233; BerR 23,6f.; PRE 7,16b; hebrHen S. 9f. sowie Targum Jonathan und Onkelos z. St. Diese negative Bewertung der Söhne des Seth spiegelt sich in den Texten von Qumran in CD VII$_{20f.}$ wieder.

Urteil der Genesis völlig. Dort wird im Gegenteil die Zeit Enoschs dort als der Beginn der Anrufung Gottes betrachtet (Gen 4,26). Jub 4,12 nennt dagegen nur Enosch als den ersten, der begann, den Namen des Herrn anzurufen. Eine Analyse dieser und anderer Belege zusammenfassend resümiert Fraade: „From these pre–Rabbinic Jewish sources it is clear that Enosh was viewed as an important antediluvian figure in Jewish circles, at least as far as the second century B.C.E. In most of these sources, however, his name is only cited as part of a ‚chain' of such righteous antediluvians. His positive estimation, indicated by his inclusion in such select lists, in all probability derives from a positive understanding of Gen 4:26."[164] 4Q417 2 I$_{15ff.}$ liegt demzufolge ein Mythos zugrunde, der den Engelfall und den Beginn des Frevels zur Zeit der Söhne Seths geschehen läßt,[165] und Enosch sowie das Volk des Geistes als die einzigen Frommen dar-stellt. Diesen Frommen wird dann um dieses Frevels willen das Buch der Erinnerung als Erbbesitz überlassen[166] (zu den Söhnen des Seth vgl. auch CD VII$_{21}$ par 4QD^a 3 IV$_{10}$).

Die Bezeichnung רוח עם ist nur aus 4Q417 2 I$_{16}$ bekannt. Der Begriff könnte in Antithese zu רוח בשר eine als geistlich positiv qualifizierte menschliche Gruppe bezeichnen, die mit Enosch verbunden ist, oder aber ein Volk himmlischer Geister. Für letzteres spricht mehrerlei: Die Tat-sache, daß allein Enosch unter den Menschen die Vision der Erklärung gegeben wurden, wird mit seiner Gesinnung begründet, die den קדושים genannten Engelwesen entspräche. Solche himmlische Engelswesen wer-den in den Texten von Qumran häufig als רוחות bzw. רוחים bezeichnet [vgl. z. B. 1QH^a V$_{25}$ (Ed. Suk. XIII$_8$); IX$_{13}$ (Ed. Suk. I$_{11}$); XI$_{23}$ (Ed.

---

[164] Fraade, Enosh, 27. Solche Listen sind z. B. in äthHen 37,1; slHen 71,32 (Handschrift J); Jub 19,24f. und PsPhil 1,5–8 belegt. Interessanterweise wird Enosch in den Texten von Qumran an keiner anderen Stelle erwähnt (vgl. aber den Eigennamen בתאנוש in 1QGenAp II$_{3.8.12}$). In allen weiteren Belegen findet sich die Vokabel אנוש nur in der Bedeutung „Mensch, Mann". Zur Ablehnung Enoschs und seiner Generation durch die Rabbinen als Beginn des Götzendienstes s. Schäfer, Enosch, 139ff. und Fraade, Enosh, 109–227. „Rabbinic exegesis, which views Gen 4:26 as a negative statement about the idolatrous generation of Enosh, when viewed with the larger context of Rabbinic interpretation of pre–Israelite history, likewise reveals exegetical concerns of a sectarian nature. The de–emphasis of Enosh and other pre–Israelite righteous, the tracing of the origins of idolatry to the Generation of Enosh, as of the other cardinal sins to pre–Israelite society, and the depiction of the steady, unabated degeneration of the pre–Israelite generations (often depicted as the *beginning* with the radical sin and punishment of Enosh's generation) highlight the redemptive role of *Abraham* and his descendants down to the rabbis and their followers."

[165] Zum Engelfall als Beginn der Sünde vgl. Davidson, Angels at Qumran, 46 (mit Bezug auf äthHen 6–11). Daß einige frühjüdische Erzählungen den Engelfall schon in oder vor die Zeit Enoschs datieren, mag die Angst des Lamech in 1QGenAp II$_1$ bestätigen, seine Frau בתאנוש (Tochter des Enosch) habe Noah von einem dieser gefallenen Engel (עיר) empfangen. Zur Sache vgl. Schäfer, Enosch, 142f.

[166] Auf eine Verbindung des Enosch mit den himmlischen Tafeln könnte auch das soge-nannte „Gebet des Enosch" hinweisen: In diesem betet Enosch: כי מאז חקקתה למו („denn von Anbeginn an hast du für sie eingemeißelt"; 4Q369 1 I$_5$).

Suk. III[22]); XVI[13] (Ed. Suk. VIII[12]); XVIII[10] (Ed. Suk. X[8]); XIX[16] (Ed.
Suk. XI[13]); 1QM X[12]; XII[9]; XIII[10]; XIX[1]; 4Q511 13; 8Q5 2?n6]. Insbesondere in den Sabbatliedern werden diese himmlischen Geistwesen
häufig erwähnt.[167] In in der Handschrift 4Q400 wird betont, daß Gott
die himmlischen Tafeln in Gegenwart verschiedener Engelwesen für alle
Geist–Geschöpfe geschaffen habe:

בעדה לכול אלי [דעת ובסודי כול רוחות [אלוהים חרת חוקיו לכול
מעשי רוח ומשפטי [כבודו לכול מיסדי [דֹעת עמבינות כבודו אלוהים
לקרובי דעת[168] vacat

> In der Versammlung aller Gottwesen [der Erkenntnis und in den
> Versammlungen aller Geister] Gottes hat er seine Gebote für alle
> geistigen Geschöpfe eingemeißelt und die Gerichte [seiner Herr-
> lichkeit für alle, die] Erkenntnis [begründen], das Volk, das Einsicht
> in seine Herrlichkeit besitzt, die Gottwesen, die sich der Erkenntnis
> nähern. (4Q400 1 I[4–6])

Mit dem „Volk des Geistes" dürfte somit in 4Q417 2 I[16] ein himmlisches Geistvolk gemeint sein. Darauf weist die an den oben zitierten Text
erinnernde Begrifflichkeit für das eingemeißelte Schriftstück in Verbindung mit dem Geistmotiv hin: 4QSap A: החוק חֹרֹות (4Q417 2 I[14]) und
חרות מחוקק לאל (4Q417 2 I[16]); Sabbatlieder: חרת חוקיו (4Q400 1 I[5]).

Ist nun „die Vision der Erklärung" dem Enosch offenbart worden
(die Bezeichnung חזון spricht für ein solches Offenbarungsgeschehen),
und sowohl ihm als auch dem „Volk des Geistes" zum Erbbesitz gegeben
worden, so erscheint es unwahrscheinlich, daß es sich bei der „Vision der
Erklärung" um die am Sinai offenbarte Thora handelt. Vielmehr deuten die
verschiedenen im Text gebrauchten Mythologumena auf ein himmlisches
Buch hin, das in Tafeln eingemeißelt worden ist und das dem Enosch ob
seiner Frömmigkeit offenbart wurde. Inhalt dieses Buches ist die präexistente Ordnung von Sein und Welt, welche die Schöpfungsordnung, die
Aufteilung der Wirklichkeit in Gut und Böse, Weisheit und Torheit, Wahrheit und Frevel, Geist des Fleisches und Volk des Geistes und die sich in
der Thora artikulierende ethische Ordnung der Welt enthält.

Die zweite Begründung für die Fähigkeit des Lehrers, Gottes Herrlichkeit, seine wunderbaren Geheimnisse, die Größe seiner Werke und
die eigene Bedeutungslosigkeit zu erkennen, ist somit revelatorischer Natur: Gott hat Enosch in Gestalt der „Vision der Erklärung" die auf den
himmlischen Tafeln niedergeschriebene weisheitliche Urordnung offen-

---

[167] Eine Liste der Belege findet sich bei Newsom, Songs of the Sabbath Sacrifice, 25. Zur
Sache vgl. Fabry, § רוח, 421f.
[168] Zur Transkription s. Newsom, Songs of the Sabbath Sacrifice, 89.

bart. Diese ist dem Lehrer über eine lange Tradentenkette in schriftlicher
Form vererbt worden. Weil er sie kennt, vermag er zu erkennen.

Wie schon im vorhergegangenen Abschnitt des Textes (I_{7-12}) schließen
die beiden Begründungen für die Befähigung des Lehrers, Gottes Herrlichkeit, seine wunderbaren Geheimnisse, seine machtvollen Werke und
die Bedeutungslosigkeit des eigenen Tuns zu erkennen, jede Möglichkeit
aus, aus eigener Kraft zu solchen Erkenntnissen zu gelangen. Weil einerseits die aus „Gebot" und „Heimsuchung" bestehende Ordnung des
Seins von Gott in Gestalt der Thora Moses am Sinai gegeben wurde („eingemeißelt brachte er das Gebot"; I_{14}) und weil andererseits das Wissen
um jene auf den himmlischen Tafeln niedergeschriebene Seinsordnung
Enosch offenbart und zum Erbbesitz gegeben wurde, vermag der Lehrer
zu erkennen. Es wird die Erkenntnisfähigkeit des Lehrers somit an zwei
Texte gebunden, die den Menschen von Gott gegeben wurden und in
denen zumindest Teile der weisheitlichen Urordnung der Welt zu finden
sind, an die allen Israeliten zugängliche Thora und an die nur den Nach-
folgern Enoschs zugängliche „Vision der Erklärung". Die weisheitliche
Vorstellung von der präexistenten Ur– und Schöpfungsordnung wird auf
diese Weise im Text eigentümlich mit der Thora verknüpft. Anders als
in Sir 24 fungiert das Gesetz nicht nur als bloßes Offenbarungsmedium
weisheitlicher Urordnung,[169] sondern beide sind, nachdem das „Gebot"
als Inhalt der himmlischen Tafeln in mythische Vorzeit entrückt wurde,
einander nahegekommen und miteinander verschmolzen. Diese Vorstellung findet sich weitergedacht und deutlicher ausformuliert auch in der
ersten Parasche des Midrasch Bereschit Rabba:[170]

> R. Hosaja der Grosse eröffnete seinen Vortrag mit Prov. 8, 30: (Die Weisheit
> spricht:) „Ich war bei ihm (Gott) אמון und ich war sein Ergötzen Tag für
> Tag." אמון ist soviel wie אומן Erzieher (Pädagog) s. Num 11, 12, oder מכוסה
> verhüllt (bedeckt) s. Thren. 4, 5 oder מוצנע verborgen (aufbewahrt) s. Esth.
> 2, 7, oder רבתא gross s. Nach. 3, 8. Der Prophet will sagen: Bist du besser als
> das grosse Alexandria am Nilstrome. Oder אמון bedeutet endlich soviel wie
> Werkmeister (Künstler). Die Thora spricht: ich war das Werkzeug Gottes.
> Gewöhnlich wenn ein König von Fleisch und Blut einen Palast baut, so baut
> er ihn nicht nach eigener Einsicht, sondern nach Einsicht eines Baumeisters,
> und auch dieser baut nicht nach seinem Gutdünken, sondern er hat Perga-
> mente (διφθέραι) und Tafeln (πίνακες), worauf die Eintheilung der Zimmer
> und Gemächer verzeichnet ist. Ebenso sah Gott in die Thora und erschuf
> die Welt, und die Thora spricht: Mit ראשית, worunter nichts anderes als die
> Thora zu verstehen ist, erschuf Gott die Welt s. Prov. 8, 22.[171]

---

[169] Zur Sache s. o., 36; zum Verhältnis von Weisheit und Thora bei Sir s. u. a. von Rad,
Weisheit, 315f.
[170] Für eine solche traditionsgeschichtliche Verbindung beider Texte spricht besonders die
Beschreibung der Thora in dem rabbinischen Text als Tafel bzw. Pergament, auf dem der
Bauplan der Schöpfung verzeichnet ist.

2.6 Ergebnis

Dreimal wird in dem erhaltenen Textstück 4Q417 2 I$_{5-18}$ der Lehrer zur
Beobachtung aufgefordert und werden ihm verschiedene Erkenntnisse
verheißen. Dabei wird die Welt, die es zu beobachten und erkennen gilt,
auf dualistische Weise verstanden: Enosch und das Volk der Geister stehen
dem Geist des Fleisches gegenüber, Weisheit der Torheit, Wahrheit dem
Frevel etc. Erkenntnis ist nur wenigen Auserwählten, die sich würdig erweisen, möglich (I$_{11.16-18}$)—eine schroffe Abkehr von der in der Weisheit
für jedermann angenommenen Erkenntnismöglichkeit.

Erkenntnis, das zeigen die Begründungen für die Erkenntnisfähigkeit
des Lehrers, ist in 4QSap A nur von Gott her und durch ihn möglich.
Ihren Grundstein hat Gott schon vor der Schöpfung gelegt, als er die
weisheitliche Ordnung von Sein und Schöpfung schuf, die in 4QSap A
gerne mit dem Begriff רז נהיה ("Geheimnis des Werdens") bezeichnet
wird. Dieses "Geheimnis des Werdens" umgreift die Schöpfungsordnung
und die dualistische Struktur des Seins, und auch die Thora ist ein wesentlicher Teil von ihm. Wie 4Q417 2 I$_{15-18}$ zeigt, wurde sie auf den himmlischen Tafeln fixiert. Ein geschichtlicher Inhalt dieser Ordnung kann aus
4Q417 2 I nicht erschlossen werden, jedoch ist in dem für 4QSap A ermittelten Abfassungszeitraum ein prädestinierter Geschichtsablauf häufig
Inhalt himmlischer Bücher (s. den Exkurs), so daß andererseits ein geschichtliches Element der präexistenten Seinsordnung für 4QSap A auch
nicht auszuschließen ist.

Die Erkenntnis der präexistenten Seinsordnung ist lediglich mit der
Hilfe des "Geheimnisses des Werdens" möglich. Sie wird nur wenigen
Erwählten zuteil, in 4QSap A dem מבין, und ist Gabe Gottes. Diese
Erwählten haben auf verschiedene Weise Zugang zu der präexistenten
Ordnung des Seins: Sie wird dem Würdigen von Gott gegeben (4Q417
2 I$_{11f.}$), Gott hat sie in Gestalt der Thora auf die Erde gebracht (4Q417
2 I$_{14}$), und er hat sie in der "Vision der Erklärung" Enosch gemeinsam
mit den Engeln gegeben. Daß neben der Thora auch die "Vision der Erklärung" dem *yaḥad* bekannt war, darauf deutet das in den Texten des
yaḥad mehrmals genannte "Buch der Erklärung" (ספר ההגו) hin. Eine
bewußte, mit mythischem Ursprung versehene Tradierung dieses Buches
dürfte sich auch schon in 4QSap A andeuten, wenn gesagt wird, daß die
"Vison der Erklärung" Enosch zum *Erbbesitz* gegeben worden sei (4Q417
2 I$_{16}$).

---

[171] Die Übersetzung ist entnommen aus Wünsche u. a., Midrasch Bereschit Rabba, 1; vgl.
auch mAv 3,14 und SifDev 48. Zum hohen Alter der in BerR 1,1 verarbeiteten rabbinischen
Tradition s. Avemarie, Tora und Leben, 40; zur Thora als Schöpfungsmittlerin s. a. a. O.,
40ff.; zur Sache vgl. auch H.-F. Weiss, Kosmologie, 283–300.

In 4QSap A findet sich somit eine präexistente Seins– und Schöpfungsordnung, die ein dualistisches Weltbild und die weisheitliche Urordnung
der Schöpfung umfaßt, die Thora beinhaltet und die auf den himmlischen
Tafeln fixiert ist. Anders als in der atl. Weisheit wird diese Ordnung,
die wahre Erkenntnis überhaupt erst ermöglicht, nur einigen wenigen
Erwählten durch Offenbarungen gegeben. Sie, oder wenigstens Teile von
ihr, konnten aber in schriftlicher Form tradiert werden (Thora, „Buch der
Erklärung").
    Mit diesem exklusiven und offenbarungstheologischen Zugang zu
einer ethisch–dualistisch geprägten weisheitlichen Urordnung steht
4QSap A in der Tradition revelatorischer Weisheit. Neu ist, daß Wissen
und Erkenntnis in 4QSap A nur für wenige Offenbarungsträger möglich
sind und sich teils über lange Traditionsketten von einer Gestalt der mythischen Urzeit herleiten (Enosch). Auch die Identifikation der weisheitlichen Urordnung mit den himmlischen Tafeln ist bislang aus weisheitlichen
Texten nicht bekannt. Sie dürfte eine Reaktion auf die Krise der Weisheit
darstellen, in der das Postulat einer sinnstiftenden weisheitlichen Urordnung fraglich geworden war. Die dem Menschen unzugänglich und daher
fragwürdig gewordene sinnstiftende weisheitliche Urordnung der Welt
wird in 4QSap A, wie schon in den Liedern von der verborgenen Weisheit (s. o., 35ff.), dem Menschen entrückt, indem sie zu einem Geheimnis
Gottes erklärt wird (רז נהיה). Dadurch daß diese fraglich gewordene und
verborgene Ordnung zu einem auf den himmlischen Tafeln schriftlich
fixierten „Bauplan" des Seins wurde, wurde ihre Wahrheit und Wirklichkeit bestärkt, gleichsam mitfixiert. Auf diesem Hintergrund ist auch die
Anbindung der Offenbarung der weisheitlichen Urordnung an Offenbarungsträger der mythischen Urzeit zu verstehen: Was in fernster Vergangenheit offenbart und seitdem tradiert wurde, muß je älter, je wahrer
sein.[172] Von diesem Bestreben, das Postulat einer weisheitlichen Urordnung zu bekräftigen und zu bewahrheiten, ist auch die Exklusivität des
Offenbarungsgedankens in 4QSap A zu verstehen (s. 4Q417 2 I[11f.]): Nicht
das sich nicht mehr an der Alltagserfahrung bewährende Postulat einer
weisheitlichen Urordnung wird hinterfragt, sondern der um die Erkennt
nis dieser Ordnung bemühte und an diesem Erkenntnisstreben scheitern-
de Mensch. Nur noch einigen würdigen Erwählten ist es möglich, mit
Hilfe der Offenbarung die weisheitliche Urordnung zu erkennen.
    Mit diesem Zusammenspiel von exklusiver Offenbarung, mythischer
Entrückung und schriftlicher Fixierung einer ethisch–dualistisch gedach-
ten weisheitlichen Urordnung sind in 4QSap A entscheidende Weichen
auf dem Weg zu einem prädestiantianischen Weltbild gestellt.

---

[172] Eine solche Bewahrheitung theologischer oder historischer Aussagen findet sich in
Form des Altersbeweises auch in formalen Argumentationsstrukturen antiker Texte. Zur
Sache s. Pilhofer, Presbyteron kreitton, passim.

KAPITEL 3

ENGELWESEN UND URORDNUNG: 1Q27 1 I

In der Weisheitsliteratur des Frühjudentums treten Engelwesen als Ratgeber und Vermittler göttlichen Wissens auf (s. z. B. Tobit 5,4ff.). Es erscheint
daher nicht verwunderlich, daß Engelwesen auch mit der weisheitlichen
Urordnung in Verbindung gebracht werden. Aus den Texten von Qumran soll hier eines der wenigen gut erhaltenen Fragmente des sogenannten
„Buches der Geheimnisse" besprochen werden (1Q27 1). Weitere Belege
werden in einem umfangreichen Exkurs zum Thema analysiert werden.

3.1 Einleitung

Das Textstück ist Teil eines nach Wacholder/Abegg (Preliminary Edition,
Fasc. 2, 1–37) in vier Handschriften (1Q27, 4Q299, 4Q300, 4Q301 =
1QMyst, 4QMyst[a–c]) erhaltenen Textes, der von dem Herausgeber der
Handschrift 1Q27, J. T. Milik, „livre des mystères" genannt wurde.[1] Die
Handschriften 1Q27, 4Q299 und 4Q300 überlappen sich (4Q299 1₁₋₄
par 1Q27 1 I₈₋₁₂, 4Q299 2 II₁₋₅ par 4Q300 5₃₋₅, 4Q299 3₁₋₃ par 1Q27 1
II₅₋₇, 4Q299 7₄₋₅ par 4Q300 6₄f.), 4Q301 überlappt sich mit keiner der
drei anderen Handschriften.[2] Alle Handschriften sind stark beschädigt
und nur fragmentarisch erhalten (es gibt keine vollständige Kolumne).
1Q27 besteht aus 13 Fragmenten, von denen lediglich Fragment 1 ein
größeres Textstück bietet (Reste von 2 Kolumnen). 4Q299 umfaßt nach

---

[1] Barthélemy/Milik, Cave I, 102. Im folgenden wird der Text mit Myst abgekürzt.
[2] Aus diesem Grund und wegen der Nähe von 4Q301 zur Hekhalot–Literatur ist Schiffman der Meinung, daß es sich bei 4Q301 um einen selbständigen Text und nicht um eine
Abschrift von Myst handelt (Preliminary Translation, 199; 4QMysteries[b], 203; Dead Sea
Scrolls, 206). Für die bei Wacholder/Abegg (Preliminary Edition, Fasc. 2, 35–37) dokumen-
tierte Zuordnung Miliks von 4Q301 zu Myst scheint mir, gegen Schiffman, die Verwendung
von zwei so nur aus Myst bekannten Konstruktus–Verbindungen für die Benennung einer
bestimmten Gruppe zu sprechen: חומכי| רזי (4Q301 1₂; zu der Wendung s. u., 101ff.) und
חוקרי שורשי בינה (4Q301 1₂; 2₁; vgl. כי לא הבטחם בשורש חוכמה 4Q300 1 II₃).

Wacholder/Abegg 95 Fragmente,[3] 4Q300 besteht aus 14 Fragmenten[4] und 4Q301 aus 7 Fragmenten.[5]

1Q27 kann paläographisch gegen Ende des 1. Jh. v. Chr. oder zu Beginn des 1. Jh. n. Chr. datiert werden. Die drei Handschriften aus Höhle 4 sind laut den bei Cross veröffentlichten Tabellen[6] ebenso herodianischen Typs: 4Q300 und 4Q301 sind zur spätherodianischen Formalschrift zu rechnen,[7] wobei 4Q301 etwas früher (ca. 50 n. Chr.) als 4Q300 (ca. 50–68 n. Chr.) zu datieren ist. 4Q299 dürfte aus der ersten Hälfte des ersten Jh. n. Chr. stammen.[8] Damit ergibt sich für Myst ein *terminus ante quem* zu Beginn des 1. Jh. n. Chr., womit die paläographische Datierung des Buches der Geheimnisse etwa jener von 4QSap A entspricht (s. o., 46).

Ein *terminus post quem* muß an Hand sprachlicher Kriterien gewonnen werden: Hierbei kann für das Nomen רז auf die entsprechenden Erörterungen zur sprachlichen Datierung von 4QSap A verwiesen werden (s. o., 47). In jüdischen Texten wird das Wort erst seit dem 3. Jh. v. Chr. verwandt. In späte Zeit deutet auch מוֹלָד ("Kind, Nachkomme"; 1Q27 1 I₅). Es ist außerhalb der Texte von Qumran erst im mischnischen Hebräisch belegt.[9] Ein weiterer Anhaltspunkt findet sich in 1Q27 1 II₃: [...]לֹ היותר הוא מה. Es handelt sich um eine Anspielung auf Koh 6,8 bzw. Koh 6,11 (vgl. auch Koh 1,3; 5,15).[10] Somit kann Myst erst nach

---

[3] Preliminary Edition, Fasc. 2, 1–28. Nennenswerte Textmengen sind lediglich in drei Fragmenten enthalten:

Fragment 1:   Reste von 8 Zeilen, davon 3 vollständig rekonstruierbar.
Fragment 2:   Reste von 2 Kolumnen.
Fragment 6:   Reste von 2 Kolumnen.

[4] Wacholder/Abegg (S. a. a. O., 29–34) bieten lediglich 13 Fragmente. Schiffman ist es jedoch in seiner Edition von 4QMyst[b] gelungen, noch ein weiteres Fragment von 4Q300 zu identifizieren (4QMysteries[b], 204). Nennenswerte Textmengen sind lediglich in zwei Fragmenten erhalten:

Fragment 1:   Reste von 2 Kolumnen.
Fragment 3:   Reste von 6 Zeilen, keine vollständig.

[5] S. a. a. O., 35–37. Nennenswerten Textmengen sind lediglich in drei Fragmenten erhalten:

Fragment 1:   Reste von 4 Zeilen, keine vollständig.
Fragment 2:   Reste von 7 Zeilen, 3 fast vollständig.
Fragment 3:   Reste von 8 Zeilen, 3 fast vollständig.

[6] Development of the Jewish Scripts, 138f.

[7] Zu 4Q300 als spätherodianischer Handschrift s. Schiffman, 4QMysteries[b], 205.

[8] Ein endgültiges Urteil muß jedoch einer Untersuchung der Handschriften im Rockefeller Museum durch einen Paläographen vorbehalten bleiben.

[9] S. Barthélemy/Milik, Cave I, 104; Schiffman, 4QMysteries[b], 214 und Jastrow, Dictionary, 742. Vgl. aber auch 4Q417 1 I₁₁.

[10] In der Kombination mit מָה und ל findet sich יתֵר lediglich in den genannten Belegen. Weder die bislang veröffentlichten Textfunde aus Qumran noch die erhaltenen hebr. Reste des Buches Jesus Sirach kennen diese Kombination.

Koh verfaßt worden sein. Es darf daher angenommen werden, daß der Text im 2. oder 1. Jh. v. Chr. entstanden ist.

In Gattung und Inhalt ähnelt Myst 4QSap A.[11] Wegen der überaus starken Textbeschädigungen kann darüberhinaus jedoch wenig über den Charakter von Myst gesagt werden. In einigen größeren Fragmenten finden sich weisheitliches Vokabular und weisheitliche Fragestellungen: In 4Q300 1 II[1ff.] wird einer Gruppe attestiert, daß sie zu den ewigen Geheimnissen, zu Weisheit und Einsicht, keinen Zugang hätte, sondern in ihrer Torheit verweilen müßte. Der Weg, auf dem die angesprochene Gruppe sich diesen Zugang zu verschaffen versucht, scheint—darauf könnte das gehäufte Vorkommen des Begriffes חזון hinweisen—mantischer Art zu sein. Es handelt sich möglicherweise um die in 4Q300 1 II[1] genannten Traumdeuter (חרט[מים]). Ein sicheres Urteil ist jedoch wegen der Textbeschädigungen unmöglich. In dem auf 4Q300 1 II folgenden Textstück[12] 4Q299 2 I–II wird ebenfalls weisheitliche Sprache verwendet: וצדיק חכם (II[4]), נכחדת חכמה (II[4]), רוע ערמת חכמת (II[5]).[13] Die in diesem Fragment vorkommenden Begriffe מעשה כול מזמות („Pläne der ganzen Schöpfung"; II[10]) und עושה מחשבת („Plan des Schöpfers"; II[11]) deuten auf eine Erörterung hin, die sich u. a. mit der weisheitlichen Ur- und Schöpfungsordnung befaßt. Daß jene, die die Geheimnisse festhalten in 4Q299 2 II[9ff.], Adressaten einer längeren Ermahnung sind, und daß ihre magisch–mantischen Fähigkeiten in 4Q300 1 II und 4Q301 2 negativ beurteilt werden, könnte darauf hinweisen, daß Myst zumindest zu Teilen gegen eine Weisheit magisch–mantischer Prägung polemisiert. Neben weisheitlichem Vokabular finden sich aber auch Begriffe aus anderen Bereichen der frühjüdischen Kultur: beispielsweise die Nomina תורה (1Q27 5[2]) und כוהן (1Q27 3[2]). Die zumindest zu Teilen weisheitliche Fragestellungen von Myst rechtfertigen jedoch die Behandlung des Textes in diesem Abschnitt.

Auf eine Abfassung von Myst durch den *yaḥad* deutet nichts hin: Es finden sich weder zentrale Theologumena der Essener noch spezifisch essenisches Vokabular, noch werden zentrale Figuren der Geschichte der Gemeinschaft genannt („Lehrer der Gerechtigkeit", „Frevelpriester" etc.). Das häufige Vorkommen von Bildungen der Wurzel חכם wäre für einen Text des *yaḥad* zumindest ungewöhnlich, und spricht ebenfalls gegen eine Abfassung von Myst in Qumran.[14] Hinzu kommt, daß 4Q300 „does

---

[11] Zur Sache s. Schiffman, 4QMysteries[b], 203; Dead Sea Scrolls, 206 und Elgvin, Admonition Texts, 179.

[12] Zur Abfolge der Fragmente s. Wacholder/Abegg, Preliminary Edition, 1–2.29

[13] Zu רוע ערמת vgl. auch 1QS IV[11].

[14] Der Versuch von Rabinowitz, den Autor des Buches als den Lehrer der Gerechtigkeit zu identifizieren (Authorship, 32), darf als gescheitert gelten, da im Text für den Lehrer spezifische Themen, wie etwa das ihm von Gott gegebene besondere Schriftverständnis (vgl.

not display the features of Qumran ‚orthography' (except in the case of
חוכמה).“[15] Jedoch dürfte zumindest die Handschrift 1Q27 in Qumran
entstanden sein, da in 1 II₁₁ die Gottesbezeichnung אל in paläohebräischer
Schrift geschrieben wurde.[16] Dem entspricht es, daß 1Q27 dem qumranischen Orthographiesystem folgt, wie Formen wie עליהמה (1Q27 1 I₄),
ונפשהמה (1Q27 1 I₄) und die Plene–Schreibweise von לוא und כול belegen.

3.2 Transkription

Fragment 1
Kolumne I[17]

[...]o כול [...]	1
... בעבור ידעו בין טוב לרע [... o]o לֿ[...]oo א[ת]מֿ[...]o ooo רֿזי פשע ...]	2
... כל חוכ]מ[תם] ולוא ידעו רז נהיה ובקדמוניות לוא התבוננו ולוא ...]	3
ידעו מה אשר יֿבֿוֿא עליהמה[18] ונפשמה לוא מלטו מרז נהיה *vacat* כיֿיהֿיֿה	4
וֿזה לכם האות בהסגר מולדי עולה וגלה הרֿשע מפני הצדק כגלות [הוש]ך מפני	5
אור וכתום עשן וא[י]ננו עוד כן יתם הרשע לעֿד והצדק יגלה כשמֿש תכון	6
תבֿל וכול תומכי רזי פֿ[לא]¹⁹ אינמה עוד ודעה תֿמלא תבל ואֿין שם לעֿ[ד] אולת	7
נכון הדבר לבוא ואמת המשא ומזה יודע לכמֿה כי לוא ישוב אחור הלוא כול	8
העמים שנאו עול וביֿד כולמ[ה] יתהלך הלוֿא מֿפי כול לאומים שמע האמת	9
היש שפה ולֿשון מחזקת בה מי גוי חפֿץ אשֿר יעושקנו חזק ממנו מי	10
יחפֿץ כי יגזל ברשע הונו²⁰ מי גוי אשר לוא עשק רעהֿ[ו] אֿיפה עֿ[ם] אֿשר ל[ו]אֿ	11
גֿזֿל הֿו[ן] ל[אחר ...]ooooהֿוֿ ותוצֿאוֿת יֿתֿ[...]²¹	12

1QpIsab II₇₋₁₀; VII₄f.) oder die Bedrängung durch seine Feinde [vgl. z. B. die „Lehrerlieder"
1QH^a X₅₋₂₁ (Ed. Suk. II₃₋₁₉) und X₃₃–XI₅ (Ed. Suk. II₃₁–III₄)]—insbesondere durch den
Frevelpriester (vgl. 1QpHab XI₄₋₈)—nicht zu finden sind und auch sonst nichts auf den
Lehrer hinweist.

[15] Schiffman, 4QMysteries^b, 205.

[16] In den in Höhle 4 gefundenen Handschriften von Myst findet ist eine solche
paläohebräische Schreibweise einer Gottesbezeichnung nicht belegt. Zur paläohebräischen Schreibweise von Gottesbezeichnungen als ein Merkmal der Texte des *yaḥad* s. z.B.
H. Stegemann, Gottesbezeichnungen, 200–202.216 und Newsom, Admonition, 23; zur Sache vgl. auch o., 10.

[17] Die Transkription baut auf der Arbeit von Barthélemy/Milik (Cave I, 103) auf, die
4QMyst–Handschriften wurden nach Wacholder/Abegg, Preliminary Edition, Fasc. 2,
1.30f., bearbeitet. Die Ergänzung der Zeilen 2 und 3 erfolgte mit Hilfe von 4Q300 3₂f.

3.3 Übersetzung

(1) [...] alles [...] (2) [...weil sie zwischen Gut und Böse unterscheiden ...Wah]rheit [...] Geheimnisse des Frevels (3) [...all ihre Weis]h[eit.]

Und sie haben das Geheimnis des Werdens nicht erkannt,
und in die früheren Dinge haben sie keine Einsicht.

Und (4) sie haben nicht erkannt, was über sie kommen wird,
und werden sich nicht retten vor dem Geheimnis des Werdens. *vacat*

(5) Und dies soll ihnen das Zeichen sein, daß es so sein wird:

Wenn die Kinder des Frevels ausgeliefert werden werden,
dann[22] wird der Frevel entschwinden vor der Gerechtigkeit, wie die Finsternis entschwindet vor (6) dem Licht.

Und wie Rauch verfliegt[23] und n[icht] mehr ist,
so wird der Frevler für immer vergehen[24].

Und die Gerechtigkeit wird offenbart werden, wie die Sonne aufgeht[25] über (7) der Erde.

Und alle, die die wun[derbaren] Geheimnisse festhalten,[26] werden nicht mehr sein.

---

[19] Schiffman (Preliminary Translation, 203; 4QMysteries[b], 215; Dead Sea Scrolls, 207) emendiert mit der Begründung „as absolutely required by context" (4QMysteries[b], 215) zu רזי בליעל. Diese Emendation wird unnötig, wenn תומכי רזי פלא als Bezeichnung einer in Myst negativ beurteilten Gruppe verstanden wird (zur Sache s. u., 101ff.).

[20] 4Q299 13f. liest statt מי יחפץ כי יגזל ברשע הונ in Zeile 10f. מֹי גוי אשר לוא גזל [הון ...].

[21] Zusätzlich zu dem in 1Q27 überlieferten Text finden sich in 4Q299 1 noch folgende Zeilenreste:

[...]בֹּית מולדים נשׁטֹרֹה	4
[...]אנשי מחשבת לכול	5
[...]ooֹם נבחנה דברים	6
[...]לֹ] תוֹ]צֹאותם	7
[...]ולכֹ] [	8

Da die Handschriften 1Q27 und 4Q299 in der vorhergehenden Zeile im Textbestand voneinander abweichen, können diese Zeilenreste nicht mit Sicherheit lokalisiert werden.

[22] Schiffman (4QMysteries[b], 214) beginnt den auf בהסגר מולדי עולה folgenden Hauptsatz erst in I6: „(Then,) just as smoke wholly ceases and is no more, so shall [wicked]ness [cease]."

[23] Wörtlich „aufhört".

[24] Wörtlich „aufhören".

[25] תכון ist Impf. fem. Ni. (3. Person) von כון (vgl. Vermes, Dead Sea Scrolls in English, 3. Aufl., 239). Wörtlich wäre zu übersetzen „wie die Sonne sich hinstellt in Bezug auf die Erde." Dupont–Sommer (Die essenischen Schriften, 354) nimmt wohl das Nomen תכון an und übersetzt mit „Norm". Schiffman möchte תכון als „measure" verstanden wissen und übersetzt „(throughout) the full measure of the world" (4QMysteries[b], 214; vgl. Dead Seas Scrolls, 207 und Preliminary Translation, 203). García Martínez dagegen möchte תכון verbal interpretieren und übersetzt „like a sun which regulates the world" (Dead Sea Scrolls Translated, 399).

[26] Zur Übersetzung vgl. Dupont–Sommer, Die essenischen Schriften, 354. Vermes (Dead Sea Scrolls in English, 3. Aufl., 239) nimmt einen Euphemismus an und übersetzt statt

Und Erkenntnis wird die Welt erfüllen, und Torheit wird es dort nimmermehr geben.

(8) Dies Wort wird sicher eintreffen, und der Ausspruch ist wahr. Und hierdurch wird von[27] euch erkannt werden, daß es nicht zurückgenommen werden wird.

(9) Hassen nicht alle Völker den Frevel? Und doch zieht er, von ihnen allen begangen,[28] umher.
Kommt nicht das Lob der Wahrheit[29] aus dem Mund aller Völker?
(10) Doch gibt es eine Lippe[30] oder Zunge, die an ihr festhält?
Welche Nation liebt es, von einer, die stärker ist als sie, bedrückt zu werden?[31]
Wer (11) liebt es, daß er von einem Frevler seines Vermögen beraubt wird?
Doch welche Nation gibt es, die [ihren] Nachbarn nicht bedrückt?
Wo ist das Volk, (12) das einem anderen nicht sein Vermögen raubt?
[…] und Ursprünge […]

3.4 Auslegung

Der erhaltene zusammenhängende Textbestand von 1Q27 (1 I) zerfällt in drei von poetischer Sprache geprägte Abschnitte (I3–4; I5–7; I8ff.).[32] Die Überleitung zwischen den einzelnen Abschnitten erfolgt jeweils durch kurze Versatzstücke, die aus Prosa bestehen (I5; I8). „The use of the 2d. pers. plural here [scil. I4] and in 1.8 indicates that DSf de Vaux [scil. 1Q27 1 I] is part of an address."[33] Die beiden ersten Abschnitte sind durch das prophetische Perfekt geprägt. Es handelt sich um eschatologische Prophezeiungen, von denen die zweite (I5–7) als Zeichen der Erfüllung der ersten dient. Der dritte Abschnitt (I9ff.) zeichnet sich durch eine Häufung rhetorischer Fragen aus, und dient als Beweis für die Echtheit der beiden vorangegangenen Prophezeiungen („Dies Wort wird sicher eintreffen, und

---

„wunderbare Geheimnisse" „mysteries of sin". Ein Euphemismus erscheint jedoch unwahrscheinlich, da kurz vorher (Zeile 2) die רזי פשע genannt werden.

[27] „Bei Vben im Pass nennt ל den Urheber ..." HAL[3], 485.

[28] Wörtlich „auf Grund von ihnen allen". Schiffman (4QMysteries[b], 215) übersetzt mit „at the hands of all of them", jedoch legt der Kontext die kausale Interpretation von ביד näher.

[29] Zur Übersetzung s. z.B. HAL[3], 1455 (z. St.); Vermes, Dead Sea Scrolls in English, 3. Aufl., 239; und Dupont–Sommer, Die essenischen Schriften, 354.

[30] Schiffman (4QMysteries[b], 215) übersetzt לשון mit „language". Wegen des Parallelismus ist die Übersetzung „Lippe" jedoch vorzuziehen.

[31] Wörtlich „von einer Nation, die stärker ist als sie".

[32] Zur Textgliederung s. die Gliederung der Übersetzung; vgl. auch Rabinowitz, Authorship, 21.

[33] Rabinowitz, Authorship, 24.

der Ausspruch ist wahr. Und hierdurch kann man erkennen, daß es nicht zurückgenommen wird."; I$_8$).

Zwei Wendungen zeigen, daß im Text ein endzeitliches Gerichtsszenario vorausgesetzt wird: ולוא ידעו מה אשר יבאו עליהמה („und haben nicht erkannt, was über sie kommen wird"; I$_{4f.}$); בהסגר מולדי עולה („wenn die Kinder des Frevels ausgeliefert werden werden" I$_5$).[34]

Der erste Abschnitt (I$_{3-4}$) wird von der Konstruktus–Verbindung רז נהיה gerahmt: Zu Beginn des Abschnitts wird ein einer fernen Vergangenheit angehöriger רז נהיה genannt,[35] und am Ende des Abschnitts wird das „Geheimnis des Werdens" als eine eschatologische Macht beschrieben, vor der die Adressaten des Textes sich nicht werden retten können (I$_4$).[36] Über eine in der 3. Person Plural genannte Gruppe wird gesagt, sie habe weder das „Geheimnis des Werdens" noch die Dinge der Urzeit erkennen können. Sie werde daher nicht erkennen, was über sie kommen wird, und sich nicht vor dem „Geheimnis des Werdens" retten können.[37] So umgreift das „Geheimnis des Werdens" das Ganze des Seins von der Schöpfung bis ins Eschaton. Dieser Gebrauch der Konstruktus–Verbindung paßt gut zu dem oben von der Wendung רז נהיה gezeichneten Bild (s. o., 57ff.): Auch an dieser Stelle dürfte der Begriff die Ordnung des Seins bezeichnen, die als Schöpfungs– und Gerichtsordnung sowohl Teil der Urzeit als auch Teil des Eschatons ist.[38] Man könnte paraphrasieren: Weil die Angesprochenen die Seinsordnung nicht erkennen, werden sie, wie in ihr vorgesehen, im Eschaton vernichtet werden.[39]

Als Zeichen, wann die Zeit gekommen ist, auf die sich diese Prophezeiung bezieht, dient eine eschatologische Verheißung weisheitlichen Inhalts (I$_{5-7}$): Wenn es nur noch Gerechtigkeit gibt und der Frevel nicht mehr ist, wenn Erkenntnis die Welt erfüllt und es keine Torheit mehr gibt, dann wird sich diese Prophezeiung erfüllen.[40] Nun wird auch deutlich, auf wen

---

[34] Vgl. Rabinowitz, Authorship, 23 (unter Verweis auf 1QpHab II$_{7.10}$; VII$_{1f.}$).

[35] Die Wendung wird in I3 parallel zu קדמוניות gebraucht.

[36] Die Wendung steht in I4 parallel zu יבוא עליהמה.

[37] Der Text erinnert hierin an die Unheilsprophezeiungen der Propheten: Auf eine Schilderung der „Lage" folgt eine Weissagung des Unheils. Zur Gattung s. Koch, Formgeschichte, 258–261.

[38] Zur Diskussion um den Begriff an dieser Stelle s. de Vaux, Manuscrits hébreux, 605f. („le mystère passé"), Rabinowitz, Authorship, 22 („the parallelism with קדמוניות is one of contrast: the transgessors do not know the future because they have not reflected upon the past"), Barthélemy/Milik, Cave I, 104 („נהיה: ‚futur' et non ‚passé'"), Dupont-Sommer, Essenische Schriften, 353 und Vermes, Dead Sea Scrolls in English, 3. Aufl., 239 („mystery to come").

[39] Eine eschatologische Vernichtung der Frevler durch „die Geheimnisse Gottes" ist auch in 1QM III$_9$; XVI$_{11}$ belegt.

[40] Zur Gleichsetzung von Weisheit und Gerechtigkeit, Frevel und Torheit in der Weisheitsliteratur s. z. B. Prov 9,9; 10,11; 11,30; 23,24 und Koh 7,25. Die im Abschnitt verwandte Licht–Finsternis–Symbolik ist metaphorisch gebraucht und nicht dualistisch: Es wird nicht

sich die eschatologische Unheilsprophezeiung von I3-4 bezieht: Die in I5
genannten „Kinder des Frevels" erliegen nämlich dem in I4 angedrohten
eschatologischen Unheil, so daß sich diese Prophezeiung auf eine im Text
nicht näher beschriebene Gruppe von Frevlern beziehen dürfte. Die Verheißung selbst ist zweigeteilt: Im ersten Abschnitt wird der Untergang des
Frevels und das Erstarken der Gerechtigkeit verheißen, im zweiten Abschnitt das eschatologische Kommen der Erkenntnis und der Untergang
der Torheit.[41]

Im letzten erhaltenen Abschnitt soll anschließend bewiesen werden,
daß diese Prophezeiungen eintreffen und nicht zurückgenommen werden.
Dies geschieht mit einer Kette von sich paarweise aufeinander beziehenden rhetorischen Fragen. Mit der ersten Frage wird jeweils eine positive
Aussage bezüglich der Völker bzw. Menschen gemacht: z. B. „kommt
nicht das Lob der Wahrheit aus dem Mund aller Völker?" (I9). Die darauf
folgende Frage zielt auf ein entsprechendes gegenteiliges Verhalten der
Völker bzw. Menschen: z. B. „doch gibt es eine Lippe oder Zunge, die an
ihr festhält?" (I10).[42] Auf diese Weise sollen Frevel und Verwerflichkeit
der Welt dargestellt werden,[43] welche die eschatologische Vernichtung
von Frevel und Torheit sowie das eschatologische Kommen von Gerechtigkeit und Weisheit zwingend notwendig machen. In seinem Aufbau
erinnert der Abschnitt I9ff. mit seinen gehäuft auftretenden rhetorischen
Fragen an die Disputationsworte Deuterojesajas (vgl. z. B. Jes 40,12.17).

Eine der eschatologische Verheißungen des zweiten Abschnitts ist für
die Frage nach Weisheit und Geschichte von besonderer Bedeutung:

וכול תומכי רזי פ[לא] אינמה עוד ודעה תמלא תבל ואין שם לע[ד]
אולת

Und alle, die die wun[derbaren] Geheimnisse festhalten, werden
nicht mehr sein.
Und Erkenntnis wird die Welt erfüllen, und Torheit wird es dort
nimmermehr geben. (1Q27 1 I7)

Die Verheißung, daß alle, die die wunderbaren Geheimnisse festhalten,
nicht mehr sein werden, entspricht offensichtlich der Zusage, daß es keine

---

von den בני אור oder den בני חושך gesprochen, sondern lediglich von Licht und Finsternis
selbst; gegen Rabinowitz, Authorship, 26.

[41] Zur genaueren Diskussion s. u., 100ff.

[42] In I11f. scheint diese Ordnung gestört zu sein—vgl. aber die abweichende Lesart von
4Q299 I3. Schon Dupont–Sommer gruppiert daher die Fragen um (Die essenischen Schriften, 354 Anm. 5).

[43] Vgl. Dupont–Sommer, Die essenischen Schriften, 354, Anm. 4. Deines dagegen möchte
den Text an dieser Stelle nicht auf die Verwerflichkeit der Welt auslegen, sondern versteht
die rhetorischen Fragen als eine Schilderung der heidnischen Fremdvölker (Abwehr des
Fremden, 86).

Torheit mehr geben werde. Die Konstruktus–Verbindung תומכי רזי פלא bezeichnet somit eine der Torheit zuzurechnende Gruppe. Dem widerspricht der Gebrauch des Verbums תמך in der atl. und frühjüdischen Literatur. Anders als in 1Q27 1 I7 wird das Verbum dort wertneutral verwendet. „Festgehalten" werden sowohl positive wie auch negative Dinge: z. B. Weisheit (עֵץ־חַיִּים הִיא לַמַּחֲזִיקִים בָּהּ וְתֹמְכֶיהָ מְאֻשָּׁר „Ein Baum des Lebens ist sie denen, die sie ergreifen, und wer sie festhält, ist beglückt."; Prov 3,18), Worte (יִתְמָךְ־דְּבָרַי לִבֶּךָ שְׁמֹר מִצְוֹתַי וֶחְיֵה „Möge dein Herz meine [scil. des Vaters] Worte festhalten, beachte meine Gebote, so wirst du leben."; Prov 4,4), Ehre und Reichtum (אֵשֶׁת־חֵן תִּתְמֹךְ כָּבוֹד וְעָרִיצִים יִתְמְכוּ־עֹשֶׁר „Eine anmutige Frau hält an der Ehre fest, Tatkräftige halten Reichtum fest"; Prov 11,16). Dieser Gebrauch des Verbums findet sich auch in den in hebräischer Sprache erhaltenen Teilen des Buches Sir, in 4Q184 und in 4Q525:[44] ותמכיה ימצאו כבוד מייי ויחנו בברכת ייי („Jene, die sie [scil. die Weisheit] festhalten, finden Ehre vor dem Herrn und werden ruhen im Segen des Herrn"; Sir 4,13), ושדדה לכ[ול] תומכי בה („und Verwüstung für alle, die sie [scil. die verruchte Frau] ergreifen"; 4Q184 1₈f.),[45] אשרי תומכי חוקיה ולוא יתמוכו בדרכי עולה („Selig sind, die festhalten an ihren [scil. der Weisheit] Geboten und nicht festhalten an den Wegen des Frevels"; 4Q525 2 II₁f.).[46]

Die starken Beschädigungen aller von Myst erhaltenen Handschriften erschweren eine Analyse des Gebrauchs von תמך in diesem Text. Es fällt aber auf, daß die Wurzel תמך im erhaltenen Textbestand von Myst nur als Part. mask. pl. belegt ist, was darauf hinweist, daß der Begriff eine bestimmte Gruppe bezeichnet.[47] In allen weiteren Belegen von תומכי in Myst, mit Ausnahme von 1Q27 I7, ist das folgende *nomen rectum* nicht erhalten. Da das Wort in Myst eine feststehende Bezeichnung einer Gruppe darstellt, darf aber angenommen werden, daß auch hier ein רזי bzw. רזים auf das תומכי gefolgt ist. In 4Q299 2 II9ff. ist die so bezeichnete Gruppe Adressat einer mehrere Zeilen umfassenden Ermahnung: שמעו תומכי[(„Hört, die ihr festhaltet"; II9).[48] In 4Q299 6 II4 wird betont, daß vor dieser Gruppe etwas verborgen ist: נסתרה מכול תומכ[י...] („Verborgen

---

[44] 4Q525 12₂ und 4Q418 87₁₄ sind zu stark beschädigt, als daß sie für eine Analyse des Gebrauchs von תמך von Nutzen sein könnten.

[45] Transkription nach Allegro, Cave 4, 82f.

[46] Transkription nach Puech, Béatitudes, 83. Evtl. ist das Partizip auch in 4Q432 (= 4QHᶠ) 14 belegt ([...כ]י בתומ ואני, jedoch ist der Text zu stark beschädigt, als daß er zur Analyse beitragen könnte).

[47] Eine ... תומכי רזי bzw. תומכי רזים genannte Gruppe ist auch in 4Q299 40₂ und 4Q300 85 belegt. Beide Texte sind jedoch so stark beschädigt, daß sie zur Analyse nichts beitragen.

[48] Das vorhergehende *vacat* zeigt, daß mit der Anrede ein Textabschnitt eingeleitet wird, so daß die folgenden Ermahnungen wohl den angesprochenen תומכים gelten dürften. Leider ist der Text zu stark beschädigt, als daß noch Schlüsse über die ermahnte Gruppe aus ihm gezogen werden könnten.

ist sie vor allen, die festhalt[en…]"). Die feminine Form der Wurzel סתר
(3. Pers. perf. fem. sing. Ni.) könnte darauf hinweisen, daß der verborgene Gegenstand, die Weisheit, die Erkenntnis oder die Einsicht ist, jedoch
wäre beispielsweise auch die Thora denkbar. Ein weiterer Beleg deutet auf
eine ähnlich negative Beurteilung der mit תומכי… bezeichneten Gruppe
hin: In 4Q301 1₂ werden jene, die die Geheimnisse festhalten, durch die
Präposition עם mit einer als חוקרי שׁוֹרׁשי בינה ("Erforscher der Wurzeln
der Einsicht") bezeichneten Gruppe in Verbindung gebracht. Auf eine negative Beurteilung dieser "Erforscher der Wurzeln der Einsicht" in Myst
deutet die rhetorische Frage in 4Q301 2₁ hin: מה החידה לכמה חוקרי
בשורשי בינה ("was ist für euch das Rätsel, ihr Erforscher der Wurzeln
der Einsicht").[49] Diese חוקרי שורשי בינה finden sich auch in 4Q300 1
II₃, dort wird über sie gesagt: לא הבטתם בשורש חוכמה ("die Wurzeln
der Weisheit habt ihr nicht gesehen"). Dieses Versagen wird im vorhergehenden Kontext als Unfähigkeit beschrieben, eine Vision zu verstehen: כי חתום מכם] ח[תֹם החזון וברזֹי עד לא הבטתם ובינה לא השכלתם
("denn die Vision ist vor euch versiegelt, die ewigen Geheimnisse habt
ihr nicht gesehen, und Einsicht habt ihr nicht verstanden"; 4Q300 1
II₂)[50] Der parallele Aufbau der drei Glieder des Belegs zeigt, daß die
mit חוקרי שורשי בינה bezeichnete Gruppe, laut Myst, Einsicht in die
ewigen Geheimnisse auf visionärem Wege zu erlangen sucht. Die Vision
bleibt jedoch den Angehörigen dieser Gruppe, obwohl sie sie wahrneh-
men, verschlossen ("versiegelt"). Sind aber die Erforscher der Wurzeln
der Einsicht eine negativ bewertete und mit Magie und Mantik in Verbindung gebrachte Gruppe, darf dies auch von den mit ihnen gleichgesetzten
תומכי… angenommen werden.

    Es kann zusammengefaßt werden: Die sonst in der hebräischen Li-
teratur ausschließlich neutral gebrauchte Wurzel תמך ist in Myst nur in
der Form תומכי belegt. Auf sie folgt als *nomen rectum* eine Form des
Nomens רז. Die Verbindung … תומכי רז bezeichnet eine negativ bewertete Gruppe, die eine besondere Beziehung zu den "Geheimnissen" hat,
sich magisch–mantischer Techniken bedient, der Ermahnung bedarf und
deren Streben nach den Geheimnissen, den Wurzeln der Einsicht, negativ
beurteilt wird. Da der oben skizzierte Befund es nicht erlaubt, diese Gruppe näher zu identifizieren, muß gefragt werde, wie רז in Myst gebraucht
wird,[51] und welche Gruppen sich in der Literatur des Frühjudentums
durch den Besitz von Geheimnissen auszeichnen.

---

[49] Daß mit חידה in Myst die weisheitliche Gattung der Rätselfrage bzw. des Rätsels
gemeint ist, zeigt 4Q300 1 II₁: Dort wird das Wort parallel zu משל ("Spruch") gebraucht.
[50] Transkription nach Wacholder/Abegg, Preliminary Edition, Fasc. 2, 29.
[51] Die schon besprochenen Belege 4Q299 40₂ und 4Q300 8₅ (s. o., 101) werden nicht
nochmals diskutiert. 4Q299 2 I₁₇; II₁₅ und 4Q300 8₇ sind stark beschädigt und können
nichts zur Untersuchung beitragen.

Obwohl 4Q299 2 II₁₁ stark beschädigt ist, darf angenommen werden, daß רז hier mit der Schöpfungsordnung in Verbindung steht:

כול רז וֹמֹכֹוֹן כול מחשבת עושה כולֹ[...]

Jedes Geheimnis und die Grundlage[52] des Plans des Schöpfers allen[...][53]

Das auf רז folgende וֹמֹכֹוֹן כול מחשבת עושה rückt das hier angesprochene „Geheimnis" in den Kontext von Schöpfung und Schöpfungsordnung (מחשבה). Dies erinnert an den Gebrauch von רז in 4QSap A (s. o., 57ff.) sowie an die Verwendung des Wortes in 1Q27 1 (s. o., 99): Schon dort konnte רז נהיה eine der Schöpfung zugrundeliegende und sich im Eschaton verwirklichende Ordnung bezeichnen (1Q27 1 I₃f.).

Auf einen kosmologischen Gegensatz von Licht und Finsternis deutet der Beleg 4Q299 5₂ hin:

[...גב]וֹרות רזי אור ודרכי חושֹ[ך ...]

[...Macht]taten der Geheimnisse des Lichts und die Wege der Finster[nis ...][54]

Die Aussage ist in sich widersprüchlich: Die „Geheimnisse des Lichts" vollbringen Machttaten, die doch gerade als Machttaten wohl kaum geheim bleiben können. רז ist an dieser Stelle in seiner Bedeutung verblaßt. Das Wort wird zu einem *terminus technicus*. Leider macht der schlechte Erhaltungszustand des Fragments eine weitere Analyse unmöglich.

In Myst scheint sowohl absolutes רז als auch רז in Verbindung mit verschiedenen Genitiven eine Seinsordnung zu bezeichnen,[55] die als Grundlage der Schöpfung diente, sich aber erst eschatologisch verwirklichen wird und die im kosmologischen Gegensatz von Licht und Finsternis Teil des im Eschaton triumphierenden Lichtes ist.[56] Zugänglich ist diese Ordnung dem Menschen durch die Offenbarung (חזון; 4Q300 1 II₂). Wer aber mit den תומכי רזי פלא gemeint ist, läßt sich aus den diskutierten Belegen nicht erschließen, es ist daher notwendig, die Textbasis der Analyse zu erweitern.

---

[52] Zu מכון als „Grundlage" vgl. Ps 104,5.

[53] Transkription nach Wacholder/Abegg, Preliminary Edition, Fasc. 2, 2f.

[54] Transkription nach Wacholder/Abegg, Preliminary Edition, Fasc. 2, 4.

[55] Hierauf weist zum einen die Tatsache hin, daß sowohl absolut gebrauchtes רז als auch der רז נהיה in Myst eine Schöpfungsordnung bezeichnet. Zum anderen deutet der Gebrauch der sonst in Myst nicht vorkommenden Konstruktus–Verbindung רזי אור als *terminus technicus* auf eine Seinsordnung hin.

[56] Ähnlich Schiffman (4QMysteries^b, 203f.): „Without entering into the wider issues raised by its use, we should like to emphasize that in this text it refers to the mysteries of creation, that is, the natural order of things which depends on God's wisdom, and to the mysteries of the divine role in the process of history."

Aus der Menge der Belege von רז in der frühjüdischen Literatur seien hier einige repräsentative Textstellen herausgegriffen: Das Wort wird in Sir 8,18; 12,11; 4QDᶜ 9 II₁₃ neutral im Sinne von etwas, das verborgen oder geheim ist, gebraucht. In dieser Verwendung findet sich רז auch in mythischen Texten: [שמכה מב]רך די כול רזיא יד[ע אנתא] („[Dein Name sei gep]riesen, der [du] alle Geheimnisse ken[nst …]"; (4QEnGiantsᵃ 9₃).⁵⁷

In anderen Texten wird das Wort im Kontext besonderer theologischer Topoi verwendet: Schon in Dan 2,18ff. kann der Begriff רז den im Traum des Nebukadnezar verborgenen Verlauf der Zukunft umschreiben und Gott als denjenigen bezeichnen, der die Geheimnisse offenbart.

Henoch kann Lamech in äthHen 106 über Herkunft und Schicksal Noahs Auskunft geben und ihn über die Zeit nach Noah informieren, „denn ich kenne die Geheimnisse [des Herrn, die] Heilige mir mitteilten und zeigten und die ich auf den himmlischen Tafeln las" (בד[י] ידע אנה; בדזֹ[מריא די] קדישין אחזיוני ואחזיוני [ודי בלוחת] שמא קרית; 4QEnᶜ 5 II₂₆f.).⁵⁸ Nach diesem Text zu urteilen sind die Geheimnisse Gottes auf den himmlischen Tafeln aufgeschrieben. Der Kontext verdeutlicht, daß mit diesen Geheimnissen eine prädeterminierte Geschichtsordnung gemeint ist (s. o. 74).

In dem an 1QS I₁–III₁₂ angefügten traditionellen Text 1QS III₁₃–IV₂₆ (zur Sache s. u., 127ff.) ist das „Schweigen über die Wahrheit der Geheimnisse der Erkenntnis" (וחבא לאמת רזי דעת; 1QS IV₆) Teil eines langen Tugendkatalogs, der die zum Geist der Demut und Langmut gehörigen Tugenden aufzählt (1QS IV₃₋₆). Auf diese Weise soll ein vollkommener Lebenswandel beschrieben werden. Erst durch die Anbindung des Tugendkatalogs an den vorhergehenden Kontext (III₁₈–IV₁) werden diese eine positive Gesinnung ausmachenden Tugenden einer kosmischen Macht, nämlich dem Geist des Lichts, zugewiesen (s. u., 157ff.). Vermittels der aufgeführten Tugenden hat der Mensch, der sie besitzt, teil am Geist des Lichts. Es dürfte daher in 1QS IV₆ ein menschliches Wissen gemeint sein. Daß der betreffende Mensch über dieses Wissen schweigt, kennzeichnet ihn als jemanden, der am Machtbereich des Geistes des Lichts Teil hat. Über Inhalt und Herkunft der „Geheimnisse der Erkenntnis" wird in 1QS IV₆ nichts gesagt.

In den Sabbatliedern „the angels are the instruments through which heavenly mysteries are revealed … (4Q401 14 ii 7)".⁵⁹ Welcher Art diese Geheimnisse sind und wem sie offenbart werden, läßt sich dem stark zerstörten Text nur bedingt entnehmen: „The ‚hidden things' might be eschatological or cultic/legal matters. The reference to למוצא שפתי מלך

---

⁵⁷ Rekonstruktion nach Beyer, Texte, 266. Vgl. auch 4Q534 1 I₈.

⁵⁸ ÄthHen 106,19 = 4QEnᶜ 5 II₂₆; Transkription nach Milik, Enoch, 209f.

⁵⁹ Newsom, Songs of the Sabbath Sacrifice, 30.

in line 8 below perhaps favors the later possibilty."[60] Auf ein Wissen von
Engelwesen um die himmlischen Geheimnisse deutet auch das 8. Sabbatlied hin (4Q403 1 II$_{18ff.}$): Nachdem die verschiedenen Engelwesen zum
Gotteslob aufgefordert wurden (II$_{18-26}$), wird ausführlich geschildert, in
welcher Reihenfolge und Stärke die sieben Prinzen der Engel zu singen
haben. Dabei werden in Zeile 27 die sieben Geheimnisse der Erkenntnis
und das wundervolle Geheimnis der sieben Bezirke des Allerheiligsten genannt: [... שבע רזי דעת ברז הפלא לשבעת גבולי קוד[ש קדשים. Leider
erlauben die Textbeschädigungen keine Verbindung mit dem umliegenden
Kontext, so daß die Funktion dieser Geheimnisse im Text nicht geklärt
werden kann.[61]

In dem vom *yaḥad* adaptierten Text 1QM XIV$_{14}$[62] bezeichnet die
Konstruktus–Verbindung רזי נפלאותיכה ein göttliches Wissen. Es handelt sich um ein kleines hymnisches Stück (XIV$_{12-15}$), das, typisch für
einen Hymnus, mit einer Selbstaufforderung zum Gotteslob beginnt (Zeile 12–14), auf welche als Begründung der Selbstaufforderung eine lobende
Schilderung der Herrlichkeit Gottes folgt (Zeile 14f.):

כיא גדולה מ[חשבת כבו]דכה ורזי נפלאותיכה במרומי[כה] ל[הרי]ם
לכה מעפר ולהשפיל מאלים

> Denn groß sind der P[lan] deiner [Herrlich]keit und die Geheimnisse
> deiner Wunder in [deinen] Höhen, um zu [erhöhen] für dich aus dem
> Staub und zu erniedrigen aus den göttlichen Wesen.

Daß die wunderbaren Geheimnisse parallel zu dem Plan der göttlichen
Herrlichkeit genannt werden, zeigt, daß mit רזי נפלאותיכה eine Form
der präexistenten Urordnung des Seins bezeichnet wird. מחשבת כבוד ist
sonst nur in 1QS III$_{16}$ belegt und bezeichnet dort eine vom „Gott der
Erkenntnis" noch vor der Schöpfung erstellte weisheitlich–geschichtliche
Ordnung des Seins (s. u., 152ff.).[63]

---

[60] Newsom, Songs of the Sabbath Sacrifice, 139 (unter Verweis auf Dtn 29,28 und CD
III$_{14}$). Eine Offenbarung von Erkenntnis durch Engelwesen an Engelwesen findet sich auch
4Q403 1 II$_{35}$: [...] למאירי דעת בכול אלי אור[...] („für jene, die Erkenntnis leuchten lassen in
allen Elim des Lichts[...]").

[61] Zu den verschiedenen Engeln in den Sabbatliedern s. Newsom, Songs of the Sabbath Sacrifice, 23–38.77f., zur Aufteilung der Engel in sieben Gruppen s. a. a. O., 31. Daß
Engelwesen sich in den Sabbatliedern durch ein Wissen um die himmlischen Geheimnisse auszeichnen, belegt beispielhaft auch 4Q405 3 II$_9$: Hier werden Engelwesen mit der
Konstruktus–Verbindung [...] יודעי רזי bezeichnet („jene, die Geheimnisse des ... kennen").

[62] Zur redaktionellen Bearbeitung der sogenannten „Kriegsrolle" durch den *yaḥad* in einigen 4QM–Handschriften, s. z. B. H. Stegemann, Essener, 145–148 und Hunzinger, Milḥamā,
133.147–151.

[63] Vgl. das שבת כבודכה ברוך[...] in Sl 77 3 I$_{24}$ (= 4Q440 + 4Q441), zum Beleg s. Brown
u. a., Preliminary Concordance, 1247.

Die Belege 1QS III₂₃; IV₁₈ zeigen ebenfalls, daß mit רזי אל (1QS III₂₃) oder רזי שכלו (1QS IV₁₈) eine präexistente Schöpfungs- und Geschichtsordnung gemeint ist: In 1QS III₂₃ wird betont, daß der Geist der Finsternis gemäß den Geheimnissen Gottes Macht habe. In 1QS IV₁₈ wird ausgeführt, daß in den Geheimnissen der Weisheit Gottes dem Geist des Frevels ein Ende gesetzt worden sei. Sowohl das eschatologische Ende des Frevels als auch seine gegenwärtige Macht sind somit Teil von Gottes Geheimnissen. Dieser ethische wie historische Inhalt der Geheimnisse Gottes legt es für beide Belege nahe, an eine dem Menschen verborgene Schöpfungs- und Geschichtsordnung zu denken.

Auch in den vom *yaḥad* selbst verfaßten Texten werden רזים erwähnt: 1QHª X₁₅f. (Ed. Suk. II₁₃f.) gibt einen Hinweis darauf, woher das Wissen des *yaḥad* um die wunderbaren Geheimnisse stammt. In 1QHª X₅₋₂₁ (Ed. Suk. II₃₋₁₉)[64] betont der Lehrer der Gerechtigkeit: ותשימני נס לבחירי [„Du צדק ומליץ דעת ברזי פלא לבחון [אנשי] אמת ולנסות אוהבי מוסר aber setztest mich zum Zeichen für die Erwählten der Gerechtigkeit und zum Dolmetsch der Erkenntnis in wunderbare Geheimnisse, um die [Männer] der Wahrheit zu prüfen und diejenigen auf die Probe zu stellen, die Zucht lieben"; 1QHª X₁₅f. (Ed. Suk. II₁₃f.)]. Die „wunderbaren Geheimnisse" sind Inhalt einer Lehre des Lehrers. Zweck der Offenbarung ist eine Prüfung der Belehrten. Was darunter zu verstehen ist, zeigt sich in Zeile 20f. (Ed. Suk. 18f.):

שמתה בלבבו לפתוח מקור דעת לכול מבינים וימירום בערול שפה
ולשון אחרת לעם בינות להלבט במשגתם

Du hast es in sein [scil. des Lehrers] Herz gegeben, für alle „Ratgeber"[65] eine Quelle der Erkenntnis zu öffnen. Aber sie haben es eingetauscht gegen eine unbeschnittene Lippe und eine fremde Zunge für das unverständige Volk, auf daß sie ins Verderben stürzen durch ihren Irrtum.

מבינים ist hier eine Bezeichnung der Gegner des Lehrers der Gerechtigkeit. Diese lehnen seine Offenbarung ab und reden lieber mit unbeschnittener und fremder Zunge zu dem einfältigen Volk. Es handelt sich um ein leicht abgewandeltes Zitat von Jes 28,11,[66] das hier eschatologisch verstanden wird. Die Gegenwart hat eschatologischen Charakter, die Offenbarung

---

[64] Zu 1QHª X₅₋₂₁ (Ed. Suk II₃₋₁₉) als Lehrerlied s. Jeremias, Lehrer, 192–201.

[65] Zu מבין als etabliertem Amt weisheitlicher Prägung s. o., 56ff. Hier dürfte es sich um die weisheitlich geprägte Tempelaristokratie handeln, die den Lehrer bedrohte; vgl. z.B. 1QpHab XI₄₋₈.

[66] Ein Vergleich beider Texte zeigt ihre große Ähnlichkeit:

כִּי בְּלַעֲגֵי שָׂפָה וּבְלָשׁוֹן אַחֶרֶת יְדַבֵּר אֶל־הָעָם הַזֶּה   Jes 28,11
בערול שפה ולשון אחרת לעם לא בינות   1QHª X₂₀f. (Ed. Suk. II₁₈f.)

von Einsicht und wunderbaren Geheimnissen entspricht dem eschatologischen Erscheinen der Erkenntnis in 1Q27 1 I7. Die in 1QHᵃ X15f.
(Ed. Suk. II13f.) erwähnte Prüfung besteht in Annahme oder Ablehnung
dieser Offenbarung. Die Interpretation von בְּלַעֲגֵי שָׂפָה (Jes 28,11) als
בערול שפה macht dabei deutlich, daß die vom Lehrer offenbarten und
als Prüfstein dienenden Geheimnisse mit der Thora zusammenhängen.
Das weisheitliche Vokabular, das in 1QHᵃ X15f.20f. (Ed. Suk. II13f.18f.)
verwandt wird (אמת, בינה, מבין, מוסר, דעת), deutet auf eine enge Verbindung der vermittelten Einsichten und Geheimnisse mit der Weisheit hin.[67]
Im Kontext des oben Erläuterten betrachtet dürfte es sich um eine Form
der weisheitlichen Urordnung handeln, die mit der Thora verschmolzen
ist. Die im Lehrerlied beschriebenen frevelhaften Kräfte, die dem Lehrer
gegenüberstehen, brechen diese mit der Thora verschmolzenen weisheitlichen Urordnung.

1QHᵃ XII29 (Ed. Suk. IV28) ist Teil eines weiteren Lehrerliedes [1QHᵃ
XII6–XIII6 (Ed. Suk. IV5–V4)].[68] Wieder wird von den Anfeindungen
des Lehrers durch seine Gegner berichtet und betont, daß sie die ihnen
angebotenen Erkenntnisse ablehnen. 1QHᵃ XII28–30 (Ed. Suk. IV27–29)
spricht dann aber von der gelungenen Belehrung einer sich um den Lehrer
scharenden Gruppe: ובי האירותה פני רבים ותגבר עד לאין מספר כי
הודעתני ברזי פלאכה ובסוד פלאכה הגברתה עמדי והפלא לנגד רבים
בעבור כבודכה ולהודיע לכול החיים גבורותיכה (,,Und durch mich hast
du das Angesicht vieler erleuchtet und dich stark erwiesen zu unzähligen
Malen, denn du hast mich deine wunderbaren Geheimnisse erkennen
lassen, und durch dein wunderbares Geheimnis hast du dich an mir stark
erwiesen, wunderbar zu handeln vor vielen um deiner Ehre willen und
kundzutun deine Machttaten allen Lebendigen").[69]

Welche Auswirkungen dieses an die Gemeinde vermittelte Wissen hat-
te, wird in den Gemeindeliedern der Hôdāyôt deutlich: Die Belehrung der
Mitglieder des yaḥad in den wunderbaren Geheimnissen wird gemein-
sam mit der Reinigung von den Sünden genannt [1QHᵃ XIX13 (Ed. Suk.
XI10)][70] und gehört zum Heilshandeln Gottes [vgl. 1QHᵃ XV30 (Ed. Suk.
VII27)].[71]

---

[67] Eine solche Beziehung der רזי פלא zur präexistenten Schöpfungsordnung der Welt ist
auch in 1QHᵃ IX23 (Ed. Suk. I21) belegt (s. u., 223f.).

[68] Vgl. Jeremias, Lehrer, 204–218.

[69] Transkription nach Lohse, Texte aus Qumran, 126f.

[70] Zwar wird in dem hymnischen Textstück Gott als der Belehrende genannt und nicht der
Lehrer, jedoch dürfte kein Zweifel bestehen, daß die Offenbarung der Geheimnisse durch
den Lehrer an die Gemeinde gemeint ist. Der Lehrer fungiert als Offenbarungsmittler.

[71] In diesem Zusammenhang ist auch 1QS XI2–5 zu nennen: Tilgung der Sünden, Gerechtigkeit und Recht resultieren dort aus der Offenbarung des רז נהיה והווא עולם (,,des
ewigen Geheimnisses des Werdens und Vergehens"). Man fühlt sich an den Tun–Ergehen–

In 1QS IX$_{17-19}$ wird die Funktion des Lehrers, die wunderbaren Geheimnisse zu offenbaren, auf den *maśkîl* übertragen:[72] „mit Erkenntnis,
Wahrheit und gerechtem Urteil diejenigen zurechtzuweisen, die den Weg
gewählt haben, jeden nach seinem Geist, nach der Ordnung der Zeit, um
sie mit Erkenntnis zu leiten und sie so Einsicht gewinnen zu lassen in
die wunderbaren und wahren Geheimnisse inmitten der Männer der Gemeinschaft, damit sie vollkommen wandeln, jeder mit seinem Nächsten
in allem, was ihnen offenbart ist …" (צדק ומשפט אמת דעת ולהוכיח
לבוחרי דרך איש כרוחו כתכון העת להנחותם בדעה וכן להשכילם ברזי
פלא ואמת בתוך אנשי היחד להלך תמים איש את רעהו בכול הנגלה
להם).[73] Bei den רזי פלא handelt es sich hier somit um eine Art Halacha
(„damit sie vollkommen wandeln"), die der *maśkîl* nur den Mitgliedern
des *yaḥad* offenbart.

Es darf eine Zwischenbilanz gezogen werden: Die Konstruktus–
Verbindung פלא רזי kann die himmlische Urordnung des Seins
bezeichnen.[74] Kenntnis von dieser Urordnung haben zum einen himmlische Engelwesen und zum anderen besonders erwählte Offenbarungsträger (Henoch, der Lehrer der Gerechtigkeit, der *maśkîl*). Diese besonders ausgezeichneten Empfänger der Offenbarung geben dann das Wissen um die „wunderbaren Geheimnisse" weiter—eine Weitergabe, welche Rechtfertigung, Reinigung von den Sünden und Heil bewirkt.[75] Ein

---

Zusammenhang der Weisheit erinnert: Nur wer die Ordnung des Seins, den נהיה רז, kennt,
kann ihr entsprechend gerecht handeln, so daß er gerecht wird.
[72] Der Text ist Teil eines größeren Abschnitts, in dem die Aufgaben und Funktionen
des *maśkîl* geregelt werden: 1QS IX$_{12}$ beginnt mit למשכיל החוקים אלה, und 1QS IX$_{21}$
setzt erneut mit למשכיל הדרך תכוני ואלה ein. Nachdem in 1QS IX$_{12-21}$ die Aufgaben
des *maśkîl* dargestellt worden sind, folgen jetzt Bestimmungen, die seinen Lebenswandel
betreffen.
[73] Transkription nach Lohse, Texte aus Qumran, 34.
[74] Zu רז in 1QpHab VII$_{5.8.14}$ s. u., 292 und zu רז in CD III$_{18}$ s. u., 270.
[75] Bei der erst in hellenistischer Zeit aufkommenden starken Verbreitung des Wortes רז in
der hebräischen Literatur läge es nahe, obwohl es sich um ein persisches Lehnwort handelt,
einen Einfluß hellenistischer Mysterienkulte anzunehmen: „Nun ist in der Tat die Geheim-
haltung eines der wesentlichen und notwendigen Charakteristika der antiken Mysterien
Und doch genügt dies nicht zur Definition: Nicht alle Geheimkulte sind Mysterien"
(Burkert, Mysterien, 14). „Wegweisend dagegen sind die lateinischen Übersetzungen von
mysteria, myein, myesis: Dies sind *initia, initiare, initiatio* … Mysterien sind demnach … zu
bestimmen als Initiationsrituale …" (a. a. O., 14f.).
Aus einem Bericht des Proklos (Platonis Rem Publicam commentarii II,108,17–30) darf
weiterhin geschlossen werden, daß es sich bei der Einweihung in ein solches Mysterium
nicht um die Einweihung in ein geheimes Wissen handelte, sondern wohl eher um eine
Art Erleuchtungserlebnis: „Es bleibt ein bemerkenswerter Text des Proklos, des Vorstehers
der platonischen Akademie in Athen im 5.Jh. n. Chr. Eleusis [scil. das dortige Heiligtum
der Demeter–Mysterien] war etwa 15 Jahre vor seiner Geburt zerstört worden, und alle
heidnischen Opfer waren damals verboten; doch war er mit der Tochter des Nestorios, des
vorletzten Hierophanten von Eleusis, bekannt, sie war für ihn die Trägerin ehrwürdigster
Traditionen. Insofern kommt seinem aus der Distanz geschriebenen Bemerkungen über die

unrechtmäßiges Wissen um diese Geheimnisse fand sich in den bislang erläuterten Texten nicht. Lediglich in Myst wurden jene, die nach diesen Geheimnissen streben, negativ beurteilt. Jedoch haben schon Milik[76] und Dupont–Sommer[77] im Zusammenhang mit den Myst–Belegen auf den aus der Henochliteratur bekannten Engelfallmythos hingewiesen. Ein Exkurs soll diesem Hinweis nachgehen.

Exkurs: Engelfall und himmlische Geheimnisse

Die Geschichte vom Fall der Engel findet sich im sogenannten „Buch der Wächter"[78] (äthHen 1–36).[79] Die gefallenen Engel werden in den im

---

‚Weihen' (teletai) eine gewisse Authentizität zu. Proklos schreibt: ‚Die Weihen bewirken eine erlebnishafte Resonanz (sympatheia) der Seele mit dem Ritual, in einer Weise, die uns undurchsichtig, die göttlich ist, so daß einige der Einzuweihenden in Panik geraten, von göttlichem Entsetzen erfüllt werden, andere aber sich dem heiligen Zeichen hingeben, aus ihrer eigenen Identität heraustreten und bei den Göttern sich zuhause fühlen, im Zustand des enthusiasmos.' ... Zu bemerken war demnach eine sympatheia von Seele und Ritual, die nicht immer eintrat und doch, wenn sie zustandekam, in die Tiefe drang und die Erfahrung der Wirklichkeit veränderte" (a. a. O. 96).

In allen oben dargestellten Belegen dient רז jedoch nie als Bezeichnung eines solchen Initiationsrituals. Auch der Tod und seine Überwindung, ein zentrales Motiv der Mysterienkulte (zur Sache s. a. a. O., 29ff.), ist im Kontext der genannten Belege nicht thematisiert.

[76] Barthélemy/Milik, Cave I, 105.

[77] Die essenischen Schriften, 354.

[78] Die Bezeichnung „Book of Watchers" geht auf Syncellus zurück: „We give this convenient title to the first section of the Ethiopic Enoch, drawing on Syncellus' ἐκ τοῦ πρώτου βιβλίου (or λόγου) Ἐνὼχ περὶ τῶν ἐγρηγόρων" (Milik, Enoch, 22).

[79] Die im Exkurs gebrauchte Zählweise für die Henochliteratur orientiert sich, soweit möglich, an äthHen.

Fast alle Handschriften der in Qumran gefundenen Werke der Henochliteratur sind in aramäischer Sprache geschrieben, was für eine Abfassung des größten Teils der Henochliteratur in dieser Sprache spricht [lediglich Reste einer hebräischen Handschrift des astronomischen Henochbuchs wurden gefunden (1Q19); zur Sprache der Originale der Henochliteratur s. die Diskussion bei Uhlig, Henochbuch, 483f.; eine knappe Besprechung aller Handschriften und Übersetzungen der verschiedenen Werke der Henochliteratur gibt Beyer, Texte, 225, eine ausführliche Schilderung der Handschriften und Übersetzungen findet sich bei Milik, Enoch, 4–107]. Neben den stark beschädigten Handschriften aus Qumran existieren noch, ebenfalls nur fragmentarisch erhalten, griechische, lateinische, koptische und syrische Übersetzungen. Der größte Teil der Henochliteratur ist vollständig im Äthiopischen überliefert. Bei äthHen handelt es sich um eine Sammlung mehrerer ursprünglich eigenständiger literarischer Werke, die der Person des Henoch (Sohn des Jared; s. Gen 5,18–24) zugeschrieben werden, etwa dem Pentateuch vergleichbar.

Von den fünf Büchern der äthiopischen Henoch-Sammlung [1–36, das Buch der Wächter; 37–71, das Buch der Gleichnisse (Similitudines); 72–82, das astronomische Buch; 83–90, das Buch der Träume; 91–108, der Brief des Henoch] fanden sich in Qumran lediglich vier: das Buch der Gleichnisse ist dort nicht bezeugt. Stattdessen fand sich ein weiteres, bis zu den Qumranfunden nur aus der manichäischen Literatur bekanntes Werk, das Buch der Riesen (s. u., 116ff.). Vom astronomischen Henochbuch wurden in Qumran vier Handschriften gefunden, die keines der anderen Werke der Henochliteratur enthalten. Zumindest eine

Aramäischen erhaltenen Teilen der Henochliteratur als עירין bezeichnet
(äthHen 1,[2]; 10,9; 12,3; 13,10; 22,6).[80] „עיר is generally taken to be related
to the Aramaic עור, ‚to be awake‘, as is reflected in G's word, ἐγρήγορος (cf.
γρηγορεῖν, ‚to watch‘). The Ethiopic, *teguh*, is cognate with the verb *tagha*,
‚to watch over‘."[81] Der Begriff kann aber sowohl im Buch der Wächter
als auch in Werken, die nicht zur Henochliteratur gehören, auch einen
Engel bezeichnen, der nicht zu den gefallenen Engel zu zählen ist: äthHen
12,3; Dan 4,10.20; 4Q534 II$_{16.18}$.[82] Von besonderem Interesse ist äthHen
6,2: עירין בני שמיא ("die Wächter, die Söhne des Himmels"; 4QEn[b] 1

Handschrift enthält aber alle vier anderen Texte gemeinsam belegt: „When I come to edit the
tiny fragments of 4QEnGiants[a] separately, I shall suggest that this manuscript, copied by
the scribe of 4QEn[c], formed in all probability part of a single scroll on which four Enochic
documents were brought together: Book of Watchers (En[c]), Book of Giants (EnG[a]), Book
of Dreams (En[c]), and Epistle of Enoch (En[c]). At the time when this scroll was copied,
in the second half of the first century B.C., there probably existed, already complete, a
pentateuchal collection of writings attributed to the antediluvian sage" (Milik, Enoch, 58).
Die älteste Handschrift der in Qumran gefundenen Henochliteratur ist 4QEnastr[a]: sie wird
mit Hilfe der Paläographie auf das Ende des 3. bzw. den Beginn des 2. Jh. v. Chr. datiert
(s. Milik, Enoch, 273). Die älteste das Buch der Wächter enthaltende Handschrift (4QEn[a])
wird auf die erste Hälfte des 2. Jh. v. Chr. datiert (a. a. O., 140). Für das Buch der Wächter
ergibt sich somit ein *terminus ante quem* zu Beginn des zweiten Jahrhunderts. Miliks These,
auf das Buch der Wächter werde in 4QTestLev[a] 8 III$_{6-7}$ angespielt, da dort die Anklage der
Wächter durch Henoch erwähnt sei (Enoch, 23f.), darf als gescheitert gelten: „In the first
place, even the reading of the name *Enoch* is most uncertain … Second the verb *qbl* would
more likely mean ‚received‘ or something of the sort than Milik's ‚accused.‘ And third,
even if Milik were correct about the preceding two dubious points, it would not necessarily
follow that the reference was to Enoch's accusations against the angels … Moreover, if the
words *hnwk qbl* did reflect precisely these accusations, it would not be certain that they
alluded to the version of this story that is found in the BW [scil. Buch der Wächter]"
(VanderKam, Enoch, 113). Miliks Behauptung, äthHen 6–19 sei die Vorlage für die nach
seiner Meinung summarische Zusammenfassung der Engelfallgeschichte von Gen 6,1–4
entbehrt jeder Grundlage (vgl. a. a. O., 113f. und Perlitt, Riesen, 41). „It is possible and
indeed likely that the BW [scil. Buch der Wächter] is a third–century composition; it is
almost certain that it is pre–Maccabean and that it had assumed its present form by the time
of 4QEn[a]. It is probably later than the AB [scil. das astronomische Buch], since chaps.
33–36 seem to summarize information from it" (VanderKam, Enoch, 114).
    Auf eine enge Beziehung des *yahad* zur Henochliteratur mag der im astronomischen
Henochbuch zu findenden Solarkalender hinweisen; vgl. Stone, Sectarian Origins, 252f.
Ein Überblick zur Diskussion um das Buch der Wächter findet sich bei van der Woude,
Fünfzehn Jahre Qumranforschung, ThR 54, 255–257 und bei García Martínez, Qumran and
Apocalyptic, 60–72.
    [80] Vgl. Jub 4,22; 7,21; TestRub 5,6; TestNaph 3,5; 1QGenAp II$_{1.16}$; CD II$_{18}$ (lies עירי שמים
statt עירי השמים, wie in den Qumranhandschriften von D belegt; zur Sache vgl. Qimron,
Text of CDC, 13). Zur Bezeichnung der gefallenen Engel als בני השמים s. auch die Rekon-
struktion von 11QMelch II$_5$ bei Kobelski (Melchizedek, 5); zur Rekonstruktion des Belegs
s. aber Puech, XIQMelkîsédeq, 488.493.
    [81] Davidson, Angels at Qumran, 38.
    [82] Vgl. z. B. auch ein aus aus dem 6.–7. Jh. n. Chr. stammendes aramäisches Amulett, in
dem Gabriel מלכא עירא וקדישה genannt wird [der Text des Amuletts findet sich bei Beyer,
Ergänzungsband, yyXX 16 (239)].

II₂).[83] Der Beleg weist auf eine weitere Bezeichnung der in der Henochliteratur als Wächter bezeichneten Engelwesen hin: In einem Fragment aus 4QSap A, das eine Anspielung auf die Sintfluterzählung enthält (4Q416 1₁₂ par 4Q418 24), werden die gefallenen Engel als בני שמים bezeichnet: [... בני השמי]ם מים ותהמות פחדו ויתערערו כל רוח בשר ו („Wasser und Chaosflut. Und aller Geist des Fleisches und die Söhne des Himmels bebten und wurden aufgeschreck[t ...]"). Besonders auffällig ist die Verbindung des Wortes ויתערערו (Hitpalpel der Wurzel עור) mit den Söhnen des Himmels, was auf einen dem Verfasser des an dieser Stelle leider beschädigten Textes bewußte Identität der בני שמים mit den עירין der Henochliteratur schließen läßt.[84]

In den essenischen Texten von Qumran bezeichnet die Konstruktus–Verbindung בני שמים, mit Ausnahme von 4Q181 1₂,[85] durchweg die nicht gefallenen Engel:[86] Mit den Söhnen des Himmels hat der Lehrer der Gerechtigkeit ebenso Gemeinschaft [1QHª XI₂₃ (Ed. Suk. III₂₂)] wie, in seinem Gefolge, jedes Mitglied des *yaḥad* (1QS XI₈); ihr Wissen wird den Gerechten im Eschaton offenbart (1QS IV₂₂; s. u., 161).

Der Mythos vom Fall dieser Engelwesen wird im Buch der Wächter als eine Ätiologie der Sünde ausgestaltet.[87] Dabei werden mehrere Erzählungen und literarische Vorlagen miteinander verwoben. Nach der herausragenden Analyse von äthHen 6–19 durch Newsom[88] kann an dieser Stelle auf eine ausführlich literarkritische und redaktionsgeschichtliche Untersuchung des Textes verzichtet werden. Ihre Ergebnisse werden in den folgenden Erörterungen übernommen:

---

[83] Der Text ist aramäisch nicht erhalten und wurde von Milik an Hand der alten Übersetzungen rekonstruiert (Enoch, 165); vgl. auch CD II₁₈ עירי שמים.

[84] Vgl. auch 1QGenAp II₅.₁₆; V₄. In den erhaltenen Teilen von 4Q370 werden die Wächter nicht erwähnt (zum Text vgl. Newsom, Admonition).

[85] Daß es sich bei 4Q181 um einen Text des *yaḥad* handelt, belegen Sprache und Weltbild (zur Sache s. Dimant, Pesher on the Periods, 99–101; zur Rekonstruktion von 4Q181 1₂ s. a. a. O., 87): Die Welt wird in einen *yaḥad* des Frevels, bestehend aus den Söhnen des Himmels und den Söhnen der Erde, und in einen *yaḥad* der *'elîm* eingeteilt, in den Gott in seiner Gnade auch einige erwählte Menschen aufgenommen hat. Bei den *'elîm* handelt es sich um die in den *Hôdāyôt* und den Sabbatliedern erwähnten Engelwesen (zu den אלים als Engel s. z. B. Davidson, Angels at Qumran, 272). Mit בני השמים sind die gefallenen Engel von äthHen 6–16 gemeint, wie 4Q181 1₁f. zeigt (zum Engelfallmythos s. u.). Die Welt wird somit, ähnlich wie in der sogenannten „Zwei–Geister–Lehre" (1QS III₁₃–IV₂₆), dualistisch verstanden: Sie ist geprägt von der Gemeinschaft der Sünde, welche durch die gefallenen Engel ins Leben gerufen wurde und aus eben diesen Engeln und den Menschen besteht. Ihr gegenüber steht eine zweite Gemeinschaft, die Gemeinschaft der *'elîm*, in welche Gott aus Barmherzigkeit die Mitglieder des *yaḥad* als eine heilige Versammlung aufgenommen hat.

[86] Der Beleg 1QHª XXIII₃₀ (Ed. Suk. 2 I₁₀) kann wegen starker Textbeschädigungen zur Analyse nicht herangezogen werden.

[87] Als Ursprung der Sünde könnten die בני שמים auch in 11QPsª II₇f. angesehen worden sein, jedoch machen starke Textbeschädigungen ein sicheres Urteil unmöglich.

[88] The Development of *1 Enoch* 6–19: Cosmology and Judgment. Ein Referat der Sekundärliteratur zum Text findet sich bei Davidson, Angels at Qumran, 43–49.

At least two and probably three distinct narrative strands can be detected
in chaps. 6–11, the primary one being the *Šemiḥazah* story (all of chaps.
6–11 except 7:1de; 8:1–3; 9:6,8c; 10:4–10). In this account *Šemiḥazah* and his
associates sin by taking human wives for themselves. The giants, offspring of
this union, devastate the earth, provoking the intercession of the archangels
and the divine decree of punishment. Quite distinct from this narrative is
a second tradition, associated with *ʿAśaʾel*, in which the sin is the teaching
of forbidden knowledge. At the core of *ʿAśaʾel's* teaching are mining and
metallurgy, from which men make weapons of war and women obtain
jewelry and cosmetics. The women, thus beautified commit fornication
(8:1–2). While men and women are merely victims in the *Šemiḥazah* story,
they are collaborators in sin in the *ʿAśaʾel* stratum.[89]

The teaching motif also appears in another form in chaps. 6–11, one in
which the content of the teaching is not the arts of civilization but esoteric
knowledge of sorcery and astrological magic. This teaching is specifically
associated with *Šemiḥazah* and the Watchers (7:1; 8:3; 9:8; 10:7).[90]

Somit wird in jeder der drei Schichten eine andere Erklärung für den
Ursprung der Sünde gegeben: Die Wächter haben sich menschliche Frau-
en genommen (1. *Šemiḥazah*–Schicht), die Wächter haben die Menschen
„technische" Fähigkeiten gelehrt (Kosmetik, Metallurgie etc.; *ʿAśaʾel*–
Schicht), die Wächter haben den Menschen geheimes magisches und astro-
logisches Wissen vermittelt (2. *Šemiḥazah*–Schicht). Beide Redaktions-
schichten, sowohl die *ʿAśaʾel*–Schicht (13,1–2) als auch die 2. *Šemiḥazah*–
Schicht (16,2–3), dienen in äthHen 12–16 der Verknüpfung dieser Kapitel
mit äthHen 6–11 bzw. äthHen 17–19: „… the only material referring to the
teaching tradition is in the redactionally suspect passages 13:1–2 and 16:2–

---

[89] Newsom, Development, 313; zur Beziehung der *ʿAśaʾel*–Schicht zum Prometheus–
Mythos s. Nickelsburg, Apocalyptic and Myth, 399–401. Die Erzählungen um den Engelfall,
die sich in den verschiedenen Schichten von äthHen 6–16 niedergeschlagen haben, sind in
Form kurzer Anspielungen unabhängig voneinander in den Jub erhalten geblieben und
bestätigen so die oben aufgestellte These: In Jub 4,15 wird eine Ätiologie des Namens Jared
gegeben: „Und er nannte seinen Namen Jared. Denn in seinen Tagen stiegen herab die Engel
des Herrn auf die Erde, welche Wächter heißen, daß sie lehrten die Menschenkinder und daß
sie täten Recht und Ordnung auf Erden" (Übersetzung nach Berger, Jubiläen, 342). Ebenso
wie dieser Beleg spielt auch der Bericht vom Fund einer Felsentafel durch Kainan, auf der
das Wissen der Wächter aufgezeichnet ist, auf die in der *ʿAśaʾel*– bzw. 2. *Šemiḥazah*–Schicht
enthaltene Version der Engelfallgeschichte an (Jub 8,3f.). In Jub 4,22 und 7,21 ist die Sünde
der Wächter dagegen ihre Verbindung mit den Frauen der Menschen, welche schließlich
(7,21) zur Sintflut führt—eine Form der Engelfallgeschichte, wie sie in äthHen 6–16 in der
1. *Šemiḥazah*–Schicht zu finden ist.
Ob ein Teil dieses redaktionellen Materials, wie verschiedentlich vorgeschlagen wurde (die
Literatur zur Sache ist bei García Martínez, Qumran and Apocalyptic, 26f.29f. zu finden),
aus dem verschollenen Buch Noahs stammt, wird sich, solange dieser Text nicht vorliegt,
nicht klären lassen.

[90] Newsom, Development, 313; vgl. Dimant, I Enoch 6–11, 326–329; anders u. a. Nickelsburg, Apocalyptic and Myth, 399–400 und VanderKam, Enoch, 124f. S. besonders äthHen
8,3: ‏לגלי[ה רזין לנשיהן‏ (4QEn^a 1 IV5; ‏לגליה‏ ist in 4QEn^b 1 III5 vollständig erhalten).

3."[91] äthHen 13,1–2 sorgt dabei für die Anbindung des Berichts über die Petition Henochs für die gefallenen Wächter an die Engelfallerzählung: „Und Henoch ging hin (und) sagte zu Azaz'ēl: ‚Du wirst keinen Frieden haben; ein großes Gericht ist über dich ergangen, um dich zu binden. Und Nachsicht und Fürbitte werden dir nicht zuteil werden wegen der Gewalttat und der Sünde, die du den Menschen gezeigt hast.'"[92]

Die zweite redaktionelle Ergänzung von äthHen 12–16 ist für die erörterte Frage nach der Beziehung der gefallenen Engel zu den himmlischen Geheimnissen von größerer Bedeutung. Sie verbindet äthHen 6–16 mit dem folgenden Abschnitt äthHen 17–19.

Bevor jedoch auf ihr Funktion näher eingegangen werden kann, gilt es einer textkritischen Frage zu begegnen: „The Ethiopic versions are consistent in saying that the watchers had not been shown various heavenly secrets, although they did, in fact, know worthless or rejected information which they showed to the women, evil on earth being the result."[93] Der äthiopische Text lautet: *basamāy hallawkkemu waxebu'at ʿādi ʾitakaštu lakkemu wamennuna meṣṭira ʾaʾmarkkemu* („Ihr seid im Himmel gewesen, aber die Geheimnisse waren euch noch nicht offenbart, aber ein verwerfliches Geheimnis kanntet ihr"; äthHen 16,3).[94] G geht dagegen davon aus, daß die Engel Geheimnisse kennen, die ihnen nicht gezeigt wurden: Ὑμεῖς ἐν τῷ οὐρανῷ ἦτε, καὶ πᾶν μυστήριον ὃ οὐκ ἀνεκαλύφθη ὑμῖν καὶ μυστήριον τὸ ἐκ τοῦ θεοῦ γεγενημένον ἔγνωτε …[95] („Ihr wart im Himmel und habt jedes Geheimnis, das euch nicht enthüllt wurde, und ein Geheimnis, das von Gott geschaffen wurde, gekannt …"; äthHen 16,3).[96] Bei der äthiopischen Lesart, die das geraubte Wissen als bedeutungslos darstellt, dürfte es sich um eine bewußte Veränderung des Textes handeln. Es sollte die Ungeheuerlichkeit, daß die gefallenen Wächter die Geheimnisse Gottes raubten und den Menschen mitteilten, gemildert werden.

Newsom betrachtet die Kapitel 17–19 als eine ursprünglich unabhängige Erzählung einer Himmelsreise des Henoch, die von dem Redaktor der 2. *Šemiḥazah*–Schicht bewußt an diese Stelle gesetzt wurde.[97] „*1 Enoch* 17–19 … responds to another issue brought into prominence by chaps. 12–16. By stressing that the sin of the Watchers had produced an irreparable breach in the heavenly ranks and released evil powers for the duration

---

[91] Newsom, Development, 319.
[92] Übersetzung nach Uhlig, Henochbuch, 534.
[93] Davidson, Angels at Qumran, 60.
[94] Text nach Davidson, Angels in Qumran, 60; Übersetzung nach Uhlig, Henochbuch, 545.
[95] Text nach Black, Apocalypsis Henochi Graece, 30. Zu den verschiedenen Lesarten vgl. auch Knibb, Book of Enoch, 102.
[96] Zu den verschiedenen Konjekturen und Emendationen s. Davidson, Angels at Qumran, 60 Anm. 1.
[97] Development, 323.

of the world, chaps. 12–16 implicitly raise anew the question of God's sovereignty … the emotional weight of chaps. 12–16 is as much on the enormity of the crime of the Watchers as on God's control. *1 Enoch* 17–19 serves to shift this balance through its graphic depiction of God's power."[98] Weiterhin nimmt Newsom, die in äthHen 16,3 die äthiopische Lesart bevorzugt, an, in äthHen 17–19 würden Henoch und damit auch dem Leser die vor den gefallenen Wächtern verborgenen Geheimnisse offenbart.[99] Der oben als ursprünglich angenommene Text (s. o., 113f.) läßt es dagegen als wahrscheinlich erscheinen, daß Henoch hier gerade jene ihm ebenfalls unbekannten himmlischen Geheimnisse gezeigt werden, deren Kenntnis sich die Wächter zu Unrecht erwarben und an ihre Frauen weitergaben. Besteht nun in der 2. *Šemiḥazah*–Schicht der Ursprung der Sünde darin, daß die Wächter unter Führung *Šemiḥazahs* den Menschen die himmlischen Geheimnisse offenbaren, und wird in äthHen 17–19 Henoch der Inhalt dieser Geheimnisse gezeigt, so erfährt jetzt auch der Leser den Inhalt dieser himmlischen Geheimnisse.

Um dem doppelten Zweck, sowohl Gottes Allmacht als ungebrochen erweisen zu können als auch die von den Wächtern gestohlenen Geheimnisse Henoch und dem Leser bekannt zu machen, gerecht werden zu können, wird in äthHen 17–19 ein Erzählschema verwendet, das aus der Weisheit der Königshöfe und der Diplomatie des Alten Orients stammt:

> Although it shares many details with heavenly journeys in other apocalypses, the structure and function of chaps. 17–19 are best clarified by comparing a practice of ancient Near Eastern diplomacy—that of showing off the wealth and strength of one's kingdom to visiting courtiers. When King Hezekiah wished to impress the ambassadors of Merodach–Baladan with his power and royal dignity, we are told that „Hezekiah greeted them, and he showed them all his treasure house, the silver, the gold, the spices, the fine oil, his armory, and all that was found in his storehouses. There was nothing in his house or in all his realm that Hezekiah did not show them" (2 Kgs 20:13). That this was a customary practice of Near Eastern diplomacy is evident from the very naiveté of Hezekiah's response when questioned by Isaiah (2 Kgs 20:14 15).[100]
>
> Like the representatives of Merodach–Baladan in 2 Kings 20, Enoch in his mission on behalf of the Watchers … is quintessentially the emissary between the earthly and the heavenly realm. Just as Hezekiah's tour demonstrated his value as an ally, the tour of the heavenly realm given to Enoch functions as proof of the efficiency of the divine administration and hence of the efficacy of the divine decree of judgment.[101]

---

[98] Development, 322f.

[99] Development, 322.

[100] Newsom, Development, 324.

[101] A. a. O., 325.

In dieses Erzählschema werden die Ideen und Motive einer sich in Hiob 38 artikulierenden kosmischen Weisheit inkorporiert, welche die Ordnung der Welt in der Ordnung der Natur abgebildet findet: „Not only are phrases and details similar (the foundations and cornerstone of the earth, the storehouses of snow and hail reserved for the day of battle, etc.), but the repeated rhetorical questions intended to expose Job's ignorance (Have you entered? Have you seen? Do you know?) are often such as Enoch could answer yes."[102]

Auf diese Weise dient die Himmelsreise des Henoch als Initiation in die dem Menschen normalerweise verborgene himmlische Weisheit.[103] Mit der Initiation Henochs in die kosmische Weisheit ist nun der Inhalt der von den Wächtern den Menschen vermittelten Geheimnisse Henoch und selbstverständlich auf einer zweiten Rezeptionsebene damit auch dem Leser mitgeteilt worden. Diese Initiation Henochs in die himmlische Weisheit leitet hin zur Beantwortung der Frage nach kosmischer Gerechtigkeit und göttlicher Souveränität. Ebenso wie die Weisheit Salomos beim Besuch der Königin von Saba dazu dient, seine Macht zu demonstrieren,[104] dient die Reise Henochs durch die himmlischen Gefilde, auf der ihm die himmlische Ordnung der Welt gezeigt wird, der Demonstration von göttlicher Macht und kosmischer Gerechtigkeit. Folgerichtig gipfelt die Reise Henochs im Besuch jenes Abgrundes, in dem die sieben aufständischen Sterne gefangen gehalten werden und in dem auch die gefallenen Engel inhaftiert werden werden (äthHen 18,6–19,3).

In der letzten Redaktion von äthHen 6–19 sind daher die von den gefallenen Wächtern geraubten und den Menschen weitergegebenen Geheimnisse nichts anderes als ein Wissen um den Aufbau des Kosmos und seine Ordnung, das weit über das hinausgeht, was der Mensch landläufig erfassen kann. Dies fügt sich gut in das oben von den רזי פלא gezeichnete Bild ein. Bevor nun jedoch das Ergebnis der Untersuchung ausgewertet werden kann, gilt es, die Wirkungsgeschichte des Buches der Wächter zu untersuchen:

---

[102] A. a. O., 326.

[103] „The journey is a traditional symbol of initiation into wisdom. Gilgamesh, whose journey parallels that of Enoch in certain respects, is called ‚he who saw everything, [to the end]s of the land, [who all thing]s experienced, [conside]red all ... The [hi]dden he saw, [laid bare] the undisclosed' (Newsom, Development, 326; das Gilgamesch–Epos wurde zitiert nach ANET², 73).

[104] „More clearly than in the account of Hezekiah, the relationship between wisdom and power in royal practice is revealed in the encounter between Solomon and Sheba. After Solomon bests the queen in a contest of riddles or rhetorical wisdom, he displays his wisdom visually in a show of his realm. ‚And when the Queen of Sheba had seen all the wisdom of Solomon, the house that he had built, the food of his table, the seating of his officials, and the attendance of his servants, their clothing, his cup–bearers, and his burnt offerings which he offered at the house of Yahweh, there was no more spirit in her' (1 Kgs 10:4–5)" (Newsom, Development, 327).

Die Geschichte der gefallenen Engel bildet den Ausgangspunkt für das Buch der Giganten, eines weiteren Werkes der Henochliteratur, welches die Geschichte der mit ihren menschlichen Frauen gezeugten Nachfahren der gefallenen Wächter, der Riesen, erzählt.[105] Der schlechte Erhaltungszustand aller überlieferten Abschriften und Übersetzungen des Buches der Giganten erlaubt nur Spekulationen, ob und inwieweit das Motiv der von den Wächtern geraubten himmlischen Geheimnisse in das Buch der Giganten Eingang gefunden hat: Die von Milik zusammengefügten Fragmente 1Q23 9+14+15 scheinen anzudeuten, daß auch im Buch der Giganten die von den Wächtern geraubten Geheimnisse thematisiert werden. Der von Milik rekonstruierte Text der zusammengesetzten Fragmente lautet wie folgt:[106]

$$
\begin{array}{ll}
1 & [\ldots]\dot{\mathfrak{l}}[\ldots] \\
2 & [\ldots\,\dot{\mathfrak{l}}]\dot{\mathfrak{l}}\;\text{וידעו}[\ldots] \\
3 & [\ldots]\text{ה רבה בארעא}\,o[\ldots] \\
4 & [\ldots]\text{א}[\text{בה וקטלו לשגי}[\ldots] \\
5 & [\ldots]\text{ל די}[\;]\text{ה}[\;]\text{גברין ב}[\ldots] \\
6 & [\ldots]\text{ל ל}\,oo[\ldots]
\end{array}
$$

„Here there are fairly distinct references to knowledge of mysteries (line 2), to great impiety(?) on the earth (line 3), to the massacre of men committed by the giants (lines 4–5)—themes well known from the Jewish Enoch and from the Manichaean Book of Giants."[107]

---

[105] Wie oben ausgeführt (s. o., 110) findet sich das Buch der Giganten mindestens in einer Rolle aus Qumran als Teil einer Sammlung mehrer Texte aus der Henochliteratur (4QEn^c). Insgesamt fanden sich 8 sehr fragmentarische Handschriften dieses Textes in Qumran (1Q23; 2Q26; 4QEnGiants^a–e; 6Q8). Die bislang publizierten Fragmente „stammen aus dem 1.Jh. v. Chr. und sind rein hasmonäisch" (Beyer, Texte, 259). Desweiteren fand das Buch der Riesen Eingang in den Kanon der manichäischen Literatur. Jedoch ging das dem manichäischen Buch der Riesen zugrundeliegende syrische Original im Laufe der Geschichte verloren, dafür sind zahlreiche Fragmente mehrerer Übersetzungen und Exzerpte erhalten [ein Überblick über die verschiedenen Handschriften findet sich bei García Martínez, Qumran and Apocalyptic, 106–109; die Fragmente der einzelnen Übersetzungen und Exzerpte wurden von Henning (The Book of Giants) veröffentlicht; erste Teilergebnisse dieser Arbeit publizierte er bereits 1934 (Ein manichäisches Henochbuch)]. „A very valuable element in determining the date of the composition of the original is, in my opinion, the indication given by Milik to the effect that in the part still unpublished of *4QEnGiants*^b (ii 17–19) a description of the judgement dependent on Dan 7,9–10 would have been preserved ... we would then have an upper limit by the middle of the 2nd century B.C. and this would allow a sufficient margin of time for the actual circulation of the *Book of Giants* as an independent work before its being incorporated into the Enochic compilation at the end of the 2nd century B.C." (García Martínez, Qumran and Apocalyptic, 115). Ein Vorschlag für die anzunehmenden Abfolge der einzelnen in Qumran erhaltenen Fragmente findet sich a. a. O., 112f.

[106] Zur Transkription s. Milik, Enoch, 302.

[107] Milik, Enoch, 303.

Auch in dem von Henning mit H bezeichneten sogdischen Exzerpt des
Buches der Giganten aus der manichäischen Überlieferung findet sich die
gesuchte Vorstellung: „... and what they had seen in the heavens among
the gods, and also what they had seen in the hell, their native land, and
furthermore what they had seen on earth,—all that they began to teach
(*hendiadys*) to the men."[108]

Das Buch der Jubiläen bewegt die Frage, wie das Wissen der Wächter
die Sintflut überdauern konnte: Jub 8 schildert, wie Kainan, der Sohn
Arpachsads, schreiben lernt und sich auf die Suche nach einem geeigneten
Platz für eine Stadtgründung macht. „Und er fand eine Schrift, die die
Früheren auf einen Felsen eingeritzt hatten. Und er las, was darin war,
und übertrug es und irrte aufgrund ihrer, wie denn die Lehre der Wächter
in ihr war, durch die sie sahen die Wahrsagekunst von Sonne und Mond
und Sternen und in allen Zeichen des Himmels" (Jub 8,3).[109]

Schon Hengel hat in diesem Zusammenhang darauf hingewiesen, daß
hier ein in der Antike verbreitetes Motiv aufgenommen wird:[110] Sowohl
bei Berossos[111] als auch bei Ps. Manetho[112] und in der jüdisch–palästinischen Überlieferung[113] ist die Konservierung kulturellen Wissens auf
Tafeln zum Zwecke des Überdauerns der Sintflut belegt.

> Zur Deutung dieser Stelle [scil. Jub 8,3] ist zu beachten, daß Arpachsad
> nach Ant. 1, 144 als Stammvater der Chaldäer erscheint; die „Weisheit", die
> Kainam entdeckte, legte so vermutlich die Grundlage zum chaldäischen Ge-
> stirnkult, zu Ominapraxis und Magie ... Was andere jüdische Kreise als eine
> von Seth herkommende positive Weisheitsüberlieferung betrachteten, wur-
> de ... als dämonisches, aus dem Verrat göttlicher Geheimnisse (1.Hen. 16,3)
> durch die gefallenen Engel stammendes Wissen abgetan, und man darf wohl
> vermuten, daß dieses im Grunde die ganze Weisheit der heidnischen Völker
> und die verfeinerte Lebenskultur der hellenistischen Zeit mit einschloß.[114]

In 4Q180 wird neben dem Verlauf der periodisierten Geschichte (4Q180
1_{1-5}) עזזאל und die Geschichte der gefallenen Engel zum Gegenstand
der Auslegung gemacht (1_{7-10}).[115] Die von den Wächtern unrechtmäßig

---

[108] Die Übersetzung wurde Henning, Book of Giants, 70, entnommen; dort findet sich
auch eine Transkription des sogdischen Originals.
[109] Übersetzung nach Berger, Jubiläen, 369.
[110] Judentum und Hellenismus, 443f.
[111] FGrHist 680 F 4,14f.
[112] FGrHist 609 F 25.
[113] Jos Ant I$_{60-71}$.
[114] Hengel, Judentum und Hellenismus, 444.
[115] Der עשאל von äthHen 6–11 wird in diesem Text wohl mit dem עֲזָאזֵל von Lev 16,8ff.
identifiziert, eine Entwicklung, die sich auch in der griechischen Übersetzung des Buches
der Wächter widerspiegelt (s. Stuckenbrock, Glossaries, 32).
    Zur Herkunft des Sündenbockrituals in Lev 16 und seiner Verbreitung im griechisch–
orientalischen Kulturraum und zur Diskussion um die Herleitung des Namens עזאזל s.

in ihren Besitz gebrachten himmlischen Geheimnisse werden jedoch in dem stark beschädigten Text nicht erwähnt, so daß eine Verbindung des von den gefallenen Engeln den Menschen offenbarten Wissens zu der in 4Q180 thematisierten Geschichtsordnung für diesen Text zumindest fraglich ist.

Im rabbinischen Midrasch auf *Šemiḥazah* und *ʿAzaʾel* ist das Motiv der Offenbarung geheimen Wissens durch die Wächter an ihre Frauen völlig an den Rand gedrängt. Es beschränkt sich lediglich auf die Offenbarung des Gottesnamens an ein Mädchen, das von *Šemiḥazah* begehrt wird: „Forwith Šemḥazai beheld a girl whose name was ʾEsṭêrah; fixing his eyes at her he said: ‚Listen to my (request).' But she said to him: ‚I will not listen to thee until thou teachest me the Name by which thou art enable to ascend to the firmament, as soon as thou dost mention it.' He taught her the Ineffable Name. What did she do? She mentioned It and thereby ascended to the firmament."[116]

Zusammenfassend läßt sich sagen: Eine der verschiedenen Varianten des Engelfallmythos betrachtet die Weitergabe von unrechtmäßig erworbenen himmlischen Geheimnissen als den Beginn der Sünde. Diese Variante wurde im Rahmen der Redaktion der Engelfallgeschichte in die Erzählung äthHen 6–19 eingefügt. Nach äthHen 8,1 besteht dieses Wissen aus der Kunst, Waffen und Schmuck zu schmieden sowie Kosmetika herzustellen. In jener Redaktion aber, die den Engelfallmythos mit der Himmelsreise des Henoch (äthHen 17–19) verband, vermitteln die Engel den Menschen magisch–mantische und astrologische Fähigkeiten sowie himmlische Geheimnisse. Der Abschnitt äthHen 17–19 hat u. a. den Zweck, zu erläutern, worin diese von den gefallenen Engeln offenbarten Geheimnisse bestehen, in einem kosmischen Wissen um die Zusammenhänge und die Ordnung des Seins, in einer Art kosmischer Weisheit. Besonders aufschlußreich ist der Vergleich von Hiob 38f. und äthHen 17–19. Im Hiobbuch demonstriert Gott mit einer erdrückenden Kette rhetorischer Fragen nach der Schöpfung, dem ordnenden Wirken Gottes im Kosmos und der ihm zugrundeliegenden Ordnung Hiob sein Unwissen um die von ihm angezweifelte Ordnung der Welt. Was Hiob verschlossen blieb, und wovon er nur in der Wucht der Gottesrede eine Ahnung erhielt, das wird Henoch auf seiner Himmelsreise offenbart: Es ist jenes Wissen, das die gefallenen Engel raubten. Hierbei mögen Magie, Mantik, Astrologie (äthHen 8,3) etc. eine Art Erkenntnisweg zu diesen wunderbaren Geheimnissen um die Ordnung des Seins bilden. Eine sol-

---

Aartun, Versöhnungstag; Janowski, Sühne, 268–271; Kümmel, Sündenbock; Loretz, Asasel, 35–57, Tawil, ʿAzazel und Wyatt, Atonement.

[116] Die Übersetzung wurde Milik, Enoch, 327 entnommen. Dort findet sich sowohl eine Synopse der verschiedenen hebräischen Fassungen des Midraschs (322–326) als auch eine die verschiedenen Textformen berücksichtigende Übersetzung (327f.).

che Identifikation der von den Wächtern gestohlenen und den Menschen offenbarten Geheimnisse findet sich auch in Jub 8,3. Dort bildet es den Grundstock für die Weisheit der Chaldäer, dem Volk, das wie kein anderes mit Astrologie, Magie und Mantik in Verbindung gebracht wurde. Mit dem Mythos der gefallenen Engel wurde so, zumindest in dieser Tradition, die heidnische, magisch–mantische Weisheit der hellenistischen Kultur abgelehnt. Ein legitimes Wissen um die himmlischen Geheimnisse steht in der Welt nur besonderen, erwählten Offenbarungsträgern zu wie etwa Henoch, dem Lehrer der Gerechtigkeit, oder, in seinem Gefolge, den Mitgliedern des *yaḥad*. Allgemein zugänglich wird das Wissen der Söhne des Himmels erst im Eschaton.

✳ ✳ ✳

In dieses Ergebnis des Exkurses fügt sich nun das nach Analyse der תומכי–Belege in Myst gezeichnete Bild gut ein. Auch dort fand sich eine Verbindung der תומכי רזי פלא zu magisch–mantischen Phänomenen (s. z. B. 4Q300 1 II und 4Q301 1; 2). Die hier angesprochenen magisch-mantischen Fähigkeiten sind jedoch kein der Weisheitsliteratur aus der Zeit des Zweiten Tempels fremdes Phänomen—man betrachte nur die Fähigkeiten Josephs in Gen 37ff., die Talente Daniels in Dan 2; 4f., den Gebrauch, den ein gewisser Eleazar nach dem Bericht des Josephus Flavius von der Weisheit Salomos bei einem Exorzismus machte (Jos Ant VIII46–49), oder die Fähigkeit zu Geisterbeschwörung, Exorzismus und Traumdeutung des als Weisen dargestellten Abraham in 1QGenAp XIX10–XXI4.[117] So dürften die in 1Q27 1 I7 genannten תומכי רזי פלא wohl all jene innerhalb und außerhalb Israels bezeichnen, die ein Wissen um die der Welt zugrundeliegenden kosmische Ordnung oder Teile dieser Ordnung mit Hilfe von Astrologie, Magie und Mantik, eben mit dem von den gefallenen Engeln den Menschen vermittelten Wissen und den dazugehörigen Fähigkeiten zu erlangen suchen oder erlangt haben. Ein Bezug des Belegs nur auf die „heidnische" Weisheit ist dem Text an keiner Stelle zu entnehmen. Dieses unrechtmäßig erworbene Wissen der תומכי רזי פלא steht nur den erwählten Gerechten im Eschaton zu und wird ihnen erst im Eschaton offenbart (1Q27 1 I7). Gleichzeitig aber kommt dies Geheimnis, das ja die Ordnung des Seins und somit auch das kommende Eschaton umfaßt, vernichtend über alle Frevler, ohne daß sie es auch nur erkennen könnten.

---

[117] Zu diesem Text s. Lange, Wisdom Didactive Narrative, passim.

3.5 Ergebnis

In 1Q27 1 I werden weisheitliche und prophetische Elemente miteinander verbunden. Auch in diesem Text ist eine mit רז נהיה oder ähnlichen Wendungen bezeichnete präexistente Ordnung des Seins weisheitlicher Prägung von zentraler Bedeutung. Daß diese Ordnung mit רז נהיה bezeichnet wird, deutet dabei auf eine Herkunft von Myst aus den Verfasserkreisen von 4QSap A oder sogar auf eine Beeinflussung von Myst durch 4QSap A hin. Im Unterschied zu 4QSap A ist in Myst die Eschatologie jedoch ein wesentlicher Aspekt dieser Ordnung. Sie umgreift das Ganze des Seins von der Schöpfung bis zum Eschaton, und ereignet und verwirklicht sich erst im Eschaton. Diese eschatologische Verwirklichung der präexistenten Seinsordnung ist Gegenstand der Prophezeiungen von 1Q27 1 I: Sie realisiert sich in Form einer eschatologischen Offenbarung von Erkenntnis und Gerechtigkeit und einer endzeitlichen Vernichtung der Frevler. Diese Frevler werden unter anderem als solche beschrieben, die die wunderbaren Geheimnisse zu Unrecht festhalten. Darin spiegelt sich eine häufig in Myst zu findende Polemik gegen Anhänger magisch–mantischer Weisheitspraktiken wider. Ihnen wird vorgeworfen, daß sie sich mit Hilfe der von den gefallenen Engeln den Menschen gegebenen magisch–mantischen Weisheit zu Unrecht Erkenntnisse über die präexistente Ordnung des Seins verschafft hätten bzw. ihr Wissen um diese Ordnung in einer langen Erbfolge direkt von den gefallenen Engeln erworben hätten. Hierin deutet sich ein über den aus Sir und 4QSap A bekannten ethischen Dualismus der Weisheit hinausgehender kosmischer Dualismus an: Da die Frevler in Myst in die Tradition der gefallenen Engel gestellt werden, indem sie ihr Wissen und ihre Fähigkeiten letztendlich von jenen beziehen, wird in diesem Text aus der weisheitlichen Antithese von Weisheit und Torheit, Gerechtigkeit und Frevel ein kosmologischer Dualismus, dessen negative Seite zumindest teilweise von den gefallenen Engeln repräsentiert wird.

Mit dieser Eschatologisierung beginnt auch eine Historisierung des Gedankens von der weisheitlichen Urordnung, da mit dem Eschaton eine zwar in unbestimmter Zukunft liegende alle Geschichte erfüllende aber dennoch geschichtliche Epoche Teil dieser Ordnung geworden ist. Indem sowohl Erkennbarkeit als auch Verwirklichung der weisheitlichen Ordnung ins Eschaton verschoben werden, wird die schon in den Liedern von der verborgenen Weisheit (Hi 28; Bar 3,9–4,4) beobachtete Tendenz zur Entrückung der weisheitlichen Urordnung weiter fortgeführt. Die Krise der Weisheit, welche durch den Widerspruch zwischen Wirklichkeitserfahrung und postulierter Ordnung hervorgerufen wurde, wird so eschatologisch bewältigt, indem sowohl das Erkennen der postulierten Ordnung als auch ihre Verwirklichung Teil des Eschaton werden.

KAPITEL 4

DIE ZWEI–GEISTER–LEHRE

4.1 Einleitung in die Sammelhandschrift 1QS

Kopien von in 1QS gesammelten Texten finden sich noch in 11 weiteren Handschriften aus Qumran [4QS[a–j] (= 4Q255–264); 5QS (=5Q11)].[1] Ursprünglich wurde davon ausgegangen, daß es sich bei 1QS I–XI um *ein* Werk gehandelt hat, dem man nach der Rekonstruktion von 1QS I[1] den Titel סרך היחד gab, und daß lediglich die folgenden sechs schon bei Kando, dem Antiquitätenhändler der Beduinen, von der Rolle abgefallenen[2] Kolumnen zwei weitere Werke eigenständigen Charakters enthalten haben (1QSa und 1QSb). Mit der Publikation der 4QS–Handschriften ist diese These jedoch fraglich geworden. Im folgenden sollen zuerst die verschiedenen Handschriften beschrieben werden, die Texte aus 1QS enthalten, anschließend soll der Befund ausgewertet werden.

1QS

Der intakte Rest der Rolle ist 1,80 m lang und 24 cm hoch. Jede Kolumne umfaßt, bei unterschiedlicher Breite, zwischen 25 und 26 Zeilen. Der untere Rand weist ebenso Beschädigungen auf wie der obere Rand der ersten Kolumne. Der Text ist durchgehend gut lesbar. Es handelt sich um eine der am besten erhaltenen Rollen aus Qumran. Durch physische Ursachen haben sich im Laufe der Zeit acht weitere Kolumnen von 1QS abgelöst. Sie enthalten zwei weitere Schriften (1QSa und 1QSb bzw. 1Q28a und 1Q28b) sowie das handlesheet[3] vom Beginn der Rolle (1Q28). 1QSa umfaßt zwei Kolumnen, 1QSb weitere fünf. 1QS, 1QSa und 1QSb sind von der gleichen Hand geschrieben, das handlesheet von einer anderen Hand. 1QSa hat, insbesondere in Kol. II, größere Lücken, 1QSb ist ebenso wie das handlesheet nur fragmentarisch erhalten. Beide Schriften sind nur in 1QS belegt, fehlen aber in allen 4QS–Handschriften und in 5QS, so daß Rosts Vermutung, es handele sich bei ihnen um eine Fortführung von 1QS, unzutreffend sein dürfte.[4] Orthographisch folgt 1QS dem qumra-

---

[1] Nach Milik (Texte de la grotte 5Q, 182) findet sich außerdem in 5Q13 42f. ein Zitat von 1QS III4f. Paläographisch ist 5Q13 nach Milik in das 1. Jh. n. Chr. zu datieren („Écriture du 1er siècle du notre ère." A. a. O., 181).

[2] Dazu s. Barthélemy/Milik, Cave I, 43.

[3] Als handlesheet werden leergelassene Kolumnen zu Anfang und Ende einer Rolle bezeichnet, die zum Anfassen einer Rolle dienten.

[4] Gegen Rost, Einleitung, 125f.

nischen System. Paläographisch ist die Rolle gegen Ende des 2. Jh.[5] oder
Anfang des 1.Jh. v. Chr. zu datieren.[6]

Im Zusammenhang mit der Schrift ist auf eine Eigenart des Schreibers von 1QS hinzuweisen: ס und מ werden kaum jemals deutlich von
einander unterschieden, meistens ähnelt die Form beider Buchstaben sich
zum Verwechseln: S. z. B. לסור in 1QS I₁₅.[7] Für das Verständnis dieser
Eigenart des Schreibers ist ein Fragment aus Höhle 4 (4QTherapeia) und
ein nicht aus Qumran stammendes Ostrakon von Bedeutung. Bei beiden Texten handelt es sich um Schreibübungen. Das Ostrakon enthält
ein hebräisches Alphabet und eine Namensliste.[8] 4QTherapeia wurde
von Allegro und Charlesworth als Rest einer medizinischen Schrift betrachtet und publiziert.[9] Naveh ist jedoch der überzeugende Nachweis
gelungen, „… that this left–over scrap of leather was used for a writing
exercise by a person who simply wrote words (sometimes meaningless),
personal names, and letters. He was unconsciously guided by the al-
phabetical order, but did not follow it strictly."[10] Die Handschrift des
Qumran–Fragmentes zeigt einen geübten Schreiber, die des Ostrakons
einen ungeübten. Der geübte Schreiber von 4QTherapeia „… frequently
used samekh (13 times) and formed words with waw or samekh …"[11]
Auch dem Schreiber des Ostrakons bereitete das ס ersichtliche Schwierigkeiten, es ist kaum vom Final–Mem zu unterscheiden. Das zeigt, daß
das *samech* ein für die frühjüdischen Schreiber schwieriger Buchstabe gewesen ist, der besonders geübt werden mußte. In der Hand des Schreibers
von 1QS spiegelt sich somit ein Problem der antiken Schreiber hebräischer
und aramäischer Texte wider.

Eine weitere Eigenart von 1QS besteht in dem häufig am Kolumnenrand zu findenden ﹁. Es wird fast immer unterhalb eines Absatzes gesetzt,
und zwar am rechten Kolumnenrand unter die letzte Zeile des Absatzes.
Man darf daher davon ausgehen, daß es einen Absatz markiert.

---

[5] So z. B. Birnbaum, Scripts, Bd. 1, 134 und Avigad, Paleography, 71.

[6] So z. B. Cross, Development of the Jewish Scripts, 198 Anm. 116; vgl. Cross' paläographische Datierung von 1QS in seiner Einleitung zu Cross/Freedman/Sanders, Scrolls from
Qumrân Cave I, 4.

[7] למור gäbe keinen Sinn, da die sich anschließende Wendung ללכת ימין ושמאול nur mit
einer Vokabel aus dem Bereich der Bewegung Sinn macht.

[8] Es wurde von E. Puech publiziert: Abécédaire et liste alphabétique de noms hébreux
du début du IIᵉ s. A.D.

[9] Allegro, Myth, 235–240; Charlesworth, Discovery, 2ff.

[10] Naveh, Writing Exercise, 55. Weitere Schreibübungen dieser Art fanden sich in Massada
(s. Yadin/Naveh, Aramaic and Hebrew Ostraca, 61–63). Ohne seine These zu widerrufen,
betrachtet Charlesworth das Fragment nun ebenfalls als eine Schreibübung (the Name „Peter", 220: „it is an abecedary, that is a fragment on which the alphabet and occasional words,
or names, are penned"; vgl. Peter, 106).

[11] Naveh, Writing Exercise, 55.

4QSª⁻ʲ (= 4Q255–264)

Mit diesen Sigla werden jene in Höhle 4 gefundenen Handschriften bezeichnet, die Reste eines oder mehrer Texte aus 1QS enthalten. Laut Milik wurden Reste folgender Textstücke aus 1QS gefunden:[12]

4QSª	I$_{1-5}$; III$_{7-12}$
4QSᵇ	I$_{15-19.21-23}$; II$_{4f.6-11}$; V$_{1-20}$; IX$_{18-22}$; X$_{3-8.13-18}$; XI$_{22}$
4QSᶜ	I$_{2f.}$; II$_{4-11}$; II$_{26}$–III$_{10}$ IV$_{4-10.13-15.24f.}$
4QSᵈ	V$_{1-21}$; V$_{21}$–VI$_7$; VII$_{13(?)}$; VIII$_{6-17.19-21}$; VIII$_{24}$–IX$_{10}$; IX$_{15}$–X$_{3.4-18}$; XI$_7$
4QSᵉ	VII$_{8-15}$; VII$_{20}$–VIII$_{10.11-15}$; IX$_{12-24}$
4QSᶠ	IX$_{23f.}$; X$_{1-5.9-11.15-24}$
4QSᵍ	VI$_{22-25}$; VI$_{27}$–VII$_{3.10-14.16-18}$
4QSʰ	III$_{4f.}$
4QSⁱ	VI$_{1-3}$
4SQʲ	XI$_{14-22}$

Einige dieser Rollen haben dabei außergewöhnliche Abmessungen: „… la hauteur de plusieurs rouleaux de 4QS: Sʲ 45mm, Sᶠ 75, Sᵈ 90, Sᵇ 120, Sᵉ 140."[13]

Seit der kurzen Inhaltsangabe durch Milik wurden sowohl von Milik selbst, als auch von anderen erste Textstücke der 4QS–Handschriften veröffentlicht oder beschrieben, und vor kurzem wurden sämtliche 4QS–Handschriften in Transkription und englischer Übersetzung von E. Qimron und J. H. Charlesworth veröffentlicht.[14] In ihrer Beschreibung von 4QSᵉ stellt Metso fest: „An important passage is lacking in 4QSᵉ: the words ביד מושה of 1QS VIII, 15 are directly followed by אלה החוקים of IX, 12 … I … suggest … that the whole passage of 1QS VIII, 15–IX, 11 is a secondary insertion."[15] Der erhaltene Text der Gemeinschaftsregel endet in 4QSᵉ IV mit 1QS IX$_{21}$. In der gleichen Kolumne beginnt der kalendarische Text 4QOtot. Die Berechnung der ursprünglichen Länge der Rolle durch Metso (ca. 2 m oder 15 Kolumnen und zwei handlesheets, davon 9 1/2 Kolumnen für die Gemeinschaftsregel und 5 1/2 Kolumnen für 4QOtot) macht es wahrscheinlich, daß 4QSᵉ erst mit 1QS V begann, und daß an Stelle des abschließenden Hymnus IX$_{26}$–XI$_{22}$ in 4QSᵉ der kalendarische Text 4QOtot gestanden hat.[16]

---

[12] Rezension, 415f. Vgl. jetzt auch die Übersicht bei Qimron/Charlesworth, Cave IV Fragments, 55.

[13] Milik, Rezension, 412.

[14] Cave IV Fragments, 58–103.

[15] Reconstruction of 4QSᵉ, 304.

[16] Dazu s. Metso, Reconstruction of 4QSᵉ, 306f. Auszüge aus 4QSᵇ⁺ᵈ wurden von Vermes (Unpublished Fragments, 251) und Qimron (Preliminary Publication, 435f.) veröffentlicht. Eine Transkription von 4QSᵈ 2 I publizierte Milik 1977 (Numérotation, 78). Einen Teil

Erstaunlicherweise folgen die 4QS–Handschriften sowohl dem masoretischen Orthographiesystem als auch dem qumranischen. In den Handschriften 4QS^a (= 4Q255), 4QS^b (= 4Q256), 4QS^c (= 4Q257) und 4QS^f (=
4Q260)[17] wird die qumranische Orthographie verwandt, in den Handschriften 4QS^d (= 4Q258),[18] 4QS^e (= 4Q259),[19] 4QS^g (= 4Q261), 4QS^i (=
4Q263) und 4QS^j (= 4Q264)[20] dagegen überwiegt bzw. findet sich ausschließlich das masoretische Orthographiesystem.[21] Der Befund könnte
darauf hinweisen, daß die in 1QS gesammelten Texte auch außerhalb des
yaḥad verbreitet waren und rezipiert wurden.

Die paläographische Datierung der Fragmente ist nach einem Hinweis
ihres neuen Herausgebers, G. Vermes, mit Cross vorzunehmen: „The
script of the oldest copy is dated by F. M. Cross to the beginning of the
first century B.C."[22]

5QS (= 5Q11)

Von 5Q11[23] ist ein Fragment erhalten geblieben, dessen Text Reste von
1QS II$_{4–7.12–14}$(?) umfaßt.[24] Sollte die Identifikation des Textbestandes
der zweiten Kolumne stimmen, dürfte auch 5Q11 eine sehr schmale Rolle
gewesen sein. Die späte Schriftform (Milik: „… écriture tardive …")[25] legt
eine Datierung der Rolle gegen Ende des Bestehens der Gemeinschaft von
Qumran nahe.

Die Tatsache, daß zumindest 4QS^e, aber nach Miliks Angaben zu
schließen, auch noch weitere Handschriften, 1QS I–IV nicht beinhal-
teten, und daß es nach Miliks Inhaltsangaben wahrscheinlich ist, daß 1QS

---

von 4QOtot veröffentlichte Milik als 4QS^b 1 VI$_{6–13}$ in Transkription und englischer Über-
setzung in seiner Arbeit über die Henoch–Handschriften aus Qumran (Enoch, 62f); eine
Transkription des gesamten Textbestandes von 4QOtot findet sich bei Wacholder/Abegg,
Preliminary Edition, Fasc. 1, 96–101.

[17] S. aber פשעם in 4Q260 3$_6$.

[18] S. aber הכול in 4Q258 1 II$_3$ und das paläohebräische אל in 3 II$_9$.

[19] S. aber היאה in 4Q259 1 III$_{6.19}$.

[20] Zur nichtqumranischen Orthographie von 4Q264 s. auch Dimant, Qumran Manuscripts, 29.

[21] 4QS^h (= 4Q262) ist für eine Analyse des orthographischen Systems der Handschrift zu
stark beschädigt.

[22] Vermes, Unpublished Fragments, 250. Es handelt sich um die Handschrift 4QS^c Cross'
Datierung findet sich in einem Bericht Miliks über die diesem damals zur Publikation
anvertrauten 4QS–Handschriften (Le travail d'édition, 60f.; vgl. Cross, Scrolls from Qumran
Cave I, 4.) Milik selbst möchte die Handschrift in die zweite Hälfte des 2. Jh. v. Chr. datieren
(Enoch, 61). H. Stegemann (Essener, 153) geht davon aus, daß 4QS^c „… sogar noch zwei bis
drei Jahrzehnte …" älter sei als 1QS.

[23] Publiziert von Milik in Texte de la grotte 5Q, 180f.

[24] Die zweite Kolumne bietet lediglich winzige Buchstabenreste von 1QS II$_{12–14}$. Für
eine Analyse der in dieser Handschrift verwendet Orthographie ist zuwenig Text erhalten.

[25] Texte de la grotte 5Q, 180.

$V_{1ff.}$ in anderen 4QS–Handschriften (4QS^a, 4QS^c, 4QS^h) nicht vorhanden gewesen ist, veranlaßte H. Stegemann 1QS für eine Sammelhandschrift zu halten, in der mehrere literarisch unabhängige Texte zusammengefaßt worden sind: 1QS I–IV; 1QS V–XI; 1QSa und 1QSb.[26] Die einzelnen Werke werden dabei graphisch (die letzten 4 Zeilen von 1QS XI und die letzten 6 Zeilen von 1QSa II sind freigelassen) oder durch ein besonderes Zeichen (zwischen 1QS IV und V findet sich ein paläohebräisches *wāw*)[27] voneinander getrennt. Die Tatsache, daß anstelle des Hymnus' 1QS IX_{26}–XI_{22} in 4QS^e 4QOtot steht, und der literarisch eigenständige Charakter der Zwei–Geister–Lehre (1QS III_{13}–IV_{26}) sprechen dafür, daß es sich bei diesen Texten um Anhänge zu 1QS I_1–III_{12} bzw. 1QS V_1–IX_{26} handelt.[28] Das Fehlen von 1QS VIII_{15}–IX_{11} in 4QS^e legt nahe, daß es sich bei diesem Textstück um eine nachträgliche Ergänzung handelt.[29] Es dürfte sich somit bei 1QS um eine Sammelhandschrift handeln, in der die ursprünglich unabhängigen Texte 1QS I–IV, V–XI, 1QSa und 1QSb zusammengestellt wurden.

Zu 1QS I–XI wurden häufig literarkritische Hypothesen aufgestellt. Im Hinblick auf eine literarkritische Analyse der in 1QS erhaltenen Texte ist es jedoch wichtig, darauf hinzuweisen, daß auch die Textgestalt der einzelnen in 1QS gesammelten Werke in den verschiedenen Handschriften voneinander abweicht.[30] Solche Abweichungen warnen davor, literarkritische Hypothesen allein an Hand einer einzigen Abschrift aufzustellen. Eine von der materialen Rekonstruktion der der verschiedenen S–Handschriften ausgehende literarkritische Analyse des Textes ist ein

---

[26] Textbestand, 96–100.

[27] Zur Identifikation des Zeichens s. Puech, Apocalypse messianique, 482 Anm. 9: „… le *waw* marginal … devrait annoncer ce paragraphe ou une partie après correction." Für einen gliedernden Gebrauch des paläohebräischen *wāw* zwischen den Kolumnen 1QS IV und V spricht die Verwendung des Buchstabens in einigen paläohebräischen Bibelhandschriften von Qumran: Dort wird der Buchstabe, ähnlich wie das → in 1QS, zur Markierung eines Absatzes benutzt. Anders als das → steht es jedoch nicht am Zeilenrand, sondern im *vacat* selbst. Für 1QS ist es jedoch extrem unwahrscheinlich, daß das paläohebräische *wāw* einen Absatz markiert (gegen Puech, Apocalypse messianique, 482), da diese Funktion hier schon von dem → erfüllt wird. Am wahrscheinlichsten dürfte es daher sein, daß an dieser Stelle der Beginn eines Werkes mit dem Buchstaben angezeigt werden soll. Dem widerspricht auch nicht, daß der Beginn von 1QSa und 1QSb nicht auf diese Weise markiert ist, da diese Texte hinlänglich durch mehrere Leerzeilen am jeweils vorhergehenden Kolumnenende als eigenständige Werke angezeigt werden, was bei 1QS $V_{1ff.}$ wegen Platzmangel am Ende der vorhergehenden Kolumne nicht möglich war.

[28] Zur Sache vgl. H. Stegemann, Textbestand, 99. Für den literarisch eigenständigen Charakter der Zwei–Geister–Lehre könnte auch sprechen, daß in 4QS^b von ihr keine Reste gefunden wurden, obwohl von dieser Handschrift sonst Reste sämtlicher Texte aus 1QS I–XI erhalten sind. Zur Zwei–Geister–Lehre als literarisch eigenständigem Text s. u.

[29] So Metso, Reconstruction of 4QS^e, 304.

[30] Zur Sache s. z. B. die Vergleiche von Teilstücken von 4QS^d bzw. 4QS^{b+d} mit 1QS bei Qimron (Preliminary Publication, 436f.) und Vermes (Unpublished Fragments, 251f.).

Desiderat der Forschung. Ohne diese Grundlage ist bei einer literarkritischen Analyse der in 1QS gesammelten Texte Vorsicht geboten.

Die zur Frage aufgestellten Hypothesen reichen von Del Medicos Urteil, „un amalgame de fragments, les plus disparates, que les copistes ne se sont même pas donné la peine de groupe de façon logique …",[31] bis hin zu Guilbert, der einen planmäßigen Aufbau und eine vollständige Einheit von 1QS annehmen möchte.[32] Von besonderer Bedeutung ist die These Murphy O'Connors : Er nimmt an, daß die sogenannte Sektenregel sich, in Form eines Evolutionsprozesses, um einen in die vorqumranische Bewegung zu datierenden Kern (1QS VIII_{1-16a}; IX_3-X_{8a}) gebildet hat. Seiner Meinung nach geschah dies in vier Phasen, wobei der vorqumranische Kern als erste Phase betrachtet wird. Die Phasen zwei bis vier entsprächen dann den frühen Entwicklungsstadien des *yaḥad* (Phase 2 = 1QS VIII_{16b-19} und $VIII_{20}-IX_2$; Phase 3 = 1QS $V_{1-13a+d}$ und $V_{15b}-VII_{25}$; Phase 4 = 1QS I_1-IV_{26} und X_9-XI_{22}).[33]

Der oben skizzierte Befund bestätigt demgegenüber Lichtenbergers Warnung, man müsse „… mit weitreichenden Schlüssen zur Redaktion von S jedoch vorsichtig sein …"[34] Lediglich nicht von der Hand zu weisende literarkritische Einzelbeobachtungen gilt es zu beachten. Besonders deutlich wird die Berechtigung von Lichtenbergers Warnung, wenn bedacht wird, daß ein Teil des von Murphy O'Connor als ältester Textbestand angesehenen Materials, 1QS VIII_{1-16a}, IX_3-X_{8a}, in der Handschrift, 4QS^c, fehlt.

4.2 Einleitung in die Zwei–Geister–Lehre

In der Einleitung zur Sammelhandschrift 1QS (s. o., 121ff.) wurde dargelegt, daß 1QS $III_{13}-IV_{26}$ nicht in allen Handschriften, die Texte aus 1QS enthalten, belegt ist. Besonders auffällig ist das Fehlen des Textes in 4QS^b, der einzigen Handschrift, die Reste der Abschnitte 1QS I_1-III_{13} und 1QS V–XI enthält. Lediglich in 4QS^c, einer Handschrift, in der Reste von 1QS I–IV erhalten sind, ist die Zwei–Geister–Lehre noch belegt. Dieser Befund legt es nahe, daß es sich 1QS $III_{13}-IV_{26}$ um einen eigenständigen Text handelt, der an die liturgischen Bestimmungen von 1QS I_1-III_{13} angehängt

---

[31] L'énigme, 160.
[32] S. den Aufsatz „Le plan de la ‚Règle de la Communauté'".
[33] S. den Aufsatz „La genèse littéraire de la Règle de la Communauté". Aufgenommen und weiter ausgearbeitet wurde die These von Pouilly (La Règle de la Communauté: Son evolution littéraire). Eine Kritik an der von beiden angenommenen zweiten Phase nimmt Mantovani (stratificazione letteraria, passim) vor. Eine ausführliche Besprechung der verschiedenen literarkritischen Hypothesen findet sich bei Bardtke, Literaturbericht, ThR 38, 264ff. und van der Woude, Fünfzehn Jahre Qumranforschung, ThR 57, 7ff.
[34] Menschenbild, 34.

wurde. Dies muß in einer frühen Phase des *yaḥad* geschehen sein, da es sich bei 1QS eine der ältesten erhaltenen Abschriften des Materials (100–75 v. Chr.) handelt. Das Verknüpfen der Zwei–Geister–Lehre mit dieser Liturgie in einer so frühen Phase des *yaḥad* läßt es möglich erscheinen, daß es sich bei ihr um einen nicht vom *yaḥad* verfaßten Text handelt, der gleichwohl für die Essener von großer Bedeutung war.[35] Diese Vermutung wird durch verschiedene Beobachtungen bestätigt:

— Zentrale Vokabeln aus den Schriften des *yaḥad* finden sich in der Zwei–Geister–Lehre nicht. יחד ist lediglich adverbial belegt (IV$_{18}$), nicht aber als Bezeichnung der Essener. עצה findet sich in der Zwei–Geister–Lehre überhaupt nicht.[36] Auch Vokabeln wie חוק oder תורה kennt der Text nicht. ברית wird lediglich im Kontext einer eschatologischen Erwählung der Gerechten gebraucht, nicht aber als in der Gegenwart zwischen Gott und dem im *yaḥad* verkörpten Volk Israel geschlossener Bund.

— In 1QS III$_{24}$ wird der Gottestitel אל ישראל verwendet, der sich sonst fast ausschließlich in nichtessenischen Texten findet.[37]

— Es fällt auf, daß in einem anderen Text der Sammelhandschrift 1QS (I$_1$–III$_{12}$) die widergöttliche, frevlerische Sphäre der Welt als בליעל zugehörig beschrieben wird [II$_{5.19}$; vgl. auch 1QH^a X$_{18.24}$ (Ed. Suk. II$_{16.22}$); XI$_{29f.33}$ (Ed. Suk. III$_{28f.32}$); XII$_{11.14}$ (Ed. Suk. IV$_{10.13}$); XIII$_{28}$ (Ed. Suk. V$_{26}$)], während diese Wesenheit der Zwei–Geister–Lehre unbekannt ist und die widergöttliche Sphäre in ihr als dem רוח עולה bzw. dem רוח עול (1QS IV$_{9.20.23}$), dem מלאך חושך (1QS III$_{20f.}$) oder משטמה (1QS III$_{23}$) zugehörig beschrieben wird, obwohl diese Sphäre dem essenischen Leser der Zwei–Geister–Lehre doch wohl als ממשלת בליעל bekannt gewesen sein dürfte.

— In der Zwei–Geister–Lehre werden zentrale essenische Themen, wie etwa die Erfüllung der Thora, nicht thematisiert, obwohl sich gerade diese Thematik in den Tugend– bzw. Lasterkatalogen, die die

---

[35] Zur Sache s. auch H. Stegemann, Essener, 154: „Er [scil. die Zwei–Geister–Lehre] ist sicher vor–essenischer Herkunft und vom babylonischen Judentum beeinflußt."

[36] Daß Vokabeln, die in den Texten des *yaḥad* die essenische Gemeinschaft bezeichnen, wie z. B. יחד, עדה, עצה oder סוד vom *yaḥad* im Rahmen einer Art von Zwei–Geister– oder Zwei–Wege–Lehre gebraucht werden können, um die Bereiche des Frevels und der Gerechtigkeit zu umschreiben, zeigt 4Q181 1$_{1–6}$.

[37] 1QM I$_{9f.}$; VI$_6$; X$_8$; XIII$_{1.2.13}$; XIV$_4$; XV$_{13}$; XVI$_1$; XVIII$_{3.6}$; XIX$_{13}$ par 4QM^b 1$_{12}$; 4QM^a 11 II$_{16}$; 4Q502 85; 92$_{14}$; 144; 242; 105–106$_1$ (zu 4Q502 als nichtessenischem Text s. u., 132); 4Q503 7–9$_6$; 142; 15–16$_{8.12}$; 33 1–34$_{6.12.18}$; 48–50$_{3.7}$; 51–55$_{6.12}$; 621; 662; 682; 692; 902; 184$_1$; 215$_5$ (der in 4Q503 verwendete Lunarkalender schließt eine essenische Abfassung aus; vgl. Vermes, Dead Sea Scrolls in English, 3. Aufl., 234); 4Q512 29–32$_{1.5f.8.21}$; 115; 1–62$_{.8}$; 40–41$_3$; 4QMidrEschat^a II$_{18}$ und 4QMidrEschat^b X$_9$; vgl. 4Q379 22 II$_5$ (אלהי ישראל) (zur Sache s. o., 12).

ethischen Manifestationen der beiden Geister in der Welt schildern
sollen, aufdrängen würde.

— Der Bund ist ein für die Theologie des *yaḥad* unabdingbarer Topos.
Ein wesentlicher Teil des sich in mehreren Stufen vollziehenden Ein-
tritts in die essenische Gemeinschaft kann sogar als Eintritt in den
Bund beschrieben werden (s. z. B. 1QS I$_{16}$). In der Zwei–Geister–
Lehre dagegen ist der Gerechte zwar zur Teilnahme am Bund präde-
stiniert, die Verwirklichung dieser Prädestination bleibt jedoch dem
Eschaton vorbehalten.[38]

— Der sich an Hand von textimmanenten Gliederungsmerkmalen ergebende Aufbau des Textes weicht mehrfach deutlich von der durch
vacat und → in der Sammelhandschrift 1QS vorgebenen Gliederung der Zwei–Geister–Lehre ab, was auf eine den Sinn verändernde
„Redaktion" des Textes deuten dürfte (zur Sache s. u., 166ff.).

Die schon durch von der Osten–Sacken aufgezeigten traditionsgeschicht-
lichen Verbindungen zwischen der Zwei–Geister–Lehre, der Kriegsregel
und den *Hôdāyôt*[39] widersprechen der These, die Zwei–Geister–Lehre
sei ein voressenisches Werk, das in das Textkorpus des *yaḥad* inkorporiert worden ist, nicht. Sie zeigen vielmehr die starke Wirkung der Zwei–
Geister–Lehre auf, die sie sowohl auf Textes des *yaḥad* (*Hôdāyôt*) als auch
auf vom *yaḥad* adaptierte Texte (Kriegsregel) hatte.[40]

Einen Hinweis auf die theologiegeschichtliche Herkunft der Zwei–
Geister–Lehre geben einige Parallelen im Gebrauch verschiedener Voka-
beln und Theologumena zwischen 4QSap A und Myst einerseits und der
Zwei–Geister–Lehre andererseits.

מחשבה bezeichnet sowohl in 4QSap A (4Q417 2 I$_{12}$) als auch
in 1QS III$_{15}$; IV$_4$ die präexistente Ordnung von Kosmos und Geschichte, den Plan Gottes.[41] תולדות findet sich sowohl in 4QS-
ap A (4Q418 77$_2$) als auch in der Zwei–Geister–Lehre (1QS III$_{13}$)
als Bezeichnung der menschlichen Geschichte.[42] Bildungen der Wurzel נחל sind in der Zwei–Geister–Lehre von besonderer Bedeutung,
wenn der Anteil eines Menschen an den beiden Geistern thematisiert wird (IV$_{15ff.}$), in ähnlicher Verwendung wird das Nomen נחלה

---

[38] Zur Rolle des Bundes im *yaḥad* vgl. Lichtenberger/Stegemann, Theologie des Bundes,
passim und Kapelrud, Bund, passim.
[39] S. Gott und Belial, passim.
[40] Zum voressenischen Charakter der Kriegsrolle und ihrer Adaption durch den *yaḥad* s.
H. Stegemann, Essener, 145f. und Hunzinger, Milḥamā, 133.147–151.
[41] Daß מחשבה in 1QM XIII$_2$; 1QM XIV$_{14}$ par 4Q491 8–10 I$_{13}$ in dieser Bedeutung belegt
ist, zeigt wiederum die gemeinsamen Wurzeln der Kriegsrolle und der Zwei–Geister–Lehre
in den Kreisen, die 4QSap A und Myst verfaßt haben.
[42] 4Q401 20$_1$; MasŠirŠabb II$_{22}$ und 4Q503 17$_2$ sind zu stark beschädigt, als daß sie Aufschluß über die Verwendung von תולדות in diesen Texten geben könnten.

in 4QSap A (417 2 I$_{24}$) verwendet: [...]בה לֹא ינקה כפי נֹחלתו בהיר
(„in ihr soll nicht straflos bleiben, gemäß seinem Anteil am Zwielicht"). Auch das הֹבט *vacat* ברז נהיה ודע [בנחל]ת כול חי („betrachte
das Geheimnis des Werdens und erkenne [den Antei]l allen Lebens";
4Q417 2 I$_{18f.}$) könnte in diese Richtung weisen, jedoch ist der Kontext stark beschädigt, so daß eine Interpretation schwierig ist.[43] Daß
4QSap A oder zumindest die Verfasserkreise dieses Textes die ethisch–
anthropologische Realisierung des kosmischen Dualismus der Zwei–
Geister–Lehre beeinflußt haben, dürfte insbesondere auch 4Q417 1 I$_{10f.}$
belegen: [הבט ברז] נהיה וֹקֹח מולדי ישע ודע מי נוחל כבֹוד וע[וֹ]ל („[be-
trachte das Geheimnis] des Werdens, nimm die Kinder des Heils wahr, und
erkenne, wer Erbteil hat an Herrlichkeit und Frevel"). Der Beleg erinnert
an die von dem Nomen נחלה geprägte Schilderung des Aufgeteilt–Seins
des Einzelnen unter die Machtsphären des Geistes der Finsternis und
des Geistes des Lichts in der Zwei–Geister–Lehre. Weiterhin erinnert in
4QSap A die Wendung ידע בין טוב לרע bzw. תדע (4Q417 2 I$_{8.17f.}$) an die
Zwei–Geister–Lehre (vgl. 1QS IV$_{26}$).

Die Gottesbezeichnung אל הדעות findet sich sowohl in Myst (4Q299
32$_1$; 69$_3$) und 4QSap A (4Q417 2 I$_8$ par 4Q418 43$_6$; 4Q418 55$_5$) als auch
in der Zwei–Geister–Lehre (1QS III$_{15}$). Jedoch ist der Begriff auch in
anderen Texten in einem schöpfungstheologischen Kontext belegt,[44] so
daß dieser Gottestitel lediglich ein zusätzliches Indiz für die Herkunft
der Zwei–Geister–Lehre aus den Verfasserkreisen von 4QSap A und Myst
darstellt.

Neben diesen auffälligen Parallelen in der Wortwahl zwischen Zwei–
Geister–Lehre, 4QSap A und Myst deutet auch das sowohl in der Zwei–
Geister–Lehre (1QS IV$_{22}$) als auch in Myst (1Q27 1 I$_7$) belegte Theolo-
gumenon von der eschatologischen Offenbarung der Weisheit auf eine
Herkunft der Zwei–Geister–Lehre aus den Verfasserkreisen von Myst
hin.[45]

Dualistische Strukturen sind in 4QSap A zumindest implizit vorhanden, wenn die Geheimnisse des göttlichen Plans des Seins nur dem
Würdigen (4Q417 2 I$_{11f.}$) offenbart werden, aber dem Geist des Flei-

---

[43] Vgl. aber auch 1QH^a VI$_{30}$ (Ed. Suk. XIV$_{19}$).

[44] Die Wendung stammt aus I Sam 2,3 (zur Sache s. u. a. Jürgen Becker, Heil Gottes, 85
Anm. 2; von der Osten–Sacken, Gott und Belial, 124 und Sacchi, 1QS, III, 15) und findet
sich in den Texten von Qumran häufig als Bezeichnung des Schöpfergottes, der die Ordnung
von Sein und Geschichte festlegt [s. z. B. 1QH^a IX$_{28}$ (Ed. Suk. I$_{26}$); XX$_{13}$ (Ed. Suk. XII$_{10}$);
XXII$_{34}$ (Ed. Suk. 4$_{15}$); 4Q379 22 I$_6$; 4Q504 44]. In 4Q400 2$_8$; 4Q401 11$_2$; 4Q405 23 II$_{12}$ und
4Q510 1$_2$ (אלוהי דעת) ist der Gottestitel ebenfalls belegt, jedoch läßt der Kontext in diesen
Fällen keine Rückschlüsse auf eine Verbindung mit Schöpfungsordnung und Prädestination
zu.

[45] Auf den Zusammenhang der Belege wies schon Philonenko hin (L'apocalyptique
qoumrânienne, 213).

sches das Buch der Erinnerung nicht gegeben wird (4Q417 2 I$_{17f.}$). Besonders der Begriff רוח בשר ist hier von Interesse: In den verschiedenen Handschriften von 4QSap A qualifiziert er eine soziale Gruppe bzw. einen Teil der Welt als negativ und widergöttlich, und nähert sich so dem paulinischen Gegensatz von Geist und Fleisch. In 4Q416 1$_{12}$ bezeichnet die Wendung im Rahmen einer Sintflutgeschichte eine mit den abtrünnigen Himmelssöhnen verbundene Gruppe oder Sphäre: [...ם]השמי ובני בשר רוח כל ויתערערו פחדו ותהמות מים ("Wasser und Urflut haben erschreckt und zerstört allen Geist des Fleisches und die Söhne des Himme[ls ...]"). In 4Q418 81$_{1f.}$ disqualifiziert sie den Bereich des Menschlichen, aus dem Gott den Erwählten erhebt, und den dieser darum zu hassen und abzulehnen hat: ואתה בשר רוח מכול הבדילכה נפש תעבות מכול והנזר שנא אשר מכול הבדל ("Er hat dich absondern lassen aus allem Geist des Fleisches, daher, sondere du dich ab von allem, was er haßt, und halte dich fern von allem Greuel der Begierde").

Aus diesen Parallelen darf geschlossen werden, daß die Zwei–Geister–Lehre aus den Kreisen stammt, die auch 4QSap A und Myst hervorgebracht haben. Jedoch stellt sie zumindest gegenüber 4QSap A eine Weiterentwicklung dar, die die schon in diesem Text angelegten dualistischen Tendenzen stärker betont und das eschatologische Moment von Myst ausbaut.

Eine Datierung der Zwei–Geister–Lehre ist nur an Hand von sprachlichen und paläographischen Kriterien möglich: Der *terminus ante quem* ergibt sich aus der paläographischen Datierung der Sammelhandschrift 1QS, welche gegen Ende des 2. oder Beginn des 1. Jh. v. Chr. datiert wird (zur Sache s. die Einleitung in 1QS): Da davon ausgegangen werden darf, daß der hier lediglich als überkommene Tradition inkorporierte Text einige Zeit von der Herstellung von 1QS entstanden ist, kann wohl ein *terminus ante quem* in der Mitte bzw. gegen Ende des 2. Jh. v. Chr. angenommen werden. In diese Richtung weist auch das Zitat der Zwei–Geister–Lehre in 4Q502 16: Wenn ein Text in einem liturgischen Werk zitiert wird,[46] darf wohl davon ausgegangen werden, daß er in den Augen des Verfasser des zitierenden Textes von einiger Autorität und wahrscheinlich auch altehrwürdiger Herkunft war. Für den *terminus post quem* weisen sprachliche Kriterien (wie beispielsweise das persische Lehnwort רז, 1QS III$_{23}$; IV$_{6.18}$) auf das Ende des 3. oder den Beginn des 2. Jh. v. Chr. (zur Sache s. die sprachliche Datierung von 4QSap A und Myst).

Es ist versucht worden, die Zwei–Geister–Lehre mit Hilfe der Literarkritik in mehrer Schichten zu zerlegen. Für von der Osten–Sacken sind 1QS IV$_{15-26}$ einer späteren Schicht als 1QS III$_{15}$–IV$_{14}$ zuzurechnen. Neben terminologischen (Gott und Belial, 17) und syntaktischen

---

[46] Zu 4Q502 als Hochzeitsritual s. Baillet, Grotte 4, 81.

(a. a. O., 17f.) Unterschieden zwischen den beiden Abschnitten der Zwei–
Geister–Lehre spricht für ihn hauptsächlich die Tatsache, daß nur zu 1QS
III$_{17}$–IV$_{14}$, nicht aber zu 1QS IV$_{15-26}$, Analogien in der Überschrift der
Zwei–Geister–Lehre (1QS III$_{13-15}$) gefunden werden könnten,[47] für diese
Quellenscheidung (a. a. O. 18–21). Auch der Abschnitt IV$_{15-25}$ zerfällt für
von der Osten–Sacken wiederum auf Grund terminologischer, syntakti-
scher und inhaltlicher Differenzen in zwei Schichten (a. a. O., 22–26).

Gegen eine solche literarkritische Schichtung der Zwei–Geister–Lehre
in mehrere Redaktionen spricht, daß die Zeilen IV$_{15-23}$ sehr wohl Kor-
respondenzen zur Überschrift der Zwei–Geister–Lehre aufweisen: Sie
reflektieren die Arten der Geister der Menschen und ihre Handlungen
unter dem dritten in der Überschrift genannten Aspekt, „hinsichtlich der
Heimsuchung durch ihre Plagen gemeinsam mit den Zeiten ihres Friedens"; (III$_{15}$), also unter eschatologischen Gesichtspunkten. Dem steht
auch nicht entgegen, daß schon in den Zeilen IV$_{6-8.11-14}$ eschatologisches Heil oder Unheil reflektiert wurde. Was dort hauptsächlich unter
ethischen Gesichtspunkten bezüglich der Gegenwart des Verfassers der
Zwei–Geister–Lehre durchdacht wurde, wird in IV$_{15-23}$ im Rahmen der
Eschatologie thematisiert.

Auch der Abschnitt IV$_{23-26}$ kann wegen der bewußten Aufnahme von
III$_{15f.}$ ולפני היותם הכין כול מחשבתם וביהותם לתעודותם כמחשבת
כבודו ימלאו פעולתם ואין להשנות „Und bevor sie waren, hat er ihren
ganzen Plan festgesetzt, und wenn sie zu der ihnen bestimmten Zeit geworden sind, erfüllen sie ihr Werk nach dem Plan seiner Herrlichkeit, ohne daß sich etwas ändert") in IV$_{25f.}$ והואה ידע פעולת מעשיהן לכול קצי
עולמי[ֿם „Und er kennt die Taten ihrer [scil. der Geister] Werke für
alle Epochen der Ewigkeit") und wegen der sprachlichen Bezüge zu
IV$_{15-23}$ [vgl. das כיא אל שמן בד בבד עד קץ אחרון (IV$_{16f.}$) mit dem
אל עד קץ נחרצה ועשות חדשה כיא בד בבד שמן (IV$_{25}$)] nicht als sekundär betrachtet werden. Das bei von der Osten–Sacken als deutlicher
Bruch im Text aufgefaßte עד הנה aus 1QS IV$_{23}$ (Gott und Belial, 22) leitet
vielmehr ein Fazit der Zwei–Geister–Lehre ein. Dies erklärt auch, wieso, nachdem in IV$_{15-23}$ ausführlich das Eschaton thematisiert wurde, in
IV$_{23-26}$ auf die Zeit vor dem Eschaton zurückgegriffen wird.

Für die Tugend– und Lasterkataloge (1QS IV$_{3-6.9-11}$) erscheint dagegen von der Osten–Sackens These, „der Verfasser hätte … unter Rückgriff
auf den Sprachgebrauch des Alten Testaments und seiner eigenen Gemeinde und vielleicht in Anlehnung an hellenistische Vorbilder in freier Weise

---

[47] Bei dieser Argumentation verwundert es allerdings, wieso von der Osten–Sacken nicht
auch den einleitenden Hymnus (III$_{15-18}$) für sekundär hält, sondern ihn zum ursprünglichen
Bestand des Textes rechnet, obwohl er seiner Meinung nach keine Analogien zur Überschrift
der Zwei–Geister–Lehre aufweist (Gott und Belial, 21f.).

solches Gut zusammengestellt, das die Gegensätzlichkeit der beiden Geister und ihrer Anhänger am eindrücklichsten vor Augen zu führen vermochte", wahrscheinlich.[48] Es dürfte allerdings eine Überbewertung des Befundes darstellen, wenn auf Grund begrifflicher Parallelen besonders der
Tugendkataloge zu den *Hôdāyôt* angenommen wird, die Zwei–Geister–
Lehre sei vom *yaḥad* verfaßt worden. Die Parallelen dürften vielmehr
auf einen gemeinsamen Hintergrund beider Texte zurückzuführen sein,
etwa dergestalt, daß die bzw. der Verfasser der *Hôdāyôt* von den Kreisen
beeinflußt worden sind, aus denen auch der Verfasser der Zwei–Geister–
Lehre stammt. Es erscheint sogar denkbar, daß die *Hôdāyôt* direkt von
der Zwei–Geister–Lehre beeinflußt wurden (dazu s. u.).[49]

Im folgenden sollen einige Beispiele für den großen Einfluß, den die
Zwei–Geister–Lehre auf die essenische Theologie ausgeübt hat, gegeben werden.[50] Wegen ihrer in diesen Beispielen die Theologie des *yaḥad*
prägenden Rolle darf die Zwei–Geister–Lehre als protoessenisch charakterisiert werden.

1QH[a]

Die Bemerkung, Gott setze das Schicksal der Menschen zwischen Gut und
Böse fest, dürfte auf 1QS IV$_{26}$ zurückgehen: כי לפי תׁפֿלֹם בין טוב לרשע
[„denn zwischen Gut und Frevel setzt du ihr Schicksal fest" (wörtl. „wirfst
du ihr Los") 1QH[a] VI$_{22f.}$ (Ed. Suk. XIV$_{11f.}$)][51]

CD

In der Damaskusschrift läßt sich der Einfluß der Zwei–Geister–Lehre
an mehreren Stellen nachweisen: In dem Abschnitt CD II$_{2–13}$ werden
1QS IV$_{14}$ (CD II$_{6f.}$) und 1QS IV$_{22}$ (CD II$_{7}$) zitiert, und auch das
dualistisch–prädestinatianische Weltbild dieses Abschnitts dürfte von der

---

[48] Gott und Belial, 158; zur Sache vgl. 150–157.

[49] Zur Verwendung alttestamentlicher und frühjüdischer Motivik in den Tugend– und
Lasterkatalogen der Zwei–Geister–Lehre s. auch Wibbing, Tugend– und Lasterkataloge,
45–61, Roop, Society Rule, 140–142 und Lichtenberger, Menschenbild, 132f.

[50] An dieser Stelle der Diskussion muß auch 4Q502 16 erwähnt werden: Das Fragment
enthält Reste von vier Zeilen, die ausschließlich Text von 1QS IV$_{4–6}$ bieten (vgl. Baillet,
Grotte 4, 86). Leider enthält die mit Hilfe der Paläographie auf den Beginn des 1. Jh. v. Chr.
zu datierende Handschrift (zur Datierung s. a. a. O., 81) keine weiteren Hinweise auf eine
Abfassung des Textes im *yaḥad* (dazu vgl. Newsom, Literature from Qumran, 176). Im Gegenteil läßt die häufige Verwendung der Gottesbezeichnung אל ישראל (4Q502 85; 9$_{2.14}$; 144;
24$_2$; 105–106$_1$) auf eine Abfassung des Textes außerhalb des *yaḥad* schließen (zu אל ישראל
s. o., 12). Da die Zwei–Geister–Lehre nicht vom *yaḥad* verfaßt wurde, sondern lediglich eine
von ihm aufgenommene Tradition darstellt, und fernerhin der im Fragment zitierte Tugendkatalog unter Umständen ebenfalls traditionellen Charakters ist, kann der Beleg, wenn es
um die Frage nach der Wirkungsgeschichte der Zwei–Geister–Lehre im *yaḥad* geht, nicht
herangezogen werden.

[51] Transkription nach H. Stegemann, Rekonstruktion der Hodajot, Kolumne IV.

Zwei–Geister–Lehre beeinflußt sein. Auf eine solche Prägung der dualistischen Abschnitte der Damaskusschrift durch die Zwei–Geister–Lehre dürfte auch die Tatsache hinweisen, daß der Kampf um den Auszug Israels aus Ägypten zwischen Moses und Aaron einerseits und Jannes und Jambres als den Zauberern des Pharao anderseits in der Damaskusschrift als eine Auseinandersetzung zwischen dem Fürsten des Lichtes (שר אורים) und Belial interpretiert wird (CD V₁₇₋₁₉).[52]

4Q181

„L'ouvrage est difficile à caractériser du point de vue littéraire, bien que rempli de la terminologie typique théologico–sapientielle de Qumrân. L'un des fragments parle de l'élection des sectaires et de la vie angélique à laquelle ils participient."[53]

1 [...]ם לאשמה ביחד עם סו[ד] ער[וה] להתג[ו]לל בחטאת בני
   אדם ולמשפטים גדולים ומחלים רעים

2 בבשר לפי גבורות אל ולעומת רשעם לפי סוד נ̇אדתם מסיר
   בני ש̇[מים] וארץ ליחד רשעה עד

3 קצה לעומת רחמי אל לפי טובו והפלא כבודו הגיש מבני
   תבל[...] להתחשב עמו ב[יחד]

4 [א]לים לעדת קודש במעמד לחי עולם ובגורל עם קדושיו
   כ[...]

5 [רזי פ]לאו איש לפי גורלו אשר הפ̇[י]ל ל[ו ...]

6 [...] לחיי ע̇[ו]לם[...][54]

(1) [...] für Schuld in einer Gemeinschaft gemeinsam mit einer Versamm[lung] der Scha[m], um sich zu wälzen in der Sünde der Menschen, und für große Gerichte und üble Krankheiten (2) im Fleisch. Gemäß den Machttaten Gottes und entsprechend ihrem Frevel, gemäß der Versammlung ihrer Unreinheit entfernt er die Söhne des Hi[mmels] und der Erde zu einer Gemeinschaft des Frevels bis zu (3) seinem [scil. des Frevels] Ende. Entsprechend der Barmherzigkeit Gottes läßt er einigen unter den Söhnen der Erde gemäß seiner Güte und seiner wunderbaren Herrlichkeit herzutre-

---

[52] Zu Jannes und Jambres s. Pietersma/Lutz, Jannes and Jambres, 427ff. und Pietersma, Apocryphon of Jannes and Jambres, 12–23.

[53] Strugnell, Notes, 254. Auf eine Herkunft des Textes aus dem yaḥad weist m. E. besonders die Verwendung der Begriffe יחד und עדה zur Beschreibung soziologischer Größen hin. Zu Miliks These, 4Q181 sei eine zweite Abschrift des Peschers auf die Epochen (4Q180), da 4Q180 1₅.₈₋₉ und 4Q181 2₁₋₂.₄ sich überlappten (Enoch, 250; Milkî-ṣedeq, 113) s. Dimant, Pesher on the Periods, 89: Sie weist nach, daß der unterschiedliche Textumfang beider Belege eine Überlappung von zwei Abschriften eines Textes ausschließt. Nach ihr handelt es vielmehr um ein Zitat—entweder zitieren beide Texte eine gemeinsame Quelle, oder aber ein Text wird vom anderen zitiert.

[54] Transkription nach Dimant, Pesher on the Periods, 87f.

ten […], damit sie sich gemeinsam mit ihm in einer [Gemeinschaft]
(4) der [Gott]wesen zählen zur heiligen Versammlung im Stand des
ewigen Lebens und in einem Los gemeinsam mit seinen Heiligen
[…] (5) seine [wunder]baren [Geheimnisse], ein jeder gemäß seinem
Los, das er [scil. Gott] für [ihn] gewo[r]fen hat […] (6) […] zum
ew[i]gen Leben […] (4Q181 1)

Der Text zeichnet ein dualistisches Bild von der Welt. Gefallene Engel und Menschen werden als eine Gemeinschaft des Frevels betrachtet
(יחד רשע), der eine Gemeinschaft der Gottwesen (יחד אלים), bestehend
aus einigen wenigen Erwählten und den Engelwesen, in einer heiligen
Versammlung gegenübersteht. Die Gemeinschaft der erwählten Gerechten und Engel dürfte wohl mit dem *yaḥad* identifiziert werden können,
während die Gemeinschaft des Frevels mit dem verworfenen Rest der
Welt gleichzusetzen ist.[55]

Die terminologische Parallele zwischen 1QS IV26 (כיא א[ל י]פיל]
גורלות לכול חי „denn Gott wirft Lose für alles Leben") und 4Q181
15 ([…]ל ל[ו]) איש לפי גורלו אשר הפ[י]ל „ein jeder gemäß seinem Los, daß
Gott für ihn wirft") ist besonders auffällig. Beide Texte gebrauchen die
Wendung für die von Gott festgelegte Zugehörigkeit des einzelnen zu einer (4Q181) oder beiden Sphären (Zwei–Geister–Lehre) einer dualistisch
betrachteten Welt.

4Q511

Auf die Beziehung von 4Q511 63 III2–3 zu 1QS III13–15 hat Newsom
hingewiesen: „And though the terminology is rather different, there is a
close parallel between the claims to insight into human nature in the Songs
of the Maśkil (4Q511 63 iii 2–3) and that claimed for the Maśkil in the
Serek ha–Yaḥad (1QS iii 13–15)."[56]

ובשפתי שמחה מקור תהלה ובלבי סוד רישית כול מעשי איש
ומולות פעולות תמימי דרך ומשפטים לכול עבודת מעשיהם[57]

Und auf meine Lippen hast du eine Quelle des Lobpreises gesetzt
und in mein Herz das Geheimnis des Beginns aller menschlichen
Werke und die Bescheidung[58] der Taten der Vollkommenen des
Weges und Gerichte für alle Arbeit ihrer Taten. (4Q511 63 III1–3)

---

[55] Neben der Zwei–Geister–Lehre dürfte insbesondere das Buch der Wächter den Text
beeinflußt haben: Die Erwähnung der Himmelssöhne dürfte auf die Sündenätiologie von
äthHen 6–19 anspielen.

[56] Literature from Qumran, 183. Zur Abfassung der Lieder des *maśkil* im *yaḥad* s. a. a. O.,
183f.

[58] Zu מולה als „Beschneidung" s. HAL[3], 527.

4Q280

In der doppelten Fluchformel von 4Q280 24f. dürfte 1QS IV14 mittelbar (aus einem anderen Text des *yaḥad*, der den Beleg verarbeitet hat) oder unmittelbar verarbeitet worden sein: [ארור אתה] לאין שרית וזעום אתה לאין פליטה („[Verdammt seist du,] ohne daß ein Rest bliebe! Verdammt seist du, ohne daß ein Entronnenes bliebe!").[59]

4.3 Transkription

Kolumne III

13	למשכיל להבין וללמד את כול בני אור בתולדות כול בני איש *vacat*
14	לכול מיני רוחותם באותותם למעשיהם בדורותם ולפקודת נגיעיהם עם
15	קצי שלומם מאל הדעות כול הויה ונהייה ולפני היותם הכין כול מחשבתם
16	ובהיותם לתעודותם כמחשבת כבודו ימלאו פעולתם ואין להשנות בידו
17	משפטי כול והואה יכלכלם בכול חפציהם והואה ברא אנוש לממשלת
18	תבל וישם לו שתי רוחות להתהלך בם עד מועד פקודתו הנה רוחות
19	האמת והעול במעין אור תולדות האמת וממקור חושך תולדות העול
20	ביד שר אורים ממשלת כול בני צדק בדרכי אור יתהלכו וביד מלאך
21	חושך כול ממשלת בני עול ובדרכי חושך יתהלכו ובמלאך חושך תעות
22	כול בני צדק וכול חטאתם ועוונותם ואשמתם ופשעי מעשיהם בממשלתו
23	לפי רזי אל עד קצו וכול נגיעיהם ומועדי צרותם בממשלת משטמתו
24	וכול רוחי גורלו להכשיל בני אור ואל ישראל ומלאך אמתו עזר לכול
25	בני אור והואה ברא רוחות אור וחושך ועליהן יסד כול מעשה
26	ע[ל] [משפ]טׄ[י]ֹהׄן כול עבודה ועל דרכיהן [כו]ל [פ]קׄוֹדׄהׄ[60] אחת אהב אל לכול

---

[59] Zur Transkription s. Kobelski, Melchizedek, 38; zur Sache s. a. a. O., 41.
[60] Die Rekonstruktion der Zeile 26 erfolgt nach H. Stegemann, Textbestand, 101–103.

Kolumne IV

1 [מ]וֹעֲדֵי[61] עולמים ובכול עלילותיה ירצה לעד אחת תעב מודה[62] וכול
דרכיה שנא לנצח vacat

2 vacat ואלה דרכיהן בתבל להאיר בלבב איש ולישר לפניו כול דרכי
צדק אמת ולפחד לבבו במשפטי
ו

3 אל ורוח ענוה וארך אפים ורוב רחמים וטוב עולמים ושכל ובינה
וחכמת גבורה מאמנת בכול

4 מעשי אל ונשענת ברוב חסדו ורוח דעת[63] בכול מחשבת מעשה
וקנאת משפטי צדק ומחשבת

5 קודש ביצר סמוך ורוב חסדים על כול בני אמת וטהרת כבוד
מתעב[64] כול גלולי נדה והצנע לכת

6 בערמת כול וחבא[65] לאמת רזי דעת vacat[66] אלה סודי רוח לבני
אמת תבל ופקודת כול הולכו בה למרפא

7 ורוב שלום באורך ימים ופרות זרע עם כול ברכות עד ושמחת
עולמים בחיי נצח וכליל כבוד

8 עם מדת הדר באור עולמים vacat

9 vacat ולרוח עולה רחוב נפש ושפול ידים בעבודת צדק רשע ושקר
גוה ורום לבב כחש[67] ורמיה אכזרי

10 ורוב חנף קצור אפים ורוב אולת וקנאת זדון מעשי תועבה ברוח זנות
ודרכי נדה בעבודת טמאה

11 ולשון גדופים עורון עינים וכובד אוזן קושי עורף וכיבוד לב ללכת
בכול דרכי חושך וערמת רוע ופקודת

12 כול הולכו בה לרוב נגיעים ביד כול מלאכי חבל לשחת עולמים
באף עברת אל נקמֹות לזעות נצח וחרפת

13 עד עם כלמת כלה באש מחשכים וכול קציהם לדורותם באבל יגון
ורעת מרורים בהווות חושך עד

14 כלותם לאין שרית ופליטה למו vacat

15 vacat באלה תולדות כול בני איש ובמפלגֹיהן ינחלו כול צבאותם
לדורותם ובדרכיהן יתהלכו וכול פעולת

16 מעשיהם במפלגיהן לפי נחלת איש בין רוב למועט לכול קצי עולמים
כיא אל שמן בד בבד עד קֵץ

17 אחרון ויתן איבת עולם בין מפלגות⌐ תועבת אמת עלילות עולה
ותועבת עולה כול דרכי אמת וקנאת

18 ריב על כול משפטיהן כיא לוא יחד יתהלכו ואל ברזי שכלו
ובחֹכמת כבודו נתן קץ להיות עולה ובמועד

19 פקודה ישמידנה לעד ואז תצא לנצח אמת תבל כיא התגוללה בדרכי
רשע בממשלת עולה עד

20 מועד משפט נחרצה ואז יברר אל באמתו כול מעשי גבר וזקק לו
מֹבני איש להתם כול רוח עולה מתכמי

21 בשרו ולטהרו ברוח קודש מכול עלילות רשעה ויז עליו רוח אמת
כמי נדה מכול תועבות שקר והתגולל

22 ברוח נדה להבין ישרים בדעת עליון וחכמת בני שמים להשכיל
תמימי דרך כיא בם בחר אל לברית עולמים

23 ולהם כול כבוד אדם ואין עולה יהיה[68] לבושת כול מעשי רמיה עד
הנה יריבו רוחי אמת ועול בלבב גבר

24 יתהלכו בחכמה ואולת וכפי נחלת איש באמת יצדק[69] וכן ישנא עולה
וכירשתו בגורל עול ירשע בו וכן

25 יתעב אמת כיא בד בבד שמן אל עד קץ נחרצה ועשות חדשה והואה
ידע פעולת מעשיהן לכול קצי

26 עולמי[ם וינחילן לבני איש לדעת טוב [ורע כיא א]ל יפיל גורלות
לכול חי לפי רוחו בו[עד מועד][70] הֲפקודה

4.4 Übersetzung

Kolumne III

(13) Für den Unterweiser, um Einsicht zu vermitteln und zu belehren alle Söhne des Lichts über die Geschichte aller Menschen[71] (14) hinsichtlich der Arten ihrer Geister mit ihren Kennzeichen, hinsichtlich ihrer Werke in ihren Generationen und hinsichtlich der Heimsuchung durch ihre Plagen[72] gemeinsam (15) mit den Zeiten ihres Friedens.

Vom Gott der Erkenntnis kommt alles, was ist und was sein wird. Und bevor sie waren, hat er ihren ganzen Plan festgesetzt, (16) und wenn sie zu der ihnen bestimmten Zeit geworden sind, erfüllen sie ihr Werk nach

---

[61] Zur Transkription vgl. Qimron/Charlesworth, Rule of the Community, 16.

[62] Zur Transkription s. H. Stegemann, Textbestand, 104.

[63] Die Zeilen 1QS IV$_{4-6}$ werden in 4Q502 16 zitiert, zur Sache vgl. Baillet, Grotte 4, 81.86 und Qimron/Charlesworth, Rule of the Community, 16 Anm. 70.

[64] 4QS^c liest hier מתעבת.

[65] Das ה von וחבא ist eine nachträgliche Korrektur vom Schreiber von 1QS. Ursprünglich schrieb er א, was er durch Überschreiben zu ה verbesserte.

[66] Das *vacat* fehlt in 4QS^c.

[67] 4QS^c liest קֱחש, über dieses Wort wurde in der Handschrift צדק geschrieben. Qimron/Charlesworth lesen statt קֱחש in 4QS^c כֱחש. Auf der Photographie PAM 43262 ist aber der Abstrich des ק deutlich zu erkennen, sodaß ק und nicht כ gelesen werden muß.

[68] Zur Transkription s. H. Stegemann, Textbestand, 100.

[69] Qimron/Charlesworth (Rule of the Community, 18) lesen והיה statt יהיה. Die Form des ersten Buchstabens dürfte jedoch, soweit in 1QS ein Unterscheidung zwischen י und ו überhaupt möglich ist eher für ein י als für ein ו sprechen.

[70] Die Rekonstruktion der Zeile 26 erfolgte nach H. Stegemann, Textbestand, 105–110.

[71] Zu תולדות s. u., 148.

[72] Zum gen. instrumentalis s. Waltke/O'Connor, Syntax, 144.

dem Plan seiner Herrlichkeit, ohne daß sich etwas ändert.[73] In seiner Hand (17) liegen die Gesetze des Seins,[74] und er sorgt für sie in all ihren Geschäften. Und er hat den Menschen geschaffen zur Herrschaft (18) über den Erdkreis; und er hat für ihn zwei Geister eingesetzt, damit er in ihnen wandele bis zum Termin seiner Heimsuchung.

Sie sind die Geister (19) der Wahrheit und des Frevels. In der Quelle des Lichts liegen die Ursprünge der Wahrheit, und in der Quelle der Finsternis liegen die Ursprünge des Frevels. (20) In der Hand des Fürsten des Lichts ist die Herrschaft über alle Söhne der Gerechtigkeit, die auf den Wegen des Lichts wandeln, und in der Hand des Engels (21) der Finsternis ist alle Herrschaft über die Söhne des Frevels, und sie wandeln auf den Wegen der Finsternis. Und durch den Engel der Finsternis geschieht der Abfall[75] (22) aller Söhne der Gerechtigkeit. Und all ihre Sünde, ihre Vergehen, ihre Schuld und die Frevel ihrer Taten existieren in seiner Herrschaft (23) gemäß den Geheimnissen Gottes bis zu seiner Zeit. Und all ihre Heimsuchungen und die festgesetzten Zeiten ihrer Bedrängnis existieren in der Herrschaft seiner Anfeindung. (24) Und all die Geister seines Loses existieren, um die Söhne des Lichts straucheln zu lassen, aber der Gott Israels und der Engel seiner Wahrheit helfen allen (25) Söhnen des Lichts. Und er hat die Geister der Finsternis und des Lichts geschaffen, und auf sie hat er jedes Werk gegründet, (26) [a]uf ihre [Bestimmunge]n alle Knechtschaft und auf ihre Wege [al]le [Hei]msuchung. Den einen liebt Gott für alle

Kolumne IV

(1) [E]pochen der Ewigkeit, und um seiner Taten willen hat er Wohlgefallen an ihm für immer, den anderen verabscheut er sehr und all seine Wege haßt er ewiglich. *vacat*

(2) *vacat* Und dies sind ihre Wege in der Welt, um eines Menschen Herz zu erleuchten, und um vor ihm gerecht zu machen alle Wege wahrhafter Gerechtigkeit, und um sein Herz zu erschrecken wegen der Gerichte (3) Gottes: Es gibt einen Geist der Demut und Langmut, der großen Barmherzigkeit und der ewigen Güte, der Erkenntnis, Einsicht und mächtigen Weisheit, der vertraut auf alle (4) Werke Gottes und sich auf die Größe seiner Gnade stützt.

Und es gibt einen Geist der Erkenntnis in den ganzen Plan des Werkes und des Eifers um die gerechten Gebote, des heiligen Vorhabens (5) mit

---

[73] Zu שנה im Hi. in der Bedeutung „sich ändern" s. Qimron, Hebrew of the Dead Sea Scrolls, 114 und Kutscher, Studies, חב.

[74] Wörtl. „für alles"; zu כול als Umschreibung des Seins s. Sauer, § כל, 830.

[75] Zur Übersetzung und Bildung von תעות s. Qimron, Hebrew of the Dead Sea Scrolls, 66.115.

festem Sinn und großer Güte gegenüber allen Söhnen der Wahrheit, der glänzenden Reinheit, die alle unreinen Götzen verabscheut, und der Demut des Wandels (6) in der Klugheit der Welt und des Verbergens hinsichtlich der Wahrheit der Geheimnisse der Erkenntnis. *vacat*

Dies sind die Ratschläge des Geistes für die Söhne der Wahrheit (in) der Welt. Und die Heimsuchung aller, die in ihm wandeln, geschieht zur Heilung (7) und großem Frieden in der Länge der Tage und (zur) Fruchtbarkeit des Samens mit allen ewigen Segnungen und (zu) ewiger Freude im ewigen Leben und zu einem glänzenden (Sieges)kranz (8) mit einem herrlichen Gewand im Licht der Ewigkeiten. *vacat*

(9) *vacat* Und zum Geist des Frevels gehört Habgier[76] und Nachlässigkeit der Hände[77] am Dienst der Gerechtigkeit, Frevel und Lügen, Stolz und Hochmut,[78] Lügen und Trug, Grausamkeit (10) und große Gottlosigkeit, Jähzorn und große Torheit und vermessener Eifer, Werke der Abscheu im Geist der Hurerei und befleckte Wege im Dienst der Unreinheit (11) und eine Zunge der Schmähungen, Blindheit der Augen und Schwere des Ohrs, Halsstarrigkeit und Herzenshärtigkeit, um zu wandeln auf allen Wegen der Finsternis und der üblen List.

Und die Heimsuchung (12) aller, die in ihm wandeln, geschieht zum Übermaß der Plagen durch die Hand aller Engel der Vernichtung, zum ewigen Verderben durch den rächenden Zorn Gottes, zum ewigen Schrecken und immerwährender Schmach (13) mit dem Schimpf der Vernichtung in finsterem Feuer. Und all ihre Epochen werden von ihren Geschlechtern verbracht in quälender Trauer, in bitterem Unheil und finsteren Verderbnissen (14) bis zu ihrer Vernichtung, ohne daß ein Rest oder ein Entronnenes für sie bliebe. *vacat*

(15) *vacat* In diesen (beiden Geistern) befinden sich die Nachkommen aller Menschen und an ihren Abteilungen[79] haben all ihre Heerscharen in ihren Generationen Anteil, und auf ihren Wegen wandeln sie. Alles Tun (16) ihrer Werke geschieht in ihren Abteilungen entsprechend dem Erbteil eines jeden, sei es viel, sei es wenig, für alle Epochen der Ewigkeit, denn Gott hat sie zu gleichen Teilen eingesetzt bis zur (17) letzten Zeit, und er hat ewige Feindschaft gesetzt zwischen ihre[80] Abteilungen. Die Werke des Frevels sind die Abscheu der Wahrheit und alle Wege der Wahrheit

---

[76] Zu רחוב נפש s. Levy, Wörterbuch, Bd. 4, 438.

[77] Zu שפל im Sinne von „nachlässig" s. a. a. O., 596.

[78] Zu רום לבב als „Hochmut" s. HAL³ z. St., 1124.

[79] Zur Übersetzung von מפלג s. Qimron, Hebrew of the Dead Sea Scrolls, 110.

[80] Das maskuline Suffix ם wurde in Zeile 18 mit einer anderen Hand über dem ה nachgetragen, der Korrektor verstand רוח als Maskulinum, was das Genus des Suffixes erklärt, welches von den feminen Endungen von רוח an anderen Stellen der Zwei—Geister—Lehre abweicht.

sind die Abscheu des Frevels. Eifersüchtiger (18) Streit ist wegen all ihrer
Bestimmungen, denn sie wandeln nicht gemeinsam.

Und Gott hat in den Geheimnissen seiner Erkenntnis und der Weisheit
seiner Herrlichkeit der Existenz des Frevels ein Ende gesetzt. Und am
Termin (19) der Heimsuchung wird er ihn für immer ausrotten, und dann
wird die Wahrheit der Welt für immer hervorkommen, denn sie haben
sich besudelt auf dem Weg des Frevels während der Herrschaft des Frevels
bis zum beschlossenen (20) Termin des Gerichts. Und dann wird Gott
durch seine Wahrheit alle Werke der Menschen reinigen, und er wird sich
(einige) von den Menschen reinigen, indem er allen Geist des Frevels aus
den Blutbahnen (21) ihres Fleisches heraus entfernt,[81] und indem er sie[82]
mit dem Geist der Heiligkeit reinigt von allen frevelhaften Werken. Und
er wird den Geist der Wahrheit auf sie sprengen wie Reinigungswasser
um aller Greuel der Lüge willen, mit denen sie sich (22) im Geist des
Schmutzes beschmutzt haben, um die Gerechten Einsicht gewinnen zu
lassen in die Erkenntnis des Höchsten und die Weisheit der Söhne des
Himmels und jene zu belehren, die im Wandel vollkommen sind, denn
Gott hat sie für den ewigen Bund erwählt, (23) und zu ihnen gehört alle
Herrlichkeit Adams. Und es wird keinen Frevel mehr geben, zu Schande
werden alle Werke des Trugs.

Bis dahin[83] werden sich die Geister der Wahrheit und des Frevels strei-
ten im Herzen eines Mannes. (24) Und sie werden wandeln in Weisheit
oder Torheit. Und gemäß dem Anteil eines Menschen an (der) Wahrheit
ist er gerecht und haßt so den Frevel; und gemäß seinem Besitz am Los
des Frevels ist er gottlos in ihm [scil. dem Los des Frevels] (25) und
verabscheut so die Wahrheit. Denn zu gleichen Teilen hat Gott sie eingesetzt, bis zum beschlossenen Ende und zur neuen Schöpfung. Und er
kennt die Taten ihrer [scil. der Geister] Werke in allen Epochen der (26)
[Ewigkei]t, und er hat sie [scil. die beiden Geister] dem Menschen zum
Erbteil gegeben, damit sie Gut [und Böse] erkennen, [denn Go]tt wirft
die Lose für alles Lebens, gemäß seinem Geist [bis zum festgesetzten
Zeitpunkt] der Heimsuchung.

4.5 Gliederung

Die Zwei–Geister–Lehre ist ein kunstvoll komponierter Text. Die von
den äußeren Gliederungssignalen vorgegebene Gliederung des Textes weicht an einigen Stellen von der sich aus textimmanenten Gliederungssig-

---

[81] Zu תמך מן vgl. Gen 47,15.

[82] Die Suffixe von בשרו und ולטהרו beziehen sich auf das איש von בני איש und müssen
daher trotz ihres singularen Numerus pluralisch übersetzt werden.

[83] Zu עד הנה vgl. Gen 15,16 und HAL[3], 743.

nalen ergebenden Struktur des Textes ab, was auf die Adaption des traditionellen Textes durch den *yaḥad* zurückzuführen ist (zu der sich aus
äußeren Kritierien ergebenden Gliederung und dem Gebrauch des *vacats*
in den verschiedenen 4QS–Handschriften s. u., 165ff.). Die textimmanenten Strukturmerkmale führen zu folgender Gliederung:

Eine Überschrift (III$_{13-15}$) gibt Verwendungszweck und Adressaten
des Textes an: Er soll dem „Unterweiser" zur Belehrung der Söhne des
Lichts dienen. Unterrichtsgegenstand ist die Geschichte aller Menschen.
Dieser Gegenstand wird in der Überschrift anschließend durch drei jeweils mit ל eingeleitete Wendungen genauer umschriebe.

Der Überschrift schließt sich ein einleitender Paragraph (III$_{15-18}$) an,
der in hymnischer Sprache die Schöpfung und Bewahrung einer präexistenten Geschichtsordnung preist.

Anschließend folgen drei Abschnitte, die die drei in der Überschrift mit
ל eingeleiteten Präzisierungen des Themas ausführen: a) III$_{18}$–IV$_1$ „die
Arten der Geister"; b) IV$_{2-14}$ „ihre Handlungen in ihren Generationen";
c) IV$_{15-23}$ „Heimsuchung und Zeiten des Heils". Alle drei Themen werden in jedem Paragraphen unter schöpfungstheologischen, ethischen und
eschatologischen Gesichtspunkten durchdacht, wobei III$_{18}$–IV$_1$ einen
schöpfungstheologischen, IV$_{2-14}$ einen ethischen und IV$_{15-23}$ einen eschatologischen Schwerpunkt haben. Ein zusammenfassendes Fazit (IV$_{23-26}$)
beschließt den Text.

In der Zwei–Geister–Lehre finden sich somit zwei Argumentationslinien: Von der Schöpfung über die Gegenwart (Ethik) hin zum Eschaton einerseits und andererseits von der Kosmologie (Schöpfung) über die
Ethik hin zur Anthropologie (der eschatologische Passus beschäftigt sich
hauptsächlich mit den Anteilen des Einzelnen am Geist des Frevels und
am Geist der Wahrheit und der Vernichtung der Anteile am Geist des
Frevels).[84]

A III$_{13-18}$ *Überschrift und Einleitung*[85]

   a) III$_{13-15}$ *Überschrift: Über die Geschichte der Menschen.*
   b) III$_{14f.}$ Drei Präzisierungen.

      α) Die Arten ihrer Geister.
      β) Ihre Handlungen.
      γ) Ihre Heimsuchung und ihr Heil.

---

[84] Zu diesen Argumentationslinien vgl. Philonenko, L'apocalyptique qoumrânienne, 213.
[85] Sprachlich hebt sich das ... למשכיל להבין וללמד deutlich vom vorhergehenden Kontext ab und stellt einen Neuansatz dar. Die Zeilen 14f. heben sich durch ihren parallelen
Satzbau von Zeile 13 ab: Dreimal wird mit ל eine Näherbestimmung eingeleitet, die den in
Zeile 13 angegebenen Lehrgegenstand präzisiert.

c) III₁₅₋₁₈ *Einleitender Schöpfungshymnus.*[86]

B III₁₈₋IV₁ *Die Arten ihrer Geister.*[87]

a) III₁₈₋₂₁ Der Geist der Wahrheit und der Geist des Frevels.[88]
b) III₂₁₋₂₃ Der Finsternisengel und die Sünde der Gerechten.[89]
c) III₂₃₋₂₅ Die Heimsuchungen.[90]
d) III₂₅₋IV₁ Zusammenfassung: Gott und die beiden Geister.[91]

C IV₂₋₁₄ *Die Wege der Geister in der Welt.*[92]

a) IV₂f. Überschrift.[93]
b) IV₃₋₈ Der Geist der Wahrheit und die Wahrhaftigen.[94]

α) IV₃f. Zum Geist der Wahrheit gehörende Tugenden.

---

[86] Die Asyndese zu Beginn der Zeile 15 (מאל הדעות) markiert ebenso einen Neueinsatz, wie der dem Hymnus thetisch vorangestellte Nominalsatz.

[87] Das הנה רוחות in Zeile 18 signalisert sprachlich den Neueinsatz.

[88] Die beiden ersten Unterparagraphen grenzen sich durch ihre Textform vom Kontext ab. Beide sind nominal formuliert. Der Absatz III₁₈₋₂₁ besteht aus drei zweigliedrigen antithetischen Parallelismen, deren Halbverse im Verlauf des Absatzes immer umfangreicher werden. Es werden zwei in antithetischem Verhältnis stehende Arten von Geistern beschrieben (vgl. das לכול מיני רוחותם aus der Überschrift).

[89] Der folgende Unterabschnitt III₂₁₋₂₃ besteht aus einem kurzen Lasterkatalog, der die vom Frevelgeist verursachten Verfehlungen der Gerechten aufzählt, und hebt sich auf diese Weise deutlich vom Kontext ab (der Lasterkatalog bezieht den Paragraphen auf das למעשיהם aus der Überschrift). Die Zeitbestimmung לפי רזי אל עד קצו (III₂₃) markiert sein Ende.

[90] Im folgenden (III₂₃₋₂₅) wird der Stil wieder belehrend, ohne daß jedoch in Parallelismen formuliert würde. In zwei Sätzen werden die Vergehen der Gerechten als eschatologische Anfeindungen durch den Frevelgeist interpretiert; in einem dritten Satz wird dem eine Verheißung göttlichen Beistands gegenübergestellt. Der Absatz bezieht sich auf das לפקודת נגיעהם aus der Überschrift.

[91] Auch der letzte Abschnitt des Absatzes ist sprachlich gut abgrenzbar: Hymnisch wird geschildert, Gott habe die beiden Geister geschaffen, und auf die für sie geltenden Regeln das Sein der Menschen gegründet. Inhaltlich wie sprachlich wird dabei auf III₁₅₋₁₈ zurückgegriffen.

[92] Neben der veränderten Textform (lange Kataloge von Tugenden und Lastern, Heils- und Unheilsankündigungen) markiert das ... ואלה דרכיהן בתבל (IV₂) und der Themenwechsel (von der Kosmologie zur Ethik) den Beginn eines neuen Hauptabschnittes im Text.

[93] Die Kette von drei Infinitiven, die auf ואלה דרכיה בתבל folgt, erinnert von der Form her an die Überschrift der Zwei-Geister-Lehre (III₁₃₋₁₅). IV₂f. stellt eine den Zweck des Abschnitts angebende Überschrift dar.

[94] Eine lange Ketten von Konstruktus-Verbindungen, beginnend in Zeile IV₃, signalisiert formal den Beginn des Abschnitts IV₃₋₈ (etc. רוח ענוה). Es werden die zum Geist des Lichts gehörenden Tugenden aufgezählt. Das Ende des Abschnitts ist sprachlich durch das לרוח עולה markiert, mit dem die Aufzählung der zu diesem Geist gehörigen Laster beginnt. In sich ist der Abschnitt IV₃₋₈ wiederum dreigeteilt: Das ורוח דעת in Zeile IV₄ deutet einen Neueinsatz an, so daß in dem Abschnitt nicht nur—wie im folgenden Abschnitt—ein, sondern zwei Tugendkataloge zu finden sind. Die Zeilen 6–8 unterscheiden sich deutlich vom vorhergehenden und folgenden Kontext: Statt einer langen Aufzählung von Tugenden (IV₃₋₆) oder Lastern (IV₉₋₁₁) listen sie die „Belohnungen" des sich in den zum Geist des Lichtes gehörenden Tugenden ausdrückenden Lebenswandels auf.

β) IV$_{4-6}$ Zum Geist der Wahrheit gehörende Tugenden.
γ) IV$_{6-8}$ Die Heimsuchung der Wahrhaftigen.

c) IV$_{9-14}$ Der Geist des Frevels und die Frevler.[95]

α) IV$_{9-11}$ Zum Geist des Frevels gehörende Laster.
β) IV$_{11-14}$ Die Heimsuchung der Frevler.

D IV$_{15-23}$ *Heimsuchung und Zeiten des Heils.*[96]

a) IV$_{15-18}$ Die beiden Geister und das Handeln der Menschen.
b) IV$_{18-23}$ Heimsuchung und Heil.

E IV$_{23-26}$ *Resümee*

4.6 Auslegung

Die folgende Auslegung ist an den textimmanenten Gliederungskriterien des Werkes ausgerichtet, da die Zwei–Geister–Lehre als beispielhafter Beleg für die vom *yaḥad* aufgenommene Tradition befragt werden soll. Am Ende der Auslegung folgt dann eine kurze Besprechung der vom *yaḥad* vorgenommenen Gliederung des Textes (äußere Gliederungsmerkmale).

Von entscheidender Bedeutung für die Interpretation der Zwei–Geister–Lehre ist ihre Überschrift (III$_{13-15}$): Sie beginnt mit der Nennung eines direkten und eines indirekten Adressaten. Der direkte Adressat wird mit dem Part. Hi. der Wurzel שכל bezeichnet: למשכיל. Wer mit dieser Bezeichnung gemeint ist, soll der folgende Exkurs zeigen:

---

[95] Der Unterabschnitt hebt sich durch den Lasterkatalog (IV$_{9-11}$) vom vorhergehenden Kontext ab. Das באלה תולדות כול בני איש in Zeile IV$_{15}$ leitet einen neuen Abschnitt ein und zeigt somit das Ende dieses Textstückes an. Von der Form her erinnert IV$_{9-14}$ an IV$_{3-8}$. Der Unterabschnitt ist zweigeteilt: Auf die Aufzählung der zum Geist des Frevels gehörenden Laster (IV$_{9-11}$) folgt eine eschatologische Unheilsverkündigung, die die Folgen dieses Lebenswandels aufzeigt (vgl. IV$_{6-8}$). Die langen Nominalsätze heben sich deutlich vom vorhergehenden Lasterkatalog ab. Das sowohl in IV$_6$ als auch in IV$_{12}$ zu findende כול הולכו בה macht den parallelen Aufbau beider Abschnitte besonders deutlich.

[96] Neben dem Neueinsatz durch das ואלה תולדות כול בני איש unterscheidet sich dieser Abschnitt durch seinen verbalen Satzbau von dem fast ausschließlich mit Nominalsätzen formulierten vorgehenden Abschnitt. In IV$_{23}$ ist der Neueinsatz durch das עד הנה auf das deutlichste markiert.

IV$_{15-23}$ zerfällt wiederum in zwei Unterabschnitte: Bis Zeile 18 beschäftigt sich der Text ausschließlich mit dem Streit der beiden Geister im Menschen, und ab Zeile 18 werden das eschatologische Ende des Frevelgeistes und das eschatologische Heil der Gerechten geschildert. Die chiastische Verschränkung zwischen IV$_{23}$ff. und IV$_{15}$ff. zeigt die Verbindung des Resümees mit dem dritten Abschnitt der Zwei–Geister–Lehre auf (zur Sache s. von der Osten-Sacken, Gott und Belial, 22ff.), während durch die Aufnahme von III$_{15}$f. in den Zeilen 25f. die Einleitung der Zwei–Geister–Lehre in das Resümee eingebunden wird.

Exkurs: Der maśkîl

Das Wort משכיל hat im AT die unterschiedlichsten Funktionen: „Es wird teils attributiv ... und prädikativ, im Sinne von ,einsichtsvoll, verständig, klug' teils auch substantivisch als Personenwort ,Verständiger, Kluger' verwendet ... Dadurch ist ein Menschentyp gekennzeichnet, dessen Gegentyp der *nābāl* ,Tor' ... und der *rāšāʿ* ,Frevler' ... sind ..."[97]
Dieser weisheitliche Gebrauch von משכיל ist für die frühjüdische Zeit auch in Sir 7,21; 10,23; 13,21; 47,12 belegt. In Dan 11,33.35; 12,3.10 bezeichnet das Wort „... besonders gelehrte und bewahrte Fromme ...",[98] die eschatologischen Bedrängnissen ausgesetzt sind, eschatologisches Heil erfahren werden, über besondere Einsicht verfügen und die רַבִּים belehren. „We see that the meaning of *maśkîl* in the sense of ,teacher' or ,instructor' is already fully developed and in use in the last two chapters of the book of Daniel. The *maśkîl* who has *daʿat ʾelōhîm* ... knows the mysteries of his wonderful deeds, knows that the *qēṣ* (*ʾaḥarît yômayyāʾ*), with its punishment and reward, is coming, and therefore gives heed to the perfect way before God."[99] Desweiteren findet sich משכיל auch als „... Fachwort im Rahmen der Überschriften der Psalmen ... und meint offenbar eine bestimmte Psalmenart ..."[100]
In den vom *yaḥad* aus der Tradition übernommenen Texten wird משכיל in ihren Überschriften verschiedentlich mit der Präposition ל eingeleitet und bezeichnet den Vortragenden des Textes: 1QM I₁ (למ̇שכיל סרך] המלחמה) („für den *maśkîl*, Ordnung des Krieges").[101] Ähnlich wie die Zwei–Geister–Lehre wird auch die Kriegsregel durch ihre Überschrift als Lehrgegenstand des *maśkîl* ausgewiesen. Jedoch hat sie anstelle einer dualistisch orientierten präexistenten Weltordnung einen eschatologischen Kampf zwischen Licht und Finsternis zum Gegenstand. Die von 1QS V₁ abweichende Lesart (מדרש למשכיל) der Handschriften 4QSᵈ (1 I₁) und 4QSᵇ (5₁) zeigt, daß die katechetische Funktion des Amtes nicht auf die Vorläufer des *yaḥad* beschränkt geblieben ist.

---

[97] Sæbø, § שכל, 826. Zum atl. Gebrauch der Wurzel שׁכל s. die ausführliche Diskussion bei Kosmala, *Maśkîl*, 235–240.

[98] Sæbø, § שכל, 826.

[99] Kosmala, *Maśkîl*, 240. Einen weiteren Hinweis auf ein solches Amt des *maśkîl* außerhalb des *yaḥad* scheint mir auch der zu 4QSap A gehörende Beleg 4Q417 2 I₂₅ zu geben: כּ̇יֿ משכיל התבונן בְּרָזִיֿכָה ‏ („denn der Unterweiser hat sich Einsicht verschafft in deine Geheimnisse").

[100] Sæbø, § שכל, 826. Zur Sache s. auch Kosmala (*Maśkîl*, 237), der das למשכיל der Psalmenüberschriften gerne im Sinne der Grundbedeutung der Wurzel verstehen möchte: „um Einsicht zu vermitteln".

[101] Rekonstruktion nach Carmignac, règle de la guerre, 1. Auf den katechetischen Charakter der Zwei–Geister–Lehre deuten die auf das למשכיל folgenden Zweckbestimmungen להבין und ללמד hin. Zum nichtessenischen Charakter der Kriegsrolle s. o., 6.

Lehrgegenstände des *maśkîl* dürften neben eschatologischen und prädestinatianischen auch halachische Texte (4QS[b.d]) gewesen sein. Auch in den Überschriften der Sabbatlieder (4Q400–407; 11Q17; MasŠirŠabb) findet sich das למשכיל. Zwar könnte es dort die gleiche Funktion erfüllen wie das למשכיל in den Psalmenüberschriften (s. o., 144), jedoch dürften Parallelen in den *Hôdāyôt* und den Liedern des *maśkîl* naheleg̣en, daß auch hier eine Person bzw. ein Amt gemeint ist. Bei der großen Zahl der in Qumran von den Sabbatliedern gefundenen Handschriften erscheint es mir unwahrscheinlich, daß die Sabbatlieder lediglich eine für diese Person bestimmte Geheimlehre über den himmlischen Gottesdienst enthalten, wahrscheinlicher dürfte es sein, daß das למשכיל den Leserkreis der Sabbatlieder nicht auf die *maśkîlîm* einschränkt,[102] sondern daß mit dem למשכיל derjenige genannt wird, der das jeweilige Sabbatlied vorzutragen hatte.[103]

Als Bezeichnung einer Psalmenart ist das Wort in den Texten des *yaḥad* nicht belegt. Jedoch wird משכיל dort sehr wohl zur Bezeichnung eines weisen Menschen gebraucht [1QH[a] XX$_{14}$ (Ed. Suk. XII$_{11}$)].[104]

Daneben findet sich jedoch auch eine schon aus der vom *yaḥad* aufgenommenen Tradition bekannte Verwendung des Wortes משכיל: Mit der Präposition ל versehen bezeichnet es häufig den Adressaten von Lehrstücken, halachischen Texten und poetisch–liturgischen Texten, der die Texte zum Vortrag oder zur Belehrung verwenden soll. In der Überschrift poetischer Texte ist das Wort in 1QS IX$_{21}$; 1QSb I$_1$; III$_{22}$; V$_{20}$; 1QH[a] XX$_7$ (Ed. Suk. XII$_4$);[105] 4Q511 2 I$_1$; 84 belegt. In halachischem Kontext findet sich, wie schon erwähnt, למשכיל in 4QS[d] I$_1$ (par 4QS[b] 5$_1$). Von besonderem Interesse ist 4Q510 1$_4$, weil dem Amt dort eine liturgische Funktion zugewiesen wird:

ואני משכיל משמיע הוד תפארתו

Und ich bin ein *maśkîl*, einer, der die Herrlichkeit seiner Majestät verkündet.

---

[102] So Newsom, Maśkîl, 380f.

[103] Zum voressenischen Charakter der Sabbatlieder s. u., 173.

[104] Vgl. 1QM X$_{10}$.

[105] 1QH[a] XX$_7$ (Ed. Suk. XII$_4$) kann mit Hilfe von 4Q427 3 II$_5$ zu למשכיל ה]ו̇דות *vacat*] rekonstruiert werden (zu 4Q427 3 II$_5$ s. Wacholder/Abegg, Preliminary Edition, Fasc. 2, 256). Daß mit למשכיל in der Handschrift 1QH[a] ein neues Loblied einsetzt, darauf weist auch das → am rechten Kolumnenrand der Handschrift hin. Ähnlich wird das Wort in 1QH[a] VII$_{21}$ (Ed. Suk. 10$_{10}$) gebraucht: ל̇ [כ̇]י̇שׁ̇מ̇ל מזמור (mündlicher Hinweise von H. Stegemann). In 1QH[a] XXV$_{34}$ (Ed. Suk. 8$_{10}$) findet sich das Wort ebenfalls, jedoch ist die Handschrift an dieser Stelle stark beschädigt, so daß der Beleg zur Analyse nicht herangezogen werden kann. Weiterhin kommt למשכיל laut der Preliminary Concordance (Brown u. a., 1795) noch in 4QPseudo–*Hôdāyôt* 2$_2$ vor.

Die folgende Zweckbestimmung zeigt, daß dabei ein magischer Zweck verfolgt wird:

לפחד ולב[הל] כול רוחי מלאכי חבל ורוחות ממזרים שדאים לילית
אחים ו[...]

um alle Geister der Engel des Verderbens zu erschrecken und in Panik zu versetzen und alle Geister der Vermischten, Dämonen, Lilith, Dämonen und[…][106] (4Q510 14f.)

Daneben findet sich למשכיל in den vom *yaḥad* verfaßten Texten in einer formelhaft verfestigten Wendung, die als Über– oder Unterschrift von Gemeindeordnungen dient: אלה החוקים למשכיל להתהלך בם [„Dies sind bzw. waren die Gebote für den *maśkîl*, auf daß er in ihnen wandle." (1QS IX12;[107] CD XII20f.; XIII22;[108] 4QDᵃ 6 I15)].

Dieser Befund widerlegt die These Wernberg–Møllers:

> Both in Daniel and in Pseudepigraphical literature the designation ‚wise‘ [scil. משכיל] is used in a general sense about a member of a pious community, and this is probably the meaning in which the word is used also in 1QS und CD …[109]

Die oben skizzierten Belege lassen das Wort משכיל in den Texten des *yaḥad* vielmehr als die Bezeichnung eines Amtes mit liturgischen, katechetischen und halachischen Funktionen erscheinen, wobei der Amtsträger auch magisch–mantische Funktionen übernehmen kann (4Q510 14).[110] Dan 11,33.35; 12,3.10 zeigen, entgegen Wernberg–Møllers These, daß ein solches Amt schon außerhalb und vor dem *yaḥad* bestand, und die למשכיל–Belege der voressenischen Tradition verdeutlichen, daß das Amt vom *yaḥad* aus der voressenischen Bewegung übernommen wurde. Daß die Inhalte, welche der Träger dieses Amtes vermittelte, nicht immer für die breite Öffentlichkeit bestimmt waren, mag die Tatsache andeuten, daß ein an den *maśkîl* adressierter Text (4Q298), mit Ausnahme seiner Überschrift in der „Geheimschrift" Crypt A geschrieben wurde.[111]

Dieser Eindruck wird von 1QS IX12ff. und 1QS IX21ff. bestätigt: Es handelt sich um zwei aufeinanderfolgende Ordnungen für den *maśkîl*. In

---

[106]Zur Transkription vgl. Baillet, Grotte 4, 216. Zur Übersetzung von אחים mit „Dämon" (gegen Baillet) s. Görg, „Dämon". Zur magisch–mantischen Interpretation des Belegs vgl. auch Newsom, Maśkîl, 381 und Nitzan, Hymns from Qumran, 52ff. Zur Verwendung von hymnischen Texten bei Geisterbeschwörungen und Exorzismen vgl. z. B. 1QGenAp XX12–16.
[107] Vgl. 1QS IX21.
[108] CD XIII22 liest המשפטים statt החוקים.
[109]Manual of Discipline, 66, Anm. 39.
[110] Zu den vielfältigen Funktionen des *maśkil* vgl. auch Newsom, Maśkîl, 374ff.
[111] Zum Text s. die von Tov veröffentlichte Liste (Unpublished Qumran Texts, 117) und Eisenman/Wise, 166ff.

der ersten Ordnung werden die zu dem Amt gehörenden Aufgaben geregelt. Sie besteht aus einer langen Kette mit ל erweiterter Infinitive, welche die Überschrift des Abschnitts ausführen: Demzufolge sind die Aufgaben des *maśkîl* vielfältig: Er soll die Mitglieder des *yaḥad* Einsicht lehren (IX$_{13}$), Priester (Zakokiden) und einfache Gemeindemitglieder prüfen und in die Gemeinschaft aufnehmen (IX$_{14-16}$), er soll das geheime Wissen der Gemeinschaft und ihre Gesetzesinterpretation vor der Außenwelt verbergen und es in der Gemeinschaft lehren, damit jedes Mitglied vollkommen wandele (IX$_{16-21}$). In der zweiten Ordnung (1QS IX$_{21ff.}$) finden sich Anordnungen für den Lebenswandel des *maśkîl*: Nach einer kurzen Ermahnung zu vollkommenem Lebenswandel und zur Ablehnung all dessen, was nicht zum *yaḥad* zu rechnen ist (IX$_{21-25}$), folgt eine lange Ermahnung zum Gotteslob an bestimmten kalendarischen Eckdaten (IX$_{26}$-X$_8$). An diese Ermahnung zum Gotteslob schließt sich dann ein langes Loblied auf Gott (X$_8$-XI$_{22}$) an, was wohl als ein Beispiel für das geforderte Gotteslob verstanden werden darf.

Angesichts des sich hier aufgrund von zu Teilen schon in den fünfziger Jahren bekannten Belegen abzeichnenden äußerst vielfältigen Bildes von den Funktionen des *maśkîl* erscheint die schon von Nötscher vorgetragene These, daß Amt habe eine rein katechetische Funktion, völlig unverständlich:

> Er soll ja diejenigen, die den Weg gewählt haben, also die Novizen oder die Bundesmitglieder überhaupt, darüber unterrichten oder sie danach zurechtweisen הוכיח, sie in das Wissen einführen und sie so belehren über die wunderbaren Geheimnisse להנחו[ת]ם בדעה וכן להשכילם ברזי פלא ואמת inmitten der Männer der Gemeinschaft, damit sie einen vollkommenen Wandel führen miteinander in (= gemäß?) allem, was ihnen offenbart ist (1QS IX 17f.).[112]

---

[112]Terminologie, 46. Auch die entsprechende Engführung Kosmalas, „the *maśkîl* is a teacher ... within the community ..." (Maśkîl, 240), wird dem oben beschriebenen Befund nicht gerecht. Zum rein didaktischen Verständnis des *maśkîl* vgl. auch Newsom: „One would probably not be mistaken in seeing an implicit didactic function even in the blessings of the *maśkîl*, preserved in 1QSb" (Maśkîl, 378). An dieser Stelle ist auch Worrel zu nennen, der den *maśkîl* als Träger eines weisheitlichen Lehramts betrachtet, dem priesterliche Funktionen zugewachsen sind (Concepts of Wisdom, 150–154). Eine rein liturgische Funtion des Amtes, die dem Befund ebenfalls nicht gerecht wird, scheint dagegen Seidel anzunehmen, wenn er משכיל mit „Leiter, Liturg" übersetzt (Lobgesänge, 119). Die von Vermes (Dead Sea Scrolls in English, 2. Aufl., 22–25) vorgenommene Identifikation des *maśkîl* mit in CD genannten *m^{e}bbaqqēr* erscheint ob des oben skizzierten Befundes bedenklich: Zwar überschneiden sich die in CD XIII$_{6ff.}$ genannten katechetischen Funktionen des *m^{e}bbaqqēr* mit den katechetischen Funktionen des *maśkîl*, jedoch erfüllt der *m^{e}bbaqqēr* anders als der *maśkîl* keine liturgischen Funktionen, während der *maśkîl* im Unterschied zum *m^{e}bbaqqēr* keine Verwaltungsaufgaben oder richterliche Funktionen wahrnimmt (vgl. Schiffman [Dead Sea Scrolls, 125] „nowhere do we find specific administrative functions assigned to this person or class" vgl. Schiffman [Dead Sea Scrolls, 125]; zu den Verwaltungsaufgaben und

Es kann zusammengefaßt werden: Dan 11,33.35; 12,3.10; 1QM I₁ und die Überschriften der Sabbatlieder zeigen, daß mit dem Wort *maśkîl* schon in nichtessenischen Texten ein Amt mit katechetischen und liturgischen Funktionen bezeichnet wird. In der essenischen Gemeinschaft wachsem diesem Amt darüber hinaus noch halachische (4QSᵈ 1 I₁ par 4QSᵇ 5₁) und magisch–mantische Funktionen zu (4Q510 14f.). Daß die Aufgaben des *maśkîl* schon in den voressenischen Texten nicht nur weisheitlicher Natur sind (Dan, Sabbatlieder), zeigt, daß dieses Amt vom *yaḥad* nicht aus der Weisheit übernommen wurde. Das mit *maśkîl* bezeichnete Amt dürfte vielmehr auch außerhalb des *yaḥad* in nicht weisheitlichen Kreisen verbreitet gewesen sein. Es braucht daher nicht davon ausgegangen werden, daß die Zwei–Geister–Lehre an einen Weisheitslehrer adressiert ist.

✱ ✱ ✱

Die in der Überschrift angegebene Zweckangabe der an den *maśkîl* adressierten Zwei–Geister–Lehre paßt gut zu dem oben beschriebenen multifunktionalem Amt: להבין וללמד את כול בני אור בתולדות כול בני איש („um Einsicht zu vermitteln und zu belehren alle Söhne des Lichts über die Geschichte aller Menschen"; III₁₃).

Das gehäufte Vorkommen der Wurzel בין in der weisheitlich–poetischen Literatur des AT könnte den Schluß nahelegen, daß es sich bei der Zwei–Geister–Lehre um eine weisheitliche Unterweisung durch den *maśkîl* handelt. להבין wird jedoch durch das folgende וללמד als „Wissen vermitteln, lehren" im allgemeinen Sinn definiert und widerspricht einer solchen Vermutung.

Die Adressaten der Belehrung durch den *maśkîl* sind alle Mitglieder der Vorläuferbewegung des *yaḥad*. Der Inhalt dieser Belehrung wird in der Überschrift der Zwei–Geister–Lehre mit תולדות כול בני איש angegeben. תולדות bezeichnet somit den Gegenstand der folgenden Abhandlung, und ist von diesem Gegenstand her zu interpretieren.[113] Wie schon die Gliederung gezeigt hat, hat die Zwei–Geister–Lehre das Ganze der Geschichte zum Gegenstand, angefangen bei der Schöpfung (III₁₅ ₁₈) his hin zum Eschaton (IV₁₅₋₂₃). Der Verfasser der Zwei–Geister–Lehre ist sich dabei der priesterschriftlichen Konnotationen des Begriffs תולדות durchaus bewußt gewesen, denn das בתולדות כול בני איש ist eine leicht veränderte Fassung der priesterschriftlichen Einleitung in ihre Genealogien (z. B. ואלה תולדות בני נח; Gen 10,1).[114] Die Zwei–Geister–Lehre weist sich somit durch die Umschreibung ihres Inhalts als eine Interpre-

---

richterlichen Funktionen des *mᵉbbaqqēr* s. z. B. 1QS VI₂₀ und CD IX₁₈ff.). Zur Identifizierung beider Ämter miteinander, s. auch Newsom, Maśkîl, 378 und Fitzmyer, Responses, 79.
[113] So auch Licht, Analysis, 89f.

tation der Abfolge der menschlichen Geschlechter, also der menschlichen
Geschichte, aus: „The origin and history of mankind, told on a metaphys-
ical basis, is exactly the gist of the following essay."[115]

Drei mit der Präposition ל eingeleitete adverbiale Ergänzungen präzi-
sieren den Lehrgegenstand der Zwei–Geister–Lehre. Hinsichtlich dreier
Dinge soll der *maśkîl* die Söhne des Lichts in der menschlichen Geschichte
belehren:

a) לכול מיני רוחותם באותותם („hinsichtlich aller Arten ihrer Geister
mit ihren Zeichen"; III[14]). Die Bedeutung des Wortes רוחות erschließt sich aus dem folgenden Kontext: Da in 1QS III[13]–IV[26] רוח
sowohl menschliche Gesinnungen als auch machtvolle Geistwesen
bezeichnet, dürfte מיני רוחותם an dieser Stelle bewußt doppeldeu-
tig verwendet worden sein und sowohl die Geistwesen als auch
die diesen Geistwesen zuzuordnenden menschlichen Gesinnungen
meinen.[116]

b) למעשיהם בדורותם („hinsichtlich ihrer Taten in ihren Generationen"
III[14]): בדורותם ist ein Temporaladverb—die Söhne des Lichts sollen hinsichtlich der Taten der Menschen im Verlauf der Geschichte
belehrt werden.[117]

c) ולפקודת נגיעיהם עם קצי שלומם („und hinsichtlich der Heimsuchung durch ihre Plagen gemeinsam mit den Epochen des Heils";
III[14f.]): Auch die Bedeutung von פקודת נגיעיהם erschließt sich aus

---

[114] Zur verschiedenartigen Gestalt der Formel s. Tengström, Toledotformel, 17. Zur
Sache s. auch May, Cosmological Reference, 2. Das weite Bedeutungsspektrum des Plurals
תולדות deutet sich schon in Gen 2,4 an, wo die Formel אלה תולדות als Resümee der priesterschriftlichen Schöpfungsgeschichte verwendet wird. Daß das Wort als Umschreibung der
menschlichen Geschichte benutzt werden kann, dürfte wohl nicht in erster Linie auf die von
der Toledotformel eingeleiteten erzählerischen Genealogien zurückzuführen sein, sondern
auf die ebenfalls mit der Formel eingeleiteten Stammtafeln, die mit ihrer langen Abfolge von
Geschlechtern einen großen geschichtlichen Zeitraum umfassen können (zur Unterscheidung zwischen erzählerischen Genealogien und Stammtafeln s. Tengström, Toledotformel,
17–53.)
[115] Wernberg–Møller, Manual of Discipline, 67, Anm. 42; vgl. Licht: „... *toladoth*,—the
preordained nature and destiny—of all man" (Analysis, 95). Wernberg–Møller hat diese
These später zurückgenommen und interrpretiert תולדות stattdessen als „nature" (Two
Spirits, 419–421). Gegen diese These spricht jedoch, daß das Wort in den Texten von Qumran
in dieser Bedeutung nicht belegt ist (vgl. May, Cosmological Reference, 2). Daß תולדות die
vorherbestimmte Geschichte der Menschen bezeichnen kann, dürfte auch aus 4Q418 77[1]
hervorgehen, wo das Wort parallel zu dem die Seins– und Geschichtsordnung bezeichnenden
Begriff רז נהיה verwendet wird: [...רז נהיה וקח תולדות] א[דם וראה בכושׁ]ר [...].
[116] Wernberg–Møller, (Manual of Discipline, 67) und May (Cosmological Reference, 2)
sehen in den רוחות an dieser Stelle zwei rivalisierende Geistwesen, während z. B. H.-W. Kuhn
(Enderwartung) und Wernberg–Møller in einer späteren Arbeit (Two Spirits, 419) das Wort
hier als Bezeichnung menschlicher Gesinnungen verstehen wollen. Zur komplexen und
vielschichtig verlaufenen Diskussion zur Frage s. Sekki, Meaning of *ruaḥ*, 7–67.194f.
[117] Vgl. Wernberg–Møller, Manual of Discipline, 67f., Anm. 45.

dem folgenden Kontext. Dort bezeichnet פקודה zum einen die
endzeitliche Musterung und Bestandsaufnahme durch den richten-
den Gott (III$_{18.26}$; IV$_{18f.26}$),[118] zum anderen aber auch die Musterung und Überprüfung der Gerechten und Frevler in Gegenwart
und Vergangenheit (IV$_{6.11}$).[119] Sowohl die endzeitliche als auch gegenwärtige bzw. vergangene פקודה sind Teil der von Gott festgelegten Weltordnung.[120] נגיע ist in der Zwei–Geister–Lehre lediglich
als Bezeichnung gegenwärtiger Plagen belegt (III$_{23}$; IV$_{12}$).[121] Der
stärker eschatologisch gefärbte Begriff פקודה wird durch das auf ihn
folgende *nomen rectum* (נגיעיהם) in der Schwebe gehalten. Auf diese
Weise wird der Inhalt der folgenden Lehre sowohl auf das Eschaton
als auch auf Gegenwart und Vergangenheit bezogen. Die Söhne des
Lichts sollen vom *maśkîl* sowohl bezüglich gegenwärtiger (bzw. ver-
gangener) als auch zukünftiger (eschatologischer) Prüfungen (in der
Gestalt von Plagen) belehrt werden. Ähnlich dürfte auch der Begriff
קצי שלומם sowohl auf gegenwärtige als auch auf zukünftige Zeiten
des Heils verweisen.[122]

III$_{15-18}$: Nachdem der Gegenstand der Zwei-Geister-Lehre dahingehend
präzisiert wurde, daß die menschliche Geschichte im Blick auf Geistwesen
und Gesinnungen, auf die Taten der Menschen und auf gegenwärtiges und
zukünftiges Gericht geschildert werden soll, gerät im folgenden Abschnitt
(III$_{15-18}$), in Form eines Schöpfungshymnus', das Ganze des Seins in den
Blick. Dieser einleitende Hymnus ist zweigeteilt: In den Zeilen 15 und 16
wird Gott als der Schöpfer der Welt dargestellt, in den Zeien 16–18 als ihr
Erhalter.

Die Gottesbezeichnung אל הדעות (III$_{15}$) begegnet in den Texten von
Qumran häufig als Bezeichnung des Schöpfergottes, der die Ordnung von
Sein und Geschichte festlegt: 1QH^a IX$_{28}$ (Ed. Suk. I$_{26}$); XX$_{13}$ (Ed. Suk.
XII$_{10}$); XXII$_{34}$ (Ed. Suk. 4$_{15}$); 4Q402 4 I$_{12}$ (אלוהי דעת); 4Q417 2 I$_8$ par
4Q418 43$_6$; 4Q504 44.[123]

---

[118] So H. Stegemann, Textbestand, 124. Ähnlich wird פקודה auch in 4QpJes^b II$_2$ und CD
XIX$_{10f.}$ gebraucht.

[119] Vgl. z. B. auch die Verwendung des Wortes in CD VII$_{21}$.

[120] Vgl. 1QH^a V$_{27}$ (Ed. Suk. XIII$_{10}$); IX$_{19}$ (Ed. Suk. I$_{17}$).

[121] Dem entspricht es, daß נגיע in 1QH^a als Bezeichnung gegenwärtiger Plagen und Krank-
heiten einundzwanzigmal belegt ist (s. Schwienhorst, § נגע, 226), und daß es sich in MMT
(B 71) als Bezeichnung für Aussatz findet. Zu נגיע als Bezeichnung einer eschatologischen
Gerichtsplage s. 1QH^a IX$_{35}$ (Ed. Suk. I$_{33}$); XII$_{37}$ (Ed. Suk. IV$_{36}$); XVII$_{10.12}$ (Ed. Suk.
IX$_{10.12}$); XIX$_{11}$ (Ed. Suk. XI$_8$); 1QpHab IX$_{11}$.

[122] Vgl. 1QS IV$_7$. Evtl. ist auch der stark beschädigte Text 1QH^a XXI$_{16}$ (Ed. Suk. XVIII$_{30}$)
auf eine eschatologische Heilszeit hin zu interpretieren.

[123] Vgl. Jürgen Becker, Heil Gottes, 85 Anm. 2. In 4Q418 55$_5$ dürfte mit אל הדעות ebenfalls
der Schöpfergott gemeint sein, jedoch erlauben die Textbeschädigungen kein sicheres Urteil.
In 4Q400 2$_8$; 4Q401 11$_2$; 4Q405 23 II$_{12}$ und 4Q510 1$_2$ (אלוהי דעות) findet sich die Got-

In einer wenig beachteten Arbeit hat Wegner aufbauend auf Ergebnissen von Cross gezeigt, daß das Gottesprädikat אל הדעות seinen Ausgangspunkt in der hebräischen Vorlage der 𝔊 zu I Sam 2,3b hat (die sich in den Texten von Qumran in der Handschrift 4QSamᵃ erhalten hat):[124]

[כי אל דעות יהוה ואל תוכן עללות]

denn ein Gott der Erkenntnis ist der Herr, und Gott hat das Maß der Taten festgesetzt.

Es fällt auf, wie in 1QS III$_{15}$ der mit dem אל הדעות in Zusammenhang gebrachte Schöpfungsvorgang beschrieben wird: „Alles was ist, und was sein wird,[125] kommt vom Gott der Erkenntnis." In dem Nominalsatz fehlen alle das Schöpfungshandeln Gottes beschreibenden Verben (wie z. B. ברא oder עשה): Schöpfung vollzieht sich in diesem Halbvers vom Gott der Erkenntnis ausgehend, sozusagen „automatisch". Erst im zweiten Halbvers folgt das vermißte Verb: ולפני היותם הכין כול מחשבתם („und bevor sie waren, hat er ihren ganzen Plan festgesetzt"; III$_{15}$). Das eigentliche Schöpfungshandeln Gottes geschah vor der Schöpfung—לפני היותם ist ein temporaler Nebensatz.[126] Die beiden Suffixe der 3. pers. mask. pl. (ם) beziehen sich auf das כול בני איש in Zeile 13, denn zum einen handelt es sich bei den בני איש um das nächststehende Beziehungswort und zum anderen legt sich der Bezug durch die Kette der vorangehenden Suffixe gleicher Person, gleichen Genus' und gleichen Numerus' in den Zeilen 14–15 nahe.

מחשבה: „In the present context the noun designates what the Qumran community understood to be a kind of ‚masterplan' or ‚blueprint' derived by God prior to the creation and according to which he carried out his original act of creation …"[127] „כון (Hif.) ist bereits im AT terminus technicus für Gottes Schöpfungswirken … Dieser Gebrauch wird in den Hodayoth (und anderen Texten aus den Funden von Qumran) aufgegrif-

---

tesbezeichnung אלוהי דעת, jedoch läßt der Kontext bei diesen Belegen keine Rückschlüsse auf eine Verbindung dieses Gottesnamens mit Schöpfungsordnung und Prädestination zu. Zu stark beschädigt, um für die Untersuchung von Nutzen sein zu können; sind die Belege 4Q299 32$_1$; 69$_3$; 4Q379 22 I$_6$. Zur Gottesbezeichnung אל הדעות s. auch o., 129.

[124] Wegner, Creation Terminology, 35–37. I Sam 2,3b ist in 4QSamᵃ nicht erhalten und wurde von Cross an Hand der 𝔊 rekonstruiert (Biblical Fragment, 26). Zur Sache s. u. a. Jürgen Becker, Heil Gottes, 85, Anm. 2; von der Osten–Sacken, Gott und Belial, 124 und Sacchi, 1QS, III, 15.

[125] Zum Merismus כול הויה ונהיה als Umschreibung des Seins vgl. 4Q180 1$_{1f.}$ (zum Beleg s. u., 278ff.). Schlüsselbeleg für die futurische Übersetzung von נהיה ist Sir 42,19, wo נהיות mit τὰ ἐσόμενα wiedergegeben wird (so zuerst Brownlee, Manual, 54f.)

[126] Vgl. u. a. von der Osten–Sacken, Gott und Belial, 127 und Mansoor, Thanksgiving Hyms, 193, Anm. 11.

[127] Wegner, Creation Terminology, 61. Ein ähnlicher Gebrauch von מחשבה ist auch 1QS XI$_{11}$; 1QM XIII$_2$; 1QM XIV$_{14}$ par 4QMᵃ (= 4Q491) 8–10 I$_{13}$ und vielleicht 4Q503 51–55$_{13}$ belegt. Auf 4Q417 2 I$_{12}$ wurde schon anderenorts hingewiesen (s. o., 128; 66).

fen."[128] Der eigentliche Schöpfungsakt Gottes ist in 1QS III₁₅ demnach das Erstellen einer präexistenten Welt– und Geschichtsordnung, nach der sich anschließend die Schöpfung „automatisch" vollzieht.[129]

In Zeile 16 wird anschließend eine weitere Funktion dieser מחשבה erläutert:

ובהיותם לתעודותם כמחשבת כבודו ימלאו פעולתם ואין להשנות

und wenn sie zu der ihnen bestimmten Zeit geworden sind, erfüllen sie ihr Werk nach dem Plan seiner Herrlichkeit, ohne daß sich etwas ändert.

Von zentraler Bedeutung ist die adverbiale Bestimmung לתעודותם: „In BH, תעודה derived from the root עוד and means ‚testimony, attestation' or the like. In DSS Hebrew, תעודה acquired quite different meanings, corresponding to the root יעד ..."[130] Schlüsselbeleg für die Bedeutung von תעודה in den Texten von Qumran ist MasŠirŠabb I₄: „[לתעוד]תיהם is supplied here as a parallel to מועדיהם in the following phrase."[131] Nach einer Untersuchung aller bis 1974 bekannten Belege des Nomens in den Texten von Qumran kommt schon Wegner, ohne MasŠirŠabb zu kennen, zu einer durch diesen Text nun zwingenden Interpretation des Nomens „… as a term which is used in the Qumran texts as a designation of prescribed or predetermined time …"[132] Nachdem in Zeile 15 berichtet wurde, wie das Sein aus der von Gott geschaffenen Ordnung entstand, wird jetzt geschildert, daß nach diesem Plan Gottes auch alles Handeln des Menschen[133] jeweils zu einem schon in einer präexistenten Geschichtsordnung festgelegten Zeitpunkt geschieht. Diese Vorstellung erinnert an die weisheitliche Lehre von den Zeiten, wie sie etwa aus Koh 3,1–9 bekannt ist.[134] Jedoch ist hier, im Unterschied zur weisheitlichen Vorstellung, kein für eine spezielle Handlung geeigneter Zeitpunkt (καιρός) gemeint, den es zu ergreifen oder zu versäumen gilt, sondern eine zeitlich festgelegte und unveränderliche (ואין להשנות; III₁₆) Geschichtsordnung.

---

[120] Von der Osten–Sacken, Gott und Belial, 128 Anm. 1; s. z. B. 1QHᵃ IX₁₆.₂₁ (Ed. Suk. I₁₄.₁₉); XX₁₃f. (Ed. Suk. XII₁₀f.); 11QPsᵃ XXVI₁₁.

[129] Vgl. auch z. B. 1QHᵃ XX₁₃f. (Ed. Suk. XII₁₀f.; s. u., 231); 4Q180 1₁₋₃ (s. u., 279) und CD II₇f. (s. u., 260).

[130] Qimron, Hebrew of the Dead Sea Scrolls, 115; s. auch ders., Review Article, 357 und Dombrowski, Meaning, 569.

[131] Newsom/Yadin, Masada Fragment, 82.

[132] Creation Terminology, 67; zur Sache vgl. auch von der Osten–Sacken, Gott und Belial, 21.

[133] Das Suffix von בהיותם bezieht sich, wie schon die Suffixe von היותם und מחשבתם (III₁₅), auf das תולדות כול בני איש in III₁₃.

[134] Zur Lehre von den Zeiten in der Weisheit s. von Rad, Weisheit, 337–363 (zur Verarbeitung dieser Vorstellung in 1QS III₁₆ s. 343f.).

In der folgenden zweiten Strophe des einleitenden Hymnus wird das Verhältnis von präexistenter Ordnung und Gegenwart näher beschrieben. Von großer Bedeutung für ihre Auslegung sind die Worte כול משפטי und יכלכלם:

a) „kōl, insbesondere auch absolut und mit dem Artikel verwendet dient in manchen (exilisch–nachexilischen) theologischen Aussagen zur Bezeichnung der gesamten Schöpfung ...",[135] eine Verwendung von כל, die sowohl in den Texten des yaḥad als auch in der von ihm verarbeiteten Tradition belegt ist:

ברוך [ה]אֹדֹ[וֹ]ֹן מלֹ[וֹ]ך ה[כ]ול [136]

Gepriesen sei der Herr, der König des Seins (4Q403 1 I[28])

ברוך אתה אדוֹנֹי גֹדֹוֹל הֹעֹצֹה וֹרֹבֹ העוֹלליה אשר מעשיך הכול

Gepriesen seist du Herr, der du groß an R[a]t und reich an Tat bist, dessen Werk das Sein ist [1QH[a] VIII[26] (Ed. Suk. XVI[8])][137]

בידו משפטי כול darf nun aber nicht als ein Lob des Richtergottes mißverstanden werden (etwa in dem Sinn „durch seine Hand die Gerichte des Seins"),[138] vielmehr legt der Plural משפטי ähnlich wie schon in 1QS III[1.5] eine Bedeutung „Satzungen, Regeln" nahe. Es soll ausgedrückt werden, in Gottes Hand sind die Regeln der Geschichte und die ihr zugrundeliegende Ordnung.[139]

b) יכלכלם: Mit Lichtenberger ist das Suffix ם auf כול משפטי zu beziehen, da man so „... eine viel klarere Fortführung des Gedankenganges erhält ...: Gott betreut sie in all dem, was sie bewirken und regeln, in all ihren Aufgaben; d. h. Gott selbst sorgt dafür, daß die משפטים die ihnen zugewiesene Aufgabe in rechter Weise erfüllen."[140] In ganz ähnlicher Weise ist das Pilpel der Wurzel כול in 4Q402 4[6] belegt: [...מכ[לכלי מחשבֹ[תו] („[... die ein]halten [seinen] Plan").[141]

---

[135] S. Sauer, § כל, 830. S. z. B. Jes 44,24; Jer 10,16; 51,19; Ps 103,19; Koh 1,2; 12,8; I Chr 29,14; CIS II 3998 B[1].

[136] Rekonstruktion nach Newsom, Songs of the Sabbath Sacrifice, 189.

[137] Der Beleg 11QPs[a] XXVIII[7f.] ist umstritten. Ob הכול hier das Sein bezeichnet, hängt von der Verseinteilung ab [vgl. die unterschiedlichen Gliederungen bei Sanders (Psalms Scroll, 55f.) und Rabinowitz (Orphism, 195f.)].

[138] In dieser Bedeutung ist die Wendung z. B. in 1QS X[16f.] belegt: (Singular!) ביד משפט כול חי.

[139] Vgl. u. a. die Übersetzungen von Dupont–Sommer (Die essenischen Schriften, 86), Lohse (Texte aus Qumran, 11), Wegner (Creation Terminlogy, 83f.), von der Osten–Sacken (Gott und Belial, 130) und Lichtenberger (Menschenbild, 125).

[140] Menschenbild, 125. Zur Konnotation „Aufgabe" für חפץ verweist Lichtenberger auf 1QH[a] V[37] (Ed. Suk. XIII[20]); IX[15] (Ed. Suk. I[13]); CD X[20]; XIV[12] und Sir 10,26 (Menschenbild, 125 Anm. 12).

[141] Rekonstruktion bei Newsom, Songs of the Sabbath Sacrifice, 155f.

Die beiden ersten Halbverse der zweiten Hälfte des Hymnus preisen somit Gott als den Erhalter und Bewahrer der von ihm eingesetzten Schöpfungs- und Geschichtsordnung.

Die beiden letzten Halbverse zeigen zwei Teilaspekte der im Hymnus gepriesenen Seinsordnung und ihrer Satzungen auf: a) „Und er schuf den Menschen zur Herrschaft über die Welt." b) „Er setzte ihm zwei Geister ein, auf daß er in ihnen wandele bis zum Zeitpunkt seiner Heimsuchung" (III$_{18}$). Es soll ausgedrückt werden, daß Gott den Menschen zwar zur Herrschaft über die Welt geschaffen hat, daß er aber gleichzeitig einer dualistisch orientierten Weltordnung unterworfen ist, da ihm zwei Gesinnungen gesetzt sind, nach denen er leben muß.[142]

Es kann zusammengefaßt werden: In 1QS III$_{15-18}$ wird der „Gott der Erkenntnis" als Schöpfer und Bewahrer einer präexistenten Seinsordnung gepriesen, welcher sowohl die Schöpfung als auch der die Schöpfung beherrschende Mensch unterworfen sind. Der Satz „und wenn sie zu der ihnen bestimmten Zeit geworden sind, erfüllen sie ihr Werk nach dem Plan seiner Herrlichkeit" (III$_{16}$) zeigt die historische Dimension dieser Ordnung auf. Sie bestimmt die einzelnen Handlungen des Menschen. Im auf den Schöpfungshymnus folgenden Text wird die Zwei–Geister–Lehre in drei Abschnitten (III$_{18}$–IV$_1$; IV$_{2-14}$; IV$_{15-23}$) den Inhalt dieser Ordnung darstellen.

III$_{18}$–IV$_1$: Trotz der beiden das Sein als ganzes betrachtenden vorhergehenden Abschnitte (Überschrift und Einleitung) hat es auf Grund der drei auf die Überschrift folgenden Abschnitte immer wieder Versuche gegeben, die Zwei–Geister–Lehre auf eine Kernaussage bzw. einen Aussageschwerpunkt hin auszulegen. Im folgenden seien hier stellvertretend fünf dieser Interpretationen kurz zusammengefaßt:

— Für K. G. Kuhn (1952) stellt der Text eine Verbindung des altiranischen Dualismus „... mit dem jüdischen Schöpfungsdenken ..." dar.[143] Die Zwei–Geister–Lehre ist für ihn einem Dualismus „... ethischer Natur ... im Handeln des Menschen verpflichtet. Der Kampf der beiden Mächte vollzieht sich jeweils durch das entweder Rechthandeln oder Sündetun des Menschen."[144]

---

[142] Der Zusatz בם להתהלך belegt, daß רוחות in 1QS III$_{18}$ die ethische Verfaßtheit der Menschen bezeichnet und keine kosmischen Geistwesen.

[143] Iranische Religion, 313; die These K. G. Kuhns löste eine lang anhaltende Diskussion aus (zum Referat der Forschungsgeschichte s. Sekki, *Meaning of ruaḥ*, 7–69).

[144] K. G. Kuhn, Iranische Religion, 303. Zur Diskussion um die Herleitung der Dualismus der Zwei–Geister–Lehre und anderen Texten aus Qumran aus der persischen Literatur s. Frye, Reitzenstein und Qumran, passim und Shaked, Qumran and Iran, passim (vgl. ders., *mēnōg and gētīg*, passim).
Eine solche Herleitung des Dualismus der Zwei–Geister–Lehre aus zoroastrischen Texten ist mit chronologischen und inhaltlichen Problemen verbunden: Alle in Frage kommenden persischen Texte datieren in die Zeit nach der arabischen Eroberung des Iran (so

— Licht (1958) findet in der Zwei–Geister–Lehre drei Schwerpunkte: „A) *Predestination*—God has ordained all what happens in the world. B) *Dualism*—human behaviour is determined by the influence of the Spirit of Truth and Evil … C) *Eschatology*—in the future Evil will be destroyed and only Truth will prevail."[145]

— Für Jürgen Becker (1964) steht „… die Anthropologie im Mittelpunkt …" Der Text deutet für ihn die menschliche Existenz „… mit Hilfe einer dualistisch–prädestinatianischen Geisterlehre …"[146]

— In den Augen Lichtenbergers (1980) stellt „1QS 3,13–4,26 … einen systematischen Versuch dar, unter Beibehaltung des Grundgedankens der Einheit Gottes und seiner alleinigen Verantwortung für die Schöpfung, das Problem des Bösen zu erklären und dessen Wirkungsbereich festumrissen einzugrenzen."[147]

— Für H. Stegemann hingegen (1988) hat der Text eine „… eindeutig *finale* Grundorientierung …"[148] Gott hat sich nicht „für immer von der Welt zurückgezogen, sondern er hat sie … so perfekt konstruiert, daß darin alles nach seinem Plan (MḤŠBT III, 15–16) abläuft … Erst ‚zuletzt' wird Gott sein richterliches Fazit ziehen und dadurch erweisen, daß seine Kompetenz nicht ‚erloschen' ist …"[149] Zweck des Bösen ist es, „… Gottes Richtersein zu ermöglichen."[150]

Dem gilt es zu erwidern, daß nicht nur in der Überschrift (בתולדות כול בני איש; III₁₃) und in der Einleitung des Textes die Gesamtheit des Seins (כול הווה ונהיה; III₁₅) und seiner Regeln (משפטי כול; III₁₇) Gegenstand

---

selbst Shaked, Qumran and Iran, 443). Im zoroastrischen Weltbild wird der Kosmos in die Kategorien *mēnōg* (unsichtbares) und *gētīg* (sichtbares) eingeteilt. Beide Begriffe sind wertneutral (s. Shaked, *mēnōg* und *gētīg*, 61ff.). Der Konflikt zwischen Ahura Mazda und Ahriman und zwischen guten und bösen Geistern ist ausschließlich ein Konflikt zwischen *mēnōg*-Wesenheiten (a. a. O., 65ff.). Um diesen Konflikt austragen zu können, benötigen sie jedoch die materielle *gētīg*-Welt (s. z. B. Dēnkard III 123; zur Sache vgl. Shaked, a. a. O., 70ff.); und daher wird der Mensch zum eigentlichen Schlachtfeld ihres Kampfes (s. a. a. O., 82f.). Der Dualismus der Zwei–Geister–Lehre unterscheidet dagegen nicht zwischen zwei Seins-Kategorien. In diesem Text findet der Kampf zwischen den beiden Geist-Mächten auf himmlischer, ethischer und menschlicher Ebene gleichzeitig statt. Auch besteht der Mensch in der Zwei–Geister–Lehre aus verschieden großen Anteilen sowohl des Geistes des Lichts als auch des Geistes der Finsternis, während er in den persischen Texten lediglich Schlachtfeld eines Kampfes zwischen guten und bösen *mēnōg*-Wesenheiten ist.
[145] Analysis, 89.
[146] Heil Gottes, 84.
[147] Menschenbild, 141. Vgl. auch Newsom, Maśkîl, 377f. Lichtenberger findet hierin jüngst von Röhser (Prädestination und Verstockung, 84f.) Zustimmung.
[148] Textbestand, 114.
[149] Ebd.
[150] A. a. O., 115. In seinem jüngst erschienenen Buch scheint H. Stegemann diese These zurückzunehmen, und den Text jetzt ebenfalls mehr als eine Beschreibung der präexistenten Ordnung von Sein und Geschichte zu verstehen (Essener, 154f.).

der Erörterung ist, sondern es auch im folgenden bleibt, wie die Zeilen
III$_{25b}$–IV$_1$ zeigen:

Mit drei Begriffen wird das Ganze der menschlichen Existenz skizziert:
כול מעשה („alles Wirken"; III$_{25}$), כול עבודה („alles Handeln"; III$_{26}$) und
[פ]קודה [כו]ל („alle Heimsuchung"; III$_{26}$) sind auf zwei Geister gegründet, die Menschheit existiert lediglich in Bezug auf den Geist des
Lichts und den Geist der Finsternis. Diese beiden Geister sind einerseits als
„Geister der Wahrheit und des Frevels" ethisch bestimmt (III$_{18f.}$) und „…
bilden die beiden Grundmöglichkeiten menschlichen Verhaltens …".[151]
Ihnen entsprechen jeweils die menschlichen Gruppierungen des Söhne der
Gerechtigkeit und der Söhne des Frevels (III$_{20f.}$). Andererseits können sie
als mächtige Engel bzw. Dämonen beschrieben werden [שר אורים (III$_{20}$)
und מלאך חושך (III$_{20f.}$)], in deren Gewalt sich die Söhne des Lichts bzw.
die Söhne der Finsternis befinden.[152] Hierdurch erklärt sich auch, warum
in der Zwei–Geister–Lehre zum einen ethisches und zum anderen kosmologisches Vokabular für die Beschreibung der zwei Geister verwandt
worden ist: Wenn die Gesinnung der Menschen thematisiert wird, wird
ethisches Vokabular benutzt („Geist des Frevels", „Söhne der Gerechtigkeit" etc.), sind aber die Geistmächte angesprochen, wird kosmologisches
Vokabular verwendet („Engel der Finsternis", „Fürst des Lichts", „Söhne
des Lichts" etc.). Den kosmischen Geistern entsprechen in der Welt des
Menschen ethische Gesinnungen. Die in den *Hôdāyôt* als Gottesbezeichnungen verwandten Begriffe מעין und מקור zeigen, daß letztendlich Gott
der Ursprung beider Geister, des Geistes des Lichts wie auch des Geistes
der Finsternis, ist (III$_{19}$).[153] Die Sünden der Gerechten werden im Text
als Abirrungen (תעות) verstanden, die auf einen Angriff des Finsternisen-
gels zurückzuführen sind (III$_{20-24}$). Die beiden kosmischen Geister liegen
miteinander in einem Kampf, der sich in Angriffen des Geistes der Finsternis auf die Anhänger des Geistes des Lichts, die Gerechten, äußert. Diese
Angriffe bestehen aus einem Verleiten der Gerechten zum Frevel. Die
zeitliche Grenze dieser Angriffe wurde „gemäß den Geheimnissen Gottes" schon in der präexistenten Ordnung der Geschichte festgelegt:[154] Sie

---

[151] Lichtenberger, Menschenbild, 127.

[152] Mit von der Osten–Sacken (Gott und Belial, 116) ist zu betonen: „Nach dem Vorbild
der beiden Parteien und ihrer Anführer in der Kriegsrolle sind שר אורים und מלאך חושך
zweifellos Bezeichnungen für Michael und Belial". Der Gegensatz von שר und מלאך dürfte
dabei eine letztendliche Überlegenheit des Lichtfürsten andeuten (so z. B. Wernberg–Møller,
Two Spirits, 425 und Lichtenberger, Menschenbild, 129.)

[153] Zur Sache s. von der Osten–Sacken, Gott und Belial, 145; vgl. 1QH^a IX$_{6f.}$ (Ed. Suk.
I$_{4f.}$); XVI$_{13.15}$ (Ed. Suk. VIII$_{12.14}$); XIV$_{20}$ (Ed. Suk. VI$_{17}$); XVIII$_{33}$ (Ed. Suk. X$_{31}$); XX$_{32}$
(Ed. Suk. XII$_{29}$); 1QS X$_{12}$; XI$_6$.

[154] Zu רזי אל und ähnlichen Konstruktus–Verbindungen als Bezeichnung der präexisten-
ten Urordnung s. 4Q417 2 I$_{6ff.}$ (s. o., 57ff.), 1Q27 1 I$_{3f.7}$ (s. o., 99ff.) und 1QpHab VII$_8$ (s. u.,
290ff.).

währen bis zum Eschaton (עד קצו; III23).[155] Es wurde jedoch in dieser
präexistenten Weltordnung nicht nur ihr Ende festgelegt, sondern auch,
darauf deutet die Verwendung von מועד hin (III23), der Zeitpunkt, an dem
diese Abirrungen geschehen. Beistand gegen die Angriffe des Finster-
nisengels erhalten die Gerechten vom Gott Israels und dem Geist seiner
Wahrheit (III24f.).

Es mag nun der Eindruck entstanden sein, daß in 1QS III18ff. sehr wohl
eine Erklärung für den Ursprung des Bösen das Hauptanliegen des Textes
ist, und daß sowohl Anthropologie als auch ein kosmischer Dualismus
ethischer Prägung thematisiert sind. Hiergegen sprechen jedoch die Zeilen
III25f.: Das dort verwandte Schöpfungsvokabular (ברא, יסד) bezieht das
in den Zeilen III18ff. Gesagte auf die Schöpfungsthematik der Einleitung.

Die der Welt zugrundeliegende präexistente Schöpfungsordnung ist
somit von dem Kampf zweier Mächte geprägt, die sich himmlisch in den
beiden Geistern des Lichts und der Finsternis und in der Welt in Guten
und Bösen, Gerechten und Sündern manifestieren und von Gott zu diesem
Zweck geschaffen worden sind.

IV2–14: Nachdem die Urordnung des Seins in den Blick geriet, und
im Hinblick auf einen kosmischen Dualismus reflektiert wurde, schildert
der folgende Abschnitt sie unter den in der Überschrift angegebenen drei
Aspekten bezüglich der zu den jeweiligen Geistern gehörenden Tugenden
oder Laster. Dies geschieht mit Hilfe von Tugend– und Lasterkatalogen
(IV3–6.9–11), die von der Zwei–Geister–Lehre entweder als vorgeprägte
literarische Form, zu der feste Inhalte gehören, oder als schriftlich fixierte
Tradition übernommen wurden.[156] רוח bezeichnet in diesem Abschnitt
der Zwei–Geister–Lehre, wie sowohl das דרכיהן (IV2) als auch die Konstruktus-Verbindungen der Tugend– und Lasterkataloge zeigen, jeweils
eine von zwei menschlichen Grundverfaßtheiten zu der unterschiedliche Tugenden bzw. Laster gehören. Erst durch den Kontext (III18–IV1)
wird deutlich, daß diese beiden menschlichen Verfaßtheiten den beiden
kosmischen Geistmächten Lichterfürst und Finsternisengel zuzuordnen
sind. Eine Funktion dieses Abschnitts mag es daher sein, Kriterien für die
Identifikation der Menschen zu geben, die dem Frevel, also der Finsternis, oder der Wahrheit, also dem Licht, angehören.[157] Sinn und Zweck

---

[155] Zu קצו [„seine [scil. Gottes] Zeit"] als Bezeichnung des Eschatons vgl. 4Q180 13 (s. u.,
278).

[156] Zum traditionellen Charakter der Tugend– und Lasterkataloge s. o., 131; zur Verwen-
dung alttestamentlicher und frühjüdischer Motivik in den Tugend– und Lasterkatalogen der
Zwei–Geister–Lehre s. auch Wibbing, Tugend– und Lasterkataloge, 45–61, Roop, Society
Rule, 140–143 und Lichtenberger, Menschenbild, 132f.

[157] Vgl. Lichtenberger, Menschenbild (136): „einerseits haben sie [scil. die Tugend– und
Lasterkataloge] imperativischen Charakter, indem sie den Frommen das rechte Verhalten
aufzeigen, andererseits geben sie aber auch sichere Merkmale dafür, Fromme von Frevlern
zu unterscheiden."

der beiden unterschiedlichen Lebenshaltungen ist es nach der Überschrift des Abschnitts, den Menschen erkennen zu lassen (להאיר בלבב איש; IV₂),[158] damit er ein gerechtes Leben führe und sich vor dem Gericht Gottes erschrecke (IV₂f.).

Die Tugend– und Lasterkataloge angemessen zu analysieren, würde den Rahmen der vorliegenden Arbeit bei weitem sprengen und für die Frage nach dem Verhältnis von weisheitlicher Urordnung und präexistenter Geschichtsordnung wenig austragen, es sei daher auf die ausführlichen Arbeiten von Wibbing[159] und von der Osten–Sacken[160] verwiesen, die zeigen, daß in den Katalogen größtenteils traditionelles Material verwandt wird (s. auch o., 131). Lediglich der ungebrochen positive Gebrauch von שכל ובינה וחכמה גבורה (IV₃) sei hier erwähnt.[161] Der sonst in den Texten von Qumran seltene Gebrauch von חכמה[162] dürfte auf den traditionellen Charakter des Textes zurückzuführen sein. Von besonderem Interesse ist auch der Beginn des zweiten Tugendkataloges: ורוח דעת בכול מחשבת מעשה („und einen Geist des Erkennens in den ganzen Plan des Werkes"; IV₄). Aus der Tatsache, daß das Wissen um den Schöpfungsplan einen Tugendkatalog einleitet, darf geschlossen werden, daß erst dieses Wissen um die Ordnung von Schöpfung und Geschichte ein tugendhaftes Leben ermöglicht.

Sowohl die Tugendkataloge als auch der Lasterkatalog schließen mit Heils– bzw. Unheilsankündigungen. Die endzeitliche Überprüfung[163] derer, die in der Wahrhaftigkeit wandeln, geschieht zu ihrer Reinigung und zu ihrem Heil (IV₆₋₈). Man darf wohl von einer Eschatologisierung des weisheitlichen Tun–Ergehens–Zusammenhangs sprechen: Das eschatologische Heil gilt jenen, die in Wahrheit wandeln, das ihm korrespondierende eschatologische Unheil jenen, die in Finsternis und Frevel wandeln (IV₁₁₋₁₄).

Nachdem in III₁₈–IV₁ die dualistische Struktur von Gottes Plan geschildert wurde, dessen himmlische Antithese vom Geist des Lichts und dem Geist der Finsternis seine irdische Parallele in dem Gegenüber von Guten und Bösen hat, wurden in IV₂₋₁₄ die ethische Realisierung dieses Dualismus im Verhalten der Menschen geschildert, und die eschatologischen Konsequenzen des jeweiligen Verhaltens aufgezeigt.

---

[158] Der Gebrauch von לבב legt die epistemologische Interpretation des Infinitivs האיר nahe—das Herz ist in der hebr. Anthropologie Sitz der Ratio. Zum epistemologischen Gebrauch des Hi. der Wurzel אור vgl. auch 1QS II₃.

[159] Tugend– und Lasterkataloge, 45–64; vgl. die an die Ergebnisse Wibbings angelehnte Arbeit von Kamlah: Die Form der katalogischen Paränesen, 39–50.

[160] Gott und Belial, 150–158.

[161] Vgl. die Wendung ורוב אולת in IV₁₀.

[162] Zur Sache s. Küchler, Weisheitstraditionen, 89f.

[163] Zu פקודה als Überprüfung der Menschen durch Gott im endzeitlichen Gericht s. H. Stegemann, Textbestand, 113f.

*IV*₁₅₋₂₃: Während die präexistente Geschichtsordnung im vorhergehenden im Hinblick auf Kosmologie (III₁₈–IV₁) und Ethik (IV₂₋₁₄) geschildert wurde, wird sie jetzt bezüglich der drei in der Überschrift (III₁₃₋₁₅) genannten Punkte unter eschatologischen Gesichtspunkten erörtert. Dabei wird zunächst einmal aufgezeigt, warum die schon in IV₆₋₈ thematisierte eschatologische Reinigung der Gerechten notwendig ist (IV₁₅₋₁₈): Weil die Menschen nicht nur Teil entweder der Machtsphäre des Geistes des Lichts oder des Geistes der Finsternis sind, sondern weil diese Machtsphären in jedem Menschen jeweils anteilig vertreten sind, ist eine Reinigung der Gerechten von den in ihnen vorhandenen Teilen des Geistes der Finsternis unabdingbar.[164] Dabei deutet der zur Bezeichnung der Sphären der beiden Geister gewählte Begriff מפלג an, daß diese Aufteilung des Seins von Gott während oder vor der Schöpfung festgelegt wurde, wie es in den Zeilen III₁₅₋₁₈ geschildert wurde: „Unter Aufnahme alttestamentlicher Redeweise wird ferner verschiedentlich das Verb פלג (Pi.) (in den Texten von Qumran) gebraucht, um das einteilende, vorherbestimmende Schöpfungshandeln Gottes zu umschreiben. So kann der Begriff in S IV, 15ff. im Anschluß an die Vorstellung verwendet sein, daß ... auch das Geisterreich von Gott bei der Schöpfung eingeteilt und unterteilt worden ist."[165]

Alle Taten der Menschen geschehen gemäß ihren Anteilen an den Machtsphären der beiden Geister. Wie tugend– oder frevelhaft der Wandel eines Menschen ist, hängt von den mehr oder weniger großen Anteilen beider Geister in ihm ab (IV₁₆). Es ist eine *opinio communis* geworden, diese Aussagen der Zwei–Geister–Lehre von dem astrologischen Text 4Q186 her zu verstehen, ohne dabei jedoch eine Abhängigkeit des einen Textes von dem anderen anzunehmen. Es sei daher an dieser Stelle erlaubt, zur Sache lediglich eine jüngere Arbeit H. Stegemanns zu zitieren:

> Will man sich das hier Gemeinte vorstellungsmäßig erschließen, dann verhilft dazu am besten der sogenannte „Horoskop"–Text *4Q186*. Dort ist vorausgesetzt, daß jeder einzelne Mensch insgesamt 9 „Anteile" hat teils am „Haus des Lichtes" (ʙʏᴛ ʜʾᴡʀ), teils am „Sammelbecken der Finsternis" (ʙᴡʀ ḤḤᴡšᴋ), an jeder der beiden Größen aber mindestens 1 „Anteil". Bei einem besonders „Gerechten" wäre das „Mischungsverhältnis" dann 8 : 1, bei minder „Gerechten" 7 : 2; 6 : 3 oder 5: 4, während mit 4 : 5 bereits die überwiegend „Sündigen" beginnen bis hin zum ärgsten „Sünder" mit dem Mischungsverhältnis 1 : 8. Bei diesem System gewährleistet die *ungerade* Zahl 9, daß eine Parität nie zustandekommen kann, sondern immer eine der beiden Seiten das Übergewicht hat und somit stets die Zuordnung des

---

[164] Zu dieser Interpretation s. u. a. von der Osten-Sacken, Gott un Belial, 170–175.
[165] Von der Osten-Sacken, Gott und Belial, 171; als weitere Belegᴄ führt von der Osten-Sacken 1QHª V₃₀ (Ed. Suk. XIII₁₃) und IX₁₈.₂₀ (Ed. Suk. I₁₆.₁₈) an.

einzelnen Menschen zu derjenigen Grundkategorie, die bei ihm überwiegt, möglich ist.

In *1QS* III, 13–IV, 26 werden keine derartigen Zahlen genannt; doch lösen sich alle entsprechenden Verstehensprobleme zufriedenstellend, wenn man auch hier ein rechnerisches Grundmodell entsprechend dem von *4Q186* voraussetzt mit irgendeiner ungeraden Zahl als „Schlüssel"; diese sollte nicht zu niedrig angenommen werden, damit sich hinreichend viele verschiedene „Menschenklassen" oder „Menschentypen" ergeben, wie sie offenbar mit KWL BNY 'YŠ LKWL MYNY RWḤWTM B'WTWTM III, 13f in den Blick genommen worden sind. Ungerade Zahlen in der Größenordnung von mindestens 9 dürften aber für derartige Klassifizierungszwecke völlig hinreichen.[166]

Diese anteilige Verteilung der beiden Geister im Individuum ist ein Teil von Gottes Schöpfungshandeln und bleibt bis zum Eschaton in Geltung: כיא אל שמן בד בבד עד קץ אחרון („denn Gott hat sie anteilig eingesetzt bis zur letzten Epoche"; IV_{16f.}).[167] Beides, die Verteilung der beiden Geister im Individuum und die Geltungsdauer dieser Aufteilung, ist Teil der göttlichen Urordnung des Seins.[168] Bis zum Eschaton leben beide Geister innerhalb wie außerhalb des Menschen im Streit miteinander (IV_{17f.}).

In den Zeilen IV_{18–23} wird anschließend ausführlich geschildert, wie sich das Ende des Frevels, welches zur Beendigung der oben geschilderten Aufteilung der Welt und des einzelnen zwischen den beiden Geistern führt, vollzieht. Einleitend wird zunächst festgehalten, daß auch das Ende des Frevels von Gott in der präexistenten Ordnung der Welt festgelegt wurde, und daß er ihn demgemäß ausrotten werde:

ואל ברזי שכלו ובחכמת כבודו נתן קץ להיות עולה ובמועד פקודה
ישמידנה לעד פקודה ישמידנה לעד ואז תצא לנצח אמת תבל כיא
התגוללה בדרכי רשע בממשלת עולה עד מועד משפט נחרצה

> Und Gott hat in den Geheimnissen seiner Erkenntnis und der Weisheit seiner Herrlichkeit der Existenz des Frevels ein Ende gesetzt. Und am Termin der Heimsuchung wird er ihn für immer ausrotten, und dann wird die Wahrheit der Welt für immer hervorkommen, denn sie haben sich besudelt auf dem Weg des Frevels während der Herrschaft des Frevels bis zum beschlossenen Termin des Gerichts. (IV_{18–20})

Auffällig sind die verschiedenen Tempora dieser Einleitung. Das Perfekt (נתן; IV_{18}) kennzeichnet das Festsetzen des Endes des Frevels als ein

---

[166] H. Stegemann, Textbestand, 117f. (unter Bezug auf IV_{16} und IV_{23–26}). Vgl. auch von der Osten–Sacken, Gott und Belial, 186–189; G. Maier, Mensch und freier Wille, 252f. und Lichtenberger, Menschenbild, 142–148.

[167] Zu קץ אחרון als Bezeichnung der Endzeit s. u., 289.

[168] Zur Herkunft der Vorstellung aus den Verfasserkreisen von 4QSap A und Myst s. o., 129.

Geschehen der Vergangenheit. Einen genaueren Hinweis darauf, wann dieses Ende festgelegt wurde, gibt die Wendung ברזי שכלו: In III₂₃ wird betont, daß alle Frevel der Gerechten entsprechend der Geheimnisse Gottes geschähen (לפי רזי אל), womit ausgedrückt werden soll, daß auch die Frevel der Gerechten Teil der präexistenten Urordnung Gottes sind. Analog dazu dürften die רזי שכלו in IV₁₈ ebenfalls auf die Urordnung des Seins verweisen. Daß das eschatologische Ende des Frevels schon in der präexistenten Ordnung des Seins festgelegt wurde, zeigt auch das Temporaladverb במועד פקודה im folgenden Satz.¹⁶⁹ Das Imperfekt ישמידנה zeigt, daß dieser schon festgelegte Zeitpunkt der Vernichtung des Frevels für den Verfasser der Zwei–Geister–Lehre noch aussteht. Sie wird von Gott mit letztendlicher Gültigkeit (לעד) an dem von ihm festgelegten Zeitpunkt vollzogen. Dieser endzeitliche Sieg der Wahrheit und die ihm korrespondierende Vernichtung des Frevels realisiert sich in 1QS IV₁₉₋₂₃ als ein Erwählungs– und Reinigungsgeschehen.¹⁷⁰

Der Verlauf dieses Reinigungsgeschehens entspricht dem Verlauf der oben gegebenen Schilderung der Realisationsbereiche der beiden Geister:

a) „und dann wird die Wahrheit der Welt wird für immer hervorkommen" (IV₁₉, kosmische Ebene).

b) „Und dann wird Gott durch seine Wahrheit alle Werke der Menschen reinigen" (IV₂₀, ethische Ebene).

c) „und er wird sich (einige) von den Menschen reinigen, indem er allen Geist des Frevels aus den Blutbahnen ihres Fleisches heraus entfernt, und indem er sie mit dem Geist der Heiligkeit reinigt von allen frevelhaften Werken" (IV₂₀f., innermenschliche Ebene).

Schon die Textlänge weist darauf hin, daß die dritte Stufe die entscheidende ist. Das איש (וזקק לו מבני איש „und er wird sich (einige) von den Menschen reinigen"; IV₂₀) zeigt, daß sie als ein Erwählungsgeschehen verstanden wird: Während die vorhergehende Reinigung alle *Taten* der Menschen umfaßte, werden *aus den Menschen* nur einige wenige gereinigt. Dies geschieht, indem der Geist des Frevels in ihren Blutbahnen zerstört wird,¹⁷¹ und ihre frevelhaften Taten mit dem heiligen Geist Gottes gereinigt werden.

Der Zweck dieser endzeitlichen Reinigung ist epistemologischer Natur: Den durch die vollzogene Reinigung nun vollkommenen Erwählten

---

¹⁶⁹ מועד bezeichnet auch in 1QS III₂₃ solche in der präexistenten Ordnung des Seins festgelegte Zeitpunkte.

¹⁷⁰ Zur eschatologischen Reinigung vgl. auch 4QMidrEschatᵇ IX₉₋₁₁.

¹⁷¹ Zu תכמי בשרו vgl. Qimron, Skin Disease, 259: „Since in our fragment the evil spirit (which causes the skin disease) takes hold of the blood vessels, it appear that תכמים* means ‚blood vessels' or ‚blood'." Zum bei Qimron zitierten Text s. Baumgarten, Skin Disease; anders Nebe, Ableitungen, 219–223, der תכמי בשר mit „die Bindungen der Körperteile" (223) übersetzen will.

soll die Erkenntnis des Höchsten und die Weisheit der Himmelssöhne vermittelt werden. Die parallele Stellung von דעת עליון und חכמת בני שמים
(IV22) macht dabei deutlich, daß hier keinesfalls eine Gotteserkenntnis
gemeint sein kann, daß also עליון nicht als genitivus objectivus den Gegenstand der Erkenntnis, sondern als genitivus possesivus, analog den
בני שמים, den „Eigentümer" der im Eschaton den erwählten Gerechten
vermittelten Erkenntnis und Weisheit bezeichnet.

Das רזי שכלו וחכמת כבודו aus IV18 legt nahe, daß es sich bei dieser
Erkenntnis und Weisheit um die präexistente Geschichtsordnung handelt,
deren Kenntnis erst im Eschaton möglich ist,[172] da sie dem Menschen
vorher durch die ihm innewohnenden Finsternisanteile verborgen bleiben
mußte.[173]

Die Begründung für dieses eschatologische Heil ist dreifach: Es gibt
keinen Geist des Frevels mehr, um die Gerechten zum Frevel zu verführen
(ואין עולה יהיה לבושת כול מעשי רמיה; IV23), ihnen steht alle Herrlichkeit Adams zu (ולהם כול כבוד אדם; IV23) und sie sind zum ewigen
Bund erwählt (כיא בם בחר אל לברית עולמים; IV22). Das verheißene

---

[172] Daß hier eine Offenbarung der präexistenten Welt– und Geschichtsordnung gemeint
ist, darauf weist auch die Konstruktus–Verbindung חכמת בני שמים hin. בני שמים ist eine
andere Bezeichnung für jene als „Wächter" (עירים) bezeichneten Engelwesen, von denen
ein Teil, die sogenannten gefallenen Engel, nach dem Buch der Wächter geheimes Wissen
um die präexistente göttliche Ordnung von Welt und Geschichte den Menschen offenbarten
(äthHen 6–19; zur Sache s. den Exkurs zu „Engelfall und himmlische Geheimnisse", 109ff.).
Neben der schon analysierten Stelle 1Q27 1 I7 (s. o., 100) findet sich das Motiv einer
eschatologischen Offenbarung der Weisheit noch in äthHen 5,8; Jes 11,1–5 und dem text-
kritisch schwierigen Beleg Jes 33,6. An eine eschatologische Verwirklichung der im Buch
der Wächter als רז bezeichneten präexistenten Ordnung von Schöpfung und Geschichte
(s. o., 109ff.) könnte auch in äthHen 18,16 gedacht sein. Jedoch bezeugen die Handschriften
unterschiedliche Lesarten, und ein aramäisches Original ist an dieser Stelle nicht erhalten,
so daß keine Sicherheit bei der Lesung des Textes erreicht werden kann (zu den Varianten
s. Knibb, Bd. 2, 106). Auch die in IV Esr 5,9 thematisierte Verborgenheit der Weisheit in
den letzten Epochen vor dem Eschaton könnte auf eine eschatologische Offenbarung der
Weisheit hindeuten. 4Q534 1 I5–10 müßte, falls der Text, wie von Starcky (texte messianique,
64f.) und Carmignac (Horoscopes, 206f.) vorgeschlagen, messianisch zu interpretieren wäre,
auf eine eschatologische Offenbarung der Weisheit hin ausgelegt werden, jedoch beschreibt
der Text wohl Noah als Kind (so zuerst Fitzmyer, „Elect of God" Text, 354ff.370ff.), und
ist daher keinesfalls eschatologisch verstanden werden.
Eine eschatologische Bearbeitung eines weisheitlichen Textes ist auch in Koh 11,9b; 12,12–
14 (zweiter Epilogist) zu finden (s. die einschlägigen Kommentare), jedoch handelt es sich
lediglich um Hinweise auf das kommende Gericht, eine eschatologische Offenbarung der
weisheitlichen Urordnung findet sich hier nicht. Zur Diskussion um Koh 11,9b s. auch
jüngst Dell'Aversano, Qoh 11:9c, passim.
Ein weiterer Beleg für die Verbindung von Eschatologie und Weisheit mag in Sir 48,10
zu finden sein, wo auf die eschatologische Rolle Elijas angespielt wird (zur Sache s. Collins,
Works of the Messiah, 102–106), jedoch ist auch hier nicht von eschatologischer Verwirklichung der Weisheit die Rede.
[173] Dies erinnert an 4Q417 2 I17: Hier durfte das Buch der Erinnerung, welches die Urordnung des Seins enthielt, nicht dem Geist des Fleisches gegeben werden, da er nicht zwischen
Gut und Böse zu unterscheiden vermochte.

eschatologische Heil entspricht dem Heilszustand des Menschen vor dem Sündenfall (כבוד אדם).[174] Diese endzeitliche Herrlichkeit wird als Erwählung zum ewigen Bund beschrieben. Der Begriff ברית עולמים bindet die ethische Vollkommenheit der Erwählten des Eschatons an die Bundestheologie und die mit ihr verbundenen Bundesverpflichtungen. Ethische Vollkommenheit im Eschaton meint die vollkommene Erfüllung des Bundes. Die den erwählten Gerechten gegebene Weisheit, das Wissen um die präexistente Ordnung des Seins, ermöglicht die vollkommene Erfüllung des Bundes.[175] Diese eschatologische Interpretation des Bundesbegriffs in 1QS IV$_{22}$ wird durch das im Wortlaut leicht veränderte Zitat des Textes in CD II$_7$ bestätigt:

CD II$_7$ כי לא בחר אל בהם מקדם עולם

1QS IV$_{22}$ כיא בם בחר אל לברית עולמים

Daß das לברית עולמים von dem essenischen Verfasser der Damaskusschrift durch ein מקדם עולם ersetzt wurde, zeigt, daß er sich des eschatologischen Bundesbegriffs von 1QS IV$_{22}$ bewußt war, und sich daher gezwungen sah, den Text umzuinterpretieren.

Im vorletzten Abschnitt der Zwei–Geister–Lehre wird also einerseits geschildert, wie sich die dualistische Ordnung des Seins auf den einzelnen auswirkt: In ihm sind sowohl Licht als auch Finsternis jeweils in unterschiedlichen Gewichtungen vorhanden und bekämpfen einander. Auf diese Weise werden die Handlungen jedes Menschen von Licht und Finsternis bestimmt. Anderseits wird in diesem Abschnitt die Geltungsdauer und das Ende der präexistenten dualistischen Ordnung des Seins geschildert: Sie währt bis zum Eschaton. Zu Beginn des Eschatons wird der Frevel in Form eines Reinigungsgeschehens vernichtet werden. Einige Erwählte werden dabei völlig vom Frevel gereinigt werden, so daß ihnen die hier als Weisheit der Söhne des Himmels und als Erkenntnis des Höchsten bezeichnete präexistente Ordnung des Seins offenbart werden kann. Erst dann wird sich der Bund realisieren.

IV$_{23-26}$ hat resümierenden Charakter. Der Anschluß mit עד הנה zeigt, daß die vorangegangenen Ausführungen jetzt auf die Gegenwart bezogen werden. Diese Vermutung wird durch die von von der Osten–Sacken aufgezeigten chiastischen Verschränkungen des Schlußabschnitts mit IV$_{15ff.}$

---

[174] Sir 49,16 zeigt, daß in CD III$_{20}$ und 1QS IV$_{23}$ mit כבוד אדם die Herrlichkeit Adams im Paradies vor dem Sündenfall gemeint ist (vgl. Wernberg–Møller, Manual of Discipline, 87 Anm. 80).

[175] Es muß an dieser Stelle auf das Tempus hingewiesen werden, mit dem die Erwählung geschildert wird: Das Perfekt בחר zeigt an, daß sie, obwohl sie sich erst im Eschaton verwirklicht, in weit entfernter Vergangenheit stattgefunden hat. Die prädestinatianische Grundströmung der Zwei–Geister–Lehre legt nahe, daß diese Erwählung vor der Schöpfung geschah und Teil der präexistenten Seins– und Geschichtsordnung ist (ähnlich auch CD II$_{7f.}$).

ebenso bestätigt[176] wie durch die Anspielung auf III₁₅f. durch IV₂₅f.:
[עולמים] והוא ידע פעולת מעשיהן לכול קצי ("und um das Wirken ihrer
Werke [scil. der beiden Geister] in allen Epochen der [Ewigkeiten] wußte
er").[177]

Dieser letzte Abschnitt der Zwei–Geister–Lehre faßt also nicht nur
den Abschnitt IV₁₅₋₂₃ zusammen, sondern formuliert auch das Fazit des gesamten Textes: Bis zur eschatologischen Reinigung der Gerechten vom Frevel und der Ausrottung des Frevelgeistes im Gericht
(הפקודה [עד מועד] IV₂₆) liegen der Geist der Wahrheit und der Geist des
Frevels miteinander in einem Streit, der sich als Streit beider Geister im
Menschen realisiert (IV₂₄). Der Geist der Wahrheit wandelt in der Weisheit und der Geist des Frevels in der Torheit, und die Menschen handeln
gemäß ihren jeweiligen Anteilen an Licht und Finsternis. Dabei gilt es
zu beachten, daß nicht der Mensch in Weisheit oder Torheit wandelt,[178]
sondern die beiden Geister—für den Menschen gibt es die Weisheit erst
im Eschaton (s. IV₂₂). Der Gebrauch der Wendung יתהלכו בחכמה ואולת
entspricht der atl. Weisheit (vgl. z. B. Prov 28,26). Die Verwendung der
Wurzel הלך im *Hitpaʿel* zeigt, daß sowohl חכמה als auch אולת an dieser
Stelle der Zwei–Geister–Lehre als ethische Größen verstanden werden.
Weisheit entspricht ethisch dem Geist der Wahrheit und Torheit korrespondiert dem Geist des Frevels. Der Mensch ist so weise und töricht, so
gerecht und frevelhaft, wie es dem Verhältnis der Anteile des Geistes der
Wahrheit und des Geistes der Torheit in ihm entspricht.

Die Zeilen 25f. begründen diesen Sachverhalt zum einen schöpfungstheologisch und zum anderen eschatologisch: Das anteilige Verhältnis der
beiden Geister im Menschen ist Teil der Schöpfung und der ihr zugrundeliegenden Ordnung [כיא בד בבד שמן אל] ("denn zu gleichen Teilen hat Gott sie eingesetzt") IV₂₅]. Sie gilt bis zum Eschaton
[עד קץ נחרצה ועשות חדשה] ("bis zum beschlossenen Ende und zur neu-
en Schöpfung"; IV₂₅)]. Als Schöpfer der Urordnung und der Welt weiß
Gott um alle Taten der beiden Geister in allen Geschichtsepochen :והואה
[עולמים] ידע פעולת מעשיהן לכול קצי ("und er kennt die Taten ihrer
Werke in allen Epochen der Ewigkeit"; IV₂₅f.).[179] Zweck dieser Verteilung
der beiden Geister im Menschen ist es, daß jeder Mensch Gut und Böse
erkenne: [ורע] וינחילן לבני איש לדעת טוב ("und er hat sie den Menschen
zum Erbteil gegeben, damit sie Gut [und Böse] erkennen"; IV₂₆).

---

[176] Gott und Belial, 22ff.; vgl. auch die Gliederung (s. o., 143).
[177] Dieser Rückbezug auf III₁₅f. widerlegt von der Osten–Sackens These, daß 1QS IV₁₅₋₂₃a
und 1QS IV₂₃b₋₂₆ spätere Ergänzungen zu 1QS III₁₃–IV₁₄ seien (Gott und Belial, 17–27,
bes. 26f.), ebenso wie der glatte Anschluß von IV₂₃ff. an den vorhergehenden Text.
[178] Der Singular von גבר (IV₂₃) schließt das Wort als Subjekt von יתהלכו (IV₂₄) aus.
[179] Gemeint ist das aus der präexistenten Welt– und Geschichtsordnung stammende Wissen
Gottes um die Taten der Menschen.

Mit dieser Erkenntnis ist jedoch nicht das einfache Wissen um Gut und Böse gemeint. Der hier angetroffene Erkenntnisbegriff ist ähnlich wie jener in Prov 1,7 ethisch bestimmt.[180] Gutes und Böses erkennen, bedeutet gut und böse handeln. Wie in Prov 1,7 so ist auch in 1QS IV₂₆ „… Erkenntnis … nicht zerebral, sondern auf das (sittliche) Handeln ausgerichtet …".[181] Gemäß ihrer jeweiligen Geistanteile sind die Menschen gut oder böse. Hier wird ein schon in IV₂f. geäußerter Gedanke aufgenommen: Die Wege beider Geister, d. h. die ihnen zugehörigen Tugenden und Laster, dienen dazu, den Menschen erkennen und gerecht werden zu lassen.

Aber Gott hat dieses Gut– oder Böse–Sein der Menschen nicht nur in der präexistenten Welt– und Geschichtsordnung festgelegt, er erhält und bestätigt diesen Zustand bis zum Eschaton immer wieder aufs neue: כיא א]ל יפיל גורלות לכול חי לפי רוחו בו [עד מועד] הפקודה („[denn Gott] wirft die Lose für allen Lebens gemäß seinem Geist, [bis zum festgelegten Zeitpunkt] der Heimsuchung"; IV₂₆). Daß das Imperfekt יפיל durativ gebraucht ist,[182] belegt die Dauer der mit dem Verbum beschriebenen Handlung: Bis zum Eschaton bestimmt Gott immer wieder aufs neue das Schicksal eines jeden Lebewesens gemäß der in ihm enthaltenen Geistanteile und bestätigt und erhält auf diese Weise die von ihm einmal eingesetzte Ordnung.[183] Eine Interpretation, die durch 4Q181 1₅ bestätigt wird: Im Unterschied zu 1QS IV₂₆ wird dort in ähnlichem Zusammenhang das Perfekt Hi. des Verbums נפל gebraucht. Es soll ausgedrückt werden, daß von Gott schon vor Urzeiten festgelegt wurde, wer zur Gemeinschaft der Gerechten mit den Engeln gehört: איש לפי גורלו אשר הפ[י]ל לו („ein jeder gemäß seinem Los, das er [scil. Gott] für ihn geworfen hat").[184]

4.7 Das Verständnis der Zwei–Geister–Lehre im yaḥad

Einen Einblick, wie die Zwei–Geister–Lehre im *yaḥad* verstanden wurde, geben die äußeren Gliederungsmerkmale des Textes sowie seine Stellung in der Sammelhandschrift 1QS. Die äußeren Gliederungsmerkmale deu-

---

[180] Zu Prov 1,7 vgl. Lange, Weisheit und Torheit, 13f.

[181] Joachim Becker, Gottesfurcht, 218; mit Bezug auf Prov 1,7.

[182] So H. Stegemann, Textbestand, 120.

[183] Zur Auslegung s. H. Stegemann, Textbestand, 120. Die bildhafte Verwendung des Los-Werfens dürfte sich aus dem atl. Losorakel herleiten (s. z. B. Jon 1,7; Neh 10,34; 11,1; I Chr 24,31; 25,8). Zur Sache vgl. CD XX₄; 1QSb IV₂₆ und 4Q176 16₂.

[184] Der unterschiedliche Gebrauch der Tempora belegt, daß zwischen durativem Imperfekt (1QS IV₂₆) und durch das Perfekt ausgedrücktem Präteritum (4Q181 1₅) unterschieden wurde.

ten einen Textaufbau an, der sich an einigen Stellen deutlich von der oben auf Grund textimmanenter Gliederungskriterien erstellten Gliederung unterscheidet:[185]

A   III$_{13-15}$ *Überschrift*[186]

B   III$_{15-18}$ *Einleitender Schöpfungshymnus*[187]

C   III$_{18}$–IV$_1$ *Die zwei Geister der Menschen*[188]

D   IV$_{2-8}$ *Der Geist der Wahrheit*[189]

E   IV$_{9-14}$ *Der Geist des Frevels*[190]

F   IV$_{15-26}$ *Die Geister im Menschen*[191]

---

[185] Soweit vorhanden werden in der folgenden Gliederung auch die externen Gliederungssignale der Handschrift 4QS^c berücksichtigt.

[186] Die Zeile 13 ist durch ein großes *vacat* am Ende der Zeile 12 und ein kleines *vacat* zu Beginn der Zeile 13 und durch das → am Kolumnenrand als der Anfang eines neuen Abschnitts gekennzeichnet. Von dem vorhergehenden Text ist die Zwei–Geister–Lehre durch äußere Gliederungsmerkmale, etwa ein paläohebräisches *wāw* (vgl. 1QS V$_1$) oder einen mehrere Zeilen umfassenden Leerraum (vgl. das Ende der Kolumne XI), nicht getrennt, daher muß die Zwei–Geister–Lehre laut den Gliederungsmerkmalen der Sammelhandschrift 1QS als ein Teil der vorhergehenden Liturgie betrachtet werden.
Das Ende der Überschrift wird durch kein äußeres Gliederungsmerkmal markiert, jedoch ist dies in der Sammelhandschrift 1QS auch sonst nicht üblich (vgl. z. B. die Überschriften I$_{1-11}$ und V$_{1-3}$).

[187] Zwar findet sich in Zeile 18 kein *vacat*, dieses dürfte jedoch auf einen Schreibfehler zurückzuführen sein, denn das → am Kolumnenrand signalisiert anderenorts in der Handschrift 1QS einen Neueinsatz: Es findet sich in 1QS I–IV sonst in Verbindung mit einem *vacat*. Auch im weiteren Verlauf der Rolle ist das → zum größten Teil in Verbindung mit einem *vacat* belegt (zu III$_{18}$ vgl. Wegner, Creation Terminology, 9). Besonders deutlich wird die gliedernde Funktion des → an zwei Stellen eines jüngst erstmals veröffentlichten Textes (4Q477 2 II$_{5.9}$), wo das Zeichen nicht am Zeilenrand, sondern im *vacat* selbst steht (s. Eshel, Rebukes by the Overseer, 111.113).

[188] Ein → und ein *vacat* am Ende der Zeile IV$_1$ beenden den Abschnitt.

[189] Der Beginn des Abschnitts wird durch das *vacat* zu Beginn der Zeile IV$_2$ markiert, sein Ende durch das *vacat* in der Zeile IV$_8$ und das am Kolumnenrand unter die Zeile gesetzte →. Das kleine *vacat* in Zeile IV$_6$ ist in 4QS^c nicht belegt, es könnte sich um eine Eigenmächtigkeit des Schreibers oder eine nicht beschreibbare Stelle im Leder der Rolle handeln.

[100] Der Beginn des Abschnitts wird durch ein *vacat* in der Zeile IV$_9$ markiert, das Ende durch ein *vacat* ein Zeile IV$_{14}$ und ein → am Kolumnenrand unter der Zeile.

[191] Der Beginn des Abschnitts wird durch das *vacat* am Beginn der Zeile IV$_{15}$ markiert. Daß mit der Zeile V$_1$ ein neuer Abschnitt beginnt, zeigt das kleine *vacat* am Zeilenbeginn. Das paläohebräische *wāw* am rechten Kolumnenrand signalisiert den Beginn eines neuen Textes. Zur Identifikation des Zeichens s. Puech, Apocalypse messianique, 482 Anm. 5: „... le waw marginal ... devrait annoncer ce paragraphe ou une partie aprés correction." Für einen gliedernden Gebrauch des paläohebräischen *wāw* in 1QS V$_1$ spricht die Verwendung des Buchstabens in einigen paläohebräischen Bibelhandschriften von Qumran: Dort wird der Buchstabe, ähnlich wie das → in 1QS zur Markierung eines Absatzes benutzt. Anders als das → steht es jedoch nicht am Zeilenrand, sondern im *vacat* selbst. Für 1QS ist es aber extrem unwahrscheinlich, daß das paläohebräische *wāw* eine Absatz markiert (gegen Puech, Apocalypse messianique, 482), da diese Funktion hier schon von dem → erfüllt wird. Am

Indem in dieser Gliederung der Abschnitt IV$_{2-14}$ geteilt wird und den beiden Geistern jeweils eine eigene Texteinheit zugewiesen wird, wird der dualistische Aspekt der Zwei–Geister–Lehre stärker betont. Beide Abschnitte (IV$_{2-8}$ und IV$_{9-14}$) werden stärker auf die beiden Geister als auf die den Geistern zugeordneten Machtsphären und die ihnen zugehörigen Tugenden und Laster bezogen. Beide Abschnitte dienen in dieser Gliederung der Zwei–Geister–Lehre somit der Beschreibung der Machtbereiche der beiden Geister.

Stärker auf die beiden Geister und die Gegenwart wird auch das in der textimmanenten Gliederung aus zwei Absätzen bestehende Textstück IV$_{15-26}$ bezogen: Die eschatologische Spitze des Abschnitts (IV$_{19-23}$) wird durch den Gegenwartsbezug von IV$_{23-26}$ gemildert: Die eschatologische Passage (IV$_{18-23}$) stellt jetzt nicht mehr das Ende der Zwei–Geister–Lehre dar. Sie wird von dieser Gliederung vielmehr in zwei gegenwartsbezogene Textstücke eingebettet (IV$_{15-18}$ und IV$_{24-26}$). Da diese sich hauptsächlich mit den beiden Geistern beschäftigen, wird der letzte Absatz der Zwei–Geister–Lehre auf diese Weise gleichzeitig stärker auf den dualistischen Aspekt des Textes bezogen.

So wird die Zwei–Geister–Lehre durch die Gliederung der Sammelhandschrift 1QS von einer Beschreibung der Ordung von Sein und Geschichte zu einem dualistischen Text, der eine kosmische Auseinandersetzung zwischen dem Geist des Lichts und dem Geist der Finsternis schildert.

Einen weiteren Hinweis auf die essenische Interpretation der Zwei–Geister–Lehre gibt die Stellung des Textes in der Sammelhandschrift 1QS: Wie oben schon festgestellt wurde (s. o., 166), ist sie in 1QS, anders als beispielsweise 1QSa, kein eigenständiger Text, sondern ein Anhang an die Ausführungen zum Bundesfest (I$_1$–III$_{12}$). Wegen ihres katechetischen Charakters erscheint es wahrscheinlich, daß die Zwei–Geister–Lehre als Belehrung der Mitglieder des *yaḥad* im Anschluß an die Liturgie zum Bundesfest diente. Eine inhaltliche Verbindung zwischen beiden Texten ist durch die Reinigungsterminologie (1QS III$_{20-22}$ und 1QS III$_{4-9}$) und das Motiv des Bundes gegeben (1QS IV$_{22f.}$ und 1QS I$_{16.20.24}$; II$_{11f.18}$). Die Zwei–Geister–Lehre fungiert in der Sammelhandschrift 1QS als eine Erklärung für die Herkunft des Bösen,[192]

---

wahrscheinlichsten dürfte es daher sein, daß an dieser Stelle mit dem Buchstaben der Beginn eines neuen Werkes angezeigt werden soll. Dem widerspricht auch nicht, daß der Beginn von 1QSa und 1QSb nicht auf diese Weise markiert ist, da diese Texte hinlänglich durch mehrere Leerzeilen am jeweils vorhergehenden Kolumnenende als eigenständige Werke gekennzeichnet sind, was bei 1QS V$_{1ff.}$ wegen Platzmangel am Ende der vorhergehenden Kolumne IV nicht möglich war.

[192] So Lichtenberger, Menschenbild, 141ff., ohne jedoch zwischen der Adaption der Zwei–Geister–Lehre und ihrer ursprünglichen Bedeutung zu unterscheiden.

die zeigt, wieso eine Reinigung derjenigen, die in *yaḥad* und Bund eintreten, notwendig ist, und welche Bedeutung diese Reinigung hat.

Gleichzeitig stellt die Zwei–Geister–Lehre Eintritt und Mitgliedschaft in *yaḥad* und Bund[193] in einen prädestinatianischen Kontext: Wer in den Bund eintritt und wen Gott von der Sünde reinigt und rettet, ist schon in der präexistenten Seins– und Geschichtsordnung festgelegt.

Die stärkere Betonung des dualistischen Aspekts der Zwei–Geister–Lehre in der Rezeption des Textes durch den *yaḥad* dürfte auf das Selbstverständnis des *yaḥad* als heiliger Rest zurückzuführen sein, dem allein die Bundesverheißungen noch gelten, während das übrige Israel dem Frevel und der eschatologischen Vernichtung anheimgefallen ist.[194] H. Stegemann faßt es pointiert zusammen: „Im Korpus der Qumran-Schriften hat sie als Anhang zur Gemeinschaftsordnung [scil. 1QS I₁–III₁₂] einen guten Platz gefunden, weil sie deren Schlußteil plausibel machen kann: es entspricht dem Schöpferwillen Gottes, daß stets nur ein Teil der Menschen für den Beitritt zu den Essenern disponiert ist, andere aber trotz bester persönlicher Vorsätze es niemals schaffen können."[195]

4.8 Ergebnis

Es sollte gezeigt werden, daß die Zwei–Geister–Lehre von Form und Inhalt her zwar nicht zur Weisheit gerechnet werden kann, obwohl sie didaktischen Charakter hat, daß sie aber inhaltlich und sprachlich mit 4QSap A und Myst verwandt ist und die Aussagen dieser Texte weiterentwickelt. Insbesondere das Theologumenon von der eschatologischen Offenbarung der Weisheit erinnerte an Myst (1Q27 1 I₇f.). Es darf davon ausgegangen werden, daß die Zwei–Geister–Lehre in den Verfasserkreisen von Myst und 4QSap A entstanden ist. Vielleicht wurde sie zu einem etwas späteren Zeitpunkt und/oder von einem anderen Teil der sich in Myst und 4QSap A artikulierenden weisheitlichen Kreise verfaßt.

Neben der eschatologischen Offenbarung von Weisheit und Erkenntnis findet sich in der Zwei–Geister–Lehre auch anderenorts weisheitliche Begrifflichkeit und Motivik: III₁₃; IV₃.₄.₆.₁₀.₁₈.

Der Text will sich nach eigenen Angaben (III₁₃) mit der Geschichte der Menschen beschäftigen und die Menschen über sie belehren. Diese Geschichte ist laut dem einleitenden Hymnus der Zwei–Geister–Lehre durch einen von Gott schon vor der Schöpfung erstellten Plan bestimmt.

---

[193] Zur Unterscheidung von Eintritt in den *yaḥad* und Eintritt in den Bund in 1QS I₁–III₁₂ s. Lichtenberger/Stegemann, Theologie des Bundes, 136f.

[194] Zur prädestinatianisch dualistischen Verarbeitung der Zwei–Geister–Lehre durch den *yaḥad* s. auch die Auslegung von CD II₂ff. (s. u., 251).

[195] Essener, 156.

Dieses Motiv einer präexistenten Ordnung von Sein und Geschichte, nach der sich die Schöpfung vollzog und die Gott nach der Schöpfung lediglich noch aufrecht erhält, dürfte eine Umformung des Gedankens von der weisheitlichen Urordnung darstellen, wie sie sich auch schon in Myst und 4QSap A fand. In der Zwei—Geister—Lehre selbst sollen die Menschen über den Inhalt dieser Ordnung belehrt werden: Sie ist von einem Dualismus der sich kosmisch, ethisch und anthropologisch realisiert, geprägt. Die Welt wird von zwei Geistern regiert, dem Geist der Finsternis und dem Geist des Lichts. Beide Geister stehen in einem Kampf miteinander. In der Geschichte der Menschen entsprechen diesen beiden Geistern bestimmte ethische Verhaltensweisen positiver oder negativer Natur. Die Menschen selbst gehören aber nun nicht entweder zu dem Geist der Finsternis oder dem Geist des Lichts, sondern sind in sich wiederum zwischen den beiden Geistern aufgeteilt und immer beiden zugehörig, so daß der Kampf der beiden kosmischen Mächte auch in ihnen „tobt". Erst im Eschaton wird der Geist des Frevels vernichtet werden, und werden die Gerechten von ihren Frevelgeist-Anteilen gereinigt werden. Nach dieser Reinigung wird ihnen dann die himmlische Weisheit und Erkenntnis Gottes offenbart werden. Die Bezeichnung חכמת בני שמים legte nahe, daß es sich bei dieser eschatologischen Offenbarung der Weisheit um eine Offenbarung der präexistenten Seins- und Geschichtsordnung handelt. Daß Gott das eschatologische Ende des Frevels in den Geheimnissen seiner Einsicht und in seiner herrlichen Weisheit festgelegt hat, darf ebenfalls als ein Hinweis darauf gelten, daß dieses Ende Teil der präexistenten Seins- und Geschichtsordnung ist.

Es kann somit festgehalten werden, daß die Zwei—Geister—Lehre ein prädestinatianischer Text ist, dessen Anliegen es ist, die präexistente Ordnung von Sein und Geschichte darzustellen. Diese Ordnung umfaßte das Ganze der Geschichte von der Schöpfung bis zum Eschaton und ist insofern selbst geschichtlicher Natur. Das Handeln des Menschen ist in ihr ebenso festgelegt wie die dualistische Natur des Seins. Dieser Dualismus ist zwar kosmologisch, trägt aber in seiner Realisierung im Menschen und in der Geschichte ausschließlich ethische Gesichtzüge trägt. Die in der Zwei—Geister—Lehre gefundene Weiterentwicklung des Gedankens von der weisheitlichen Urordnung ist somit zwar noch ethisch aber im wesentlichen auch dualistisch und eschatologisch. Man darf also von einer Historisierung und Eschatologisierung des weisheitlichen Gedankes ausgehen. Auch in der Zwei—Geister—Lehre kann eine Erkenntnis dieser Ordnung nur durch Offenbarung erlangt werden. Ebenso wie in Myst und anders als in 4QSap A ist dieses Wissen um ihren Inhalt erst im Eschaton möglich.

Die vielfältige Verarbeitung der Zwei—Geister—Lehre in essenischen Texten zeigt, daß dieser Text für den *yaḥad* von großer Bedeutung war und daß seine Theologie und Weltsicht von der Zwei–Geister–Lehre geprägt worden sind.

Erste Hinweise darauf, wie der *yaḥad* die Zwei–Geister–Lehre verstand, fanden sich in der in 1QS vorgefundenen Gliederung des Textes sowie in seiner Stellung im Kontext: Der dualistische Charakter der Zwei–Geister–Lehre wurde noch stärker betont, während ihr eschatologischer Aspekt etwas in den Hintergrund trat. Jene zum Bund Erwählten, die im Eschaton das Wissen um die präexistente Seins– und Geschichtsordnung offenbart bekommen werden, wurden in der Rezeption der Zwei–Geister–Lehre durch den *yaḥad* zu den Mitgliedern des Bundes, den Vollmitgliedern der essenischen Gemeinschaft. Ihnen kann, beispielsweise durch den *maśkîl*, der Inhalt jener Seins– und Geschichtsordnung schon jetzt offenbart werden, sie sind die Erwählten, die allein übrigbleiben und beim Eintritt in den Bund vom Frevelgeist gereinigt werden.

KAPITEL 5

DIE SABBATLIEDER: 4Q402 4

5.1 Einleitung

Von den Sabbatliedern wurden in Qumran neun Handschriften gefunden, acht in Höhle 4 (4Q400–407)[1] und eine weitere in Höhle 11
(11QŠirŠabb).[2] Eine zehnte Handschrift fand Yadin 1963/64 bei seinen
Ausgrabungen auf der Massada (MasŠirŠabb).[3] Alle Handschriften sind
stark beschädigt. Größere zusammenhängende Textstücke sind nur von
4Q400, 4Q403, 4Q405 und MasŠirŠabb erhalten, jedoch können viele Passagen auf Grund von Textüberlappungen rekonstruiert werden. Die älteste Handschrift der Sabbatlieder ist ca. 75–50 v. Chr. entstanden (4Q400).[4]
Aus dieser Zeit stammt auch 4Q405 (ca. 50 v. Chr.).[5] Drei Rollen sind an
der Wende von der hasmonäischen zur herodianischen Schriftepoche abgeschrieben worden (ca. 25. v. Chr.; 4Q401, 4Q402, 4Q404).[6] Etwas später,
aber ebenfalls zu Beginn der herodianischen Schriftepoche, ist 4Q403 zu
datieren (25–1 v. Chr.).[7] Dem spätherodianischen Typus gehören dagegen 11QŠirŠabb (20–50 n. Chr.)[8] und MasŠirŠabb (50–73 n. Chr.)[9] an.
Die einzige Handschrift der Sabbatlieder, in der die Gottesbezeichnung
אלהים mit paläohebräischen Buchstaben geschrieben wird, ist 4Q406 (1₂

---

[1] Erste Teile der 4QŠirŠabb–Handschriften veröffentlichte J. Strugnell schon 1960 (Angelic Liturgy). Mit der endgültigen Edition des Materials wurde von ihm C. Newsom betraut,
ihre Publikation erfolgte 1985 (s. Songs of the Sabbath Sacrifice; der Band enthält neben den
4QŠirŠabb–Handschriften auch die auf Massada und in Höhle 11 gefundenen Kopien).

[2] Ihre Publikation erfolgte 1982 durch A. S. van der Woude 1982 (Lieder für das
Sabbatopfer).

[3] Eine kurze Beschreibung der Handschrift gab Yadin schon 1965 (s. Excavation of
Masada, 105–108); die endgültige Publikation des Fragments nahm er 1984 gemeinsam mit
Newsom vor (s. Yadin/Newsom, Masada Fragment).

[4] S. Newsom, Songs of the Sabbath Sacrifice, 86.

[5] S. Newsom, Songs of the Sabbath Sacrifice, 258f. In dieser Zeit dürfte auch die Handschrift 4Q407 anzusiedeln sein: „The hand appears to be a late Hasmonean formal hand with
semiformal traits, but too little material is preserved to undertake a full analysis" (a. a. O.,
359).

[6] S. Newsom, Songs of the Sabbath Sacrifice, 126, 147f., 249f.

[7] S. Newsom, Songs of the Sabbath Sacrifice, 186f.

[8] S. Newsom, Songs of the Sabbath Sacrifice, 363 und van der Woude, Lieder für das
Sabbatopfer, 313. Die Handschrift 4Q406 enthält zuwenig Text, als daß eine paläographische
Datierung möglich wäre (vgl. Newsom, Songs of the Sabbath Sacrifice, 355).

[9] S. Newsom, Songs of the Sabbath Sacrifice, 168 und Newsom/Yadin, Masada Fragment,
78.

und 3₂).[10] Die durch Newsom und Tov vorgenommene Analyse der Orthographie der verschiedenen in Qumran gefundenen Handschriften der Sabbatlieder legt es nahe, daß diese Handschriften vom *yaḥad* kopiert worden sind, läßt jedoch kein sicheres Urteil zu.[11] MasŠirŠabb scheint dagegen der von den masoretischen Handschriften des AT her bekannten Orthographie näher zu stehen,[12] jedoch kommen auch hier die aus Qumran bekannten Plene–Schreibungen (כול ,אלוהים ,כיא etc.) vor.[13]

Die große Zahl der in Qumran gefundenen Handschriften der Sabbatlieder zeigt, daß sie für die Essener von großer Bedeutung waren. Dies wird durch die Tatsache bestätigt, daß die Sabbatlieder in zwei vom *yaḥad* verfaßten Texten literarisch verarbeitet worden sind, nämlich in den Liedern des *maśkîl* (4Q510 und 4Q511) und in 4QBerakhot.[14] Der paläographische Befund zeigt, daß die Sabbatlieder in der frühherodianischen Schriftepoche (ca. 30–1 v. Chr.) vom *yaḥad* intensiver gelesen wurden als zu anderen Zeiten, da in dieser Zeit fast die Hälfte der in Qumran gefundenen Abschriften entstand.

Die Sabbatlieder bestehen aus 13 Liedern, die jeweils zum Sabbatopfer gesungen werden sollen (s. die Überschriften der einzelnen Lieder).[15] Jeder Liedanfang besteht, einem vorgegebenen Formular entsprechend, aus drei Elementen: „(1) למשכיל; (2) שיר עולת השבת; (3) a date formula of the type השבת הראישונה בארבעה לחודש הראישון (4Q400 1 i 1), though the ordinal for the month is optional (see 4Q403 1 i 30); (4) a call to praise beginning with הללו and followed by a direct object (an epithet for God) which may or may not be introduced by *lamed*, and a vocative (an angelic title)."[16] Auf diese erste Aufforderung zum Gotteslob folgt meist mindestens eine weitere Aufforderung, die jedoch nicht mehr einem so starken schematischen Zwang unterworfen ist.[17]

Der Inhalt der einzelnen Lieder ist unterschiedlicher Art und wird von einem das ganze Werk durchziehenden Kompositionsschema bestimmt:

> It is evident from changes in the content and style of the individual songs that the work is constructed according to a form that one might visualize as a pyramidal structure:

---

[10] S. Newsom, Songs of the Sabbath Sacrifice, 355.357.

[11] S. Newsom, Songs of the Sabbath Sacrifice, 85f., 125, 147, 185, 249, 258, 363; vgl. Tov, Orthography and Language, 52 und 57 Anm. 2.

[12] S. z. B. die Pronominalsuffixe ־ֹך, חו־, יו־, תי־, ־ָם, ־ָהם, ־יהם; ־תיהם, ־הם statt der sonst aus Qumran bekannten längeren Formen.

[13] Vgl. Newsom, Songs of the Sabbath Sacrifice, 167.

[14] Zur Sache s. Newsom, Literature from Qumran, 181.183f.

[15] Zu solchen beim Sabbatopfer gesungenen Liedern s. auch 11QPsᵃ XXVII₇; zum Singen von Liedern während des Opfers vgl. II Chr 29,27f. Zur Gattung s. Schwemer, Gott als König, 49–58.

[16] Newsom, Songs of the Sabbath Sacrifice, 6.

[17] Vgl. Newsom, Songs of the Sabbath Sacrifice, 6.

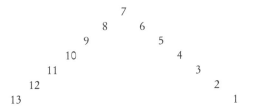

The first five Sabbath songs, though badly damaged, appear to concern the establishment, structure, and responsibilities of the angelic priesthood as well as accounts of their praise. There is some description of the eschatological battle to be waged by angelic forces, though this material is quite fragmentary. The style of the first portion of the work is discursive, rather parallelistic, and characterized by the occurence of numerous finite verb forms.

The sixth through the eighth songs form a clearly delineated central section. Stylistically, they are dominated by a variety of repetitious literary structures in which the number seven is prominently featured. The sixth and eighth songs are highly formulaic accounts of the praises of the seven chief and deputy princes of the angels. These two songs flank the central, seventh Sabbath song which summons to praise not only the angels but the heavenly temple itself.

The character of the ninth through the thirteenth songs is quite different from that of the preceding material, both in style and content. In these five songs ... there appears to be a systematic description of the heavenly temple, based in part on Ezek. 40–48 ... Very few finite verbs occur in the text. Instead, the style is dominated by nominal and participial sentences, extended with sequences of elaborate construct chains.[18]

Daß die Sabbatlieder aus 13 Liedern bestehen, gibt einen Hinweis auf den dem Text zugrunde liegenden Solarkalender: 13 Wochen entsprechen in diesem Kalender einem Vierteljahr (4 × 13 = 52 Wochen; 52 × 7 = 364 Tage). Strittig ist, ob die Sabbatlieder nur für die ersten 13 Sabbate des Jahres gedacht waren—hierfür spräche, daß in den erhaltenen Einleitungsformeln jeweils die Nummer des Sabbats (z. B. erster Sabbat), und das Datum des Sabbats (z. B. „am 4. des ersten Monats"; 4Q400 1 I$_1$) genannt werden[19]—oder ob es sich um einen Zyklus handelt, der vierteljährlich wiederholt wurde—es wird dann angenommen, „that the cultic setting of the *Songs* concerns the quarter of the year as a calendaric–cultic unit (t^{e}qûfah), the *Songs* being composed for the 13 sabbaths of each quarter or season."[20]

---

[18] Newsom, Human and Angelic Priesthood, 102f.

[19] So. z. B. Newsom, Songs of the Sabbath Sacrifice, 19.

[20] J. Maier, Shîrê ʿÔlat hash–Shabbat, 544. J. Maier begründet seine These u. a. mit der Tatsache, daß die Namen der Monate in den Liedüberschriften nicht genannt werden (a. a. O., 543f.). Das Fehlen von Monatsnamen spricht jedoch weder für noch gegen J. Maiers These,

Umstritten sind auch die Fragen nach Verfasser und Datierung der Sabbatlieder. Die Tatsache, daß sie einem Solarkalender folgen, kann die Verfasserfrage allein nicht entscheiden, da dieser Kalender auch in den Jubiläen und im Henochkreis verwendet wird. Newsom ging ursprünglich davon aus, daß Parallelen zu dem zweifellos essenischen Text 4QBerakhot und der an die Zwei–Geister–Lehre und die Lieder des *maśkîl* erinnernde Gebrauch von למשכיל in den Liedüberschriften für eine Abfassung der Sabbatlieder durch den *yaḥad* sprächen,[21] obwohl sich weder typisch essenisches Vokabular noch bestimmte Ereignisse oder Personen aus der Geschichte des *yaḥad* (z. B. der Lehrer der Gerechtigkeit), noch eine Polemik gegen am Jerusalemer Tempel geübte Praktiken in diesem Text finden. In einer späteren Arbeit revidiert Newsom diese These und hält die Sabbatlieder nun u. a. wegen des oben schon erwähnten Fehlens typisch essenischen Vokabulars für protoessenisch.[22] Der letztgenannten Position schließe ich mich an, da gegen eine essenische Abfassung der Sabbatlieder m. E. noch weitere Argumente ins Feld geführt werden können: Von allen nichtbiblischen Texten aus Qumran wurde auf der Massada, abgesehen von MasSir, lediglich eine Abschrift der Sabbatlieder gefunden, und gerade diese Kopie der Sabbatlieder verwendet nicht die sogenannte Qumranorthographie (s. o., 172). Ferner wird die in essenischen Texten meist vermieden Gottesbezeichung אלהים in den Sabbatliedern gerne und häufig verwendet.[23] Für einen essenischen Text ist weiter der in den Sabbatliedern häufige Gebrauch von אלהים als Bezeichnung von Engelwesen ungewöhnlich.[24] Auch wird in den in Qumran gefundenen Texten nur sehr selten von Gottes Königsherrschaft gesprochen. Einzige Ausnahme sind die Sabbatlieder.[25] Daß in den Überschriften aller Sabbatlieder angegeben wird, es handele sich um Lieder zum Sabbat*opfer*,

---

da sie in dem in Qumran bewahrten und befolgten Solarkalender wohl generell nicht üblich waren : „The Qumran community, in fact, clung to an ancient solar calendar, said to be of priestly origin, which did not normally use the Canaanite or Babylonian month–names, but simply numbered the months" (Fitzmyer, Responses, 85).

[21] Songs of the Sabbath Sacrifice, 1–4; vgl. z. B. auch dies., Human and Angelic Priesthood, 104; Strugnell, Angelic Liturgy, 318 und Yadin, Excavation of Masada, 106.

[22] Die Ähnlichkeiten der Sabbatlieder zu den Liedern des *maśkîl* und 4QBerakhot weisen ihrer Meinung nach auf eine Verarbeitung der Sabbatlieder in diesen Texten durch den *yaḥad* hin.

[23] Zur Sache s. Newsom, Literature from Qumran, 179–185. Vgl. auch H. Stegemann, Essener, 141f.; ähnlich auch J. Maier, Shîrê ʿÔlat hash–Shabbat, 559f., der die Sabbatlieder ursprünglich für eine essenische Überarbeitung eines älteren im Jerusalemer Tempelkult beheimateten Textes hielt (s. Vom Kultus zur Gnosis, 133).

[24] Zur Sache s. Davidson, Angels in Qumran, 248; Newsom, Songs of the Sabbath Sacrifice, 24. Eine Liste aller Belege für אלהים in der Bedeutung „Engel, Geister etc." findet sich bei Clines, Dictionary of Classical Hebrew, 286.

[25] Zur Sache vgl. Camponovo, Königtum, 259–306. Eine Belegliste und eine Analyse des Motivs in den Sabbatliedern findet sich bei Schwemer, Gott als König, passim (zur Sache s. auch Franzmann, Songs of the Sabbath Sacrifice, passim).

obwohl der *yaḥad* sich vom Jerusalemer Opferkult zurückgezogen hatte und nicht mehr an ihm teilnahm, dürfte ebenfalls gegen einen essenischen Ursprung der Sabbatlieder sprechen.[26]

Die Datierung der Sabbatlieder ist schwierig: „There is no internal evidence by which one might establish a date for the composition."[27] Newsom möchte in 4Q402 4₁₁ (par MasŠirŠabb I₁) eine Anspielung auf Sir 48,24f. sehen.[28] Eine solche Anspielung kann jedoch nur angenommen werden, wenn das Ende der Zeile I₁ in MasŠirŠabb mit Newsom als בנסתרות עד gelesen werden kann,[29] was nach der Rekonstruktion des Textes durch Qimron und Puech aber als widerlegt gelten darf.[30] Für die Ermittelung eines *terminus post quem* können daher nur sprachliche Kriterien herangezogen werden. An dieser Stelle darf auf eine längere Untersuchung Qimrons zum Hebräischen der Sabbatlieder verwiesen werden. Das Ergebnis faßt er wie folgt zusammen: „The language of *ShirShabb* is in general the same as that of the other DSS."[31] Der *terminus post quem* sollte also keinesfalls zu früh angesetzt werden: Der sprachliche Befund rät davon ab, die Sabbatlieder früher als in das 3. Jh. v. Chr. zu datieren. Der *terminus ante quem* ergibt sich aus dem oben referierten paläographischen Befund, und dürfte etwa zwischen 75 und 50 v. Chr. liegen.

Für die Frage nach Weisheit und Prädestination ist lediglich das fünfte Sabbatlied von Interesse, da sich nur dort prädestinatianisches Gedankengut findet. Der Text erinnert an 1QS III₁₅ff.; 1QH^a IX₂₁f. (Ed. Suk. I₁₉f.) und CD II₉f.[32] Reste des fünften Sabbatlieds sind in 4Q402 4 und MasŠirŠabb I₁₋₇ erhalten.[33]

---

[26] Zur Sache s. o., 14ff.; vgl. z. B. auch H. Stegemann, Essener, 242–245.

[27] Newsom, Songs of the Sabbath Sacrifice, 1.

[28] S. Newsom, Songs of the Sabbath Sacrifice, 159; vgl. Newsom/Yadin, Masada Fragment, 81.

[29] S. Newsom, Songs of the Sabbath Sacrifice, 168 und Newsom/Yadin, Masada Fragment, 81.

[30] Qimron, Review Article, 361; Puech, Notes, 576f.

[31] Review Article, 358.

[32] S. besonders das לפני היומם (4Q402 4₁₅).

[33] Newsom (Songs of the Sabbath Sacrifice, 8. 151) hält es für wahrscheinlich, daß auch 4Q402 2 und 3 I diesem Sabbatlied zuzurechnen sind, jedoch ist eine sichere Zuordnung nicht möglich. Aus diesem Grund wird hier auf eine Bearbeitung dieser Fragmente verzichtet. Zu 4Q402 3 s. auch Qimron, Review Article, 360.

5.2 Transkription

4Q402 4[34]

[...]ָֹֿם[...]	1
[...עת ד וִיפלג]ִים[...]	2
[... חֹ[וקי]כ[ִּ]בינתו חרת ח[וקי ...]	3
[...]ooo[...ת לוא]ב[היותו טמא[...]	4
[...]o[כֹּ]יה[ולוא יהֹיֹ[ו...]ִים ליחד	5
[...ִשי קדושים]ִשי קדו[תו] ודעת קדו[שי קדושים...]מכ[לכלי מחשבֹ[תו	6
[...]יהם מלחמת אלהים בק[...]	7
[...ת[חֹמוֹ[ל]כל[ִי מ[ל]כיא לאלוהי אלים [כל[ִוֹ	8
[...]אלוהים ירוצו לפקֹוֹ[תו] וקול המוֹ[ן...]	9
[...]אלהים במלחמת שחקים והיתֹהֹ[...]	10
[...מעשי חדשות פל[א[כֹ[ו]ל אלה עשה פל[א במזמת כבודו[35] בל	11
[...[36] כול דברי דעת]כיא מאלוהי דעת[37] נהיו כול [הוי עד ומדעתו	12
ומזמותיו היו כול תעודות עולמ[ִים עושה ראֹ[שונ]ות [לתעודותיהם[38]	13
ואחרונות	
למועדיהם ואין בידעים נגלי פלא [להבין לפני עֹ[שותו ובעשותו לא	14
ישכילו כול[	
קדושים[39] מה יזום כיא ממעשי כבודו ה[ִ]מֹה לפנֹי[ִ]מֹה לפנֹי[ ]מֹ[ה לפנֹיֹ[הִיותם ממחשבתו	15
vacat	

---

[34] Die Zeilenzählung richtet sich im folgenden, obwohl MasŠirŠabb I$_{1-7}$ besser erhalten ist, nach 4Q402 4, da dieses Fragment Reste von insgesamt 15 Textzeilen bietet, während sich in MasŠirŠabb I$_{1-7}$ lediglich die letzten fünf Zeilen von 4Q402 4 finden. Rekonstruktion und Transkription folgen Newsom (Songs of the Sabbath Sacrifice, 155). Die Textlücken wurden, soweit möglich, nach MasŠirŠabb I$_{1-7}$ ergänzt.

[35] In MasŠirŠabb I$_1$ können die Reste der Buchstaben 2–4 des hier als במזמת gelesenen Wortes mit Hilfe der CATT–Methode eindeutig als מזמ identifiziert werden. Dies legt analog zu 4Q402 3 II$_{13}$ ein במזמת כבודי nahe. Diese Transkription ist auch mit den erhaltenen Resten der übrigen Buchstaben vereinbar. So auch Qimron, Review Article, 362 (vgl. Puech, Notes, 577).

[36] Puech möchte die in MasŠirŠabb I$_2$ verbleibende Textlücke mit ישכילו אלה ergänzen (Notes, 577f.), was jedoch zu lang für den rekonstruierten Zeilenrand sein dürfte; Qimrons Vorschlag dagegen, nur ישכילו oder יבינו zu lesen (Review Article, 362), füllt den bis zum rekonstruierten Zeilenrand verbleibenden Platz nicht aus.

[37] Das Fehlen von כיא מאלוהי דעת in MasŠirŠabb I$_2$ dürfte auf eine Haplographie zurückzuführen sein; vgl. Newsom/Yadin, Masada Fragment, 79; Qimron, Review Article, 362 und Puech, Notes, 578.

[37] Qimron möchte statt לתעודו[תיהם ein לעתו[תי]הם lesen (Review Article, 362); Puech schlägt לע[תֹ]תיהם vor (Notes, 578–579).

[38] Rekonstruktion mit Puech, Notes, 580; zur Sache s. u., 183; Newsom schlägt in Anlehnung an Jes 64,4 עושי צדק vor (Songs of the Sabbath Sacrifice, 162; s. auch Newsom/Yadin, Masada Fragment, 82), Qimron möchte רוחי צדק lesen (Review Article, 362).

[39] Zu קדושים s. u., 183

5.3 Übersetzung

(1) [...]

(2) [...] und er teilte Erkenntnis zu [...]

(3) [... gemäß] seiner Einsicht meißelte er Ge[bote des ...] ein [...]

(4) [... wenn] er unrein ist[...] nicht [...]

(5) [...] und nicht werden [sie ...] gemeinsam [...]

(6) [... die ein]halten [seinen] Pla[n] und die Erkenntnis der Hei[ligsten ...]

(7) [...] Krieg Gottes [...]

(8) [...] denn dem Gott der Gottwesen gehören die K[r]ieg[sgerät]e [...]

(9) [...] Gottwesen eilen zu [seiner] Musterun[g][40] und der Lärm des Getümmels [...]

(10) [...]Gottwesen in der Schlacht der Wolken und sie wird sein[...]

(11) [...]neue wunder[bare] Werke. A[l]l diese Dinge hat er wunder[bar] gemacht [im Plan seiner Herrlichkeit, nicht]

(12) [... alle Worte der Erkenntnis,]denn durch den Gott der Erkenntnis entstehen alle [existierenden Dinge der Ewigkeit und durch seine Erkenntnis]

(13) [und seinen Plan sind alle festgelegten Zeiten der Ewigk]eiten. Er hat die frü[her]en Dinge [für ihre Zeiten] gemacht [und die späteren]

(14) [für ihre Epochen. Und keiner unter denen, die Kenntnis haben, vermochte[41] seine wunderbaren Offenbarungen] zu verstehen, bevor [er] sch[uf. Und als er schuf, konnten alle]

(15) [Heiligen nicht erfassen, was er plante, denn ein Teil der Werke seiner Herrlichkeit sind s]ie—bevor[sie existierten, waren sie (Teil) seines Planes. *vacat*]

5.4 Gliederung

Eine Analyse der Verwendung des *vacat*s in den verschiedenen Handschriften der Sabbatlieder ist wegen ihres schlechten Erhaltungszustands schwierig, da, von wenigen Ausnahmen abgesehen, das *vacat* bei Textüberlappungen in der jeweiligen Parallelhandschrift nicht erhalten geblieben ist. Jedoch darf als sicher angenommen werden, daß in den einzelnen Handschriften zumindest Beginn und Ende eines Liedes mit Hilfe des *vacat* markiert wurden: s. MasŠirŠabb I₇; 4Q403 1 I₂₉; 4Q403 1 II₁₆f. und 4Q405 20 II–22₆ par 11QŠirŠabb 3–4₇.

---

[40] Zur Übersetzung von פקודה mit „Musterung" s. Newsom, Songs of the Sabbath Sacrifice, 158; vgl. II Chr 26,11.

[41] Zum Gebrauch der Negation אין in den Texten von Qumran s. Carmignac, Négation, 407–411.

Das fünfte Sabbatlied ist zu stark beschädigt, als daß eine Gliederung
des Liedes an Hand äußerer oder innerer Gliederungsmerkmale möglich
wäre. Der Beginn des Liedes ist überhaupt nicht erhalten, und lediglich
der Text der letzten drei Zeilen kann vollständig rekonstruiert werden.
Das Ende des Liedes wird in MasŠirŠabb I7 durch ein *vacat* angezeigt.
Die in MasŠirŠabb I8 folgende Einleitungsformel markiert den Beginn
des 6. Sabbatliedes.

Da von den Zeilen 4Q402 4₁₋₆ jeweils nur noch wenige Worte vorhanden sind, ist für sie eine Gliederung unmöglich. Lediglich für die Zeilen
7–10 kann festgestellt werden, daß sie sich durch das gehäufte vorkommen
des Wortes מלחמה als ein eigenständiger Abschnitt des Liedes auszuwei-
sen scheinen, in dem eine Art himmlischer Krieg beschrieben wird.

Mit Zeile 11 scheint ein Lob des Schöpfergottes einzusetzen (כ[ו]ל אלה
stellt einen Neueinsatz dar), das sich bis zum Ende des Liedes durchzieht.
Dabei stellen die Zeilen 12–15, eingeleitet durch כיא (Zeile 12), eine Begründung für das in den Zeilen 11f. Gesagte dar.

5.5 Auslegung

Die von *4Q402 4₁₋₆* erhaltenen Worte deuten darauf hin, daß in diesem
Abschnitt des 5. Sabbatliedes das ordnende und einteilende Schöpfungshandeln Gottes und der Platz des Menschen in und sein Verhältnis zu der
von Gott geschaffenen Schöpfungsordnung thematisiert werden.

Das Verb פלג (Zeile 2) wird „unter Aufnahme alttestamentlicher Redeweise ... (in den Texten von Qumran) verschiedentlich ... gebraucht,
um das einteilende, vorherbestimmende Schöpfungshandeln Gottes zu
umschreiben"[42] [s. z. B. 1QHᵃ V30 (Ed. Suk. XIII13); IX18.20 (Ed. Suk.
I16.18); 4Q511 42₃; vgl. auch 1QS IV15ff.; 1QM X12].[43] Da פלג in den
genannten Belegen das schon vor der Schöpfung stattfindende einteilende und ordnende Schöpfungshandeln Gottes beschreibt, erscheint es
wahrscheinlich, daß mit dem ויפלג דעת im 5. Sabbatlied (4Q402 4₂)
ein schon vor der Schöpfung stattfindendes Zuteilen von Erkenntnis
gemeint ist. [...כ.[בּי]נתו חרת ח[וקי]⁴⁴ dürfte sich daher auf das Festlegen einer präexistenten Schöpfungsordnung beziehen. Hierfür spricht
neben den eindeutig prädestinatianischen Zeilen 4Q402 4₁₁₋₁₅ auch das
[... ח[ו]קי חרת: Andernorts wurde versucht nachzuweisen, daß das in Ex
32,16 das Aufzeichnen der Thora umschreibende Verbum in den Texten

---

[42] Von der Osten–Sacken, Gott und Belial, 171.

[43] Zu 1QHᵃ IX18.20 (Ed. Suk. I16.18) s. u., 220 und zu 1QS IV15ff. s. o., 159. In 4Q405 23 I7
bezeichnet das Nomen מפלג himmlische Abteilungen, ohne daß im Kontext die Schöpfung
thematisiert wird. פלג ist auch in 4Q402 3 II9 und 4Q509 5–65 belegt, jedoch sind die Texte
zu stark beschädigt, als daß sie Auskunft über den Gebrauch von פלג geben könnten.

[44] Zur Rekonstruktion s. Newsom, Songs of the Sabbath Sacrifice, 154.157.

von Qumran gerne das Einmeißeln der präexistenten Schöpfungs- und Geschichtsordnung auf den himmlischen Tafeln beschreibt.[45] Weiteren Aufschluß über diese im 5. Sabbatlied mit [... ח]וקי bezeichnete Ordnung geben die Zeilen 4Q400 1 I5.15:[46] Dort legt Gott für himmlische Engel- und Geistwesen Gebote fest (Zeile 5), die in Zeile 15 als [„Gebote der Heilig]keit" bezeichnet werden:

בעדה לכול אלי [דעת ובסודי כול רוחות |א]לוהים חרת חוקיו לכול
מעשי רוח ומשפטי [כבודו לכול מיסדי ד]עת עמבינות כבודו אלוהים
לקרובי דעת[47] vacat

In der Versammlung aller Gottwesen [der Erkenntnis und in den Versammlungen aller Geister] Gottes hat er seine Gebote für alle geistigen Geschöpfe eingemeißelt und die Gerichte [seiner Herrlichkeit für alle, die] Erkenntnis [begründen], das Volk, das Einsicht in seine Herrlichkeit besitzt, die Gottwesen, die sich der Erkenntnis nähern. (4Q400 1 I4–6)

חרת („einmeißeln") dürfte andeuten, daß die im 5. Sabbatlied gemeinte Ordnung auf den himmlischen Tafeln eingemeißelt wurde. [כ]בֿינתו („gemäß seiner Einsicht") stellt diese Ordnung in einen weisheitlichen Kontext. Subjekt des Satzes dürfte Gott selbst sein (vgl. 4Q400 1 I5 und 4Q417 2 I15). Mit [...ח]וקי חרת בֿינתו[כ...] dürfte daher in 4Q402 43 das Festlegen einer ethisch geprägten Schöpfungsordnung weisheitlichen Charakters durch Gott auf den himmlischen Tafeln gemeint sein.

In den Zeilen 4–6 wird anschließend wahrscheinlich der Mensch dieser göttlichen Schöpfungsordnung gegenübergestellt: Er ist „unrein" (טמא). [...מכ]לכלי מחשב[תו] könnte andeuten, daß der Mensch nicht in der Lage ist, Gottes Plan (מחשבה) zu erfassen: „The context does not favor reading the noun כלי plus the preposition *lamed*. Rather, one probably has a participial form of כלכל. The nuance is elusive. כלכל may mean ‚to contain, to sustain, to endure,' or even ‚to keep, observe' (Sir 43:3). The word does not seem to be attested elsewhere with the sense of mental comprehension (‚to contain' > ‚to comprehend'), though that would be a most fitting sense here. If such a meaning for כלכל could be established, one might supplement ואין and translate ‚and there is none who comprehends His intentions.' For a similar statement see lines 14–15 below."[48] Alternativ könnte מחשב[תו] auch als Bezeichnung der in den Zeilen 2f. thematisierten Schöpfungsordnung verstanden werden (vgl. z. B. 1QS III15f. und

---

[45] S. 4Q417 2 I14f. (s. o., 80); 1QHª IX25f. [Ed. Suk. I23f. (s. u., 224f.)]; 4Q180 13 (s. u., 280); vgl. auch den Exkurs „Die himmlischen Tafeln" (69ff.).

[46] 4Q405 23 II3 ist zu stark beschädigt, als daß es Aufschluß über den Gebrauch von חרת in den Sabbatliedern geben könnte.

[47] Zur Transkription s. Newsom, Songs of the Sabbath Sacrifice, 89.

[48] Newsom, Songs of the Sabbath Sacrifice, 158.

4Q417 2 I$_{12}$). Es würde dann gesagt werden, daß der Mensch Gottes
Schöpfungsordnung einhalte bzw. nicht einhalte. Leider ist der Text zu
stark beschädigt, als daß eine eindeutige Interpretation möglich wäre.

Die in den Zeilen *7–11* verwendeten Begriffe aus der Militärsprache
(מלחמה und פקודה[49]) deuten auf ein Kriegsszenario hin. Die Wendung
אלוהים ירוצו לפקו[דתו] („Gottwesen eilen zu [seiner] Musterung"; Zeile
9) könnte auf einen himmlischen Engelkrieg hinweisen,[50] was auch durch
במלחמת שחקים („im der Schlacht der Wolken") in Zeile 10 bestätigt
werden dürfte.[51] „The ‚wonderful new things' [scil. Zeile 11] would refer
to God's victory in the eschatological heavenly battle ..."[52]

Die Zeilen *2–11* umgreifen auf diese Weise einen Zeitraum, der mit
der Schöpfung beginnt und dem eschatologischen Krieg endet. Es könnte
sich um eine kurze Beschreibung von Sein und Geschichte handeln, die
bei der Schöpfung einsetzt und im Eschaton endet.

11: Mit כו[ו]ל אלה עשה פל[א במזמת כבודו] („A[l]l diese Dinge hat
er wunder[bar] gemacht im Plan seiner Herrlichkeit") beginnt ein neuer
Abschitt. אלה bezieht sich auf den im vorhergehenden geschilderten Gegenstand dieses Planes. Da sich in den Zeilen 2f. Schöpfungsterminologie
findet und in den Zeilen 7–11 der eschatologische Kampf thematisiert
wird, darf vermutet werden, daß das Ganze des Seins von der Schöpfung
bis zum Eschaton gemeint ist. מזמה ist in den Sabbatliedern zweifelsfrei
nur in dem stark beschädigten Textstück 4Q402 3 II$_{13}$ belegt. In den Texten von Qumran bezeichnet das Nomen gerne menschliche Pläne bzw.
Ränke oder die Ränke Belials [s. 1QS XI$_6$; 1QH^a X$_{18}$ (Ed. Suk. II$_{16}$); XII$_{22}$
(Ed. Suk. IV$_{21}$); XIII$_{12}$ (Ed. Suk. V$_{10}$); XVII$_{12}$ (Ed. Suk. IX$_{12}$); XVIII$_3$
(Ed. Suk. X$_1$); CD V$_{19}$]. In 4Q402 4$_{11}$ jedoch schließt das Suffix der dritten
Person sing. mask. (מזמת כבודו) diese Konnotationen aus: Mit dem Suffix ist Gott gemeint, so daß das מזמת כבודו nur einen von Gott erstellten
Plan meinen kann. Einen solchen Plan Gottes beschreiben in den prophetischen Texten des AT sowohl das Verbum זמם als auch das Nomen מזמה
(s. Jer 23,20; 30,24; 51,11f.; Sach 1,6; 8,14f.; vgl. Thr 2,17), wobei immer ein
konkretes und historisch greifbares Vorhaben Gottes gemeint ist. In Hiob
42,2 dagegen dürfte mit Gottes מזמה die in den vorhergehenden Gottesreden metaphorisch dargestellte Schöpfungsordnung gemeint sein. Eine
solche, der Schöpfung zugrundeliegende Ordnung wird auch in 4Q299 2

---

[49] Zu פקודה als „Musterung" s. Newsom, Songs of the Sabbath Sacrifice, 158.

[50] Zu אלהים als Bezeichnung himmlischer Engelwesen s. Newsom, Songs of the Sabbath
Sacrifice, 24 und Davidson, Angels at Qumran, 248.

[51] Ein solches Szenario könnte auch den Hintergrund für 4Q405 20 II–22$_{13f.}$ darstellen:
„There, however, the angels in their camps and units ... shout with praise at the appearance
of the chariot throne, while here the tumult is associated with battle" (Newsom, Songs of
the Sabbath Sacrifice, 159). Zur Interpretation der Zeilen 7–10 s. a. a. O. 158f.; Schwemer,
Gott als König, 85 und Davidson, Angels at Qumran, 246f.

[52] Newsom, Songs of the Sabbath Sacrifice, 159.

II₁₀ mit מזמה bezeichnet. Daß das מזמת כבודו in 4Q402 4₁₁ vor diesem Hintergrund zu verstehen ist, darauf weist zum einen der vorhergegangene Teil des 5. Sabbatliedes hin und zum anderen die Umschreibung von Gottes ordnendem Schöpfungshandeln mit dem Verb זמם in 4Q402 4₁₅ (zur Sache s. u., 184). Es soll somit in 4Q402 4₁₁ gesagt werden, daß Gott das Ganze des Seins in seiner geschichtlichen und räumlichen Ausdehnung mit Hilfe einer präexistenten Schöpfungsordnung geschaffen hat. Das zweite Glied des Verses ist leider nur noch in Bruchstücken erhalten und kann keinen weiteren Aufschluß geben. Die prädestinatianische Interpretation der ersten Vershälfte wird aber durch die Ausführungen des folgenden Abschnitts bestätigt:

Die Zeilen *12–15* geben eine Begründung [כיא (4₁₂)] für die Behauptung, Gott habe das Sein mit Hilfe der präexistenten Schöpfungsordnung geschaffen. Diese Begründung kann in vier im Parallelismus membrorum formulierte Verse unterteilt werden:[53]

a) denn durch den Gott der Erkenntnis entstehen alle [existierenden Dinge der Ewigkeit,
und durch seine Erkenntnis] (13) [und seinen Plan sind alle festgelegten Zeiten der Ewigk]eiten.

b) Er hat die frü[her]en Dinge [für ihre Zeiten] gemacht
[und die späteren] (14) [für ihre Epochen.

c) Und keiner unter denen, die Kenntnis haben, vermochte seine wunderbaren Offenbarungen] zu verstehen, bevor [er] sch[uf.
Und als er schuf, konnten alle] (15) [Heiligen nicht erfassen, was er plante,

d) denn ein Teil der Werke seiner Herrlichkeit sind s]ie—bevor[sie existierten, waren sie (Teil) seines Planes].

Bei der Gottesbezeichnung אלוהי דעת (Zeile 12) handelt es sich um eine leicht abgewandelte Form[54] des in den Texten von Qumran häufiger begegnenden אל הדעות. Diese Konstruktus–Verbindung ist erstmals in einer noch in der 𝔊 erhaltenen Lesart zu I Sam 2,3 belegt.[55] In den Texten von Qumran wird die Konstruktus–Verbindung אל הדעות häufig als Bezeichnung des Schöpfergottes, der die Ordnung von Sein und Geschichte festlegt, verwendet: 1QS III₁₅; 1QHᵃ IX₂₈ (Ed. Suk. I₂₆); XX₁₃ (Ed. Suk. XII₁₀); XXII₃₄ (Ed. Suk. 4₁₅); 4Q417 2 I₈ par 4Q418 43₆; 4Q504 44.[56] Insbesondere die starke Ähnlichkeit von 4Q402 4₁₂ mit 1QS III₁₅f.

---

[53] Zur Sache s. Newsom, Songs of the Sabbath Sacrifice, 160; eine andere Gliederung schlägt Segert vor (Poetic Structures, 218).

[54] So auch in 4Q400 2₈ und 4Q401 11₂ belegt; vgl. auch אלוהי דעות (4Q510 1₂ und 4Q511 17f.).

[55] Zur Sache s. o., 150 und Wegner, Creation Terminology, 35–37; Jürgen Becker, Heil Gottes, 85 Anm. 2; von der Osten–Sacken, Gott und Belial, 124 und Sacchi, 1QS, III, 15.

[56] Vgl. Jürgen Becker, Heil Gottes, 85 Anm. 2. In 4Q418 55₅ dürfte mit אל הדעות ebenfalls der Schöpfergott gemeint sein, jedoch erlauben die Textbeschädigungen kein sicheres Urteil.

sowie der schöpfungstheologische Charakter des Kontexts legt es nahe, daß אלוהי דעת auch im 5. Sabbatlied den ordnenden und einteilenden Schöpfergott bezeichnet. Was durch diesen Gott der Erkenntnis entsteht, wird mit den Wendungen כול [הוי עד] („alle [existierenden Dinge der Ewigkeit]") und כול תעודות עולמ[י]ם („alle תעודות der Ewigkeiten") umschrieben. „In BH, תעודה derived from the root עוד and means ‚testimony, attestation' or the like. In DSS Hebrew, תעודה acquired quite different meanings, corresponding to the root יעד ..."[57] Nach einer Untersuchung aller bis 1974 bekannten Belege des Nomens in den Texten von Qumran kommt schon Wegner zu einer überzeugenden Interpretation des Nomens „... as a term which is used in the Qumran texts as a designation of prescribed or predetermined time ..."[58] In diesem Zusammenhang sind wohl auch die von Baillet (Grotte 4, 24) und Newsom (Songs of the Sabbath Sacrifice, 161) angeführten Belege 1QM XIV$_{13}$ par 4QM^a 8–10 I$_{11}$ und 4Q510 16f. zu verstehen: In 1QM XIV$_{13}$ wird תעודות parallel zu כול עתים gebraucht und bezeichnet somit wohl geschichtliche Epochen. In 4Q510 16f. entspricht תעודות תעניח בני או[ר] („die תעודות der Demütigung der Söhne des Lich[ts]") dem vorhergehenden בקץ ממשל[ת] רשעה („in der Epoche der Herrschaft des Frevels"). Da תעודות עלמים im 5. Sabbatlied wegen des parallelen „alles, was in der Ewigkeit existiert" nicht einige in der präexistenten Schöpfungsordnung festgelegte Zeitpunkte meinen kann, dürfte es hier die schon in der Schöpfungsordnung festgesetzten Epochen der Geschichte bezeichnen. Somit wird gesagt, vom Gott der Erkenntnis her sei alles Sein entstanden und alle Epochen der Geschichte seien aus seiner Erkenntnis und aus seinem Plan geworden. Auffällig ist, daß für diese Aussage kein Vollverb, sondern lediglich eine Form von היה verwendet wird. Dies zeigt, daß die Schöpfung sich nach der Meinung des Verfassers des Liedes sozusagen „automatisch" vollzog, nachdem ihr Plan einmal erstellt war. Die weisheitliche Herkunft dieses Denkens wird durch die Verwendung des Nomens דעת deutlich. Anders als in der Weisheit umfaßt die hier gemeinte präexistente Seinsordnung jedoch nicht nur Ethisches und Kosmologisches. Vielmehr zeigt sich in תעודות עולמים, daß diese Ordnung in den Sabbatliedern auch eine historische Komponte hat, die in Epochen eingeteilte Geschichte der Welt.

In 4Q400 2$_8$; 4Q401 11$_2$ und 4Q405 23 II$_{12}$ findet sich die Gottesbezeichnung אלוהי דעת ebenfalls, jedoch läßt der Kontext bei diesen Belegen keine Rückschlüsse auf eine Verbindung dieses Gottesnamens mit Schöpfungsordnung und Prädestination zu. Zu stark beschädigt, um für die Untersuchung von Nutzen sein zu können, sind 4Q299 32$_1$; 69$_3$; 4Q379 22 I$_6$. Zur Gottesbezeichnung אל הדעות s. o., 129.

[57] Qimron, Hebrew of the Dead Sea Scrolls, 115; vgl. auch ders., Review Article, 357; Newsom/Yadin, Masada Fragment, 81f. und Dombrowski, Meaning, 569.

[58] Creation Terminology, 67; zur Sache vgl. auch von der Osten–Sacken, Gott und Belial, 21.

Diese Interpretation findet im folgenden Vers ihre Bestätigung: [למועדיהם ואחרונות לתעודותיהם] שונ[ראי עושה ("Er hat die frü[her]en Dinge [für ihre Zeiten] gemacht [und die späteren für ihre Epochen"; Zeile 13f.). Der Merismus שונ[ות]ראי ... ואחרונות beschreibt das Ganze des Seins.[59] Alle Teile dieses Seins hat Gott für eine ihnen zuvor zugeteilte Epoche der Geschichte geschaffen (למועדיהם ... לתעודותיהם).[60]

Für das Verständnis des vorletzten Verses des 5. Sabbatliedes (14f.) sind die Worte קדושים ,בידעים und יזם von ebenso zentraler Bedeutung wie das לפני עשותו bzw. בעשותו. Laut Newsom (Songs of the Sabbath Sacrifice, 27) sind mit ידעים (Zeile 14) Engel gemeint. Dies wird durch die Tatsache bestätigt, daß das Partizip Plural Qal der Wurzel ידע in den Sabbatliedern durchgehend als Bezeichnung himmlischer Wesen verwendet wird [4Q400 2₉; 4Q400 3 II₅; 4Q403 1 I₁₁ par 4Q405 3 II₁; 4Q403 1 I₁₉ par 4Q405 3 II₉ und 4Q403 1 II₁₉f. par 4Q405 8–9₃f.; vgl. auch 1QHᵃ XIX₁₇ (Ed. Suk. XI₁₄)].[61] Daß ידעים auch in 4Q402 4₁₅ Engel bezeichnet, darauf weist die Bemerkung hin, die ידעים hätten schon existiert, „bevor er schuf" (לפני עושתו), also vor der Schöpfung, was im Frühjudentum nur auf Engel zutreffen kann. לפני עשותו ist intransitiv zu verstehen. Andernfalls müßten als Objekt für das עשה die „wunderbaren Offenbarungen" (נגלי פלא) angenommen werden. Dies ergibt jedoch keinen Sinn, da Offenbarungen nicht geschaffen, sondern gegeben werden. Der synonyme Parallelismus der beiden Versglieder[62] legt es nahe, daß es sich bei dem weder in MasŠirŠabb I₆ noch in 4Q402 4₁₅ erhaltenen Subjekt von ישכילו ebenfalls um Engelwesen handelt. Puech führt überzeugend aus (s. Notes, 580), daß die vom letzten Buchstaben des Subjektes in MasŠirŠabb erhaltenen Reste sowohl von einem ק als auch von einem ם stammen können. Er schlägt daher vor, das in den Sabbatliedern häufig als Bezeichnung von Engeln gebrauchte ם[שי]קדו zu rekonstruieren.[63]

---

[59] Zur Beschreibung von Anfangs– und Endpunkt einer Sache mit ראשנים ... אחרונים s. z. B. die im chronistischen Geschichtswerk häufig verwandte Formel הראשנים והאחרונים (I Chr 29,29; II Chr 9,29; 12,15; 16,11; 20,34; 25,26; 26,22; 28,26; 35,27); auf geschichtliche Zeiträume bezogen findet sich die Formel auch in Jes 41,4.22 und Koh 1,11. Newsom (Songs of the Sabbath Sacrifice, 161; vgl. auch Newsom/Yadin, Masada Fragment, 81) möchte in dem Merismus eine Anspielung auf Jes 41,4 sehen, jedoch dürfte die im AT weit verbreitete Antithese allein nicht hinreichen, um eine solche Anspielung annehmen zu können.

[60] Der für diese Interpretation notwendige Bezug der beiden maskulinen Suffixe היהם– auf die feminina שונ[ות]ראי und אחרונות entspricht dem Sprachgebrauch in Qumran: „The use of the plural suffix היהם– to refer to a feminine antecedent is well attested in Qumran literature" Newsom/Yadin, Masada Fragment, 82.

[61] Die Belege 4Q401 17₄ und 4Q401 35₁ sind zu beschädigt, als daß sie zur Analyse der Verwendung des Part. Qal von ידע in den Sabbatliedern beitragen könnten.

[62] In beiden Halbversen werden in den Hauptsätzen jeweils negierte Erkenntnisprozesse beschrieben [לבין אין und לא ישכילו (Zeile 14)], was auf einen synonymen Parallelismus membrorum schließen läßt.

Was diese Engelwesen nicht zu verstehen vermögen, was also der Inhalt
der wunderbaren Offenbarungen ist, wird mit dem Verb זמם umschrieben. In den bislang veröffentlichten Texten von Qumran ist es, abgesehen
vom 5. Sabbatlied, nie in Bezug auf Gott belegt, sondern umschreibt immer menschliche Pläne und Ränke bzw. die Ränke Belials [s. z. B. 1QpHab
XII₆; 1QHᵃ XII₁₁.₂₇ (Ed. Suk. IV₁₀.₂₆); XVII₂₀ (Ed. Suk IX₂₀); XVIII₇
(Ed. Suk. X₅); 4QpPsᵃ 1–10 II₁₅ und 11QTempᵃ LXI₁₀]. Dem entspricht
der Gebrauch des Nomens מזמה weitgehend (s. o., 180). In den prophetischen Texten des AT dagegen kann das Verb זמם ebenso das Planen Gottes
bezeichen (Jer 51,12; Sach 1,6; 8,14f.; vgl. Thr 2,17) wie das Nomen מזמה
(Jer 23,20; 30,24; 51,11; Hiob 42,2). Mit Ausnahme von Hiob 42,2 ist dabei
immer ein konkretes historisches Vorhaben Gottes gemeint. In Hiob 42,2
dagegen faßt Hiob mit dem Satz יָדַעְתִּי כִּי־כֹל תּוּכָל וְלֹא־יִבָּצֵר מִמְּךָ מְזִמָּה
(„Ich habe erkannt, daß du alles vermagst und daß dir bezüglich des Planes nichts unmöglich ist") die vorangegangenen Gottesreden zusammen.
מְזִמָּה umschreibt dort somit die in den Kapiteln 38ff. ausführlich dargestellte Schöpfungsordnung. Daß ein solcher Gebrauch des Nomens מזמה
kein Proprium der Gottesreden des Hiobbuches ist, zeigt 4Q299 2 II₁₀:
Auch dort bezeichnet das Wort die präexistente Schöpfungsordnung. Da
im 5. Sabbatlied im unmittelbaren Kontext des מה יזום das prädestinierende Schöpfungshandeln Gottes geschildert wird (4Q402 4₁₂ff.), dürfte זמם
somit auch dort das planende und ordnende Schöpfungshandeln Gottes
umschreiben. Der Vers soll also die Verborgenheit und Unverständlich-
keit der Schöpfungsordnung ausdrücken: Selbst Engel konnten sie nicht
verstehen, bevor die Schöpfung selbst ins Leben trat: „The present passage
is merely a highly rhetorical expression of the vast gulf between divine
knowledge and creaturely knowledge …"[64]

Das כיא (Zeile 15) kennzeichnet den letzten Vers des 5. Sabbatliedes
als Begründung dieser Aussage. Zentral für das Verständnis des Verses ist
die Frage, wer mit dem Pronomen המה und dem Suffix von היותם gemeint
ist. Bezögen sich Pronomen und Suffix auf die Engelwesen des vorhergegangenen Verses, würde dies bedeuten, daß die Erkenntnisunfähigkeit
der schon vor der Schöpfung existierenden Engel damit begründet würde,
daß sie vor der Schopfung noch nicht existiert hätten—ein Widerspruch
in sich. Es ist daher mit Newsom festzuhalten: „The pronoun המה and
the suffix on היותם … refer to the predetermined events of lines 12–14
rather than to the ידעים."[65] Das מן beschreibt hier nicht den Ursprung

---

[63] Notes, 580; zu קדושים als Bezeichnung von Engeln in den Sabbatliedern s. Newsom, Songs of the Sabbath Sacrifice, 24f. und Davidson, Angels at Qumran, 247.341. New-
som/Yadin rekonstruieren statt dessen in Anlehnung an Jes 64,4 עושי צדק („die Gerechtigkeit tun"; Masada Fragment, 82).

[64] Newsom, Songs of the Sabbath Sacrifice, 162.

[65] Songs of the Sabbath Sacrifice, 162; vgl. auch Newsom/Yadin, Masada Fragment, 82.

der vorherbestimmten Dinge [so z. B. in der Wendung מאלוהי דעת („vom Gott der Erkenntnis"; Zeile 12)] sondern ist partitiv gebraucht und benennt jene Größe, deren Teil die vorherbestimmten Ereignisse sind.[66] Die Konstruktus–Verbindung מעשי כבודו („die Werke seiner Herrlichkeit"; Zeile 15) meint in den Sabbatliedern, wie 4Q405 23 II$_{12}$ zeigt, die Schöpfungswerke Gottes. מחשבה ist daher, wie auch in 4Q417 2 I$_{12}$ und 1QS III$_{15}$, als eine Bezeichnung des Schöpfung und Geschichte zugrundeliegenden Planes Gottes zu interpretieren.[67] Auf diese Weise wird dargelegt, daß auch die Engel lediglich Werke Gottes sind und nicht über der Schöpfungsordnung stehen, obwohl sie schon vor der Schöpfung existierten. Weil dies so ist, vermochten sie den Plan der Schöpfung, die dem Sein zugrundeliegende Ordnung, nicht zu verstehen, bevor Gott ihn verwirklichte.

5.6 Ergebnis

In den erhaltenen Textresten des 5. Sabbatliedes wird Gottes Schöpfungshandeln als ein Einteilen und Ordnen beschrieben. Dieses ordnende Schöpfungshandeln Gottes erstreckt sich nicht allein auf Ethik (חוק Zeile 3) und Kosmos, sondern bezieht auch die Geschichte mit ein. Dies wird deutlich, wenn in 4Q402 4$_{11}$ über den im vorhergehenden mit dem Merismus Schöpfung und eschatologischer Krieg umrissene Zeitraum gesagt wird, Gott habe dies alles mit dem Plan seiner Herrlichkeit geschaffen. Diese geschichtliche Ordnung besteht in der Zuordnung einzelner Schöpfungswerke und geschichtlicher Ereignisse (z. B. des eschatologischen Krieges) zu bestimmten Geschichtsepochen (Zeile 13). לפני היותם ממחשבתו [„bevor sie existierten, waren sie (Teil) seines Planes"] aus Zeile 15 zeigt, daß es sich um eine präexistente Schöpfungs– und Geschichtsordnung handelt. Schon vor der Schöpfung hat Gott die einzelnen Schöpfungswerke und geschichtlichen Ereignisse bestimmten Geschichtsepochen zugeordnet. Es scheint weiterhin wahrscheinlich, daß zu Beginn des erhaltenen Teils des 5. Sabbatlieds geschildert wird, wie Gott diese Ordnung auf den himmlischen Tafeln festhielt (s. Zeile 2). Die Textbeschädigungen lassen hierüber jedoch kein sicheres Urteil zu. Die schon erwähnte Schilderung des eschatologischen Krieges macht es außerdem wahrscheinlich, daß die im 5. Sabbatlied thematisierte präexistente Ordnung von Sein und Geschichte dualistischer Natur ist. Der weisheitliche Ursprung dieser Vorstellung von einer präexistenten Schöpfungs– und

---

[66] Zu partitivem מן s. HAL³, 566.
[67] In dieser Bedeutung ist מחשבה in 1QS IV$_4$; 1QM XIII$_2$; 1QM XIV$_{14}$ par 4Q491 8–10 I$_{13}$ und evtl. in dem stark beschädigten Text 4Q503 51–55$_{13}$ belegt. Zur Sache vgl. auch o., 66; 152f.).

Geschichtsordnung im 5. Sabbatlied zeigt sich darin, daß betont wird, Gott habe diese Ordnung gemäß bzw. mit Hilfe seiner בינה ("Einsicht"; Zeile 3) erstellt und durch seine דעת ("Erkenntnis"; Zeile 12f.) seien die Epochen der Geschichte entstanden. Ferner spricht für den weisheitlichen Ursprung dieser Vorstellung, daß Gott als Ursprung dieser Schöpfungsordnung als der Gott der Erkenntnis bezeichnet wird. Sollte die vorgeschlagene Interpretation der Zeile 3 stimmig sein, fände sich somit auch im 5. Sabbatlied eine Verbindung des Mythologumenons der himmlischen Tafeln mit der Vorstellung von einer präexistenten Schöpfungs- und Geschichtsordnung.

Neben dieser Historisierung der weisheitlichen Vorstellung von einer urzeitlichen Schöpfungsordnung findet sich im 5. Sabbatlied noch ein zweiter wesentlicher Unterschied zum weisheitlichen Theologumenon: Es wird betont, daß noch nicht einmal die Engel in der Lage seien, die präexistente Seins- und Geschichtsordnung zu verstehen. In der Weisheit dagegen ist die postulierte Schöpfungsordnung jedem Weisen zugänglich. Nicht die Frage, ob sie erkannt werden kann, ist dort ausschlaggebend sondern, ob man sich ihr gemäß verhält oder nicht. Daß betont wird, nicht einmal die Engel seien aus eigener Kraft in der Lage gewesen, die Ordnung zu verstehen, ist um so bemerkenswerter, als in der frühjüdischen Literatur gerade die Engel Träger besonderer Weisheit und eines Wissens um die präexistente Welt und Geschichtsordnung sind. Es kann hier auf den Exkurs „Engelfall und himmlische Geheimnisse" verwiesen werden (s. o., 109ff.).[68]

---

[68] Die Verwendung der Vokabel מחשבה als Bezeichnung der präexistenten Schöpfungs- und Geschichtsordnung erinnert zwar ebenso an 1QS III15 wie das לפני היותם und könnte daher auf eine Verarbeitung der Zwei-Geister-Lehre im 5. Sabbatlied hinweisen, jedoch müssen bei der erhaltenen Textbasis solche Überlegungen spekulativ bleiben.

KAPITEL 6

ERGEBNIS

In 4QSap A fand sich die schon aus Sir 33,7–15 bekannte Vorstellung von einer dualistisch geprägten weisheitlichen Urordnung (4Q417 2 I$_{1-18}$). Ein Novum gegenüber Sir ist es jedoch, daß nach 4QSap A die weisheitliche Urordnung von Gott auf den himmlischen Tafeln niedergeschrieben worden ist. Die mit dieser Vorstellung verbundene Epistemologie ist exklusiver Natur. Zugang zu der präexistenten Ordnung der Welt haben in 4Q417 2 I$_{1-18}$ nur מבינים genannte weisheitliche Lehrer. Sie vermögen die verborgenen Teile der weisheitlichen Urordnung mit Hilfe von Gottes Offenbarung zu erkennen. Eine solche Offenbarung empfängt der מבין entweder direkt, oder aber er findet sie in zwei heiligen Büchern, der Thora und der „Vision der Erklärung". Mit dieser Verbindung der weisheitlichen Urordnung mit der Moses am Sinai gegebenen Thora erinnert 4QSap A an Sir 24 und Bar 3,9–4,4. Bei dem zweiten heiligen Buch handelt es sich um ein in den essenischen Texten von Qumran ספר ההגו („Buch der Erklärung") genanntes Werk (s. 1QSa I$_7$; CD X$_6$; XIII$_{2f.}$; XIV$_{7f.}$). Es ist die schriftliche Version einer Vision, die laut 4QSap A in mythischer Urzeit Enosch, dem Sohn des Seth, zuteil wurde. Es wird in 4Q417 2 I$_{16}$ als חזון ההגֹה („Vision der Erklärung") bezeichnet. In dieser Vision ist Enosch gemeinsam mit den Engeln der Inhalt der himmlischen Tafeln offenbart worden. Da anderenorts die himmlischen Tafeln häufig mit der Vorstellung von einem himmlischen Schicksalsbuch verbunden sind, in dem schon vor der Schöpfung die Schicksale der Menschen verzeichnet wurden (s. o., 69ff.), und da in 4QSap A im Zusammenhang mit den himmlischen Tafeln Mal 3,16 (ein Text, in dem eine Art himmlisches Gerichts- und Schicksalsbuch erwähnt wird) zitiert wird, muß diese Verbindung von himmlischen Tafeln und präexistenter weisheitlicher Urordnung als erster Schritt auf dem Weg zu von der Vorstellung von einer präexistenten und dem Menschen verborgenen Seins- und Geschichtsordnung angesehen werden. 4Q417 2 I$_{18}$ erinnert mit seinem Ineinander von verborgener weisheitlicher Urordnung und Offenbarung eben dieser Urordnung an die Lieder von der verborgenen Weisheit (Hiob 28 und Bar 3,9–4,4). Auch 4QSap A dürfte auf eine Wirklichkeitserfahrung reagieren, in der eine dem Sein zugrundeliegende Ordnung nicht erkannt werden konnte, und die daher dem weisheitlichen Postulat einer solchen Ordnung widerspricht. Vor diesem Hintergrund ist auch die Verbindung der weisheitlichen Urordnung mit den himmlischen Tafeln und die Offenbarung des Inhalts dieser Tafeln an Enosch zu verstehen. Die fraglich gewordene Urordnung wird durch ihre Fixierung auf den Tafeln gleichsam „mitfixiert". Das Mythologumenon, daß der Inhalt der himmlischen Tafeln dem urzeitlichen Frommen Enosch als Erbbesitz übergeben wurde, bewirkt eine weitere Bewahrheitung der fraglich gewordenen weisheitlichen Urordnung. Es ist im Rahmen des in der Antike weit verbreiteten Altersbeweises zu verstehen: Je älter die in einem Text niedergeschriebene Offenbarung, desto wahrer mußte sie sein.

Ein weiteres Bindeglied zwischen weisheitlicher Urordnung und präexistenter Geschichtsordnung stellt Myst dar: In 1Q27 1 I verwirklicht sich eine in der Urzeit entstandene, mit רז נהיה und רזי פלא umschriebene Ordnung des Seins im Eschaton. Erst hier wird Erkenntnis offenbart und werden Frevler und Frevel vernichtet werden. In dieser eschatologischen Vernichtung des Frevels deutet sich ein Dualismus zwischen Gut und Böse, Frevel und Gerechtigkeit an. Dabei zeigt die Tatsache, daß die Frevler als solche beschrieben werden, die die wunderbaren Geheimnisse (eine Bezeichnung der sich im Eschaton verwirklichenden weisheitlichen Urordnung) ergreifen, daß der Dualismus von Myst nicht nur ethischer Natur ist, wie der beispielsweise aus Sir 33,7–15 bekannte weisheitliche Dualismus, sondern auch kosmologische Züge trägt: Es wird gegen eine Gruppe von Weisen polemisiert, die sich selbst als תומכי רזי פלא bezeichnen und die sich magisch–mantischer Praktiken bedienen, um die weisheitliche Urordnung erkennen zu können. Ihnen wird vorgeworfen, daß sowohl ihr Wissen als auch ihre Fähigkeiten letztlich von den gefallenen Engeln stammen. Diese Charakterisierung zumindest eines Teils der Frevler als Erben der gefallenen Engel ist ein Schritt hin zu dem in der Zwei–Geister–Lehre zu findenden kosmisch–ethischen Dualismus. Neben diesem kosmologisierten ethischen Dualismus ist in Myst auch eine Eschatologisierung der weisheitlichen Urordnung zu beobachten: Sowohl das Erkennen der weisheitlichen Urordnung als auch die Erfüllung jenes durch die Alltagserfahrung fraglich gewordenen Versprechens der Weisheit, daß, wer Gutes tue, auch Gutes erlebe (Tun–Ergehen–Zusammenhang), ist erst Teil des Eschatons und nicht mehr jener gegenwärtigen Wirklichkeit, die sowohl die Erkennbarkeit als auch die Wahrheit der von der Weisheit postulierten Ordnung in Frage stellte. Mit dieser eschatologischen Komponente ist der weisheitlichen Urordnung aber auch eine historische Komponente zugewachsen, da das Eschaton selbst zwar die letzte, alle Geschichte beendende und erfüllende Epoche ist, aber eben doch eine Epoche der Geschichte und keine ethische Norm.

Diese Ansätze des Buches der Geheimnisse (Myst) werden in der Zwei–Geister–Lehre aufgenommen und weiterentwickelt: Der Text stammt aus dem Verfasserkreis von 4QSap A und Myst. Jedoch handelt es sich bei ihm, trotz seines belehrenden Charakters (s. die Überschrift 1QS

III$_{13-15}$), nicht um einen weisheitlichen Text, da weder Form noch Inhalt
als weisheitlich bezeichnet werden können. Die in der Zwei–Geister–
Lehre entfaltete Theologie ist eine Weiterentwicklung des in 4QSap A
und Myst angetroffenen Gedankengutes: Gott hat nach Auffassung der
Zwei–Geister–Lehre schon vor der Schöpfung eine Ordnung, einen Plan
erstellt, nach dem Kosmos und Mensch geschaffen wurden und nach dem
sie sich verhalten (III$_{15-18}$). Die Zwei–Geister–Lehre stellt lediglich eine
Schilderung dieser Ordnung dar. Sie ist von einem kosmisch–ethischen
Dualismus geprägt, der in drei Schritten entfaltet wird: a) Auf der Ebene
der Engel und Geistwesen bekämpfen sich der Fürst des Lichts und der
Engel der Finsternis und die ihnen zugehörigen Wesenheiten. Im irdi-
schen Bereich sind diesen beiden Engelmächten die Gerechten und die
Frevler zugehörig (III$_{18}$–IV$_1$). b) Im Bereich der Ethik realisieren sich die
beiden kosmischen Mächte, wie die Tugend– und Lasterkataloge zeigen,
in den entsprechenden Tugenden und Lastern der Menschen (IV$_{2-14}$). c)
Darüber hinaus sind die beiden Geister sogar in jedem Menschen anteilig in unterschiedlicher Stärke vorhanden und bekämpfen sich auch im
Individuum (IV$_{15-18}$). Durch die unterschiedliche Verteilung von Licht
und Finsternis im einzelnen wird auch das Handeln des Menschen von
der kosmologisch–ethischen Urordnung des Seins bestimmt, was in 1QS
III$_{15f.}$ wie folgt ausgedrückt werden kann:

ולפני היותם הכין כול מחשבתם ובהיותם לתעודותם כמחשבת כבודו
ימלאו פעולתם ואין להשנות

Und bevor sie waren, hat er ihren ganzen Plan festgesetzt, und wenn
sie zu der ihnen bestimmten Zeit geworden sind, erfüllen sie ihr Werk
nach dem Plan seiner Herrlichkeit, ohne daß sich etwas ändert.

Die aus der Weisheit übernommene und in eine von einem kosmisch-
ethischen Dualismus geprägte Ordnung der Welt umgeformte Vorstellung
von der weisheitlichen Urordnung verfügt auch in der Zwei–Geister–
Lehre über eine eschatologische Dimension. Der weisheitliche Tun–
Ergehen–Zusammenhang wird in dem Text ebenso eschatologisiert wie
die Epistemologie. Hierin erinnert die Zwei–Geister–Lehre an Myst:
Daß die Gerechten eschatologisches Heil erfahren werden (IV$_{6-8}$) und
die Frevler eschatologische Plagen (IV$_{11-14}$), ist ebenso Teil der von der
Zwei–Geister–Lehre postulierten präexistenten Ordnung des Seins wie
die eschatologische Vernichtung des Frevels (IV$_{18f.}$) und die Reinigung
der überwiegend Gerechten von ihren Finsternisanteilen (IV$_{19-21}$). Zweck
dieser Reinigung ist die Offenbarung der erst im Eschaton für die gereinig-
ten Gerechten erkennbar gewordenen und als „Erkenntnis des Höchsten"
und „Weisheit der Söhne des Himmels" (IV$_{22}$) bezeichneten Urordnung
des Seins. In der Reinigung der überwiegend Gerechten und der Of-

fenbarung der Urordnung realisiert sich für die Zwei–Geister–Lehre die
Erwählung der Gerechten zum Bund (IV$_{23}$). Es findet sich somit in ihr
die aus der Weisheit erwachsene Vorstellung einer kosmisch–ethischen
Ordnung des Seins von dualistischem Charakter, die vor der Schöpfung
von Gott erstellt wurde, ihr zugrunde liegt und sich erst im Eschaton
erfüllt. Gerechte und Frevler sind zu eschatologischem Heil oder Unheil
prädestiniert. Durch die zentrale Stellung der Eschatologie im Text hat die
von der Zwei–Geister–Lehre postulierte präexistente Ordnung des Seins
ebenso wie in Myst auch eine historische Dimension.

Diese historische Dimension wird im 5. Sabbatlied noch weiter ausgeformt. Das Lied kann weder von seiner Form noch von seinem Inhalt her
als weisheitlich charakterisiert werden. Der noch erhaltene Textbestand
zeigt, daß in dem Lied eine präexistente Ordnung der Schöpfung thematisiert wird, die das Ganze des Seins von der Schöpfung bis zum Eschaton
umgreift. Das im Zusammenhang mit dieser Ordnung gebrauchte Vokabular belegt, daß diese Vorstellung weisheitlichen Ursprungs ist. Beziehungen des Liedes zu 4QSap A und der Zwei–Geister–Lehre erscheinen
möglich, können jedoch wegen des schlechten Erhaltungszustandes des
Textes nicht sicher belegt werden (s. o., 186 Anm. 70). Die Historisierung der präexistenten Seinsordnung ist noch weiter fortgeschritten als
in Myst und der Zwei–Geister–Lehre: Nach dem 5. Sabbatlied wurden in
der präexistenten Ordnung der Welt die geschichtlichen Ereignisse einzelnen Epochen zugewiesen (4Q402 4$_{12-14}$). Neben dieser historischen
Komponente hat die präexistente Ordnung des Seins in dem Text aber
auch ethische und dualistische Züge: Ihre ethische Dimension wird deutlich, wenn betont wird, Gott habe seine Gebote eingemeißelt (4Q402
4$_3$)—ein Satz, der auch für das 5. Sabbatlied auf eine Identifikation von
himmlischen Tafeln und weisheitlicher Urordnung hinweisen könnte. Die
dualistische Dimension der präexistenten Urordnung zeigt die mehrere
Zeilen umfassende Schilderung eines eschatologischen Krieges auf (4Q402
4$_{7-11}$).

Die in diesem Teil analysierten Texte belegen somit, daß die in der
revelatorischen Weisheit beschrittenen Wege zur Lösung der sich in Koh
und Hiob manifestierenden Krise über die Weisheit selbst hinausweisen
und zur Entwicklung einer nicht mehr weisheitlichen Theologie führen:
Ursprünglich beinhaltete die weisheitliche Urordnung den Tun–Ergehen–
Zusammenhang, die Ordnung der Natur, ethische Normen und einen
ethischen Dualismus. Diese Vorstellung wird schrittweise transzendiert,
eschatologisiert und historisiert. Aus der Vorstellung von der weisheitlichen Urordnung wird die Vorstellung von einer dem Menschen entrückten und ihm nicht mehr zugänglichen Ordnung von Sein und Geschichte,
die ihn aber gleichwohl beherrscht.

Die Erfüllung des dieser Ordnung immanenten Sinnversprechens wird ebenso wie ihre Erkennbarkeit ins Eschaton verlegt. Auf diese Weise wird die der Wirklichkeitserfahrung des Menschen nicht mehr entsprechende Theologie seinen Erfahrungen, die der von der Weisheit postulierten Ordnung widersprechen, angeglichen. Die beginnende Historisierung der weisheitlichen Urordnung weist dabei auf eine Geschichtserfahrung hin, die den von den Menschen an die Geschichte gestellten Erwartungen ebensowenig entsprach wie das weisheitliche Postulat eines Tun–Ergehen–Zusammenhangs der Wirklichkeitserfahrung der Weisen.

Das oben geschilderte und über die Weisheit selbst hinausweisende Lösungsmodell für die sich in den Büchern Hiob und Koh niederschlagende Krise der Weisheit konnte, wie das 5. Sabbatlied belegt, auch von nichtweisheitlichen Texten aufgenommen und funktionalisiert werden.

TEIL II

DIE TEXTE
DES *YAḤAD*

KAPITEL 7

DIE *HÔDĀYÔT*: 1QH^a IX$_1$–X$_4$

In den *Hôdāyôt*[1] wird die weisheitliche Urordnung mehrmals thematisiert: 1QH^a IX (Ed. Suk. I); V$_{24ff.}$ (Ed. Suk. XIII$_{9ff.}$); VII$_{26ff.}$ (Ed. Suk. XV$_{13ff.}$).[2] Da die meisten dieser Belege jedoch zumindest im Kontext stark beschädigt sind, soll hier lediglich 1QH^a IX (Ed. Suk. I) ausführlich behandelt werden. In einem Ergebnisteil wird dann das Resultat dieser Auslegung im Zusammenhang mit anderen Belegen aus den *Hôdāyôt* betrachtet werden.

7.1 Einleitung

Die Erstedition von 1QH^a besorgte Sukenik (אוצר המגילות הגנוזות שבידי האוניברסיטה העברית). Eine englische Übersetzung dieser Arbeit erschien unter dem Titel „The Dead Sea Scrolls of the Hebrew University" (im folgenden Ed. Suk.). Bevor die Einleitungsfragen zum Text erörtert werden können, gilt es auf ein Problem der Erstedition hinzuweisen: Sukenik ordnete die einzelnen Kolumnen in seiner Edition, soweit sie sich von der Rolle gelöst hatten, auf Grund ihres inhaltlichen Zusammenhangs an. H. Stegemann hat in seiner leider noch immer unveröffentlichten Dissertation[3] mit Hilfe einer von ihm entwickelten Methode[4] die einzelnen Teilfragmente von 1QH^a an Hand ihrer äußeren Form in der ursprünglichen Kolumnenfolge der Rolle lokalisiert und kam zu wesentlich anderen Ergebnissen als Sukenik. Insbesondere die Reihenfolge der Kolumnen unterscheidet sich. 1QH^a wird daher im folgenden nach der Edition H. Stegemanns zitiert (Ed. Stegemann). Da die Zählung der editio princeps für die meisten Editionen, Übersetzungen und Arbeiten zu den *Hôdāyôt* immer noch maßgebend ist, wird sie im folgenden jeweils in Klammern mit angegeben.

---

[1] Die Zählung der 4QH–Handschriften richtet sich im folgenden nach Wacholder/Abegg, Preliminary Edition, Fasc. 2, 254–284.

[2] S. auch 1QH^a XX$_{7-14}$ (Ed. Suk. XII$_{4-11}$, vgl. 1QS X$_{1ff.}$).

[3] Rekonstruktion der Hodajot: Ursprüngliche Gestalt und kritisch bearbeiteter Text der Hymnenrolle aus Höhle 1 von Qumran, Diss., Heidelberg 1963; zur Rekonstruktion von 1QH^a s. bes. 14–36. Zur Sache vgl. auch Puech, Aspects de la restauration, 40–53.

[4] Einen ersten Einblick in seine Vorgehensweise gibt H. Stegemann in seiner Dissertation (Rekonstruktion der Hodajot, 8–13) und in seinem Aufsatz „How to Connect Dead Sea Scroll Fragments"; ausführlich beschrieb er seine Methode 1990 in dem Aufsatz „Methods for the Reconstruction of Scrolls From Scattered Fragments", es kann daher hier auf eine Darstellung seiner Vorgehensweise verzichtet werden. Weitere Beispiele für und Darstellungen der Methode finden sich bei Steudel, Midrasch zur Eschatologie, 11–22.61–70 und Stoll, Schriftrollen, passim.

Von den *Hôdāyôt* wurden in Qumran insgesamt 8 Abschriften gefunden, davon 2 in Höhle 1 und 6 in Höhle 4.

1QH[a]

Von der stark beschädigten Handschrift sind nach der Rekonstruktion H. Stegemanns Reste von 24 Kolumnen und etliche nicht mehr einzuordnende Fragmente erhalten.[5] An der Handschrift haben insgesamt drei Schreiber gearbeitet,[6] alle Hände sind herodianischen Charakters.[7] Eine Besonderheit ist es, daß die in den *Hôdāyôt* häufig belegte Gottesbezeichnung אל an drei Stellen in paläohebräischer Schrift geschrieben wurde [VII$_{38}$ (Ed. Suk. XV$_{25}$); IX$_{28}$ (Ed. Suk. I$_{26}$); X$_{36}$ (Ed. Suk. II$_{34}$)], während das Wort in den übrigen 39 von der Kuhnschen Konkordanz zu den Qumrantexten für 1QH[a] aufgelisteten Belegen in Quadratschrift geschrieben wird.[8] In 1QH[a] IX$_{28}$ (Ed. Suk. I$_{26}$) folgt auf das paläohebräisch geschriebene אל ohne Zwischenraum das Wort הדעות. Zu diesem Schreibfehler könnte es gekommen sein, weil die drei Stellen, an denen אל paläohebräisch geschrieben wurde, von dem Abschreiber (an allen drei Stellen Schreiber A) frei gelassen wurden und das paläohebräische אל später nachgetragen wurde.[9]

1QH[b] (= 1Q35)

Ursprünglich hielt man die 2 von Milik 1955 als 1Q35 veröffentlichten Fragmente[10] für zusätzliche Stücke von 1QH[a]. H. Stegemann ist jedoch der Nachweis gelungen, daß es sich um zwei Fragmente einer weiteren Handschrift aus herodianischer Zeit handelt.[11] אל wird in dieser Handschrift, soweit belegt, paläohebräisch geschrieben (1$_5$). 1Q35 überlappt mit 1QH[a] XV$_{30ff.}$ [(Ed. Suk. VII$_{27ff.}$) 1QH[b] 1] und 1QH[a] XVI$_{13f.}$ [(Ed. Suk. VIII$_{12f.}$) 1QH[b] 2].

> Die erhaltenen Reste von 1QH[b] bieten ... ein seltsames Bild. Auf Frgm.1 sind Reste der Enden von 12 Schriftzeilen erhalten, deren Parallelität zu 1QH[a] 7,27ff. [scil. Ed. Stegemann XV$_{30ff.}$] erlaubt, die ursprüngliche Breite dieser Kolumne in 1QH[b] zu bestimmen. Sie war mit etwa 12 cm etwas geringer als die von 1QH[a] 7 [scil. Ed. Stegemann XV] ..., die 13 cm betragt.

---

[5] S. Rekonstruktion der Hodajot, 14–36.

[6] S. Martin, Scribal Character, Bd. 1, 59–64 und H. Stegemann, Rekonstruktion der Hodajot, 3f.

[7] Vgl. Cross, Development of the Jewish Scripts, 180 und Avigad, Paleography, 76f. Diese paläographische Datierung wurde jüngst durch eine AMS–Datierung der Rolle bestätigt (s. Bonani u. a., Radiocarbon Dating, 30).

[8] S. K. G. Kuhn u. a., Konkordanz, 13.

[9] Ob es sich hierbei um einen weiteren Abschreiber gehandelt hat, kann nicht sicher entschieden werden.

[10] Barthélemy/Milik, Cave I, 136–138.

[11] Rekonstruktion der Hodajot, 37–39.

Auf die als unterste Zeile von Frgm.1 erhaltene Zeile von 1QHᵇ folgten wahrscheinlich noch 12–15 Textzeilen in der gleichen Kolumne, die dann etwa mit den Worten ולהט אש (= 1QHᵃ 8, 12) [scil. Ed. Stegemann XVI₁₃] geendet haben wird. Auf der folgenden Kolumne hat der Schreiber schließ-lich nur noch zwei Zeilen von je etwa 5,5 cm Länge beschriftet und dann mitten in einem Hymnus unter Freilassung der restlichen Kolumne abge-brochen. Diesem Befund von 1QHᵇ Frgm.2 korrespondiert auch genau der von 1QHᵇ Frgm.1: Auf der linken Seite dieses Fragmentes sind die Anfänge von sechs vorliniierten Zeilen in einer Länge bis zu 13mm erhalten, ohne Schriftspuren aufzuweisen. Sie sind also der Rest einer nicht mehr ganz beschrifteten Kolumne.

Dieser Befund läßt nur eine einzige Schlußfolgerung zu: 1QHᵇ ist eine nicht fertiggewordene Abschrift der gleichen Hymnensammlung oder ei-nes Teils davon, von der eine andere … Abschrift in der Edition Sukeniks vorliegt.[12]

4QHᵃ⁻ᶠ (= 4Q427–432)

Die 4QH–Handschriften[13] liegen bislang nur in der Edition von Wa-cholder/Abegg vor[14] und sind nur sehr fragmentarisch erhalten. 4QHᶠ (= 4Q432) wurde nicht auf Leder, sondern auf Papyrus geschrieben. Insgesamt sind ca. 130 Fragmente erhalten, von denen nur 26 größere Textstücke bieten.[15] Nach Starcky datiert die älteste dieser Handschriften paläographisch auf den Beginn des 1. Jh. v. Chr.[16] Der von den 4QH–Handschriften bezeugte Text ist, von geringen Abweichungen abgesehen, mit dem Text von 1QHᵃ identisch.[17] Schon Strugnell wies darauf hin, daß man in den 4QH–Handschriften teilweise eine andere Reihenfolge der einzelnen Lieder erkennen kann, als sie in 1QHᵃ belegt ist.[18] Ferner läßt

---

[12] H. Stegemann, Rekonstruktion der Hodajot, 39f.:
[13] Schuller (Preliminary Description, 88 Anm. 4) weist darauf hin, daß ein bislang zu 4QHᵇ gerechnetes Fragment zu einer weiteren Handschrift der *Hôdāyôt* gehören könnten: „Furthermore, in the fragments grouped together as 4QHᵇ there is one small fragment which is problematic paleographically and in terms of line length. If this fragment should in fact be identified with the *Hôdāyôt* (which is very difficult to fix on the basis of seven complete and eight broken letters) and if it cannot be placed with any other scroll, we would be required to postulate still another *Hôdāyôt* manuscript".
[14] Preliminary Edition, Fasc. 2, 254–284.
[15] Dazu s. Schuller, Preliminary Description, 89.
[16] Messianisme, 483 Anm. 8. Gemeint ist 4QHᵇ (= 4Q428). Zur paläographischen Da-tierung von 4Q428 vgl. jetzt auch Schuller, Preliminary Description, 94. Die zweitälteste Handschrift der *Hôdāyôt* ist nach Schuller 4QHᵃ (= 4Q427). Sie beschreibt diese Hand-schrift paläographisch als „… late–Hasmonean or early–Herodian semicursive; it can be dated to the period 75–25 BCE" (Hodayot, 607). In diesen Zeitraum würde nach ihr auch 4Q429 datieren (s. Preliminary Description, 92). Die Schrifttypen von 4Q430–432 sind dagegen herodianischer Art (s. a. a. O., 91.93)
[17] Dazu s. Schuller, Preliminary Description, 90.
[18] Le travail d'édition, 64. Gemeint ist 4QHᵃ (= 4Q427). Zur Sache vgl. Schuller, Preli-minary Description, 97: „Thus, although it is impossible to reestablish the actual order of

es die materiale Rekonstruktion von 4Q429 als möglich erscheinen, daß in
dieser Handschrift lediglich Lehrerlieder gesammelt worden sind,[19] und
auch für 4Q432 hält es Schuller für möglich, daß die Rolle abgesehen von
dem Gemeindelied 1QH^a IX (Ed. Suk. I) nur Lehrerlieder enthalten hat.
Das Gemeindelied hätte dann als Einleitung in eine Sammlung von Lehrerliedern gedient.[20] In einigen 4QH–Handschriften finden sich in 1QH^a
nicht erhaltene Textpassagen, die zur Rekonstruktion der lacunae in dieser Handschrift beitragen können. Die Beantwortung der Frage, ob die
4QH–Handschriften zusätzliche Lieder enthalten, muß ihrer endgültigen
Publikation vorbehalten bleiben, da hierzu eine Bearbeitung der Originale
mit Hilfe der von H. Stegemann entwickelten Rekonstruktionsmethode
notwendig ist. In den erhaltenen Resten der 4QH–Handschriften wird
אל nicht in paläohebräischer Schrift geschrieben.

Ein Überblick über die Textüberlappungen der 4QH–Handschriften
mit 1QH^a findet sich bei Wacholder/Abegg, Preliminary Edition, Fasc. 2,
299.[21] Von dem im folgenden zu bearbeitenden Lied 1QH^a IX$_1$–X$_4$ (Ed.
Suk. I$_{01}$–II$_2$) sind auf einem kleinen Fragment der Papyrus–Handschrift
4QH^f (=4Q432) lediglich Reste von 15 Buchstaben der Zeilen 1QH^{a}IX$_{36f.}$
(Ed. Suk. I$_{34f.}$) erhalten.

Aus diesem Befund folgt eine methodische Konsequenz: Da die Abfolge
der einzelnen Lieder in den verschiedenen Handschriften der *Hôdāyôt*
divergiert,[22] ist es geboten, den Makrokontext eines Liedes, d. h. die es
umgebenden Lieder, bei der Auslegung unberücksichtigt zu lassen.

Bevor die *Hôdāyôt* datiert werden können, gilt es, sich mit ihrer Form
und ihrem Inhalt zu beschäftigen:

> Though expressing themselves in a peculiar form of their own, the *Hodayot*
> produce a review of most of the sectarian ideas found in other works:
> dualism, predestination, election and grace, to mention a few. Peculiar to
> the *Hodayot* ist the view that man is constituted of a duality of flesh and

---

hymns in 4QH^a, the order was clearly not that of 1QH^a." Die sich, falls alle aus 1QH^a
bekannten Lieder in 4QH^a enthalten gewesen sein sollten, für die Handschrift ergebende
Lange, legt für Schuller die Überlegung nahe, ob in dieser Handschrift lediglich Gemeindelieder gesammelt wurden (s. a. a. O., 97f.).

[19] S. a. a. O., 93.

[20] A. a. O., 95.

[21] In Höhle 4 wurden neben den *Hôdāyôt*-Handschriften auch noch Psalmen–Samm-
lungen ähnlichen Charakters gefunden, deren Lieder aber mit anderen Formulierungen
als אודכה אדוני oder ברוך אתה אדוני eingeleitet werden, z. B. der von Weinfeld (Grace
after Meals, 427) erwähnte Text Barki Nafschi [4Q434–439; der Name rührt daher, daß die
meisten der Lieder dieser Handschriften mit der Selbstaufforderung ברכי נפשי („es preise
meine Seele") beginnen].

[22] Der unterschiedlichen Liedfolge in den verschiedenen Handschriften der *Hôdāyôt* entspricht es, daß „zwischen den Gedichten … weder ein chronologischer noch ein theologisch–
sachlicher Zusammenhang" besteht (Holm–Nielsen, Religiöse Poesie, 167).

spirit; the flesh is base by nature, for it is susceptible to sin, while the spirit is capable of purification and repentance. This teaching is placed in the context of the general dualism and predestination of the sect: God has created everything according to a pre–ordained plan which divides the world into two camps, Good and Evil, so that repentance from sin is the lot only of those who belong to the camp (of) Light. A special place is given to eschatological ideas. One *Hodaya* describes the future purification of the world in a great conflagration, and another describes the eschatological role of the sect as a small plant which will grow into a large tree.[23]

Bei den *Hôdāyôt* handelt es sich um eine Liedsammlung. Die einzelnen Lieder werden durch zwei formelhafte Selbstaufforderungen zum Gotteslob eingeleitet, auf die häufig ein כיא–Satz folgt:

> ברוך אתה אדוני   „Gepriesen seist du, Herr"
>
> אודכה אדוני   „Ich lobe dich, Herr"

Ihr hebräischer Name wurde der Sammlung von ihrem Erstherausgeber, E. Sukenik, gegeben. Wie der Text in Qumran genannt wurde, ist nicht bekannt. Die Bezeichnung הודיות ist eine Nominalbildung des in der Formel אודכה אדוני gebrauchten Verbs ידה.

Der Text der einzelnen Lieder ist zum Teil regelrecht aus atl. Zitaten und Anspielungen zusammengewebt.[24] Jedoch handelt es sich nicht um ein bloßes Kombinieren atl. Belege: „While the poet obviously knew the OT well enough to use its most unusual words and idioms, these are usually employed in contexts or with meanings slightly different from the OT. This indicates some facility to compose poetry in Hebrew, rather than mere awkward combination of biblical expressions. This conclusion is further reinforced by the intricate structures of the poems, which are not copied directly from the OT."[25]

Die Gattungen der in den *Hôdāyôt* gesammelten Lieder sind Weiterentwicklungen schon aus dem Psalter bekannter Liedformen.[26] Morawe

---

[23] Dimant, Qumran Sectarian Literature, 524. Wegen des Vorkommens von Dualismus und Prädestination betrachtete man die *Hôdāyôt* zu Beginn der Qumranforschung gerne als schlichte Entfaltung einer in der Zwei–Geister–Lehre dogmatisch formulierten Theologie und Kosmologie (s. z. B. Licht, Doctrine, 3 und Hyatt, View of Man, 280). Zur Kritik an dieser heute so nicht mehr vertretenen Position s. Dombrowski Hopkins, Hodayot, 338–342.

[24] „1QH contains at least 25 hymns, which in general resemble the canonical psalms. It not only echoes the phraseology of the later, but is said to contain about 673 implicit citations of or allusions to OT passages, many from the canonical psalter and the Servant Songs of Isaiah" (Fitzmyer, Responses, 32). Die verschiedenen Arten des Schriftgebrauchs in den *Hôdāyôt* beschreibt Kittel (Hymns, 48–55.162).

[25] Kittel, Hymns, 52.

[26] Dombrowski Hopkins (Hodayot, 324–331) meint, wegen des schlechten Erhaltungszustands der Handschriften und der durch die Abhängigkeit von biblischen Texten hervorgerufenen Vermischung einzelner Gattungselemente in den *Hôdāyôt* keine Gattungen erkennen zu können und möchte im Anschluß an Ringgren (Faith of Qumran, 14) lediglich von ‚rythmic prose' sprechen (331).

teilt sie grundsätzlich in zwei Gattungen ein: Danklieder des Einzelnen und hymnische Bekenntnislieder.[27] Danklieder des Einzelnen sind nach Morawe die Lieder 1QH^a X$_{5-21}$ (Ed. Suk. II$_{3-19}$); X$_{22-32}$ (Ed. Suk. II$_{20-30}$); X$_{33}$–XI$_5$ (Ed. Suk. II$_{31}$–III$_4$); XI$_{6-19}$ (Ed. Suk. III$_{5-18}$); XI$_{20-37}$ (Ed. Suk. III$_{19-36}$); XI$_{38}$–XII$_5$ (Ed. Suk. III$_{37}$–IV$_4$); XII$_6$–XIII$_6$ (Ed. Suk. IV$_5$–V$_4$); XIII$_{7-21}$ (Ed. Suk. V$_{5-19}$); XIII$_{22}$–XV$_8$ (Ed. Suk. V$_{20}$–VII$_5$); XV$_{9-28}$ (Ed. Suk. VII$_{6-25}$); XVI$_{5-41}$ (Ed. Suk. VIII$_{4-40}$).[28] Alle anderen Lieder werden von ihm als hymnische Bekenntnislieder charakterisiert.[29] Ein Vergleich der *Hôdāyôt* mit der poetischen Literatur des Alten Testament und des Frühjudentums ergab: „Die *Loblieder* zeigen eine eigene Struktur in Inhalt und Aufbau innerhalb der gesamten Psalmenliteratur und lehnen sich am engsten an den Schlußpsalm von *1 Q S* an … Sie haben ihren gattungsgeschichtlichen Ort zwischen den *Psalmen* des Kanons und den spätjüdischen Psalmen; grössere Übereinstimmungen bieten gewisse Psalmen aus *Jes Sir, Or Man, Or Asar, Tob, Judith* und *Add Dan 1*."[30]

Zu dieser rein formgeschichtlichen Unterscheidung in hymnische Bekenntnislieder und Danklieder des Einzelnen tritt noch eine andere Unterscheidung, die sich an der Verfasserfrage orientiert: Es fällt auf, daß viele Danklieder des Einzelnen persönliche Züge tragen, während alle hymnischen Bekenntnislieder unpersönlicher formuliert sind und als Gebetsformulare beschrieben werden können. Die angesprochenen Danklieder reflektieren dagegen persönliches Leid und eine als Gottes Gnade erlebte Errettung aus diesem Leid. Ihr Inhalt spiegelt eine Lehrer-

---

[27] Aufbau und Abgrenzung, 21–104. Holm–Nielsen möchte den beiden Gattungen jeweils eine der beiden Einleitungsformeln zuweisen (Erwägungen, 115): „Man kann aber auch zwischen zwei literarischen Typen unterscheiden: zwischen dem Danklied und dem Hymnus, formal—aber nicht durchgängig—gekennzeichnet durch die beiden Einleitungsformeln: ‚Ich danke dir, Herr…' und: ‚Gelobt seist du, Herr…'" (vgl. auch a. a. O. 121). Zumindest in herodianischer Zeit scheint das Bewußtsein für diese Zuordnung der beiden Einleitungsformel zu jeweils einer der beiden in den *Hôdāyôt* vorkommenden Gattungen verloren gegangen zu sein: In 1QH^a XIII$_{22}$ (Ed. Suk. V$_{20}$) wurde ein ursprüngliches אודכה durch Punkte ober– und unterhalb des Wortes getilgt und durch ein über das Wort geschriebenes ברוך אתה ersetzt. Bei dem Lied handelt es sich um ein Danklied des Einzelnen, welches nach Holm–Nielsen mit dem getilgten אודכה hätte beginnen müssen [die in der Parallel Handschrift 4Q428 (4$_1$) erhaltenen Schriftreste erlauben keinen Schluß auf die Lesart dieser Handschrift zur Stelle]. Dieses nachlassende Bewußtsein für die Zuordnung der Einleitungsformeln könnte vielleicht eine Erklärung für den schon von Holm–Nielsen selbst als „… nicht durchgängig …" (Erwägungen, 115) charakterisierten Befund geben.

[28] Morawe, Aufbau und Abgrenzung, 108–131. Morawes Abgrenzung der einzelnen Lieder wurde von mir den Ergebnissen von H. Stegemanns Textrekonstruktion (Rekonstruktion der Hodajot, Kolumne X–XVI) angepaßt.

[29] S. Aufbau und Abgrenzung, 135–161. Eine Analyse der einzelnen Gattungselemente der in den *Hôdāyôt* vorkommenden Gattungen gibt Morawe in seinem Buch „Aufbau und Abgrenzung der Loblieder von Qumrân", (21–106; zur Sache vgl. H.–W. Kuhn, Enderwartung, 21–29). Eine ausführliche Analyse der poetischen Struktur der *Hôdāyôt* findet sich bei Kittel, Hymns, passim.

[30] Morawe, Vergleich, 356.

persönlichkeit wider, die des von ihr Gelehrten von mächtigen Gegnern bedrängt wird. Trotz solcher Bedrängnisse findet dieser Lehrer aber eine Zahl von Anhängern und wird so zu einem Gemeinschaftsgründer. Man unterscheidet daher zwischen Lehrer– und Gemeindeliedern. Für Jeremias handelt es sich bei folgenden Liedern um Lehrerlieder: $1QH^a$ X_{5-21} (Ed. Suk. II_{3-19}); X_{33}–XI_5 (Ed. Suk. II_{31}–III_4); XI_{6-19} (Ed. Suk. III_{5-18}); XII_6–XIII_6 (Ed. Suk. IV_5–V_4); XIII_{7-21} (Ed. Suk. V_{5-19}); XIII_{22}–XV_8 (Ed. Suk. V_{20}–VII_5); XV_{9-28} (Ed. Suk. VII_{6-25}); XVI_{5-41} (Ed. Suk. VIII_{4-40}).[31] Für Jürgen Becker zählen außerdem noch $1QH^a$ X_{22-32} (Ed. Suk. II_{20-30}); XI_{6-18} (Ed. Suk. III_{5-18}) und XI_{38}–XII_5 (Ed. Suk. III_{37}–IV_4) zu den Lehrerliedern.[32] Es ergibt sich somit eine fast vollständige Überschneidung der Lehrerlieder mit der von Morawe als Danklieder des Einzelnen bezeichneten Liedgattung. Neben inhaltlichen Gründen spricht auch der wortstatistische Befund für eine Unterscheidung beider Liedarten.[33] Parallelen der Lehrerlieder mit dem in den Pescharim vom Schicksal des Lehrers der Gerechtigkeit Berichteten haben es Jeremias ermöglicht, den Verfasser der Lehrerlieder als den Lehrer der Gerechtigkeit zu identifizieren.[34] „Daß sich die Qumrangemeinde zumindest noch im Stadium der *Sammlung* der Hodajot wenigstens der Besonderheit dieser Textgruppe bewußt war, zeigt die Tatsache, daß diese Lieder in der Handschrift $1QH^a$ in einem relativ geschlossenen Block stehen, nach der Rekonstruktion von *H. Stegemann* machen sie den Mittelteil der Handschrift aus."[35] Diese Beobachtung Lichtenbergers wird jetzt durch eine erste Beschreibung der 4QH–Handschriften bestätigt: Schuller erscheint es wahrscheinlich, daß 4Q429 nur Lehrerlieder, 4Q432 hauptsächlich Lehrerlieder und 4Q427 nur Gemeindelieder enthalten haben.[36] Zwar darf es somit als gesichert gelten, daß Gemeinde– und Lehrerlieder von verschiedenen Verfassern stammen, jedoch deutet ein gemeinsamer Schatz spezifischer Vokabeln [s. z. B. die Ausdrücke יצר (ה)חמר und מים (ה/ב/ה)מגבל] darauf hin, daß beide Liedgruppen aus einem gemeinsamen Verfasserkreis stammen, d. h. aus dem vom Lehrer der Gerechtigkeit gegründeten *yaḥad*.

Die Datierung der *Hôdāyôt* kann mit Hilfe von Paläographie, Zitaten und und der Identifizierung des Verfassers der Lehrerlieder vorgenom-

---

[31] Lehrer, 171. Die Abgrenzungen der einzelnen Lieder wurden den Ergebnissen der Edition H. Stegemanns angeglichen.

[32] Heil Gottes, 53f. Die Abgrenzungen der einzelnen Lieder wurden den Ergebnissen der Edition H. Stegemanns angeglichen.

[33] Zur Sache s. Jeremias, Lehrer, 172f.

[34] Lehrer, 174–177. Eine knappe Zusammenfassung der Forschungsgeschichte zum Thema findet sich bei Callaway, History, 185–190. Gegen die Abfassung der oben genannten Lieder vom Lehrer der Gerechtigkeit sprechen sich u. a. Dombrowski Hopkins (Hodayot, 331–336) und Holm–Nielsen (Hodayot, 316–331; Religiöse Poesie, 168f.) aus.

[35] Lichtenberger, Menschenbild, 31; zur Sache vgl. H. Stegemann, Essener, 152.

[36] S. Preliminary Description, 97f.

men werden. Der *terminus ante quem* ergibt sich zum einen aus dem
paläographischen Befund (die älteste Handschrift der *Hôdāyôt* stammt
vom Beginn des 1. Jh. v. Chr.) und zum anderen aus der Tatsache, daß
die *Hôdāyôt* in der Damaskusschrift (CD II7f.) verarbeitet worden sind
(s. u., 242f.). Da dieser Text um ca. 100 abgefaßt worden sein dürfte (s. u.,
243), müssen die *Hôdāyôt* früher verfaßt worden sein. Der *terminus post
quem* ergibt sich aus der Tatsache, daß der Lehrer der Gerechtigkeit in
den Lehrerliedern seine Erfahrungen während der Gemeindegründung
schildert und verarbeitet, die *Hôdāyôt* also zumindest zum Teil von ihm
erst nach der Gründung des *yaḥad* verfaßt worden sein können, d. h. nach
150 v. Chr.[37]

Die Tatsachen, daß in den *Hôdāyôt* vom Lehrer der Gerechtigkeit
verfaßte Lieder enthalten sind, läßt es als wahrscheinlich erscheinen, daß
auch die Gemeindelieder essenischer Herkunft sind. Wobei natürlich nicht
ausgeschlossen werden kann, daß auch protoessenische und nichtessenische Traditionsstücke verarbeitet worden sind. Für eine Abfassung der
Hôdāyôt durch den *yaḥad* spricht auch die Tatsache, daß in ihnen das
Tetragramm nicht verwendet wird, und daß die Gottesbezeichnung אדוני
sich, abgesehen von 1QHa XV31 (Ed. Suk. VII28), nur in den formelhaften Einleitung der einzelnen Lieder findet, also kein freier Gebrauch
dieser Gottesbezeichnung vorliegt.[38] Dem entspricht es, daß die Gottesbezeichnung אל in 1QHa an drei Stellen mit paläohebräischen Buchstaben geschrieben wurde (vgl. 1QHb), und daß die Gottesbezeichnungen
אל ישראל und אלהים in den *Hôdāyôt* nicht verwendet werden.[39] Für
eine Abfassung der *Hôdāyôt* durch den *yaḥad* dürfte ebenfalls eine Besonderheit der in den *Hôdāyôt* zu findenden Danklieder des Einzelnen
sprechen: Im Psalter endet ein solches Danklied mit dem Gelübde zum
Dankopfer (s. Gunkel/Begrich, Einleitung in die Psalmen, 273), in den
Hôdāyôt dagegen fehlt dieses Gattungselement: „… instead of offering
the ‚cup of salvation‘ and the ‚sacrifice of thanksgiving‘ as in *Ps.* 116, 12–

---

[37] Zur Sache s. u. a. van der Minde, Thanksgiving Hymns, 440. Ursprünglich wurde
angenommen, daß alle Lieder der *Hôdāyôt* vom Lehrer der Gerechtigkeit verfaßt worden
waren, da sie mit einer gewissen Monotonie *ein* Thema wiederholen würden: „This very
monotony … proves on closer inspection to be its true unity, for insofar as we can judge
now, DST [scil. 1QHa] is the work of one man developing what is almost a single theme in a
long series of variations" (Licht, Doctrine, 2). Jedoch haben die oben referierten Ergebnisse
von Jeremias gezeigt, daß wohl eher von einem Verfasserkreis auszugehen sein dürfte, von
dem sich lediglich die Person des Lehrers der Gerechtigkeit identifizieren läßt.
Die oben vorgenommene Datierung zwischen ca. 150 und 100 v. Chr. widerspricht dem
sprachlichen Charakter der *Hôdāyôt* nicht: Kittel hat gezeigt, daß sich erste Tendenzen zum
mischnischen Hebräisch finden (Hymns, 162.167; zur Sache vgl. auch Mansoor, Thanksgiving Hymns, 9–27).
[38] Zur Vermeidung des Tetragramms und der Gottesbezeichnung אדוני als Kriterium für
die Ermittlung essenischer Texte s. o., 12.
[39] Zur Sache s. o., 12.

19, the Qumran Covenanters offered ‚songs of praise' (*tôdāh*, 1 Q H XI, 4
[scil. Ed. Stegemann XIX₇]) to the Lord."⁴⁰ „The announcement does
not appear because sacrifices were not offered at Qumran; the corrupt
and illegitimate Jerusalem priesthood and its Temple sacrificial cult were
condemned by the Covenanters, though sacrificial rules were preserved
by the community for a future time."⁴¹

Die besondere Bedeutung der *Hôdāyôt* für den *yaḥad* kann zum einen
an der großen Zahl der von ihnen in Qumran gefundenen Kopien erkannt
werden (8 Abschriften), und zum anderen an der Tatsache, daß sie sowohl
in Form von Zitaten (D) als auch als literarische Quelle (Lieder des *maśkîl*)
in den Texten des *yaḥad* verarbeitet worden sind.⁴²

Bevor mit Transkription und Übersetzung des hier zu analysierenden Liedes begonnen werden kann, muß es von seinem Kontext abgegrenzt werden, da von ihm weder Anfang noch Ende erhalten sind. In
diesem Zusammenhang ist darauf hinzuweisen, daß 1QHᵃ X₅₋₂₁ (Ed. Suk.
II₃₋₁₉) ein Lehrerlied darstellt, dessen Beginn ebenfalls nicht erhalten ist.⁴³
H. Stegemann ergänzt 1QHᵃ X₅ (Ed. Suk. II₃) unter Zuhilfenahme von
4QHᶠ zu אודכה אדוני כיא ישרתה בלב[כ]בֿי כול מעשי עולֿיֿה *vacat*] („Ich
will dich preisen, Herr, denn du hast in meinem Herzen alle frevelhaften Taten gerecht gemacht"), was den Anfang des folgenden Liedes
markiert.⁴⁴ Es kann daher davon ausgegangen werden, daß das vorhergehende und hier zu analysierende Lied in 1QHᵃ X₄ (Ed. Suk. II₂) en-
dete. Die Abgrenzung vom vorausgehenden Kontext ist wegen der starken Beschädigungen der Kolumne VIII (Ed. Suk. XVI) schwieriger: Die
letzte erhaltene Einleitungsformel findet sich in VIII₂₆ (Ed. Suk. XVI₈):
ברוך אתה אדונֿיֿ. Das mit ihr eröffnete Lied unterscheidet sich thematisch
stark von 1QHᵃ IX (Ed. Suk. I). Es ist daher wahrscheinlich, daß der Anfang des zu analysierenden Liedes im zerstörten Ende von Kolumne VIII
(Ed. Suk. XVI) oder dem ebenfalls zerstörten Beginn von Kolumne IX
(Ed. Suk. I) zu suchen ist. Genauer kann der Beginn des Liedes jedoch
nicht lokalisiert werden.⁴⁵

---

⁴⁰ Dombrowski Hopkins, Hodayot, 326.
⁴¹ Ebd.
⁴² Zur Verarbeitung der *Hôdāyôt* in 4Q510–511 s. Newsom, Literature from Qumran,
183.
⁴³ S. Jeremias, Lehrer, 171.
⁴⁴ Rekonstruktion der Hodajot, Kolumne X.
⁴⁵ Methodisch fragwürdig ist das Vorgehen Morawes zur Abgrenzung der einzelnen Lieder. Er möchte ihren Umfang lediglich auf Grund seiner Analyse ihrer Gattungselemente
bestimmen, die in den Handschriften selbst vorkommenden Gliederungsmerkmale jedoch
unberücksichtigt lassen: „Eine solche Abgrenzung ist dann weithin unabhängig von den
graphischen Trennungen der Schreiber" (das Zitat, Aufbau und Abgrenzung, 19; zur Sache
s. a. a. O. 18f.). Wie ein Vergleich der *vacat*s in den verschiedenen *Hôdāyôt*-Handschriften
zeigen wird (s. o, 209f.), ist die durch das *vacat* in den Handschriften vorgegebene Gliede-

Da im zu analysierenden Lied keine spezifischen Erfahrungen eines einzelnen beschrieben werden, kann es von der Form her als Gemeindelied bezeichnet werden.

7.2 Transkription

1QH^a IX$_1$–X$_4$ (Ed. Suk. I$_{01}$–X$_2$)[46]

[...]	1	
[...]בשובך [מת]וֹהו[47 ...]	2	*1*
[...]דֹ֫י קדוש[י]ם֯ o[...]	3 (1)	*2*
[...]יד[ע בין טוֹב לרֹ֫שֹ֫[ע עד]	4 (2)	*3*
עולם אן[...][עים ו]...[	5 (3)	*4*
בם ומש[...]ooכיאֹ֫| אתה אלי מקור ד[עֹ֫ת וֹמקה המ]...[	6 (4)	
כֹ֫ה		
ומעין הגבֹ֫[ורה ...][העצהֹ֫]...[אֹ֫י֯ן מספר וקנאת	7 (5)	
לפני חכמתֹ[כה ...][וארוך אפים במשפֹטֹ[י֯ך] צדֹקֹתֹה בכל מעשיכה	8 (6)	
ובחכמתכֹה הֹ[כינותה דורי [עֹולם[48 ובטרם בראתם ידעתה כֹ֫וֹל	9 (7)	
מעשיהם		
לעולמי עֹדֹ [ומבלעדיך לאֹ| יעשה כול ולא יודע בלוֹא רֹצֹוֹנכה אתה	10 (8)	
יצֹרֹתה		
כול רוח ופֹעֹ[וֹ]לֹ[תם הכינותֹה| ומשפט לכול מעשיהם *vacat* וֹאתה	11 (9)	
נטיתה שמים		
לכבודכה וכוֹל[49 [אשר בם[50 הֹ[כֹי[נֹוֹתה לרצונכה ורוחות עוֹ֯	12 (10)	
לחֹוֹקֹיהם בטרם		

---

rung der einzelnen Lieder jedoch bis zur ältesten erhaltenen Handschrift hin identisch und dürfte daher ursprünglich sein.

[46] Die Transkription orientiert sich an H. Stegemann, Rekonstruktion der Hodajot, Kolumne IXf. Die Zeilenzählung der Erstedition wird am Rand in Klammern vermerkt. Zusätzlich wird kursiv die Zeilenzählung des zu Beginn der Kolumne IX eingefügten Fragments 1QH^a 24 angegeben.

[47] H. Stegemann (Rekonstruktion der Hodajot, Kolumne IX) fügt in seiner Rekonstruktion von 1QH^a IX (Ed. Suk. I) Fragment 24 an die obere linke Seite der Kolumne an. Aus diesem Fragment stammen die Enden der Zeilen 2–5: „Zu erwägen ist die Einordnung von Frgm.21 links am oberen Rand von Kol.1 [scil. Ed. Stegemann IX] ... Doch kann angesichts der starken Lederzersetzung an dieser Stelle nur eine Untersuchung des Originals die für eine sichere Einordnung notwendigen Indizien (gleichartige Lederfärbung, Verhältnis der Bruchkanten zueinander) beibringen. Zeilenverlauf und allgemeiner Befund des Fragmentes, soweit die Photographie ihn erkennen läßt, sprechen für diese Einordnung" (a. a. O., Anm. 136.).

[48] In 1QH^a IX (Ed. Suk. I) wird בחכמה immer mit einem הכינותה verbunden [IX$_{16.21}$ (Ed. Suk. I$_{14.19}$)]. Es bleibt dann noch Platz für ein Wort von etwa vier Buchstaben, was eine Konstruktus–Verbindung mit עולם wahrscheinlich macht. Wegen der auf die lacuna folgenden prädestinatianischen Ausführungen würde sich für ein solches in einer Konstruktus–Verbindung mit עולם stehendes Wort ein קצי oder ein דורי [zur mask. Form von דור vgl. 1QH^a IX$_{18}$ (Ed. Suk. I$_{16}$)] anbieten. דורי ist קצי vorzuziehen, da דורות עולם in 1QH^a IX$_{20}$ (Ed. Suk. I$_{18}$) belegt ist. Ähnlich schon Delcor, hymnes, 80.

היותם למֹלאכי קֹ[ודש ו ...]לרוחות עולם בממשלותֹם מֹאורות לרזיהם   13 (11)

כוכבֹים לנֹתיבותֹ[יהם ...] למשאם זקים וברקים לעבודתם ואוצרות   14 (12)

מחשבֹת לחפצֹיהֹ[ם ...] לרזיהם *vacat* אתה בראתה ארץ בכוחכה   15 (13)

ימים ותהומֹות עֹשֹ[יתה⁵¹] בדעתכה ומֹח[שֹביהם הכינותה בחוכמתכה   16 (14)
וכל אשר בם

תכֹ[נֹ]תה לרצֹונכֹ[ה⁵²] אתה יסדתם *vacat* [לרוח אדם אשר יצרֹת   17 (15)
בתבל לכל ימי עולם

ודורות נצח למ[...]לֹ וכקציהם פלגתה עֹבֹודתם בכול דוריהם   18 (16)
ומש[פֹ]טֹ

במועדיה⁵³ לממשֹלֹ[ת ... ודֹ]רֹכֹיהם הֹכֹיֹנֹותֹה לדוֹר ודור ופקודת   19 (17)
שלום עם

עם כול נגיעיהֹ[...]ה ותפלג לכול צאצֹאֹיֹהֹם למספר דורות *vacat*   20 (18)
עולם

ולכול שני נצח [...]הֹ ובחכמת דעתכה הכֹ[י]נֹותה תע דתם⁵⁴ *vacat*   21 (19)
בטרם

היותם ועל פי רֹצֹ[ונכה נֹ]הֹיה כול ומבלעדיך לא יעֹשֹה *vacat*   22 (20)

אלה ידעתי מבינתכה כיא גליתה אוזני לרזי פלא ואני יֹצר החמר   23 (21)
ומגבל המים

סוד הערוה ומקור הנדה כור העוון ומבנה החטאה רֹוֹח הֹתוֹעה וֹנעוה   24 (22)
בלא

בינה ונבעתה בֹמֹשֹפטי צדק מה אדבר בלא נודע ואשמיעה בלא   25 (23)
סופר הכול

חקוק לפניכה בחרת זכרון לכול קצי נצח ותקופות מספר שני עולם   26 (24)
בכול מועדיהם

---

⁴⁹Zu וְכול s. die Transkription bei Stegemann, Rekonstruktion der Hodajot, Kolumne IX.
⁵⁰Zur Rekonstruktion s. Delcor, hymnes, 81; vgl. auch IX₁₆ (Ed. Suk. I₁₄).

⁵¹Carmignac (Compléments, 272) möchte בט[ובכה] rekonstruieren. Die auf meinen Photographien erkennbaren Buchstabenreste lassen jedoch mit H. Stegemann (Rekonstruktion der Hodajot, Kolumne IX) eher auf עש als auf בט schließen.

⁵²Delcor und nach ihm fast alle Bearbeiter des Textes rekonstruieren die lacuna mit [ותתנם לממשלת] (hymnes, 83), Bardtke (Loblieder, 151 Anm. 28) und Dupont–Sommmer (Livre des Hymnes, 27 Anm. 9) nehmen dagegen [והפלתה גורל] als Text der lacuna an. Beide Rekonstruktionen übersehen die logische Abfolge des Schöpfungshymnus: Jeweils in einem eigenen Abschnitt werden die Schöpfung von Himmel und Erde geschildert, in einem weiteren Abschnitt wird anschließend die Schöpfung des Menschen geschildert (zum Aufbau des Textes s. die Gliederung). Da die beiden vorhergehenden Abschnitte jeweils mit einem *vacat* und einem ואתה eingeleitet wurden, dürfte dies auch im dritten Abschnitt der Fall sein. Am Rand der lacuna sind noch Reste eines *lamed* erhalten, welche es ausschließen, daß רוח אדם hier Objekt einer Schöpfungshandlung Gottes ist. Die oben gegebene Rekonstruktion scheint daher, bei aller gebotenen Vorsicht, denjenigen von Delcor und Bardtke vorzuziehen zu sein. Zur Sache vgl. Holm–Nielsen (Hodayot, 23): „A new sentence seems to be demanded, in which the point should be that God has created the spirit of man."

⁵³Das *bêt* überragt den rechten Kolumnenrand.
⁵⁴Schreibfehler, das *wāw* wurde ausgelassen. Der Text muß תעודתם lauten.

וֹלוֹא נסתרו ולא נעדרו מלפניכה ומה יספר אנוש חטאתו ומה יֹוכיח   27 (25)
על עוונותיו
וֹ

ומה ישיב על על משפט הצדק לכה אתה 𝄃 הדעות כול מעשי   28 (26)
הצדקה

וסוד האמת ולבני האדם עבודת העוון ומעשי הרמיה *vacat* אתה   29 (27)
בֹראתה

רוח בלשון ותדע דבריה ותכן פרי שפתים בטרם הֻיותם ותשם דברים   30 (28)
על קו

ומבע רוח שֹפתים במדה ותוצא קוים לרזים ומֹ[ב]עֹֹיֹ רֹוֹחֹות לחשבונם   31 (29)
להודיֹע

כדודכה ולספר נפלאותיכה בכול מעשי אמתכה ומֹ[ש]פֹּ[ט]יֹֹ צֹדקכה   32 (30)
ולהלל שמכה

בפה כול יודעיכה לפי שכלם יֹבֹרֹכוכה לעולמֹי [עד] *vacat* ואתה   33 (31)
ברחמיכה

וגדול חסדיכה חֹזקתה רוח אֹנֹוֹש לפני נגע וֹנֹ[פש אביון] טהֹרֹתֹה   34 (32)
מרוב עוון

לספר נפלֹאֹוֹתֹיֹכֹה לנגד כול מעשיכה *vacat* וֹאֹסֹפֹֹרֹ[ה תמיד בקרבם]   35 (33)
משפטי נגיעי

ולבני אנוש כול נֹפֹלֹאֹותיכה אשר הגברתה בֹ[י לנגד בנֹ]יֹ אֹדֹם *vacat*   36 (34)
שמעו

חכמים ושחי דֹעֹת וֹנֹמֹהֹרֹים יהיו ליצר סמוֹך] וכל ישרי דר[ך] הוסיפו   37 (35)
ערמה

צדיקים השביתו עֹוֹלֹה וכוֹל תמימי דרך הֹחֹזיקוֹ[...נד]כֹא עני האריכו   38 (36)
אפים ואל תמא[סו] בֹמֹ[שפטי צדק ...כס]ילֹי[55כֹס ...כֹס לב לא יבֹינֹו   39 (37)
אלה [...]ד[...]   40 (38)
עֹרֹיצים יחרֹוֹקֹוֹ שנים [...   41 (39)
[...]   X₁
[...]   2
[...]דו[...]   3 (1)
[...]שֹׁיֹעֹֹםֹֹ [...]   4 (2)

7.3 Übersetzung

(1) [...]
(2) [...] als du umkehrtest [von der Ö]de [...]
(3) [...] heilig[e] [...]
(4) [...] zwischen Gut und Freve[l] unterscheiden [bis in]
(5) Ewigkeit [...]

---

[55] Zur Rekonstruktion s. u. a. Bardtke, 154 Anm. 58; Holm–Nielsen, Hodayot, 28; Baum-garten/Mansoor, Studies, 121 Anm. 56; Delcor, hymnes, 92 und Mansoor, Thanksgiving Hymns, 104 Anm. 3.

(6) in ihnen [...], denn [du, mein Gott, bist eine Quelle der Er]kenntnis und eine Zisterne[56] der [...] (7) und ein Quell der Kra[ft ...] der Rat[...] ohne Zahl und dein Eifer (8) vor [deiner] Weisheit[...]und langmütig in deinen Gerichten. Gerecht bist du in all deinen Werken, (9) und in deiner Weisheit hast [du die Generationen der] Ewigkeit [eingesetzt,] und bevor du sie geschaffen hast, hast du ihre Werke gekannt (10) in den Ewigkeiten der Ewigkeit. [Und ohne dich] wird [nichts] getan, und ohne deinen Willen wird nichts erkannt. Du (11) hast allen Geist geformt und [ihre] Tat[en] hast [du festgesetzt], und ein Gesetz haben all ihre Werke. *vacat*

Und du hast den Himmel ausgespannt (12) zu deiner Ehre, und al-les, [was in ihm ist, hast] du einge[s]etzt nach deinem Willen, und die Geister der Stärke nach ihren Geboten, bevor (13) sie zu h[eiligen] En-geln wurden[57] [und ...] zu ewigen Geistern in ihrem Herrschaftsbereich, Lichter nach ihren Geheimnissen, (14) Sterne nach [ihren] Pfaden [...] für ihre Last, Meteore[58] und Blitze für ihren Dienst und verborgene Schatzkammern[59] (15) für ihre Angelegenheiten [...] für ihre Geheimnis-se. *vacat*

Du hast das Land geschaffen in deiner Kraft, (16) Meere und Urfluten hast [du] gemach[t in deiner Erkenntnis und] ihre [Pl]äne hast du festge-setzt in deiner Weisheit und alles, was in ihnen ist, (17) hast du beme[ss]en nach deine[m] Willen. [*vacat*]

[Du hast sie gegründet]für den Geist der Menschen, den du auf der Erde geschaffen hast, für alle Tage der Ewigkeit (18) und die Generationen der Ewigkeit [...] und gemäß ihren Epochen hast du ihren Dienst in all ihren Generationen eingeteilt und ein Geb[o]t (19) in ihren Epochen[60] für ihre Herrschaf[t ... und] ihre [W]ege hast du festgesetzt von Gene-ration zu Generation und die Heimsuchung (ihres) Wohlergehens (20) zusammen[61] mit all ihren Plagen [...] und du hast eingeteilt für all ih-re Sprößlinge hinsichtlich der Zahl der Generationen *vacat* der Ewigkeit

---

[56] H. Stegemann (Rekonstruktion der Hodajot, Kolumne IX) liest ומקה. Das oberhalb des Wortes geschriebene *wāw* ist auf meinen Photographien nicht zu erkennen, jedoch dürfte es sich bei ומקה um einen Schreibfehler in der Handschrift 1QH^a handeln, denn das in IX7 (Ed. Suk. I5) folgende ומעין legt ein paralleles ומקוה nahe.

[57] Es handelt sich um ein Zitat aus Psalm 104,4. Dort wird bildhaft beschrieben, Gott habe die Winde zu seinen Boten gemacht. Trotzdem erscheint es hier angebracht, רוחות mit „Geister" zu übersetzen, da mit dem parallelen מלאכי קודש keine einfachen Boten gemeint sein können. Der Psalm wird hier auf himmlische Engelwesen hin interpretiert.

[58] Zu זיק in der Bedeutung „Meteor" s. Baumgarten/Mansoor, Studies, 117; Mansoor, Thanksgiving Hymns, 99 und Jastrow, Dictionary, 395f. (vgl. auch 1QM VI3; Sir 43,13 und mBer 9,1).

[59] Zur Übersetzung s. Mansoor, Thanksgiving Hymns, 99 Anm.4.

[60] Bei במועדיה handelt es sich um einen Abschreibfehler, es ist במועדיהם zu lesen. Zu מועד als Epoche vgl. 4Q402 413f.

[61] Bei dem doppelten עם in IX19f. (Ed. Suk. I17f.) handelt es sich um eine Diplographie.

(21) und hinsichtlich aller Jahre der Ewigkeit [...] und in der Weisheit deiner Erkenntnis hast du ihre Bes[t]immung fes[t]gelegt, *vacat* bevor (22) sie existierten, und nach [deinem] Will[en i]st alles entstanden, und ohne dich wird nichts getan. *vacat*

(23) Dies erkannte ich auf Grund deiner Einsicht, denn du hast meine Ohren geöffnet für wunderbare Geheimnisse, aber ich bin ein Gebilde aus Lehm und ein mit Wasser Geknetetes, (24) eine Versammlung der Schande und eine Quelle der Unreinheit, ein Schmelzofen der Schuld und Gebäude der Sünde, ein Geist der Verirrung und verdreht, ohne (25) Einsicht und erschreckt durch gerechte Gerichte. Wie sollte ich reden, ohne daß erkannt worden wäre, und wie hören lassen, ohne daß erzählt worden wäre. Das Ganze (26) wurde vor dir eingeschlagen mit dem Meißel der Erinnerung[62] für alle Epochen der Ewigkeit und die Wendepunkte der Zahl der Jahre der Ewigkeit in allen Zeiten, (27) und sie sind nicht verborgen oder werden vermißt vor dir. Und wie soll ein Mensch seine Sünde aufzählen und wie soll er sich verteidigen wegen seiner Freveltaten (28) und wie soll er umkehren vom Frevel um des gerechten Gerichtes willen? Bei dir, du Gott der Erkenntnis, sind alle Taten der Gerechtigkeit (29) und das Fundament[63] der Wahrheit; aber bei den Menschen sind der Dienst der Freveltaten und die Werke des Trugs. *vacat*

Du (30) hast den Hauch auf der Zunge geschaffen und hast ihre Worte erkannt und die Frucht der Lippen festgelegt, bevor sie existierten. Und du hast die Worte an einer Meßschnur festgesetzt (31) und den Klang des Hauchs der Lippen an einem Maß. Und du hast Maße hervorgebracht nach Geheimnissen, und die Klänge (der) Hauche nach ihrer Berechnung, um erkennen zu lassen (32) deine Herrlichkeit und damit man deine Wunder erzähle in allen Taten deiner Treue, und die Ge[r]ich[t]e deiner Gerechtigkeit, und um zu loben deinen Namen (33) durch den Mund all derer, die dich erkennen. Gemäß ihrer Einsicht sollen sie dich preisen in den Ewigkeiten der [Ewigkeit]. *vacat*

Und du hast in deinem Erbarmen (34) und der Größe deiner Gnade den Geist des Menschen stark gemacht vor der Plage und die [erbärmliche] Seele hast du gereinigt von der Menge der Schuld, (35) damit sie deine Wunder erzähle, damit sie von all deinen Werken berichte. Und [wenn sie sich nähern] die Gerichte meiner Plage, will ich [immerdar] erzäh[len] (36) und den Menschen all deine Wunder (mitteilen), mit denen du dich groß erwiesen hast an [mir, damit man den Men]schen [davon berichte]: *vacat*

---

[62] Zu חֶרֶת als Meißel s. u., 224f.

[63] סוד ist hier nicht mit „Rat", sondern mit Fundament zu übersetzen, da es um eine Anspielung auf 4Q417 2 I₈ handelt, und da dort der schöpfungstheologische Kontext für סוד die Bedeutung „Fundament" nahelegt (zur Anspielung s. u., 226).

(37) Höret, ihr Weisen, und ihr, die ihr über Erkenntnis nachsinnt,[64] und ihr Voreiligen, seid festen Sinnes, [und all ihr Rechtschaffenen des We]ges, vermehrt die Klugheit. (38) Ihr Gerechten, macht dem Frevel ein Ende, und alle die ihr einen vollkommenen Wandel habt, ergreif[t … zersch]lagen, elend. Habt (39) Geduld und verwer[ft] nicht [die gerechten] Ge[richte … die töri]chten Herzens sind, werden nicht einsehen ein […] (40) diese […] (41) Gewalttätige knirsch[en mit den Zähnen …] (X1) […] (2) […] (3) […] (4) […].

7.4 Gliederung

Bevor eine Gliederung von 1QH^a IX$_1$–X$_4$ (Ed. Suk. I$_{01}$–II$_2$) vorgenommen werden kann, ist es wegen der unterschiedlichen Reihenfolge der einzelnen *Hôdāyôt* in den 4QH–Handschriften notwendig, die Stringenz der in den *Hôdāyôt* verwandten äußeren Gliederungskriterien zu überprüfen, da es denkbar erscheint, daß nicht nur die Reihenfolge der *Hôdāyôt* in den einzelnen Handschriften variert, sondern auch ihre Gliederung. Die folgenden Tabelle soll den Befund zusammenfassen:[65]

1QH^a VII$_{20}$ (Ed. Suk 10$_9$) *vacat*	4Q427 3 I$_7$ *vacat*
1QH^a XV$_{36}$ (Ed. Suk VII$_{33}$) *vacat*	1QH^b 1$_{6f.}$ *vacat*
1QH^a XVI$_4$ (Ed. Suk VIII$_3$) *vacat*	4Q428 7$_{11}$ *vacat* und →
1QH^a XIX$_{30}$ (Ed. Suk XI$_{27}$) *vacat*	4Q428 8 I$_4$ *vacat* (Rek.)
1QH^a XX$_{6f.}$ (Ed. Suk XII$_{3f.}$) → (kein *vacat*)	4Q427 3 II$_5$ kein *vacat* und 4Q428 8 II$_9$ *vacat*
1QH^a XX$_{14}$ (Ed. Suk XII$_{11}$) *vacat*	4Q427 3 II$_{11}$ *vacat* (Rek.)

Der Vergleich zeigt deutlich, daß die äußeren Gliederungskriterien in den verschiedenen Handschriften der *Hôdāyôt*, soweit Überlappungen existieren, stringent gebraucht wurden,[66] daher kann davon ausgegangen

---

[64] שוח ist im AT hapaxlegomenon (Gen 24,63). Die alten Übersetzung geben es verschieden wieder: 𝕲 ἀδολεσχῆσαι (= „um zu schwatzen"), 𝔳 *ad meditandum* (= „um zu meditieren"). Die von 𝔳 gewählte Übersetzung von שוח als ein ein Nachdenken ausdrückendes Verbum belegt die Möglichkeit einer solchen Konnotation zumindest in später Zeit, was gut zu dem Parallelismus mit חכמים paßt. Zum mischnischen und rabbinischen Gebrauch der Wurzel s. Jastrow, Dictionary, 962.

[65] Die *vacat*s in 4Q427 7 II$_5$ par 4Q431 1$_6$; 4Q427 7 II$_8$ par 1QH^a XXVI$_{29}$ (Ed. Suk. 7 II$_4$) und 4Q431 1$_7$ par 4Q427 7 II$_6$ sind auf Fehler im Leder zurückzuführen, die den Schreiber zu einem *vacat* zwangen, obwohl im Text kein neuer Abschnitt beginnt. In den entsprechenden Parallelbelegen findet sich jeweils kein *vacat*.

[66] Dem Ergebnis dieses Vergleichs entspricht es, daß, von zwei Ausnahmen abgesehen, die durch den Gebrauch des *vacat*s vorgegebene Gliederung der *Hôdāyôt* mit der Gliederung, die sich aus den in den einzelnen Liedern verwandten Gattungselementen ergibt, übereinstimmt (zur Sache s. Morawe, Aufbau und Abgrenzung, 163f.).

werden, daß durch den Gebrauch des *vacat*s in der relativ jungen Handschrift 1QH^a eine alte Gliederung des zu analysierenden Liedes tradiert wurde. Die Wahrscheinlichkeit, daß sie vom Verfasser des Liedes selbst stammt, ist groß.[67]

1QH^a IX (Ed. Suk I) ist durch ein großes *vacat* in Zeile IX$_{22}$ in zwei Hälften geteilt. Der erhaltene Text der ersten Hälfte des Liedes besteht aus einem mehrstrophigen Schöpfungshymnus [IX$_{6-22}$ (Ed. Suk. I$_{4-20}$)], der als Begründung für den vorhergehenden nur noch in wenigen Worten erhaltenen ersten Abschnitt des Liedes dient [כיא IX$_6$ (Ed. Suk. I$_4$)]. Die erhaltenen Textreste, sowie die in den *Hôdāyôt* häufig zu findende Verbindung zwischen Schöpfungshymnen und menschlicher Sündhaftigkeit und Erkenntnisunfähigkeit, legen es nahe, daß auch der Hymnus in 1QH^a IX$_{6ff.}$ (Ed. Suk I$_{4ff.}$) solchen Ausführungen zur Begründung dient. Der Hymnus selbst gliedert sich neben den *vacat*s in 1QH^a IX$_{11.15.[17]}$ (Ed. Suk. I$_{9.13.[15]}$) durch die Wiederholung der Gottesanrede אתה [„du (hast) …"]. In einer ersten Strophe wird Gott allgemein als Quell der Erkenntnis und Weisheit gepriesen, als derjenige, der die präexistente Ordnung der Welt geschaffen hat und erhält. Die folgenden drei Strophen beschreiben, um dies zu erläutern, drei Bereiche der Schöpfung (Himmel, Erde und Mensch).[68]

Auch der zweite Abschnitt des Textes wird durch die Gottesanrede אתה und ein jeweils vorhergehendes *vacat* in vier Unterabschnitte gegliedert: Neben diesen Kriterien grenzt sich IX$_{23-29}$ (Ed. Suk. I$_{21-27}$) weiterhin durch die nicht hymnische Form des Gotteslobes (Niedrigkeitsdoxologie) von seinem Kontext ab. IX$_{29-33}$ (Ed. Suk. I$_{27-31}$) ist wiederum als Schöpfungshymnus formuliert und unterscheidet sich auf diese Weise formal vom vorhergehenden und folgenden Kontext,[69] während sich IX$_{33-36}$ (Ed. Suk. I$_{31-33}$) durch den Neueinsatz mit ואתה ברחמיכה וגדול חסדיכה חזקתה רוח אנוש [„Und du hast in deiner Barmherzigkeit und deiner großen Gnade den Geist des Menschen stark gemacht"; IX$_{33f.}$ (Ed. Suk. I$_{31f.}$)] und die weisheitliche Lehreröffnungs-

---

[67] Die beiden *vacat*s gegen Ende der Zeilen 1QH^a IX$_{20f.}$ (Ed. Suk. I$_{18f.}$) sind auf nicht beschreibbares Leder zurückzuführen, da sie zum einen direkt untereinander stehen, und zum anderen grammatisch zusammengehörige Satzgefüge unterbrechen.

[68] Wie in der Auslegung gezeigt werden wird, leitet sich dieser Aufbau des Hymnus' von Sach 12,1 her.

[69] Zur Sache s. auch Bergmeier/Pabst, Erschaffung der Sprache, 435: „Äusserlich ist er [scil. der Abschnitt 1QH^a IX$_{29-33}$ (Ed. Suk. I$_{27-31}$)] durch einen Freiraum je in Zeile 27 [scil. Ed. Stegemann 29] und Zeile 31 [scil. Ed. Stegemann 33] von seinem Kontext abgehoben. Diese Abhebung besteht sachlich zu Recht, denn der vorangehende Abschnitt (Zeilen 21–27) [scil. Ed. Stegemann 23–29] wird mit der antithetischen Aussage von Zeilen 26–27 abgeschlossen, der nachfolgende Abschnitt (Zeilen 31–34) [scil. Ed. Stegemann 33–36] bringt mit dem Thema von Gottes Heilshandeln am Menschen einen Neueinsatz. So haben wir also in *Hodayot* I, 27–31 eine klar abgegrenzte Sinneinheit vor uns."

formel in IX₃₆f. (Ed. Suk. I₃₄f.) sprachlich gut vom vorhergehenden und folgenden Kontext abhebt.

A ??–IX₂₂ (Ed. Suk. ??–I₂₀) [Umkehr, Erkenntnis] und Schöpfung

   a) ??–IX₆ (Ed. Suk. ??–I₄) [Umkehr und Erkenntnisfähigkeit]
   b) IX₆₋₂₂ (Ed. Suk. I₄₋₂₀) Begründender Schöpfungshymnus

      α) IX₆₋₁₁ (Ed. Suk. I₄₋₉) Einleitung: Gottes Güte und die Schöpfung
      β) IX₁₁₋₁₅ (Ed. Suk. I₉₋₁₃) Der Himmel
      γ) IX₁₅₋₁₇? (Ed. Suk. I₁₃₋₁₅?) Die Erde
      δ) IX₁₇?₋₂₂ (Ed. Suk. I₁₅?₋₂₀) Der Mensch

B IX₂₃–X₄ (Ed. Suk. I₂₁–II₂) Gotteslob und Schöpfungsordnung

   a) IX₂₃₋₂₉ (Ed. Suk. I₂₁₋₂₇) Niedrigkeitsdoxologie
   b) IX₂₉₋₃₃ (Ed. Suk. I₂₇₋₃₁) Schöpfungshymnus: Die Sprache
   c) IX₃₃₋₃₆ (Ed. Suk. I₃₁₋₃₄) Hymnus: Gottes Gnade und Gotteslob
   d) IX₃₆–X₄ (Ed. Suk. I₃₄–II₂) Weisheitliche Lehrrede

7.5 Auslegung

Schon die Gliederung hat gezeigt, daß in den ersten Zeilen [1–6 (Ed. Suk. 01–4)] zuwenig Text erhalten ist, um sicher auf den Inhalt dieser Zeilen schließen zu können. Sollte H. Stegemann mit seiner Zuordnung von Fragment 24 zur oberen linken Kolumnenseite Recht behalten, können diese Textbruchstücke jedoch eine Ahnung der Thematik vermitteln: Mit תוהו [IX₂ (Ed. Suk. I₀₂)] wird in den Texten des *yaḥad* anderenorts der gesetzlose Lebenswandel neben und gegen die Thora beschrieben, zu welchem die Israeliten von dem Mann des Spottes verführt wurden (CD I₁₅) und zu dem die Frevler von Gott selbst bestimmt werden (4QDᵃ 18 V₁₀). In den *Hôdāyôt* selbst wird der Begriff dazu verwendet, „... in einem Gott–Mensch Vergleich ... die Nichtigkeit des Menschen angesichts der Erhabenheit Gottes poetisch zu beschreiben:"[70] Der Mensch ist ein תוהו und ein Herr der Nichtigkeit (בעל הבל) [1QHᵃ XV₃₅ (Ed. Suk. VII₃₂)], vor Gott hat er die Gesinnung des תוהו und ist ein Lehmgebilde [לפניך] טע[ם] תהו ויצר חמר] Frag. A 1₇ (Ed. Suk. 11₇)].[71] Ähnlich wird das Wort auch in der Kriegsrolle verwendet (1QM XVII₄): „Hier sind die Frevler diejenigen, die nach ‚Eitlem und Leerem' (לתהו ולבהו) trachten,

---

[70] Börner-Klein, Tohu und Bohu, 8.

[71] H. Stegemann (Rekonstruktion der Hodajot, Kolumne IX) liest lediglich לפניך ooo̊, תהו ויצר חמר, jedoch erscheint mir die Rekonstruktion wegen des erhaltenen ם und des parallel stehenden יצר חמר zwingend. Zur dieser Verwendung von תוהו vgl. auch 4Q504 1-2 III₃

deren Stütze und Halt nicht existieren (בלוא). Israel dagegen, das sich an
Gott hält, wird in Ewigkeit sein und bestehen."[72] Die Abkehr von solcher
Niedrigkeit scheint auch in 1QH^a IX$_2$ (Ed. Suk. I$_{02}$) gemeint zu sein. Das
בֵּין טוֹב לְרֹשׁ[ע] [1QH^a IX$_4$ (Ed. Suk. I$_2$)] erinnert an 1QH^a VI$_{22f.}$ (Ed.
Suk. XIV$_{11f.}$): [גור]לוֹת אנוש כי לפי רוחות תפילם בין טוב לרשע ("Lo]se
des Menschen, denn gemäß ihren Geistern hast du ihr Schicksal zwischen
dem Guten und dem Frevel bestimmt") und könnte das vor der Schöpfung
von Gott in Gut und Böse eingeteilte Schicksal aller Menschen meinen—
eine Vorstellung, die gut zu 1QH^a IX$_{6ff.}$ (Ed. Suk. I$_{4ff.}$) passen würde. Die
Wendung könnte sich aber auch aus Texten wie 1QS IV$_{26}$ oder 4Q417 2
I$_{8.17f.}$ herleiten und würde dann entweder, wie in der Zwei–Geister–Lehre,
das Erfahren von Gut und Frevel im Handeln umschreiben (zu dieser Interpretation von 1QS IV$_{26}$ s. o., 165) oder aber die Fähigkeit, zwischen
Gutem und Bösem unterscheiden zu können, wie z. B. in 4Q417 2 I$_{8.17f.}$
(s. o., 62; 87). Sicheres läßt sich bei dem schlechten Erhaltungszustand des
Textes nicht sagen, jedoch scheint mir der folgende Kontext ebenso für
eine prädestinatianische Interpretation der Wendung zu sprechen, wie die
zeitliche Begrenzung עולם [עד] [„bis in Ewigkeit"; IX$_{4f.}$ (Ed. Suk. I$_{2f.}$)].
Es scheint somit wahrscheinlich, daß dem Schöpfungshymnus IX$_{6-22}$ (Ed.
Suk. I$_{4-20}$) eine Schilderung menschlicher Verwerflichkeit und Sündhaftigkeit vorherging, und daß in diesem Abschnitt die Abkehr von diesem
Lebenswandel thematisiert wurde. Die Tatsache, daß auf diese Niedrigkeitsaussagen ein hymnisches Gotteslob folgt, läßt die Vermutung zu, daß
in dem zitierten Textsück neben den Niedrigkeitsaussagen auch Gottes
Heilshandeln, das dem unwürdigen Menschen die Abkehr von der wi-
dergesetzlichen Seinsverfassung erst ermöglicht, thematisiert wird. Ohne
weitere Abschriften des Textes muß diese Interpretation jedoch, ebenso
wie jede andere Auslegung des Textes, spekulativ bleiben.

IX$_{6-22}$ (Ed. Suk. I$_{4-20}$): Der Schöpfungshymnus ist viergeteilt: Nach
einer Einleitung wird der Schöpfer gepriesen, indem in drei Strophen drei
Bereiche der Schöpfung geschildert werden: Himmel, Erde und Mensch.[73]
1QH^a IX$_{10f.}$ (Ed. Suk. I$_{8f.}$) gibt einen Hinweis, an welchem biblischen Vorbild sich der Hymnus orientiert: Das יצרתה כול רוח ist eine Anspielung
auf Sach 12,1, denn nur dort ist רוח nochmals als Objekt des Verbums יצר
belegt:[74]

---

[72] Börner–Klein, Tohu und Bohu, 8.

[73] Lohfink (Lobgesang der Armen, 87) möchte den Schöpfungshymnus in sechs Abschnitte gliedern [8–10 (Ed. Suk. 6–8); 10f. (Ed. Suk. 8f.); 11–15 (Ed. Suk. 9–13); 15–17 (Ed. Suk.
13–15); 17–22 (Ed. Suk. 15–20); 23 (Ed. Suk. 21)]. Eine solche Gliederung ist jedoch nur bei
völliger Ignoranz des *vacat* und seiner Bedeutung für die Gliederung der Handschriften vom
Toten Meer möglich. Vollends unverständlich bleibt, wieso die Zeile 23 (Ed. Suk. 21) von
ihm als Teil des Schöpfungshymnus betrachtet wird, da, abgesehen von dem *vacat* am Ende
der Zeile 22 (Ed. Suk. 20), auch der Subjektwechsel deutlich einen Neueinsatz markiert.

נְאֻם־יְהוָה נֹטֶה שָׁמַיִם וְיֹסֵד אֶרֶץ וְיֹצֵר רוּחַ־אָדָם בְּקִרְבּוֹ

Ausspruch des Herrn, der den Himmel ausgespannt hat, der die Erde
gegründet hat, und der den Geist des Menschen in seinem Inneren
geschaffen hat.

Neben dem יצרתה כול רוח gibt es noch eine weitere sprachliche
Berührung zwischen Sach 12,1 und 1QH^a IX$_{6-22}$ (Ed. Suk. I$_{4-20}$): Sowohl in Sach 12,1 als auch in 1QH^a IX$_{11}$ (Ed. Suk. I$_9$) wird das
Schöpfungshandeln Gottes als ein נטה שמים, ein „Ausspannen des Himmels" beschrieben.[75] Auffällig ist weiterhin, daß die in 1QH^a IX$_{6-22}$ (Ed.
Suk. I$_{4-20}$) eingehaltene Reihenfolge der lobpreisenden Schilderung einzelner Schöpfungsbereiche Sach 12,1 entspricht: Himmel, Erde, Mensch.
Der Schöpfungshymnus 1QH^a IX$_{6-22}$ (Ed. Suk. I$_{4-20}$) dürfte also auf
dem kurzen Gotteslob von Sach 12,1 aufbauen. Bei den drei auf die Einleitung folgenden Strophen des Schöpfungshymnus handelt es sich um
eine Auslegung der drei Teilverse von Sach 12,1. Daß von den vielen atl.
Schöpfungshymnen Sach 12,1 als Grundlage für den Hymnus gewählt
wurde, mag mit dem Skopus von 1QH^a IX$_{6ff.}$ (Ed. Suk. I$_{4ff.}$) und dem auf
Sach 12,1 folgenden Text zusammenhängen: Ziel des Schöpfungshymnus
1QH^a IX$_{6ff.}$ (Ed. Suk. I$_{4ff.}$) ist es, zu zeigen, daß alles menschliche Handeln
von Gott schon vor der Schöpfung bestimmt und festgelegt wurde. Der
kurze Schöpfungshymnus in Sach 12,1 dient im Sacharja–Buch als Beleg
dafür, daß die auf ihn folgenden die Geschichte Jerusalems betreffen-
den Verheißungen eintreffen werden: Weil Gott die Welt geschaffen hat,
werden sich auch seine Verheißungen erfüllen. Dies wurde vom *yaḥad*
interpretiert als weil Gott die Ordnung der Geschichte schon vor der
Schöpfung festgelegt hat, treffen seine Prophezeiungen ein.

IX$_{6-11}$ (Ed. Suk. I$_{4-9}$): Die Einleitung in den Schöpfungshymnus ist
zweigeteilt: Wegen der starken Textbeschädigungen können textimmanente Kriterien, wie Konjuktionen etc., für die Gliederung des Abschnittes nicht verwendet werden, jedoch lassen die erhaltenen Textreste der
Zeilen IX$_{6-8}$ (Ed. Suk I$_{4-6}$) und IX$_{9-11}$ (Ed. Suk. I$_{7-9}$) unterschiedliche
Inhalte erkennen: In den Zeilen 6–8 (Ed. Suk. 4–6) wird Gott als die

---

[74] Zur Anspielung auf Sach 12,1 vgl. u. a. Carmignac, Citations, 372. H.–W. Kuhn hält,
ohne Begründung, eine Anspielung auf Sach 12,1 für unwahrscheinlich (Enderwartung, 125
Anm. 1).

[75] Da ein Ausspannen des Himmels durch Gott im Zusammenhang der Schöpfungsthematik häufig belegt ist (s. neben Sach 12,1 auch Jes 44,24; 45,12; 51,16; Jer 10,12 par 51,15 und
11QPs^a XXVI$_{14}$), möchte Holm–Nielsen (Hodayot, 21) die Parallele auf eine den *Hôdāyôt*
zugrundeliegende und sich aus dem AT herleitende Kultsprache zurückführen. Dem steht
jedoch die Tatsache entgegen, daß nur in Sach 12,1 יצר רוח und נטה שמים gemeinsam vorkommen. Aus dem gleichen Grund ist auch die These von Horgan/Kobelski abzulehnen,
in 1QH^a IX$_{11}$ (Ed. Suk. I$_9$) sei Jer 10,12 verarbeitet worden (Hodayot and New Testament
Poetry, 190).

Quelle aller Erkenntnis und aller Kraft gepriesen, als langmütig und gerecht. In den Zeilen 9–11 (Ed. Suk. 7–9) dagegen wird der Schöpfer und sein prädestinierendes Schöpfungshandeln beschrieben.

In den Texten des *yaḥad* wird Gott wiederholt als Quelle bezeichnet;[76] nahezu parallel mit 1QH^a IX$_{6f.}$ ist beispielsweise 1QH^a XX$_{32}$ (Ed. Suk. XII$_{29}$) formuliert:

ומקוי כבוד ומקור דעת וגבורֹתֹ[ן פל[א

eine Zisterne der Herrlichkeit und eine Quelle von Erkenntnis und Kraft.[77]

Die Schilderung von Gott als Zisterne der Herrlichkeit, als Quelle von Erkenntnis und Kraft ist in 1QH^a XX (Ed. Suk. XII) Teil einer längeren Gegenüberstellung der Herrlichkeit, Allwissenheit und Allmacht Gottes und der Unfähigkeit, Verlorenheit und Sündhaftigkeit des Menschen. Eine solche Niedrigkeitsdoxologie erscheint mir jedoch für 1QH^a IX$_{6f.}$ (Ed. Suk. I$_{4f.}$) ausgeschlossen zu sein, da alle erhaltenen Textbestandteile das Gotteslob fortsetzen und eine Schilderung der Niedrigkeit des Menschen fehlt: Im folgenden Kontext werden dort Gottes Weisheit, seine Langmut im Gericht und seine Gerechtigkeit gepriesen.

Der zweite Teil der Einleitung des Schöpfungshymnus ist prädestinatianischer Natur. Das ובטרם בראתם ידעתה כֹּלֹ מעשיהם] „und bevor du sie geschaffen hast, hast du ihre Werke erkannt"; IX$_9$ (Ed. Suk. I$_7$)] erinnert an 1QS III$_{15}$: ולפני היותם הכין כול מחשבתם (,,und bevor sie existierten, hast du ihren ganzen Plan festgelegt"). Eine vom Wortlaut her engere Parallele findet sich in 1QH^a VII$_{26f.}$ (Ed. Suk. XV$_{13f.}$: ואדע כי בידך יצֹר כול רוח [וכול פעול]תו הכינותה בטרם בראתו („Und ich erkannte, daß in deiner Hand die Gestalt allen Geistes ist [und daß du all] sein [Tu]n festgesetzt hast, bevor du ihn schufst"). Alle drei Texte wollen ausdrücken: „Gott weiß und kennt in bezug auf den Menschen alles, und dies bereits vor der Existenzwerdung des Menschen und seiner Lebensäußerungen."[78] Weiterhin findet sich das Motiv des präexistenten Handelns Gottes in 1QH^a XX$_{13f.}$ (Ed. Suk. XII$_{10f.}$; s. u., 231); 4Q180 1$_{1-3}$ (s. u., 279) und CD II$_7$ (s. u., 260). In der Damaskusschrift und 4Q180 wird es, wie auch in 1QH^a VII$_{26f.}$ (Ed. Suk. XV$_{13f.}$), in prädestinatianischem Kontext gebraucht, was auf einen Zusammenhang zwischen dem Vorherwissen Gottes und dem Prädestinationsgedanken in diesen Texten schließen läßt:

---

[76] 1QS X$_{12}$; XI$_6$; 1QH^a XIV$_{20}$ (Ed. Suk. VI$_{17}$); XVI$_{13.15}$ (Ed. Suk. VIII$_{12.14}$); XVIII$_{33}$ (Ed. Suk. X$_{31}$); vgl. 1QS III$_{19}$.

[77] Transkription nach H. Stegemann, Rekonstruktion der Hodajot, Kolumne XX. Vgl. insbesondere die seltene Vokabel מקוה bzw. מקוי in beiden Belegen. Zu מקוה als Bezeichnung Gottes vgl. auch das ומקוה גבורות in 4Q286 1 II$_5$ (eine Transkription des Belegs findet sich bei Eisenman/Wise, Qumran–Rollen, 231). Zu מקוה als „Zisterne" s. auch Sir 50,3.

[78] S. Wagner, Loblieder, 240.

„That God knows man's deeds means not only that he forsees them but that he has predestined them."[79] Daß 1QH[a] IX₉ ebenfalls prädestinatianisch zu interpretieren ist, zeigt nicht nur der in den Texten von Qumran gerne hergestellte Zusammenhang zwischen dem Vorherwissen Gottes und der vorherbestimmten Geschichte. Schon H.-W. Kuhn hat auf die große Ähnlichkeit von 1QH[a] IX₁₀f. (Ed. Suk. I₈f.) mit VII₃₅ (Ed. Suk. XV₂₂) hingewiesen:[80]

אתה יצרתה כול רוח ופעולת[ם הכינות]ה	אתה יצרתה רוח ופעולתה הכינות[ה מעולם]

„Du hast allen Geist geschaffen und all sein Tun hast du festgelegt" [1QH[a] IX₁₀f. (Ed. Suk. I₈f.)]	„Du hast den Geist geschaffen und sein Tun hast du festgelegt von Ewigkeit an" [1QH[a] VII₃₅ (Ed. Suk. XV₂₂)]

„Kontext und Ausdrucksweise zeigen, daß hier [scil. 1QH[a] VII₃₅ (Ed. Suk. XV₂₂)] nicht animistisch, sondern anthropologisch gedacht ist. Mit ‚Geist' ist das prädestinierte Sein des Menschen gemeint, durch das sein ‚Tun' von vornherein bestimmt ist."[81] „1,8f [scil. Ed. Stegemann IX₁₀f.] bezieht sich also nicht auf die Erschaffung der Engel (entsprechend der Erschaffung von Himmel, Erde, Mensch Zl. 9ff. [scil. Ed. Stegemann 11ff.]), … vielmehr geht den Schöpfungstaten Zl. 9ff. [scil. Ed. Stegemann 11ff.] ein Abschnitt voraus, der offenbar kosmologisch und anthropologisch von der Prädestination spricht."[82] Es soll ausgedrückt werden, daß Gott schon vor der Schöpfung des Menschen seine Taten und Werke festgelegt hat. Besonders deutlich wird diese Aussageintention von 1QH[a] IX₉₋₁₁ (Ed. Suk. I₇₋₉) in Zeile 11 (Ed. Suk. 9), wenn ausgeführt wird, Gott habe allen Werken des Menschen schon vor der Schöpfung ein „Gesetz" (משפט) festgesetzt. Welchen Charakter dieses Gesetz hat, zeigt der Beginn von Zeile 9 (Ed. Suk. 7): Dort wird gesagt, daß Gott es in seiner Weisheit erstellt habe. *„Der Ausdruck bezeichnet hier die Ordnung, den Plan, den Gott der Schöpfer den Lebewesen beigegeben hat, so daß sie ihn jetzt lebend ausführen."*[83]

Es finden sich somit als Einleitung eines Schöpfungshymnus in 1QH[a] IX₉₋₁₁ (Ed. Suk. I₇₋₉) Ausführungen über eine präexistente weisheitliche Ordnung der Schöpfung, in der alles Handeln des Menschen festgelegt ist. Erkennen und Handeln kann der Mensch nur von Gott her, weil alle seine Taten Teil dieser Ordnung sind. Ohne ihn ist beides nicht möglich.

---

[79] Ringgren, Faith of Qumran, 53.
[80] Enderwartung, 124f.
[81] A. a. O., 123.
[82] A. a. O., 125.
[83] Jürgen Becker, Heil Gottes, 164 (z. St., Hervorhebung im Zitat); zur Sache vgl. Holm–Nielsen, Hodayot, 21.

*IX*₁₁₋₁₅ (Ed. Suk. I₉₋₁₃): ואתה נטיתה שמים לכבודכה [„und du hast
den Himmel ausgespannt zu deiner Herrlichkeit"; IX₁₁ (Ed. Suk. I₉)] gibt
das נָטָה שָׁמַיִם von Sach 12,1 wieder.[84] Anschließend werden zur Erläuterung des Sacharja–Belegs himmlische Wesen und Teile des Himmels aufgezählt, die Gott geschaffen hat: Himmlische Geister, Lichter, Sterne,
Blitze etc. Die gesamte Strophe ist elliptisch konstruiert: Im erhaltenen
Textbestand findet sich in einem Hauptsatz neben dem נטיתה aus Sach 12,1
nur noch ein weiteres Mal ein Verb: [ה]כ̇י̇[נ]ותה [„du [hast] fest[ge]legt";
IX₁₂ (Ed. Suk. I₁₀)]. Es folgt eine Kette von diesem [ה]כ̇י̇[נ]ותה abhängiger
Objekte, denen jeweils eine mit der Präposition ל eingeleitete adverbiale
Bestimmung beigegeben wird. „The verb used (כון) occurs in the Scrolls
in the Hiphil and in Column XV [scil. Ed. Stegemann, 1QHᵃ VII] in-
variably speaks of God's having fixed the destinies of all things prior to
their creation. The same form appears in Proverbs 8:27 where Wisdom
declares that she was with God when He prepared the heavens. Similarly,
Jeremiah states that God established the world by His wisdom (10:12).
Hosea suggests that the actions of God are determined and settled and
that, therefore, His dealings with men are certain (6:3)."[85]   In 1QHᵃ
IX (Ed. Suk. I) wird das Verb ausschließlich zur Umschreibung des
ordnenden und prädestinierenden Schöpfungshandelns Gottes gebraucht:
IX₉.₁₁.₁₆.₃₀ (Ed. Suk. I₇.₉.₁₄.₂₈).[86]   Wie oben schon ausgeführt, folgt
auf diesen ersten die Schöpfung des Himmels beschreibenden Satz eine
lange Aufzählung jener Schöpfungswerke, die dem himmlischen Teil der
Schöpfung zuzuordnen sind. Die sich auf diese von [ה]כ̇י̇[נ]ותה abhängen-
den Objekte beziehenden mit ל eingeleiteten adverbialen Ergänzungen
geben jene Ordnungskritierien und Zwecke an, nach denen oder für die
der jeweilige Teil des Himmels bzw. das jeweilige himmlische Wesen
geschaffen wurde. Die Suffixe der adverbialen Ergänzungen (2. Person mask. pl.: „nach ihren Geboten", „nach ihren Geheimnissen", etc.)
können sich dabei nicht auf die jeweils genannten Schöpfungsgegenstände
(Geister, Lichter, Sterne etc.) beziehen, da diese sowohl maskulinen als
auch femininen Geschlechts sind, die Suffixe aber durchgängig maskulin.
Es ist daher anzunehmen, daß die Suffixe sich auf den Dual שמים [IX₁₁
(Ed. Suk. I₉)] beziehen: nach den Ordnungen der Himmel hat Gott
die Geister aufgestellt, die Lichter nach den Geheimnissen der Himmel,
die Sterne nach den Pfaden der Himmel etc. Den prädestinatianischen
Charakter dieser Schilderung der Schöpfung des Himmels zeigt besonders
gut das לרוחות עולם...[ודש] ק̇ן למלאכי היותם בטרם לחוקיהם עוז ורוחות

---

[84] Zur Sache s. o., 213 Anm. 75.
[85] Merrill, Predestiantion, 20; vgl. Von der Osten–Sacken, Gott und Belial, 128 Anm. 1.
(zu כון s. o., 151).
[86] Vgl. auch 1QHᵃ V₂₄.₂₇ (Ed. Suk. XIII₇.₁₀); VII₂₇.₂₈.₃₂.₃₅ (Ed. Suk. XV₁₄.₁₅.₁₉.₂₂);
XX₁₄ (Ed. Suk. XII₁₁); XXI₈ (Ed. Suk. XVIII₂₂).

בממשלוֹתָּם [und die „Geister der Stärke nach ihren Geboten, bevor sie zu [heiligen] Engeln wurden [...]zu ewigen Geistern in ihrer Herrschaft" IX[12f.] (Ed. Suk. I[10f.]).][87] Es handelt sich um ein Zitat von Ps. 104,4:[88]

עֹשֶׂה מַלְאָכָיו רוּחוֹת מְשָׁרְתָיו אֵשׁ לֹהֵט

der die Winde zu seinen Boten gemacht hat, (zu) seinen Dienern Feuer (und) Flamme.

In Ps 104,4 wird in metaphorischer Sprache die Schöpfung der Winde als ein Sie–zu–Gottes–Boten–Machen beschrieben. In 1QH[a] IX[12f.] (Ed. Suk. I[10f.]) wird dagegen nicht einfach von Boten sondern von „heiligen Boten" gesprochen. Da also keine metaphorische Sprache gebraucht wird, kann רוחות עוז hier nicht „mächtige Winde" meinen,[89] sondern „Geister der Stärke" genannte himmlische Wesen.[90] Das בטרם היותם trägt den schon aus 1QH[a] IX[6ff.] (Ed. Suk. I[4ff.]) bekannten Prädestinationsgedanken in das Psalmenzitat ein: Bevor sie noch zu Engeln wurden, hat Gott die Geister der Stärke nach ihren Ordnungen aufgestellt. In diese prädestinatianische Richtung weist auch die Schilderung der Schöpfung der Sterne:

מְאוֹרוֹת לרזיהם כוכבים לנְתיבות]יהם...[

Lichter nach ihren [scil. der Himmel] Geheimnissen, Sterne nach ihren [scil. der Himmel] Pfaden. [IX[13f.] (Ed. Suk. I[11f.])]

Wie die Sterne nach den Pfaden des Himmels, so sind die Lichter nach den Geheimnissen des Himmels aufgestellt worden. Schon anderenorts wurde gezeigt, daß רז („Geheimnis") in den Texten von Qumran, aber auch in anderen Werken des Frühjudentums, die verborgene präexistente Seins-

---

[87] Carmignac möchte בממשלוֹתָּם auf לרזיהם beziehen, und darin ein Zitat von Gen 1,16 sehen (citations, 358). Dem gilt es zu erwidern, daß die elliptisch formulierten Sätze der langen Aufzählung himmlischer Phänomene, welche von Gott gemäß der Schöpfungsordnung geschaffen wurden, immer mit dem jeweiligen Objekt eines in den Sätzen nicht mehr genannten הכינותה beginnt (כוכבים, זקים etc.). Daher dürfte sich בממשלוֹתָּם nicht auf das folgende מאורות beziehen, sondern auf das vorhergehende לרוחות עולם und kein Zitat von Gen 1,16 sein.

[88] Zur Anspielung auf Ps 104,4 s. auch Baumgarten/Mansoor, Studies, 117; Holm–Nielsen, Hodayot, 21; Carmignac, Citations, 376; Mansoor, Thanksgiving Hymns, 98 Anm. 2; und Lichtenberger, Menschenbild, 165. Von der Osten–Sacken (Gott und Belial, 124 Anm. 4) will den Aufbau des Schöpfungshymnus 1QH[a] IX[6–22] (Ed. Suk. I[4–20]) von Ps 104 bestimmt sehen. Dieser Hypothese widerspricht jedoch einerseits der oben aufgezeigte Bezug des Hymnus auf Sach 12,1 und andererseits die Tatsache, daß in Ps 104 die Urflut deutlich von der Erde unterschieden wird, ja, die Erschaffung der Erde dort sogar als ein Eindämmen dieser Chaosflut verstanden werden kann, während Erde und Meer bzw. Urflut in 1QH[a] IX[15f.] (Ed. Suk. I[13f.]) Teil eines Schöpfungsbereiches sind.

[89] Zu dieser Übersetzung s. z. B. Lohse, Texte aus Qumran, 113.

[90] Mit רוחות עוז sind hier himmlische Engelwesen gemeint, die bestimmte Teile der Natur verkörpern und beherrschen (vgl. äthHen 20; 60,12–22; Jub 2,2). Zur Sache s. Mansoor, Thanksgiving Hymns, 98 Anm. 4.8; gegen Davidson, Angels at Qumran, 207.

und Geschichtsordnung der Welt beschreiben kann (s. o., 57ff.; 99ff.). Von
diesem Gebrauch des Wortes her dürfte auch 1QH^a IX$_{13f.}$ (Ed. Suk. I$_{11f.}$)
zu verstehen sein. Gott hat die Lichter nach der verborgenen himmlischen
Ordnung aufgestellt.[91]

In 1QH^a IX$_{11-15}$ (Ed. Suk. I$_{9-13}$) wird somit das „Aufspannen" des
Himmels von Sach 12,1 als die Schöpfung aller Teile des Himmels ein-
schließlich der himmlischen Engel– und Geistwesen interpretiert.[92] Diese
Schöpfung hat Gott nach einem schon vor der Schöpfung existierenden
Plan, einer präexistenten Schöpfungsordnung, vollzogen.

IX$_{15-17}$ (Ed. Suk. I$_{13-15}$): In der zweiten Strophe des Hymnus wird
Sach 12,1 zwar nicht wörtlich aufgenommen, jedoch dürfte es auch hier
gemeint sein. Nachdem die erste Strophe der Schöpfung des Himmels
gewidmet war, wird jetzt in Auslegung des zweiten in Sach 12,1 genannten
Schöpfungsaktes [וְיֹסֵד אֶרֶץ] („der die Erde gegründet hat")] die Schöpfung
von Land und Meer geschildert: Wie in der vorhergehenden Strophe wird
in einem ersten Satz das Schöpfungswerk genannt, um dessentwillen Gott
gepriesen werden soll: אתה בראתה ארץ בכוחכה ימים ותהומות עֹשֹ[יתה]
[...בדעתכה] [„und du hast die Erde in deiner Kraft geschaffen, Meer und
Urflut in deiner Erkenntnis gemacht"; IX$_{15f.}$ (Ed. Suk. I$_{13f.}$)]. Das zu
interpretierende Schöpfungswerk wird somit abermals sehr weiträumig
verstanden: Das ארץ von Sach 12,1 bezeichnet für den Verfasser von
1QH^a IX (Ed. Suk. I) alles, was unter dem Himmel ist, Wasser und Land.
Durch das בכוחכה wird auf Jer 32,17 angespielt.

אֲהָהּ אֲדֹנָי יְהוִה הִנֵּה אַתָּה עָשִׂיתָ אֶת־הַשָּׁמַיִם וְאֶת־הָאָרֶץ בְּכֹחֲךָ
הַגָּדוֹל וּבִזְרֹעֲךָ הַנְּטוּיָה

Ach Gott, Herr, siehe du hast den Himmel und die Erde gemacht
mit deiner Kraft und mit deinen ausgestreckten Armen.

Wegen des Aufbaus des Schöpfungshymnus 1QH^a IX$_{6-22}$ (Ed. Suk.
I$_{4-20}$) wird der in Jer 32,17 genannte Himmel in 1QH^a IX$_{15}$ (Ed. Suk.

---

[91] Ähnlich Deutsch (Hidden Wisdom, 76f.): „1QH 1 thus uses the word ‚mystery' to
refer to the hidden order behind certain features of the created world." Merrill möchte רזים
an dieser Stelle als „hidden meanings" interpretieren (Predestination, 20). Er berücksichtigt
dabei jedoch nicht das parallel gebrauchte נתיבות („Pfade"), was deutlich macht, daß רזים
hier jene Ordnung meint, nach der sich die Lichter verhalten. Zum Motiv s. auch PsSal
18,10–12.

[92] Der oben vorgeschlagenen Auslegung, daß in der zweiten Strophe des Schöpfunghym-
nus die Schöpfung des Himmels gepriesen wird, indem einzelne Teile und Wesenheiten der
himmlischen Sphäre geschildert werden, widerspricht auch die Nennung von „verborgenen
Schatzkammern [IX$_{14f.}$ (Ed. Suk. I$_{12f.}$)] nicht: אוצרות appears several times in the O. T.
in the sense of ‚stores' or ‚treasuries'; the closest analogies are Ps. 33:7; 135:7 and Job 38:22,
where the word is used to indicate the places where wind, snow, rain, etc. are stored up ...
The concept is often found in the Late Jewish literature, e.g. 1 Eno. 11:1, 18:1, 41:4 ff., 60:12
ff., 69:23, 2 Esdr. 5:37,40, 6:40" (Holm–Nielsen, Hodayot, 22).

I₁₃) nicht erwähnt. Das neutrale עשיתה aus dem Jeremiazitat wurde durch das gewichtigere בראתה ersetzt.[93] Sach 12,1 soll durch die Anspielung auf Jer 32,17 in einer Art Analogieschluß interpretiert werden. Beide Belege funktionalisieren das Schöpfungstheologumenon, um die Wirkmächtigkeit des Gottes Israels in der Geschichte Israels zu belegen. Dem entspricht es, daß in der letzten Strophe des Schöpfungshymnus das schon vor der Schöpfung von Gott festgelegte Handeln des Menschen thematisiert wird. Der zweite Vers dieser der Schöpfung von Land und Meer gewidmeten Strophe rückt auch dieses Schöpfungswerk in einen prädestinatianischen Kontext:

[ומח]שׁביהם הכינותה בחוכמתכה וכול אשר בם תכ[נ]תה לרצונכ[ה]
[...

[und] ihren [Pl]an hast du festgelegt in deiner Weisheist, und alles, was in ihnen ist, ste[ll]st du [auf] nach dei[nem] Willen [IX₁₆f. (Ed. Suk. I₁₄f.)].]

Das Suffix der 2. Pers. mask. pl. ([ומח]שׁביהם) bezieht sich auf ארץ, ימים und תהומות.[94] Zwar bezeichnet מחשבה in den *Hôdāyôt* meistens menschliche Gedanken und Pläne, oder die Pläne Belials [s. z. B. XII₁₃f. (Ed. Suk. IV₁₂f.)], jedoch ist es in 1QHᵃ XXI₈ (Ed. Suk. XVIII₂₂) auch als Bezeichnung des präexistenten Plans von Sein und Welt belegt. In dieser Bedeutung wird das Wort auch in der Zwei–Geister–Lehre (1QS III₁₅; IV₄) und 4QSap A verwendet (4Q417 2 I₁₂). Das Perfekt (הכינותה) zeigt, daß diese Ordnung von Gott in ferner Vergangenheit erstellt wurde, das durative Imperfekt (תכ[נ]תה) verdeutlich,[95] daß Gott die einstmals erstellte Ordnung auch weiterhin erhält.

Ebenso wie die Erschaffung des Himmels wird die in Sach 12,1 genannte Gründung der Erde von den *Hôdāyôt* im Kontext einer präexistenten Schöpfungsordnung interpretiert. Nach ihr wurden Land und Meere geschaffen, nach ihr muß sich alles, was in ihnen ist, verhalten. Von besonderem Interesse ist, daß gesagt wird, Gott habe diese präexistente Schöpfungsordnung in seiner Weisheit erstellt. Dies belegt, daß

---

[93] Zur Anspielung vgl. auch Carmignac, Citations, 369. Horgan/Kobelski (Hodayot and New Testament Poetry, 190) nehmen an, daß statt auf Jer 32,17 auf Jer 10,12 angespielt wird, jedoch dürfte Jer 32,17 1QHᵃ IX₁₅ (Ed. Suk. I₁₃) sowohl vom Wortlaut als auch vom Inhalt her näher stehen.

[94] Zwar scheint תהום in den *Hôdāyôt* Femininum zu sein [s. תהום רבה 1QHᵃ XI₃₂f. (Ed. Suk. III₃₁f.)], jedoch sind sowohl ארץ als auch ים maskulinen Geschlechts.

[95] Das Verb תכן (Peʿal) wird in den Targumin zur Wiedergabe von hebräischem הכין und כונן verwendet (Ps. 78,20; 107,36; zur Sache vgl. Levy, Chaldäisches Wörterbuch, Bd. 2, 538; Kaddari, TKN, 220 und Merrill, Predestination, 21), was, ebenso wie der parallele Gebrauch beider Wurzeln (תכן und כון) in 1QHᵃ IX₁₆f. (Ed. Suk. I₁₄f.), zeigt, daß diese Verben in später Zeit bedeutungsgleich sind.

Sach 12,1 bewußt auf die Vorstellung einer präexistenten weisheitlichen Schöpfungsordnung hin interpretiert wird.

*IX*₁₇₋₂₂ (Ed. Suk. I₁₅₋₂₀): In der letzten Strophe des Hymnus, die sich in Auslegung des יֹצֵר־רוּחַ־אָדָם („der den Geist des Menschen geschaffen hat") aus Sach 12,1 mit der Schöpfung des Menschen beschäftigt, tritt das Schöpfungsmotiv gegenüber dem Prädestinationsgedanken völlig in den Hintergrund. Selbst das sich aus Sach 12,1 herleitende לְרוּחַ[יסדתם אתה[אדם אשר יצרֿת בתבל לכול ימי עולם ודורות נצח [„Du hast sie für den Geist des Menschen gegründet, den du auf der Erde geschaffen hast, für alle Tage der Ewigkeit und alle Generationen der Ewigkeit"; IX₁₇f. (Ed. Suk. I₁₅f.)] dürfte, wie in der Auslegung von IX₁₀ (Ed. Suk. I₈) gezeigt wurde, von dem Verfasser der *Hôdāyôt* prädestinatianisch verstanden worden sein. Dieser Satz wird im folgenden in vier Sätze entfaltet, wobei lediglich zwei Verben verwendet werden, פלג und כון (Hi.). פלג beschreibt „unter Aufnahme alttestamentlicher Redeweise das ... einteilende, vorherbestimmende Schöpfungshandeln Gottes".⁹⁶ „פלג ... holds the idea of the apportionment of the allotments of the various objects of creation."⁹⁷   Auch כון (Hi.) beschreibt in 1QHᵃ IX (Ed. Suk. I) dieses einteilende und vorherbestimmende Schöpfungshandeln Gottes. Den beiden Verben werden häufig adverbiale Ergänzungen zugeordnet, die die Art der Einteilung beschreiben: כקציהם [„gemäß ihren Epochen"; 1QHᵃ IX₁₈ (Ed. Suk. I₁₆)], בכול דוריהם [„in all ihren Generationen"; IX₁₈ (Ed. Suk. I₁₆)], לדור ודור [„von Generation zu Generation"; IX₁₉ (Ed. Suk. I₁₇)], למספר דורות עולם ולכול שני נצח [„hinsichtlich der Zahl der Generationen der Ewigkeit" IX₂₀f. (I₁₈f.)]. Weil דורות und קצים in essenischen Texten die einzelnen Epochen der Geschichte bezeichnen, kann in 1QHᵃ IX₁₈₋₂₂ nicht nur ein ordnendes Einteilen der Schöpfung gemeint sein. Das ordnende Schöpfungshandeln Gottes bezieht sich vielmehr auf die Geschichte der Menschen und legt diese fest. Diese Interpretation wird durch die den Verben zugeordneten Objekte bestätigt: דרכיהם [„ihre Wege"; IX₁₉ (Ed. Suk. I₁₇)] bezeichnet den Lebenswandel der Menschen, עבודתם [„ihr Dienst"; IX₁₈ (Ed. Suk. I₁₆)] ihr Handeln, und שלוחח עם כול נגיעיהם פקודת [„Heimsuchung ihres Friedens zusammen mit all ihren Plagen"; IX₂₀f. (Ed. Suk. I₁₈f.)] ihre eschatologischen (פקודה) und gegenwärtigen Nöte und Plagen (נגיע).⁹⁸ Wann Gott das Schicksal des Menschen vorherbestimmt hat, zeigt der letzte der vier

---

⁹⁶ Von der Osten–Sacken, Gott und Belial, 171. Zu dieser Verwendung des Verbs s. auch 1QHᵃ V₃₀ (Ed. Suk. XIII₁₃) und 4Q511 42₃. Auch die Verwendung des Nomens מפלג („Abteilung") in 1QS IV₁₅f. und 1QHᵃ XX₂₆ (Ed. Suk. XII₂₃) belegt diese Konnotation der Wurzel פלג.

⁹⁷ Merrill, Predestination, 21 [vgl. z. B. auch XX₂₆ (Ed. Suk. XII₂₃)].

⁹⁸ Zu פקודה als Bezeichnung einer eschatologischen Bedrängnis s. o., 150. Zu נגיע als Bezeichnung der menschlichen Plagen und Krankheiten s. o., 150; vgl. auch Qimron Skin Diseases, 258.

Sätze: ובחכמת דעתכה הכ[י]נ֗ותה תע(ו)דתם בטרם היותם [„und in deiner
Weisheit hast du ihre Best[i]mmung fes[t]gesetzt, bevor sie existierten"
IX$_{21f.}$ (Ed. Suk. I$_{19f.}$)]. Noch vor der Schöpfung des Menschen wurde
dieser hier als תעודה bezeichnete und das Schicksal der Menschen enthaltende Plan erstellt. Auch hier wird betont [vgl. IX$_9$ (Ed. Suk. I$_7$)], daß
diese präexistente Ordnung mit Hilfe von Gottes Weisheit erstellt wurde.
Die beschriebene Ordnung, in der sämtliche Handlungen der Menschen
festgelegt wurden, dürfte daher für den Verfasser des Hymnus ebenso
weisheitlichen Charakter haben wie die in IX$_9$ (Ed. Suk. I$_7$) gemeinte
Schöpfungsordnung, ja sogar mit ihr identisch sein. Der Gedanke von
der präexistenten Ordnung der Welt, welcher in der Weisheit lediglich
ethische Maximen und die Ordnung der Schöpfung umfaßte, wird auf
Schicksal und Geschichte des Menschen hin ausgeweitet. Ohne die Verbindung zur Weisheit zu sehen, bringt es Licht auf den Punkt: „He [scil.
der Autor des Liedes] does not merely contemplate in awe and admiration
the beauty and might of creation; it teaches him a lesson. The tremendous
forces of nature move in preordained paths—and so does man."[99]
    Die letzten beiden Sätze des Hymnus ziehen die folgerichtige Kon-
sequenz aus dem Gesagten: Alles entsteht nach Gottes Willen, nichts
wird ohne ihn getan [IX$_{22}$ (Ed. Suk. I$_{20}$)]. Welt und Geschichte unterlie-
gen Gottes Willen, er hat schon vor der Schöpfung festgelegt, was getan
wird, alles ist vorherbestimmt. Die beiden Sätze ähneln 1QH^a IX$_{10}$ (Ed.
Suk. I$_8$). Die Einleitung des Hymnus wird wieder aufgenommen. Mit
dieser Inklusion kommt der Hymnus zu seinem Ende. Der zu Beginn
fast schon thetisch ausgeführte Prädestinationsgedanke wurde durch den
anschließenden Hymnus in Auslegung von Sach 12,1 bestätigt.

> Der Schöpfungspsalm 1QH 1 [scil. Ed. Stegemann IX] preist Gott in seiner
> Unvergänglichkeit und Weisheit (darauf weisen auch die fragmentarischen
> Aussagen in den Zeilen 1–6 hin), als den, der alles zu seiner Ehre und
> nach seinem Wohlgefallen geschaffen und dabei alles festgelegt hat. Diese
> Bestimmung reicht von der Festlegung der Bahnen der Gestirne bis hin
> zur Zahl der Abfolge der Menschengeschlechter, von Gottes Heimsuchung
> mit Heil und Schlägen bis hin zur Bestimmung der Taten des einzelnen
> Menschen.[100]

Während in dem in 1QH^a IX$_{6ff.}$ (Ed. Suk. I$_{4ff.}$) ausgelegten Text, Sach
12,1, die Schöpfungsthematik lediglich Gottes Macht, seine Prophezeiungen zu erfüllen, aufzeigen sollte, versteht der Text des *yaḥad* Gottes
Schöpfungshandeln im wesentlichen als das Festlegen einer Schöpfungs–
und Geschichtsordnung, nach der sich die ganze Schöpfung verhält. Mit
dieser aus der Weisheit stammenden und ins Prädestinatianische erweiter-

---

[99] Doctrine, 5: vgl. z. B. auch Ringgren, Faith of Qumran, 56f.
[100] Lichtenberger, Menschenbild, 165.

ten Vorstellung wird der prophetische Gedanke, daß Gott die Macht hat,
seine Prophezeiungen zu erfüllen, weil er der Schöpfer ist, zu der Aussage, daß Gott weiß, was kommen wird, da er es schon vor der Schöpfung
festgelegt hat.

IX$_{23}$–X$_4$ (Ed. Suk. I$_{21}$–II$_2$): Der zweite Abschnitt des Liedes 1QH^a
IX (Ed. Suk. I) ist durch ein das Ende der vorhergehenden Zeile 22 (Ed.
Suk. 20) umfassendes *vacat* deutlich als eigene Einheit gekennzeichnet—
es ist das einzige *vacat* diesen Umfangs in 1QH^a IX (Ed. Suk.). Schon
in der Gliederung wurde gezeigt, daß dieser zweite Teil des Liedes in
drei Einheiten zerfällt: Auf eine Niedrigkeitsdoxologie [IX$_{23-29}$ (Ed. Suk.
I$_{21-27}$)] folgen ein Schöpfungshymnus [IX$_{29-33}$ (Ed. Suk. I$_{27-31}$)] und eine
Lehrrede [IX$_{33}$–X$_4$ (Ed. Suk. I$_{31}$–II$_2$)]. Nun könnte das große *vacat* zu
der Vermutung Anlaß geben, daß, obwohl eine für die *Hôdāyôt* typische
Lieröffnung fehlt, mit der Zeile 23 (Ed. Suk. 21) ein neues Lied beginnt.
Dem widerspricht jedoch das אלה ידעתי מבינתכה [„Dies alles erkannte
ich von deiner Einsicht her"; IX$_{23}$ (Ed. Suk. I$_{21}$)]. אלה bezieht sich auf den
Inhalt des gerade beendeten Schöpfungshymnus.[101] Es soll gesagt werden,
daß der Beter[102] die Schöpfung und Geschichte zugrundeliegende präexistente Ordnung nur aus der Einsicht Gottes heraus erkennen konnte.[103]
Der folgenden כיא–Satz zeigt, wie dies zu verstehen ist: „denn du hast mir
das Ohr geöffnet für wunderbare Geheimnisse." Es handelt sich um eine
aus 4QSap A bekannte Formel (s. o., 58), die dort eine teilweise Offenbarung der in diesem Text mit רז נהיה bezeichneten präexistenten Ordnung
des Seins umschreibt. Interessanterweise wird in 1QH^a eine auch anderenorts als Bezeichnung dieser Ordnung verwandte רז–Konstruktus–
Verbindung zur Benennung des Offenbarten gebraucht, רזי פלא (s. o.,
99). Die Wendung dürfte auch hier die dem Menschen verborgene und
im vorhergehenden Schöpfungshymnus gepriesene präexistente Ordnung
von Sein und Geschichte bezeichnen.[104]

---

[101] Vgl. u. a. Lichtenberger, Menschenbild, 75 und H.-W. Kuhn, Enderwartung, 160.

[102] Merrill möchte in dem „Ich" den Lehrer der Gerechtigkeit erkennen (Predestination, 34). Dagegen spricht, daß sich in dem ganzen Lied keine Schilderungen individuellen
Erlebens finden und daß Vokabeln wie beispielsweise בינה [IX$_{23}$ (Ed. Suk. I$_{21}$)] nach den
wortstatistischen Untersuchungen von Jeremias (Lehrer, 172f.) gerade nicht für die Lehrer-,
sondern für die Gemeindelieder typisch sind. Es dürfte sich bei dem „Ich" um die Person
des jeweiligen Beters des Liedes handeln.

[103] Der Genitiv ist possessiv gebraucht, Gott ist nicht Gegenstand der Einsicht, sondern
ihr „Eigentümer". Zur Sache vgl. Morawe (Aufbau und Abgrenzung, 82: „Einsicht in die
Schöpfung erlangt der Beter nicht durch eigene Erkenntnis, sondern durch göttliche Offenbarung. Er öffnet ihm die Ohren für die Geheimnisse der Schöpfungsordnung.") und
Holm-Nielsen [Hodayot, 24: „The introductory clause, ‚I know‘, occurs several times in
the Hodayot, e.g. 3:20; 4:30; 11:6; 14:12 [scil. Ed. Stegemann XI$_{21}$; XII$_{31}$; XIX$_9$; VI$_{23}$]. It
does not represent knowledge or understanding of an ordinary human kind, but one arrived
at through divine revelation …"].

[104] Vgl. Jürgen Becker, Heil Gottes, 138.

IX₍₂₃₋₂₉₎ (Ed. Suk. I₍₂₁₋₂₇₎): Der Abschnitt ist durch ein Ineinander
von Aussagen über die Sündhaftigkeit und Niedrigkeit des Menschen
und die Größe und Herrlichkeit des Schöpfergottes geprägt, was ihn
als Niedrigkeitsdoxologie kennzeichnet.[105] Er beginnt mit einer langen
Kette von Aussagen über die menschliche Unzulänglichkeit, Sündhaftigkeit und Vergänglichkeit [IX₍₂₁₋₂₅₎ (Ed. Suk. I₍₂₁₋₂₃₎)]. Die darin gebrauchten Ausdrücke beziehen sich zum Teil auf die Schöpfung des
Menschen: יצר החמר ומגבל המים [„ein Gebilde aus Lehm und ein mit
Wasser Geknetetes"; IX₍₂₃₎ (Ed. Suk. I₍₂₁₎)].[106] Im Kontext des vorangegangenen Schöpfungshymnus, der die Prädestination allen Seins schilderte,
kann dies nur so verstanden werden, daß Sündhaftigkeit und Niedrigkeit des Menschen als Teil der Schöpfungsordnung von Gott schon vor
der Schöpfung festgelegt wurden. Die Niedrigkeitsaussagen sollen die
Größe, Herrlichkeit und Gerechtigkeit des im vorhergehenden gepriesenen Schöpfergottes hervorheben. Dies zeigt sich besonders deutlich in
den Entsprechungen zwischen dem erhaltenen Text von 1QHᵃ IX₍₆f.₎ (Ed.
Suk. I₍₄f.₎) und IX₍₂₃₋₂₅₎ (Ed. Suk. I₍₁₂₋₂₃₎): Gott ist eine Zisterne der […]
(מקוה...), der Mensch eine Versammlung der Schande (סוד הערוה), Gott
ist eine Quelle der Kraft ([ומעין הגב]ורה), der Mensch eine Quelle der
Unreinheit (ומקור הנדה).

Dem entspricht es, daß auf die Schilderung der Niedrigkeit und Sündhaftigkeit des Menschen erneut ein Preis des Schöpfergottes folgt [IX₍₂₅₋₂₇₎
(Ed. Suk. I₍₂₃₋₂₅₎)]:

הכול חקוק לפניכה בחרת זכרון לכול קצי נצח ותקופות מספר שני
עולם בכול מועדיהם ולוא נסתרו ולא נעדרו מלפניכה

Das Ganze wurde vor dir eingeschlagen mit dem Meißel der Erinnerung für alle Epochen der Ewigkeit und die Wendepunkte der Jahre
der Ewigkeit mit all ihren festgelegten (Fest)zeiten, und sie sind nicht
verborgen oder werden vermißt vor dir.

הכול dient in der alttestamentlichen und frühjüdischen Literatur analog
dem griechischen τὰ πάντα als eine Bezeichnung des Kosmos, oder, philosophisch ausgedrückt, des Seins.[107] חקק bezeichnet, insbesondere in
später Zeit, ebenso wie חרות eine schriftliche Fixierung, genauer gesagt,
das Einmeißeln einer Inschrift in einen Stein.[108] Das folgende חרת זכרון
benennt das Werkzeug, mit dem „das Ganze" eingemeißelt wurde, den

---

[105] Zur Gattung s. Lichtenberger, Menschenbild, 73–75.
[106] S. Lichtenberger, Menschenbild, 77–84. Zur Analyse der einzelnen in IX₍₂₃₋₂₅₎ (Ed. Suk.
I₍₂₁₋₂₃₎) zur Beschreibung der Sündhaftigkeit und Niedrigkeit gebrauchten Ausdrücke s.
a. a. O., 76–86; zu יצר חמר s. auch Murphy, *Yēṣer*, 339: „This phrase ... designates man as a
frail human being, by alluding to his origins."
[107] Zur Sache s. z. B. Delcor, hymnes, 87 und Sauer, *kōl Gesamtheit*, 830; vgl. Dupont-
Sommers Übersetzung von הכול mit „l'univers" (Livre des Hymnes, 28).

„Meißel der Erinnerung". Eine Form der Wurzel חרת ist im AT nur in
Ex 32,16 belegt und umschreibt dort das Einmeißeln der Gebote auf die
Gesetzestafeln. Außerhalb der Texte von Qumran findet sich die Wurzel in der hebräischen Literatur noch in Sir 45,11, wo sie im Rahmen
einer Beschreibung der Gravuren der Brustschilde des priesterlichen Gewandes verwendet wird. In einer in Karthago gefundenen Kruginschrift
beschreibt חרת das Beschriften des Kruges:

חרת   שיחולן שׁמֹֿ עבד עבדמלקרת בן חלצבעל בן בעלחנא
                                                    במחסף

(Krug) des *Jaḥwelon*, des Sohnes des *Šamar*, Knecht des
'Abdmelkart, Sohn des *Ḥelleṣbaʿal* Sohn des *Baʿalḥanaʾ*, auf Töpferware geschrieben. (CIS I 6002)[109]

In den Texten von Qumran sind Formen der Wurzel חרת weiter verbreitet,
jedoch immer in Verbindung mit nomistischer Terminologie: Metaphorisch kann חוק חרות Willen und Verpflichtung zum Gotteslob („ein Gebot ist eingemeißelt auf meine Zunge"; 1QS X_8) umschreiben, aber auch
die Evidenz der eigenen Sündhaftigkeit („meine Sünde liegt mir vor Augen wie ein eingemeißeltes Gesetz"; 1QS X_{11}). Als eingemeißelt werden
in den Texten von Qumran Gebote kultischen Inhalts bezeichnet (s. z.B.
das Gotteslob zum Zeitpunkt kalendarischer und astronomischer Eckdaten in 1QS X_6),[110] aber auch die von Gott festgelegten Gebote für die
himmlische Kultgemeinde (4Q400 1 $I_{4-6.15}$). In 4Q417 2 I_{14} bezeichnet
חוק חרות das am Sinai gegebene Gebot, in 4Q417 2 I_{15} dagegen meint es
die himmlischen Tafeln, auf die die präexistente weisheitliche Ordnung
des Seins von Gott eingemeißelt wurde (s.o., 81f.). Ohne חוק, aber als
Zitat von Ex 32,16 findet sich חרות in 4Q180 1₃, wo eine am Sinai offenbarte Geschichtsordnung in die „Tafeln" eingemeißelt wird (s.u., 280).
Da die Wurzel חרת in den Texten von Qumran in Zusammenhang mit

---

[108] Vgl. Nötscher, Himmlische Bücher 76, Anm. 14. Diese Bedeutung, könnte der Wurzel
aus dem Aramäischen zugewachsen sein. Vgl. DISO³, 95; HAL³, 333; Sokoloff, Dictionary,
213; Jastrow, Dictionary, 497. In einem prädestinatianischen Kontext ist חקק in 4QSap A
und in der Damaskusschrift belegt. 4Q417 2 $I_{14f.}$ (s. o., 82) und 4QD^c 15₋₈ (s. u., 269).

[109] Eine Transkription der Inschrift in Quadratschrift findet sich bei Lidzbarski, Ephemeris, 170. Zur Bedeutung von מחסף s. Tomback, Lexicon, 171; vgl. auch Harris, Grammar,
103.

[110] Nauck möchte in חוק חרות einen „... terminus technicus für die im Himmel aufbewahrten durch Mose offenbarten ... Tafeln ..." sehen, da hier die mit dem Wort bezeichneten
Gebote zum Lobe Gottes sich nicht in der Thora fänden, wohl aber in den Jubiläen Inhalt
der himmlischen Tafeln wären (Lex insculpta, 139; ähnlich Nötscher, Gesetz der Freiheit, 81
und Dupont–Sommer, Contribution, 241). Demgegenüber bleibt zu betonen, daß im Kontext des Belegs nichts auf ein kosmisches Gesetz oder die himmlischen Tafeln hingewiest,
und daß der Begriff in Anspielung auf Ex 32,16 doch wohl eher einen Bezug zum Sinaigesetz
herstellen will. Daß sich ein vergleichbares Gebot im Pentateuch nicht findet, zeigt lediglich,
daß die Thora des *yaḥad* weiter gefaßt war als der heutige Pentateuch.

dem auf den Gesetzestafeln eingemeißelten Gebot verwendet wird, liegt es nahe, das חרת זכרון in 1QH^a IX$_{26}$ (Ed. Suk. I$_{24}$) als eine metaphorische Umschreibung eines himmlischen Meißels zu verstehen, und nicht, wie Lohse, mit „Griffel des Gedächtnisses" zu übersetzen.[111] Im Hintergrund steht die in Mal 3,16; CD XX$_{17ff.}$ und 4Q417 2 I$_{15f.}$ begegnende Vorstellung von einem himmlischen Buch des Gedächtnisses,[112] welches in 1QH^a IX$_{26}$ (Ed. Suk. I$_{24}$) die Form von himmlischen Tafeln annimmt, und in dem die präexistente Ordnung von Sein und Geschichte festgehalten wurde.[113] Diese Interpretation wird durch die Präzisierung לכול קצי נצח ותקופות מספר שני עולם בכול מועדיהם [„für alle Epochen der Ewigkeit und die Wendepunkte der Zahl der Jahre in allen Zeiten" IX$_{26}$ (Ed. Suk. I$_{24}$)] bestätigt. Mit כול קצי נצח ist ein in Epochen eingeteilter Geschichtsverlauf gemeint, während die „Wendepunkte der Zahl der Jahre" pars pro toto für die sich auch im Kalender niederschlagende Schöpfungsordnung stehen dürften. Die Tatsache, daß ein Buch, das die schon vor der Schöpfung von Gott erstellte Ordnung von Sein und Geschichte enthält, vor Gott niedergeschrieben wurde, beweist für den Verfasser der *Hôdāyôt* die Allwissenheit Gottes [IX$_{27}$ (Ed. Suk. I$_{25}$)].

Die auf dieses Gotteslob folgenden rhetorischen Fragen [„Und wie soll ein Mensch seine Sünde aufzählen und wie soll er sich verteidigen wegen seiner Freveltaten und wie soll er umkehren vom Frevel?"; IX$_{27f.}$ (Ed. Suk. IX$_{25f.}$)] ziehen die Konsequenz aus dieser Allwissenheit Gottes: Da Gott allwissend ist, und ihm die Sünde des Menschen nicht verborgen bleibt, vermag der Mensch von sich aus nicht von seiner Sünde umzukehren. Der letzte Satz der Niedrigkeitsdoxologie faßt diese Antithese von Gott und Mensch zusammen: אתה אל הדעות כול מעשי הצדקה וסוד האמת ולבני האדם עבודת העוון ומעשי הרמיה [„Bei dir, du Gott der Erkenntnis, sind alle Taten der Gerechtigkeit und das Fundament der Wahrheit;[114] aber bei den Menschen sind der Dienst der Freveltaten und die Werke des Trugs"; IX$_{28f.}$ (Ed. Suk. I$_{26f.}$)]. Der auch anderenorts belegte Gottestitel אל הדעות dürfte sich aus einer noch in der 𝕲 erhaltenen Lesart zu I Sam 2,3 herleiten. In den Texten von Qumran wird die Konstruktus–Verbindung אל הדעות häufig als Bezeichnung des Schöpfergottes, der die Ordnung von Sein und

[111] Texte aus Qumran, 113.

[112] Vgl. Delcor, hymnes, 87 und Nötscher, Himmlische Bücher, 76. Carmignac (Citations, 372) möchte ein Zitat von Mal 3,16 annehmen, was jedoch durch mangelnde Ähnlichkeit im Wortlaut auszuschließen ist. Im Gegenteil dürfte die Tatsache, daß sich einige Zeilen weiter eine Anspielung auf 4Q417 2 I$_8$ (s. u., 226) findet, gegen Carmignac, eher auf eine Abhängigkeit von 4QSap A deuten.

[113] Zur Sache vgl. Ringgren, Faith of Qumran, 54f. und Merrill, Predestination, 21f. Baumgarten/Mansoor, Studies, 119 und Mansoor (Thanksgiving Hymns, 101 Anm. 11) möchten חרת זכרון gerne als „memorial inscription" deuten, was jedoch an dem *bêt*–instrumenti der Wendung scheitern dürfte.

[114] Zur Übersetzung von סוד mit „Fundament" s. o., 208.

Geschichte festlegt, verwendet: 1QS III₁₅; 1QHᵃ XX₁₃ (Ed. Suk. XII₁₀);
XXII₃₄ (Ed. Suk. 4₁₅); 4Q402 4 I₁₂ (אלוהי דעת); 4Q417 2 I₈ par 4Q418
43₆; 4Q504 44.[115] Dieser Gott der Erkenntnis zeichnet sich in 1QHᵃ
IX (Ed. Suk. I) gegenüber dem Menschen dadurch aus, daß bei ihm alle
Werke der Gerechtigkeit und das Fundament der Wahrheit sind [1QHᵃ
IX₂₈f. (Ed. Suk. I₁₆f.)]. In Verbindung mit der Wendung סוד אמת ist die
Gottesbezeichnung אל הדעות in der gesamten atl. und frühjüdischen
Literatur nur noch in 4QSap A belegt (4Q417 2 I₈), so daß in 1QHᵃ
IX₂₈f. (Ed. Suk. I₂₆f.) wohl auf 4QSap A angespielt werden dürfte. Den
Menschen charakterisieren im Vergleich zu diesem Gott der Erkenntnis
lediglich Freveltaten und Trug.

Es kann zusammengefaßt werden: Die Niedrigkeitsdoxologie stellt
den von Beginn an elenden und frevelhaften Menschen dem allmächtigen
Schöpfergott gegenüber, vor dem die Ordnung von Sein und Geschichte
auf den himmlischen Tafeln festgehalten wurde, um die Gerechtigkeit und
Größe Gottes preisend zu schildern. Dieser Gott wird mit der Gottesbezeichnung אל הדעות („Gott der Erkenntnis") angesprochen—ein
Gottestitel, der sich in 1QHᵃ IX₂₈ (Ed. Suk. I₂₆) aus 4QSap A herleiten
dürfte, da nur in 1QHᵃ IX₂₈f. (Ed. Suk. I₂₆f.) und 4Q417 2 I₈ אל הדעות
in Verbindung mit סוד אמת belegt ist. Könnte schon die Anrede des
Schöpfers als „Gott der Erkenntnis" für 1QHᵃ IX₂₅₋₂₉ (Ed. Suk. I₂₃₋₂₇)
auf einen weisheitlichen Hintergrund verweisen, so wird diese Vermutung
durch die Abhängigkeit von einem weisheitlichen Text vollends bestätigt.
Auch in der oben analysierten Niedrigkeitsdoxologie dürfte somit das
Motiv der auf den himmlischen Tafeln festgelegten präexistenten Ordnung von Sein und Geschichte von einem weisheitlichen Hintergrund her
zu verstehen sein.

IX₂₉₋₃₃ (Ed. Suk. I₂₇₋₃₁): In diesem Abschnitt bedient sich der Verfasser der *Hôdāyôt* erneut eines Schöpfungshymnus', um Gott zu preisen.
Der Hymnus ist in zwei Strophen unterteilt, die sich inhaltlich und formal
voneinander unterscheiden: In IX₂₉₋₃₁ (Ed. Suk. I₂₇₋₂₉) werden überwiegend finite Verbalformen der 2. Person mask. sing. verwandt, in IX₃₁₋₃₃
(Ed. Suk. I₂₉₋₃₁) finden sich dagegen überwiegend mit ל erweiterte Infinitive. Die erste Strophe erzählt in hymnischer Form von der Schöpfung
der Sprache durch Gott; die zweite Strophe gibt das Gotteslob als Zweck
dieser Schöpfung an.[116] Der erste Halbvers nennt das Thema des Abschnittes: „Du hast den Hauch auf der Zunge geschaffen." Es wird die
Erschaffung der Sprache geschildert.

---

[115] Zur Sache s.o., 150 und Wegner, Creation Terminology, 35–37; Jürgen Becker, Heil
Gottes, 85 Anm. 2; von der Osten–Sacken, Gott und Belial, 124 und Sacchi, 1QS, III, 15.

[116] Bergmeier/Pabst (Erschaffung der Sprache, 436–438) wollen vier Strophen annehmen
[IX₂₉f.;30f.;31f.;32f. (Ed. Suk. I₂₇f.;28f.;29f.;30f.)]. Sie übersehen dabei jedoch die oben erläute-
rete formale Struktur des Abschnitts.

Die folgenden Halbverse führen diesen einleitenden Satz aus. Hierbei
ist besonders die Reihenfolge der einzelnen Schöpfungsakte von Interesse: Die Schilderung beginnt mit der Feststellung, daß Gott die Worte
der Zunge gekannt und festgesetzt habe, erst dann wird von der eigentlichen Schöpfung der Sprache berichtet [IX30f. (Ed. Suk. I28f.)]. Es soll
ausgedrückt werden, daß Gott Aufbau und Inhalt der Sprache schon
festgelegt hat, bevor er sie schuf. Diese Interpretation wird durch das
auf das ותכן פרי שפתים [„und du hast die Frucht der Lippen festgelegt"; IX30 (Ed. Suk. I28)] folgende בטרם היותם [„bevor sie existierten";
IX30 (Ed. Suk. I29)] bestätigt. Bei der sich anschließenden Schilderung der
Schöpfung der Sprache werden Vokabeln verwendet, die diesen Eindruck
erhärten: Die Maße der Sprache, ihre Metren, hat Gott nach Geheimnissen
(רזים) geschaffen und die Klänge ihrer Hauche nach ihren Berechnungen
(חשבונם). Der synonyme Parallelismus zeigt, daß רז und חשבון hier inhaltlich Gleiches bezeichnen, die der Sprache zugrunde liegende Ordnung,
die Gott schon festgelegt hat, noch bevor die Sprache existierte.[117] Die
zweite Strophe [IX31-33 (Ed. Suk. I29-31)] des Hymnus gibt anschließend
den Zweck an, zu dem Gott die Sprache schuf: Sie soll dem Menschen
dazu dienen, von Gottes Herrlichkeit und Gottes Wundern zu berichten
und seinen Namen zu preisen.

In dem auf die Niedrigkeitsdoxologie folgenden Schöpfungshymnus
wird somit Schöpfung im wesentlichen als das Erstellen einer präexistenten Ordnung dargestellt, nach der erst in einem zweiten Schritt die eigentliche Schöpfung vollzogen wird. An einem Einzelfall wird geschildert, was
schon in IX6-22 (Ed. Suk. I4-20) und IX26f. (Ed. Suk. I24f.) dargelegt wurde:
Gott schuf die Ordnung der Sprache, bevor die Sprache selbst existierte.
Zweck der Erschaffung der Sprache war es, dem Menschen die Mittel
zum Gotteslob zu geben. Dem korrespondiert, daß in 1QHa IX12 (Ed.
Suk. I10) ausgeführt wird, Gott habe die Himmel zu seiner Ehre geschaffen. Der nächste Abschitt nimmt die Vorstellung, Gott habe die Sprache
geschaffen, damit man ihn preisen könne, auf und führt sie weiter aus.[118]

IX33-36: In den Zeilen IX23-29 (Ed. Suk. I21-27) wurde die Niedrigkeit
und Sündhaftigkeit des Menschen mit der Größe, Allwissenheit und Allmacht des Schöpfergottes verglichen, um dessen Gerechtigkeit und Größe
aufzuzeigen. Darauf folgte ein Schöpfungshymnus über die Erschaffung
der Sprache [IX29-33 (Ed. Suk. I27-31)], dessen Skopus die Aussage war,
Gott habe die Sprache geschaffen, damit der Mensch ihn preisen könne.

---

117 Dieser Gebrauch von רז erinnert an 1QHa IX13 (Ed. Suk. I11), wo das Wort ebenfalls die
präexistente Ordnung der Schöpfung bezeichnet. Zu רז als Bezeichnung der präexistenten
Seins- und Geschichtsordnung s. o., 57; 99.
118 Sofern die Rekonstruktion Lichtenbergers von 4Q185 1-2 III11-12 zutrifft, wird dort
die Erschaffung der Sprache ebenfalls in prädestinatianischem Kontext thematisiert, jedoch
lassen die lacunae des Textes keine eindeutige Interpretation zu.

An diese hymnische Passage schließt sich jetzt eine preisende Schilderung von Gottes Heilshandeln am Menschen an: Er hat in seinem Erbarmen und in seiner Größe die Seele des Menschen stark gemacht vor den Plagen und Krankheiten des Lebens,[119] und er hat sie von der Schuld gereinigt, damit sie von Gottes Wundern und seinem Heilshandeln berichten kann [IX$_{33-35}$ (Ed. Suk. I$_{31-33}$)]. Auf die Schilderung von Gottes Heilshandeln antwortet die Selbstaufforderung des Beters, von Gottes Wundern zu berichten [1QH^a IX$_{35f.}$ (Ed. Suk. I$_{33f.}$)]. Die beiden Abschnitte IX$_{29-33}$ [(Ed. Suk. I$_{27-31}$) Erschaffung der Sprache] und IX$_{33-36}$ [(Ed. Suk. I$_{31-34}$) Gottes Heilshandeln als Voraussetzung des Gotteslobes] schildern also jene Taten Gottes, die dem Menschen das der Größe Gottes und der menschlichen Niedrigkeit angemessene Gotteslob erst ermöglichen.[120] Beide Abschnitte haben überleitenden Charakter.

IX$_{36}$–X$_4$ (Ed. Suk. I$_{34}$–II$_2$): Dieser letzte Abschnitt des Liedes 1QH^a IX (Ed. Suk. I) stellt den lange vorbereiteten Bericht von Gottes Wundern dar: Von der Form her wäre wiederum ein Hymnus zu erwarten. Es verblüfft daher, eine Variante der weisheitlichen Lehreröffnungsformel anzutreffen (zur Formel s. u., 251f.), die, soweit die erhaltenen Textreste diesen Schluß zulassen, eine Paränese einleitet: Das שמעו חכמים ושחי דעֹת [„Höret, ihr Weisen, und ihr, die ihr über Erkenntnis nachsinnt"; IX$_{36f.}$ (Ed. Suk. I$_{34f.}$)] entspricht zwar nicht der herkömmlichen Form der weisheitlichen Lehreröffnungsformel, da die Adressaten nicht mit בנים angeredet werden und das zu lehrende Objekt nicht genannt wird,[121] jedoch findet sich eine ähnliche Form der Formel auch in Hiob 34,2: שִׁמְעוּ חֲכָמִים מִלָּי וְיֹדְעִים הַאֲזִינוּ לִי („Höret, ihr Weisen, mein Wort und ihr Verständigen, lauschet mir!"). Aus diesem Grund kann auch 1QH^a IX$_{35f.}$ (Ed. Suk. I$_{33f.}$) als weisheitliche Lehreröffnungsformel betrachtet werden.[122] Leider sind, bedingt durch den schlechte Erhaltungszustand,

---

[119] Zu נגיע als Bezeichnung menschlicher Krankheiten und Plagen s. Qimron, Skin Diseases, 258.

[120] Lohfink (Lobgesänge der Armen, 87) möchte in 1QH^a IX$_{33-36}$ (Ed. Suk. I$_{31-34}$) die Kernaussage des Liedes sehen: „Das wirkliche Thema dieser Hymne ist nicht, wie oft gesagt wird, der Preis Gottes als Schöpfer. Vielmehr ist es der Preis des Schöpfergottes durch den gerechtfertigten Sünder." Eine solche Interpretation übersieht die innere Logik des Liedes. Von der ersten bis zur letzten erhaltenen Zeile schildert es das Handeln des prädestinierenden Schöpfergottes als auf das Gotteslob hin ausgerichtet. Nicht das Handeln des Menschen ist Thema des Liedes, sondern das Handeln Gottes, welches auf seine Herrlichkeit hin ausgerichtet ist.

[121] Zur weisheitlichen Lehreröffnungsformel s. u., 251f. Ein gutes Beispiel für die „klassische" Form der Formel findet sich in Prov 4,1: שִׁמְעוּ בָנִים מוּסַר אָב וְהַקְשִׁיבוּ לָדַעַת בִּינָה („Höret, ihr Söhne, die Zucht eines Vaters, merket auf, Einsicht zu erkennen!").

[122] Eine Anspielung auf Hiob 34,2 erscheint mir ausgeschlossen, da beide Belege sich nur in von der weisheitlichen Lehreröffnungsformel häufig gebrauchten Vokabeln ähneln. Die Übereinstimmungen in der Wortwahl dürften daher auf das der Formel eigene Vokabular zurückzuführen sein, und nicht auf einen bewußten Bezug der *Hôdāyôt* auf Hiob 34,2.

nur sehr wenige Rückschlüsse auf den Inhalt der von der Formel eingeleiteten Lehrrede möglich. Die Häufung von Imperativen und Vokativen
in den Zeilen 37–41 (Ed. Suk. 35–39) läßt auf einen paränetischen Charakter der Lehrrede schließen, was der Gattung entspräche. Erhaltene
Textbruchstücke wie „vermehrt die Klugheit" [IX$_{37}$ Ed. Suk. I$_{35}$)], „ihr
Gerechten, macht dem Frevel ein Ende" [IX$_{38}$ (Ed. Suk. I$_{36}$)], „habt Geduld, verwerft nicht [die gerechten] Gericht[e]" [IX$_{38f.}$ (Ed. Suk. I$_{36f.}$)]
etc. lassen auf einen weisheitlichen Charakter des Abschnittes ebenso
schließen, wie die oben erwähnte Häufung von Vokativen und Imperativen. Die Erwähnung von gerechten Gerichten läßt eine eschatologische
„Färbung" der Rede als möglich erscheinen, sicher kann dies jedoch wegen
des schlechten Erhaltungszustandes des Textes nicht gesagt werden.

Diese weisheitliche Form des letzten Abschnittes des Liedes zeigt erneut, wie stark der Text auf weisheitlichem Gedankengut aufbaut und
es verarbeitet. Es verwundert jedoch, daß das Lied mit einer Paränese
schließt, nachdem der gesamte zweite Teil des Liedes auf einen lobenden
Bericht von Gottes Wundertaten abzielte. Das Lied scheint gerade die
Tatsache, daß zu Erkenntnis und gerechtem Handeln gemahnt werden
kann, als das größte Wunder zu verstehen—eine Interpretation die gut
zu der in der Niedrigkeitsdoxologie IX$_{23-29}$ (Ed. Suk. I$_{21-27}$) häufig be-
tonten Sündhaftigkeit des Menschen und seiner Unfähigkeit zur Abkehr
von der Sünde passen würde. Vielleicht deutet der paränetische Abschluß
des Liedes aber auch darauf hin, daß das Gotteslob sich in den *Hôdāyôt*
im gerechten Handeln realisiert. Ohne neue Handschriften der *Hôdāyôt*
wird sich diese Frage wohl kaum entscheiden lassen.

7.6 Ergebnis und Auswertung

Vergleicht man die Funktion des Schöpfungsmotivs in Sach 12,1 und
in dem auf diesem Text aufbauenden Schöpfungshymnus 1QH^a IX$_{6ff.}$
(Ed. Suk. I$_{4ff.}$), fallen signifikante Unterschiede auf: In Sach 12,1 wurde
das Schöpfungsmotiv instrumentalisiert, um die Macht Gottes aufzuzeigen, die in Sach 12,2ff. folgenden Prophezeiungen zu erfüllen: Weil Gott
die Welt geschaffen hat, hat er auch die Macht, seine Prophezeiungen
zu erfüllen. In 1QH^a IX$_{6-22}$ (Ed. Suk. I$_{4-20}$) dient die Schöpfungsthematik dazu, die der Schöpfung zugrundeliegende und von Gott vor der
Schöpfung erstellte Schöpfungsordnung darzustellen. Dieser Schöpfungsordnung unterliegt auch der Mensch—wie der Lauf der Sterne einer Ordnung folgt, so auch das Schicksal des Menschen. Seine Geschichte ist Teil
der von Gott schon vor der Schöpfung erstellten Schöpfungsordnung.
1QH^a IX$_{25f.}$ (Ed. Suk. I$_{23f.}$) stellt eine Verbindung dieser Ordnung mit
den himmlischen Tafeln her: Auf ihnen wurde sie niedergeschrieben—

eine Vorstellung, die schon aus 4QSap A bekannt ist (s. 4Q417 2 I[15ff.]).
Da sich im unmittelbaren Kontext von 1QH^a IX[25f.] (Ed. Suk. I[23f.]) eine
Anspielung auf 4QSap A findet,[123] darf angenommen werden, daß diese
Verbindung von Schöpfungsordnung und himmlischen Tafeln ebenfalls
von 4QSap A übernommen wurde. Der weisheitliche Hintergrund von
1QH^a IX (Ed. Suk. I) zeigt sich aber nicht allein in der Abhängigkeit
des Liedes von einem weisheitlichen Text, vielmehr wird mehrmals betont, daß Gott die präexistente Geschichts- und Schöpfungsordnung in
seiner Weisheit festgesetzt habe [s. 1QH^a IX[9.16.21] (Ed. Suk. I[7.14.19])].
Es darf daher als erwiesen gelten, daß die Vorstellung von einer präexistenten Seins- und Geschichtsordnung sich in 1QH^a IX[1]–X[4] (Ed. Suk.
I[01]–II[2]) von dem Theologumenon einer weisheitlichen Schöpfungsordnung herleitet. Im Unterschied zur Weisheit sind in den *Hôdāyôt* jedoch
nicht nur ethische Handlungsmaximen und die Ordnung der Schöpfung
in dieser präexistenten Ordnung festgelegt sondern auch die menschlichen
Handlungen, die Ordnung der Geschichte. In kaum einem anderen Text
zeigt sich das Ineinander von weisheitlicher Urordnung und prädestinatianischer Geschichtsordnung so deutlich. Für das Individuum ist diese
Ordnung verborgen und ein wunderbares Geheimnis. Sie wird zugänglich
und verständlich nur durch Gottes Offenbarung [IX[23] (Ed. Suk. I[21])]. Es
mag sich hierin eine Konsequenz der Erkenntniskrise der atl. Weisheit,
wie sie z. B. im Buch Kohelet deutlich wird, widerspiegeln.

Die Vorstellung von einer präexistenten Schöpfungsordnung ist in
1QH^a IX[1]–X[4] (Ed. Suk. I[01]–II[2]) eingebettet in ein Ineinander von dem
Lobpreis Gottes und der Schilderung der menschlichen Niedrigkeit und
Sündhaftigkeit. Als Zweck der Schöpfung und der ihr zugrundeliegenden Ordnung wird mehrfach das Lob Gottes angegeben. Die Vorstellung
von einer präexistenten Seins- und Geschichtsordnung wird also in dem
Lied funktionalisiert, um zum einen die Niedrigkeit und Verlorenheit
des Menschen gegenüber dem Gott herauszustellen, der alles schon vor
der Schöpfung festgelegt und geordnet hat, und zum anderen, um das
Gotteslob schöpfungstheologisch zu legitimieren.[124]

Die präexistente Schöpfungsordnung wird in den *Hôdāyôt* noch an
wenigstens zwei weiteren Stellen thematisiert. Beide Belege sind jedoch
so stark zerstört, daß sie kaum mehr analysiert werden können:

a) In 1QH^a V[30] (Ed. Suk. XIII[13]) wird nach einer langen, aber leider
sehr stark beschädigten Schilderung der Schöpfung und der ihr zugrundeliegenden präexistenten Ordnung festgestellt: וברזי שכלכה פלג[תה]

---

[123] In Verbindung mit der Wendung סוד אמת ist die Gottesbezeichnung אל הדעות in der
gesamten atl. und frühjüdischen Literatur nur in 4QSap A (4Q417 2 I[8]) und 1QH^a IX[28f.]
(Ed. Suk. I[26f.]) belegt (s. o., 226).
[124] Zur Sache vgl. auch Ps 154,5–8 (11QPs^a XVIII[3–6]), wo ausgeführt wird, daß die Weisheit
dem Menschen gegeben sei, um Gott preisen zu können.

כול אלה להודיע כבודך[125] („und in den Geheimnissen deiner Einsicht hast du all dieses eingeteilt, um deine Herrlichkeit erkennen zu lassen"). Wie in 1QH^a IX$_{6ff.}$ (Ed. Suk. I$_{4ff.}$) spielt auch hier ein weisheitliches Element, nämlich die Einsicht Gottes, eine zentrale Rolle. Die Zweckbestimmung „um deine Herrlichkeit erkennen zu lassen" erinnert an IX$_{11f.}$ (Ed. Suk. I$_{9f.}$), denn auch dort wurde die Herrlichkeit Gottes als der eigentliche Zweck der Schöpfung angegeben. Daß in 1QH^a V (Ed. Suk. XIII) die präexistente Schöpfungsordnung gemeint ist, zeigt V$_{24f.}$ (Ed. Suk. XIII$_{7f.}$):

ואלה אשר הכ[י]נותה מקדם [עו]ל[ם] לשפוט בם את כול מעשיך בטרם
בראתם[127]

Und diese sind es, die du gegr[ündet hast von der Urzeit]der Ewigkeit her, um mit ihnen zu richten über all deine Werke, bevor du sie geschaffen hast.

Sowohl die Verwendung des Verbums כון im Hi. zur Umschreibung von Gottes Schöpfungshandeln als auch die Verwendung des formelhaften Satzes בטרם בראתם deuten darauf hin, daß eine Präexistenzvorstellung, wie sie schon in 1QH^a IX$_{6ff.}$ (Ed. Suk. I$_{4ff.}$) begegnete, gemeint ist. Leider läßt der schlechte Erhaltungszustand der Kolumne keine weiteren Schlüsse über dieses Textstück zu. Es kann lediglich festgehalten werden, daß der Text die Schöpfung im Kontext einer präexistenten Schöpfungsordnung betrachtet, wie dies auch in 1QH^a IX$_{1ff.}$ (Ed. Suk. I$_{01ff.}$) der Fall war. Dieses Theologumenon dürfte auch hier weisheitlicher Herkunft sein.

b) In 1QH^a XX$_{7ff.}$ (Ed. Suk. XII$_{4ff.}$) wird das Gotteslob an kalendarischen Eckdaten (Morgen, Abend, Festzeiten) thematisiert. In den Zeilen 12–14 (Ed. Suk. 9–11) wird von der Unvergänglichlichkeit und Einzigartigkeit Gottes in einer Art umgekehrtem Schluß *Qal wa–chomer* auf die Einzigartigkeit und Unvergänglichkeit der von ihm geschaffenen kalendarischen Ordnung der Welt geschlossen: והיאה תהיה ואין אפס וזולתה לוא היה ולוא יהיה עוד כי אל הד[ע]ות הכינה ואין אחר עמו („Und sie wird bleiben ohne Ende, und außer ihr ist nichts und wird nichts sein, denn der Gott der Erkenntnis hat sie festgesetzt, und es ist kein anderer neben ihm").[128] Insbesondere die Verwendung des Verbums כון (Hi.) im Zusammenhang mit der Gottesbezeichnung אל הדעות dürfte den Beleg in den Kontext der aus 1QH^a IX (Ed. Suk. I) bekannten Vorstellungswelt stellen. Der Gott der Erkenntnis hat die kalendarische Ordnung seiner Schöpfung als Teil der präexistenten Schöpfungs- und Geschichtsord-

---

[125] Transkription nach H. Stegemann, Rekonstruktion der Hodajot, Kolumen V.
[127] Transkription nach H. Stegemann, Rekonstruktion der Hodajot, Kolumne V.
[128] Zur Transkription vgl. H. Stegemann, Rekonstruktion der Hodajot, Kolumne XX.

nung schon vor der Schöpfung festgelegt. Dieser Tatsache hat der Beter an kalendarischen Eckpunkten durch das Gotteslob zu entsprechen (zur Sache vgl. auch 1QS IX$_{26ff.}$).

Beide Texte zeigen, daß 1QH^a IX (Ed. Suk. I) als repräsentativ für die Verwendung und Herkunft des Prädestinationsgedankens in den *Hôdāyôt* gelten darf. Daß Anspielungen auf die Vorherbestimmung auch des menschlichen Handelns sich weder in 1QH^a V (Ed. Suk. XIII) noch in 1QH^a XX (Ed. Suk. XII) finden, mag seinen Grund zum einen in dem schlechten Erhaltungszustand von 1QH^a V (Ed. Suk. XIII) und zum anderen in dem Thema von 1QH^a XX (Ed. Suk. XII) haben.[129]

---

[129] Der Text scheint lediglich an den durch die kalendarische Ordnung der Schöpfung festgelegten Gebetszeiten interessiert zu sein.

KAPITEL 8

DIE DAMASKUSSCHRIFT: CD II$_{2-13}$

CD II$_{2ff.}$ ist ein Text, in dem weisheitliche Formen, Traditionen und Topoi mit prophetischem, nomistischem und geschichtstheologischem Gedankengut verschmelzen. Von besonderem Interesse ist, daß sich in dem Text eine Variation der schon in 1QH^a IX (Ed. Suk. I) aufgefallenen Wendung ובטרם נוסדו ידע את מעשיהם findet: ובטרם בראתם ידעתה כול מעשיהם (CD II$_{7f.}$). Der Text ist daher von großer Bedeutung für die Entwicklung der Idee von der präexistenten Seins– und Geschichtsordnung im *yaḥad*.

8.1 Einleitung

Erste[1] Abschriften der Damaskusschrift wurden 1896/97 in der Genizah der Kairoer Esra–Synagoge gefunden und 1910 von Schechter veröffentlicht.[2] Es handelt sich um zwei unvollständige Handschriften (A und B) aus dem 10. bzw. 12. Jh. n. Chr., die einen teilweise überlappenden Text bieten. Die Handschrift A besteht aus acht Blättern zu jeweils 2 Kolumnen (= CD I–XVI). Die Handschrift B besteht aus einem Blatt zu 2 Kolumnen (= CD·XIX–XX). Die Kolumne VIII der Handschrift A überlappt sich mit der Kolumne XIX der Handschrift B, wobei es zu Textabweichungen kommt. Der Text der Handschrift A bricht in Kolumne VIII unvermittelt ab, um in Kolumne IX mit einem völlig anderen Gegenstand neu einzusetzen, während er in den Kolumnen XIX und XX der Handschrift B bruchlos fortgeführt wird. Der Text von Kolumne XX (= B) findet sich dagegen nicht in der Handschrift A.[3] Wie unten gezeigt werden wird, handelt es sich bei diesen mittelalterlichen Handschriften,

---

[1] Eine ausführliche Beschreibung der Forschungsgeschichte zur Damaskusschrift findet sich bei Ph. R. Davies, Damascus Covenant, 3–47. Literaturberichte finden sich bei Bardtke, Literaturbericht, ThR 39, 1975, 189–221 und van der Woude, Fünfzehn Jahre Qumranforschung, ThR 57, 1992, 49–56.

[2] Fragments of a Zadokite Work. Eine Neuedition beider Genizah–Handschriften unter Berücksichtigung der 4QD–Lesarten, versehen mit ausgezeichneten Photographien, findet sich bei Qimron, Text of CDC. Eine knappe Zusammenfassung der Entdeckungsgeschichte bietet Fitzmyer, Prolegomenon, 9–11.

[3] Zum Verhältnis der beiden Handschriften zueinander s. Dimant, Qumran Sectarian Literature, 495 und die ausführliche textkritische Analyse der überlappenden Teile beider Handschriften durch White: A Comparison of the „A" and „B" Manuscripts of the Damascus Document.

zumindest bei der Handschrift A, um gekürzte Versionen des ursprünglich im *yaḥad* verfaßten Originals.[4]

In Qumran fanden sich Reste von insgesamt zehn Abschriften der Damaskusschrift, acht davon in Höhle 4 (4QD[a–h])[5] und zwei in den Höhlen
5 und 6 (5QD und 6QD), wovon lediglich 5QD und 6QD vollständig
veröffentlicht sind. Die einzelnen Handschriften überlappen sich gegen-
seitig, so daß eine sichere Zuordnung möglich ist. Die Damaskusschrift
dürfte zu den am häufigsten in Qumran kopierten und vom *yaḥad* verfaßten Texten gehören.

4QD[a] (= 4Q266)[6]

Nach Baumgarten handelt es sich bei 4QD[a] um die umfangreichste und
älteste erhaltene Handschrift von CD.[7] „The writing is in a semi–cursive
Hasmonean hand which … may be dated to the first half of the first cen-
tury B.C.E."[8] Laut Wacholder/Abegg sind von der Handschrift 20 Frag-
mente erhalten,[9] von denen 6 Fragmente Reste von mehreren Kolumnen
Text bieten (Frag. 2 zwei Kolumnen, Frag. 3 vier Kolumnen, Frag. 9 zwei
Kolumnen, Frag. 17 drei Kolumnen und Frag. 18 fünf Kolumnen). Laut
Baumgarten sind in dieser Handschrift Anfang (4QD[a] 1; vgl. D[b] 1 und
D[c] 1) und Ende der Damaskusschrift (4QD[a] 18 V) erhalten geblieben.[10]
An bislang aus den Genizah–Handschriften bekanntem Text sind CD I$_1$–
II$_{21}$; IV$_{8-11}$; V$_{12}$–VI$_{7.9.-17}$; VII$_{11}$–VIII$_9$; XX$_{33f.}$; XV$_{10-18}$; XVI$_{16-23}$; X$_{1-12}$;
XII$_{14-22}$; XIII$_{15-20}$; XIV$_{8-21}$ belegt. Die Abfolge des Textes ist größten-
teils durch die Kolumnenfolge der größeren Fragmente vorgegeben. Die
von CD abweichende Reihenfolge von 4QD[a] (CD XV–XVI vor CD IX–
XIV)[11] ist nach Auskunft von H. Stegemann auf eine Blattvertauschung in

---

[4] Zur Sache s. u., 238.

[5] Erste Hinweise auf den Inhalt der einzelnen 4QD–Handschriften finden sich bei Milik,
Ten Years of Discovery, 38f.60.151f.; eine ausführlichere Beschreibung gibt Baumgarten,
Damascus Document, 51–55 (vgl. auch ders., Fragments of the Dasmascus Document).
Eine vorläufige Transkription der 4QD–Handschriften findet sich bei Wacholder/Abegg,
Preliminary Edition, Fasc. 1, 1–59 [bei dieser Edition handelt es sich um einen mit Hilfe des
Computers aus der Preliminary Concordance (Brown u. a.) rekonstruierten Text. Es ist daher
mit Transkriptionsfehlern zu rechnen und Vorsicht bei der Arbeit mit der Edition geboten].
Zur hier verwendeten Zählung der einzelnen Fragmente s. ebd. Kleinere Abschnitte des
Textes wurden von Baumgarten (s. Citation; Disqualifications; Skin Disease und Penal Code)
und Milik veröffentlicht (s. Fragment d'une source du Psautier, 103–105; Milkî–ṣedeq, 136
und Numérotation, 79f.).

[6] Bei Wacholder/Abegg, Preliminary Edition, Fasc. 1, wird der Handschrift das Siglum
D[b] zugewiesen.

[7] S. Damascus Document, 57f, vgl. Milik, Ten Years of Discovery, 58.

[8] Baumgarten, Damascus Document, 57; vgl. auch Milik , Ten Years of Discovery, 58 (=
75–50 v. Chr.) und ders., Milkî–ṣedeq, 135 („premier tiers du 1er siècle avant J.–C.").

[9] S. Preliminary Edition, Fasc. 1., 3–22.

[10] Damascus Document, 57f.

[11] Soweit erhalten, bestätigen die anderen 4QD–Handschriften die Textfolge von 4QD[a].

der Texttradition von CD zurückzuführen. Dazu kommen große Stücke bislang unbekannten Textmaterials hauptsächlich aus dem Gesetzesteil von CD (zum Inhalt dieser Passage s. u.). Nach H. Stegemann umfaßte die Handschrift „… 32 Textkolumnen mit jeweils 25 Schriftzeilen."[12]

4QD^b (= 4Q267)[13]

Die Handschrift ist „… in a formal hand of the latter part of the first century B.C.E. …" geschrieben.[14] Von ihr sind zwölf Fragmente erhalten, von denen drei mehrere Kolumnen Text bieten (Frag. 4 Reste von drei Kolumnen, Frag. 5 Reste von zwei Kolumnen, Frag. 11 Reste von zwei Kolumnen). Größere Textstücke sind ebenfalls in den Fragmenten 2, 9 und 10 erhalten. Neben umfangreicheren bislang unbekannten Abschnitten, größtenteils aus dem Gesetzesteil, sind laut Wacholder/Abegg CD V$_{17}$–VI$_7$; XX$_{25-28}$; IX$_{5-14}$; XIII$_{4-14}$; XIII$_{22f.}$ und XIV$_{1-10}$ belegt.[15]

4QD^c (= 4Q268)[16]

„This is a late Herodian manuscript written in a formal book hand."[17] Von der Handschrift sind 3 Fragmente erhalten, von denen lediglich Fragment 1 nennenswerte Textmengen bietet (Reste von 17 Zeilen). In den ersten neun Zeilen findet sich ein bislang nicht bekanntes und CD I$_1$ vorhergehendes Textstück (vgl. 4QD^a 2 I$_{1-6}$). An schon bekanntem Text sind Reste von CD I$_{1-11}$ und XIV$_{2-6}$ erhalten.[18]

4QD^d (= 4Q269)[19]

Bei dieser Handschrift handelt es sich um ein „Herodian manuscript".[20] Von der Handschrift sind 13 sehr stark beschädigte Fragmente erhalten, in denen Reste von CD II$_{4-6}$; III$_{6-11}$; IV$_{19-21}$; V$_{20}$–VI$_2$; VI$_{20}$–VII$_3$; VII$_{16-20}$; XX$_{33f.}$; XV$_{4-7}$ und XIV$_{18-22}$ belegt sind, sowie kleinere Textreste bislang unbekannter Abschnitte aus dem Gesetzesteil.[21]

---

[12] Essener, 165.

[13] Bei Wacholder/Abegg wird die Handschrift als D^d bezeichnet.

[14] Baumgarten, Damascus Document, 60.

[15] Preliminary Edition, Fasc. 1, 28–35.

[16] Bei Wacholder/Abegg trägt die Handschrift das Siglum D^a.

[17] Baumgarten, Damascus Covenant, 61.

[18] Zur Sache s. Wacholder/Abegg, Preliminary Edition, Fasc. 1, 1f.

[19] Bei Wacholder/Abegg (Preliminary Edition, Fasc. 1, 48ff.) wird der Text als D^f bezeichnet.

[20] Baumgarten, Damascus Document, 60.

[21] Zur Sache s. Wacholder/Abegg, Preliminary Edition, Fasc. 1, 48–53.

4QD^e (= 4Q270)

„Second in size is Ms.D^e … It is written in a late Herodian formal hand with both horizontal and vertical guidelines."[22] Nach den Angaben von Wacholder/Abegg (Preliminary Edition, Fasc. 1, 36–47) bieten von den elf erhaltenen Fragmenten der Handschrift vier nennenswerte Textreste (Frag. 6 mehrere Zeilen, Frag. 9 Reste von zwei Kolumnen, Frag. 10 Reste von 5 Kolumnen, Frag. 11 Reste von zwei Kolumnen). Neben nennenswerten bislang unbekannten Textstücken hauptsächlich im Gesetzesteil (in 11 II ist das Ende der Damaskusschrift ein weiteres Mal erhalten!) sind auch CD II_{16-18}; III_{14}; IV_2; IV_{6-8}; XV_{3-5}; XV_{13-18}; XVI_{3-6}; XVI_{18-23}; IX_{1-7}; IX_{10-12}; IX_{20}–X_{13}; X_{13-19} und XI_{7-19} belegt.

4QD^f (= 4Q271)[23]

Baumgarten charakterisiert die Handschrift als „late Herodian".[24] Laut Wacholder/Abegg (Preliminary Edition, Fasc. 1, 23–27) sind drei Fragmente erhalten, die jeweils Reste von zwei Kolumnen Text bieten. In vier dieser Kolumnen finden sich Reste von CD XV_{4-10}; $XV_{22f.}$; XVI_{1-18} und XI_3–XII_6. Zwei Kolumnen bieten bislang unbekannten Text aus dem Gesetzesteil.

4QD^g (= 4Q272)

Die Handschrift ist in einer „… formal Hasmonean hand of the first century B.C.E …" geschrieben.[25] Lediglich ein Fragment mit Resten von zwei Kolumnen ist erhalten, der Text ist in den mittelalterlichen Handschriften nicht belegt „… and concerns the laws of skin diseases and fluxes."[26]

4QD^h (= 4Q273)[27]

„This manuscript, written on papyrus in a Herodian formal script, is very poorly preserved."[28] Laut Wacholder/Abegg (Preliminary Edition, Fasc. 1, 57–59) sind von der Handschrift fünf Fragmente erhalten, von denen eines evtl. Reste von CD V_2 bietet (a. a. O., 59). An bislang unbekanntem

---

[22] Baumgarten, Damascus Document, 58.

[23] Wacholder/Abegg bezeichnen diese Handschrift als D^c (Preliminary Edition, Fasc. 1, 23–27).

[24] Damascus Document, 59.

[25] Baumgarten, Damascus Document, 61.

[26] Ebd.

[27] So Tov, Unpublished Qumran Texts, 116; von Baumgarten wird 4QD^h allerdings als 4Q272 bezeichnet (Skin Disease, 158).

[28] Baumgarten, Damascus Document, 60.

Text findet Baumgarten einige halachische Zeilen: „It is possible to identify nine lines as belonging to the section on skin disease."[29]

5QD (= 5Q12)

„L'écriture pourrait dater de la seconde moitié de 1er siècle avant notre ère."[30] Von der Handschrift ist ein Fragment erhalten, das Reste von CD IX$_{7-10}$ bietet.

6QD (= 6Q15)

„Calligraphie du 1er siècle ap. J.–C., suspendue aux lignes et mordant parfois sur elles. On remarquera le nom divin אל écrit en caractères paléo–hébraïque".[31] Von der Handschrift sind fünf stark beschädigte Fragmente erhalten. 4 Fragmente bieten Reste von CD IV$_{19-21}$ (Frag. 1); V$_{13f.}$ (Frag. 2); V$_{18}$–VI$_2$ (Frag. 3) und VI$_{20}$–VII$_1$ (Frag. 4). Ein weiteres Fragment bietet Reste von 4 Zeilen, die in den mittelalterlichen Handschriften nicht belegt sind.

pergCfr

Dieses Siglum bezeichnet ein kleines Fragment, das von einigen For-schern für eine weitere Genizah–Handschrift der Damaskusschrift ge-halten wird.[32] Jedoch finden sich zum erhaltenen Text dieser Handschrift in den bislang bekannt gewordenen Handschriften von D keine Parallelen.

Die 4QD–Handschriften zeigen, daß in den mittelalterlichen Handschrif-ten von CD mit umfangreichen Kürzungen, insbesondere im sogenannten Gesetzesteil, und einer Blattvertauschung gerechnet werden muß:

> In all the manuscripts together we have fragments of 689 lines, of which 326 (47%) parallel the text of the *Damascus Document* known to us from the Genizah. Of this parallel material 144 lines (44 %) come from the Admo-nition, while 182 lines (56 %) come from the corpus of the laws. However … when one adds the laws not found in the Genizah, the proportion of the laws in the 4Q texts is about two thirds … The question arises whether there any indications of different recensions of the text at Qumran. The initial answer at this point would appear to be negative. Aside from occasional minor variants in wording such as one finds between the parallel sections of 1QS and 1QH^a, the excerpts from the different manuscripts can be joined to

---

[29] Baumgarten, Damascus Document, 60.
[30] Milik, Textes de la grotte 5Q, 181.
[31] Baillet, Textes, 129.
[32] So z. B. Fitzmyer, Prolegomenon, 14 und Talmon, Manual of Benedictions, 490. Der Text wurde erstmals von I. Levi (Document) veröffentlicht, eine Transkription mit englischer Übersetzung findet sich bei Fitzmyer, Prologomenon, 14.

yield a homogeneous composite text. This is also true of the corresponding parts of the 4Q manuscripts and those from the Genizah.[33]

Wie schon mehrfach anklang, besteht die Damaskusschrift sowohl in den Handschriften aus Qumran als auch in den Genizahhandschriften aus zwei Teilen:

> It is now customary to divide CD into two parts, the ‚Admonition‘ consisting of cols. 1–8–19–20 and the „Laws,“ cols. 9–16. The ‚Admonition‘ opens with reflections on the present condition of Israel in the form of three discourses about the history of God's dealings with his people (1.1–4.12a) … The next section (4.12b–7.9) deals with matters of *halakha*, which seperate Israel from the remnant community … The third section (7.10–8.21–19.1–20.34) issues warnings about the coming judgment on the wicked, drawing a parallel with Ephraim's secession from Judah and the successive fates of the two kingdoms; one was lost forever.[34]

In den 4QD–Handschriften gehen diesen drei Abschnitten der „Ermahnung“ noch ein oder evtl. zwei Abschnitte vorweg: „A teacher's first person call to the Sons of Light to separate from transgressors, מסיגי גבול, and to hearken to the voice of Moses, despite those who slander the laws of the covenant.“[35] Ein auf diesen Aufruf folgendes Textstück „… refers to the periods ordained by providence and the ‚hidden things‘ revealed to those who seek the true meaning of his commandments.“[36] Es erscheint daher wahrscheinlich, daß der erste Teil der sogenannten Ermahnung nicht erst mit CD I₁ begann, sondern schon mit dem in den 4QD–Handschriften vorausgehenden Textstück.[37] Auf die „Ermahnung“ folgen in den 4QD–Handschriften eine in den Genizah–Handschriften nicht erhaltene Einleitung in den halachischen Teil des Textes, „a catalogue of transgressions, with the recurring formula או אשר“,[38] Gesetze zur Rolle des Priesters in der Gemeinschaft und „various rules about priestly disqualifications“,[39] „the ordeal of the *Soṭah* (Num 5:11–31)“,[40] „a section on skin diseases, fluxes and childbirth“,[41] „agricultural laws pertaining to ʿOrlah, Leqeṭ, Ḥallah, and Maʿser“,[42] Halachot zur Unreinheit von in heidnischen Kulten gebrauchtem Metall[43] und „the law of fraud (Lev 25:14) applied to

---

[33] Baumgarten, Damascus Document, 61f.

[34] Ph. R. Davies, Damascus Rule, 8.

[35] Baumgarten, Damascus Document, 53.

[36] A. a. O., 61.

[37] Für eine exakte Zuordnung muß die endgültige Publikation der 4QD–Handschriften abgewartet werden.

[38] A. a. O., 53.

[39] Ebd.

[40] Ebd.

[41] A. a. O., 54.

[42] Ebd.

[43] Zur Sache s. ebd.

the arrangement of marriages".[44] Erst dann findet sich der schon aus der Genizah–Handschrift A bekannte Text des halachischen Teils von CD, jedoch geht in den 4QD–Handschriften der Text der Kolumnen XV und XVI dem Text der Kolumnen IX–XIV voraus.[45] Daran anschließend findet sich „a penal code for infractions of communal discipline. This code corresponds very closely to that of the *Community Rule* both in the list of offenses and the nature of penalties."[46] „At the end of the text, there is a description of a ritual for the expulsion of those who reject the laws of the community. This would apparently take place in conjunction with the annual renewal of the covenant in the third month."[47] Am Ende des Textes (4QD^e 11 II_{15} par 4QD^a 18 V_{20}) wird der dem Werk vom *yaḥad* gegebene Titel wiederholt: מדרש התורה האחרון („die letzte Erforschung der Thora").[48]

> Stofflich ist die Damaskusschrift also, wie ihr eigener Titel am Schluß des Werkes ausdrückt, eine *Gesamtdarbietung* aller nachbiblisch formulierten gesetzlichen Regelungen der Essener. Zugleich beansprucht der Verfasser, es sei die *letztgültige* Fassung aller dieser Stoffe, nach der es keine andere mehr geben könne. Um diesen Anspruch zu untermauern, hat er sein Werk mit mehreren weisheitlichen Mahnreden und Geschichtsüberblicken eingeleitet und durchsetzt.[49]

Wie das von Baumgarten überblicksartig vorveröffentlichte, in den 4QD–Handschriften erhaltene Material zeigt, ist in der Damaskusschrift bei literarkritischen Hypothesen bis zur endgültigen und sorgfältigen Publikation aller Handschriften äußerste Vorsicht geboten. Die Rekonstruktion von CD II_{2ff.} wird zeigen (s. u., 244ff.), daß die 4QD–Handschriften nicht nur neue und bislang unbekannte Textstücke bieten, sondern auch im Wortlaut und in Form kleinerer Ergänzungen bzw. Auslassungen von den Genizah–Handschriften abweichen. Dies wird nun nicht unbedingt einer Rezension des Textes zuzuschreiben sein, erschwert es jedoch entschieden, auf Grund stilistischer und grammatischer Brüche literarkritische Operationen vorzunehmen. Aus diesem Grund bleibt bis zur endgültigen Publikation der 4QD–Handschriften literarkritische Vorsicht geboten. Einige Positionen seien hier aber, trotz dieser Bedenken, zumindest vorgestellt:[50]

---

[44] Ebd.
[45] Zur Sache s. o. die Schilderung des Inhaltes der 4QD–Handschriften und Baumgarten, Damuscus Document, 54.
[46] Ebd.
[47] A. a. O., 55.
[48] Zur Sache vgl. H. Stegemann, Essener, 165 und Baumgarten, Damacus Document, 59.
[49] H. Stegemann, Essener, 165f.
[50] Einen ausführlichen Überblick über die literarkritische Diskussion zu CD gibt Callaway, History, 91–99, vgl. auch den forschungsgeschichtlichen Überblick bei Ph. R. Davies, Damascus Covenant, 3–47.

— Für H. Stegemann (Qumrangemeinde, 21f.) „besteht kein Zweifel
  darüber, daß die Fragmente [scil. der mittelalterlichen Handschrif-
  ten] von zwei verschiedenen Grundschrifen stammen, einerseits
  einer in die Form einer Mahnrede gekleidete Geschichtsdarstellung,
  andererseits einer Gemeindeordnung." Reste der Geschichtsdarstellung haben sich seiner Meinung nach im ersten Teil der Handschrift A (A^1 = I–VIII) und in der Handschrift B erhalten. Im
  zweiten Teil der Handschrift A (A^2 = IX–XVI) finden sich dagegen Teile der Gemeindeordnung.[51] H. Stegemann hat diese These
  in einem späteren Aufsatz noch zugespitzt (Gesetzeskorpus): Er
  betrachtet CD in dieser Arbeit analog zu 1QS als Sammelhandschrift. Das Gesetzeskorpus ist hier für ihn ein unabhängiger Text,
  der mit der „Ermahnung" (Geschichtsdarstellung) nicht verbunden ist, wofür seiner Meinung nach spräche, daß in keiner 4QD–
  Handschrift „Ermahnung" und Gesetzeskorpus gleichzeitig vertreten wären (413.418f.)—eine These, die durch die oben gegebene
  Beschreibung des Inhalts der 4QD–Handschriften ausreichend widerlegt ist: Bei CD könnte es sich nur dann um eine Sammelhandschrift handeln, wenn aus der materialen Rekonstruktion der 4QD–
  Handschriften ersichtlich würde, daß zumindest einige dieser Handschriften nicht alle in CD belegte Textestücke von D geboten haben.
  H. Stegemann scheint diese These daher in seinem Buch „Die Essener, Qumran, Johannes der Täufer und Jesus" nicht mehr zu vertreten (s. 164–167, bes. 165f.).
— Für Murphy O'Connor besteht die „Ermahnung" aus mehreren
  Schichten: CD II$_{14}$–VI$_1$ stellt einen vorqumranischen babylonischen
  Missionstext dar, dem nachträglich mehrere Schichten hinzugefügt
  wurden. VI$_{14}$–VII$_4$ und VII$_4$–VIII$_3$ sind ebenfalls vorqumranisch;
  VI$_{2-11}$, I$_1$–II$_1$ und II$_{2-13}$ stammen dagegen aus qumranischer „Fe-
  der".[52]
— Für Ph. R. Davies (Damascus Covenant, 47–55.198–204) folgt aus
  seiner Analyse der „Ermahnung", „that the history of the *Admonition* is represented in the Cairo manuscripts by three successive
  layers of material. The first is what I regard as the original work,
  whose contents terminate at VII,9, and traces of which may be detected at the end of XX. This original composition also contained
  the present *Laws*. The second layer comprises two passages of what
  I have labelled *Warnings* [scil. VII$_9$–VIII$_{19}$], and the third layer a
  substantial supplement reflecting the ideology of a new covenant
  community identified as that which came to live at Qumran [scil.

---

[51] Vgl. u. a. auch Rabin, Zadokite Documents, X und Lichtenberger, Menschenbild, 37.
[52] Zur Sache s. Missionary Document, 201ff.

XIX$_{33b}$–XX$_{34}$]."[53] Weiterhin ist die ganze „Ermahnung", nach Meinung von Ph. R. Davies, von kleineren Ergänzungen durchsetzt.

— Dimant geht dagegen davon aus, daß bei der Abfassung der Damaskusschrift verschiedene Quellen verarbeitet wurden, sie aber nicht aus voneinander unabhängigen Quellen besteht.[54]

Diese Auffassung Dimants scheint, bei aller gebotenen Vorsicht, durch den Bericht Baumgartens über den Inhalt der 4QD–Handschriften und das Urteil H. Stegemanns bestätigt zu werden: „Die Damaskusschrift ist so umfangreich, weil sie frühere Gemeinde– und Disziplinarordnungen in sich aufgenommen hat, insbesondere auch mehrere aus vor–essenischen Zeiten, auf die man zuvor einfach als weiterhin gültig rückverwiesen hatte." Die Quellen selbst wird man jedoch im Moment wohl kaum aus dem Text der Damaskusschrift erschließen können. Es bleibt daher an dieser Stelle für CD II$_{2-13}$ zu klären, ob der Abschnitt, ähnlich wie etwa die Zwei–Geister–Lehre, als schon literarisch fixierte Tradition in die Damaskusschrift aufgenommen wurde, oder ob er vom Autor der Damaskusschrift, evtl. unter Benutzung vorliegender Traditionen, selbst verfaßt worden ist.

Hierbei erscheint es mir von Bedeutung, daß die Adressaten des Textes als באי ברית angesprochen werden, der Bund also eine existierende Größe und nicht eine Verheißung ist, die erst im Eschaton Gestalt annimmt, wie etwa in der Zwei–Geister–Lehre (1QS IV$_{22}$; zur Sache s. o., 128; 162ff.)—und dies, obwohl die Damaskusschrift im Kontext des Abschnitts ausführlich Verletzung und Nichtbeachtung des Bundes schildert. Weiterhin deutet das באי darauf hin, daß ברית an dieser Stelle als Bezeichnung einer sozialen Größe theologischen Charakters dient, also wohl als Selbstbezeichnung des *yaḥad* verwendet wird.[55] Für eine solche Abfassung des Abschnitts vom Autor der Damaskusschrift spricht auch die Verwendung verschiedenster Quellen, aus denen der Verfasser des von CD II$_{2-13}$ einen neuen Text komponiert hat. Eine besonders große Anzahl von Anspielungen und Zitaten stammen aus der Zwei–Geister–Lehre (1QS III$_{13}$–IV$_{26}$), was darauf hinweisen mag, daß sie eine der bestimmenden Quellen von CD II$_{2-13}$ gewesen ist. Die folgenden Tabelle soll diese Parallelen zusammenfassen:[56]

---

[53] Damascus Covenant, 198.
[54] Qumran Sectarian Literature, 494–498.
[55] So auch H. Stegemann, Qumrangemeinde, 146.

לאין שאירית ופליטה למו	CD II6f.
לאין שרית ופליטה למו[57]	1QS IV14
כי לא בחר אל בהם מקדם עולם	CD II7
כיא בם בחר אל לברית עולמים	1QS IV22
ידע את מעשיהם	CD II7–8
והואה ידע פעולת מעשיהן	1QS IV25
ויתעב את דורות מדם	CD II8
מתעב כול גלולי נדה	1QS IV5
וכן יתעב אמת	1QS IV24f.
וידע את שני מעמד וספר ופרוש קציהם	CD II9
עם קצי שלומם	1QS III14f.
וכול קציהם לדורותם	1QS IV13
לכול קצי עולמים ... עד קץ אחרון	1QS IV16f.
לכול הויי עולמים	CD II9f.
לכול קצי עולמים ... עד קץ אחרון	1QS IV16f.
עד קץ נחרצה ... לכול קצי [עולמי]ם֯	1QS IV25f.

Neben der Zwei–Geister–Lehre werden in CD II2ff. auch andere Texte aus
Qumran verarbeitet: In II6 findet sich eine Anspielung (על סרדי דרך) auf
1QS X21 (על כול סורדי דרך). בטרם נוסדו ידע את מעשיהם (CD II7f.) ist
fast wörtliches Zitat von 1QH[a] IX9 (Ed. Suk. I7): ובטרם בראתם ידעתה
כ֯ו֯ל֯ מעשיהם.[58]

---

[56] Die Tabelle stellt eine Überarbeitung und Ergänzung der von Ph. R. Davies (Damascus
Document, 72f.) zusammengestellten Belege dar. Zur Verarbeitung der Zwei–Geister–Lehre
in CD II2ff. s. auch Davidson (Angels at Qumran, 177f.): „… the kinship is extremely close,
sharing a determinism that is understandable in the context of the sect's sense of identity as
the people of God. Ethical and religious dualism also occur in both, with the one contrasting
the sons of light and darkness and the other, the remnant and the backsliders of Israel" (178);
zur Sache vgl. auch Murphy O'Connor, Missionary Document, 228 u. a.

[57] Zu CD II6f. als Zitat von 1QS IV14 s. u., 259.

[58] Berücksichtigt man, daß in 1QH[a] das כול durch Punkte als Abschreibfehler getilgt
wurde, unterscheiden sich die beiden Belege lediglich durch kontextbedingte Abweichungen
in der Form und der Verwendung der Wurzeln ברא und יסד. Vgl. weiterhin auch die Belege
1QH[a] V24f. (Ed. Suk. XIII7f.); VII26f. (Ed. Suk. XV19f.); IX12f.21f.30 (Ed. Suk. I10f.19f.28);
4Q180 12. Auf zwei weitere Parallelen der Damaskusschrift zu den in 1QS gesammelten
Texten hat schon Stern hingewiesen (New Manuscript Find, 20f.): 1QS I3ff. par CD II15ff.
und 1QS I24ff. par CD XX27ff.; vgl. auch Burrows, Discipline Manual, 181–183 (dort werden
noch weitere Parallelen der Damaskusschrift zu Texten aus der Sammelhandschrift 1QS
genannt). Von besonderer Bedeutung dürfte auch H. Stegemanns Hinweis sein, in den 4QD–
Handschriften fände sich „… eine revidierte Fassung der alten Disziplinarordnung (1QS
VI,24–VIII,4) …" [Essener, 166f.; anders Baumgarten: „The *Community Rule* would thus
be regarded as representing the latest phase in the developement of the penal code." (Penal
Code, 275)].

Außer solchen Anleihen bei frühen Texten des *yaḥad* oder bei der vom *yaḥad* aufgenommenen Tradition finden sich in CD II$_{2-13}$ auch weisheitliche Formen und Zitate: Der ganzen Abschnitt ist in der Form einer weisheitlichen Lehrrede gehalten (zur Sache s. u., 251f.). Er wird formgerecht mit einer weisheitlichen Lehreröffnungsformel eingeleitet (zur Sache s. u., 251f.) Die Zeilen II$_{4f.}$ („Gott liebt Erkenntnis und Weisheit hat er vor sich aufgerichtet, Klugheit und Einsicht sind es, die ihm dienen") sind zwar so nirgends in den uns erhaltenen weisheitlichen Texten des AT oder des antiken Judentums belegt, jedoch verfügt der Satz über die typische Struktur eines Weisheitsspruchs und könnte so beispielsweise auch in Prov oder Sir stehen.[59] Bei dem im Spruch verwendeten Vokabular handelt es sich laut der Konkordanz zu den Qumrantexten von K. G. Kuhn und der Preliminary Concordance (Brown u. a.) fast ausschließlich um hapax– oder duplexlegomena.[60] Es dürfte sich um ein evtl. leicht abgewandeltes Zitat eines Spruchs aus der weisheitlichen Tradition handeln, der nicht erhalten geblieben ist. Daß in einem Text des *yaḥad* weisheitliche Texte zitiert werden, ist zwar ungewöhnlich, aber gerade in der Damaskusschrift nicht unmöglich, wie das Zitat von Prov 15,8 in CD XI$_{20f.}$ zeigt.

Die in CD II$_{2ff.}$ gefundenen Zitate und Anspielungen legen somit für diesen Text eine Abfassung von *yaḥad* selbst nahe, anders wären wohl die Anspielung auf 1QS X$_{21}$ und das Zitat aus 1QH^a IX$_9$ (Ed. Suk. I$_7$) nicht zu erklären. Da die Damaskusschrift in ihrer uns in den verschiedenen Handschriften bezeugten Fassung wegen der positiven Erwähnung zentraler Figuren aus der Geschichte des *yaḥad* (der Lehrer der Gerechtigkeit etc.) mit Sicherheit vom *yaḥad* verfaßt worden ist, mögen diese Ausführungen im Rahmen der Analyse von CD II$_{2ff.}$ genügen.

Den *terminus ante quem* für die Datierung der Damaskusschrift liefert die Handschrift 4QD^a: Sie ist aus paläographischen Gründen in die erste Hälfte des 1. Jh. v. Chr. zu datieren. Ein *terminus post quem* ergibt sich aus CD XIX$_{35}$–XX$_{1.13ff.}$: „Wie der Passus zum Aufnahmestop von Mitgliedern des Neuen Bundes im Lande Damaskus samt Kontext zeigt, ist dieses Werk [scil. CD] bald nach dem Tod des Lehrers der Gerechtigkeit vollendet worden. Anderweitige Berechnungen der Essener zum Geschichtsablauf weisen darauf hin, daß dieser Todesfall in die Zeit um 110 v. Chr. zu datieren ist, die Damaskusschrift also um 100 v. Chr. fertiggestellt worden sein dürfte."[61]

---

[59] Vgl. z. B. Prov 1,7; 2,6. Zur Sache vgl. Schwarz, Damaskusschrift, 10f.

[60] רעת ist sonst lediglich noch in CD X$_{10}$; XVI$_6$ belegt [s. dazu im Vergleich die jeweils 17 Belege des Wortes in dem erhaltenen Text von 1QS oder 1QH^a; vgl. aber auch 4QD^a 17 I$_6$ (רעתה) par CD XV$_{15}$ (רעות)]. חכמה ist in CD hapaxlegomenon, lediglich חכם findet sich noch in CD VI$_3$. נצב und ערמה sind in CD ebenfalls nur in II$_{3f.}$ belegt. שרת findet sich in 1QM in sieben und in 1QH^a in fünf Belegen, CD kennt es dagegen nur in II$_{3f.}$, und auch חושייה ist in der Damaskusschrift ein hapaxlegomenon. Zum weisheitlichen Charakter von CD II$_{4f.}$ vgl. auch Worrel, Concepts of Wisdom, 255.

8.2 Transkription der Genizah–Handschrift A

Kolumne II

2   vacat ועתה שמעו אלי כל באי ברית ואגלה אזנכם בדרכי

3   רשעים vacat אל אהב דעת חכמה ותושייה הציב לפניו

4   ערמה ודעת הם ישרתוהו ארך אפים עמו ורוב סליחות

5   לכפר בעד שבי פשע וכוח וגבורה וחמה גדולה בלהבי אש

6   בי כל מלאכי חבל על סררי דרך ומתעבי חק לאין שאירית

7   ופליטה למו כי לא בחר אל בהם מקדם עולם ובטרם נוסדו ידע

8   את מעשיהם ויתעב את דורות מדם ויסתר את פניו מן הארץ

9   מי עד תומם וידע את שני מעמד ומספר ופרוש קציהם לכל

10   הוי עולמים ונהיית עד מה יבוא בקציהם לכל שני עולם

11   ובכולם הקים לו קריאי שם למען התיר פליטה לארץ ולמלא

12   פני תבל מזרעם vacat ויודיעם ביד משיחו רוח קדשו וחוזי

13   אמת ובפרוש שמו שמותיהם ואת אשר שנא התעה

8.3 Textkritik

2:   In 4QD^a findet sich vor ועתה kein *vacat*.

3:   4QD^a liest hinter רשעים zusätzlich [ומכול שבילי חט]אים. Wegen des hohen Alters der Handschrift und der vielen kleineren Textabweichungen der Genizah–Handschrift dürfte 4QD^a die ursprüngliche Lesart bewahrt haben. [ומכול שבילי חט]אים wurde getilgt, da man es als Tautologie empfand.

4:   4QD^a liest ערמה statt [וערמֹ[ה. Es handelt sich um eine Harmonisierung der Asyndese.

6:   In 4QD^a ist das בלהבי אש בי כל מלאכי חבל nicht erhalten geblieben, jedoch zeigt die Rekonstruktion von Wacholder/Abegg (Preliminary Edition, Fasc. 1, 5), daß in dieser Handschrift für die Wendung keinesfalls genug Platz vorhanden ist, es dürfte sich um eine spätere Glosse handeln, deren in der Genizah–Handschrift A erhaltener Text wiederum korrupt ist: Statt בי כל ̇ ist ובכל oder בוכל zu konjizieren (vgl. Qimron, Text of CDC, 13).

7:   Der Text ist an dieser Stelle in 4QD^a zwar nicht erhalten, jedoch legt die Rekonstruktion von Wacholder/Abegg (Preliminary Editi-

---

[61] H. Stegemann, Essener, 166. Zur Sache vgl. u. a. auch ders., Gesetzeskorpus, 417f. und Milik, Ten Years, 59. Die frühen Versuche von Butler (Chronological Sequence, 534–536: CD datiert vor 1QS, da sich keine Zitate aus 1QS in CD finden) und Rabinowitz (Sequence, 177: CD ist spät zu datieren, da es von einer enttäuschten Naherwartung zeugt), die Damaskusschrift an Hand einer relativen Chronologie der einzelnen in Höhle 1 gefundenen Handschriften zu datieren, dürfen dem gegenüber als gescheitert gelten.

on, Fasc. 1, 5) für die Handschrift zwischen למו und כי ein *vacat* nahe.

8: מדם: Der Text ist korrupt. K. G. Kuhn konjiziert מקדם, was guten Sinn ergibt (Konkordanz, 189; vgl. Ph. R. Davies, Damascus Covenant, 237; ähnlich auch schon Ginzberg, Eine unbekannte jüdische Sekte, MGWJ 55, 675 und Schechter, Zadokite Work, 65).

9: מי עד תומם: Der Text der Genizahhandschrift A ist hier korrupt, in anderen Abschriften ist der Beleg nicht erhalten. Statt des מי עד תומם schlägt Lohse vor, מישראל עד תומם zu lesen (Texte aus Qumran, 68), was gut zu dem vorhergehenden מן הארץ paßt. Ginzberg (Eine unbekannte jüdische Sekte, MGWJ 55, 675) emendiert dagegen מועד תומם, was verlockend wäre, da es die wenigsten Veränderungen im Text mit sich brächte, jedoch nicht zu dem unten aufgezeigten Bedeutungsspektrum von ויסתר לפניו paßt (s. u., 261). Callaway möchte keinen beschädigten Text annehmen, sondern versteht מי עד תומם als Abkürzung: „... II, 9 preserves an abbreviated gloss that can be restored on the basis of the structurally and thematically related passage XX, 13–14: *ûmîyyôm hē'āsēp yôreh hayyāḥîh 'ad tom kol 'anšê hammilḥāmāh.*"[62] Zwar ist Callaway zuzustimmen, daß in 1QS VIII₁₃ mit הואהא ebenso eine Abkürzung verwendet worden sein könnte (= הוא האלוהים; s. aber 4QSᵉ האמת) wie in CD XIX₁ (כב = כאשר כתוב oder ähnliches),[63] jedoch handelt es sich an den beiden Stellen um ein einzelnes Wort oder eine kurze vom Kontext her leicht identifizierbare Wendung und nicht um einen ganzen Satz. Gegen Callaway spricht ferner, daß in 4QDᵃ, nach der Ausgabe von Wacholder/Abegg zu urteilen, nicht genug Platz für den laut ihm der Abkürzung zugrundeliegenden Satz vorhanden ist, während ein מישראל dort sehr wohl gestanden haben könnte (vgl. Wacholder/Abegg, Preliminary Edition, Fasc. 1, 9).

ופרוש: Der Text ist korrupt, mit 4QDᵃ ist hier בפרוש zu lesen.

10: Bei הוי und ונהיית handelt es sich um Abschreibfehler, Qimron konjiziert zu recht הויי und ונהיות (Text of CDC, 13).

11: קריאי שם: 4QDᵃ liest קרואים. Bei der Lesart der Genizah–Handschrift A handelt es sich um eine Harmonisierung mit CD IV₄.

התיר: Qimron konjiziert zu recht הותיר (Text of CDC, 13), in der Genizah–Handschrift fiel das *wāw* durch Schreibfehler aus.

12: משיחו: Mit Yadin (Notes, 158) ist hier משיחי zu lesen (zur Sache s. u., 265).

13: אמת ובפרוש שמו שמותיהם: 4QDᵃ liest [הם]אמתו] בפרוש שמותי, Qimron schlägt אמתו בפרוש vor (Text of CDC, 13; so auch schon

---

[62] *MÎ 'AD TÛMĀM*, 268.
[63] So a. a. O., 264; vgl. auch Driver, Abbreviations, 89.

Yadin, Notes, 158 und Schechter, Zadokite Work, 65 Anm. 3). Bei שמו שמותיהם handelt es sich um eine Diplographie, das *wāw* von אמתו wurde fälschlich zu בפרוש gezogen.

8.4 *Der ursprüngliche Text*

2   ועתה שמעו אלי כל באי ברית ואגלה אזנכם בדרכי

3   רשעים ומכול שבילי חט[אים] אל אהב דעת חכמה ותושייה הציב
   לפניו

4   ערמה ודעת הם ישרתוהו ארך אפים עמו ורוב סליחות

5   לכפר בעד שבי פשע וכוח וגבורה וחמה גדולה

6   על סררי דרך ומתעבי חק לאין שאירית

7   ופליטה למו כי לא בחר אל בהם מקדם עולם ובטרם נוסדו ידע

8   את מעשיהם ויתעב את דורות מקדם ויסתר את פניו מן הארץ

9   מי(שראל) עד תומם וידע את שני מעמד ומספר בפרוש קציהם לכל

10   הויי עולמים ונהיות עד מה יבוא בקציהם לכל שני עולם

11   ובכולם הקים לו קריאים למען הותיר פליטה לארץ ולמלא

12   פני תבל מזרעם ויודיעם ביד משיחי רוח קדשו וחוזֵ֗י

13   אמתו בפרוש שמותיהם ואת אשר שנא התעה

8.5 *Übersetzung*

(2) Und nun hört auf mich, alle, die ihr in den Bund eingetreten seid, und ich will euch eurer Ohr auftun um der Wege der (3) Frevler und aller Pfade der Sün[der] willen.

 Gott liebt Erkenntnis, Weisheit und Einsicht hat er vor sich aufgerichtet, (4) Klugheit und Erkenntnis sind es, die ihm dienen.

 Langmut ist bei ihm und zahlreiche Vergebungen, (5) um zu entsühnen jene, die umgekehrt sind vom Frevel.

 Aber Kraft und Macht und großer Zorn (6) (stehen) gegen jene, die vom Weg abfallen, und das Gebot verabscheuen—für sie gibt es keinen Rest (7) und (kein) Entronnenes,

 denn Gott hat sie nicht erwählt von der Urzeit der Ewigkeit her, und bevor er sie schuf, kannte er (8) ihre Werke.

 Und er verabscheute die Generationen von Urzeiten her und verbarg sein Angesicht vor dem Land, (9) vor I(srael), bis zu ihrem Ende.[64]

 Und er hat erkannt die Jahre (ihres) Bestehens und (ihre) Zahl im Verzeichnis ihrer Epochen,[65] für alle (10) entstehenden (Dinge) der Ewigkei-

---

[64] Zur Übersetzung vgl. Ph. R. Davies, Damascus Covenant, 73.237.

[65] Zur Übersetzung s. Schiffman, Halakhah, 65f.

ten und für alle werdenden (Dinge) der Ewigkeit, was kommen wird in ihren Epochen für alle Jahre der Ewigkeit.

(11) Aber unter ihnen hat er sich Berufene aufgerichtet, auf daß er das Entronnene für das Land vermehre, und die (12) Oberfläche des Landes von ihrem Samen erfülle.

Und er ließ sie durch die Gesalbten seines heiligen Geistes und die Seher (13) seiner Wahrheit das Verzeichnis ihrer Namen erkennen; aber wen er haßte, führte er in die Irre.

8.6 Gliederung

Bevor der Text gegliedert werden kann, ist die Frage zu klären, inwieweit die äußeren Gliederungsmerkmale (*vacat*) der einzelnen Handschriften der Damaskusschrift zu diesem Zweck herangezogen werden können. Die folgende Tabelle soll den Befund zusammenfassen.[66]

---

[66] Es werden nur jene Belege berücksichtigt, in denen das *vacat* zweifelsfrei in den Handschriften aus Qumran belegt ist. Ist für eine Handschrift kein Befund angegeben, bedeutet dies, daß sie an dieser Stelle nicht erhalten ist. Findet sich ein *vacat* in den Genizah–Handschriften nicht, in einer Qumran–Handschrift aber wohl, wird das Wort angegeben, auf das es in den Qumran–Handschriften folgt. Soweit der Text der Qumran–Handschriften in den Genizah–Handschriften nicht belegt ist, werden diese nur aufgeführt, wenn ein *vacat* zweifelsfrei in mehreren Handschriften belegt ist. Die Angaben über das *vacat* wurden aus Wacholder/Abegg, Preliminary Edition Fasc. 1, 1–59 entnommen.

	CD	4QD^a	4QD^b	4QD^c	4QD^d	4QD^e	4QD^f	4QD^g	4QD^h	5QD	6QD
I_1	vac			vac							
II_1	vac	kein vac									
V_19f.	vac	kein vac									
VI_2	vac (nach הפרה)		vac								
VI_4	vac		kein vac								
VI_7	vac	kein vac	vac (nach מלאכה)								
VII_21	vac	6 I_10 kein vac	vac								
XV_13	vac	kein vac	II_5 vac שלום								
XVI_2	vac										
XVI_7	vac										
XVI_13	kein vac						vac ובכפרם חטאים				
XVI_14	vac						kein vac				
XVI_15	vac						vac הברכה				
IX_8	vac		vac				vac			vac לו	
IX_10	kein vac						vac				
IX_23	vac					vac?					
X_2	vac					kein vac					
X_4	vac	vac									
X_10	kein vac					vac בהם					
X_12	vac					kein vac					
XI_4	vac						kein vac				
XI_6	vac						kein vac				
XI_10	vac						kein vac				
XI_11	vac					kein vac?	kein vac				
XI_12	vac						kein vac				
XI_13	vac					kein vac	kein vac				
XI_14	vac						kein vac				
XI_16	vac					kein vac	kein vac				
XI_17	vac					kein vac					
XII_6	vac										
XIII_7	vac										
XIV_8	vac		vac								
XIV_18	vac		kein vac		kein vac						

Das *vacat* in den Handschriften von D

Wie die Zusammenfassung zeigt, weicht der Gebrauch des *vacat* in den Genizah–Handschriften vom Gebrauch des *vacat* in den Qumranhandschriften ab. Ein Vergleich der einzelnen Qumranhandschriften ist beim bisherigen Publikationsstand nur an einer Stelle möglich, und sagt daher wenig über den Gebrauch des *vacat* in den 4QD–Handschriften aus. Wegen des skizzierten Befundes erscheint es für die Damaskusschrift daher ratsam, auf eine Gliederung des Textes anhand äußerer Merkmale zu verzichten.

Der Abschnitt CD I$_1$–IV$_{12}$ ist durch die einheitliche Form seiner drei Unterabschnitte—alle drei sind als weisheitliche Lehrrede gestaltet (zur Sache s. u., 251f.)—als eine Einheit gekennzeichnet. Der mit IV$_{12}$ beginnende Abschnitt der Damaskusschrift unterscheidet sich durch die Häufung von expliziten Schriftzitaten und deren Auslegung in seiner Form deutlich vom vorhergehenden Abschnitt.

Die drei Unterabschnitte von CD I$_1$–IV$_{12}$ werden jeweils mit der für die weisheitliche Lehrrede typischen Eröffnungsformel ועתה שמעו eingeleitet:[67] CD I$_{1f.}$; II$_{2f.}$; II$_{14ff.}$ Die einzelnen Eröffnungen der Abschnitte sind dabei kunstvoll miteinander verflochten: In CD I$_1$ werden „alle, die Gerechtigkeit erkannt haben und die Einsicht haben in die Werke Gottes", zum Zuhören aufgefordert.[68] Die Werke Gottes werden in der letzten der drei Eröffnungsformel nochmals genannt: ועתה בנים שמעו לי ואגלה עיניכם לראות ולהבין במעשי אל [„Und jetzt, (meine) Söhne, hört auf mich, und ich will eure Augen öffnen, damit ihr seht und Einsicht gewinnt in die Werke Gottes …"]. Das ואגלה עיניכם erinnert an an den Beginn des zweiten Abschnitts (II$_{2–13}$): ועתה שמעו אלי כל בא[י ברית ואגלה אזנכם בדרכי רשעים ומכול שבילי חט[אים] („Und jetzt hört auf mich alle, die ihr in den Bund gekommen seid, und ich will euer Ohr auftun, um der Wege der Frevler und der Pfade der Sü[nder] willen"; CD II$_{2f.}$). Weitere Verbindungen von CD II$_{2–13}$ mit CD I$_{1ff.}$ und CD II$_{14ff.}$ hat Ph. R. Davies aufgezeigt: „Apart from סררי דרך in I,13, which recurs in II,6 …, we find that מתעבי חק echoes ויפירו חוק in I,20 while the lack of a remnant (שארית ופליטה) for the wicked contrasts with the preservation of the remnant in the whole of the preceeding passage (שארית in I,4). יסתר את פניו and ידע…מעשיהם…דורות in lines 7f. also echo I,1ff., and פליטה לארץ in 11 may be compared with לירש את הארץ in I,7f."[69] „There are also detailed and significant points of contact with the following discourse in II,14ff., especially in line 13. פרוש + שם recurs in IV,4–5 (פרוש שמותיהם), as does קריאי שם as a description of the remnant."[70]

---

[67] Zur Formel s. u., 251f.

[68] Das שמעו כל יודעי צד]ק ist ein leicht abgewandeltes Zitat von Jes 51,7a (zur Sache vgl. auch Campbell, Scripture in The Damascus Document, 90.93f.).

[69] Damascus Covenant, 72.

[70] A. a. O., 75.

Der dem zu untersuchenden Text vorhergehende Abschnitt, CD I$_1$–II$_1$, beschreibt die Gründung des *yaḥad* 390 Jahre nach Nebukadnezar als eine Gnadentat Gottes. Der dem zu untersuchenden Abschnitt folgende Text (CD II$_{14}$–IV$_{12}$) schildert die Geschichte Israels als eine Geschichte der Untreue und des Abfalls, begonnen beim Engelfall bis zur Gründung des *yaḥad*.

Den Abschnitt I$_1$–IV$_{12}$ innerhalb eines Gesamtentwurfes der Damaskusschrift oder auch nur der „Ermahnung" einzuordnen, ist schwierig. Einen solchen Versuch hat Ph. R. Davies unternommen, der die Ermahnung im Anschluß an Baltzer (Bundesformular, 117–127) als ein Bundesformular versteht (s. Damascus Covenant, 48–55). Wie aber schon die vorläufige Edition der 4QD–Handschriften durch Wacholder/Abegg zeigt, gingen der „Ermahnung" in der Handschrift 4QD^a noch mindestens zwei Kolumnen Text voraus. Leider ist dieses Textstück stark beschädigt, so daß detaillierte Aussagen zu seinem Inhalt schwierig sind. Die 4QD–Handschriften dürften jedoch das Urteil Qimrons zur These Ph. R. Davies' bestätigen:

> Since most of the Qumran fragments of the Damascus Document are still unpublished, it is not yet possible to discern the structure of the work. Nevertheless it is evident that the laws which appear in cols. 9–16 form the essential part of the work; the Admonition seems to be only a prologue to these laws … If we regard the Admonition as a prologue to the law, its structure and plot become clear: the Admonition centers around the preservation of the laws of the Torah. Its main motive ist that God has revealed to the Qumran sect the hidden laws of the Torah. Only those laws performed according to the sect's practice are „God's laws" or „God's will." Those who follow them are the righteous people and will achieve salvation.[71]

---

[71] The Damascus Covenant, 84f.

CD II_{2ff.} selbst läßt sich an Hand innerer Kriterien wie folgt gliedern:

A II_{2f.} Eröffnungsformel[72]

B II_{3–7} Gottes Langmut und Vergebung und das Ende der Frevler[73]

C II_{7–13} Deterministische Begründung[74]

   a) II_{7–10} Begründung für die Vernichtung der Frevler[75]
   b) II_{11–13} Begründung für die Reinigung der Umkehrenden[76]

8.7 Auslegung

II_{2f.}: Stil und Form von CD II_{2ff.} wurden der Weisheitsliteratur entnommen. Darauf macht schon die Einleitung des Abschnittes durch das ועתה שמעו אלי כל באי ברית ואגלה אזנכם בדרכי רשעים ומכול שבילי [חט]א[ים] („Und nun hört auf mich, alle, die ihr in den Bund eingetreten seid, und ich will euch eurer Ohr auftun um der Wege der Frevler und aller Pfade der Sünder willen") aufmerksam. Es handelt sich um eine Eröffnungsformel, die in der atl. und frühjüdischen Literatur in verschiedenen Redegattungen und Literaturformen Verwendung findet:

In Dtn leitet sie die Mahnrede des Mose an die Israeliten ein, die Bundesverpflichtungen einzuhalten (Dtn 4,1–40): וְעַתָּה יִשְׂרָאֵל שְׁמַע אֶל הַחֻקִּים וְאֶל־הַמִּשְׁפָּטִים אֲשֶׁר אָנֹכִי מְלַמֵּד אֶתְכֶם לַעֲשׂוֹת לְמַעַן תִּחְיוּ וּבָאתֶם וִירִשְׁתֶּם אֶת־הָאָרֶץ אֲשֶׁר יְהוָה אֱלֹהֵי אֲבֹתֵיכֶם נֹתֵן לָכֶם)(„Und nun höre, Israel, die Gebote und Gesetze, die ich euch lehre, auf daß ihr lebet und

---

[72] Zur Formel s. u., 251ff. Zur Gliederung vgl. auch von der Osten–Sacken, Gott und Belial, 195.

[73] Die Zeilen 3–6 sind von der einleitenden Formel durch die, abgesehen von אהב (II₃), ausschließlich nominale Satzstruktur ihrer Hauptsätze deutlich abgegrenzt. Der Abschnitt gliedert sich in drei spruchartige Sachaussagen: 1.) II_{3f.}: In einem dreigliedrigen synonymen Parallelismus wird die Beziehung Gottes zur Weisheit geschildert. 2.) II_{4f.}: In einem zweigliedrigen synthetischen Parallelismus werden Langmut und Vergebung Gottes und der Zweck derselben geschildert. 3.) II_{6f.}: In einem zweigliedrigen synonymen Parallelismus wird der Zorn Gottes gegenüber den Frevlern und ihr restloser Untergang geschildert. Zur Gliederung vgl. auch die Absätze in der Übersetzung.

[74] Der Abschnitt ist durch seine verbale Satzstruktur und das begründende כי deutlich vom vorhergehenden Abschnitt abgehoben.

[75] Der Unterabschnitt gliedert sich in drei in synoymem Parallelismus formulierte Verse: 1.) II_{7f.}: Gottes Erwählungshandeln und Vorauswissen in der Urzeit, 2.) II_{8f.}: Gottes Ablehnung der Frevler, 3.) II_{9f.}: Gottes Wissen um das Schicksal der Frevler. Zur Gliederung vgl. auch die Absätze in der Übersetzung.

[76] Der Unterabschnitt hebt sich inhaltlich vom vorhergehenden Kontext ab: Nachdem ausführlich das Wissen Gottes um den Ablauf der einzelnen Epochen geschildert wurde (II_{9–10}), wird jetzt ein Erwählungshandeln Gottes beschrieben. Die Zeilen CD II₁₁₋₁₃ teilen sich in zwei Verse: 1.) II_{11f.}: In einem dreigliedrigen synthetischen Parallelismus wird der Zweck des Erwählungshandeln Gottes geschildert. 2.) II_{12f.}: In einem zweigliedrigen antithetischen Parallelismus wird Erwählung und Verwerfung skizziert.

in das Land kommet und es unterwirft, das der Herr, der Gott eurer Väter euch gegeben hat"; Dtn 4,1). In Jes 44,1–23 leitet sie eine aus unterschiedlichen Gattungen komponierte Rede ein, die die Einzigartigkeit des Gottes Israels und die Nichtigkeit der Götter darlegen soll:[77] וְעַתָּה שְׁמַע יַעֲקֹב עַבְדִּי וְיִשְׂרָאֵל בָּחַרְתִּי בוֹ („Und nun höre Jakob, mein Knecht, und Israel, das ich erwählt habe"; Jes 44,1). In Jes 51,1–8 wird die Formel zweimal verwendet: Jes 51,1: שִׁמְעוּ אֵלַי רֹדְפֵי צֶדֶק מְבַקְשֵׁי יְהוָה („Hört auf mich, die ihr der Gerechtigkeit nachjagt und den Herrn sucht") und Jes 51,7: שִׁמְעוּ אֵלַי יֹדְעֵי צֶדֶק עַם תּוֹרָתִי בְלִבָּם („Höret auf mich, die ihr Gerechtigkeit kennt, Volk, das meine Thora im Herzen hat"). Weiterhin findet sich die Formel auch in Hos 4,1: שִׁמְעוּ דְבַר־יְהוָה בְּנֵי יִשְׂרָאֵל („Höret das Wort des Herrn, Söhne Israels").

Die weitaus meisten Belege der Formel finden sich jedoch in der weisheitlichen Literatur, wie die folgende Liste zeigt:

שִׁמְעוּ בָנִים מוּסַר אָב וְהַקְשִׁיבוּ לָדַעַת בִּינָה	Prov 4,1
שְׁמַע בְּנִי וְקַח אֲמָרָי[78]	Prov 4,10
וְעַתָּה בָנִים שִׁמְעוּ־לִי וְאַל־תָּסוּרוּ מֵאִמְרֵי־פִי[79]	Prov 5,7
וְעַתָּה בָנִים שִׁמְעוּ־לִי וְהַקְשִׁיבוּ לְאִמְרֵי־פִי	Prov 7,24
וְעַתָּה בָנִים שִׁמְעוּ־לִי וְאַשְׁרֵי דְּרָכַי יִשְׁמֹרוּ	Prov 8,32
שִׁמְעוּ מוּסָר וַחֲכָמוּ וְאַל־תִּפְרָעוּ	Prov 8,33
שְׁמַע־אַתָּה בְנִי וַחֲכָם וְאַשֵּׁר בַּדֶּרֶךְ לִבֶּךָ	Prov 23,19
שמעו אלי וקחו שכלו ועל דברי שימו לב	Sir 16,22
שמע בני ואל תבוז לי ובאחרית תשיג אמרי	Sir 31,22
שמעו בני וקח מוסר ואל תלעיג עלי באחרית תמצא דברי	Sir 31,22
שמעו אלי שרי עם רב ומשלי קהל ה[אזינו]	Sir 33,19

Vergleicht man die aufgeführten weisheitlichen Belege der Formel mit den oben zitierten Stellen aus der prophetischen und nomistischen Literatur des AT, so fallen zwei Besonderheiten auf: 1.) Auf den einleitenden Imperativ der Wurzel שמע folgt, von wenigen Ausnahmen abgesehen, eine weitere Aufforderung oder Zusage, die immer kognitiver Natur ist, aber unterschiedlich formuliert werden kann. 2.) Die Adressaten der mit der Formel eingeleiteten Rede werden gerne mit בְּנִי bzw. בָּנִים bezeichnet. Inhaltlich leiten die genannten Belege der Lehreröffnungsformel immer Texte paränetischer Natur ein, lediglich Prov 7,24 und Sir 16,22 machen

---

[77] Die einzelnen Elemente der Rede werden jeweils durch die Botenformel eingeleitet: Jes 44,2–5: Heilsorakel, Jes 44,6–23: Gerichtsrede mit Spott– (9–20) und Loblied (23). Zu Gliederung und Aussage des Textes vgl. Westermann, Jesaja, 109–124.

[78] Prov 4,10 ist zu der mit Prov 4,1 beginnenden Mahnrede zu rechnen.

[79] Prov 5,7 ist zu der mit Prov 5,1 [בְּנִי לְחָכְמָתִי הַקְשִׁיבָה לִתְבוּנָתִי הַט־אָזְנֶךָ] („Mein Sohn, auf meine Weisheit achte, meiner Einsicht neige dein Ohr")] beginnenden Mahnrede zu rechnen. Dort ist eine zweite, in CD nicht zu findende Variante der Lehreröffnungsformel belegt.

hier eine Ausnahme, auf sie folgen Erörterungen über die Weisheit (Prov 7,24–8,31) bzw. über die von Gott gestiftete Ordnung der Schöpfung (Sir 16,22–17,20).[80]

Die drei Belege der Formel in der Damaskusschrift sind der weisheitlichen Form der Formel zuzurechnen, da sich in ihnen sowohl die zweite kognitive Aufforderung als auch der für die weisheitliche Variante der Formel typische Vokativ בנים findet (CD II14):

CD I1f. ועתה שמעו[81] כל יודעי צדק[82] ובינו במעשי אל

CD II2f. ועתה שמעו אלי כל באי ברית ואגלה אזנכם בדרכי רשעים ומכול שבילי חט[אים]

CD II14 ועתה בנים שמעו לי ואגלה עיניכם

Das Zitat von Jes 51,7 in CD I1 zeigt, daß trotz der weisheitlichen Form und Herkunft der Formel Inhalt und Gattung der drei Abschnitte von CD I1–IV12 nicht unbedingt weisheitlicher Natur sein müssen.[83] Für CD II2ff. weist jedoch das folgende Zitat eines Spruches aus der weisheitlichen Tradition[84] auf eine enge Verbindung mit der Weisheit hin. Auch der überwiegend nominale Still der folgenden Zeilen deutet auf ein Bemühen des Autors von CD II2ff. hin, in weisheitlichem Stil zu schreiben. Es dürfte sich somit bei CD II2ff. um einen als weisheitliche Mahnrede formulierten Text handeln.

---

[80] Zu Prov 7,24ff. s. Lange, Weisheit und Torheit, 24–46 und zu Sir 16,22ff. s. a. a. O., 56–59. Arambarri (Der Wortstamm „hören", 164) charakterisiert den Gebrauch von שמע לי in Prov 1–9 wie folgt: Prov 4,1 „... zeigt, welche Sprechhandlung שמע לי ausdrückt: keine sinnliche Wahrnehmung, sondern Aufnahme der Lehre ... Sollte man auf den Weisen nicht hören, dann besteht die Gefahr, daß man die Zucht haßt und die Warnung verschmäht (5,12)." Leider bleibt die Lehreröffnungsformel in Arambarris Untersuchung unberücksichtigt, was zu einer Verzerrung seiner Ergebnisse führt: Er übersieht, daß שמע לי und שמע אל sich innerhalb der Formel nicht unterscheiden, und die gleiche Handlung umschreiben, die Aufnahme der Lehre.

[81] 4QD[c] liest שמעו לי, aber 4QD[a] und die Genizah–Handschrift A bieten nur שמעו. Bei der Lesart von 4QD[c] dürfte es sich um eine Harmonisierung mit II14 handeln, II2 ist in 4QD[c] nicht belegt, es scheint mir aber wahrscheinlich, daß sie dort statt des שמעו אלי ebenfalls ein לי gelesen hat.

[82] Bei der ersten Hälfte der Zeile handelt es sich um ein fast wörtliches Zitat von Jes 51,7. Campbell übersieht bei seiner ausschließlichen Herleitung von CD I1 aus Jes 51,7 (Scripture in the Damascus Document, 93f.), daß das Zitat in CD I1 in eine weisheitliche Formel eingebunden ist. Auf diese Weise wird eine weisheitliche Form mit prophetischem Inhalt gefüllt.

[83] Ein Mischtext aus weisheitlichen und prophetischen Elementen, der allerdings nicht vom yaḥad verfaßt wurde, aber die hier analysierte Formel verwendet (4Q185 1–2 I13f.: ועתה שמעו נא עמי והשכילו לי), bietet auch an anderer Stelle die Vermischung weisheitlicher und prophetischer Elemente in einem von der Lehreröffnungsformel eingeleiteten Text. Zu 4Q185 s. o., 31.

[84] Zu II3f. als Zitat eines Weisheitsspruchs aus der Tradition s. o., 243.

Nachdem die Form des Textes analysiert worden ist, sollen zwei Wendungen aus der Lehreröffnungsformel untersucht werden, die für sein Verständnis von Bedeutung sind: כל באי ברית („alle, die in den Bund gekommen sind"; CD II₂) und [בדרכי רשעים ומכול שבלי חט[אים („um der Wege der Frevler und der Pfade der Sün[der] willen"; CD II₂f.).

Die Wendung באי ברית ist in der Damaskusschrift verschiedentlich belegt. באי הברית הראשנים benennt in CD III₁₀ jene Israeliten, die sich nach der Durchquerung der Wüste weigerten, Palästina in Besitz zu nehmen, und daher 40 Jahre in der Wüste umherirren mußten. באי הברית החדשה (CD VI₁₉) bezeichnet die Mitglieder der Vorläufergemeinschaft des *yaḥad*. Wenn באי הברית dagegen ohne solche Zusätze in der Damaskusschrift verwendet wird, meint es immer die Mitglieder der *yaḥad*: CD VIII₁ par XIX₁₃f.; IX₂f.; XIII₁₄; XV₅; XX₂₅. Es in CD II₂ anders interpretieren zu wollen, entbehrt daher jeder Grundlage.[85]

Das בדרכי רשעים wurde gerne als eine Angabe des Gegenstandes der auf CD II₂f. folgenden Mahnrede verstanden (s. z. B. H. Stegemann, Qumrangemeinde, 145f.). Jedoch deutet das in 4QDᵃ erhalten gebliebene parallel gebrauchte [ומכול שבילי חט[אים in eine andere Richtung: Es wird nicht der Gegenstand, sondern der Grund der Ermahnung angegeben. Die Wege der Frevler sind nicht Inhalt, sondern Anlaß des Textabschnittes. In diesem Zusammenhang ist auch darauf hinzuweisen, daß schon häufig bemerkt wurde, daß der Text von CD II₂ff eigentlich nicht zu dem in der Eröffnung der „Ermahnung" angegebenen Gegenstand passe, und daß diese Eröffnung wohl eher für die folgende Mahnrede (CD II₁₄ff.), die in einem historischen Abriß Abtrünnige und Frevler beschreibt, geeignet sei—eine *crux interpretum*, die dank der Lesart von 4QDᵃ der Vergangenheit angehört. Wie H. Stegemann gezeigt hat, wird mit diesen Frevlern und Sündern, um deretwillen CD II₂ff. geschrieben wurde, keine besondere Gegnergruppe des *yaḥad* angesprochen: „ברית ... ist an dieser Stelle Selbstbezeichnung der Qumrangemeinde als Repräsentantin des wahren ‚Gottesbundes', hat also soziologischen Bezug und charakterisiert die demgegenüber genannten רשעים als die Gesamtheit derer, die nicht Mitglieder der ‚Heilsgemeinde' sind ... רשעים bezeichnet in diesem Zusammenhang die Gesamtheit des Judentums, soweit es weder zur Qumrangemeinde noch zur ‚Lügenmann'-Gemeinde gehört."[86] Festzuhalten ist: Anlaß der folgenden Lehrrede ist

---

[85] Zur Sache s. H. Stegemann, Qumrangemeinde, 145f. Zu בא בברית vgl. auch 1QS II₁₂.₁₈; V₈.₂₀; VI₁₄f.; 1QHᵃ XIII₂₅ (Ed. Suk. V₂₃); XXI₁₄ (Ed. Suk. XVIII₂₈); s. aber auch 1QS X₁₀.

[86] Qumrangemeinde, 146. Daß H. Stegemann die „Lügenmann"–Gemeinde von der als רשעים qualifizierten Gruppe ausschließt, ist im Zusammenhang mit der Frage nach einer präexistenten Seins– und Urordnung nicht von Bedeutung. Diese These erscheint mir jedoch unwahrscheinlich, da in CD II₆ die Frevler genannte Gruppe mit der Konstruktus–

der vom *yaḥad* als frevelhaft betrachtete Lebenswandel der nichtessenischen Juden.

II₃₋₇: Der in CD II₃f. zitierte Weisheitspruch dürfte in der weisheitlichen Tradition im Sinne der oben aufgezeigten Belege aus der Weisheitsliteratur des AT und des antiken Judentums verstanden worden sein (s. o., 243). Interessanter wäre jedoch zu erfahren, wie die Damaskusschrift das Zitat verstanden wissen möchte: Soll es, ähnlich wie der folgende Vers, lediglich die Barmherzigkeit Gottes umschreiben, oder ist etwas anderes gemeint? Leider sind in der Damaskusschrift, wie schon gezeigt wurde (s. o., 243), die einzelnen Vokabeln des Spruches nur sehr selten oder gar nicht belegt. Einen ersten Hinweis mag CD VIII₁₆₋₁₈ par XIX₂₉₋₃₁ geben:

באהבת אל את הראשנים אשר העירו אחריו אהב את הבאים
אחריהם כי להﬦ ברית האבות

Mit der Liebe, mit der Gott jene, die für ihn Zeugnis abgelegt haben, geliebt hat, liebt er diejenigen, die nach ihnen kamen, denn ihnen gehört der Bund der Väter.

Die Liebe Gottes ist hier mit dem Bundesbegriff verknüpft. Dies könnte darauf hindeuten, daß in CD II₃f. Erkenntnis, Weisheit, Einsicht und Klugheit ebenfalls im Kontext einer Bundestheologie verstanden werden wollen. In diese Richtung deutet auch der einzige weitere Beleg einer Form der Wurzel חכם in der Damaskusschrift. In CD VI₂₋₈ wird ausgeführt:

ויזכר אל ברית ראשנים ויקם מאהרן נבונים ומישראל חכמים
וישמיעם ויחפורו את הבאר באר חפרוה שרים כרוה נדיבי העם
במחקק הבאר היא התורה וחופריה הם שבי ישראל היוצאים מארץ
יהודה ויגורו בארץ דמשק אשר קרא אל את כולם שרים כי דרשוהו
ולא הושבה פארתם בפי אחד והמחקק הוא דורש התורה אשר אמר
ישעיה מוציא כלי למעשיהו⁸⁷

Und Gott gedachte des Bundes mit den Vorfahren und erweckte aus Aaron einsichtige Männer und aus Israel Weise. Und er ließ sie hören, und sie gruben den Brunnen, *den Fürsten gegraben haben, den ausgeschachtet haben die Edlen des Volkes mit dem Stabe* (Num 21,18). Der Brunnen, das ist die Thora, und die ihn gegraben haben, das sind die, die umgekehrt sind in Israel, die aus dem Lande Juda ausgezogen sind und im Lande von Damaskus in der Fremde weilten, die Gott alle Fürsten genannt hat, denn sie haben gesucht, und nicht

---

Verbindung סררי דרך bezeichnet wird und da diese Bezeichnung in leicht abgewandelter Form (סרי דרך) in CD I₁₃f. gerade die „Lügenmann"–Gemeinde meint.
⁸⁷Zum Text von 4QDᵃ und 4QDᶜ s. Qimron, Text of CDC, 21.

geschmälert wurde ihr Ruhm durch eines (Menschen) Mund. Und
der Stab ist der, der die Thora erforscht, von dem Jesaja gesagt hat:
„Einer, der ein Werkzeug für sein Tun hervorbringt" (Jes 54,16).

An dieser Stelle werden die Einsichtigen und Weisen somit mit jenen identifiziert, die sich vom „Tempelestablishment" gelöst haben und nach der
besonderen Gesetzesinterpretation des Lehrers der Gerechtigkeit gelebt
haben.[88] Für eine Interpretation von CD II₃f. auf einen speziell auf die
Erfüllung der Thora nach dem besonderen Verständnis des *yaḥad* aus-
gerichteten Weisheitsnomismus spricht auch das Zitat von Prov 15,8 in
CD XI₂₀f. Es dient hier als Beleg für die Sabbatopferhalacha des *yaḥad* in
CD XI₁₇₋₂₁.

Dieser Befund legt nahe, ein weisheitsnomistisches Verständnis oben
skizzierter Art auch für CD II₃f. anzunehmen. D. h. die verschiedenen die
Weisheit umschreibenden Begriffe des zitierten Weisheitsspruches wurden von dem Autor der Damaskusschrift im Sinne einer Gesetzeserfüllung
nach der Auffassung des *yaḥad* verstanden. Erkenntnis, Weisheit, Einsicht und Klugheit meinen hier somit nichts anderes als ein Befolgen der
Thora nach den Maßstäben des *yaḥad*.

Das ארך אפים עמו ורוב סליחות („Langmut ist bei ihm und zahlreiche
Vergebungen" CD II₄) ist die essenische Variante einer im AT häufiger
im Kontext von Verfehlungen und Freveltaten belegten Formel, die sich
wohl von Ex 34,5-7 herleitet (Kontext: Erneuerung der Gesetzestafeln
nach dem Abfall durch die Anbetung des goldenen Kalbs):[89]

וַיֵּרֶד יְהוָה בֶּעָנָן וַיִּתְיַצֵּב עִמּוֹ שָׁם וַיִּקְרָא בְשֵׁם יְהוָה
וַיַּעֲבֹר יְהוָה עַל־פָּנָיו וַיִּקְרָא יְהוָה יְהוָה אֵל רַחוּם
וְחַנּוּן אֶרֶךְ אַפַּיִם וְרַב־חֶסֶד וֶאֱמֶת נֹצֵר חֶסֶד לָאֲלָפִים נֹשֵׂא עָוֹן וָפֶשַׁע
וְחַטָּאָה וְנַקֵּה לֹא יְנַקֶּה פֹּקֵד עֲוֹן אָבוֹת עַל־בָּנִים וְעַל־בְּנֵי בָנִים
עַל־שִׁלֵּשִׁים וְעַל־רִבֵּעִים

Und als er den Namen des Herrn anrief, da ging der Herr an seinem
Angesicht vorüber, und er rief: „Herr, Herr, barmherziger und
gnädiger Gott, langmütig und reich an Huld und Treue, der Gnade
bewahrt bis ins tausendste Geschlecht, der Schuld, Frevel und Sünde
verzeiht, aber nicht ganz ungestraft läßt, der die Schuld der Väter an
den Kindern und Kindeskindern heimsucht bin ins dritte und vierte
Geschlecht" (Ex 34,5-7)

---

[88] Der einzige weitere Beleg von דעת in der Damaskusschrift (CD X₁₀) trägt für die hier
untersuchte Frage nichts aus, da mit דעת dort lediglich der menschliche Verstand bezeichnet
wird.

[89] Die Formel ist außerdem in Num 14,18; Joel 2,13; Jon 4,2; Ps 86,15; 103,8; Neh 9,17
belegt.

וְאַתָּה אֲדֹנָי אֵל־רַחוּם וְחַנּוּן אֶרֶךְ אַפַּיִם וְרַב־חֶסֶד וֶאֱמֶת

Aber du, Herr, bist ein gnädiger und barmherziger Gott und reich
an Güte und Treue. (Ps 86,15)

Die Besonderheit der in CD II4 belegten Variante ist das anstelle von
ורב חסד gebrauchte ורוב סליחות. Was mit dem im AT selten gebrauchten Nomen[90] ausgesagt werden soll, zeigt 1QH^a XIV$_{10-13}$ (Ed.
Suk. VI$_{7-10}$):[91]

[כיא יד]עתי אשר תרים למצער מחיה בעמכה ושארית בנחלתכה
ותזקקם להטהר מאשמה כיא כול מעשיהם באמתכה ובחסדיך
תשפטם בהמון רחמים ורוב סליחה וכפיכה להורותם וכיושיר
אמתכה להכינם בעצתכה[92]

[Denn] ich [wei]ß, daß du in Kürze Lebendes aufrichten wirst in
deinem Volk und einen Rest in deinem Erbe. Und du wirst sie zur
Reinigung von der Verschuldung läutern, denn all ihre Taten bestehen durch deine Treue. Und in deiner Gnade wirst du sie in reichem
Erbarmen und großer Vergebung richten, sie nach den Worten deines
Mundes zu unterweisen und nach der Geradheit deiner Wahrheit,
um sie aufzustellen in deinem Rat.

Verzeihung (סליחה) wird somit in CD II4 als Aufnahme des Frommen durch Gott in den sich im *yaḥad* realisierenden Bund verstanden.
Diese Interpretation, wird durch die in CD II5 auf das ארך אפים
עמו ורוב סליחות folgende Zweckangabe bestätigt: לכפר בעד שבי פשע
("um zu entsühnen jene, die umgekehrt sind vom Frevel"). Die Wendung לכפר בעד ist, von zwei Ausnahmen abgesehen, im AT immer im
Zusammenhang mit Sünd– und Brandopfer belegt: Lev 9,7; 16,6.11.17.24;
Ez 45,17.[93] In Ex 32,30 kann von einem „Entsühnen" durch ein Brand-
bzw. Sühnopfer noch nicht gesprochen werden, da diese Opfer in der den
Erzählungen des AT eigenen Chronologie erst später eingeführt werden.
Interessant ist jedoch der Beleg II Chr 30,18: Hier bittet Hiskia, Gott
möge jene entsühnen, die in unreinem Zustand das Passalamm gegessen
haben. Von einem Brand– bzw. Sühnopfer ist nicht die Rede. Im chronistischen Geschichtswerk bereitet sich an dieser Stelle eine Theologie vor,
die in den Textfunden von Qumran ihre Entfaltung findet. Dort ist die
Wendung לכפר בעד, mit Ausnahme von 1QM II5 nicht mehr im Zusammenhang mit Brand– und Sühnopfer belegt: In 1QS VIII$_{6.10}$ geschieht

---

[90] Ps 130,4; Neh 9,17; Dan 9,9.
[91] Vgl. 1QH^a XVII$_{34}$ (Ed. Suk. IX$_{34}$); XIX$_{12}$ (Ed. Suk. XI$_9$).
[92] Transkription nach Lohse, Texte aus Qumran, 134.
[93] Vgl. 1QM II5.

Entsühnung durch „Recht Tun" (s. 1QS VIII3). In 1QS XI14 und CD III18 ist sie, wie auch in CD II5, Gnadenwerk Gottes.[94] Weiterer Aufschluß gibt das שבי פשע („die umgekehrt sind vom Frevel"). Es handelt sich um eine in 1QS X20 und CD XX17 belegte Bezeichnung der Mitglieder des *yaḥad*, die, wie 1QHᵃ X11 (Ed. Suk. II9) zeigt, vom Lehrer der Gerechtigkeit selbst stammen dürfte.[95] Ihren Ursprung hat sie in Jes 59,20f., dem einzigen Beleg der Wendung im AT:

וּבָא לְצִיּוֹן גּוֹאֵל וּלְשָׁבֵי פֶשַׁע בְּיַעֲקֹב נְאֻם יְהוָה וַאֲנִי זֹאת בְּרִיתִי אוֹתָם
אָמַר יְהוָה

Und kommen wird der Erlöser für Zion und für jene, die umkehren von der Sünde in Jakob, spricht der Herr. Ich aber schließe diesen, meinen Bund mit ihnen, spricht der Herr.

Wie schon 1QHᵃ XIV10-13 (Ed. Suk. VI7-10) zeigte, realisiert sich die von Gott geschenkte Entsühnung derer, die vom Frevel umkehren, durch ihre Aufnahme in den *yaḥad*, den „Bund". Wie sich in der Auslegung der folgenden Zeilen zeigen wird, handelt es sich bei dieser Aufnahme in den „Bund" um ein Erwählungsgeschehen prädestinatianischer Natur.

Dieser Erwählung der Mitglieder des *yaḥad* steht das in CD II5-7 geschilderte Schicksal der Frevler gegenüber: Wie schon angedeutet wurde, kann das בלהבי אש בי כל מלאכי חבל (II5f.) auf Grund von drei Beobachtungen als ein späterer Zusatz zu unserem Text identifiziert werden: 1.) Nach Wacholder/Abeggs Rekonstruktion von 4QDᵃ 2 II5 ist in dieser Handschrift nicht genügend Platz für die Wendung. 2.) מלאך, חבל, להב und אש werden in der Damaskusschrift selten oder gar nicht gebraucht: מלאך ist in D lediglich in CD XV17 par 4QDᵃ 17 I9 und XVI5 belegt. חבל und להב sind in D hapaxlegomena (s. aber CD XI17: חֶבֶל II „Strick"), und אש findet sich noch in CD V13 und XII14. 3.) Bei Wegfall der Wendung entsteht ein glatter Anschluß. Es handelt sich um den Zusatz eines Abschreibers aus dem *yaḥad*, der sich der starken Bezüge von CD II2-13 zur Zwei-Geister-Lehre bewußt war [das לאין שארית ופליטה למו (CD II6f.) ist Zitat von 1QS IV14], und den Text noch weiter an die Zwei-Geister-Lehre angleichen wollte. Daher fügte er analog zu 1QS IV12, wo die Engel der Vernichtung, die מלאכי חבל, die zum Geist der Finsternis gehörenden Frevler zerstören, eine ähnlich Notiz in unseren Text ein.[96]

---

[94] Daß in den essenischen Texten von Qumran das durch die Wendung לכפר בעד ausgedrückte Sühnegeschehen nicht mehr mit Brand- und Sühnopfern verbunden wird, erklärt sich aus der Ablehnung des Jerusalemer Tempelkults durch den *yaḥad*. Die daraus resultierende Sühnetheologie kann durchaus als Wegbereiter der paulinischen Theologie verstanden werden.

[95] Zum neutralen Gebrauch der Wendung s. 1QHᵃ VI35 (Ed. Suk. XIV24) und XIV9 (Ed. Suk. VI6).

Die Frevler, denen Gottes Kraft, Macht und Zorn droht, werden mit den Begriffen סוררי דרך („jene, die vom Weg abfallen") und מתעבי חק („jene, die das Gebot verabscheuen") beschrieben. Die Wendung סוררי דרך ist sonst nur in 1QS X$_{21}$ belegt. Diese Stelle ist Teil eines langen Gebetes. Der Beter betont, daß er jenen gegenüber, die sich von der Sünde abgewandt haben (שבי פשע), keinen Groll bewahren wolle, aber sich nicht jener erbarmen wolle, die vom Weg abgefallen wären (סוררי דרך). Der Text ist in mehrfacher Hinsicht von Bedeutung: Zum einen ist ein Gegenüber von סוררי דרך und שבי פשע in der Literatur des Alten Testament und des antiken Judentums nur in 1QS X$_{20f.}$ und CD II$_{5f.}$ belegt. Dies macht es wahrscheinlich, daß die Damaskusschrift an dieser Stelle von dem in der Sammelhandschrift 1QS enthaltenen Text beeinflußt wurde. Da ein Zitat auszuschließen sein dürfte (in 1QS X$_{20f.}$ will sich der *Beter* jener, die vom Weg abfallen, nicht erbarmen, in CD II$_{5f.}$ droht ihnen *Gottes* Zorn), erscheint es mir wahrscheinlich, daß der im *yaḥad* in liturgischen Gebrauch gewesene Text den Verfasser von CD II$_{2-13}$ unbewußt beeinflußt hat, der Text war sozusagen in seinem „Hinterkopf", als er die Zeilen schrieb. Zum anderen zeigt der 1QS–Beleg, daß mit den סוררי דרך die Gegner des *yaḥad* gemeint sein dürften. Eine Hypothese, die durch CD I$_{13f.}$ bestätigt wird: Hier werden die סרי דרך[97] mit dem איש הלצון, dem „Mann des Spottes" in Verbindung gebracht. Worin dieses Abfallen der Gegner des *yaḥad* besteht, zeigt die Konstruktus–Verbindung מתעבי חק: חק ist in der Damaskusschrift meist im Plural belegt,[98] im Singular findet es sich, außer in CD II$_6$, lediglich in CD I$_{20}$; IV$_{12}$ und XV$_5$. An allen drei Stellen bezeichnet es die Thora. Bei dem in CD II$_{5-7}$ thematisierten Frevel handelt es sich also um eine schroffe Ablehnung der Thora. Wird das oben zu Geschichte und Charakter des *yaḥad* Erläuterte in Betracht gezogen (s. die Einleitung), darf man davon ausgehen, daß mit תעב hier eine Ablehnung der besonderen Thorainterpretation des *yaḥad* meint, die nach Meinung der Essener einem Abfall vom Bund gleichzusetzen war. Die in der Damaskusschrift angedrohten Konsequenzen sind fürchterlich:

לאין שארית ופליטה למו („für sie wird es keinen Rest und kein Entronnenes geben"; CD II$_{6f.}$): Bei der Wendung handelt es sich um ein Zitat von 1QS IV$_{14}$, wo die eschatologische Vernichtung der Anhänger des Geistes der Finsternis mit genau diesem Satz zusammengefaßt wird.

---

[96] Zum Bezug von CD II$_{5f.}$ auf 1QS IV$_{12}$ s. auch Davidson, Angels at Qumran, 178. Da Davidson 4QD^a noch nicht bekannt gewesen ist, übersieht er allerdings, daß es sich bei der „durch Feuerflammen und durch alle Engel der Vernichtung" um eine Glosse handelt.

[97] סרר „nimmt in den DSS auch d. Bedeutung von סור an" (HAL^3, 727), wie die Verwendung beider Wurzeln in CD I$_{13f.}$ zeigt. Campbells Versuch, das סרי דרך von Jer 30,11 und Hos 4,16 herzuleiten (Scripture in The Damascus Document, 92.95) muß an der oben angeführten Parallele zwischen CD II$_6$ und 1QS X$_{21}$ scheitern.

[98] CD V$_{12}$; IX$_1$; XII$_{20}$; XIX$_{6.14}$; XX$_{11.29f.33}$.

Zwar findet sich לאין שארית ופליטה auch in Esr 9,14, jedoch ist die Übereinstimmung zwischen CD II$_{6f.}$ und 1QS IV$_{14}$ weitergehend: Beide Belege lesen לאין שאירית ופליטה למו. Hierbei ist es bemerkenswert, daß למו, anders als in anderen Qumrantexten,[99] in CD nur in II$_{6f.}$ verwendet wird.[100] Auch CD II$_{5-7}$ dürfte daher eschatologisch zu verstehen sein. Im Eschaton werden die thora– bzw. bundesbrüchigen Gegner des *yaḥad*, das restliche Israel, vernichtet werden, ohne daß ein Rest oder ein Entronnenes von ihnen bleibt.

Es kann zusammengefaßt werden: Das Weltbild der Damaskusschrift ist dualistisch: Auf der einen Seite stehen Weisheit und Erkenntnis, auf der anderen Frevel und Abfall. Mit Weisheit und Erkenntnis ist dabei das Einhalten der Thora nach ihrer Auslegung durch den *yaḥad* gemeint— hierin erinnert CD II$_{2ff.}$ und die Identifikation von Weisheit und Gesetz in Sir 24; Bar 3,9–4,4 und Dtn 4,5f. Der Frevler ist bestimmt von einem Leben gegen die Thora in ihrer spezifisch essenischen Auslegung. Frevler sind all jene Juden, die nicht dem *yaḥad* beigetreten sind. Ihnen droht eschatologische Vernichtung.

II$_{7-13}$: Für diese eschatologische Vernichtung der Frevler und die ihr korrespondierende Rettung der Erwählten wird im zweiten Teil des Textes eine Begründung gegeben (כי CD II$_7$):

Mit לא בחר אל בהם מקדם עולם („Gott hat sie nicht erwählt von der Urzeit der Ewigkeit her"; II$_7$) wird zum einen 1QS IV$_{22}$ zitiert (כיא בם בחר אל לברית עולמים „denn Gott erwählte sie nicht zum ewigen Bund") und zum anderen auf 1QH^a V$_{18.27}$ (Ed. Suk. XIII$_{1.10}$) angespielt.[101] In 1QS IV$_{22}$ begründet der Satz die eschatologische Reinigung der Gerechten und die Offenbarung von Weisheit und Erkenntnis an sie. Das Perfekt zeigt dabei, daß diese Erwählung in der Zwei–Geister–Lehre in der Vergangenheit geschah. In CD II$_7$ wird diese Aussage umgekehrt: Gott hat die *Frevler* nicht erwählt, daher stehen gegen sie Kraft, Macht und großer Zorn. Der eschatologische Bundesbegriff der Zwei–Geister–Lehre wird dabei von der Damaskusschrift bewußt getilgt, indem das לברית עולמים aus 1QS IV$_{22}$ in CD II$_7$ durch מקדם עולם ersetzt wird. Es zeigt, wann diese Verwerfung der Frevler durch Gott geschah, „von der Urzeit der Ewigkeit an". Dabei ist anzumerken, daß in 1QH^a V (Ed. Suk. XIII), auf das hier angespielt wird, wiederholt die

---

[99] Zur Verbreitung von למו in den den Textfunden von Qumran s. Charlesworth, Graphic Concordance, 360.

[100] Weitere Belege von שארית in den Texten von Qumran finden sich in 1QM I$_6$; IV$_2$; XIII$_8$; XIV$_{5.8f.}$; 1QH^a XIV$_{11.35}$ (Ed. Suk. VI$_{8.32}$); XV$_{25}$ (Ed. Suk. VII$_{22}$); XXVI$_{27}$ (Ed. Suk. 7$_2$); 1QSb I$_7$; CD I$_4$. 1QS IV$_{14}$ dürfte neben CD II$_{6f.}$ auch in 4Q280 24f. verarbeitet worden sein (dazu s. Kobelski, Melchizedek, 41).

[101] Abgesehen von CD II$_7$ ist מקדם עולם in den Texten von Qumran nur in 1QH^a V$_{18.27}$ (Ed. Suk. XIII$_{1.10}$) belegt. Lediglich ein הוֹ[א ק]דֹם עולם findet sich noch in 4Q299 2 II$_{12}$.

präexistente Ordnung der Welt thematisiert wird. Die Verwerfung der Frevler dürfte daher in CD II$_7$ ebenfalls Teil dieser präexistenten Ordnung der Welt sein—eine Vermutung, die der zweite Halbvers des Verses bestätigt: בטרם נוסדו ידע את מעשיהם („und bevor sie geschaffen wurden, kannte er ihre Werke"; II$_7$f.). Es handelt sich um ein fast wörtliches Zitat von 1QH^a IX$_9$ (Ed. Suk. I$_7$).[102] Die Wendung ist in den Texten von Qumran häufig als Ausdruck der Determination aller menschlichen Taten in einer präexistenten Ordnung des Seins belegt.[103] Ringgren hat den Zusammenhang zwischen Voraussicht Gottes und Prädestination für CD II$_2$ff. pointiert formuliert: „that God knows man's deeds means not only that he forsees them but that he has predestined them."[104]

Die beiden in dem Vers enthaltenen Aussagen, Verwerfung der Frevler und die Prädestination dieser Verwerfung als Teil einer präexistenten Ordnung des Seins werden in den beiden folgenden Versen nacheinander entfaltet:

CD II$_8$f. hat den Abscheu Gottes und die Verwerfung der Frevler zum Gegenstand. Dabei nimmt das ויתעב את דורות („und er verabscheute die Generationen") das חק מתעבי („die das Gebot verabscheuen") von CD II$_6$ wieder auf. So wie die Frevler das Gebot und den Bund verabscheuen, so verabscheut Gott auch sie.[105] מקדם bezieht den Halbvers auf CD II$_7$ zurück: Von der Urzeit an, als Gott den Plan des Seins festlegte, verabscheute er die Frevler. Auch das ויסתר את פניו kann Abscheu und Verachtung beschreiben (s. Jes 53,3). Jedoch drückt die Redewendung, wenn von Gott gesagt wird, er verberge sein Gesicht, nicht nur einfachen Abscheu aus. Dieser Abscheu Gottes ist seine Reaktion auf die Frevel Israels und hat historische und persönliche Bedrängnisse und Nöte zur Folge (s. z. B. Dtn 31,17f.; Jes 64,7; Ez 39,23f.; Mi 3,4; Ps 27,9; 30,8)—ein Gebrauch der Wendung, der auch in CD I$_3$f. belegt ist. Das עד תומם beschreibt dabei in CD II$_8$f. den Zeitpunkt, bis zu dem Gottes Angesicht abgewandt bleiben wird, nämlich bis zu ihrer Zerstörung.[106] Vom Anfang der Zeit, von der Zeit vor der Schöpfung bis zu ihrer eschatologischen Vernichtung gelten den Frevlern Gottes Abscheu und die daraus für sie erwachsenen schrecklichen Konsequenzen.

Der nächste Vers (II$_9$f.) nimmt das Thema Prädestination und Allwissenheit Gottes aus CD II$_7$f. wieder auf: „Und er hat erkannt die Jahre (ihres) Bestehens und (ihre) Zahl im Verzeichnis ihrer Epochen, für

---

[102] Vgl. 1QH^a IX$_{12}$f.$_{21}$f.$_{30}$ (Ed. Suk. I$_{10}$f.$_{19}$f.$_{28}$); zum Zitat s. o., 242.
[103] 1QH^a V$_{25}$ (Ed. Suk. XIII$_8$; s. o., 231); VII$_{27}$ (Ed. Suk. XV$_{14}$); 4Q180 1$_2$ (s. u., 279); vgl. 1QS III$_{15}$ (s. o., 150ff.) und 4Q402 4 I$_{14}$ par MasŠirŠabb 1$_6$ (s. o., 171).
[104] Faith of Qumran, 53.
[105] Zu תעב so Gerstenberger, § תעב, 1051–1055.
[106] „'D + inf. cstr. indicate the limit of the time …" (Thorion-Vardi, Tenses, 79). Zu תום als „Ende, Zerstörung" vgl. auch 1QS X$_{23}$f.: עד תום פשעם („bis zum Ende ihrer Sünde").

alle bestehenden (Dinge) der Ewigkeit und für alle entstehenden (Dinge) der Ewigkeit, was kommen wird in ihren Epochen für alle Jahre der Ewigkeit." Gott kennt die Dauer der Frevler, er hat ihre Zahl in der Liste ihrer Epochen (בְּפֵרוּשׁ קִצֵיהֶם) erkannt. Was mit פרוש קציהם gemeint ist, zeigt CD XVI₂₋₄:

ופרוש קציהם לעורון ישראל מכל אלה הנה הוא מדוקדק על ספר
מחלקות העתים ליובליהם ובשבועותיהם

> Und das Verzeichnis ihrer Epochen hinsichtlich der Blindheit Israels wegen all diesem, siehe, es ist dargelegt im Buch der Einteilungen der Zeiten und ihrer Jubiläen und Jahrwochen.[107]

„This book has been identified by many scholars with the book of Jubilees, copies of which were found at Qumran and which was, no doubt, part of the sect's library ... This use of *perush* must be seen in light of the evidence to be discussed in connection with *serekh* which indicates that *perush* can denote a ‚list'. What is found in the book mentioned here is a listing of periods, calculated and specified."[108] Es darf also vermutet werden, daß in CD II₉ mit פרוש קציהם ebenfalls das in den Jubiläen enthaltene Verzeichnis der Epochen gemeint ist.[109] Auffällig ist jedoch zum einen, daß Gott in ihm die Zahl der Jahre der Frevler (מספר) ist parallel zu (שני מעמד) erkannt haben soll, und daß zum anderen das eschatologische Ende der Frevler in diesem Verzeichnis vermerkt sein soll, die Jubiläen jedoch lediglich die Epochen bis zum Sinai enthalten.

Hier ist nun darauf hinzuweisen, daß auch CD XVI₂₋₄ seine Aussage keineswegs nur auf die Zeit von der Schöpfung bis zum Sinai bezieht, sondern ebenso wie CD II₉ allgemeingültig auf alle Zeiten bezogen formuliert ist. Hinweise auf ein solches die ganze Geschichte umfassendes „Verzeichnis" finden sich auch im ersten Kapitel der Jubiläen:

> Und es nahm der Engel des Angesichtes, der einherzog vor den Heeren Israels, die Tafeln der Einteilung der Jahre von der Schöpfung des Gesetzes an und des Zeugnisses seiner Wochen der Jubiläen je nach den einzelnen

---

[107] Auf eine weitere Verbindung zwischen den Jubiläen und der Damaskusschrift hat VanderKam hingewiesen: „CD 10:8–10 echoes fairly closely the wording of *Jub* 23:11 when it gives a reason for not allowing anyone over 60 years of age to hold the office as a judge of the congregation" (Jubilees Fragment, 648).

[108] Schiffman, Halakhah at Qumran, 40f.; vgl. 65–67. Bei den im Zitat nicht angegebenen Belegen handelt es sich um 1QM IV₆₋₈.₁₁₋₁₃; CD II₁₃; IV₄₋₈; VI₁₄.₂₀; XIII₆; XIV₁₇f. Wacholder möchte CD II₉f. eschatologisch interpretieren: „The word *qeṣ* in the singular and plural ... can refer to the eschaton or the '*aḥarit hayamim*. Therefore we might say: ‚And the revelation of the *end of days*' ..." (Date of the Eschaton, 88). Dem gilt es zu erwidern, daß eine solche Interpretation von פרוש קציהם in CD II₉f. keinen Sinn ergeben würde, und daß קץ, insbesondere im Plural, in den Texten von Qumran die Epochen der Geschichte bezeichnet (dazu s. auch Talmon § קץ, 92).

[109] Zum Zusammenhang von CD II₉ und ₂₋₄ s. auch Collins, Apocalyptic Movement, 42.

Jahren in allen ihren Zahlen und Jubiläen und vom Tag der neuen Schöpfung an, wann erneuert werden der Himmel und die Erde und alle ihre Schöpfung wie die Mächte des Himmels und wie alle Schöpfung der Erde, bis zu dem Tag, an dem geschaffen werden wird das Heiligtum des Herrn in Jerusalem auf dem Berge Sion. Und alle Lichter werden erneuert werden zur Heilung, und zum Frieden und zum Segen und für alle Auserwählten Israels. Und so soll es sein von diesem Tag an und bis zu allen Tagen der Erde. (Jub 1,29)[110]

Demnach wären die vom Engel des Angesichts Moses übergebenen Jubiläen nur ein Teil eines größeren Komplexes himmlischer Tafeln, welche die Einteilung der Zeit in ihre Epochen und die diesen Epochen zugeordneten Geschehnisse enthalten, nämlich der Teil von der Schöpfung bis zum Sinai. Eben dieses himmlische Buch dürfte sowohl in CD II9 als auch in CD XVI2-4 gemeint sein. In ihm befinden sich die Listen der Epochen der Frevler.

In einem dritten Glied wird dieses Wissen Gottes um Plan und Ablauf der Geschichte verallgemeinert: „für alle bestehenden (Dinge) der Ewigkeit und für alle werdenden (Dinge) der Ewigkeit (hat er erkannt), was kommen wird in ihren Epochen für alle Jahre der Ewigkeit"; (II9f.). Nicht nur das Schicksal der Frevler ist Gott bekannt, sondern das Schicksal von allem, was schon existiert oder erst noch entstehen wird,[111] da er es schon vor der Schöpfung festgelegt hat. Daß der Text auf ein solches Vorauswissen Gottes hin interpretiert werden muß, darauf deutet schon die Verteilung der Tempora hin: Gott hat erkannt (Perfekt), was kommen wird (Imperfekt). Im Zusammenhang der Frage nach Determination und Urordnung ist es dabei unwichtig, ob diese von Gott schon vor der Schöpfung als zukünftig erkannten Ereignisse aus dem Blickwinkel des Autors von CD II10 vergangen sind (so Thorion–Vardi, Tenses, 72) oder noch ausstehen. Der vorhergegangene Kontext (II7-10) macht es wahrscheinlich, daß dieses Vorauswissen Gottes hier ebenso wie auch sonst in den Texten von Qumran Ausdruck der von Gott erstellten Urordnung von Sein und Geschichte ist, also prädestinatianisch verstanden werden will.[112]

In dem zweiten Unterabschnitt (CD II11-13) wendet sich die Begründung wieder den Erwählten zu: Wenn Gott in der Damaskusschrift Subjekt der Wurzel קום ist, so beschreibt diese entweder im Zusammenhang mit dem Bundesschluß die Gründung des yaḥad (CD III13)[113]— lediglich in CD IV9 wird ein anderer Bundesschluß thematisiert—oder aber sie findet im Zusammenhang mit der besonderen Gesetzesauslegung

---

[110] Übersetzung nach Berger, Jubiläen, 320f.

[111] Zur futurischen Bedeutung von נהיות s. Brownlee, 54f.

[112] Vgl. Ringgren, Faith of Qumran, 53.

[113] Zu CD III12ff. als Schilderung der Gründung des yaḥad s. z.B. H. Stegemann, Qumrangemeinde, 148 und Lichtenberger, Menschenbild, 152.

des *yaḥad* Verwendung.[114] Auch in CD II₁₁ dürfte sich das geschilderte Aufrichten Gottes auf die Errichtung des *yaḥad* beziehen—eine Vermutung, die in dem Objekt von הקים ihre Bestätigung findet: קריאים spielt auf die Einsetzung jener von Gott Berufenen in Num 1,4–16 an, die Moses bei der Zählung der Israeliten am Sinai behilflich sein sollten.[115] Daß sich die Bezeichnung קריאים in der Damaskusschrift tatsächlich auf den *yaḥad* bezieht, belegt CD IV₄: Hier werden die im Zitat von Ez 44,15 genannten בני צדוק als קריאי שם interpretiert und im weiteren Verlauf auf den *yaḥad* bezogen. Diese Auslegung wird dadurch erhärtet, daß בני צדוק in der Damaskusschrift eine Selbstbezeichnung des *yaḥad* ist.[116]

Weiteren Aufschluß über diese aus der Mitte der Frevler erwählte Gruppe geben die folgenden Zweckbestimmungen der Erwählung: „auf daß er das Entronnene für das Land vermehre, und die Oberfläche des Landes von ihrem Samen erfülle." Bei dem Wort פליטה („Entronnenes") dürfte es sich, wie Esra 9,8.13–15; Neh 1,2 zeigen, um eine Selbstbezeichnung der heimgekehrten *gôlâ* handeln, die sich aus einer in unterschiedlicher Form überlieferten Prophezeiung, daß ein Rest und ein Entronnenes aus Jerusalem und Zion hervorgehen werde, herleitet [s. Jes 37,32 par II Reg 19,31; Joel 3,5 (𝔊 2,32); Ob 17]. Durch die Verwendung dieses Begriffs wird der *yaḥad* als eine Art neuer *gôlâ* dargestellt, als der Rest Israels, den Gott erwählt hat, den Bund zu erhalten und das Land aufs neue zu bevölkern:

> ... the יחד members viewed themselves as the exclusive זרע ישראל (CD xii 2–22), the „holy remnant," זרע הקודש (Ezra 9:1–12, cp. Isa 6:13), who in this קץ, or „generation," had been favored by God again „to fill the universe" (CD ii 11–12) forever and ever (1QH xvii 14 [scil. Ed. Stegemann IV₂₆]) ... The יחד assumes the role that postexilic biblical historiography (Ezra–Nehemia, 2Chr 36:22–23) and prophecy (Haggai, Zechariah, and Malachi) accord to the returnees from the Babylonian exile in the early Persian Period.[117]

---

[114] Objekt des Verbums sind dann entweder der Lehrer der Gerechtigkeit, den Gott aufgestellt hat, um die Gemeinschaft zu führen (I₁₁) oder aber Weise und Einsichtige, die sich um das Gesetz in der Interpretation des *yaḥad* bemühen (VI₂ff.)—ein Vorgang, der ausdrücklich auf die Gründungsgeschichte des *yaḥad* bezogen wird (VI₅). Ganz aus dem Rahmen der genannten Belege fällt CD III₂₁, wo das Verb eine Weisung Gottes an den Propheten Ezechiel umschreibt (zu diesem Gebrauch vgl. auch CD V₁₈; XVI₁₋₁₂; XX₁₂).

[115] Von besonderem Interesse ist dabei, daß die genannten Personen in Num 1,16 als קריאי העדה bezeichnet werden, eine Bezeichnung, die sich geradezu als Anknüpfungspunkt für den *yaḥad* anbot (zu עדה als Selbstbezeichnung des *yaḥad* s. o., 18).

[116] Daß CD II₁₁ und IV₄ schon vom *yaḥad* miteinander in Beziehung gesetzt wurden, darauf könnte auch die Lesart קריאי שם der Genizahhandschrift A könnte es sich um eine bewußte Harmonisierung von CD II₁₁ mit IV₄ handeln. Wurde diese Angleichung der beiden Belege schon im *yaḥad* vorgenommen, würde dies zeigen, daß die beiden Stellen schon von den Mitgliedern des *yaḥad* aufeinander bezogen wurden. Zu קריאים vgl. auch 1QM II₇; III₂ par 4QM^f 89; IV₁₀f.; 1QSa I₂₇; II₂.

Worin sich diese Erwählten gegenüber den Frevlern auszeichnen, das schildert der letzte im antithetischen Parallelismus gehaltene Vers des Abschnitts: ויודיעם ביד משיחי רוח קדשו וחוזי אמתו בפרוש שמותיהם ואת שנא אשר התעה („Und er ließ sie durch die Gesalbten seines heiligen Geistes und die Seher seiner Wahrheit das Verzeichnis ihrer Namen erkennen, aber wen er haßte, führte er in die Irre"; CD II$_{12f.}$). Wie schon das Tempus anzeigt, ist der Vers keinesfalls eschatologisch–messianisch zu interpretieren. Mit משיחי רוח קודשו sind also nicht die beiden in CD häufiger erwähnten Messiasse aus Aaron und Israel gemeint. Gegen eine solche Identifikation spricht u. a., daß in CD immer nur von „dem Messias aus Aaron und Israel" gesprochen wird (משיח אהרן וישראל), also immer der Singular verwendet wird, nie der Plural.[118] Wie CD VI$_1$ par 6QD 3$_4$ zeigt, sind in der Damaskusschrift mit den Gesalbten seines heiligen Geistes die Propheten gemeint,[119] ein These, die jetzt auch durch 4QD^e 9 II$_{12-15}$ bestätigt wird:

[וכול איש] אשר יגלה את רז עמו לגואים או יקלל א[ו ידבר] סרה
על משיחי רוח הקדש ותועה א[ת או עמו ימרה] את פי אל[120]

Und jeder Mann, der das Geheimnis seines Volkes den Heiden offenbart, oder der es verflucht, od[er der] falsches [redet] gegen die Gesalbten des heiligen Geistes und Irriges ge[gen sein Volk, oder der widerspenstig ist] gegen den Mund Gottes ...

---

[117] Talmon, Waiting for the Messiah, 280. Zur Sache vgl. auch ders., Between the Bible and the Mishna, 41–45. Auf Esr 9,8 hat in diesem Zusammenhang schon Teicher hingewiesen (Puzzling Passages, 140). Den Vers CD II$_{11}$ als eine Anspielung auf Gen 1,28 zu interpretieren, wie das Ph. R. Davies (Damascus Covenant, 74) erwägt, scheitert an der mangelnden Ähnlichkeit beider Passagen in der Wortwahl.

[118] S. CD XII$_{23}$; XIV$_{19}$; XIX$_{10}$; XX$_1$; vgl. aber 1QS IX$_{11}$: משיח אהרון וישראל.

[119] Zwar ist in der Genizahhandschrift A in CD VI$_1$ ebenfalls die Lesart במשיח belegt, jedoch zeigt 6QD 3$_4$, daß ursprünglich במשיחי gelesen wurde. Eine enge Parallele zur CD II$_{12f.}$ findet sich auch in 1QM XI$_{7f.}$ und 4Q377 2 II$_5$. Zur Sache vgl. Ginzberg, Eine unbekannte jüdische Sekte, MGWJ 55, 675–677; Yadin, Notes, 158f.; Rabin, Zadokite Documents, 8.20; ders., Puzzling Passages, 53f.; Dupont–Sommer, Die essenischen Schriften, 136 Anm. 1; Jürgen Becker, Heil Gottes, 186; Deichgräber, Messiaserwartungen, 333 Anm. 2; Ph. R. Davies, Damascus Covenant, 74; Brooke, Exegesis, 308.344 und Oegema, Der Gesalbte und sein Volk, 92.95. Für Teicher dagegen gilt der Beleg als Beweis für eine Art Vorstufe des Christentums im 1. Jh. v. Chr., welche sich schon als christlich bezeichnete (Puzzling Passages, 140–143.55).
Daß das Prophezeien im *yaḥad* als ein vom heiligen Geist gewirktes Geschehen verstanden wurde, belegt auch 1QS VIII$_{16}$ (vgl. auch Jes 61,1); s. aber auch 11QMelch II$_{18}$ und 4Q521 1 II$_1$; 89. Puech, (Apocalypse messianique, 487f.) möchte 4Q521 1 II$_1$ auf einen oder mehrere m^{e}šaḥîm beziehen, H. Stegemann, legt dagegen auch diese Stelle auf die Propheten aus [Essener, 49f.; zur Sache s. auch jüngst Collins, Works of the Messiah, 102: „I suggest ... that the messiah whom heaven and earth will obey is an anointed eschatological prophet, either Elijah or a prophet like Elijah."].

[120] Transkription nach Wacholder/Abegg, Preliminary Edition, Fasc. 1, 41.

Diese Betonung des prophetischen Elements erinnert an die Pescharim, welche fast ausschließlich prophetische Texte zum Gegenstand ihrer
Auslegung machen (s. u., 271), und ebenso eine besonderere Beziehung
des *yaḥad* zum prophetischen Schrifttum andeuten wie die große Zahl
von Handschriften biblischer Propheten, die in Qumran gefunden wurden. Was Gott seine erwählten Berufenen durch die Propheten erkennen
läßt,[121] das wird mit der Wendung בפרוש שמותיהם bezeichnet. Einen
ersten Hinweis darauf, was gemeint ist, gibt 1QM IV$_{6-8.11-13}$, wo die
Wendung eindeutig ein Verzeichnis der auf der Seite des Lichts Kämpfen-
den bezeichnet.[122]

Welche Art von Verzeichnis in CD II$_{13}$ gemeint ist, zeigt CD IV$_{3-6}$,
ein Beleg, dessen enge Verbindung zu II$_{13}$ schon auffiel (s. o., 264):

ובני צדוק הם בחירי ישראל קריאי השם העמדים באחרית הימים
הנה פרוש שמותיהם לתולדותם וקץ מעמדם ומספר צרותיהם ושני
התגוררם ופרוש מעשיהם

Und die Söhne Zakoks sind die Erwählten Israels, die beim Namen
Gerufenen, die auftreten werden am Ende der Tage. Siehe, das Verzeichnis ihrer Namen nach ihren Geschlechtern und den Zeitpumkt
ihres Auftretens und die Zahl ihrer Drangsale und die Jahre ihrer
Verbannung und das Verzeichnis ihrer Werke.

Mit פרוש שמותיהם wird hier eine Schrift bezeichnet, die eine Liste der
Namen all derer enthält, die in den *yaḥad* eingetreten sind. In dieser Schrift
werden diese Namen einzelnen historischen Epochen zugeordnet, weiterhin sind ihre Drangsale (צרותם), ihre Werke etc. aufgelistet. Es dürfte
sich um ein himmlisches Buch handeln, in dem die Namen der Erwählten
und ihr Schicksal verzeichnet sind. Die weisheitliche Form von CD II$_{2-13}$
sowie die prädestinatianische Grundströmung dieses Textes machen es
wahrscheinlich, daß hier eine schriftlich fixierte Form einer weisheitlich
geprägten präexistenten Seins– und Geschichtsordnung gemeint ist, wie
sie schon in mehreren Schriften begegnete.[123] Ihr Inhalt wurde den in ihr
verzeichneten Erwählten offenbart.

---

[121] Rabin möchte die „beim Namen Gerufenen" (Lesart der Genizahhandschrift A) als
Objekt von יודעים verstanden wissen, was Gott durch die Propheten lehrt, wäre nach
ihm eine Liste von Namen: „this is proved by the addition of *be–pherush shemothehem*
…" (Puzzling Passages, 53). Diese Interpretation dürfte jedoch durch die jetzt bekannt
gewordene Lesart von 4QD^a (קריאים) hinfällig geworden sein.

[122] Zur Sache s. Schiffman, Halakhah, 65f.

[123] Talmon (Between the Bible and the Mishna, 39–41) geht ebenfalls davon aus, daß die
Belege CD II$_{9-10.13}$; IV$_{3-6}$ ein literarisches Werk bezeichnen, jedoch möchte er den Inhalt
dieses Textes auf die Heimkehrer aus dem babylonischen Exil beziehen: „I presume that
this compilation was in fact a Qumran parallel of the biblical reports which pertain to
the returned exiles and are preserved in the books of Haggai, Zechariah, Malachi, and
Ezra–Nehemia" (40; ähnlich auch Ph. R. Davies, Damascus Covenant, 73f.). Er übersieht

Der zweite Aspekt der Erwählung der „Berufenen" wird in dem antithetischen zweiten Glied des Verses deutlich: ואת אשר שנא התעה („und
wen er haßt, führt er irre"). Mit תעה ist in der Damaskusschrift nun nicht
etwa ein einfaches Irregehen gemeint, sondern ein Bruch der Bundesverpflichtungen, etwa in der Form einer Sabbatverletzung (s. z. B. I₁₅; II₁₇;
III₁₄; IV₁; V₂₀; XII₃). In der Antithese wird eine *praedestinatio ad malam
partem* angesprochen, wie sie sich auch schon in II₇₋₁₀ andeutete. Diese Interpretation des Halbverses legt sich zum einen durch das Perfekt (התעה)
nahe, das die Irreführung als Teil der Vergangenheit erscheinen läßt, und
zum anderen durch den Kontext. Gott hat, wen er haßt, von Urzeiten an
zum Gesetzesbruch bestimmt. Lediglich die erwählten „Berufenen" sind
als Mitglieder des *yaḥad* zum Heil bestimmt.

Es kann zusammengefaßt werden: Den Frevlern gilt in CD II₂₋₁₃ die
eschatologische Vernichtung, da schon vor der Schöpfung von Gott festgelegt wurde, wer Frevler ist und wer Erwählter. Dem Frevler wurde
von Gott bestimmt, daß er die Thora bricht, woraus gegenwärtige Plagen
und eschatologisches Unheil resultieren. Wer zum sich im *yaḥad* realisierenden Bund erwählt wird, wurde ebenfalls schon vor der Schöpfung
festgelegt. Wie die von den Heimkehrern aus dem babylonischen Exil ent-
lehnten Selbstbezeichnungen dieser Gemeinschaft zeigen, verstand sich
diese erwählte Gemeinschaft, der *yaḥad*, als heiliger Rest Israels. Des
weiteren ist der Prädestinationsgedanke in CD II₂₋₁₃ mit himmlischen
Büchern verbunden: Wer Frevler ist, und wer erwählt ist, dies wurde vor
der Schöpfung ebenso in einem himmlischen Buch festgehalten wie das
Schicksal von Frevlern und Erwählten. Es handelt sich um eine schriftlich fixierte Form einer präexistenten Seins– und Geschichtsordnung. Der
weisheitliche Charakter von CD II₂₋₁₃ macht eine weisheitliche Herkunft
dieser Ordnung wahrscheinlich.

8.8 Ergebnis und Auswertung

Es bleibt festzuhalten, daß es sich bei CD II₂ff. um einen Text handelt,
der sich durch seine Form (weisheitliche Lehr– und Mahnrede, teilweise
Spruchstruktur) und durch die Aufnahme und Verarbeitung weisheitlicher Tradition (II₃₋₄) einen weisheitlichen Charakter zu geben sucht.
Adressaten der Belehrung sind alle Mitglieder des *yaḥad* (כל באי ברית),
ihr Anlaß sind Frevel und Sünde. In mehreren Gegensatzpaaren wird geschildert, was Gott liebt und was er verabscheut. Dabei erstaunt es in

---

dabei aber einerseits den prädestinatianischen Charakter von CD II₂ff. und andererseits die
Häufung von Termini, die anderenorts den *yaḥad* und seine Mitglieder umschreiben oder
bezeichnen. Die Mitglieder eben dieser Gruppe, des *yaḥad*, sind es, die in dem פרוש קציהם
bzw. פרוש שמותיהם aufgeführt sind.

einem Text des *yaḥad*, daß die positive Seite des sich hier niederschlagen-
den Dualismus mit weisheitlichen und nicht mit nomistischen Termini
beschrieben wird. Jedoch zeigte die Auslegung des in CD XI₂₀f. zitierten
Spruches Prov 15,8 und der Gebrauch weisheitlicher Termini in CD VI₂ff.,
daß unter Weisheit in der Damaskusschrift nichts anderes als die Erfüllung
der Thora verstanden wird. Diese Verwendung weisheitlicher Begrifflichkeit kann als Gesetzestheologie in weisheitlichem Gewand beschrieben
werden. Auf der Gegenseite stehen Frevel und Abfall von Bund und
Gesetz. Denen, die in den Bund gekommen sind, gilt Gottes Erbarmen
und Reinigung von den Sünden, sie werden als die Heimkehrer aus dem
babylonischen Exil beschrieben, die das Land von neuem füllen müssen.
Verschiedene Selbstbezeichnungen, wie z. B. שבי פשע, zeigen, daß es sich
bei dieser Gruppe Erwählter um die Mitglieder des *yaḥad* handelt. Ihnen
stehen die Frevler gegenüber, die das Gesetz brechen. Diesen gilt Gottes Zorn. Ihre endgültige und absolute Vernichtung hat eschatologischen
Charakter, wie besonders das Zitat von 1QS IV₁₄ in CD II₆f. zeigt.

Aussagen über das Vorherwissen Gottes sowie über ein himmlisches
Buch, in dem alle Epochen der Geschichte, die Taten der Menschen und
die Namen der Erwählten und der Frevler notiert sind, zeigen, daß diese
duale Struktur des Seins Teil einer präexistenten Ordnung ist. Der Ablauf
der Geschichte, die Taten der Berufenen und der Frevler und die Ordnung
von Sein und Zeit wurden schon vor der Schöpfung von Gott festgelegt.
Angesichts dieses Befundes verwundert es, daß von der Osten–Sacken
und Braun von einer Abschwächung des Prädestinationsgedankens in CD
II₂ff. ausgehen. Für Braun ist „... die in der Dam noch vertretene Präde-
stinationslehre ... an der nachhaltigen Gerichtseinschärfung, nicht, wie
im Man [scil. 1QS], am Dualismus interessiert."[124] Für von der Osten–
Sacken deutet sich die abgeschwächte Prädestination in der Verwendung
des Wurzel יסד (Ni.) anstelle der Wurzel ברא (Qal) an.[125] Er übersieht dabei jedoch, daß 1.) beide Wurzeln das Schöpfungshandeln Gottes
beschreiben können, daß 2.) das Niphʿal auf eine gesteigerte Ehrfurcht
gegenüber dem Schöpfergott zurückzuführen ist, dessen Namen in einer
Passivkonstruktion nicht genannt werden mußte, daß 3.) das direkt auf
diese Schöpfungsaussage das לא בחר אל בהם מקדם עולם folgt, welches
in diesem Kontext wohl unbestreitbar prädestinatianisch zu verstehen ist,
und daß 4.) dieser Befund (יסד statt ברא) wenig darüber aussagt, ob und
wie der Abschnitt prädestinatianisch geprägt ist.[126]

---

[124] Radikalismus, 93f.
[125] S. Gott und Belial, 196.
[126] Zur prädestinatianischen Interpretation von CD II₂ff. vgl. u. a. auch Jürgen Becker, Heil
Gottes, 180f.; Ringgren, Faith of Qumran, 53; Murphy O'Connor, Missionary Document,
277; Ph. R. Davies, Damascus Covenant, 75 und Davidson, Angels at Qumran, 177f.

Die Verwendung weisheitlicher Formen, Traditionen und Termini im engsten Kontext der prädestinatianischen Aussagen von CD II$_{2ff.}$ deutet darauf hin, daß die hier gefundene Vorstellung einer präexistenten Ur-ordnung von Sein und Geschichte im Rahmen der Weisheit verstanden werden will, sich also aus der Vorstellung von einer präexistenten weis-heitlichen Urordnung herleitet. Diese Vermutung findet ihre Bestätigung in den Zitaten aus 1QH^a IX (Ed. Suk. I) und der Zwei–Geister–Lehre—beides Texte, deren Inhalt sich teilweise aus der Weisheit herleitet. Die hier in Gestalt eines himmlischen Buches, von dem die Jubiläen einen Moses am Sinai offenbarten Teil ausmachen, manifest gewordene präexistente Seins– und Geschichtsordnung hat sowohl ethische als auch historische Komponenten: Sie besteht, soweit dies aus dem analysierten Text zu er-schließen ist, zum einen aus einem ethischen Dualismus zwischen Frevlern und „Berufenen" und zum anderen aus einem in Epochen eingeteilten Geschichtsverlauf, wie das auch in 4Q180 der Fall ist (s. u., 275ff.). Ihr Inhalt kann nur durch Offenbarung erfahren werden und wird nur den wenigen „Berufenen" mitgeteilt, den Mitgliedern des *yaḥad* (II$_{12f.}$). Die Erwähnung der Propheten als jene, durch die Gott dem *yaḥad* den Inhalt der himmlischen Bücher offenbart hat, erinnert dabei an die Auslegung prophetischer Bücher des AT in den Pescharim. In diesen Auslegungen erlangte der *yaḥad* die Offenbarung der Sein und Geschichte zugrunde-liegenden präexistenten Ordnung.[127]

Daß der Damaskusschrift solche Gedanken auch außerhalb des ana-lysierten Abschnitts nicht fremd sind, mag ein Absatz des in den 4QD–Handschriften leider nur sehr schlecht erhaltenen „Vorspanns" der Da-maskusschrift zeigen (4QD^c 1$_{1-8}$) par 4QD^a 2 I$_{1-6}$ par 4QD^b 1):[128]

5   [...] *vacat* ‏ה[לוא] חקק קצי [חרון לעם לא ידעהו]‏
6   [...]‏[רצון לדורשי מצוותיו ו[להולכים בתמים]‏
7   ‏דרך ואל ע[oo]‏ה[129]‏ בנסתרות ואוזנמה פתח ו[ישמעו עמוקות]‏
8   ‏ויבינו בכול נהיות עד מה יבוא במה‏ *va[cat*

(5) Hat er [nicht] eingemeißelt die Epochen des [Zorns über das Volk, das ihn nicht erkannt hat]?

(6) [...]Wille für die, die seine Gebote suchen, und für die, die den

---

[127] Zur Sache s. das folgende Kapitel.

[128] Die folgende Rekonstruktion und Transkription ist an Wacholder/Abegg, Preliminary Edition, Fasc. 1, 1 orientiert. Die Ergänzung der lacunae wurde, soweit möglich, an Hand von 4QD^a 2 I$_{3-5}$ vorgenommen.

[129] Wacholder/Abegg transkribieren den Beginn der Zeile 7 als ‏דרך ו[...]‏ו[ודורש]‏ה (Preli-minary Edition, Fasc. 1, 1), die Photographie des Fragments zwingt jedoch zu der oben vorgeschlagenen Transkription. Auch in ihren später zu dem ersten Faszikel ihrer Preli-minary Edition veröffentlichten Berichtigungen bleiben Wacholder/Abegg bei der von ihnen vorgeschlagenen Transkription (s. Corrections, 170).

Weg [in Vollkommenheit gehen]
(7) und nicht(?)[...] in verborgenen Dingen. Und er hat ihr Ohr
geöffnet und [sie haben geheimnisvolle Dinge gehört]
(8) und sie haben Einsicht gewonnnen in alles, was geschehen wird,
bis hin zu dem, was über sie kommen wird. *vac*]*at* (4QD^c 15$_{-8}$)

Insbesondere das חקק קצי חרון, aber auch der Hinweis, daß jene, denen
Gott ihr Ohr geöffnet hat, in alles, was geschehen wird, Einsicht gewonnen haben, dürfte für die Interpretation Baumgartens sprechen: „This
refers to the periods ordained by providence and the ‚hidden things‘ revealed to those who seek the true meaning of his commandments."[130]
Wird der sowohl in CD II$_{2ff.}$ als auch anderenorts gefundene Zusammenhang zwischen himmlischen Tafeln und präexistenter Geschichtsordnung
bedacht, darf auch für 4QD^c 15 davon ausgegangen werden, daß חקק das
Einmeißeln dieser Ordnung auf die himmlischen Tafeln beschreibt.
    Diese Interpretation läßt den ersten Teil der sogenannten „Ermah-
nung" der Damaskusschrift in einem neuen Licht erscheinen: Den beiden
„historischen" Abschnitten CD I$_1$–II$_1$ und II$_{14}$–IV$_{12}$ gehen jeweils prädestinatianische Aussagen voraus (4QD^c 15$_{-8}$; CD II$_{2-13}$). Auf diese Weise
soll gezeigt werden, daß a) die negativen Erfahrungen aus der Gründungs-
zeit des *yaḥad* (Verfolgung des Lehrers der Gerechtigkeit, Verunreinigung
des Tempels, Schisma etc.; s. CD I$_1$–II$_2$) Teil der von Gott erstellten Ordnung der Welt sind, und daß b) der in der Geschichte immer wiederkeh-
rende Abfall Israels ebenfalls Teil dieser Ordnung ist (CD II$_{14ff.}$). Die von
der Weisheit entwickelte Vorstellung einer präexistenten Seins- und Geschichtsordnung wird in der Damaskusschrift funktionalisiert, um eine
Wirklichkeitserfahrung theologisch zu verarbeiten, welche die Theologie
und das Weltbild jener konservativ-frommen Kreise, aus denen der *yaḥad*
entstand, in Frage stellte (zur Gründungsgeschichte des *yaḥad* s. o., 20ff.).

---

[130] Damascus Covenant, 61. Die Vorstellung, daß Gott die Sünden der von der Sünde
Umgekehrten in seinen wunderbaren Geheimnissen sühne (CD III$_{18}$), kann, trotz des sonst
häufig als Bezeichnung einer präexistenten Seins- und Geschichtsordnung belegten רז, nicht
prädestinatianisch verstanden werden, da im unmittelbaren Kontext jeder Hinweis auf einen
determinierten Geschichtsablauf fehlt.

KAPITEL 9

DIE PESCHARIM

9.1 Einleitung in die Pescharim

Bei den Pescharim handelt es sich um auslegende Literatur. Ihren verschiedenen Formen ist eine Grundstruktur gemeinsam: Es wird jeweils ein Textstück zitiert und anschließend ausgelegt. Dies kann kursorisch (fortlaufender Pescher) oder eklektisch (thematischer Pescher) geschehen. Die Auslegung wird mit einer Formel eingeleitet, die in verschiedenen Varianten belegt ist. Das Grundelement der Formel bildet das Nomen פֵּשֶׁר: Wird ein Textstück auf eine Person oder eine Personengruppe ausgelegt, so werden folgende Formen verwendet:[1]

פשר הדבר על Person oder Gruppe, אשר, Auslegung,.
פשרו על Person oder Gruppe, אשר, Auslegung,.

Wird ein Text auf eine Sache oder einen Vorgang hin ausgelegt, so findet sich die Formel in folgenden Varianten:

פשר הדבר אשר Auslegung,.
פשרו על Auslegung,.
פשרו Auslegung,.

Eine kursorische Auslegung von Texten ist im vorchristlichen Hellenismus nichts Außergewöhnliches, als Beispiel sei hier an die demotische Chronik erinnert—eine „versweise" Auslegung eines altägyptischen Orakels auf eine, aus Sicht des Textes, teils noch in der Zukunft liegende Geschichte Ägyptens aus frühptolemäischer Zeit.[2] Die Deuteformel der Pescharim mit dem einleitenden פשר, פשרו etc. ist jedoch im gesamten Judentum singulär[3] und findet sich nur in den Texten von Qumran. Die

---

[1] Zur Sache s. Dimant, Pesharim, 248. Eine detaillierte Beschreibung aller Varianten der Pescher-Formel findet sich bei Horgan, Pesharim, 239–244.

[2] Zur demotischen Chronik s. Johnson, Demotic Chronicle, 142–144; die Erstausgabe des Textes erfolgte durch Spiegelberg (Die sogenannte demotische Chronik des Pap. 215 der Bibliothèque Nationale zu Paris). Zum Zusammenhang zwischen demotischer Chronik und Pescharim s. auch Daumas, Commentaires esséniens, 203–221, der die Pescharim in einem methodischen Zusammenhang mit der demotischen Chronik sieht. Die Ähnlichkeiten zwischen den Pescharim und der demotischen Chronik dürften jedoch eher auf die sich zwangsläufig nahelegenden Grundstrukturen kursorischer Textauslegung zurückzuführen sein als auf eine gemeinsame Auslegungsmethode.

[3] Zwar finden sich Formen der Wurzel פשר/פתר im Kontext von Traumdeutungen in den aramäischen Teilen des Danielbuches und in der Josephsgeschichte, jedoch ohne die

Pescharim dürfen daher mit „Fug und Recht" als essenisch betrachtet werden.

Drei verschiedene Arten von Pescharim sind bekannt:[4]

a) Unter *fortlaufenden Pescharim* versteht man die kursorische Auslegung bestimmter Textpassagen bzw. ganzer Bücher, hauptsächlich aus den Prophetenbüchern oder Psalmen. Bei einem Vergleich verschiedener fortlaufender Pescharim läßt sich eine Entwicklung der Gattung feststellen: „Close parallels exist between 4QMidrEschat and the older ‚pesharim', especially 4QpIsa^c (and also 4QpPs^a), which differ from the later ‚pesharim' in being less strict in their form. In a composition like 4QpIsa^c, quotations from other books of the Bible are used, parts of Isaiah are neglected, etc.; phenomena like those never occur in the later ‚pesharim' such as 4QpNah."[5] Alle fortlaufenden Pescharim „... refer in a similar way to a certain community, its leaders and opponents, and its history."[6] Ein gutes Beispiel für diese Gattung ist der einzige relativ vollständig erhaltene fortlaufende Pescher, pHab.[7]

b) Die *thematischen Pescharim* gruppieren Textzitate aus verschiedenen biblischen Büchern und ihre Auslegung um ein Thema herum. „The theme thus dominantes the structure and developement of the (thematic) pesher, and dictates the choice of biblical texts to be interpreted."[8] Die beim fortlaufenden Pescher zu beobachtende Beschränkung auf Prophetenbücher und Psalmen besteht beim thematischen Pescher nicht. Die ausgelegten Textzitate stammen aus allen Teilen der biblischen Tradition.[9]

---

für die Pescharim typische Deuteformel. Wird im Danielbuch überhaupt eine Deuteformel verwandt, lautet sie פשרא דנה (Dan 4,21) oder דנה פשר מלתא (Dan 5,26).

[4] Die im folgenden skizzierte Kategorisierung wurde von Carmignac (Le document de Qumrân sur Melkisédeq, 360–363) eingeführt.

[5] Steudel, Midrash on Eschatology, 538.

[6] Dimant, Pesharim, 245. Eine Liste aller bekannten fortlaufenden Pescharim findet sich ebd.

[7] Nitzan (Pesher, 214–216) möchte in den Pescharim eine an den Epochen des Danielbuches ausgerichtete periodisierte Geschichtsdarstellung der Endzeit sehen. „Research has already proved that each prophetic book was interpreted to a different segment ... accounted" (215). Dem gilt es jedoch zu erwidern, daß pHab selbst alle Epochen der Endzeit behandelt und daher wohl kaum nochmals Teil einer sich über eben diese Epochen erstreckende und alle Pescharim umfassende Geschichte der Endzeit sein kann.

[8] Dimant, Pesharim, 247.

[9] Steudel (Midrasch zur Eschatologie, 182ff.) unterscheidet in Anlehnung an H. Stegemann (Pešer Psalm 37, 213–217; ähnlich auch Vermes, Bible Interpretation, 188*–191*) zwischen thematischen Midraschim [scil. thematische Pescharim] und Pescharim [scil. fortlaufende Pescharim]. Abgesehen von der anderen Begrifflichkeit besteht jedoch kein wesentlicher Unterschied zu dem oben Referierten.

c) Unter *isolierten Pescharim* versteht man die Auslegung einzelner Textzitate in einem fortlaufenden Text einer anderen literarischen Gattung. Ausgelegt werden meist Zitate aus den Prophetenbüchern, es finden sich aber auch Zitate aus Num und Dtn. Die meisten isolierten Pescharim finden sich in D. Die Pescher–Formel wird bei den isolierten Pescharim selten verwendet (z. B. in CD IV$_{14}$). Die Auslegung wird häufig mit einem Personalpronomen eingeleitet (הם = „sie sind ...", היאה = „das ist ..."; s. z. B. CD VI$_{3-11}$ und 1QS VIII$_{15}$).

d) Des weiteren finden sich Varianten der Pescher–Formel in einer Bearbeitung des Pentateuch aus frühjüdischer Zeit (rewritten bible) und in haggadischen Nacherzählungen einzelner Teile des Pentateuch: [...ל]עֹ פשר 4Q464 3 II$_7$ (= Exposition on the Patriarchs).[10] An dieser Stelle ist wohl auch 4Q252 (= 4QComGen^a)[11] zu nennen.[12] Diese verstreuten Belege der Pescher–Formel zeigen, wie nah die Grenzen von Redaktion und Interpretation beianderliegen, und wie fließend die Übergänge zwischen beiden sind.

Die in den Pescharim verwendete Auslegungstechnik wird von Dimant wie folgt beschrieben:

> The exegetical procedure underlying each pesher–unit may be reconstructed as follows ...
>
> The first step consists in locating within the biblical citation the subject of the exposition and identifying it with a contemporary figure or situation. The subject may be located in a noun, a verb, or a pronoun of the biblical text ... It is this initial step of applying the ancient prophecy to a contemporary situation that is the most difficult. This is often done through symbolic or allegorical equations: the lion of Habakkuk stands for a human king

---

[10] Der Beleg wurde entnommen aus Stone/Eshel, Exposition on the Patriarchs, 248.

[11] Dieser Text wurde bis vor kurzem noch Genesis–Pescher genannt, da er jedoch in der Form von den in Qumran gefundenen Pescharim abweicht, wurde er von G. J. Brooke, dem Herausgeber von 4Q252–254 zu „Commentary on Genesis" umbenannt (Vortrag auf dem Dead Sea Scrolls Workshop des Institutes for Advanced Studies der Hebrew University in Jerusalem; zur Gattung von 4Q252 s. auch ders., Genre of 4Q252, passim.).

[12] „As for the type of exegesis, the designation ‚pesher' is probably more likely to confuse that it is to illuminate. 4Q252 does contain formal characteristics that resemble the *pesher continu* ...: it follows sections of the book of Gen.; the introductory formula פשרו אשר is used in at least one instance (PAM 43.381 fr. 2 col. 2); the biblical lemma is sometimes atomized and identified ... and the independent pronoun הוא is often used epexegetically. What is distinctive about the exegesis of 4Q252 is in its treatment of the flood story. Here, the dating of the events is of prime importance; even God's promise of not destroying the earth again by the waters of the flood is passed over in silence! In this respect, the interpretation of the flood story resembles Chapter 5 of the book of Jubilees much more than it does any of the thematic or continious pesharim." (Lim, Flood Story, 295f.; zum Text s. auch Gleßmer, Auslegungen des Sintflutberichtes, 29–46; ein Literaturüberblick findet sich bei Brooke, Genre of 4Q252, 160.). Ähnliches mag auch für die mit [...]פשר eingeleitet Auslegung von Lev 16,1 in 4Q159 5$_1$ gelten.

(4QpNah 3–4 i 1–6), the eschatological Jerusalem stands for the Qumran community (4QpIsa^d), a reference to ‚a town' stands for „the town of vanity" namely, for a group of opponents led by the Spouter of Lies (4QpNah 10:9–10).

Having established the identification, the author sets out to relate the various details in the citation to the identified subject (the second step). In order to bridge the gap between the literal meaning of the biblical prophecy and the sense attributed to it in the pesher, the author will indicate the presence of analogy, similarity, or identity between various elements of the two texts.

Finally, the above aims are achieved by application of various exegetical techniques (the third step …).[13]

Die im Pescher angewandten exegetischen Techniken[14] werden auch in anderen auslegenden Textgattungen der jüdischen Literatur verwendet: „Thus similar exegitical devices are shared by the interpretation of dreams, rabbinic *midrashim* and the *Pesharim*."[15] Dies hat dazu geführt, daß die Pesharim im Bereich der Midraschim[16] oder aber der Traumdeutung angesiedelt wurden.[17] Es erscheint mir jedoch wahrscheinlicher, daß sich sowohl Midraschim wie Pescharim aus Omina– und Traumdeutung entwickelt haben, und in beiden daher ähnliche Auslegungstechniken Verwendung finden.

---

[13] Dimant, Pesharim, 249; zur Sache s. auch Brooke, Qumran Pesher, 497.

[14] Eine Liste dieser Techniken findet sich z. B. bei Dimant, Pesharim, 250.

[15] Dimant, Qumran Sectarian Literature, 507.

[16] S. z. B. Silberman, Unriddling the Riddle; Brownlee, Midrasch–Pesher, 23ff. und Brooke, Exegesis, 36–44, 353–356.

[17] S. z. B. Rabinowitz, Pesher, 230–232; Finkel, Pesher, passim. Diese These wurde insbesondere vom Gebrauch von Formen der Wurzel פתר in den Traumdeutungen der Josephsgeschichte (Lautumwandlung ת→ש) und von Formen der Wurzel פשר in den Traumdeutungen der Danielerzählungen beeinflußt (vgl. auch 4QEnGiants^a 8₁₃; 4QEnGiants^b 1 II₂₃; 1 III₁₀). Jedoch zeigt Sir 38,14, daß das Nomen פשר auch unabhängig von Traum– oder Schriftauslegung gebraucht werden konnte. Dort bezeichnet das Nomen eine Krankheitsdiagnose.

Die Herkunft der in den Pescharim verwandten Deutetechniken aus der altorientalischen Omina– und Traumdeutung wurde detailliert und eindrucksvoll von Fishbane in seinem Aufsatz „The Qumran Pesher and Traits of Ancient Hermeneutics" untersucht; zur Sache vgl. jetzt auch Fröhlich (Pesher, 297–302) und Fabry, Schriftverständnis, 91f.

9.2 Der Pescher auf die Epochen: 4Q180 1

9.2.1 Einleitung

Von 4Q180 (פשר על הקצים) sind acht, meist sehr stark beschädigte Fragmente erhalten:[18] Das hier auszulegende Fragment 1 ist gut lesbar. Teile des linken Kolumnenrandes, sowie der gesamte rechte Kolumnenrand sind weggebrochen; oberer und unterer Kolumnenrand sind deutlich erkennbar. Die Kolumne umfaßt zehn Zeilen, wobei die 6. Zeile im ganzen ein *vacat* ist. Die Handschrift von 4Q180 wird als spätherodianisch[19] charakterisiert; אל wird in 1₁ in paläohebräischen Buchstaben geschrieben. Für eine präzise Datierung des Textes reicht der erhaltene Textbestand nicht aus, jedoch sollte keine Abfassung in der Gründungsphase des *yaḥad* angenommen werden, da gilt: „purely exegetical compositions originated not before the end of the second century B.C."[20] Weil es sich bei 4Q180 um einen Pescher handelt, dürfte der Text essenischen Ursprungs sein.

4Q180 ist der einzige Pescher, dessen Überschrift erhalten geblieben ist: פשר על הקצים אשר עשה אל („Auslegung über die Epochen, die Gott gemacht hat"). Es dürfte sich daher bei Fragment 1 um den Anfang des Textes handeln. Der auf die Überschrift folgende Abschnitt (4Q180 1₁₋₅) gibt ein kurzes Inhaltsverzeichnis des Werkes. Dimant möchte 4Q180 als einen neuen Typ Pescher verstehen, da das פשר על den sonst bekannten Pescherformeln[21] ihrer Meinung nach nicht entspricht:[22]

> The formula פשר על resembles the one occuring in other Pesharim ... but is not identical with them. Nor does it introduce an ordinary type of Pesher. It is not the well known type which quotes a biblical text verse by verse, each followed by a Pesher. Nor is it „a thematic Pesher" which groups various biblical texts around central ideas ... We may have here a different type of Pesher which expounds subject matters other than biblical texts.

Demgegenüber ist zu betonen, daß, wie 4Q180 2–4.8 II₃ff. zeigt, in 4Q180 sehr wohl Texte aus dem späteren atl. Kanon ausgelegt werden, und daß die leicht varierende Form der Deuteformel in 4Q180 1₁.₇ auch durch

---

[18] Photographien der Fragmente 1–6 finden sich bei Allegro, Cave 4, Plate 27; die Fragmente 7 und 8 sind bei Strugnell, Notes, 262 abgebildet; eine bearbeitete Abbildung eines Teils von Fragment 2 findet sich bei Lange, Lesart, 232f. Transkriptionen finden sich bei Allegro, Cave 4, 77ff.; Milik, Enoch, 249ff. und Dimant, Pesher on the Periods, 78ff.; vgl. auch die Anmerkungen Strugnells zum Text (Notes, 252ff.).

[19] Vgl. Strugnell (Notes, 252): „... hérodienne tardive ..."

[20] Steudel, Midrash on Eschatology, 539.

[21] Zu den verschiedenen Varianten der Pescher–Formel s. die Einleitung in die Pescharim.

[22] Pesher on the Periods, 91f. Seit Erscheinen von Dimants Arbeit ist ein neuer Text veröffentlicht worden, der ebenfalls die Deuteformel [ל]ע פשר kennt (4Q464 3 II₇; s. Stone/Eshel, Exposition on the Patriarchs, 248: Der Text scheint Material aus der Genesis zu beinhalten, jedoch kann wegen umfangreicher Textbeschädigungen nichts genaueres über die Form des hier anzutreffenden Peschers gesagt werden.

den einleitenden Charakter des Abschnitts bedingt sein könnte. Zudem ist darauf hinzuweisen, daß die Formel פשר על sich zumindest noch in 4QpPs^a 1–10 III_7 findet. Der erhaltene Textbestand macht es wahrscheinlich, daß es sich bei 4Q180 um einen thematischen Pescher handelt: Eine Zusammenstellung von Zitaten aus Texten mit autoritativem Charakter wird auf die Epochen der Weltgeschichte hin ausgelegt, worin der Text 11QMelch ähnelt.

Milik möchte in der Überschrift einen Hinweis auf ein nicht mehr erhaltenes ספר הקצים erkennen. 4Q180 und 4Q181 sind in seinen Augen zwei Handschriften, die Reste eines Pescher auf dieses Buch der Epochen enthalten, ein weiteres Stück dieses Pescher ist seiner Meinung nach in 11QMelch erhalten geblieben.[23] Diese These Miliks basiert hauptsächlich auf seiner Rekonstruktion von Zeile 5:[24]

[ע[ד הוליד ישחק את עשרה ה[שבעים *vacat*]

… when he begat Isaac, there are ten [weeks.] …

In dem עשרה ה[שבעים] möchte er einen Hinweis darauf sehen, daß es sich bei dem von ihm postulierten Buch der Epochen um jenen chronologischen Text handelt, der seiner Ansicht nach auch schon der 10–Wochen–Apokalypse des Henochkreises zugrunde lag.[25] Da diese These Miliks aber nur auf Grund der von ihm vorgeschlagenen Rekonstruktion von 4Q180 1_5 möglich ist, darf sie als spekulativ abgelehnt werden.

Miliks These, 4Q180 und 4Q181 seien zwei Handschriften eines Werkes, beruht auf der großen Ähnlichkeit von 4Q180 1_{5.8–9} und 4Q181 2_{1–2.4}. Dimant ist jedoch der überzeugende Nachweis gelungen, daß es sich bei den beiden Texten um zwei verschiedene, lediglich miteinander verwandte Werke handelt: Die genannten Textstellen weisen, nach Dimant, zu geringe Ähnlichkeiten auf, als daß sie Abschriften eines Werkes sein könnten. Weiterhin stellt sie fest, daß für die erhaltenen Reste von 4Q180 1_{8f.} in den lacunae von 4Q181 2_3 nicht genügend Platz vorhanden sei: "As for the remaining lines, 4Q180 1 8–9, they cannot be filled at all into the continuation of 4Q181 2 3."[26]

---

[23] S. Enoch, 248ff. und Milkî–ṣedeq, 109ff. Ihm folgt u. a. Beckwith, Calendar, 169ff.

[24] Enoch, 249; die Übersetzung findet sich a. a. O., 251.

[25] Zur Sache s. a. a. O., 248.

[26] Pesher on the Periods, 89–91; das Zitat findet sich auf Seite 90. Zur Sache s. auch die ausführliche Kritik von Huggins an Miliks These (A Canonical 'Book of Periods' at Qumran?) und Davidson, Angels at Qumran, 271.

9.2.2 Transkription

Fragment 1[27]

1 פשר על הקצים אשר עשה ⚡ קץ להת[ם כל הויה][28]

2 ונהיה בטרם בראם הכין פעולות[יהם וישם מעשיהם][29]

3 [מ]קץ לקצו[30] והוא חרות על לחות [... לבני האדם][31]
ל[כל]

4 [...] קצי ממשלותם זה סרך ב[ני ...]

5 [...]o הוליד יצחק את עשרה ה[דורות ...]

6 vacat

7 [vacat] ופ[ש]ר על עזזאל והמלאכים אש[ר באו אל בנות]

8 ה[אדם ויל]דו להם גברים ועל עזזאל [...][32]

9 [...] עולה ולהנחיל רשעה כל [...]

10 [...] משפטים ומשפט סוד[...]

9.2.3 Übersetzung

(1) Auslegung über die Epochen, die 𝕲ott[33] geschaffen hat. Eine Epoche, um vollkom[men[34] zu machen alles was ist (2) und was sein wird. Bevor er sie schuf, hat er [ihre] Taten bestimmt, [und ihre Werke hat er festgesetzt] (3) [von] (dieser) Zeit bis zu seiner Zeit.[35] Und es ist auf Tafeln eingemeißelt [... für die Menschen.] (4) [...] für die Epochen ihrer Herrschaft. Dies ist die Ordnung der Söh[ne ...] (5) [...] Isaak zeugte zehn [Generationen ...]

(6) vacat

(7) [und ein Pe]scher über Azazel und die Engel, di[e zu den Töchtern]
(8) der [Menschen kamen. Und sie geba]ren ihnen Riesen. Und über

---

[27] Sofern nicht anders erwähnt, erfolgen Rekonstruktion und Transkription nach Dimant, Pesher on the Periods, 78. Die weiteren Fragmente spielen für die die vorliegende Arbeit beschäftigenden Fragen keine Rolle und werden daher hier nicht wiedergegeben.

[28] Die Rekonstruktion des Zeilenendes erfolgte gemäß 1QS III15 nach Strugnell, Notes, 252; vgl. auch Dimant, Pesher on the Periods, 79.

[29] Die Zeilen 1b–3a sind inhaltlich parallel, daher muß Zeile 2 mit einer Aussage über Gottes Schöpfungshandeln enden.

[30] Wie eine Überprüfung am Original ergab, ist zu Beginn der Zeile ist noch Raum für einen weiteren Buchstaben; die Rekonstruktion legt sich von dem לקץ קץ in מקץ לקץ in 1QHᵃ XVII7f. (Ed. Suk. IX7f.) und XX7 (Ed. Suk. XII4) her nahe.

[31] Zur Ergänzung des Zeilenendes s. z.B. Dimant, Pesher on the Periods, 78.80. Da והוא חרות על לחות ein Zitat aus Ex 32,16 ist, ist die allgemein vorschlagene Ergänzung השמים unsicher, daher wird hier auf sie verzichtet.

[32] Die Rekonstruktion der Zeilen erfolgte nach Gen 6,4 und 4Q181 22. Zur Sache s. Strugnell, Notes, 253 und Dimant, Pesher on the Periods, 79.81.

[33] Die paläohebräische Schreibweise von אל wird in der Übersetzung durch altdeutsche Schrift wiedergegeben.

[34] להתם ist Inf. Hi. von תום.

[35] Zur Übersetzung von [מ]קץ לקצו s. die Auslegung z. St.

Azazel [...] (9) [...] Schlechtigkeit, und um zu vererben Bosheit (an) alle
[...] (10) [...] Gerichte und ein Gericht der Versammlung [der ...]

9.2.4 Auslegung

Für die Frage nach dem Zusammenhang von Weisheit und Prädestination sind in 4Q180 die Zeilen 1₁₋₃ von besonderem Interesse. Sie sind
Teil einer dem Werk vorangestellten Einleitung.[36] Absicht des Textes ist
es, eine Auslegung (פשר) der Epochen (קצים) zu geben. קץ bezeichnet hier, wie schon im Alten Testament belegt, einen Zeitabschnitt, eine
Epoche der Geschichte (vgl. Ez 21,30.34; 35,5).[37] Der in Epochen unter-
teilte Zeitraum wird in 4Q180 mit Hilfe zweier Wendungen umschrieben:
[כל הויה] ונהיה („[alles, was ist,] und was sein wird"; 1₁f.) und [מ]קץ לקצו
(„[von] (dieser) Zeit bis zu seiner Zeit"; 1₃). Besonders die Bedeutung des
[מ]קץ לקצו wurde häufig verkannt. Meist wurde es als einfacher Zeitbe-
griff interpretiert,[38] was durch den Gebrauch der Wendung מקץ לקץ in
1QH^a XX₇ (Ed. Suk. XII₄) bestätigt zu werden scheint. Der Kontext
legt jedoch ihre Bedeutung in diesem Text eindeutig fest: Sie bezeichnet dort verschiedene Zeitpunkte, zu denen der Beter Gott preist.[39] In
4Q180 1₃ dagegen weist das Suffix ו- in eine andere Richtung: קצו findet
sich in den Texten von Qumran neben הקץ האחרון[40] als Bezeichnung
der Endzeit (s. 1QS III₂₃ und 1QM I₄).[41] Das Suffix qualifiziert in den
beiden Fällen קץ als die Zeit Gottes. Es scheint daher wahrscheinlich, daß
קצו auch in 4Q180 1₃ eine Bezeichnung der Endzeit ist. Daraus folgt,
daß das מקץ die Welt vor dem Eschaton bezeichnet. Absolutes קץ ist
in dieser Bedeutung zwar nicht belegt, jedoch finden sich in der Damaskusschrift und im Pescher Habakuk die Wendungen קץ הרשעה und
קץ הרשע als negativ qualifizierte Bezeichnungen der vor dem Eschaton
liegenden Welt und Zeit.[42] Der Ausdruck [מ]קץ לקצו darf daher wohl
mit „[von] (dieser) Zeit bis zu seiner Zeit" übersetzt werden. Das polare

---

[36] Zur Sache s. o., 275.

[37] Zu קץ als Bezeichnung geschichtlicher Epochen in 4Q180 s. Talmon § קץ, 92 und
Dimant, Pesher on the Periods, 92. In den Textfunden von Qumran ist קץ in dieser Bedeutung
beispielsweise in 1QS III₁₅; IV₁₃; 1QH^a IX₂₆ (Ed. Suk. I₂₄) und CD II₉f. und 1QpHab VII₁₃
belegt.

[38] So z. B. Allegro, „...an age to its age ..." (Cave 4, 78); Milik: „...one period after another
..." (Enoch, 251; vgl. auch Dimant, Pesher on the Periods, 78); anders von der Osten–Sacken:
„... Ende zu seiner Zeit ..." (Gott und Belial, 199).

[39] Z. B. Sonnenauf– und Untergang. Vgl. auch 1QS X₁ff. Ein weiteres Mal ist מקץ לקץ in
4Q499 10₂ belegt. Jedoch ist das Fragment stark beschädigt, so daß es keine Rückschlüsse
auf die Bedeutung der Wendung zuläßt.

[40] Zu הקץ האחרון s. z. B. 1QS IV₁₆f. und ähnlichen Wendungen (z. B. אחרית הימים).

[41] קצו findet sich auch in 2Q33 1₁ und 4Q511 111₄. An beiden Stellen ist jedoch zu wenig
Text erhalten geblieben, um eine Aussage über die Bedeutung von קצו machen zu können.

[42] 1QpHab V₇; CD VI₁₀.₁₄; XII₂₃; XV₇.

Begriffspaar umschreibt das Wirklichkeitsganze, von seinem Anfang[43] bis
zu seinem Ende. Die Wendung entspricht inhaltlich dem vorhergegangenen ונהיה [כל הויה] (1₁f.). Der Satz „[Alles, was ist,] und sein wird"[44]
dürfte daher als Merismus ebenfalls das Wirklichkeitsganze umschreiben. Der Auslegungsgegenstand des Peschers, die קצים, ist somit die in
Epochen eingeteilte Wirklichkeit selbst. Die auf die Überschrift folgende
Einleitung des Peschers auf die Epochen zeigt kurz auf, unter welchen
Prämissen diese Auslegung geschieht:

קץ להת[ם] כל הויה] ונהיה בטרם בראם הכין פעולות[המה וישם
מעשיהמה מ[קץ לקצו

> Eine Epoche, um [alles, was ist,] und was sein wird, vollkom[men]
> zu machen. Bevor er sie schuf, hat er [ihre] Taten bestimmt, [und
> ihre Werke hat er festgesetzt von] (dieser) Zeit bis zu seiner Zeit.
> (4Q180 1₁₋₃)

Vor alle Epochen, so hebt die Einleitung hervor, setzte Gott eine Epoche, „um vollkommen zu machen alles, was existiert und was entstehen
wird" (להתם כל הויה ונהיה 1₁). Diese Feststellung wird in Form eines
synonymen Parallelismus membrorum zweimal wiederholt: „Bevor er sie
schuf, hat er [ihre] Taten bestimmt, [und ihre Werke hat er festgesetzt
von] (dieser) Zeit bis zu seiner Zeit"; (1₂f.). Die synonymen Parallelismen
weisen auf poetische Sprache hin, die im Pescher auf die Epochen sonst
nicht vorkommt. Der poetische Stil ist durch den Gegenstand bedingt:
Es wird eine vor allem Sein geschaffene präexistente Schöpfungs– und
Geschichtsordnung geschildert. Diese Ordnung wird in den Texten von
Qumran häufig in poetischer Sprache beschrieben [s. z. B. 1QHᵃ IX₉.₂₁.₃₀
(Ed. Suk. I₇.₁₉.₂₈)]. Auch in anderen Prosatexten verwenden die Verfasser
häufig poetische Sprache, sobald die präexistente Ordnung thematisiert
wird (s. z. B. 1QS III₁₅ und CD II₇f.).[45] In diesem Zusammenhang ist
auch auf die sprachlichen Berührungen von 4Q180 1₁₋₃ mit 1QS III₁₅
und 1QHᵃ IX₉ (Ed. Suk. I₇) hinzuweisen. Dieser Sachverhalt zeigt, daß in
4Q180 1₁₋₃ eine sprachlich und stilistisch fest geprägte Tradition aufgenommen worden sein dürfte.[46] Oben wurde versucht, zu zeigen, daß
diese Tradition ihren Ursprung in der weisheitlichen Vorstellung von
einer präexistenten Schöpfungsordnung hat und sowohl in essenischen
als auch nichtessenischen Texten auf eine prädestinatianische Schöpfungs–
und Geschichtsordnung hin ausgeweitet wurde: Neben ewigen und ge-

---

[43] Zu קץ als Umschreibung eines Anfangs s. auch Wallenstein, Lexical Material, 213.
[44] Zur futurischen Übersetzung von נהיה s. Brownlee, Manual, 54f. und o., 151.
[45] Zur Auslegung der Belege s. o., 150f.; 260f.
[46] Unter Tradition wird hier nach der Definition von H. Barth und O. H. Steck ein fest
geprägter „...überlieferter Sachgehalt ..." verstanden (Exegese, 80).

schichtslosen ethischen Prinzipien und „Naturgesetzen" umfaßt sie den schon vor der Schöpfung festgelegten Ablauf der Geschichte.

Diese historisierte Tradition von der weisheitlichen Urordnung verbindet sich in 4Q180 wie schon in 4Q417 2 I₁₅ff.; 4Q402 4₂ und 1QHᵃ IX₂₅f. (Ed. Suk. I₂₃f.) mit dem Mythologumenon von den himmlischen Tafeln:

והוא חרות על לחות [... לבני האדם] ל[כל] קצי ממשלותם

Und es ist auf Tafeln eingemeißelt [...für die Menschen für] alle Epochen ihrer Herrschaft. (4Q180 1₃f.)

והוא bezieht sich auf die in 1₁₋₃ umschriebene präexistente Geschichtsordnung. Sie ist von Gott für die Menschen auf Tafeln eingemeißelt worden. Die temporale Begrenzung der Gültigkeit dieser Ordnung, לכל קצי ממשלותם (1₄), zeigt, daß das Ganze der Geschichte, von der Schöpfung bis zur Endzeit, gemeint ist. Die לחות werden in den Arbeiten zum Text[47] gerne als eine Art „...Verzeichnis der Taten und Sünden der Menschen...",[48] das auf den himmlischen Tafeln geführt wird, betrachtet. Jedoch erlaubt das והוא חרות על לחות („und es ist auf Tafeln eingemeißelt"; 1₃) eine genauere Identifikation dieser Tafeln. Es handelt sich um ein wörtliches Zitat von Ex 32,16.[49] Dort bezeichnet הַלֻּחֹת die Mose auf dem Sinai gegebenen Gesetzestafeln. Dies gibt den in 4Q180 1₃ gemeinten Tafeln einen nomistischen Charakter. Somit verschmelzen in diesem Text drei Vorstellungen miteinander: a) die weisheitliche Vorstellung von einer präexistenten Schöpfungsordnung, b) die Vorstellung von einem himmlischen Schicksalsbuch, in dem der Ablauf der Geschichte festgelegt ist und c) die Vorstellung des Weisheitsnomismus, daß die Thora mit der ethischen Urordnung der Welt zu identifizieren sei (vgl. z. B. Sir 24).[50] Es dürfte eine Art präexistenter Thora gemeint sein, die neben der ethischen auch die geschichtliche Ordnung der Welt enthält.[51] Eine solche Verbindung von Thora und einer in Epochen gegliederten Geschichtsordnung ist auch anderenorts belegt: Das Jubiläenbuch nimmt als periodisch gegliedertes Geschichtswerk für sich in Anspruch, Teil des dem Mose am Sinai gegebenen Textkorpus zu sein:

---

[47] S. z. B. Dimant: „These tablets are probably the Heavenly Tablets known from other contemporary sources" (Pesher on the Periods, 93); die im Zitat angesprochenen Belege finden sich bei Dimant in Anm. 13; zur Sache vgl. auch Milik, Enoch, 251f.; s. auch o., 69ff.
[48] Nötscher, Himmlische Bücher, 79.
[49] Zum Zitat s. schon Allegro, Cave 4, 78. Leider wurde das Exodus–Zitat nie in Betracht gezogen, wenn es um die Identifikation der לחות ging.
[50] Zur Sache s. o., 36; vgl. auch von Rad, Weisheit, 315ff., Marböck, Weisheit im Wandel, 85ff. und Lange, Weisheit und Torheit, 49–93.
[51] S. den Exkurs „Die himmlischen Tafeln" (69ff.).

[ויאמר אל מלאך ה]פֿנֿים לֿהֿכתיב [למושה מן ראשית הבריאה עד
אש]ֿר יבנה מקדשי [בתוכם לעולמי עולם]

[Und er sagte zu dem Engel des] Angesichts, daß er [Mose] diktieren
solle [vom Beginn der Schöpfung, bis da]ß mein Heiligtum gebaut
werden wird [mitten unter ihnen für alle Ewigkeit.] (Jub 1,27)[52]

Dem entspricht es, daß sich aus den erhaltenen Textfragmenten von
4Q180 schließen läßt, daß in den auf die Einleitung folgenden Kolumnen
Erzählungen aus der im Buch Genesis beschriebenen Zeit wiedergegeben und ausgelegt werden: Azazel, die gefallenen Engel und die Riesen
(1₇ff.); drei Männer bei Abraham in Mamre und der Fall von Sodom und
Gomorrha (2–4.8 II).

9.2.5 Ergebnis

Gegenstand und Intention von 4Q180 ist es, an Hand von biblischen
Erzählungen eine periodisiert gedachte Geschichte zu interpretieren. Ob
diese Geschichtsinterpretation über die Vätergeschichten hinausgeht, läßt
sich an Hand der erhaltenen Fragmente des Textes nicht feststellen. Für
den Pescher ist dieser periodisierte Geschichtsablauf Teil der präexistenten
Urordnung des Seins. Sie wurde in einer Art präexistenten sowohl die
ethische als auch die historische Ordnung des Seins umfassenden Thora
auf den himmlischen Tafeln festgelegt.

Weisheitsnomismus und Geschichtstheologie verschmelzen auf diese
Weise in 4Q180 zu einer prädestinatianischen Weltsicht. Ob diese Vorstellung in 4Q180 zur Bewältigung historischer Erfahrungen des *yaḥad*
funktionalisiert wurde, kann auf Grund der erhaltenen Textreste nicht
mehr festgestellt werden.

---

[52] Der Text wurde nach 4QJub^a IV₆₋₈ zitiert. Transkription und Rekonstruktion des
Textes finden sich bei VanderKam/Milik, The First Jubilees Manuscript, 256. „The first
columns [scil. von 4QJub^a] are written in a later Hasmonean hand which may be dated to
approximately the mid–first century BCE. One fragment copied in this script is still sewn
to the next sheet, which is written in a rather different and earlier hand. The semicursive
script of the remaining columns dates from no later than 100 BCE and perhaps even toward
the middle of the second century BCE, that is, quite close to the time when the book was
written. This may account for the respect accorded to the scroll: rather than copying it and
then destroying it, it was respectfully repaired" (a. a. O., 246).

9.3 Pescher Habakuk: 1QpHab VI$_{12}$–VIII$_3$

9.3.1 Einleitung

Bei der Rolle handelt es sich um eine fortlaufende Auslegung von Hab 1–2. Es sind 13 Kolumnen Text erhalten, denen im Höchstfall noch eine weitere Kolumne vorausging. Im Anschluß an Kolumne XIII sind noch Reste des *handlesheet* sichtbar.[53] „The lower edge of all of its thirteen columns is lost owing to extensive decay, and sizable portions of the beginning of the scroll are missing. The main piece was composed of two sheets of a coarse, dark leather 1.419 m. … long and 13.7 cm. … high at its widest point. An additional fragment, 10.3 × 13.9 cm. …, was separated from the beginning of the scroll. The manuscript is written in an Early Herodian hand (*ca.* 30–1 B.C.), affecting the Paleo–Hebrew script in a degenerate form when writing the Tetragrammaton.“[54] Da auf 1QpHab XIII ein handlesheet folgt, kann mit großer Sicherheit davon ausgegangen werden, daß Hab 3 von dem Pescher nicht ausgelegt worden ist.

Der *terminus ante quem* für die Abfassung des Pescher Habakuk ist durch den paläographischen Befund gegeben. Der *terminus post quem* ergibt sich durch die Identifikation der *Kittim* als Römer.[55] Zu einem genaueren Datum verhilft der Hinweis auf die Plünderung des Tempels von Jerusalem durch Crassus im Jahre 54 v. Chr. (vaticinium ex eventu):[56]

לאחרית הימים ינתן הונם עם שללם ביד חיל הכיתיאים

Am Ende der Tage wird ihr Reichtum [scil. der Reichtum der Priester von Jerusalem] mitsamt ihrer Beute in die Hand der Streitmacht der Kittäer gegeben werden. (1QpHab IX$_{6f.}$)

Ein Bezug des Textes auf die Eroberung Jerusalems durch Pompejus (63 v. Chr.)[57] ist unwahrscheinlich, da dieser trotz großer Plünderungen in Jerusalem und Umgebung den Tempel verschonte (Jos Ant XIV$_{72–80}$).[58] Von Crassus dagegen wird berichtet, daß er auf seinem Partherfeldzug aus dem Tempel 2000 Talente an Geld und 8000 Talente an Gold geraubt habe (Jos Ant XIV$_{105–109}$).

---

[53] Als handlesheet werden leergelassene Kolumnen zu Anfang und Ende einer Rolle bezeichnet, die zum Anfassen einer Rolle dienten.

[54] Cross, Three Scrolls, 4.

[55] Die *Kittim* wurden schon von Dupont–Sommer als Römer identifiziert: Sein Hauptargument ist die in 1QpHab VI$_{3–5}$ erwähnte Verehrung der Feldzeichen durch die *Kittim*—ein Kult, der nur von den römischen Legionen bekannt ist (s. Die essenischen Schriften, 370ff.; die Erstpublikation der These findet sich in Aperçus préliminaires, 39–42). Eine Analyse aller *Kittim*–Belege in 1QpHab findet sich bei Brooke, Kittim, 143–155.

[56] Vgl. H. Stegemann, Essener, 184.

[57] So z. B. Brownlee, Midrash–Pesher, 32.

[58] Van der Woude berücksichtigt die Plünderung des Tempels gar nicht und möchte den Pescher Habakuk auf 79 v. Chr. datieren (Wicked Priests, 358).

Wie verschiedene Abschreibfehler beweisen, handelt es sich bei 1QpHab nicht um ein Autograph:[59] z. B. findet sich in 1QpHab II$_5$ zwischen zwei syntaktisch zusammengehörenden Worten ein *vacat* (וכן *vacat* פשר). It „… may be best explained as a mistake made by a copyist who was accustomed to leaving a space before the word *pšr* …"[60] Am Ende der gleichen Zeile wurde von dem Abschreiber ein ursprünglich als Markierung zum Ziehen des Kolumnenrandes verwendetes X[61] zu einem א verschrieben.[62]

Da es sich bei 1QpHab also um kein Autograph handelt, und da einerseits die paläographische Datierung von 1QpHab ein Entstehen dieser Abschrift später als das Jahr 1 v. Chr. auschließt und andererseits der Hinweis auf die Plünderung des Tempels durch Crassus in 1QpHab IX$_{6f.}$ eine Abfassung vor dem Jahr 54 v. Chr. unwahrscheinlich erscheinen läßt, muß der Text in dem Zeitraum von 54–1 v. Chr. verfaßt worden sein. Berücksichtigt man, daß zwischen Abfassung und Abschrift des Pescher Habakuk einige Zeit vergangen sein könnte, so dürfte der Text eher zu Beginn der zweiten Hälfte des 1. Jh. v. Chr. verfaßt worden sein als gegen Ende dieses Jahrhunderts.

Da es sich bei dem Werk um einen Pescher handelt, kann mit hoher Wahrscheinlichkeit davon ausgegangen werden, daß es vom *yaḥad* verfaßt worden ist.

Die Gliederung des Pescher Habakuk

Schon Osswald betonte die Atomisierung des ausgelegten Textes im Pescher Habakuk: „Jedes Stück des Textes wird ohne Beachtung des ursprünglichen Zusammenhangs für sich betrachtet."[63] Diese Betrachtungsweise des Pescher Habakuk ist bis heute kennzeichnend für die Forschung.[64] Lediglich für thematische Pescharim mag man einen am Skopus des jeweiligen Peschers orientierten Textaufbau annehmen.[65] Im Falle des fortlaufenden Peschers geht man dagegen davon aus, daß seine Gliederung durch den ausgelegten Text vorgegeben sei.[66]

---

[59] Dazu s. u. a. Brownlee, Midrash–Pesher, 23 und Horgan, Pesharim, 3.

[60] Horgan, Pesharim, 3.

[61] Mit solchen Zeichen haben die antiken Schreiber die Kolumnen einer Rolle für ihre Beschriftung vorbereitet.

[62] So H. Stegemann nach einer Auskunft von Lichtenberger. Eine Liste weiterer Abschreibfehler findet sich bei Martin, Scribal Character, 661–671.

[63] Hermeneutik, 264.

[64] Vgl. z. B. die Gliederung der Kommentare von Brownlee (Midrasch–Pesher) und Elliger (Studien zum Habakuk–Kommentar, 165–226).

[65] S. z. B. Dimant, Pesharim, 247.

[66] S. a. a. O., 245.

Für den Pescher Habakuk sei hier der Versuch gewagt, ihn unabhängig vom Aufbau des Buches Habakuk zu gliedern:[67] Es fällt auf, daß die einzelnen Habakukzitate immer wieder auf bestimmte Einzelpersonen und Gruppen hin ausgelegt werden, nämlich 1.) auf den Lehrer der Gerechtigkeit und die ihm zugehörige Gemeinschaft (im folgenden unter dem Begriff Gerechte zusammengefaßt), 2.) den Frevelpriester, den Lügenmann und auf alle aus dem Volk Israel, die das Gesetz brechen (im folgenden unter dem Begriff Abtrünnige zusammengefaßt) und 3.) die *Kittim* und die Götzendiener (im folgenden als Heiden bezeichnet). Die Gemeinschaft und der Lehrer haben dabei die Rolle der Frommen und Gerechten inne. Die Abtrünnigen, der Frevelpriester und der Lügenmann fungieren als Frevler und Gesetzesbrecher. Die Heiden haben eine doppelte Funktion: Zum einen stellt die Vernichtungsmacht der *Kittim* einen Teil der endzeitlichen Bedrückung Israels dar, zum anderen sind die Heiden als Götzendiener selbst Objekt des endzeitlichen Gerichts. Die einzelnen Personen und Gruppen sind in den gut erhaltenen Teilen von 1QpHab immer in einem ganz bestimmten Schema angeordnet: a) Gerechte (Gemeinde und Lehrer), b) Abtrünnige (Frevelpriester, Lügenmann, alle Angehörigen des Volkes Israel, die das Gesetz brechen), c) Heiden (*Kittim* und Götzendiener).[68]

A I_1–IV_{Ende} (Hab 1,1–11)

   a) $I_{?-?}$ Die Gerechten (Hab 1,1–?)

   b) $I_?$–II_{10} Die Abtrünnigen (Frevelpriester und Lügenmann, drei Sorten von Abtrünnigen; Hab 1,?–4f.)

   c) I_{10}–IV_{Ende} Die Heiden (Die Kittäer und ihre Herrscher; Hab 1,6–11)

B IV_{Ende}–VI_{12} (Hab 1,12–17)

   a) IV_{Ende}–V_8 Die Gerechten (Gott wird sie nicht vernichten; Hab 1,12f.)

   b) V_{8-12} Die Abtrünnigen (die Männer des Hauses Abraham, die der Züchtigung des Lehrers zusahen, ohne zu helfen; Hab 1,13)

---

[67] Eine Untersuchung der Gliederung sämtlicher Pescharim wäre an dieser Stelle wünschenswert, würde jedoch den Rahmen der Arbeit bei weitem sprengen.

[68] An dieser Stelle ist auf die stark zerstörte Kolumne I hinzuweisen, deren schlechter Erhaltungszustand einer Gliederung des Pescher Habakuk im Wege steht. Es läßt sich lediglich feststellen, daß Wendungen wie אשר מאשו בתורת אל (I_{11}) und Vokabeln wie גזל (I_8) auf die als Abtrünnige bezeichnete Gruppe hinweisen. Desweiteren werden in I_{13} sowohl der Frevelpriester als auch der Lehrer der Gerechtigkeit erwähnt: [פשרו הרשע הוא הכוהן הרשע והצדיק] הוא מורה הצדק ("Seine Auslegung ist: Der Frevler ist der Frevelpriester und der Gerechte ist der Lehrer der Gerechtigkeit"). Genauere Ausssagen läßt der erhaltene Textbestand nicht zu. Es läßt sich lediglich sagen, daß der Lehrer, der Frevelpriester und die Brecher des Gesetzes in der Kolumne genannt werden.

c) V₁₂–VI₁₂ Die Heiden (Beschreibung der Kittäer; Hab 1,14–17)

C VI₁₂–XIII₄ (Hab 2,1–20)

a) VI₁₂–VIII₃ Die Gerechten (der um die Geheimnisse Gottes wissende Lehrer und die Gerechten; Hab 2,1–4)
b) VIII₃–XII₁₀ Die Abtrünnigen (der Frevelpriester, der Lügenprophet, die Priester von Jerusalem und das Gericht; Hab 2,5–17)
c) XII₁₀–XIII₄ Die Heiden (das Gericht über die Götzendiener; Hab 2,18–20)

Die Theologie des Pescher Habakuk

Wie schon die Gliederung zeigt, ist es ein zentrales Anliegen des Textes, Hab 1–2 eschatologisch auf die Gegenwart der Essener auszulegen. Ohne eine bestimmte chronologische Reihenfolge einzuhalten, werden dabei Ereignisse aus unterschiedlichen Epochen der Geschichte des *yaḥad* miteinander verschmolzen: „The Qumran community viewed history in terms of its own identity and destiny, and when authors referred to events in their past or present, they moved freely from one time period to another and frequently telescoped several events into one interpretation."[69] Ein solcher Umgang mit Geschichte läßt bei dem Versuch, aus 1QpHab, bzw. den Pescharim überhaupt, historische Fakten ermitteln zu wollen, Vorsicht geboten sein. Die folgende Interpretation von 1QpHab VI₁₂–VIII₃ fragt daher *nicht* nach historischer Wirklichkeit—etwa, ob der Lehrer der Gerechtigkeit selbst sich als von Gott eingesetzter Interpret der Propheten verstand—vielmehr ist sie lediglich an der Sichtweise und Auffassung des Peschers von bestimmten historischen Personen, Gruppen und Ereignissen interessiert.

Die eschatologisch interpretierte Gegenwart und Zukunft der Gemeinschaft wird im Pescher Habakuk in drei endzeitliche Epochen unterteilt: a) קץ האחרון (b ,אחרית הימים c) הדור האחרון. Die Gegenwart des Verfassers wird als אחרית הימים bezeichnet. Die beiden späteren Epochen stehen noch aus. Die אחרית הימים genannte Epoche meint die unmittelbare Vergangenheit, die Gegenwart und die unmittelbare Zukunft des Peschers[70] und ist gekennzeichnet durch die eschatologische Geißel der *Kittim* und durch Bedrängnisse, denen der *yaḥad* von innerjüdischer Seite her ausgesetzt ist. Am Tag des Gerichts wird jedoch allein die essenische Gemeinschaft als das wahre Israel Rettung erfahren, während sowohl

---

[69] Horgan, Pesharim, 6.
[70] Zur Sache vgl. Steudel, אחרית הימים, 229f. Daß diese Verwendung von אחרית הימים sich nicht auf pHab beschränkt, zeigt die Tatsache, daß die Wendung schon in den frühesten literarischen Zeugnissen des *yaḥad* eine gegenwärtig gewordene eschatologische Epoche benennt: MMT C 14.21; 4QMidrEschat^a IV₁ff.; 4QpPs^a II₁₇₋₁₉ (zur Sache vgl. a. a. O., 228f.).

die Heiden wie auch die innerjüdischen Gegner verloren sind. Angesichts des nahen Gerichts und des schon angebrochenen Eschaton gilt es das Gesetz zu erfüllen, und zwar nach der Auslegung durch den Lehrer der Gerechtigkeit.

Für die Frage nach dem Zusammenhang von Weisheit und Prädestination ist es von Interesse, wann, von wem und wie der in dem vom Pescher Habakuk ausgelegten Text verborgene und dem Lehrer der Gerechtigkeit offenbare Verlauf der Geschichte festgelegt wurde. Um diese Frage zu beantworten, wird im folgenden 1QpHab VI$_{12}$–VIII$_3$ analysiert.

9.3.2 Transkription

Kolumne VI

12	על משמרתי אעמודה ‏X
13	ואתיצבה עֹל מצורי ואצפה לראות מה ידבר
14	בי ומה̊ [אשיב ע]ל תוֹכחתי[71] ויענני ←A⊿A⊿
15	[ויומר כתוב חזון ובא]ר̊ על הלוחות למען ירוֹץ
16	[קורא בו vacat פשרו ... תֹ̇וֹֹ̇][...][72]
17	[...]

Kolumne VII

	אל
1	וידבר אל חבקוק לכתוב את הבאות על[73]
2	על הדור האחרון ואת גמר הקץ לוא הודעו
	ירוץ
3	vacat ואשר אמר למען הקורא בו
4	פשרו על מורה הצדק אשר הודיעו אל את
5	כול רזי דברי עבדיו הנבאים כיא עוד חזון
6	למועד יפיח לקץ ולוא יכזב vacat
7	פשרו אשר יארוך הקץ האחרון ויתר על כול
8	אשר דברו הנביאים כיא רזי אל להפלה
9	אם יתמהמה חכה vacat לו כיא בוא יבוא ולוא
10	יאחר vacat פשרו על אנשי האמת
11	עושי התורה אשר לוא ירפו ידיהם מעבודת
12	האמת בהמשך עליהם הקץ האחרון כיא
13	כול קיצי אל יבואו לתכונם כאשר חקק
14	להם̊ ברזי ערמתו הנה עופלה לוא יושרה
15	[נפשו בו vacat פשרו אשר יכפלו עליהם̇[74]

---

[71] Von dem ו sind nur noch winzige Spuren erhalten, es scheint sich um einen Schreibfehler zu handeln, der später wieder ausradiert wurde.

[72] Zur Rekonstruktion vgl. Elliger, Studien zum Habakuk–Kommentar, 36.

16 [...]ל[...] חטאתיהם ו]ל[וא] ⁷⁵יֽרֽצֽו במשֿפֿטם [...]

17 [... וצדיק באמונתו יחיה [*vacat*

Kolumne VIII

1 X פשרו על כול עושי התורה בבית יהודה אשר

2 יצילם אל מבית המשפט בעבור עמלם ואמנתם

3 *vacat* במורה הצדק

9.3.3 Übersetzung

Kolumne VI[76]

(12) „<*Auf meine Wacht will ich treten* (13) *und mich auf meine Warte stellen. Und ich will spähen, um zu sehen, was er redet* (14) *mit mir, und was* [er[77] *erwidern wird au]f meine Klage. Und der* 𝕳err *antwortete mir* (15) [*und sagte: ‚Schreibe die Vision auf und gra]be sie auf die Tafeln ein, damit eilen kann,* (16) [*wer es liest‘.*" *vacat* Seine Auslegung ...] (17) [...]

Kolumne VII

(1) Und Gott redete zu Habakuk, damit er aufschriebe, was (2) über die letzte Generation kommen wird, aber die Vollendung der Zeit ließ er ihn nicht erkennen.

(3) *vacat* Und wenn er sagt „*damit eilen kann, wer es liest*", (4) ist seine Auslegung auf den Lehrer der Gerechtigkeit, den er erkennen ließ (5) alle Geheimnisse der Worte seiner Knechte, der Propheten.

„*Denn noch gibt es eine Vision* (6) *hinsichtlich des festgesetzten Zeitpunktes, sie eilt dem Ende zu und lügt nicht.*" *vacat* (7) Seine Auslegung ist, daß die letzte Epoche noch lange ausbleiben wird,[78] und zwar weit über alles hinaus, (8) was die Propheten geredet haben, denn die Geheimnisse Gottes sind wunderbar.

(9) „*Wenn sie sich hinzieht, harre auf sie, denn wahrlich wird sie kommen und nicht* (10) *ausbleiben.*" *vacat* Seine Auslegung ist auf die Männer der Wahrheit, (11) die Täter des Gesetzes, deren Hände nicht müde werden vom Dienst (12) an der Wahrheit, wenn die letzte Epoche sich über

---

[73] Bei einem der beiden על in VII₁f. handelt es sich um eine Diplographie.

[74] Bei 1QpHab VII₁₅f. handelt es sich um eine Anspielung auf Jes 40,2. Die Rekonstruktion der lacuna erfolgte daher nach dem Jesaja Beleg. Zur Sache s. u., 293; vgl. auch Brownlee, Midrash–Pesher, 122.

[75] Zur Rekonstruktion vgl. u. a., Lohse, Texte aus Qumran, 236 und Nitzan, Pesher Habakkuk, 175.

[76] Die im Pescher aus dem Buch Habakuk zitierten Textstücke werden in der Übersetzung durch Kursive gekennzeichnet. Die paläohebräische Schreibweise des Tetragramms wird durch in altdeutscher Schrift geschriebenes Herr wiedergegeben.

[77] Statt אֵשִׁיב ist in Hab 2,1 יָשִׁיב zu lesen.

[78] Zur Übersetzung von יארוך s. u., 290.

ihnen verzögert, denn (13) alle Epochen Gottes kommen nach ihrer Ordnung, wie er sie (14) für sie eingemeißelt hat in den Geheimnissen seiner
Klugheit.

„Siehe aufgeblasen, nicht rechtschaffen (15) [*ist seine Seele in ihm,*]"
vacat Seine Auslegung ist, daß sich verdoppeln werden über ihnen (16)
[ihre Sünden, so daß] sie ni[cht] gnädig aufgenommen werden in ihrem
Gericht [...] (17) [...

„aber der Gerechte wird durch seine Treue leben." *vacat*]

Kolumne VIII

(1) Seine Auslegung ist auf alle Täter des Gesetzes im Hause Juda, die (2)
Gott retten wird für das Haus des Gerichts um ihrer Mühe willen, um
ihrer Treue (3) zum Lehrer der Gerechtigkeit willen.

9.3.4 Gliederung

Die folgende Gliederung von 1QpHab VI₁₂–VIII₃ ergibt sich aus dem
Zusammenspiel von Bibelzitaten, Pescherformel und *vacat* im Pescher
Habakuk. Dabei fällt auf, daß, wie schon für den Aufbau des ganzen
Pescher Habakuk beobachtet, auch die Gliederung dieses Abschnitts sich
nicht am ausgelegten Habakuktext orientiert.

A   VII₁₂–VII₅ *Das Wissen von Prophet und Lehrer*

   a)   VI₁₂₋₁₆ Hab 2,1f.
   a)   VI₁₆–VII₂ 1. Pescher
   c)   VII₃ Hab 2,2b
   d)   VII₄f. 2. Pescher

B   VII₅₋₈ *Der Termin der letzten Zeit*

   a)   VII₅f. Hab 2,3a
   b)   VII₇f. Pescher

C   VII₉₋₁₄ *Das Verhalten der Gerechten vor der letzten Zeit*

   a)   VII₉f. Hab 2,3b
   b)   VII₁₀₋₁₄ Pescher

D   VII₁₄₋₁₇ *Das Verhalten der Frevler vor der letzten Zeit*

   a)   VII₁₄f. Hab 2,4a
   b)   VII₁₅₋₁₇ Pescher

E   VII₁₇–VIII₃ *Verheißung für die Gerechten*

   a)   VII₁₇ Hab 2,4b
   b)   VIII₁₋₃ Pescher

9.3.5 Auslegung

VI16–VII5: Hab 2,1f. (= 1QpHab VI12–16) wird an dieser Stelle auf zwei Personen hin ausgelegt: 1QpHab VII1f. und die Buchstabenreste in VI16 lassen erkennen, daß es sich zum einen um den Propheten Habakuk selbst handelt. Anknüpfungspunkt im Habakuk–Text ist das ויומר כתוב in Zeile VI15. Im Pescher wird es gedeutet als, Gott habe dem Propheten Habakuk befohlen, alles aufzuschreiben, was über die letzte Generation (הדור האחרון) kommen wird, nur die Vollendung der Zeit (גמר הקץ) habe er ihn nicht erkennen lassen.

Die Wendung גמר הקץ ist in der frühjüdischen Literatur nur in 1QpHab VII2 belegt. Der Begriff ist von 1QpHab VII7 her zu verstehen: יארוך הקץ האחרון („Die letzte Epoche wird noch lang ausbleiben") ist jener Sachverhalt, der dem Propheten verborgen war. הקץ האחרון und גמר הקץ dürften somit synonym sein. Welche Zeit mit den beiden Begriffen gemeint ist, zeigt 4QpNah 3–4 IV3f.:

> [... ראל|פשרו על מנשה לקץ האחרון אשר תשפל מלכותו ביש
> [...] נשיו עולוליו וטפו ילכו בשבי גבוריו ונכבדיו בחרב

Seine Deutung bezieht sich auf Manasse in der letzten Zeit, dessen Herrschaft in Israel fallen wird [...] Seine Frauen und seine Kinder werden in Gefangenschaft gehen, seine Krieger und seine Würdenträger durch das Schwert [...]

In diesem Pescher wird Nah 3,10 auf eine eschatologische Vernichtung der Sadduzäer[79] hin ausgelegt. Es legt sich daher nahe, הקץ האחרון—und damit auch גמר הקץ—sowohl in 4QpNah als auch in 1QpHab als eine Zeit des eschatologischen Gerichts zu interpretieren.[80] Von dieser Epoche hebt der Pescher Habakuk הדור האחרון als eine Epoche, deren Datum dem Propheten selbst bekannt ist, deutlich ab. Da der Begriff auch sonst in eschatologischem Kontext gebraucht wird (s. z. B. 4QMidrEschat[b] IX16), darf angenommen werden, daß הדור האחרון die der Zeit des eschatologischen Gerichts unmittelbar vorhergehende Epoche bezeichnet. Was

---

[79] Zu Manasse als Bezeichnung der Sadduzäer im Pescher Nahum s. u. a. Horgan, Pescharim, 189f. und Schiffman, Pharisees and Sadducees, 284.

[80] Vgl. z.B. auch Strobel, Verzögerungsproblem, 7f. In eine ähnliche Richtung deutet z.B. auch TestLev X2 (συντέλεια τῶν αἰώνων). Zur Sache vgl. Osswald, Hermeneutik, 249. Brownlee (Midrash–Pesher, 40) möchte die Bedeutung von גמר הקץ aus τὸ πλήρωμα τοῦ χρόνου (Gal 4,4) erschließen. Er übersieht dabei jedoch, daß in der 𝔊 ein von der hebr. Wurzel גמר hergeleitetes Wort niemals mit einem von der griechischen Wurzel πληρ abgeleiteten Wort übersetzt wird (vgl. Hatch/Redpath, Concordance, 1147f.). Andererseits wird das Verbum גמר in einigen Textzeugen der 𝔊 zweimal mit einer Form des Kompositums συντελέω wiedergegeben [Ps 7,10 und Ps 76(77),9: in der Rezension Lukians, in dem Brief des Hieronymus an Sunnia und Fretela und der Handschrift 1219].

über diese „vorletzte" Epoche hinausgeht, das eschatolgische Ende und
die Heilszeit, darüber ließ Gott den Propheten im unklaren.

Wer aber dieses Wissen besitzt, zeigt die Auslegung von Hab 2,2b.
Die Interpretation dieses Halbverses stellt die Exegeten vor kaum zu
überwindende Probleme,[81] und auch der Pescher zu dem Text stellt eine *crux interpretum* dar: Offensichtlich ist, der Habakuk–Text wird auf
den Lehrer der Gerechtigkeit und seine Fähigkeit, den geheimen Sinn der
Prophetentexte zu erkennen, ausgelegt. Silberman hat vorgeschlagen, statt
ירוץ ein יריץ zu lesen (Hi. der Wurzel רצץ). רצץ sei hier analog zu dem
im babylonischen Talmud für die Textauslegung gebrauchten Verb פצץ
(einen Text „zerschneiden, atomisieren"; bSan 34a) verwendet worden.
Das Habakukzitat sei vom Autor des Pescher also als „damit auslegen
kann, wer es liest" verstanden und auf den Lehrer der Gerechtigkeit gedeutet worden.[82] Dem ist entgegenzuhalten, daß weder פצץ noch רצץ
in den Texten von Qumran im Sinne von „einen Text auslegen" verwendet werden und daß beide Verben in den Pescharim nicht belegt sind.[83]
Brownlee möchte ebenfalls ein Hiph'il lesen und sucht, unter Hinweis auf
4QpPs^a 1–10 I$_{27}$, wo der Lehrer der Gerechtigkeit als מליץ דעת (Ausleger der Erkenntnis) bezeichnet wird [vgl. 1QH^a X$_{15}$ (Ed. Suk. II$_{13}$)],
die Verbindung zwischen dem Habakuk–Text und seiner Auslegung in
der Paronomasie von יריץ und יליץ.[84] Dagegen spricht jedoch, daß in
den erhaltenen Teilen des Pescher Habakuk der Lehrer der Gerechtigkeit
nie מליץ דעת genannt wird. Am ehesten dürfte die Verbindung von Text
und Pescher in 1QpHab VII$_{3-5}$ im ähnlichen Klang von רז und ירוץ zu
suchen sein. רז bezeichnet an dieser Stelle ein geheimes, in den Texten der
Propheten verborgenes Wissen, welches Gott den Lehrer hat erkennen
lassen. Der Kontext (VII$_{1f.}$) legt dabei nahe, daß es sich um ein Wissen um
הקץ האחרון handelt.

VII$_{5-8}$: Diese Thematik vom Wissen des Lehrers um die Geheimnisse
der Worte der Propheten wird im Pescher zu Hab 2,3a weiter ausgeführt.
Hab 2,3a selbst betont die relative Nähe des eschatologischen Endes,
1QpHab VII$_{7f.}$ dagegen sieht die „letzte Zeit" in weite Ferne gerückt:
יאורך kann an dieser Stelle nicht meinen, daß sich die „letzte Zeit" in die
Länge zieht,[85] denn das הקץ האחרון bezeichnet keine der Heilszeit vor-
geordnete Leidenszeit, sondern Gericht und Heilszeit selbst (s. o., 289).
Gesagt wird, die letzte Zeit ist noch fern, und zwar weit über das hin-

---

[81] Zu den Schwierigkeiten bei der Interpretation des Bibeltextes s. Rudoph, Habakuk,
212.

[82] Unriddling the Riddle, 344f.

[83] Vgl. die Konkordanzen.

[84] Midrash–Pesher, 111.

[85] So u. a. Elliger, Studien zum Habakuk–Kommentar, 191 und Fitzmyer, Old Testament
Quotations, 22.

aus, was die Propheten vorhersagten.[86] Es darf rückgeschlossen werden,
daß der Text sich mit einer enttäuschten Naherwartung auseinandersetzt,
nachdem die vom Propheten vorhergesagte und vom *yaḥad* als unmittelbar bevorstehend empfundene Heilszeit ausblieb.[87] Es wird argumentiert,
daß die Propheten selbst den Termin der Endzeit nicht kannten, da er zu
den wunderbaren Geheimnissen Gottes gehöre, er aber im Prophetentext
verborgen und dem Lehrer der Gerechtigkeit zugänglich sei. Entscheidend für das Verständnis dieses Abschnitts des Pescher Habakuk ist der
folgende Absatz.

*VII*₉₋₁₄: Hier betont der ausgelegte Habakuk–Text (2,3b) nochmals,
das Ende komme gewiß. Auslegungsgegenstand des Peschers ist das
Subjekt des Imperativs חכה (Hab 2,3b; 1QpHab VII₉). Es wird auf
„die Männer der Wahrheit, die Täter des Gesetzes" (VII₁₀) gedeutet.
עושי התורה („jene, die die Thora tun"; VII₁₁) „... is epexigetical to ..."
אנשי האמת.[88] Da die Konstruktus–Verbindung עושי התורה anderenorts
eine Selbstbezeichnung des *yaḥad* ist (s. z. B. 4QpPsᵃ 1–10 II₁₅), darf auch
das אנשי האמת als eine essenische Selbstzeichnung interpretiert werden.
Das Leben dieser „Männer der Wahrheit" zeichnet sich in der Zeit des aus-
bleibenden Eschatons durch den Dienst an der Wahrheit (מעבודת האמת
VII₁₁f.) aus. Da עושי התורה als Apposition die אנשי האמת identifizierend
charakterisiert, kann davon ausgegangen werden, daß mit diesem Dienst
an der Wahrheit die Thoraobservanz gemeint ist. Im folgenden gibt der
Pescher Habakuk eine Begründung sowohl für das Sich–Verzögern der
letzten Zeit als auch für den Dienst am Gesetz:

כיא כול קיצי אל יבואו לתכונם כאשר חקק להם֗ ברזי ערמתו

denn alle Epochen Gottes kommen nach ihrer Ordnung, wie er
sie für sie eingemeißelt hat in den Geheimnissen seiner Klugheit.
(1QpHab VII₁₂₋₁₄)

Für das Verständnis dieser Begründung sind die Begriffe תכון und
רזי ערמתו von zentraler Bedeutung: „In Biblical Hebrew it [scil. die
Wurzel תכן] occurs only in poetical texts, all of them dealing with the creation of the world"[89] (s. z. B. Jes 40,12; Ps 75,4; Hiob 28,25; I Chr 16,30).
„In Qumran texts the verb TKN (Piʿel) occurs in connection with God's
activity in the creation of the world, in determining man's mental abilities,
and also in connection with mans activity"[90] [s. z. B. 1QS I₁₂f.; 1QHᵃ

---

[86] יארוך ähnelt hier dem umgangssprachlichen „etwas ist noch lang hin" im Deutschen.
Zur Sache vgl. Talmon, Notes, 144f.; Rabinowitz, Sequence, 179 und Brownlee, Midrash–
Pesher, 115. In ähnlicher Bedeutung findet sich die Wurzel auch in Ez 12,22.
[87] So jüngst H. Stegemann, Essener, 184.
[88] Brownlee, Midrash–Pesher, 119.
[89] Kaddari, TKN, 219.
[90] A. a. O., 220

IX[17] (Ed. Suk. I[15])]. Das Verbum beschreibt somit sowohl in den Texten
von Qumran als auch im AT Gottes Handeln während der Erstellung der
Schöpfungsordnung [s. z. B. Hiob 28,25; 1QH[a] IX[17] (Ed. Suk. I[15])]. Das
Nomen תכון bekommt in Verbindung mit Zeitbegriffen in den Texten von
Qumran gerne die Bedeutung „… ‚fixed measure,‘ ‚fitting measure‘ …"[91]

Weiteren Aufschluß gibt der das לתכונם näher bestimmende Nebensatz כאשר חקק להם ברזי ערמתו („wie er sie für sie eingemeißelt hat in
den Geheimnissen seiner Klugheit"; VII[13f.]): Die Wurzel חקק wird in
den Texten von Qumran häufig im Zusammenhang mit der Vorstellung
von einer präexistenten Ordnung der Welt verwendet [s. z. B. 4Q417
2 I[15f.]; 1QH[a] IX[25f.] (Ed. Suk. I[23f.]) und 4Q180 1[3]]. Auf diese Weise
wird das Theologumenon von einer urzeitlichen kosmisch–ethischen
Schöpfungsordnung mit dem Mythologumenon von den himmlischen
Tafeln verbunden—etwa dergestalt, daß die Ordnung von Ethik, Natur
und Geschichte von Gott schon vor der Schöpfung auf den himmlischen
Tafeln festgehalten wurde (zur Sache s. die Auslegungen zu den oben
genannten Belegen). Daß auch in 1QpHab VII[13f.] eine solche von Gott
auf den himmlischen Tafeln fixierte Verbindung von weisheitlicher Urordnung und prädestinatianischer Geschichtsordnung gemeint ist, darauf weist die adverbiale Bestimmung ברזי ערמתו hin: Bei dem Nomen
ערמה handelt es sich um einen weisheitlichen Begriff: „Das Verb ʿāram II
und seine Derivate können … als weisheitlicher Terminus aufgefaßt werden."[92] Im AT wird es sowohl in negativer („Hinterlist, Tücke"; s. z. B.
Ex 21,14) als auch in positiver Bedeutung („Klugheit" s. z. B. Prov 1,4;
8,12) gebraucht. Es bezeichnet eine menschliche Fähigkeit (s. z. B. Prov
1,4), benennt aber auch eine mythische Figur, die der Göttin Weisheit
vergleichbar ist (Prov 8,12). „In Qumran wird ʿŏrmah vorwiegend in
der positiven Konnotation verwendet, die es in Spr erhalten hatte"[93]:
Das Wort bezeichnet eine menschliche Fähigkeit [1QS IV[6]; X[25]; 1QH[a]
IX[37] (Ed. Suk. I[35])], aber auch vor dem Menschen verborgenes Wissen
(1QS XI[6]). Es dient als metaphorische Selbstbezeichnung des Lehrers
der Gerechtigkeit [1QH[a] X[11] (Ed. Suk. II[9])],[94] fungiert aber auch als
Umschreibung einer Gott dienenden Größe (CD II[4]). Wie u. a. schon in
Prov 1,4 wird ערמה auch in den Texten von Qumran als Parallelbegriff
zu דעת und חכמה gebraucht (CD II[4]). Andernorts wurde schon gezeigt
(s. o., 57ff.; 99ff.), daß mit רז gerne die den Menschen verborgene präexistente Schöpfungs- und Geschichtsordnung der Welt bezeichnet wird.[95]

---

[91] A. a. O., 221.
[92] Niehr, § ערם, 387.
[93] A. a. O., 392.
[94] Zu 1QH[a] X[5–21] (Ed. Suk. II[3–19]) s. Jeremias, Lehrer, 192–201.
[95] Neben 1QpHab VII[14] findet sich die Wendung רזי ערמתו noch in 4QM[a] 11 I[10], jedoch
ist dieser Beleg zu stark zerstört, als daß er bei der Analyse von Bedeutung sein könnte.

Da die Aussage, „alle Zeiten Gottes kommen nach ihrem festgesetzten Maß, wie er es eingemeißelt hat in den Geheimnissen seiner Klugheit" (VII₁₃f.), in 1QpHab VII₁₂ff. als Begründung für das Ausbleiben der letzten Zeit dient, ist es wahrscheinlich, daß „die Geheimnisse Gottes", bzw. „die Geheimnisse seiner Klugheit" einen dem Menschen verborgenen Geschichtsablauf zum Gegenstand haben. Das Nomen תכון mit seiner engen Verbindung zur Schöpfung deutet darauf hin, daß dieser Geschichtsablauf in Zusammenhang mit der Schöpfung steht. Die Vokabel ערמה weist auf einen weisheitlichen Hintergrund dieser Geschichtsordnung hin, so daß es sich um eine Weiterentwicklung des Theologumenons von der präexistenten weisheitlichen Ordnung des Seins handeln dürfte. Das Verbum חקק mag an dieser Stelle darauf anspielen, daß dieser vorherbestimmte Ablauf der Geschichte in mythischer Vergangenheit auf den himmlische Tafeln in der Art eines Schicksalsbuches aufgezeichnet wurde. Das geheime Wissen um diese präexistente Geschichtsordnung ist laut dem Pescher in den Prophetenbüchern verborgen und wird dem Lehrer der Gerechtigkeit offenbart, wenn er sie auslegt.

Die Vermittlung des dem Lehrer offenbarten Wissens um die noch ausstehende letzte Zeit wird ethisch funktionalisiert: Das Warten auf „die letzte Zeit" (הקץ האחרון) zeichnet sich durch das Tun des Gesetzes aus (s. z.B. VII₁₁). Zu dieser Gesetzeserfüllung angesichts des nahen Endes will der Pescher hier mahnen.

VII₁₄₋₁₇: Diese Hypothese findet ihre Bestätigung in der Auslegung des Peschers zu Hab 2,4 (1QpHab VII₁₄–VIII₃). Der Pescher zu Hab 2,4a beschäftigt sich mit den Frevlern. Das עופלה לוא יושרה wird interpretiert als „[ihre Sünde] wird sich über ihnen verdoppeln, im Gericht werden sie nicht angenommen werden" (VII₁₅f.). Die hier belegte Folge von רצה I und כפל findet sich im Alten Testament lediglich in Jes 40,2, dort allerdings als Heilszusage an Jerusalem nach doppelt empfangener Strafe.[96] Es dürfte sich somit bei dem Pescher auf Hab 2,4a um eine Anspielung auf Jes 40,2 handeln. Der Skopus des Jesaja–Belegs wird im Pescher umgekehrt: Die Abtrünnigen werden doppelte Strafe erleiden, aber im eschatologischen Gericht[97] keine Rettung erfahren.

VII₁₇–VIII₃: Anschließend identifiziert die Auslegung von Hab 2,4b (VIII₁₋₃) den „Gerechten" des Habakuk–Textes als „die Täter des Gesetzes" (עושי התורה VIII₁), was eine Selbstbezeichnung des *yaḥad* ist (s. o., 17; 291). Im Gegensatz zu den Abtrünnigen werden die Mitglieder des *yaḥad* von Gott aus dem „Haus des Gerichts" gerettet werden (VIII₂). Nicht nur der Begriff בית המשפט, sondern auch der Gebrauch des Ver-

---

[96] Zur Aufnahme von Jes 40,2 vgl. Brownlee, Midrash–Pesher, 124.

[97] Zu משפט als Bezeichnung des eschatologischen Gerichts im Pescher Habakuk s. 1QpHab V₄; X₃,₁₃; XII₁₄.

bums נצל (Hi) legt hier eine eschatologische Interpretation des Peschers nahe.[98]

Die Täter des Gesetzes werden wegen ihres Mühens und wegen ihrer Treue zum Lehrer der Gerechtigkeit gerettet werden. עמל wird in den Texten von Qumran einerseits im neutralen Sinn benutzt (z. B. „die Arbeit der Hände"; 1QS IX$_{22}$), und andererseits negativ, im Sinn von beschwerlicher Mühsal [z. B. in 1QH^a XVIII$_{34}$ (Ed. Suk. X$_{32}$); XIX$_{22}$ (Ed. Suk. XI$_{19}$); 4Q504 1–2 VI$_{12}$]. In 1QpHab ist עמל auch in X$_{12}$ belegt und bezeichnet dort, neutral, die Bemühungen der vom Lügenmann Verführten. Die parallele Stellung von עמלם und אמונתם legt für עמל in 1QpHab VIII$_2$ diese neutrale Bedeutung nahe: Es bezeichnet das sich Mühen der עושי התורה um und für das Gesetz.[99] אמונה umschreibt in den vom yaḥad verfaßten oder adaptierten Texten gerne die Gesetzesobservanz [s. z. B. 1QS VIII$_3$; 1QSb V$_{26}$; 1QH^a VIII$_{35}$ (Ed. Suk. XVI$_{17}$); 1QM XIII$_3$]. Da der Begriff in 1QpHab VIII$_{2f.}$ den Grund für die Rettung der Täter des Gesetzes angibt, und parallel zu עמלם eine weitere Umschreibung der עושי התורה darstellt, ist es wahrscheinlich, daß mit אמונתם במורה הצדק in 1QpHab VIII$_{2f.}$ die Gesetzesobservanz nach der besonderen Auslegung der Thora durch den Lehrer der Gerechtigkeit gemeint ist. Nachdem also in 1QpHab VII$_{12-14}$ „bewiesen" wurde, daß die „letzte Zeit" kommen wird, wird nach VII$_{1ff.}$ ein zweites Mal zur Gesetzesobservanz aufgerufen und ihr erlösender Charakter betont. Zwar handelt es sich um keine Paränese im eigentlichen Sinn, da sich im Text weder Imperative noch Jussive finden, jedoch ist die Mahnung des Textes nicht zu überhören: Angesichts der nahen Endzeit gilt es, die Thora zu erfüllen.

Ergebnis

In den den Essenern heiligen Büchern, in diesem Fall im Buch Habakuk, ist ein Wissen um den Ablauf der Geschichte und den Zeitpunkt des Eschatons verborgen, das den Verfassern dieser Texte nicht zugänglich war, sondern erst dem Lehrer der Gerechtigkeit offenbart wurde. Dieser Ablauf der Geschichte ist Teil einer schon vor der Schöpfung erstellten Seins- und Geschichtsordnung, die auf den himmlischen Tafeln festgehalten wurde (1QpHab VII$_{12-14}$). Die Verwendung der Konstruktus–Verbindung רזי ערמתו macht es wahrscheinlich, daß auch im Pescher Habakuk die weisheitliche Vorstellung von einer präexistenten Schöpfungsordnung mit dem Mythologumenon von den himmlischen Tafeln zu einer präexistenten, den Menschen verborgenen Seins- und Geschichtsordnung

---

[98] Zu נצל als Ausdruck eschatologischer Rettung im Pescher Habakuk s. 1QpHab XII$_{14}$: והמה לוא יצילום ביום המשפט („sie [scil. die Jerusalemer Priester] werden am Tag des Gerichts nicht gerettet werden").

[99] Zur Interpretation von עמלם vgl. Yalon (Rez. Burrows, 174), der den Begriff als מעשים טובים versteht.

verschmolzen ist. Es darf jedoch angenommen werden, daß diese Vorstellung nicht erst vom Verfasser des Pescher entwickelt wurde. Vielmehr macht die Tatsache, daß eine solche Verschmelzung von präexistenter Seins- und Geschichtsordnung mit dem Mythologumenon von den
himmlischen Tafeln auch in 1QH^a IX$_{25f.}$ (Ed. Suk. I$_{23f.}$) und 4Q180$_3$ belegt ist, es wahrscheinlich, daß es sich bei diesem Theologumenon um
einen festen Bestandteil der essenischen Theologie handelt.

Die ihm verborgene Ordnung ist dem Menschen nur mit Hilfe der
Offenbarung zugänglich, welche der Lehrer der Gerechtigkeit in der Auslegung heiliger Bücher erlangte und an die Mitglieder des *yaḥad* weiter-
gab. Ähnlich wie schon im Pescher auf die Epochen, tritt der ethisch-
kosmologische Aspekt der präexistenten Seins- und Geschichtsordnung
zugunsten ihres historischen Aspekts in den Hintergrund, konkret, dem
Datum des eschatologischen Gerichts.

Auch in dem hier analysierten Abschnitt des Pescher Habakuk dient
das Theologumenon von der präexistenten Seins- und Geschichtsordnung, wie in der Damaskusschrift, zur Bewältigung einer Wirklichkeitserfahrung, die der Theologie und dem Weltbild des *yaḥad* widersprach,
nämlich der Bewältigung einer enttäuschten Naherwartung. Man machte
das Ausbleiben des Eschatons zu einem Teil der verborgenen göttlichen
Seins- und Geschichtsordnung selbst.

KAPITEL 10

ERGEBNIS UND AUSWERTUNG

*10.1 Die weisheitliche Urordnung in den Texten
des yaḥad*

Die Texte des *yaḥad* verarbeiten mehrere der im ersten Teil der vorliegenden Arbeit analysierten Werke. Insbesondere die Zwei–Geister–Lehre ist für sie von großer Bedeutung, was aus den vielen Zitaten aus diesem Werk in den essenischen Texten ebenso ersichtlich ist, wie aus der Tatsache, daß sie die Theologie einiger vom *yaḥad* verfaßter Texte beinflußt hat (so z. B. 4Q181). Das Theologumenon von einer präexistenten Seins- und Geschichtsordnung, das in den im ersten Teil der Arbeit analysierten Texten entwickelt wurde, wird in den Texten des *yaḥad* auf unterschiedliche Weise funktionalisiert und weiterentwickelt. Dabei werden nicht in jedem Text alle mit diesem Theologumenon verbundenen Vorstellungen adaptiert. Es läßt sich vielmehr eine schrittweise Integration des Gedankengebäudes feststellen:

In 1QH^a IX (Ed. Suk. I) wird das Theologumenon von einer präexistenten Seins- und Geschichtsordnung in einem frühen Stadium des *yaḥad* in schöpfungstheologischem Kontext verwendet. Eschatologie und Dualismus sind in diesem Text nicht mit ihm verbunden. Es wird lediglich ausgeführt, daß Gott für die Welt ebenso wie für das Schicksal und die Geschichte des Menschen eine Ordnung festgelegt habe, von der Welt und Geschichte bestimmt sind. Diese Ordnung wurde auf den himmlischen Tafeln festgehalten und umfaßt sogar Aufbau und Struktur der Sprache. Im Zusammenhang mit dieser Vorstellung werden in dem Lied gerne weisheitliche Begriffe gebraucht, und in 1QH^a IX$_{28f.}$ wird sogar auf einen weisheitlichen Text angespielt (4QSap A: 4Q417 2 I$_8$). Das Theologumenon von einer präexistenten Seins- und Geschichtsordnung dürfte daher in den *Hôdāyôt* einen weisheitlichen Hintergrund haben.

Es wird in 1QH^a IX (Ed. Suk. I) für zwei Zwecke funktionalisiert: Zum einen dient es dazu, die Niedrigkeit des Menschen gegenüber dem allmächtigen und allwissenden Schöpfer der präexistenten Seins- und Geschichtsordnung aufzuzeigen. In diesem Zusammenhang muß wohl auch der schon aus der Weisheit bekannte Gedanke gesehen werden, daß der Mensch die der Welt und der Geschichte zugrundeliegende Ordnung nicht erkennen, sondern nur offenbart bekommen kann. Zum anderen wird betont, daß der Zweck der von dieser Ordnung bestimmten Schöpfung das Lob Gottes sei. Man könnte sagen, der Gedanke von der präexistenten Seins- und Geschichtsordnung wird „liturgisch" funktionalisiert, um das Gotteslob zu legitimieren und zu ihm aufzufordern.

CD II₂₋₁₃ ist anders als 1QHᵃ IX (Ed. Suk. I) stark von der Zwei–
Geister–Lehre beinflußt, was insbesondere die Zitate von 1QS IV₁₄ in
CD II₆f. und 1QS IV₂₂ in CD II₇ zeigen. Die Damaskusschrift ist an
dieser Stelle von einem ethischen Dualismus geprägt, der kosmische Züge
annimmt, wenn beispielsweise von der eschatologischen Vernichtung des
Frevels gesprochen wird: Die Welt ist von der als Weisheit beschriebenen Erfüllung der Thora nach der Auslegung des *yaḥad* und dem frevelhaften Bruch der so ausgelegten Thora geprägt. Dem Frevel droht
eschatologische Vernichtung, während den von Gott Erwählten die biblischen Landverheißungen gelten. Wer Frevler ist, und wer in den Bund
erwählt ist, der sich einzig im *yaḥad* verwirklicht, wurde von Gott vor
der Schöpfung in der präexistenten Ordnung von Sein und Geschichte
ebenso festgelegt wie das Schicksal des einzelnen. Daß in diesem Zusammenhang von Epochen (קצים) gesprochen wird, macht es wahrscheinlich,
daß im Hintergrund dieser prädestinatianischen Ausführungen eine epo-
chal gegliederte Geschichtsordnung steht. Diese präexistente Ordnung
von Sein und Geschichte wurde in den himmlischen Büchern festgehalten
und ist den erwählten Mitgliedern des *yaḥad* in sich in der Interpretation
der prophetischen Schriften des AT ereignenden Offenbarungen zugänglich. Daß die weisheitliche Herkunft dieser Vorstellung dem Verfasser
der sogenannten „Ermahnung" der Damaskusschrift bewußt war, kann
an der weisheitlichen Form von CD II₂₋₁₃ (weisheitliche Lehrrede), dem
Zitat eines Spruches in CD II₃f. und der spruchartigen Struktur des ersten Teils dieses Textes (CD II₃₋₇) abgelesen werden. Anders als in den
Hôdāyôt werden in der Damaskusschrift die dualistischen und eschatologischen Komponenten der Vorstellung von der präexistenten Seins– und
Geschichtsordnung in die Theologie des *yaḥad* integriert. Dies geschah,
um die in der Gründungsgeschichte des *yaḥad* gemachten Erfahrungen
theologisch zu verarbeiten. Die Hellenisierung des Tempels und des sich
um ihn gruppierenden Judentums, die Einführung eines neuen Kalenders,
welche eine Verschiebung der religiösen Feiertage mit sich brachte, die
Einsetzung eines nichtzadokidischen Hohenpriesters (des Makkabäers
Jonathan), die Vertreibung und Verfolgung des rechtmäßigen Amtsinha-
bers, des Lehrers der Gerechtigkeit, aus dem Hohepriesteramt, das vom
Mann des Spottes ausgelöste Schisma des *yaḥad*, all dies mußte dem Geschichtsbild jener konservativen frommen Kreise, aus denen der *yaḥad*
entstand, aufs schärfste widersprechen. Wie konnte es Gott beispielsweise zulassen, daß sein Tempel verunreinigt wurde. Zur Beantwortung
solcher sich aus der Geschichtserfahrung ergebenden Fragen wurde die
in der Krise der Weisheit zur Bewältigung ähnlicher Probleme entwickelte Vorstellung von einer präexistenten Seins– und Geschichtsordnung
instrumentalisiert: Gott hatte es schon vor der Schöpfung so festgelegt.
Den Frevlern droht die restlose eschatologische Vernichtung, aber man

selbst bildet den erwählten Rest des Bundes Gottes mit Israel. Das durch die Erfahrung in Frage gestellte Selbstverständnis der Essener wird durch diese Funktionalisierung der Vorstellung von einer präexistenten und dem Menschen verborgenen Seins- und Geschichtsordnung erneut gefestigt. Die Tatsache, daß ein Wissen um diese dem Menschen verborgene Ordnung lediglich den Erwählten durch in der Interpretation prophetischer Schriften erfahrene Offenbarungen möglich ist, bestärkte wohl nochmals das erschütterte Selbstverständnis, konnten doch die Frevler nicht einmal um die Erwählung des *yaḥad* wissen.

Eine in Epochen gegliederte und auf den himmlischen Tafeln festgehaltene präexistente Seins- und Geschichtsordnung findet sich ebenfalls im Pescher auf die Epochen (4Q180). Dort sind in dieser Ordnung alle Taten des Menschen festgelegt. Daß sie auch in diesem Text einen dualistischen Charakter gehabt haben mag, darauf weist die Erwähnung der gefallenen Engel in 4Q180 1_{7-10} hin. Wie das Theologumenon sich in 4Q180 in das Ganze der essenischen Theologie einfügt, kann wegen der wenigen erhaltenen Fragmente des Textes nicht mehr festgestellt werden.

Auch im Pescher Habakuk (VI_{12}–VIII_3) begegnet das Theologumenon von einer präexistenten Seins- und Geschichtsordnung. Es wird dort betont, daß die Mitglieder des *yaḥad* auf das Eschaton warten müßten, indem sie geduldig die Thora erfüllten, da alle Epochen nach der Ordnung kämen, die Gott für sie eingemeißelt hätte (1QpHab VII_{9-14}). Es handelt sich um eine in Epochen gegliederte Geschichtsordnung, die Gott auf den himmlischen Tafeln festgelegt hat. Der weisheitliche Hintergrund dieser in 1QpHab postulierten Ordnung wird in dem ברזי ערמתו („in den Geheimnissen seiner Klugheit"; 1QpHab VII_{14}) deutlich. Zu welchem Zweck das Theologumenon an dieser Stelle erwähnt wird, und wie die postulierte Ordnung nach Ansicht des Pescher erkannt werden kann, das zeigen die beiden vorhergehenden Abschnitte: In 1QpHab VII_{5-8} ist eine enttäuschte Nahwartung, die das Eschaton als unmittelbar bevorstehend ansah, Ziel der Auslegung von Hab 2,3. Das Theologumenon von der präexistenten Seins- und Geschichtsordnung wird somit in 1QpHab VII_{5-14} funktionalisiert, um aufzuzeigen, daß das Ausbleiben des Eschatons Teil der wunderbaren, dem Menschen verborgenen, Ordnung Gottes ist. Sie kann in Offenbarungen erkannt werden, die sich in der Interpretation der prophetischen Bücher des AT ereignen, da Gott sie in diesen Schriften verborgen und der Auslegung des Lehrers der Gerechtigkeit zugänglich gemacht hat.

Es kann zusammengefaßt werden: Das von der Weisheit zur Bewältigung ihrer Krise entwickelte und über sie selbst hinausführende Theologumenon von einer präexistenten und dem Menschen verborgenen Seins—
und Geschichtsordnung wird vom *yaḥad* schon früh in seine Theologie integriert (1QHᵃ). Es wurde mehrfach vom ihm funktionalisiert, um
seine Theologie und sein Weltbild historischen Erfahrungen, die ihnen
widersprachen (Schisma, enttäuschte Naherwartung etc.), anzugleichen.
Wie sehr, zumindest in der Spätzeit, dieses Theologumenon für den *yaḥad*
prägend gewesen sein muß, mag eine Beschreibung der drei großen jüdischen Religionsparteien, die Josephus Flavius gegeben hat, zeigen:[1]

Κατὰ δὲ τὸν χρόνον τοῦτον τρεῖς αἱρέσεις τῶν Ἰουδαίων ἦσαν, αἳ περὶ
τῶν ἀνθρωπίνων πραγμάτων διαφόρως ὑπελάμβανον, ὧν ἡ μὲν Φαρι-
σαίων ἐλέγετο, ἡ δὲ Σαδδουκαίων, ἡ τρίτη δὲ Ἐσσηνῶν. οἱ μὲν οὖν
Φαρισαῖοι τινὰ καὶ οὐ πάντα τῆς εἱμαρμένης ἔργον εἶναι λέγουσι, τινὰ
δ᾽ ἐφ᾽ ἑαυτοῖς ὑπάρχειν συμβαίνειν τε καὶ μὴ γίνεσθαι. τὸ δὲ τῶν Ἐσσηνῶν γένος πάντων τὴν εἱμαρμένην κυρίαν ἀποφαίνεται, καὶ μηδὲν
ὃ μὴ κατ᾽ ἐκείνης ψῆφον ἀνθρώποις ἀπαντᾶ. Σαδδουκαῖοι δὲ τὴν μὲν
εἱμαρμένην ἀναιροῦσιν, οὐδὲν εἶναι ταύτην ἀξιοῦντες, οὐδὲ κατ᾽ αὐτὴν
τὰ ἀνθρώπινα τέλος λαμβάνειν, ἅπαντα δέ ἐφ᾽ ἡμῖν αὐτοῖς κεῖσθαι, ὡς
καὶ τῶν ἀγαθῶν αἰτίους ἡμᾶς αὐτοὺς γινομένους καὶ τὰ χείρω παρὰ
τὴν ἡμετέραν ἀβουλίαν λαμβάνοντας.[2]

In dieser Zeit gab es bei den Juden drei Parteiungen, die über die
menschlichen Verhältnisse unterschiedlicher Auffassung waren, von
denen die eine die der Pharisäer genannt wurde, die andere die der
Sadduzäer und die dritte die der Essener. Die Pharisäer sagen nun,
daß einiges und nicht alles das Werk des Schicksals sei, daß manches
dagegen sich seiner selbst mächtig ereigne oder nicht geschehe. Die
Parteiung der Essener aber erklärt, daß das Schicksal die Herrin
aller Geschehnisse sei, und daß den Menschen nichts geschehe, was
nicht dem Beschluß jener gemäß sei. Die Sadduzäer aber lehnen das
Schicksal ab, weil sie glauben, daß es nicht existieren würde, und daß
die menschlichen Verhältnisse ihre Bestimmung nicht ihr gemäß auf
sich nähmen, sondern daß alle Dinge in uns selbst lägen, so daß wir
selbst die Urheber der guten Dinge seien und uns die schlechteren
Dinge durch unsere eigene Torheit zuzögen. (Ant XIII₁₇₁₋₁₇₃)

---

[1] Zur Sache s. auch VanderKam, Implications, 22f.
[2] Der Text wurde nach der Ausgabe von Marcus zitiert (Josephus, 310–312).

10.2 Weisheit und Apokalyptik

In den essenischen Texten von Qumran findet sich somit wiederholt eine dem Menschen verborgene und ihm nur durch Gottes Offenbarung zugängliche, dualistisch geprägte, in Epochen gegliederte, auf das Eschaton hin orientierte und sich in ihm erfüllende Seins- und Geschichtsordnung. Damit entspricht die sich in diesen Texten artikulierende essenische Theologie zwar zu einem großen Teil den von Vielhauer skizzierten Grundzügen der apokalyptischen Vorstellungswelt.[3] Jedoch kann der *yaḥad* trotzdem nicht als apokalyptische Gemeinschaft charakterisiert werden, denn die für Apokalypsen typischen Schilderungen von Visionen, Himmelsreisen und Träumen sowie deren Deutung durch einen *angelus interpres* fehlen in den essenischen Texten von Qumran.[4] Gleiches gilt *mutatis mutandis* auch für die in der vorliegenden Arbeit analysierten nichtessenischen Texte. Ferner ist darauf hinzuweisen, daß sich unter den Texten von Qumran auch nach den von Vielhauer vorgeschlagenen Kriterien zur Identifikation einer Apokalypse[5] kein essenisches Werk findet, daß man als Apokalypse bezeichnen könnte. Die in Qumran gefundenen Apokalypsen sind sämtlich nichtessenischer Herkunft.[6] Bei einer apokalyptischen Gemeinschaft wäre es aber zu erwarten, daß sie ihren Glauben neben anderen Textgattungen zumindest *auch* in Form von Apokalypsen artikuliert. Bei dem schon in der Einleitung beschriebenen großen Anteil priesterlicher Elemente in Theologie und Organisation des *yaḥad* (s. o., 6ff. und 20ff.) sollte daher eher von einer priesterlichen als von einer apokalyptischen Gemeinschaft gesprochen werden. Wegen der inhaltlichen Nähe zur Apokalyptik scheint das Ergebnis der vorliegenden Arbeit aber gleichwohl dazu geeignet, die These von Rads zu bestätigen, daß „die Apokalyptik ... vornehmlich in den Überlieferungen der Weisheit zu wurzeln" scheint[7] und nicht aus der Prophetie entstanden ist. Diese These leitet sich hauptsächlich aus vier Beobachtungen her:

1) Die apokalyptischen Offenbarungsträger und Offenbarungsempfänger wie z. B. Henoch, Daniel und Esra werden als Weise beschrieben und tragen die Titel von Weisen.[8]

---

[3] Zu den Grundzügen des apokalyptischen Weltbilds nach Vielhauer s. Geschichte der urchristlichen Literatur, 490–492.

[4] Zur Sache vgl. H. Stegemann, Apokalyptik, 511–516 und Carmignac, Apocalyptique, 22–33.

[5] Zu den von Vielhauer vorgeschlagenen literarischen Merkmalen einer Apokalypse s. Geschichte der urchristlichen Literatur, 487–490.

[6] Zur Sache s. die Liste essenischer und nichtessenischer Texte bei Dimant, Qumran Manuscripts, 37–58 und dies., Apocalyptic Texts, 179.189.

[7] Theologie, 318.

[8] A. a. O., 317.

2) Die in der Apokalyptik für Visionen, Offenbarungen und Träume
   verwendeten Deutungsmethoden entsprechen der in der Josephsgeschichte angewedeten Art der Traumdeutung.[9]

3) Die Geschichtsbilder von Prophetie und Apokalyptik sind miteinander unvereinbar: „Entscheidend ist die Unvereinbarkeit ihres [scil.
   der Weisheit] Geschichtsverständnisses mit dem der Propheten. Von
   der spezifisch heilsgeschichtlichen Verankerung der prophetischen
   Botschaft, d. h. von ihrer Verankerung in bestimmten Erwählungs-
   traditionen, führt kein Weg zu dem Geschichtsbild der Apokalyptik,
   ebensowenig wie zu ihrer Vorstellung, daß die Eschata seit Urbeginn
   festliegen.“[10]

4) Die in den späten Weisheitstexten zu findende Lehre von der Determination der Zeiten ist als „Grundstock“ für das epochale und
   von einer Vorherbestimmung der Geschichte ausgehende apokalyptische Geschichtsbild denkbar: „Es verdient festgehalten zu werden,
   daß schon Sirach unbeschadet seiner seelsorgerlich–paränetischen
   Absichten die Lehre von der göttlichen Determination der Zeiten an
   den Gesamthorizont aller Geschehnisse anlegt, und zum anderen,
   daß ihn bei der Frage der göttlichen Determination letztlich nur die
   Frage nach dem Heil, nach Leben oder Tod bewegt. Denn dies ist
   nun genau die Basis, auf der auch die späteren didaktischen Schriften,
   vor allem die apokalyptischen, stehen.“[11]

Von Rads These hat eine langanhaltende und bis heute noch nicht beendete
Diskussion ausgelöst.[12] Im folgenden seien die wichtigsten Positionen
genannt:

Von der Osten–Sacken hat von Rad zugunsten einer Herleitung der
Apokalyptik aus der Prophetie widersprochen: „Die Apokalyptik ist ein
legitimes, wenn auch spätes und eigenartiges Kind der Prophetie, das sich,
obschon bereits in jungen Jahren nicht ohne Gelehrsamkeit, erst mit zunehmendem Alter der Weisheit geöffnet hat.“[13] Seiner Meinung nach
sind sowohl das prophetische als auch das apokalyptische Geschichtsbild politisch geprägt, während die Weisheit von Determination nur in
Bezug auf den einzelnen oder aber die Natur spricht: „Bezeichnend ist
für die Determinationsaussagen in der Weisheit einschließlich Qohelet,
daß sie nur den einzelnen und das Naturgeschehen erfassen. Einen Bezug
zur Geschichte als eines politischen, Völker bewegenden und zu einem
vollendenden Ziel führenden Ganzen weisen sie nicht auf. Diese Beobachtung läßt die oben gestellte Frage, ob die Weisheit überhaupt von sich

---

[9] S. Theologie, 325.
[10] A. a. O., 321; vgl. ders., Weisheit 344f.
[11] Von Rad, Weisheit, 343; zur Sache vgl. a. a. O., 337–363 und ders., Theologie, 325.
[12] Zur Forschungsgeschichte s. Michel, Weisheit, 413–415.
[13] Apokalyptik, 63.

aus zu einem apokalyptischen Entwurf in der Lage war, eindeutig negativ beantworten."[14] Die Aufnahme weisheitlichen Gedankengutes und weisheitlicher Motivik insbesondere in der späteren Apokalyptik war nach von der Osten–Sacken nur möglich, da sowohl die Determinationsvorstellungen der Weisheit als auch die der Apokalyptik in der Schöpfungstheologie wurzeln: „Entsprechend ist nach dem Aufweis, daß das weisheitliche Determinationsdenken aus der Reflexion auf die Schöpfung erwachsen ist, zu vermuten, daß die Aufnahme der weisheitlich–deterministischen Aussagen in die Apokalyptik letztlich von der zentralen Stellung der Anschauung von Gott als Schöpfer in der Apokalyptik her zu verstehen ist."[15]

H.–P. Müller wiederum unterscheidet zwischen magisch–mantischer und höfisch–pädagogischer Weisheit, wobei er die magisch–mantische Weisheit als eine archaische Form der Weisheit betrachtet, die an ugaritische und kanaanäische Traditionen anknüpft und sich beispielsweise in der Josephsgeschichte (Gen 37; 39ff.) und der Danielerzählung (Dan 1–6)[16] niedergeschlagen hat. Der u. a. in der Traumdeutung angelegte natürliche Zukunftsbezug der magisch–mantischen Weisheit und der der Ideologie der Wahrträume immanente Determinismus[17] machen diese Form der Weisheit in seinen Augen zu einem Vorläufer der Apokalyptik.[18]

Gese dagegen sieht die Wurzeln der Apokalyptik allein in der Prophetie:[19] Er versteht die Nachtgesichte Protosacharjas (Sach 1,8–6,8) „nicht (als) eine Sammlung von sieben Visionen …, sondern (als) ein *System* von sieben Gesichten einer Nacht" (a. a. O., 37). Daher sind sie „eine vollständige Apokalypse …, ein System siebenfacher Offenbarung vom Einbruch des neuen Äons, der βασιλεία τοῦ θεοῦ" (ebd.). Aus diesem Grund ist „v.Rads These von der Herleitung der Apokalyptik aus der Weisheit … nicht zu halten. In der prophetischen Überlieferung begegnet uns die erste Apokalypse. Richtig an v.Rads These ist der erstaunliche Einfluß der Weisheit in der Apokalyptik; das fanden wir hier bei Sacharja bestätigt. Weisheitliche Tradition ist ein wesentlicher Bestandteil der Apokalyptik, aber diese ist in erster Linie eine Fortbildung der Prophetie" (a. a. O., 39).

Für K. Müller verbinden sich dagegen späte Prophetie, Weisheit und deuteronomistisches Gedankengut in der apokalyptischen Eschatologie: „Die späten Formen der Prophetie (Joel 2–4; Sach 9–14; Jes 24–27; Ez 38f.),

---

[14] A. a. O., 59.
[15] A. a. O., 60.
[16] Zur Verwurzelung der Danielerzählung in ugaritisch–kanaanäischen Weisheitstraditionen s. Magisch–mantische Weisheit, passim.
[17] S. Apokalyptik, 206ff.
[18] Zur Sache s. H.–P. Müllers Aufsätze „Mantische Weisheit und Apokalyptik" (passim) und „Magisch–mantische Weisheit und die Gestalt Daniels" (passim).
[19] Anfang und Ende der Apokalyptik, passim.

in welchen sich bereits eine Überwindung der nationalen Antithese zwischen Israel und den Heiden in einer kosmischen ankündigen kann, stellen ebenso wie der Determinismus der späten Weisheit (vgl. Jdt 9,5–6; Tob 14,5; Sir 10,4.8; 23,30; 33,8.10; 42,19) oder die trotz Kyrosedikt, Heimkehr der Gola, Wiedererrichtung von Stadt und Tempel in der Vergangenheit am Unheilsstatus Israels festhaltenden deuteronimistischen Kreise (vgl. Neh 9,5–37) wesentliche Prädispositionen bereit, welchen sich dann die apokalyptische Eschatologie verbinden kann, als sie ohne eigentliche traditionsgeschichtliche Vorbereitung auch die jüdische Zukunftserwartung in ihrer ganzen Breite trifft" (Die jüdische Apokalyptik, 212).

Hanson führt die Entstehung der Apokalyptik demgegenüber nochmals allein auf die Prophetie zurück, da gerade frühe apokalyptische Texte wie Tritojesaja und Deuterosacharja prophetische Gattungen verwenden und prophetisches Gedankengut verarbeiten.[20]

Koch kritisiert von Rads Herleitung der Apokalyptik aus der Weisheit wegen der der Weisheit vor Daniel unbekannten Eschatologie: „Die Schwäche seiner Ableitung ist freilich der Mangel an einem Beleg für eine eschatologisch orientierte Weisheit vor Daniel. Die weisheitlichen Schriften bis hin zu Jesus Sirach lassen jede Spur eschatologischer Beschäftigung vermissen."[21]

VanderKam nimmt als Wurzelgrund der Apokalyptik eine späte in den prophetischen Büchern des AT nicht erhaltene Form der Prophetie an, die sich mantischer Praktiken bediente und zum Teil mit der magisch-mantischen Weisheit überlappte.[22]

Michel schließlich möchte in Antwort auf Koch nachweisen, daß in Koh 3,19–22 und 7,1–10 mit einer eschatologisch orientierten Weisheit diskutiert würde, die sich in der Krise der Weisheit entwickelt hätte und deren literarischer Niederschlag sich beispielsweise in Ps 73 fände.[23]

Für Nickelsburg „the entities usually defined as sapiential and apocalyptic often cannot be cleanly separated from one another because both are the products of wisdom circles that are becoming increasingly diverse in the Greco–Roman period. Thus, apocalyptic texts contain elements that are at home in wisdom literature, and wisdom texts reflect growing interest in eschatology. Moreover, claims to revelation, inspiration, or divine enlightenment can be found in both ‚sets' of texts."[24]

---

[20] Dawn of Apocalyptic, 404ff.
[21] Daniel, 174.
[22] Origins of Apocalyptic Thought, 165ff. Das Verhältnis der Henochliteratur zu Magie und Mantik des Zwei–Strom–Landes hat VanderKam ausführlich andernorts beschrieben (s. Enoch, 52–75).
[23] Weisheit, 415ff.
[24] Wisdom and Apocalypticism, 717.

Die Textfunde von Qumran vermögen bei der Beantwortung der seit von Rad diskutierten Frage, ob die Apokalyptik ihre Wurzeln in der Weisheit hat, oder sich aus der Prophetie entwickelte und sich lediglich „… erst mit zunehmendem Alter der Weisheit geöffnet hat",[25] insbesondere deswegen weiterzuhelfen, weil es sich bei der Bibliothek von Qumran um eine zwar heterogene, aber in sich geschlossene Größe handelt. Dies zeigen insbesondere die literarischen Abhängigkeiten der in Qumran gefundenen nichtbiblischen Texte voneinander. Die große Chance, die die Texte von Qumran für die Analyse theologiegeschichtlicher Fragen bieten, liegt also darin, ein durch den Fundkontext soziologisch und kulturell abgrenzbares, durch den „Zahn der Zeit" zwar lückenhaftes, aber doch umfangreiches Textkorpus zu besitzen, dessen einzelne Werke aufeinander aufbauen und voneinander abhängig sind. Dies bestätigte sich auch in der Analyse der der vorliegenden Arbeit zugrundeliegenden Texte. Auf diese Weise war es möglich, die Entwicklung des hier untersuchten Theologumenons von der Vorstellung einer weisheitlichen Urordnung bis hin zum Gedanken einer präexistenten Seins- und Geschichtsordnung nachzuzeichnen: In der Krise der Weisheit wurde die Vorstellung von der weisheitlichen Urordnung transzendiert und die der Schöpfung zugrundeliegende Ordnung auf diese Weise der Erkenntnisfähigkeit des Menschen entzogen. Dabei verschmolz die weisheitliche Urordnung mit dem Mythologumenon von den himmlischen Tafeln; die durch zuwiderlaufende Wirklichkeitserfahrungen fraglich gewordene weisheitliche Urordnung wurde sozusagen festgeschrieben. Der ihr immanente Dualismus erfuhr eine kosmische Ausweitung, und die Erfüllung des von der Weisheit postulierten Tun–Ergehen–Zusammenhangs wurde Teil des im Eschaton erwarteten Heils. Die weisheitliche Urordnung selbst war dem Weisen nur noch mit Hilfe der Offenbarung erkennbar. Menschliche Erkenntnisfähigkeit wurde auf diese Weise völlig von der Offenbarung Gottes abhängig. In diesem Zusammenfließen von präexistenter Ordnung, kosmischem Dualismus und Offenbarungstheologie sind erste Schritte auf dem Weg zur Apokalyptik getan. In den Sabbatliedern und den essenischen Texten von Qumran wurde diese Vorstellung von einer präexistenten Ordnung des Seins, die in ihrer Eschatologisierung und in ihrer Verschmelzung mit dem Mythologumenon von den himmlischen Tafeln schon historische Züge annahm, zu einer in Epochen gegliederten Geschichtsordnung weiterentwickelt. Von besonderem Interesse dürfte es dabei sein, daß sich mit dem Gedanken einer präexistenten Seins- und Geschichtsordnung auch Prophetisches verbindet. So können in 1Q27 1 I prophetische Gattungselemente genutzt werden, und so wird in den essenischen Texten von Qumran betont, daß die präexistente Ordnung

---

[25] Von der Osten–Sacken, Apokalyptik, 63.

von Sein– und Geschichte lediglich in der Interpretation der Propheten offenbart werden würde.

Das Ergebnis der vorliegenden Arbeit ist somit geeignet, von Rads These, daß die Apokalyptik sich unter Aufnahme prophetischer Traditionen aus der Weisheit entwickelt hat, zu bestätigen. Es bleiben freilich signifikante Unterschiede zwischen den analysierten Texten und der Apokalyptik bestehen: Insbesondere die in den verschiedenen Apokalypsen zu findenden ausführlichen Schilderungen von Visionen, Himmelsreisen und Träumen finden sich in den hier analysierten Texten nicht. In ihnen wird die Offenbarung lediglich erwähnt, aber ihr Inhalt nicht geschildert. Daher sind auch die bildhaften Schilderungen der Geschichte, wie sie z. B. das Danielbuch kennt, diesen Texten fremd. Auch kann keine Rede davon sein, daß in ihnen die Entstehung der Apokalyptik selbst nachvollzogen werden könnte, da z. B. das Danielbuch und auch ein großer Teil der Henochtraditionen früher zu datieren sind als beispielsweise die Damaskusschrift und die Pescharim und da der *yaḥad* selbst keine apokalyptische Gemeinschaft war.[26] Es kann aber davon ausgegangen werden, daß es sich bei dem Beobachteten um eine der Entstehung der Apokalyptik analoge Entwicklung handelt, daß also der Weisheit eine Dynamik hin zum apokalyptischen Weltbild eigen ist.

---

[26] Zur Sache s. H. Stegemann, Apokalyptik, 511–516 und Carmignac, Apocalyptique, 22–33.

ABKÜRZUNGSVERZEICHNIS
UND ZEICHENERKLÄRUNG

Die in der Arbeit verwendeten Abkürzungen richten sich nach dem Abkürzungsverzeichnis der TRE (Schwertner, Abkürzungen). Grammatische Bezeichnungen aus der Hebraistik, hebräische Stämme etc. wurden nach den in HAL³ übliche Konventionen abgekürzt. Zusätzlich werden folgende Kürzel verwendet:

Bar	= Baruch.
FGrHist	= F. Jacoby, Die Fragmente der Griechischen Historiker Teil I–III mit Kommentarbänden, Leiden 1923ff.
HAL³	= W. Baumgartner & L. Koehler & J. J. Stamm, Hebräisches und Aramäisches Lexikon zum Alten Testament, Fasc. 1ff., 3. Aufl., Leiden/New York/København/Köln 1967ff.
MMT	= Der מקצת מעשה התורה genannte Brief aus Qumran.
Ed. Suk.	= Die *Hôdāyôt*–Edition E. Sukeniks.[1]
Ed. Stegemann	= Die *Hôdāyôt*–Edition H. Stegemanns.[2]
1QGenAp	= Das Genesis–Apokryphon aus Höhle 1 von Qumran.
4QEn	= Die Henoch–Handschriften aus Höhle 4 von Qumran.
4QEnastr	= Das astronomische Henochbuch aus Höhle 4 von Qumran.
4QEnGiants	= Die Handschriften des Buches der Riesen aus Höhle 4 von Qumran.
4QMidrEschat	= Handschriften des Midraschs zur Eschatologie aus Höhle 4 von Qumran.[3]
4QMMT	= Die Handschriften des מקצת מעשה התורה genannten Werkes aus Höhle 4 von Qumran.
4QSap A	= Die Handschriften des Sapiential Work A genannten Textes aus Höhle 4 von Qumran.
11QTemp	= Die Handschriften der Tempelrolle aus Höhle 11 von Qumran.

---

[1] The *Dead Sea Scrolls* of the Hebrew University, Jerusalem 1955.

[2] *Rekonstruktion der Hodajot*: Ursprüngliche Gestalt und kritisch bearbeiteter Text der Hymnenrolle aus Höhle 1 von Qumran, Diss., Heidelberg 1963.

[3] Bei 4QMidrEschat[a] handelt es sich um die ursprünglich als 4QFlorilegium bezeichnete Handschrift aus Höhle 4, bei 4QMidrEschat[b] um die ursprünglich 4QCatena[a] genannte Handschrift. Zur Sache s. Steudel, Midrasch zur Eschatologie, 213f.

In den Transkriptionen verwendete Zeichen:

[…] = Eine durch eine Beschädigung von Leder oder Papyrus hervorge-
rufene Lücke in einer Handschrift.

o   = Ein nicht mehr zu identifizierender Buchstabenrest.

א̊   = Ein so markierter Buchstabe stellt eine mögliche aber nicht sichere
Lesung dar.

א̣   = Ein so markierter Buchstabe ist in der transkribierten Handschrift
beschädigt, aber sicher zu identifizieren.

א̇   = Ein so markierter Buchstabe wurde in der transkribierten Handschrift getilgt oder gestrichen.

LITERATURVERZEICHNIS

K. Aartun, Studien zum Gesetz über den großen *Versöhnungstag* Lev 16 mit Varianten: Ein ritualgeschichtlicher Beitrag, Studia Theologica 34, 1980, 73–109.

M. Abegg, → B. Z. Wacholder.

Academia Inscriptorum et Litterarum Humaniorum, Corpus Inscriptionum Semiticarum, Bd. 1ff., Paris, 1881ff.

A. Adam (Hg.), *Antike Berichte* über die Essener, Kleine Texte für Vorlesungen und Übungen 182, 2., neubearbeitete und erweiterte Auflage von Christoph Burchard, Berlin 1972.

J. M. Allegro, Qumran *Cave 4*: I (4Q158–4Q186), DJD 5, Oxford 1968.

——, The Dead Sea Scrolls and the Christian *Myth*, London 1979.

J. Arambarri, *Der Wortstamm „hören"* im Alten Testament: Semantik und Syntax eines hebräischen Verbs, SBB 20, Stuttgart 1990.

F. Avemarie, *Tora und Leben*: Untersuchungen zur Heilsbedeutung der Tora in der frühen rabbinischen Literatur (2.–5. Jahrhundert), Diss., Tübingen 1994.

N. Avigad, The *Palaeography* of the Dead Sea Scrolls, in: Ch. Rabin & Y. Yadin (Hgg.), Aspects of the Dead Sea Scrolls, Scripta Hierosolymitana 4, Jerusalem 1958, 56–87.

N. Avigad & Y. Yadin, A Genesis Apocryphon: A Scroll from the Wilderness of Judaea, Jerusalem 1956.

M. Baillet, Qumrân *grotte 4*: III (4Q482–4Q520), DJD 7, Oxford 1982.

——, *Textes* des grottes 2Q, 3Q, 6Q, 7Q à 10Q, in: M. Baillet & J. T. Milik & R. de Vaux, Les 'petites grottes' de Qumrân: Exploration de la falaise, Les grottes 2Q, 3Q, 5Q, 6Q, 7Q à 10Q, Le rouleau de cuivre, DJD 3.1, Oxford 1962.

M. Baigent & R. Leigh, Verschlußsache Jesus: Die Qumranrollen und die Wahrheit über das frühe Christentum, München 1991.

K. Baltzer, Das Bundesformular, WMANT 4, Neukirchen–Vluyn 1960.

D. Barag, A *Silver Coin* of Yoḥanan the High Priest and the Coinage of Judea in the Fourth Century B.C., INJ 9, 1986–1987, 4–21.

H. Bardtke, Der gegenwärtige Stand der Erforschung der in Palästina neu gefundenen hebräischen Handschriften: 31. Die *Loblieder* von Qumrān, ThLZ 81, 1956, 149–154.

——, *Literaturbericht* über Qumran, ThR 35, 1970, 196–230; ThR 37, 1972, 97–120.192–219; ThR 38, 1974, 257–291; ThR 39, 1975, 189–221; ThR 40, 1975, 210–226; ThR 41, 1976, 97–140.

——, *Qumran und seine Funde*, ThR 29, 1963, 261–292; ThR 30, 1964, 281–315.

——, *Qumran und seine Probleme*, ThR 33, 1968, 97–119.185–236.

G. Barth, Der Brief an die *Philiper*, ZBK.NT 9, Zürich 1979.

H. Barth & O. H. Steck, *Exegese* des Alten Testaments: Leitfaden der Methodik, 9. Aufl., Neukirchen–Vluyn 1980.

D. Barthélemy & J. T. Milik, Qumran *Cave I*, DJD 1, Oxford 1955.

J. M. Baumgarten, The Cave 4 Versions of the Qumran *Penal Code*, JJS 43, 1992, 268–276.

——, The *Disqualifications* of Priests in 4Q Fragments of the „Damascus Document": A Specimen of the Recovery of pre–Rabbinic Halakha in: J. Trebolle Barrera & L. Vegas Montaner (Hgg.), The Madrid Qumran Congress: Proceedings of the International Congress on the Dead Sea Scrolls, Madrid 18–21 March 1991, StTDJ 11, Leiden/New York/Köln/Madrid 1992, 503–515.

——, The Laws of the *Damascus Document* in Current Research, in: M. Broshi (Hg.), The Damascus Document Reconsidered, Jerusalem 1992, 51–62.

——, The Qumran Cave 4 *Fragments of the Dasmascus Document*, in: Biblical Archaeology Today, 1990: Proceedings of the Second International Congress on Biblical Archaeology, Jerusalem, June–July 1990, Jerusalem 1993, 391–397.

——, A „Scriptural" *Citation* in 4Q Fragments of the Damascus Document, JJS 43, 1992, 95–98.

——, Studies in *Qumran Law*, SJLA 24, Leiden 1977.

——, The Cave 4 Versions of the Qumran *Penal Code*, JJS 43, 1992, 268–276.

——, The 4Q Zadokite Fragments on *Skin Disease*, JJS 41, 1990, 153–165.

J. M. Baumgarten & M. Mansoor, *Studies* in the New *Hodayot* (Thanksgiving Hynms)—I, JBL 74, 1955, 115–124.

W. Baumgartner & L. Koehler & J. J. Stamm, Hebräisches und Aramäisches Lexikon zum Alten Testament, Fasc. 1ff., 3. Aufl., Leiden/New York/København/Köln 1967ff.

Joachim Becker, *Gottesfurcht* im Alten Testament, AnBib 25, Rom 1965.

Jürgen Becker, Das *Heil Gottes*: Heils– und Sündenbegriffe in den Qumrantexten und im Neuen Testament, StUNT 3, Göttingen 1964.

R. T. Beckwith, The Significance of the *Calendar* for Interpreting Essene Chronology and Eschatology, RdQ 10, 1979–1981, 167–202.

J. Begrich, → H. Gunkel.

K. Berger, Das Buch der *Jubiläen*, JSHRZ 2.3, Gütersloh 1981.

——, *Qumran und Jesus*: Wahrheit unter Verschluß?, Stuttgart 1993.

——, Die *Weisheitsschrift* aus der Kairoer Geniza: Erstedition, Kommentar und Übersetzung, TANZ 1, Tübingen 1989.

R. Bergmeier, Die *Essenerberichte* des Flavius Josephus: Quellenstudien zu den Essenertexten im Werk des jüdischen Historiographen, Kampen 1993.

R. Bergmeier & H. Pabst, Ein Lied von der *Erschaffung der Sprache*: Sinn und Aufbau von 1 Q Hodayot I, 27–31, RdQ 5, 1964–1966, 435–439.

G. Bergsträsser, → W. Gesenius.

O. Betz, Offenbarung und *Schriftforschung* in der Qumransekte, WUNT 6, Tübingen 1960.

O. Betz & R. Riesner, *Jesus, Qumran und der Vatikan*: Klarstellungen, Freiburg/Gießen/Basel/Wien 1993.

K. Beyer, Die aramäischen *Texte* vom Toten Meer, samt den Inschriften aus Palästina, dem Testament Levis aus der Kairoer Genisa, der Fastenrolle und den alten talmudischen Zitaten: Aramaistische Einleitung, Text, Übersetzung, Deutung, Grammatik/Wörterbuch, Deutsch–aramäische Wortliste, Register, Göttingen 1984.

——, Die aramäischen Texte vom Toten Meer, samt den Inschriften aus Palästina, dem Testament Levis aus der Kairoer Genisa, der Fastenrolle und den alten talmudischen Zitaten: Aramaistische Einleitung, Text, Übersetzung, Deutung, Grammatik/Wörterbuch, Deutsch–aramäische Wortliste, Register, *Ergänzungsband*, Göttingen 1994.

P. Billerbeck → H. L. Strack.

S. A. Birnbaum, The Hebrew *Scripts*, Part 1: The Text, Leiden 1971, Part 2: The Plates, London 1954–1957.

E. E. F. Bishop, Qumran and the *Preserved Tablet(s)*, RdQ 5, 1964–1966, 253–256.

M. Black (Hg.), Apocalypsis Henochi Graece, PVTG 3, Leiden 1970, 18–44.

D. Börner–Klein, *Tohu und Bohu*: Zur Auslegungsgeschichte von Gen 1,2a, Henoch 15, 1993, 3–41.

G. Bonani u. a., *Radiocarbon Dating* of the Dead Sea Scrolls, ʿAtiqot 20, 1991, 2–32.

G. J. Botterweck & H. Ringgren & H.–J. Fabry (Hgg.), Theologisches Wörterbuch zum Alten Testament, Bd. 1ff., Stuttgart/Berlin/Köln/Mainz 1970ff.

H. Braun, Spätjüdischer und frühchristlicher *Radikalismus*: Jesus von Nazareth und die essenische Qumransekte, Bd. 1: Das Spätjudentum, BHTh 24.1, 2., durchgesehene und ergänzte Auflage, Tübingen 1969.

G. J. Brooke, *Exegesis* at Qumran: 4QFlorilegium in its Jewish Context, JSOT.S 29, Sheffield 1985.

——, The *Genre of 4Q252*: From Poetry to Pesher, Dead Sea Discoveries 1, 1994, 160–179.

——, The *Kittim* in the Qumran Pesharim, in: L. Alexander (Hg.), Images of Empire, JSOT.S 122, Sheffield 1991, 135–159.

——, *Qumran Pesher*: Towards the Redefinition of a Genre, RdQ 10, 1979–1980, 483–503.

——, *The Wisdom of Matthew's Beatitudes* (4QBeat and Mt. 5:3–12), Scripture Bulletin 19, 1989, 35–41.

M. Broshi (Hg.), The Damascus Document Reconsidered, Jerusalem 1992.

R. E. Brown, u. a., A *Preliminary Concordance* to the Hebrew and Aramaic Fragments from Qumrân Caves II–X Including Especially the Unpublished Material from Cave IV, Bd. 1–5, herausgegeben von H.–P. Richter & H. Stegemann & J. Strugnell, Göttingen 1988.

W. H. Brownlee, *Biblical Interpretation* among the Sectaries of the Dead Sea Scrolls, BA 14, 1951, 54–76.

——, The *Midrasch–Pesher* of Habakkuk: Text, Translation, Exposition with an Introduction, SBL.MS 24, Missoula 1979.

——, The *Text of Habbakuk* in the Ancient Commentary from Qumran, JBL.MS 11, Philadelphia 1959.

——, The Dead Sea *Manual* of Discipline: Translation and Notes, BASOR.S 10–12, New Haven 1951.

W. Burkert, Antike *Mysterien*: Funktionen und Gehalt, 2., unveränderte Aufl., München 1991.

M. Burrows, The *Discipline Manual* of the Judaean Covenanters, OTS 8, 1950, 156–192.

M. Burrows u. a. (Hgg.), The Dead Sea Scrolls of the St. Mark's Monastery, Bd. 1–2, New Haven 1950–1951.

H. A. Butler, The *Chronological Sequence* of the Scrolls of Qumran Cave One, RdQ 2, 1959–1960, 533–539.

Ph. R. Callaway, The *History* of the Qumran Community: An Investigation, JSPE.S 3, Sheffield 1988.

——, *MÎ 'AD TÛMĀM*: An Abbreviated Gloss?, RdQ 12, 1985–1987, 263–268.

J. G. Campbell *Scripture in The Damascus Document* 1:1–2:1, JJS 44, 1993, 83–99.

O. Camponovo, *Königtum*, Königsherrschaft und Reich Gottes in den Frühjüdischen Schriften, OBO 58, Fribourg/Göttingen 1984.

J. Cantineau, *Tadmorea*, Syria 17, 1936, 346–355.

A. Caquot, *4Q Mess Ar* 1 i 8–11, RdQ 15, 1991–1992, 145–155.

J. Carmignac, Les *citations* de l'Ancien Testament, et spécialement des Poèmes du Serviteur dans les Hymnes de Qumrân, RdQ 2, 1959–1960, 357–394.

——, *Compléments* au texte des hymnes de Qumran, RdQ 2, 1959–1960, 267–276.549–558.

——, Le document de Qumrân sur *Melkisédeq*, RdQ 7, 1969–1971, 342–278.

——, L'emploi de la *négation* ין dans la Bible et à Qumran, RdQ 8, 1972–1975, 407–413.

——, La future *intervention* de Dieu selon la pensée de Qumrân, in: M. Delcor (Hg.), Qumrân: Sa piété, sa théologie et son milieu, BETL 46, Louvain 1978, 219–229.

——, Les *Horoscopes* de Qumrân, RdQ 5, 1964–1966, 199–217.

——, Qu'est–ce que l'*Apocalyptique*?: Son emploi à Qumrân, RdQ 10, 1979–1981, 3–33.

——, La *règle de la guerre* des fils de lumière contre les fils de ténèbres: Texte restauré, traduit, commenté, Paris 1958.

J. H. Charlesworth, The *Discovery* of a Dead Sea Scroll (4QTherapeia): Its Importance in the History of Medicine and Jesus Research, Lubbock 1985.

——, Has *the Name „Peter"* Been Found Among the Dead Sea Scrolls, in: B. Mayer (Hg.), Christen und Christliches in Qumran?, ESt.NF 32, Regensburg 1992, 213–225.

——, Has the Name „*Peter*" been Found among the Dead Sea Scrolls, Qumran Chronicle 2, 1992–1993, 105–106.

——, → E. Qimron.

J. H. Charlesworth (in Verbindung mit R. E. Whitaker & L. G. Hickerson & S. R. A. Starbuck & L. T. Stuckenbrock), *Graphic Concordance* to the Dead Sea Scrolls, Tübingen/Louisville 1991.

D. J. A. Clines u. a. (Hgg.), The *Dictionary of Classical Hebrew*, Bd. 1ff., Sheffield 1993ff.

J. J. Collins, Jewish Apocalyptic against its Hellenistic Near Eastern *Environment*, in: F. F. Campbell & R. G. Baling (Hgg.), Essays in Honor of G. E. Wright, FS G. E. Wright, BASOR 220/221, 1975–1976, 27–36.

——, Was the Dead Sea Sect an *Apocalyptic Movement?*, in: L. H. Schiffman (Hg.), Archaeology and History in the Dead Sea Scrolls: The New York Conference in Memory of Yigael Yadin, JSPE.S 8, Sheffield 1990, 25–51.

——, The *Works of the Messiah*, Dead Sea Discoveries 1, 1994, 98–112.

F. M. Cross, Die *antike Bibliothek* von Qumran und die moderne biblische Wissenschaft: Ein zusammenfassender Überblick über die Handschriften vom Toten Meer und ihre einstigen Besitzer, Ergänzungsbände zu den Biblischen Studien 5, Neukirchen–Vluyn 1967.

——, The *Development of the Jewish Scripts*, in: G. E. Wright (Hg.), The Bible and the Ancient Near East, FS W. F. Albright, Garden City 1961, 133–202.

——, A New Qumran *Biblical Fragment* Related to the Original Hebrew Underlying the Septuagint, BASOR 132, 1953, 15–26.

——, *Paleographical Dates* of the Manuscripts, in: J. H. Charlesworth (Hg.), The Dead Sea Scrolls: Hebrew, Aramaic, and Greek Texts with English Translations, Bd. 1: Rule of the Community and Related Documents, Tübingen/Louisville 1994, 57.

F. M. Cross & D. N. Freedman & J. A. Sanders (Hgg.), *Scrolls from Qumrân Cave I*: The Great Isaiah Scroll, the Order of the Community, the Pesher Habakkuk, Jerusalem 1972.

U. Dahmen → N. Lohfink.

F. Daumas, *Littérature* prophétique et exégétique égyptienne et *commentaires esséniens*, in: A. Baruq & J. Duplacy & H. George & H. de Lubac (Hgg.), A la reconcre de dieu, Memorial Albert Gelin, BFCTL 8, Le Puy 1961, 203–221.

M. J. Davidson, *Angels at Qumran*: A Comparative Study of 1 Enoch 1–36, 72–108 and Sectarian Writings from Qumran, JSPE.S 11, Sheffield 1992.

G. I. Davies, Ancient Hebrew Inscriptions: Corpus and Concordance, Cambridge/New York/Port Chester/Melbourne/Sydney 1991.

Ph. R. Davies, The *Damascus Covenant*: An Interpretation of the „Damascus Document“, JSOT.S 25, Sheffield 1983.

——, § *Damascus Rule* (CD), in: D. N. Freedman u. a. (Hgg.), The Anchor Bible Dictionary, Bd. 2, New York/London/Toronto/Sydney/Auckland 1992, 8–10.

——, *The Temple Scroll and the Damascus Document*, in: G. J. Brooke (Hg.), Temple Scroll Studies: Papers presented at the International Symposium on the Temple Scroll, Manchester, December 1987, JSPE.S 7, 201–210.

R. Deines, Die *Abwehr des Fremden* in den Texten aus Qumran: Zum Verständnis der Fremdenfeindlichkeit in der Qumrangemeinde, in: R. Feldmeier & U. Heckel (Hgg.), Die Heiden: Juden, Christen und das Problem des Fremden, mit einer Einleitung von M. Hengel, WUNT 70, Tübingen 1994, 59–91.

M. Delcor, Les *hymnes* de Qumran (Hodayot): texte hébreu, introduction, traduction, commentaire, Paris 1962.

C. Dell'Aversano, מֹשֵׁפ in *Qoh 11:9c*, in: A. Vivian (Hg.), Biblische und Judaistische Studien, FS P. Sacchi, JudUm 29, Frankfurt a. M./Bern/New York/Paris 1990, 121–134.

R. Deichgraber, Zur Messiaserwartung der Damaskusschrift, ZAW 78, 1966, 333–343.

C. Deutsch, *Hidden Wisdom* and the Easy Yoke: Wisdom, Torah and Discipleship in Matthew 11.25–30, JSNT.S 18, Sheffield 1987.

D. Dimant, *Apocalyptic Texts* at Qumran, in: E. Ulrich & J. C. VanderKam (Hgg.), The Community of the Renewed Covenant: The Notre Dame Symposion on the Dead Sea Scrolls, Christianity and Judaism in Antiquity Series 10, Notre Dame 1994, 175–191.

——, *1 Enoch 6–11*: A Methodological Perspective, SBL.SP 1, 1978, 323–339.

——, The ,*Pesher on the Periods*' (4Q180) and 4Q181, IOS 9, 1979, 77–102.

——, § *Pesharim*, Qumran, in: D. N. Freedman u. a. (Hgg.), The Anchor Bible Dictionary, Bd. 5, New York/London/Toronto/Sydney/Auckland 1992, 239–244.

——, The *Qumran Manuscripts*: Contents and Significance, in: D. Dimant & L. H. Schiffman (Hgg.), Time to Prepare the Way in the Wilderness: Papers on the Qumran Scrolls by

Fellows of the Institute of Advanced Studies of the Hebrew University, Jerusalem, 1989–1990, StTDJ 16, Leiden/New York/Köln 1995, 23–58.

——, *Qumran Sectarian Literature*, in: M. E. Stone (Hg.), Jewish Writings of the Second Temple Period: Apocrypha, Pseudepigrapha, Qumran Sectarian Writings, Philo, Josephus, CRINT 2, Assen/Philadelphia 1984, 483–550.

——, 4QFlor and the Idea of the *Community as Temple*, in: A. Caquot & M. Hadas–Lebel & J. Riaud (Hgg.), Hellenica et Judaica, FS V. Nikiprovetzky, Louvain/Paris 1986, 165–189.

B. W. W. Dombrowski, An *Annotated Translation* of Miqṣāt Maʿasēh ha–Tôra (4QMMT), Weenzen 1992.

——, The *Meaning* of the Qumran Terms „TʿWDH" and „MDH", RdQ 7, 1969–1971, 567–574.

D. Dombrowski Hopkins, The Qumran Community and 1 Q *Hodayot*: a Reassessment, RdQ 10, 1979–1981, 323–364.

R. Donceel & P. Donceel–Voûte, The *Archaeology* of Khirbet Qumran, in: M. O. Wise u. a. (Hgg.), Methods of Investigation of the Dead Sea Scrolls and the Khirbet Qumran Site: Present Realities and Future Prospects, Annals of the New York Academy of Sciences 722, New York 1994, 1–38.

P. Donceel–Voûte, → R. Donceel

G. R. Driver, Once Again *Abbreviations*, Textus 4, 1964, 76–94.

A. Dupont–Sommer, *Aperçus préliminaire* sur les manuscrits de la mer Morte, Paris 1950.

——, Le „*Commentaire d'Habacuc*" découvert près de la Mer Morte: Traduction et notes, RHR 13, 1950, 127–171.

——, *Contribution* à l'exegésè du manuel de discipline X 1–8, VT 2, 1952, 229–243.

——, *Die essenischen Schriften* vom Toten Meer, Tübingen 1960.

——, Le *Livre des Hymnes* découvert prés de la mer Morte (1QH): Traduction intégrale avec introduction et notes, Semitica 7, 1957, 5–120.

B. Ego, *Im Himmel wie auf Erden*: Studien zum Verhältnis von himmlischer und irdischer Welt im rabbinischen Judentum, WUNT II 34, Tübingen 1989.

R. Eisenman, *James the Just* in the Habakuk Pesher, Leiden 1986.

——, *Maccabees, Zadokites*, Christians and Qumran: A New Hypothesis of Qumran Origins, Leiden 1983.

R. Eisenman & J. M. Robinson, A Facsimile Edition of the Dead Sea Scrolls: Prepared with an Introduction and Index, Bd. 1–2, Washington 1991.

R. Eisenman & M. O. Wise, The *Dead Sea Scrolls Uncovered*: The First Complete Translation and Interpretation of 50 Key Documents Withheld for Over 35 Years, Shaftesbury/Rockport/Brisbane 1992.

——, Jesus und die Urchristen: Die *Qumran–Rollen* entschlüsselt, München 1993.

W. Ekschmitt, Ugarít—Qumrán—Nag Hámmadi: Die großen *Schriftfunde* zur Bibel, Kulturgeschichte der antiken Welt Sonderband, Mainz 1993.

T. Elgvin, *Admonition Texts* from Qumran Cave 4, in: M. O. Wise u. a. (Hgg.), Methods of Investigation of the Dead Sea Scrolls and the Khirbet Qumran Site: Present Realities and Future Prospects, Annals of the New York Academy of Sciences 722, New York 1994, 179–196.

K. Elliger, *Studien zum Habakuk–Kommentar* vom Toten Meer, BHTh 15, Tübingen 1953.

K. Elliger & W. Rudolph u. a., Biblia Hebraica Stuttgartensia, Stuttgart 1967–1977.

R. Eppel, Les tables de la Loi et les *tables célestes*, RHPhR 17, 1937, 401–412.

E. Eshel, 4Q477: The *Rebukes by the Overseer*, JJS 45, 1994, 111–122.

——, → M. E. Stone.

E. Eshel & H. Eshel & A. Yardeni, A *Qumran Composition* Containing Part of Ps. 154 and a Prayer for the Welfare of King Jonathan and his Kingdom, IEJ 42, 1992, 199–229.

E. Eshel & A. Lange & K. F. D. Römheld, *Dokumentation* neuer Texte, ZAH 7, 1994, 101–121.

H. Eshel, A Fragmentary Hebrew *Inscription of the Priestly Courses?*, Tarbiṣ 61, 1991–1992, 159–161.VII (hebräisch).

——, → E. Eshel.

H.-J. Fabry, Der *Makarismus*—mehr als nur eine weisheitliche Lehrform, in: J. Hausmann & H.-J. Zobel (Hgg.), Altestamentlicher Glaube und Biblische Theologie, FS H. D. Preuß, Stuttgart/Berlin/Köln 1992, 362–371.

——, *Schriftverständnis* und Schriftauslegung der Qumran–Essener, in: H. Merklein & K. Müller & G. Stemberger (Hgg.), Bibel in jüdischer und christlicher Tradition, FS J. Maier, BBB 88, Frankfurt a. M. 1993, 87–96.

——, § רוּחַ *rûaḥ* VII–VIII, ThWAT 7, 1990ff., 419–425.

——, → G. J. Botterweck.

H. Feltes, Die Gattung des Habakukkommentars von Qumran (1 QpHab): Eine Studie zum frühen jüdischen Midrasch, FzB 58, Würzburg 1986.

A. Finkel, The *Pesher* of Dreams and Scriptures, RdQ 4, 1963–1964, 357–370.

M. Fishbane, The *Qumran Pesher* and Traits of Ancient Hermeneutics, in: A. Shinan (Hg.), Proceedings of the Sixth World Congress of Jewish Studies: Held at The Hebrew University of Jerusalem 13–19 August 1973 Under the Auspices of The Israel Academy of Sciences and Humanities, Bd. 6.1, Jerusalem 1977, 97–114.

J. A. Fitzmyer, The Aramaic *„Elect of God"* Text from Qumran Cave IV, CBQ 27, 1965, 348–372.

——, Die jüngste Form der *Katholiken–Hetze*, BiKi 48, 19–24.

——, *Prolegomenon*, in: S. Schechter, Fragments of a Zadokite Work, Documents of Jewish Sectaries 1, Cambridge 1910, Nachdruck mit einer Einleitung von J. A. Fitzmyer, New York 1970.

——, *Responses* to 101 Questions on the Dead Sea Scrolls, Mahwak 1992.

——, The Use of Explicit *Old Testament Quotations* in Qumran Literature and the New Testament, in: ders., Essays on the Semitic Background of the New Testament, London 1971.

M. Fox, *Words for Wisdom*: תבונה and בינה; ערמה and מזמה; עצה and תושיה, ZAH 6, 1993, 149–169.

S. D. Fraade, *Enosh* and His Generation: Pre–Israelite Hero and History in Postbiblical Interpretation, SBL.MS 30, Chico 1984.

M. Franzmann, The Use of the Terms „King" and „Kingdom" in a Selection of Gnostic Writings in Comparison with the *Songs of the Sabbath Sacrifice*, Le Museon 106, 1993, 5–20.

D. N. Freedman, → F. M. Cross.

I. Fröhlich, *Pesher*, Apocalyptical Literature and Qumran, in: J. Trebolle Barrera & L. Vegas Montaner (Hgg.), The Madrid Qumran Congress: Proceedings of the International Congress on the Dead Sea Scrolls, Madrid 18–21 March 1991, Bd. 1, StTDJ 11.1, Leiden/New York/Köln/Madrid 1992, 295–305.

R. N. Frye, *Reitzenstein and Qumran* Revisited by an Iranian, HThR 55, 1962, 261–268.

J. Fürst, → A. Wünsche.

F. García Martínez, The *Dead Sea Scrolls Translated*: The Qumran Texts in English, Leiden/New York/Köln 1994.

——, *Lista* de MSS procedentes de Qumran, Henoch 11, 1989, 143–232.

——, *Qumran and Apocalyptic*: Studies on the Aramaic Texts from Qumran, StTDJ 9, Brill 1992.

——, *Qumran Origins* and Early History: A Groningen Hypothesis, FolOr 25, 1988, 113–136.

——, Las *Tablas Celeste* en el Libro de los Jubileos, in: A. Vargas–Machuca & G. Ruiz (Hgg.), Palabry y Vida, FS J Alonso Díaz, Publicaciones de la Universidad Pontificia Comillas Madrid, Series I. Estudios 58, Madrid 1984, 333–349.

F. García Martínez & A. S. van der Woude, A *„Groningen"* Hypothesis of Qumran Origins and Early History, RdQ 14, 1989–1990, 521–542.

E. Gerstenberger, § חעב, THAT 2, 1051–1055.

H. Gese, *Anfang und Ende der Apokalyptik*, dargestellt am Sacharjabuch, ZThK 70, 1973, 20–49.

W. Gesenius & E. Kautzsch & G. Bergsträsser, Hebräische *Grammatik*, Lizenzausgabe des 1985 in Hildesheim/New York/Zürich erschienenen Nachdrucks, Darmstadt 1991.

W. Gesenius (in Verbindung mit H. Zimmern & W. M. Müller & O. Weber, bearbeitet von F. Buhl), Hebräisches und Aramäisches *Handwörterbuch* über das Alte Testament, Unveränderter Neudruck der 1915 erschienenen 17. Aufl., Berlin/Göttingen/Heidelberg 1962.

U. Gleßmer, Antike und moderne Auslegungen des Sintflutberichtes Gen 6–8 und der Qumran–Pesher 4Q252, Mitteilungen und Beiträge 6, 1993, 3–79.

——, Der *364–Tage–Kalender* und die Sabbatstruktur seiner Schaltungen in ihrer Bedeutung für den Kult, in: D. R. Daniels & U. Gleßmer & M. Rösel (Hgg.), Ernten, was man sät, FS K. Koch, Neukirchen–Vluyn 1991, 379–398.

L. Ginzberg, *Eine unbekannte jüdische Sekte*, MGWJ 55–58, 1911–1914.

——, The *Legends of the Jews*, Bd. 1–7, Philadelphia 1910–1938.

N. Golb, Khirbet Qumran and the *Manuscript Finds* of the Judean Wilderness, in: M. O. Wise u. a., (Hgg.), Methods of Investigation of the Dead Sea Scrolls and the Khirbet Qumran Site: Present Realities and Future Prospects, Annals of the New York Academy of Sciences 722, New York 1994, 51–72.

——, The Problem of *Origin and Identification* of the Dead Sea Scrolls, PAAJR 124, 1980, 1–24.

——, *Qumran*: Wer schrieb die Schriftrollen vom Toten Meer?, Hamburg 1994.

——, Who Hid the *Dead Sea Scrolls*?, BA 48, 1985, 68–92.

M. D. Goodman, → G. Vermes.

M. H. Goshen–Gottstein, „Sefer Hagu"—The End of a Puzzle, 1958, VT 8, 286–288.

M. Görg, „*Dämon*" statt „Eulen" in Jes 13,21, BN 62, 1992, 16–17.

P. Grelot, *Hénoch et ses écritures*, RB 82, 1975, 481–500.

K. E. Grözinger u. a. (Hgg.), Qumran, Wege der Forschung 410, Darmstadt 1981.

P. Guilbert, Le plan de la „Règle de la Communauté", RdQ 1, 1958–1959, 323–344.

H. Gunkel & J. Begrich, *Einleitung in die Psalmen*: Die Gattungen der religiösen Lyrik Israels, 3. Aufl., Göttingen 1975.

P. D. Hanson, The *Dawn of Apocalyptic*: The Historical and Sociological Roots of Jewish Apocalyptic Eschatology, revised edition, Philadelphia 1979.

D. J. Harrington, Wisdom at Qumran, in: E. Ulrich & J. C. VanderKam (Hgg.), The Community of the Renewed Covenant: The Notre Dame Symposion on the Dead Sea Scrolls, Christianity and Judaism in Antiquity Series 10, Notre Dame 1994, 137–152.

D. J. Harrington & J. Strugnell, *Qumran Cave 4 Texts*: A New Publication, JBL 112, 1993, 491–499.

Z. S. Harris, A *Grammar* of the Phoenician Language, AOS 8, Connecticut 1936.

E. Hatch & H. A. Redpath, A *Concordance* to the Septuagint and other Greek Versions of the Old Testament (Including Apocryphal Books), Bd. 1–3, unveränderter Nachdruck der 1897 in Oxford erschienenen Ausgabe, Graz 1975.

M. Hengel, *Judentum und Hellenismus*: Studien zu ihrer Begegnung unter besonderer Berücksichtung Palästinas bis zur Mitte des 2.Jh.s v.Chr., WUNT 10, 2. durchgesehene und ergänzte Auflage, Tübingen 1973.

W. B. Henning, The Book of Giants, BSOAS 11, 1943–1946, 52–74.

——, Ein manichäisches Henochbuch, Sitzungsberichte der preußischen Akademie der Wissenschaften, philosophisch–historische Klasse 1934, 27–35.

J. Hoftijzer & C.–F. Jean, Dictionnaire des Inscriptions Sémitiques de l'ouest, Leiden 1965.

S. Holm–Nielsen, *Erwägungen* zu dem Verhältnis zwischen den Hodajot und den Psalmen Salomos, in: S. Wagner (Hg.), Bibel und Qumran: Beiträge zur Erforschung der Beziehungen zwischen Bibel– und Qumranwissenschaft, FS H. Bardtke, Berlin 1968, 112–131.

——, *Hodayot*: Psalms from Qumran, AThD 2, Aarhus 1960.

——, *Religiöse Poesie* des Spätjudentums, in: W. Haase (Hg.), Principat, Bd. 19.1: Religion (Judentum: Allgemeines; Palästinisches Judentum), ANRW II 19.1, 152–186.

M. P. Horgan, *Pesharim*: Qumran Interpretations of Biblical Books, CBQ.MS 8, Washington 1979.

M. P. Horgan & P. J. Kobelski, The *Hodayot* and New Testament Poetry, in: dies. (Hgg.): To Touch the Text: Biblical and Related Studies in Honor of Joseph A. Fitzmyer, S.J., FS J. A. Fitzmyer, New York 1989, 179–193.

R. V. Huggins, A Canonical 'Book of Periods' at Qumran?, RdQ 15, 1991–1992, 421–436.

C.-H. Hunzinger, Fragmente einer älteren Fassung des Buches *Milḥamā* aus Höhle 4 von Qumran, ZAW 69, 1957, 131–151.

J. P. Hyatt, The *View of Man* in the Qumran „Hodayot", NTS 2, 1956, 276–284.

F. Jacoby, Die Fragmente der Griechischen Historiker Teil I–III mit Kommentarbänden, Leiden 1923ff.

B. Janowski, *Sühne* als Heilsgeschehen: Studien zur Sühnetheologie der Priesterschrift und zur Wurzel KPR im Alten Orient und im Alten Testament, WMANT 55, Neukirchen–Vluyn 1982.

M. Jastrow, A *Dictionary* of the Targumim, the Talmud Babli and Yerushalmi, and the Midrashic Literature, Nachdruck, Jerusalem (ohne Jahresangabe).

A. Jaubert, The *Date* of the Last Supper, Staten Island 1965.

E. Jenni & C. Westermann, Theologisches Handwörterbuch zum Alten Testament, Bd. 1–2, München/Zürich 1971–1976.

G. Jeremias, Der *Lehrer* der Gerechtigkeit, StUNT 2, Göttingen 1963.

J. H. Johnson, Demotic Chronicle, in: D. N. Freedman u. a. (Hgg.), The Anchor Bible Dictionary, Bd. 2, New York/London/Toronto/Sydney/Auckland 1992, 142–144.

M. Z. Kaddari, The Root *TKN* in the Qumran Texts, RdQ 5, 1964–1966, 219–224.

E. Kamlah, *Die Form der katalogischen Paränese* im Neuen Testament, WUNT 7, Tübingen 1967.

A. S. Kapelrud, Der *Bund* in den Qumran–Schriften, in: S. Wagner (Hg.), Bibel und Qumran: Beiträge zur Erforschung der Beziehungen zwischen Bibel– und Qumranwissenschaft, FS H. Bardtke, Berlin 1968, 137–149.

E. Kautzsch, Die *Aramaismen* im Alten Testament: I. Lexikalischer Teil, Halle a. S. 1902.

——, → W. Gesenius.

D. Kellermann, § כָּשֵׁר *kāšer* כִּשְׁרוֹן *kišrôn*, ThWAT 4, 1984, 381–385.

B. P. Kittel, The *Hymns* of Qumran: Translation and Commentary, SBL.DS 50, Chico 1981.

M. A. Knibb (in consultation with E. Ullendorf), The Ethiopic *Book of Enoch*: A New Edition in the Light of the Aramaic Dead Sea Fragments, Bd. 2: Introduction, Translation and Commentary, Oxford 1978.

I. Knohl, → Sh. Talmon.

P. J. Kobelski, *Melchizedek* and Melchireša', CBQ.MS 10, Washington 1981.

——, → M. P. Horgan.

K. Koch, Was ist *Formgeschichte*. Methoden der Bibelexegese, 4. Aufl., Neukirchen–Vluyn 1981.

K. Koch unter Mitarbeit von T. Niewisch und J. Tubach, Das Buch *Daniel*, EdF 144, Darmstadt 1980.

L. Köhler, → W. Baumgartner.

L. Koep, *Das himmlische Buch* in Antike und Christentum: Eine religionsgeschichtliche Untersuchung zur altchristlichen Bildersprache, Theophaneia 8, Bonn 1952.

H. Kosmala, At the End of the Days, ATSI 2, 1963, 27–37.

——, *Maśkîl*, in: D. Marcus u. a. (Hgg.), The Gaster Festschrift, FS T. H. Gaster, The Journal of the Ancient Near Eastern Society of Columbia University 5, 1973, 235–241.

M. Küchler, Frühjüdische *Weisheitstraditionen*: Zum Fortgang weisheitlichen Denkens im Bereich des frühjüdischen Jahweglaubens, OBO 26, Fribourg/Göttingen 1979.

H.–W. Kuhn, *Enderwartung* und gegenwärtiges Heil: Untersuchungen zu den Gemeinde-liedern von Qumran mit einem Anhang über Eschatologie und Gegenwart in der Verkündigung Jesu, StUNT 4, Göttingen 1966.

K. G. Kuhn, Die Sektenschrift und die *iranische Religion*, ZThK 49, 1952, 296–316.

——, Rückläufiges hebräisches Wörterbuch, Göttingen 1958.

K. G. Kuhn u. a. (Hgg.), *Konkordanz* zu den Qumrantexten, Göttingen 1960.

H. M. Kümmel, Ersatzkönig und *Sündenbock*, ZAW 80, 1968, 289–318.

E. Y. Kutscher, Hebrew *Language*, The Dead Sea Scrolls, Encyclopedia Judaica 16, Jerusalem 1971, 1583–1590.

——, Hebrew and Aramaic *Studies*, Jerusalem 1977.

A. Laato, The *Chronology in the Damascus Document* of Qumran, RdQ 15, 1990–1992, 607–609.

A. Lange, Computer Aided Text–Reconstruction and Transcription: *CATT–Manual*, with an Introduction by Hermann Lichtenberger and an Appendix by Timothy Doherty, Tübingen 1993.

——, Eine neue *Lesart* zu 4Q180: *kllh* vice *klh*: Die Vernichtung von Sodom und Gomorrha als Ganzopfer, ZAH 6, 1993, 232–234.

——, *Weisheit und Torheit* bei Kohelet und in seiner Umwelt, EHS.T 433, Frankfurt a.M./Bern/New York/Paris 1991.

——, 1QGenAp XIX₁₀–XX₃₂ as Paradigm of the *Wisdom Didactive Narrative*, in: H.–J. Fabry & A. Lange & H. Lichtenberger (Hgg.), Qumranstudien, Studien des Institu-tum Judaicum Delitzschianum 3, Göttingen 1995, 191–204.

——, → E. Eshel.

R. Leigh → M. Baigent.

A. A. di Lella, → P. W. Skehan.

I. Lévi, *Document* relatif à la „Communauté des fils de Sadoc", REJ 65, 1913, 24–31.

J. Levy, *Chaldäisches Wörterbuch* über die Targumim und einen großen Teil des rabbinischen Schrifttums, unveränderter Neudruck der dritten Auflage, Bd. 1–2, Köln 1958.

——, *Wörterbuch* über die Talmudim und Midraschim Bd. 1–4, unveränderter fotomecha-nischer Nachdruck der 2. Aufl., Berlin und Wien 1924, Darmstadt 1963.

J. Licht, An *Analysis* of the Treatise on the Two Spirits in DSD, in: Ch. Rabin & Y. Yadin (Hgg.), Aspects of the Dead Sea Scrolls, Scripta Hierosolymitana 4, Jerusalem 1958, 88–100.

——, The *Doctrine* of the Thanksgiving Scroll, IEJ 6, 1956, 1–13.89–101.

——, *Megillat ha–Serakim*, Jerusalem 1965.

H. Lichtenberger, Studien zum *Menschenbild* der Qumrangemeinde, Göttingen 1980.

——, Zu *Vorkommen und Bedeutung* von יצר im Jubiläenbuch, JStJ 14, 1983, 1–10.

——, *Eine weisheitliche Mahnrede* in den Qumranfunden (4Q185), in: M. Delcor (Hg.), Qumrân: sa piété, sa théologie et son milieu, BEThL 46, Paris/Louvain 1978, 151–162.

H. Lichtenberger & E. Stegemann, Zur *Theologie des Bundes* in Qumran und im Neuen Testament, KuI 6, 1991, 134–146.

M. Lidzbarski, *Ephemeris* für semitische Epigraphik, Erster Band 1900–1902, Giessen, 1902.

T. H. Lim, The Chronology of the *Flood Story* in a Qumran Text (4Q252), JJS 43, 1992, 288–298.

——, The *Wicked Priests* of the Groningen Hypothesis, JBL 112, 1993, 415–425.

M. Limbeck, Die *Ordnung des Heils*: Untersuchungen zum Gesetzesverständnis des Frühju-dentums, KBANT, Düsseldorf 1971.

H. v. Lips, Weisheitliche Traditionen im Neuen Testament, WMANT 63, Neukirchen–Vluyn 1990.

W. L. Lipscomb & J. A. Sanders, *Wisdom at Qumran*, in: J. G. Gammie u. a. (Hgg.), Israelite Wisdom: Theological und Literary Essays in Honor of Samuel Terrien, FS S. Terrien, Missoula 1978, 277–285.

N. Lohfink, *Lobgesänge der Armen*: Studien zum Magnifikat, den Hodajot von Qumran und einigen späten Psalmen. Mit einem Anhang: Hodajot–Bibliographie 1948–1989 von Ulrich Dahmen, SBS 143, Stuttgart 1990.

E. Lohse (Hg.), Die *Texte aus Qumran*: Hebräisch und Deutsch, 3. Aufl., Darmstadt 1981.

O. Loretz, Leberschau, Sündenbock, *Asasel* in Ugarit und Israel, Ugaritisch–Biblische Literatur 3, Altenberge/Soest 1985.

D. Lührmann, Ein *Weisheitspsalm* aus Qumran (11 Q Ps^a XVIII), ZAW 80, 1968, 87–98.

R. T. Lutz, → A. Pietersma.

G. Maier, *Mensch und freier Wille* nach den jüdischen Religionsparteien zwischen Ben Sira und Paulus, WUNT 12, Tübingen 1971.

J. Maier, Die Bedeutung der *Qumranfunde* für das Verständnis des Judentums, BiKi 48, 1993, 2–9.

——, Zu *Kult und Liturgie* der Qumrangemeinde, RdQ 14, 1989–1990, 543–586.

——, *Shîrê 'Ôlat hash–Shabbat*: Some Observations on their Calendric Implications and on their Style, in: J. Trebolle Barrera & L. Vegas Montaner (Hgg.), The Madrid Qumran Congress: Proceedings of the International Congress on the Dead Sea Scrolls, Madrid 18–21 March 1991, Bd. 2, StTDJ 11.2, Leiden/New York/Köln/Madrid 1992, 543–560.

——, Die *Tempelrolle* vom Toten Meer, UTB 829, München/Basel 1978.

——, *Vom Kultus zur Gnosis*: Studien zur Vor– und Frühgeschichte der „jüdischen Gnosis": Bundeslade, Gottesthron Märkābāh, Kairos.St 1, Salzburg 1964.

——, *Zwischen den Testamenten*: Geschichte und Religion in der Zeit des Zweiten Tempels, Die neue Echter Bibel, Ergänzungsband zum Alten Testament 3, Würzburg 1990.

M. Mansoor, The *Thanksgiving Hymns*: Translated and Annotated with with an Introduction, STDJ 3, Leiden 1961.

——, → J. M. Baumgarten.

P. A. Mantovani, La *stratificazione letteraria* della *Regola della Communità*: a proposito di uno studio recente, Henoch 5, 1983, 69–91.

J. Marböck, *Gesetz* und Weisheit: Zum Verhältnis des Gesetzes bei Jesus Sirach, BZ 20, 1976, 1–21.

——, *Weisheit im Wandel*, Untersuchungen zur Weisheitstheologie bei Ben Sira, BBB 37, Bonn 1971.

R. Marcus, *Josephus* with an English Translation, Bd. 7: Jewish Antiquities, Books XII–XIV, LCL, London/Cambridge Massachusetts 1961.

M. Martin, The *Scribal Character* of the Dead Sea Scrolls, Bd. 1–2, BMus 44–45, Louvain 1958.

H. G. May, *Cosmological Reference* in the Qumran Doctrine of the Two Spirits and in Old Testament Imagery, JBL 82, 1963, 1–14.

H. E. del Medico, *L'énigme* des manuscrits de la Mer Morte: Études sur la date, la provenance et le contenu des manuscrits découverts dans la grotte I de Qumrân, Paris 1957.

B. Meissner, *Babylonien* und Assyrien, Bd. 2, Kulturgeschichtliche Bibliothek I 4, Heidelberg 1925.

A. Mertens, Das Buch *Daniel im Lichte der Texte vom Toten Meer*, SBM 12, Stuttgart 1991.

E. H. Merrill, Qumran and Predestination: A Theological Study of the Thanksgiving Hymns, StTDJ 8, Leiden 1975.

S. Metso, The Preliminary Results of the *Reconstruction of 4QS^e*, JJS 44, 1993, 303–308.

R. Meyer, *Hebräische Grammatik*, Bd. I–IV, Berlin 1966–1972.

D. Michel, *Weisheit* und Apokalyptik, in: A. S. van der Woude (Hg.), The Book of Daniel in the Light of New Findings, Louvain 1993, 413–434.

J. T. Milik, The Books of *Enoch*, Aramaic Fragments of Qumrân Cave 4, Oxford 1976.

——, *Écrits préésséniens* de Qumrân: d'Henoch à Amram, in: M. Delcor (Hg.), Qumrân: Sa piété, sa théologie et son milieu, BEThL 46, Paris/Louvain 1978, 91–106.

——, *Fragment d'une source du Psautier* (4Q Ps 89) et fragments des Jubilés, du Document de Damas, d'un phylactère dans la grotte 4 de Qumran, RB 73, 1966, 94–106.

——, *Milkî–ṣedeq* et Milkî–reša' dans les anciens écrits juifs et chrétiens, JJS 23, 1972, 95–144.

——, Les modèles araméens du livre d'*Esther* dans la Grotte 4 de Qumrân, RdQ 15, 1991–1992, 321–406.

——, *Numérotation* des feuilles des rouleaux dans le scriptorium de Qumrân, Sem 27, 1977, 75–81.

——, Problèmes de la *littérature Hénochique* à la lumiere des fragments Arameèns de Qumrân, HThR 64, 1971, 333–378.

——, *Rezension* von P. Wernberg–Møller, The *Manual of Discipline*, RB 67, 1960, 410–416.

——, *Ten Years of Discovery* in the Wilderness of Judaea, SBT, London 1963.

——, *Textes de la grotte 5Q*, in: M. Baillet & J. T. Milik & R. de Vaux, Les „petites grottes" de Qumrân: Exploration de la falaise, Les grottes 2Q, 3Q, 5Q, 6Q, 7Q à 10Q, Le rouleau de cuivre: Textes, DJD 3.1, Oxford 1962, 165–197.

——, *Textes hébreux et araméens*, in: P. Benoit & J. T. Milik & R. de Vaux (Hgg.), Les Grottes de Murabbaʿat: Textes, DJD 2.1, Oxford 1961, 67–205.

——, Le *travail d'édition des manuscrits* du désert de Juda, in: Volume du congress Strasbourg 1956, VT.S 4, Leiden 1957.

——, in: *Le travail d'édition* des fragments manuscrits de Qumrân, RB 63, 1956, 49–67, 60–64.

——, → D. Barthélemy.

——, → J. C. VanderKam.

H.–J. van der Minde, § Thanksgiving Hymns, in: D. N. Freedman u. a. (Hgg.), The Anchor Bible Dictionary, Bd. 6, 438–441.

G. Morawe, *Aufbau und Abgrenzung* der Loblieder von Qumrân: Studien zur gattungsge-schichtlichen Einordnung der Hodajôth, ThA 16, Berlin 1960.

——, *Vergleich* des Aufbaus der Danklieder und hymnischen Bekenntnislieder (1 QH) von Qumran mit dem Aufbau der Psalmen im Alten Testament und im Spätjudentum, RdQ 4, 1963–1964, 323–356.

H.–P. Müller, Das *Hiobproblem*, EdF 84, Darmstadt 1978.

——, *Magisch–mantische Weisheit* und die Gestalt Daniels, UF 1, 1969, 79–94.

——, Mantische Weisheit und *Apokalyptik*, in: ders., Mensch–Umwelt–Eigenwelt: Gesam-melte Aufsätze zur Weisheit Israels, Stuttgart/Berlin/Köln 1992, 194–219.

K. Müller, § III. *Die jüdische Apokalyptik*: Anfänge und Merkmale, TRE 3, Berlin/New York 1978, 202–251.

R. E. Murphy, *Yēṣer* in the Qumran Literature, Biblica 39, 1958, 334–344.

J. Murphy–O'Connor, Demetrius I and the *Teacher of Righteouness* (I Macc., X, 25–45), RB 83, 1976, 400–420.

——, An Essene *Missionary Document*?: CD II, 14–VI, 1, RB 77, 1970, 201–229.

——, The Essenes and their *History*, RB 81, 1974, 215–244.

——, The *Essenes in Palestine*, BA 40, 1977, 100–124.

——, La *genèse littéraire* de la Communauté, RB 76, 1969, 528–549.

J. Naveh, A Medical Document or a *Writing Exercise*?: The So–called 4Q Therapeia, IEJ 36, 1986, 52–55.

——, → Y. Yadin.

W. Nauck, *Lex insculpta* (חוק חרות) in der Sektenschrift, ZNW 46, 1955, 138–140.

G. W. Nebe, *Text und Sprache* der hebräischen Weisheitsschrift aus der Kairoer Geniza, Heidelberger Orientalistische Studien 25, Frankfurt a. M/Berlin/New York/Bern/Paris/Wien 1993.

——, Die *Weisheitsschrift* aus der Kairoer Geniza und ihre „Nähe" zum Schrifttum von Qumran und zu den Essenern, in: G. J. Brooke & F. García Martínez (Hgg.), New Qumran Text and Studies: Proceedings of the First Meeting of the International Or-ganization for Qumran Studies, Paris 1992, StTDJ 15, Leiden/New York/Köln 1994, 241–254.

——, Zwei vermeintliche *Ableitungen* von twk „Mitte" im Qumran–Hebräischen, ZAH 5, 1992, 218–223.

C. Newsom, 4Q370: An *Admonition* Based on the Flood, RdQ 13, 1988, 23–43.

——, The *Development* of 1 Enoch 6–19: Cosmology and Judgment, CBQ 42, 1980, 310–329.

——, „He Has Established for Himself Priests": *Human and Angelic Priesthood* in the Qumran Sabbath *Shirot*, in: L. H. Schiffman (Hg.), Archaeology and History in the Dead Sea Scrolls: The New York Conference in Memory of Yigael Yadin, JSPE.S 8, Sheffield 1990, 101–120.

——, The Sage in the Literature of Qumran: The Functions of the *Maśkil*, in: J. G. Gammie & L. G. Perdue (Hgg.), The Sage in Ancient Israel and the Ancient Near East, Winona Lake 1990, 373–382.

——, „Sectually Explicit" *Literature from Qumran*, in: W. H. Propp & B. Halpern & D. N. Freedman (Hgg.), The Hebrew Bible and its Interpreters, Winona Lake 1990, 167–187.

——, *Songs of the Sabbath Sacrifice*: A Critical Edition, Harvard Semitic Studies 27, Atlanta 1985.

C. Newsom & Y. Yadin, The *Masada Fragment* of the Qumran Songs of the Sabbath Sacrifice, IEJ 34, 1984, 77–88.

G. W. Nickelsburg, *Apocalyptic and Myth* in 1 Enoch 6–11, JBL 96, 1977, 383–405.

——, *Wisdom and Apocalypticsm* in Early Judaism: Some Points for Discussion, SBL.SP 17, 1994, 715–732.

H. Niehr, § עָרַם *ʿāram*: עָרוּם *ʿārûm* עָרְמָה *ʿārmāh*, ThWAT 6, 1989, 387–392.

B. Nitzan, *Hymns from Qumran*—4Q510–4Q511, in: D. Dimant & U. Rappaport (Hgg.), The Dead Sea Scrolls: Forty Years of Research, StTDJ 10, Leiden/New York/Köln/Jerusalem 1992, 53–63.

——, The *Pesher* and Other Methods of Instruction, in: Z. Kapera (Hg.), Mogilany 1989: Papers on the Dead Sea Scrolls Offered in Memory of Jean Carmignac, Part II: The Teacher of Righteousness, Literary Studies, Krakau 1991, 209–220.

——, *Pesher Habakkuk*: A Scroll from the Wilderness of Judaea (1QpHab): Text, Introduction and Commentary, Jerusalem 1986 (hebräisch).

——, *Qumran Prayer* and Religious Poetry, StTDJ 12, Leiden/New York/Köln 1994.

F. Nötscher, *Geist und Geister* in den Texten von Qumran, in: ders., Vom Alten zum Neuen Testament, Gesammelte Aufsätze, BBB 17, Bonn 1962, 175–187.

——, „*Gesetz der Freiheit*" im NT und in der Mönchsgemeinde am Toten Meer, in: ders., Vom Alten Testament zum Neuen Testament, BBB 17, Bonn 1962, 80–82.

——, *Himmlische Bücher* und Schicksalsglaube, in: ders., Vom Alten zum Neuen Testament, BBB 17, Bonn 1962, 72–79.

——, Zur Theologischen *Terminologie* der Qumrantexte, BBB 10, Bonn 1956.

M. O'Connor, → B. K. Waltke.

G. S. Oegema, *Der Gesalbte und sein Volk*: Untersuchungen zum Konzeptualisierungsprozeß der messianischen Erwartungen von den Makkabäern bis Bar Koziba, Schriften des Institutum Judaicum Delitzschianum 2, Göttingen 1994.

J. M. Oesch, *Petucha und Setuma*: Untersuchungen zu einer überlieferten Gliederung im hebräischen Text des Alten Testaments, OBO 27, Fribourg/Göttingen 1979.

E. Osswald, Zur *Hermeneutik* des Habakuk–Kommentars, ZAW 68, 1956, 243–256.

P. von der Osten-Sacken, *Die Apokalyptik* in ihrem Verhältnis zu Prophetie und Weisheit, TEH 157, München 1969.

——, *Gott und Belial*: Traditionsgeschichtliche Untersuchungen zum Dualismus in den Texten aus Qumran, StUNT 6, Göttingen 1969.

B. Otzen, Old Testament Wisdom Literature and *Dualistic Thinking* in Late Judaism, in: Congress Volume: Edinburgh 1974, VT.S 28, Leiden 1975, 146–157.

H. Papst , → R. Bergmeier.

Sh. M. Paul, *Heavenly Tablets* and the Book of Life, in: D. Marcus u. a. (Hgg.), The Gaster Festschrift, FS Th. H. Gaster, The Journal of the Ancient Near Eastern Society of Columbia University 5, 1973, 345–353.

L. G. Perdue, *Cosmology and the Social Order* in the Wisdom Tradition, in: J. G. Gammie & L. G. Perdue (Hgg.), The Sage in Israel and the Ancient Near East, Winona Lake 1990, 457–478.

L. Perlitt, Riesen im Alten Testament: Ein literarisches Motiv im Wirkungsfeld des Deutero-
nomiums, Nachrichten der Akademie der Wissenschaften in Göttingen I. Philologisch–
Historische Klasse 1/1990, Göttingen 1990.

A. Pietersma, The *Apocryphon of Jannes and Jambres* the Magicians: P. Chester Beatty XVI
(with New Editions of Papyrus Vindobonensis Greek inv. 29456 + 29828 verso and
British Library Cotton Tiberius B. v f. 87): Edited with Introduction, Translation and
Commentary, Religions in the Graeco–Roman World 119, Leiden/New York/Köln
1994.

A. Pietersma & R. T. Lutz, *Jannes and Jambres*: A New Translation and Introduction,
in: J. H. Charlesworth (Hg.), The Old Testament Pseudepigrapha, Bd. 2: Expan-
sions of the „Old Testament" and Legends, Wisdom and Philosophical Literature, Prayers, Psalms and Odes, Fragments of Lost Judeo–Hellenistic Works, New
York/London/Toronto/Sydney/Auckland, 1985, 427–442.

M. Philonenko, L'apocalyptique qoumrânienne, in: D. Hellholm (Hg.), Apocalypticsm in the
Mediterranean World and the Near East: Proceedings of the International Colloquium
on Apocalypticsm, Uppsala, August 12–17, 1979, 2. Aufl., Tübingen 1989, 211–218.

P. Pilhofer, *Presbyteron kreitton*: Der Altersbeweis der jüdischen und christlichen Apologe-
ten und seine Vorgeschichte, WUNT II 39, Tübingen 1990.

J. van der Ploeg, L'*usage* du parfait et de l'imparfait comme moyen de datation dans le commentaire d'Habacuc, in: Les Manuscrits de la Mer Morte: Colloque de Strasbourg
25–27 mai 1955, Paris 1957, 25–35.

J. P. M. van der Ploeg & A. S. van der Woude, Le *Targum de Job* de la grotte XI de Qumrân,
Leiden 1971.

O. Plöger, Das Buch *Daniel*, KAT 18, Gütersloh 1968.

——, *Sprüche Salomos* (Proverbia), BK 17, Neukirchen–Vluyn 1984.

J. Pouilly, La Règle de la Communauté de Qumrân: Son evolution littéraire, CRB 17, Paris
1976.

H. D. Preuß, *Einführung* in die alttestamentliche Weisheitsliteratur, Urban–Taschenbücher
383, Stuttgart/Berlin/Köln/Mainz 1987.

J. B. Pritchard (Hg.), Ancient Near Eastern Texts Relating to the Old Testament, 2. Aufl.,
corrected and enlarged, Princeton 1955.

E. Puech, Abécédaire et liste alphabétique de noms hébreux du début du IIe s. A.D., RB 87,
1980, 118–126.

——, *Fragments d'un apocryphe de Lévi* et le personnage eschatologique: 4QTestLévi^{c-d}(?)
et 4QAJa, in: J. Trebolle Barrera & L. Vegas Montaner (Hgg.), The Madrid Qumran
Congress: Proceedings of the International Congress on the Dead Sea Scrolls, Madrid
18–21 March 1991, Bd. 2, StTDJ 11.2, Leiden/New York/Köln/Madrid 1992, 449–501.

——, *Notes* sur le manuscrit des Cantiques du Sacrifice du Sabbat trouvé à Masada, RdQ 12,
1985–1987, 515–589.

——, Notes sur le manuscrit de *XIQMelkîsédeq*, RdQ 12, 1985–1987, 483–513.

——, Quelques *aspects de la restauration* du Rouleau des Hymnes (1QH), JJS 39, 1988,
38–55.

——, Une *apocalypse messianique* (4Q521), RdQ 15, 1991–1992, 475–522.

——, 4Q525 et les péricopes des *béatitudes* en Ben Sira et Matthieu, RB 98, 1991, 80–106.

E. Qimron, Davies' *The Damascus Covenant*, JQR 77, 1986, 84–87.

——, The *Hebrew of the Dead Sea Scrolls*, Harvard Semitic Studies 29, Atlanta 1986.

——, Notes on the 4Q Zadokite Fragment on *Skin Disease*, JJS 42, 1991, 256–259.

——, A *Preliminary Publication* of 4QS^d VII–VIII, Tarbiṣ 60, 1990–1991, 434–437 (hebräisch).

——, A *Review Article* of The Songs of the Sabbath Sacrifices: A Critical Edition, by Carol
Newsom, HThR 79, 1986, 349–371.

——, The *Text of CDC*, in: M. Broshi (Hg.), The Damascus Document Reconsidered, Jerusalem 1992, 9–49.

E. Qimron & J. H. Charlesworth, *Cave IV Fragments* Related to the Rule of the Community (4Q255–264 = 4QS MSS A–J), in: J. H. Charlesworth (Hg.), The Dead Sea Scrolls: Hebrew, Aramaic, and Greek Texts with English Translations, Bd. 1: Rule of the Community and Related Documents, Tübingen/Louisville 1994, 53–56.58–103.

E. Qimron & J. H. Charlesworth, *Rule of the Community* (1QS; cf. 4QS MSS A–J, 5Q11), in: J. H. Charlesworth (Hg.), The Dead Sea Scrolls: Hebrew, Aramaic, and Greek Texts with English Translations, Bd. 1: Rule of the Community and Related Documents, Tübingen/Louisville 1994, 1–51.

E. Qimron & J. Strugnell, Qumran Cave 4: V: *Miqṣat Maʿaśe Ha–Torah*, DJD 10, Oxford 1994.

C. Rabin, *Notes* on the Habakkuk Scroll and the Zadokite Documents, VT 5, 1955, 148–162.

——, On a *Puzzling Passage* in the Damascus Fragments, JJS 6, 1955, 53f.

——, The *Zadokite Documents*, Oxford 1954.

I. Rabinowitz, The Alleged *Orphism* of 11 Q Pss 283−12, ZAW 76, 1964, 193–200.

——, The *Authorship*, Audience, and Date of the de Vaux Fragment of an Unknown Work, JBL 71, 1952, 19–32.

——, *Pesher*/Pittaron: Its Biblical Meaning and Its Significance in the Qumran Literature, RdQ 8, 1972–1975, 219–232.

——, *Sequence* and Dates of the Extra–Biblical Dead Sea Scrolls Texts and „Damascus Fragments", VT 3, 1953, 175–185.

G. von Rad, *Theologie* des Alten Testaments, Bd. 2: Die Theologie der prophetischen Überlieferung Israels, 10. Aufl., Gütersloh 1993.

——, *Weisheit* in Israel, 3. Aufl., Neukirchen–Vluyn 1985.

H. A. Redpath, → E. Hatch.

K. H. Rengstorf, Ḥirbet Qumrân und die *Bibliothek vom Toten Meer*, StDel 5, Stuttgart 1960.

R. Riesner, → O. Betz.

O. Rickenbacher, *Weisheitsperikopen* bei Ben Sira, OBO 1, Fribourg/Göttingen 1973.

H. Ringgren, § בֵּין בִּינָה תְּבוּנָה, ThWAT 1, 1973, 621–629.

——, The *Faith of Qumran*: Theology of the Dead Sea Scrolls, Philadelphia 1963.

——, → G. J. Botterweck.

J. M. Robinson, → R. Eisenman.

G. Röhser, *Prädestination und Verstockung*: Untersuchungen zur frühjüdischen, paulinischen und johanneischen Theologie, TANZ 14, Tübingen 1994.

K. F. D. Römheld, → E. Eshel.

C. Romaniuk, Le Thème de la *Sagesse* dans les Documents des Qumrân, RdQ 9, 1977–1978, 429–435.

E. F. Roop, A Form Critical Study of the *Society Rule*, Diss., Claremont Graduate School 1972.

L. Rost, *Einleitung* in die alttestamentlichen Apokryphen und Pseudepigraphen einschließlich der großen Qumranhandschriften, Heidelberg 1971.

W. Rudolph, Micha–Nahum–Habakuk—Zephanja, KAT XIII,3, Gütersloh 1975.

——, → K. Elliger.

H. P. Rüger, Die *Weisheitsschrift* aus der Kairoer Geniza: Text, Übersetzung und philologischer Kommentar, WUNT 53, Tübingen 1991.

M. Sæbø, § שׂכל *śkl* hi. **einsichtig sein**, THAT 2, Sp. 824–828.

P. Sacchi, *1QS, III, 15* SGG. e 1Sam., II,3, Rivista degli Studi Orientali 44, 1969, 1–5.

J. A. Sanders, The *Psalms Scroll* of Qumrân Cave 11 (*11QPsᵃ*), DJD 4, Oxford 1965.

——, The *Dead Sea Psalms Scroll*, Ithaca 1967.

——, → F. M. Cross.

——, → W. L. Lipscomb.

G. Sauer, *Jesus Sirach* (Ben Sira), JSHRZ 3.5, Gütersloh 1981.

——, § כל *kōl Gesamtheit*, THAT 1, 828–830.

P. Schäfer, Der Götzendienst des *Enosch*, in: ders., Studien zur Geschichte und Theologie des rabbinischen Judentums, AGJU 15, Leiden 1978, 134–152.

S. Schechter, Fragments of a *Zadokite Work*, Documents of Jewish Sectaries 1, Cambridge 1910, Nachdruck mit einer Einleitung von J. A. Fitzmyer, New York 1970.

L. H. Schiffman, The *Eschatological Community* of the Dead Sea Scrolls, SBL.MS 38, Atlanta 1989.

——, The *Halakhah at Qumran*, SJLA 16, Leiden 1975.

——, *Miqsat Maʿaśeh Ha–Torah* and the Temple Scroll, RdQ 14, 1989–1990, 435–457.

——, 4QMysteries: A *Preliminary Translation*, in: Proceedings of the Eleventh World Congress of Jewish Studies, Division A: The Bible and its World, Jerusalem 1994, 199–206.

——, *4QMysteries*[b]: A Preliminary Edition, RdQ 16, 1993–1994, 203–223.

——, Pharisaic and Sadducean *Halakhah* in Light of the Dead Sea Scrolls, Dead Sea Discoveries 1, 1994, 285–299.

——, *Pharisees and Sadducees* in Pesher Nahum, in: M. Brettler & M. Fishbane (Hgg.), Minhah le–Nahum: Biblical and Other Studies Presented to Nahum M. Sarna in Honour of his 70th Birthday, FS N. M. Sarna, JSOT.S 154, Sheffield 1993, 272–290.

——, Reclaiming the *Dead Sea Scrolls*: The History of Judaism, the Background of Christianity, the Lost Library of Qumran: with a Foreword by Chaim Potok, Philadelphia/Jerusalem 1994.

——, The *Sadducean Origins* of the Dead Sea Scroll Sect, in: H. Shanks (Hg.), Understanding the Dead Sea Scrolls: A Reader from the Biblical Archaelogy Review, New York 1992, 35–49.292–294.

E. J. Schnabel, *Law and Wisdom* from Ben Sira to Paul: A Tradition Historical Enquiry into the Relation of Law, Wisdom, and Ethics, WUNT II 16, Tübingen 1985.

E. M. Schuller, The Cave 4 *Hôdāyôt* Manuscripts: A *Preliminary Description*, in: H.-J. Fabry & A. Lange & H. Lichtenberger (Hgg.), Qumranstudien, Studien des Institutum Judaicum Delitzschianum 3, Göttingen 1995, 87–100.

——, *Non Canonical Psalms* from Qumran, A Pseudepigraphical Collection, Harvard Semitic Studies 28, Atlanta 1986.

——, A Hymn From a Cave Four *Hodayot* Manuscript: *4Q427 7 i + ii*, JBL 112, 1993, 605–628

D. R. Schwartz, *Law and Truth*: On Qumran–Sadducean and Rabbinic Views of Law, in: D. Dimant & U. Rappaport (Hgg.), The Dead Sea Scrolls: Forty Years of Research, StTDJ 10, Leiden/New York/Köln/Jerusalem 1992, 229–240.

O. J. R. Schwarz, Der erste Teil der *Damaskusschrift* und das Alte Testament, Lichtland/Diest 1965.

A. M. Schwemer, *Gott als König* und seine Königsherrschaft in den Sabbatliedern aus Qumran, in: M. Hengel & A. M. Schwemer (Hgg.), Königsherrschaft Gottes und himmlischer Kult im Judentum, Urchristentum und in der hellenistischen Welt, WUNT 55, Tübingen 1991, 45–118.

S. Schwertner, Abkürzungsverzeichnis, 2., überarbeitete und erweiterte Aufl., TRE, Berlin/New York 1976.

L. Schwienhorst, § נָגַע *nāgaʿ* נֶגַע *næga*ʿ, ThWAT 5, 1986, 219–226.

J. B. Segal, Aramaic Texts from North *Saqqâra* with some Fragments in Phoenician, with contributions by H. S. Smith, Texts from Excavations 6, London 1983.

S. Segert, Observations on *Poetic Structures* in the Songs of the Sabbath Sacrifice, RdQ 13, 1988, 215–223.

H. Seidel, *Lobgesänge* im Himmel und auf Erden, in: A. Meinhold & R. Lux (Hgg.), Gottesvolk: Beiträge zu einem Thema biblischer Theologie, FS S. Wagner, Berlin 1991, 114–124.

H. E. Sekki, The *Meaning of ruah* at Qumran, SBL.DS 110, Atlanta 1989.

Sh. Shaked, The Notions *mēnōg* and *gētīg* in the Pahlavi Texts and Their Relations to Eschatology, AcOr 33, 1971, 59–107.

——, *Qumran and Iran*: Further Considerations, IOS 2, 1972, 433–446.

L. H. Silberman, *Unriddling the Riddle*: A Study in the Structure and Language of the Habakkuk Pesher (1 Q p Hab.), RdQ 3, 1961–1962, 323–364.

P. Skehan, The *Divine Name* at Qumran, in the Masada Scroll, and in the Septuagint, BIOSCS 13, 1980, 14–44.

P. W. Skehan & A. A. di Lella, The *Wisdom of Ben Sira*: A New Translation with Notes Introduction and Commentary, The Anchor Bible 39, New York 1987.

M. S. Smith, Converted and Unconverted *Perfect and Imperfect Forms* in the Literature of Qumran, BASOR 284, 1991, 1–16.

——, The Origins and Development of the *Waw–Consecutive*: Northwest Semitic Evidence from Ugarit to Qumran, Harvard Semitic Studies 39, Atlanta 1991.

——, The *Waw–Consecutive at Qumran*, ZAH 4, 1991, 161–164.

J. G. Snaith, *Ecclesiasticus* or the Wisdom of Jesus Son of Sirach, CNEB, Cambridge 1974.

M. Sokoloff, A *Dictionary* of Jewish Palestinian Aramaic, Ramat–Gan 1992.

——, The *Targum to Job* from Qumran Cave XI, Bar Ilan Studies in Near Eastern Language and Culture, Bar–Ilan 1974.

A. Spaer, Jaddua the High Priest?, INJ 9, 1986–1987, 1–3.

A. Sperber, The Bible in Aramaic, Bd. 3: The *Latter Prophets* According to Targum Jonathan, Leiden 1962.

W. Spiegelberg, Die sogenannte demotische Chronik des Pap. 215 der Bibliothèque Nationale zu Paris, Demotische Studien 7, Leipzig 1914.

P. A. Spijkerman, Chronique du Musée de la Flagellation, SBFLA 12, 1961–1962, 323–333.

J. J. Stamm, → W. Baumgartner.

J. Starcky, Le *Maître de Justice* et Jésus, MoBi 4, 1978, 53–57.

——, Les quatre étapes du *messianisme* à Qumran, RB 70, 1963, 481–505.

——, in: Le *travail d'edition* des fragments manuscrits de Qumrân, RB 63, 1956, 49–67, 66–67.

——, Un *texte messianique* de la grotte 4 de Qumran, in: Memorial de cinqantenaire 1914–1964 de l'Ecole des Langues Orientales de l'Institut Catholique de Paris, Paris 1964, 51–66.

E. Stegemann, → H. Lichtenberger.

H. Stegemann, Die *Bedeutung der Qumranfunde* für das Verständnis Jesu und des frühen Christentums, BiKi 48, 1993, 10–19.

——, Die Bedeutung der Qumranfunde für die Erforschung der *Apokalyptik*, in: D. Hellholm (Hg.), Apocalypticism in the Mediterranean World and the Near East: Proceedings of the International Colloquium on Apocalypticism Uppsala, August 12–17, 1979, 2. Aufl. Tübingen 1989, 495–530.

——, Die Entstehung der *Qumrangemeinde*, Privatdruck, Bonn 1971.

——, Die *Essener*, Qumran, Johannes der Täufer und Jesus, Freiburg/Basel/Wien 1993.

——, Das *Gesetzeskorpus* der „Damaskusschrift" (*CD* IX–XVI), RdQ 14, 1989–1990, 409–434.

——, How to Connect *Dead Sea Scroll Fragments*, Bible Review 4,1, 1988, 24–29.43.

——, ΚΥΡΙΟΣ Ο ΘΕΟΣ und ΚΥΡΙΟΣ ΙΗΣΟΥΣ: *Aufkommen und Ausbreitung* des religiösen Gebrauchs von ΚΥΡΙΟΣ und seine Verwendung im Neuen Testament, Habil., Bonn 1969.

——, Methods for the *Reconstruction of Scrolls* From Scattered Fragments, in: L. H. Schiffman (Hg.), Archaeology and History in the Dead Sea Scrolls: The New York University Conference in Memory of Yigael Yadin, JSOT.S 8, 188–220.

——, Der *Pešer Psalm 37* aus Höhle 4 von Qumran (4 Q p Ps 37), RdQ 4, 1963–1964, 235–270.

——, The *Qumran Essenes*—Local Members of the Main Jewish Union in Late Second Temple Times, in: J. Trebolle Barrera & L. Vegas Montaner (Hgg.), The Madrid Qumrân Congress: Proceedings of the International Congress on the Dead Sea Scrolls, Madrid 18–21 March 1991, Bd. 1, StTDJ 11.1, Leiden/New York/Köln/Madrid 1992, 83–166.

——, *Qumran und das Judentum* zur Zeit Jesu, ThGl 84, 1994, 175–194.

——, *Rekonstruktion der Hodajot*: Ursprüngliche Gestalt und kritisch bearbeiteter Text der Hymnenrolle aus Höhle 1 von Qumran, Diss., Heidelberg 1963.

——, Religionsgeschichtliche Erwägungen zu den *Gottesbezeichnungen* in den Qumrantexten, in: M. Delcor (Hg.), Qumran: Sa piété, sa théologie et son milieu, BEThL 46, Paris/Louvain, 1978, 195–217.

——, Zu *Textbestand* und Grundgedanken von 1QS III, 13–IV, 26, RdQ 13, 1988, 95–131.

G. Stemberger, *Pharisäer, Sadduzäer, Essener*, SBS 144, Stuttgart 1991.

S. M. Stern, Notes on the *New Manuscript Find*, JBL 69, 1950, 19–30.

A. Steudel, 4QMidrEschat: „A *Midrash on Eschatology*" (4Q174 + 4Q177), in: J. Trebolle Barrera & L. Vegas Montaner (Hgg.), The Madrid Qumran Congress: Proceedings of the International Congress on the Dead Sea Scrolls, Madrid 18–21 March 1991, Bd. 2, StTDJ 11.2, Leiden/New York/Köln/Madrid 1992, 531–541.

——, Der *Midrasch zur Eschatologie* aus der Qumrangemeinde (4QMidrEschat[ab]): Materielle Rekonstrution, Textbestand, Gattung und tradtionsgeschichtliche Einordnung des durch 4Q174 („Florilegium") und 4Q177 („Catena A") repräsentierten Werkes aus den Qumranfunden, StTDJ 13, Leiden/New York/Köln 1994.

——, אחרית הימים in the Texts from Qumran, RdQ 16, 1993–1994, 225–246.

D. Stoll, Die *Schriftrollen* vom Toten Meer—mathematisch: oder Wie kann man einer Rekonstruktion Gestalt verleihen, in: H.-J. Fabry & A. Lange & H. Lichtenberger (Hgg.), Qumranstudien, Studien des Institutum Judaicum Delitzschianum 3, Göttingen 1995, 205–224.

M. E. Stone, Enoch, Aramaic Levi and *Sectarian Origins*, in: ders., Selected Studies in Pseudepigrapha and Apocrypha: With Special Reference to the Armenian Tradition, SVTP 9, Leiden/New York/København/Köln 1991, 247–258.

M. E. Stone & E. Eshel, An *Exposition on the Patriarchs* (4Q464) and Two Other Documents (4Q464[a] and 4Q464[b]), Le Muséon, 105, 1992, 243–264.

L. Stuckenbrock, Revision of Aramaic–Greek and Greek–Aramaic *Glossaries* in The Books of Enoch: Aramaic Fragments of Qumran Cave 4 by J. T. Milik, JJS 41, 1990, 13–48.

H. L. Strack & P. Billerbeck, *Kommentar* zum Neuen Testament aus Talmud und Midrasch, Bd. 1–4, München 1922–1928.

A. Strobel, Untersuchungen zum eschatologischen *Verzögerungsproblem* auf Grund der spätjüdisch–urchristlichen Geschichte von Habakuk 2,2ff., NT.S 2, Leiden/Köln 1961.

J. Strugnell, The *Angelic Liturgy* at Qumran 4Q Serek Šîrôt ʿÔlat Haššabbāt, Congress Volume: Oxford 1959, VT.S 7, Leiden 1960, 318–345.

——, in: *Le travail d'edition* des fragments manuscrits de Qumrân, RB 63, 1956, 49–67, 64–66.

——, *Notes* en marge du volume V des ‚Discoveries in the Judean Desert of Jordan', RdQ 7, 1969–1971, 163–276.

——, → D. J. Harrington.

——, → E. Qimron.

E. L. Sukenik (Hg.), The *Dead Sea Scrolls* of the Hebrew University, Jerusalem 1955.

——, אוצר המגילות הגנוזות שבידי האוניברסיטה העברית: פי ענחן, העתיקן והוסיף עליהן מבואות, Jerusalem 1954.

Sh. Talmon, *Between the Bible and the Mischna*, in: ders., The World of Qumran from Within: Collected Studies, Jerusalem/Leiden 1989, 11–52.

——, The *Calendar* of the Covenanters of the Judean Desert, in: ders., The World of Qumran from Within: Collected Studies, Jerusalem/Leiden 1989, 147–185.

——, The „*Manual of Benedictions*" of the Sect of the Judean Desert, RdQ 2, 1959–1960, 475–500.

——, *Notes* on the Habakkuk Scroll, in: ders., The World of Qumran from Within: Collected Studies, Jerusalem/Leiden 1989, 142–146.

——, *Waiting for the Messiah*—The Conceptual Universe of the Qumran Covenanters, in: ders., The World of Qumran from Within: Collected Studies, Jerusalem/Leiden 1989, 186–199.

——, *Yom Hakippurim* in the Habakkuk Scroll, in: ders., The World of Qumran from Within: Collected Studies, Jerusalem/Leiden 1989, 186–199.

——, § יקר, ThWAT 6, 1993, 83–92.

Sh. Talmon & I. Knohl, A *Calendrical Scroll* form Qumran Cave IV—Miš Ba (4Q321), Tarbiṣ 60, 1990–1991, 505–521.I–II (hebräisch).

S. J. Tanzer, The Sages at Qumran: Wisdom in the Hodayot, Diss. Harvard 1986.

H. Tawil, *'Azazel* the Prince of the Steepe: A Comparative Study, ZAW 92, 1980, 43–59.

J. L. Teicher, *Puzzling Passages* in the Dasmascus Fragments, JJS 5, 1954, 139–147.

S. Tengström, Die *Toledotformel* und die literarische Struktur der priesterschriftlichen Erweiterungsschicht im Pentateuch, CB.OT 17, Uppsala 1981.

B. Thiering, *Jesus von Qumran*: Sein Leben—neu geschrieben, Gütersloh 1993.

T. H. Tobin, *4Q185* and Jewish Wisdom Literature, in: H. W. Attridge & J. J. Collins & T. H. Tobin (Hgg.), Of Scribes and Scrolls: Studies on the Hebrew Bible, Intertestamental Judaism, and Christian Origins, FS J. Strugnell, College Theological Society Resources in Religion 5, Lanham/New York/London 1990, 145–152.

T. Thorion–Vardi, The use of *Tenses* in the Zadokite Documents, RdQ 12, 1985–1987, 65–88.

R. S. Tomback, A Comparative Semitic *Lexicon* of the Phoenician and Punic Languages, SBL.DS 32, Missoula 1978.

E. Tov, The *Dead Sea Scrolls on Microfiche*: A Comprehensive Facsimile Edition of the Texts from the Judean Desert, Leiden 1993.

——, *Hebrew Biblical Manuscripts* from the Judean Desert: Their Contribution to Textual Criticism, JJS 39, 1988, 5–37.

——, The *Orthography and Language* of the Hebrew Scrolls Found at Qumran and the Origin of These Scrolls, Textus 13, 1986, 31–57.

——, *Textual Criticism* of the Hebrew Bible, Minneapolis/Assen/Maastricht 1992.

——, The *Unpublished Qumran Texts* from Caves 4 and 11, JJS 43, 1992, 101–136.

S. Uhlig, Das Äthiopische *Henochbuch*, JSHRZ 5.6, Gütersloh 1984.

J. C. VanderKam, *Calendrical Texts* and the Origins of the Dead Sea Scroll Community, in: M. O. Wise u. a. (Hgg.), Methods of Investigation of the Dead Sea Scrolls and the Khirbet Qumran Site: Present Realities and Future Prospects, Annals of the New York Academy of Sciences 722, New York 1994, 371–388.

——, *Enoch* and the Growth of an Apocalyptic Tradition, CBQ.MS 16, Washington 1984.

——, *Implications* for the History of Judaism and Christianity, in: H. Shanks & J. C. VanderKam & P. Kyle McCarter & J. A. Sanders (Hgg.), The Dead Sea Scrolls After Forty Years: Symposium at the Smithsonian Institution October 27, 1990, Washington 1991–1992, 21–38.

——, The *Jubilees Fragments* from Qumran Cave 4, in: J. Trebolle Barrera & L. Vegas Montaner (Hgg.), The Madrid Qumran Congress: Proceedings of the International Congress on the Dead Sea Scrolls, Madrid 18–21 March 1991, Bd. 2, StTDJ 11.2, Leiden/New York/Köln/Madrid 1992, 635–648.

——, The Origin, Character, and Early History of the 364–Day Calendar: A *Reassessment* of Jaubert's Hypothesis, CBQ 41, 1979, 390–411.

——, The People of the Dead Sea Scrolls: *Essenes or Sadducees?*, in: H. Shanks (Hg.), Understanding the Dead Sea Scrolls: A Reader from the Biblical Archaelogy Review, New York 1992, 50–62.294–396.

——, The Prophetic–Sapiential *Origins of Apocalyptic Thought*, in: J. D. Martin & Ph. R. Davies (Hgg.), A Word in Season, FS W. McKane, JSOT.S 42, Sheffield 1986, 163–176.

J. C. VanderKam & J. T. Milik, The *First Jubilees Manuscript* from Qumran Cave 4: A Preliminary Publication, JBL 110, 1991, 243–270.

F. Vattioni (Hg.), *Ecclesiastico*: Testo ebraico con apparato critico e versioni greca, latina e siriaca, Napoli 1968.

R. de Vaux, *Archaeology* and the Dead Sea Scrolls: The Schweich Lectures of the British Academy 1959, Published in French 1971, reissued with revisions in an English translation in 1972, Oxford 1973.

——, La grotte des *manuscrits hébreux*, RB 56, 1949, 586–609.

——, *Qumran*, Khirbet and ʿEin Feshka, in: E. Stern & A. Lewinson–Gilboa & J. Aviram (Hgg.), The New Encyclopedia of Archaeological Excavations in the Holy Land, Jerusalem/New York/London/Toronto/Sydney/Tokyo/Singapore 1993, 1235–1241.

G. Vermes, *Bible Interpretation* at Qumran, EI 20, 1989, 184*–191*.

——, The *Dead Sea Scrolls in English, 2. Aufl.*, Harmondsworth/New York/Victoria/Markham/Auckland 1975.

——, The *Dead Sea Scrolls in English, 3. Aufl.*, Sheffield 1987.

——, The Dead Sea Scrolls: *Qumran in Perspective*, Revised Edition, Philadelphia 1981.

——, Preliminary Remarks on *Unpublished Fragments* of the Community Rule from Qumran Cave 4, JJS 42, 1991, 250–255.

G. Vermes & M. D. Goodman (Hgg.), The Essenes According to the *Classical Sources*, Oxford Centre Textsbooks 1, Sheffield 1989.

Ph. Vielhauer, *Geschichte der urchristlichen Literatur*: Einleitung in das Neue Testament, die Apokryphen und die Apostolischen Väter, Berlin/New York 1975.

B. Z. Wacholder, The *Date of the Eschaton* in the Book of Jubilees: A Commentary on Jub. 49:22–50:5, CD 1:1–10 and 16:2–3, HUCA 56, 1985, 87–101.

B. Z. Wacholder & M. Abegg, A *Preliminary Edition* of the Unpublished Dead Sea Scrolls, The Hebrew and Aramaic Texts from Cave Four, Fasc. 1–2, Washington 1991–1992.

——, *Corrections* to A Preliminary Edition of the Unpulished Dead Sea Scrolls, Fasc. 1., Qumran Chronicle 3, 1993, 169–172.

M. Wagner, Die lexikalischen und grammatischen *Aramaismen* im alttestamentlichen Hebräisch, BZAW 96, Berlin 1966.

S. Wagner, § דָּרַשׁ *dāraš* מִדְרָשׁ, ThWAT 2, 1977, 313–329.

——, ידע in den *Lobliedern* von Qumran, in: S. Wagner (Hg.), Bibel und Qumran: Beiträge zur Erforschung der Beziehungen zwischen Bibel– und Qumranwissenschaft, FS H. Bardtke, Berlin 1968, 232–252.

M. Wallenstein, Some *Lexical Material* in the Judean Scrolls, VT 4, 1954, 211–214.

B. K. Waltke & M. O'Connor, An Introduction to Biblical Hebrew *Syntax*, Winona Lake 1990.

W. Wegner, Studies in Qumran *Creation Terminology* on the Basis of 1QS 3:13–18 and Parallel Texts, Diss. Madison, Wisconsin 1974.

M. Weinfeld, *Grace after Meals* in Qumran, JBL 111, 1992, 427–440.

H.–F. Weiss, Untersuchungen zur *Kosmologie* des hellenistischen und palästinischen Judentums, TU 97, Berlin 1966.

P. Wernberg–Møller, The *Manual of Discipline*, StTDJ 1, 1957.

——, A Reconsideration of the *Two Spirits* in the Rule of the Community (1Q Serek III, 13—IV, 26, RdQ 3, 1961–1962, 413–441.

C. Westermann, Der *Aufbau* des Buches Hiob: Mit einer Einführung von Jürgen Kegler, CThM 6, 3. Auf., Stuttgart 1978.

——, Das Buch *Jesaja*: Kapitel 40–66, ATD 19, 4., ergänzte Auflage, Göttingen 1981.

——, → E. Jenni.

S. A. White, A Comparison of the „A" and „B" Manuscripts of the Damascus Document, RdQ 12, 1985–1987, 537–551.

S. Wibbing, *Tugend– und Lasterkataloge* im Neuen Testament und ihre Traditionsgeschichte unter besonderer Berücksichtigung der Qumrantexte, BZNW 26, Berlin 1959.

A. de Wilde, Das Buch *Hiob*: Eingeleitet, übersetzt und erläutert, OTS 22, Leiden 1981.

M. O. Wise, The *Teacher of Righteousness* and the High Priest of the Intersacerdotium: Two Approaches, RdQ 14, 1989–1990, 587–613.

——, → R. Eisenman.

J. E. Worrel, *Concepts of Wisdom* in the Dead Sea Scrolls, Diss. Claremont Graduate School, Claremont 1968.

A. S. van der Woude, Fragmente einer Rolle der *Lieder für das Sabbatopfer* aus Höhle XI von Qumran (11Q ŠirŠabb), in: W. C. Delsman u. a. (Hgg.), Von Kanaan bis Kerala, FS J. P. M. van der Ploeg, AOAT 211, Neukirchen–Vluyn 1982, 311–337.

——, *Fünfzehn Jahre Qumranforschung* (1974–1988), ThR 54, 1989, 221–261; ThR 55, 1990, 245–307; ThR 57, 1992, 1–57.225–253.

——, Wicked Priest or *Wicked Priests*, JJS 33, 1982, 349–359.

——, → J. P. M. van der Ploeg.

——, → F. García Martínez.

A. Wünsche u. a., Der *Midrasch Bereschit Rabba*: das ist die haggadische Auslegung der Genesis, Bibliotheca Rabbinica 1, reprografischer Nachdruck der Ausgabe Leipzig 1881, Hildesheim 1967.

A. Wünsche & J. Fürst, *Der Midrasch zum Buch Esther*, Bibliotheca Rabbinica 2, Reprografischer Nachdruck der Ausgabe Leipzig 1881, Hildesheim 1967.

N. Wyatt, *Atonement* Theology in Ugarit and Israel, UF 8, 1976, 415–430.

Y. Yadin, The Ben Sira Scroll from Masada: With Introduction, Emendations and Commentary, Jerusalem 1965.

——, The *Excavation of Masada*—1963/64: Preliminary Report, IEJ 15, 1965, 1–120.

——, Three *Notes* on the Dead Sea Scrolls, IEJ 6, 1956, 158–162.

——, The *Temple Scroll*, Bd. 1–3, Jerusalem 1983.

——, → N. Avigad.

——, → C. Newsom.

Y. Yadin & J. Naveh, The *Aramaic and Hebrew Ostraca* and Jar Inscriptions, in: Y. Yadin & J. Naveh & Y. Meshorer, Masada I: The Yigael Yadin Excavations 1963–1965 Final Reports, Jerusalem 1989, 1–68.

Ch. Yalon, Rezension von M. Burrows u. a., The Dead Sea Scrolls of St. Marks Monastery, QS 27, 1951, 163–176.

A. Yardeni, → E. Eshel.

REGISTER

ALTES TESTAMENT

Gen 7

   1,14ff. 14
   1,16 217
   1,28 265
   2,4 149
   4,25f. 83
   4,26 87, 88
   5,18–24 109
   5,6f. 87
   5,9–11 87
   6,1–4 110
   6,4 277
   10,1 148
   14,18 18
   15,16 140
   24,63 209
   37.39–50 302, 303
   37ff. 119
   47,15 140
   48,6 14

Ex 7

   20,12 58
   21,14 292
   25,9 85, 86
   25,40 85, 86
   32,16 80, 83, 178, 224, 277, 280
   32,30 257
   32,31–33 71
   32,32 75
   34,5–7 256

Lev 7

   9,7 257
   16,1 273
   16,6 257
   16,8ff. 117
   16,11 257
   16,17 257
   16,24 257
   25,14 238

Num 7, 273

   1,4–16 264
   1,16 264
   5,11–31 238
   14,18 256
   15,39 51, 59

Dtn 7, 8, 273

   4,1–40 251
   4,1 252
   4,5f. 260
   4,6 37
   5,16 58
   6,4f. 37
   18,1–23,1 81
   22,28f. 81
   29,28 105
   31,17f. 261

Jos

   22,28 86

I Sam

   2,3 129, 181, 225
   2,3b 151

I Reg

   10,4–5 115
   20,35 56

II Reg

   6,1 56
   16,10 86
   19,25 57
   19,31 264
   20 114
   20,13 114
   20,14–15 114

Jes 7

   6,13 264
   10,12 213
   11,1–5 162
   19,11 56
   23,7 57
   24–27 303
   26,9 67
   28,11 106, 107
   36,6 162
   37,26 57
   37,32 264
   40,2 287, 293
   40,12 100, 291
   40,17 100
   41,4 183
   41,22 183

44,1–23 252
44,1 252
44,2–5 252
44,6–23 252
44,24 153, 213
45,12 213
51,1–8 252
51,1 252
51,16 213
51,17 15
51,22 15
51,7 252, 253
51,7a 249
51,9 57
59,20f. 258
61,1 265
64,4 176, 184
64,7 261

Jer 7

10,12 213, 216, 219
10,16 153
23,20 180, 184
30,11 259
30,24 184
30,34 180
32,17 218–219
51,11f. 180
51,11 184
51,15 213
51,19 153

Ez 7, 13

12,22 291
21,30 278
21,34 278
35,5 278
38f. 303
39,23f. 261
40–48 173
44,15 264
45,17 257

Hos

4,1 252
4,16 259
6,3 216

Joel

2–4 303
2,13 256
3,5 264

Ob

17 264

Jon

1,7 165
4,2 256

Mi

3,4 261
7,11 81

Nah

3,10 289

Hab

1–2 282
2,1 287
2,5f. 15
2,15 13, 15
3 282

Hag 13

Sach 13

1,6 180
1,8–6,8 303
8,14f. 180
9–14 303
12,1 210, 212–213, 216, 218–221, 229
12,2ff. 229

Mal

3,16–18 76
3,16, 71 83, 84, 187, 225

Ps 7, 9

1 37
1,2 60
7,10 289
27,9 261
28,1–5 35
28,6ff. 35
30,8 261
33,7 218
63,2 67
63,7 60
69,29 71
73 304
75,4 291
76,9 289
78,20 219
78,34 67
85,9 35
86,15 256, 257
89 7
103,19 153
103,8 256
104,4 207, 217
104,5 103
107,36 219

110,4 18
116,12–19 203
122 7
130,4 257
135,7 218
139,16 70–71
154, 3 25, 230

Hiob 7, 32

7,21 67
8,5 67
22 35
24,5 67
28 35, 40, 120, 187
28,1–2 35
28,23–27 35
28,25–27 33
28,25 291, 292
28,28 35
34,2 228
38ff. 34, 184
38f. 32, 40, 118
38 115
38,1 34
42,2 180, 184

Prov 7

1–9 32, 33, 40
1,4 292
1,7 34–36, 165, 243
1,28 67
2,6 243
3,18 101
3,19–26 33
3,19f. 32, 62, 63
4,1 228, 252, 253
4,4 101
4,10 252
4,23 67
5,1 252
5,7 252
5,12 253
7,15 67
7,24–8,31 253
7,24 252
8,12 292
8,17 67
8,22–31 34
8,22f. 32
8,27 216
8,32ff. 34
8,32 252
8,33 252
9,9 99
10,7 68

10,11 99
11,16 101
11,30 99
13,24 67
15,8 243, 256, 268
23,19 252
23,24 99
28,26 164

Ruth 7

Cant 7

Koh 7, 32, 230

1,2 153
1,3 94
1,11 183
1,13 58
2,16 68
2,21 47
3,1–12 31
3,1–9 152
3,1–8 32
3,9–12 38
3,19–22 304
5,10 47
5,15 94
6,8 94
6,10 31, 37–38
6,11 94
6,12 38
7,1–10 304
7,25 99
11,6 47, 65
11,9b 162
12,8 153
12,12–14 162

Thr 7

2,17 180

Est 7

8,5 47, 65

Dan 7

1–6 303
2 119
2,18ff. 104
2,21 31
4f. 119
4,10 83, 110
4,20 83, 110
4,21 272
5,26 271
7,10 71
7,9–10 116
8,23 47, 55

9,2   12
9,4   12
9,9   257
9,10   12
10,21   71
11,33   144, 146, 148
11,35   144, 146, 148
12,1   72
12,3   144, 146, 148
12,10   144, 146, 148

Esr   13

1,11   47
9,1–12   264
9,8   264, 265
9,13–15   264

Neh   13

1,2   264
9,5–37   304
9,17   256, 257
10,34   165
11,1   165

I–II Chr   13

I Chr

1,1   87
15,22   47, 55
16,30   291
24,7–18   13
24,31   165
25,8   165
29,14   153
29,29   183

II Chr

9,29   183
12,15   183
16,11   183
20,34   183
25,26   183
26,11   177
26,22   183
28,11f.   86
28,18f.   86
28,26   183
29,27f.   172
30,18   257
34,12   47, 55
35,27   183
36,22–23   264

FRÜHJÜDISCHE TEXTE

Artapanos   9

AssMos

12,4f.   31

Bar

3,9–4,4   32, 35, 36, 48, 82, 120, 187, 260
3,9   36
3,10–13   36
3,14   36
3,15–31   36
3,32–35   36
3,36–4,4   37
4,1–4   40

Demetrios

ClemAlex Strom. 1,21,141,1–2   22

Eupolemos   9

IV Esr

5,9   162
5,37   218
5,40   218
6,40   218

Henochliteratur   74–75

äthHen   7

1,2   110
6,2   110
6–19   13, 111–115, 118
8,1   118
8,3   118
10,9   110
12,3   110
13,10   110
16,3   113, 117
17–19   118
22,6   110
39,11   31
72–82   13
81,1f.   75, 79
81,2   75
93,1   74
103,2f.   75
106, 74   104
108,7   75

1Q23 9+14+15   116
1Q23 31$_{1f.}$ 75
4QEn^a 1 IV$_5$ 112
4QEn^b 1 II$_2$ 111
4QEn^b 1 III$_5$ 112
4QEn^b 1 IV$_6$ 83
4QEn^c 1 V$_{19}$ 83
4QEn^c 5 II$_{26f.}$ 74, 104

4QEn^c 5 II$_{26}$ 47
4QEn^e 1 XXII$_5$ 83
4QEn^e 1 XXVII$_{19}$ 83
4QEn^g 1 III$_{21}$ 83

hebrHen
9f. 87

slHen
71,32 88

Giganten 7, 115–117
4QEnGiants^a 8 75
4QEnGiants^a 8$_{13}$ 274
4QEnGiants^a 9$_3$ 47, 104
4QEnGiants^b 1 II$_{23}$ 274
4QEnGiants^b 1 III$_{10}$ 274
4QEnGiants^b 2$_{17-19}$ 116

Jdt
9,5–6 304

Josephus
Ant I$_{60-71}$ 117
Ant I$_{144}$ 117
Ant VIII$_{46-49}$ 119
Ant XIII$_{43-45}$ 24
Ant XIII$_{171-173}$ 300
Ant XIII$_{380-381}$ 25
Ant XIV$_{72-80}$ 282
Ant XIV$_{105-109}$ 282
Ant XV$_{371-378}$ 25
Ant XV$_{371-379}$ 21
Ant XVIII$_{18-22}$ 21
Ant XVIII$_{19}$ 16
Ant XVIII$_{20}$ 26
Ant XX$_{237}$ 24
Bell II$_{119-161}$ 21
Bell II$_{124}$ 26
Bell II$_{129}$ 30
Bell II$_{149}$ 30
Bell II$_{152f.}$ 26
Bell II$_{567}$ 27

Jub 7, 13, 73–74, 262
1,22 86
1,27 281
1,29 74
2,2 217
3,31 73
4,5 73
4,12 88
4,15 112
4,22 110, 112
5,13ff. 74
6,21 73
6,31 73

6,35 73
7,21 110, 112
7,24 86
8 117
8,3 117, 119
8,3f. 112
12,20 86
15,25 73
16,29 73
16,9 74
19,24f. 88
21,7 63
23,11 262
24,33 74
30,9 73
32,15 73
32,21 31
32,28 73
49,8 73

4QJub^a 11, 281
4QJub^a IV$_{6-8}$ 281
4QJub^c 14 63
4QJub^e 11

I–II Makk 9

Philo
Pro Iudaeis defensio 1–18 21
Quod omnis probus liber sit 75–91 21
Quod omnis probus liber sit 75 16

PsPhil
1,5–8 88

PsSal
18,10–12 218

Sir 7, 32
1,1ff. 40
1,1–10 36
1,11f. 36
1,14 36
4,13 101
7,21 144
8,18 47, 104
10,1 47, 56
10,4 304
10,8 304
10,23 144
10,26 153
12,11 47, 104
13,4 47, 65
13,21 144
15,11–20 31
16,22–17,20 253
16,22 252

23,20 31
23,30 304
24 32, 36, 40, 48, 82, 90, 187, 260, 280
24,1–22 36
24,23ff. 36
24,23 36
31,22 252
33,10 304
33,19 252
33,7–15 38–40, 61, 66, 187, 188
33,8 304
38,4 47, 55
38,14 274
38,23 47
39,25 31
39,30 31
40,14 47
42,19 57, 151, 304
42,21 47, 56
43,3 179
43,13 207
45,11 80, 224
47,12 144
48,10 162
48,24f. 175
49,16 87, 163
50,1 23
50,3 214

MasSir 174

TestXII 72–73

TestAss
1,3–2,9 73
2,10 73
7,5 72–73

TestDan
5,6 73

TestJud
18,1 73

TestLev
5,4 72, 73
10,2 289
14,1 73
16,1 73
18,2 73

TestNaph
3,5 110

TestRub
5,6 110

TestSeb
9,5 73

Tob 7
5,4ff. 93
14,5 304

TEXTE AUS QUMRAN

Abschiedsrede Amrams 8

Barki Nafschi 8, 198

ComGen (olim pGen) 273
4Q252 273
4Q252 2_2 273

Damaskusschrift 2, 8, 19, 28, 203, 273
CD I_1–IV_{12} 249, 250, 253
CD I_1–II_1 240, 250, 270
CD $I_{1ff.}$ 249
CD $I_{1f.}$ 249, 253
CD I_1 249, 253
CD I_4 249, 260
CD $I_{5ff.}$ 22
CD $I_{7f.}$ 249
CD $I_{9–11}$ 23
CD I_{11} 11, 249, 264
CD $I_{13f.}$ 259
CD I_{13} 249, 255,
CD $I_{14ff.}$ 24
CD I_{15} 211, 267
CD I_{20} 249, 259
CD $II_{2–13}$ 40, 240, 298–299
CD $II_{2ff.}$ 75, 77, 79
CD $II_{2f.}$ 249
CD $II_{3–7}$ 298
CD $II_{3f.}$ 298
CD II_4 292
CD $II_{6f.}$ 132, 298
CD II_6 249
CD $II_{7f.}$ 163, 249, 279
CD II_7 132, 152, 163, 214, 298
CD $II_{9f.}$ 175, 278
CD II_{13} 262
CD II_{14}–VI_1 240
CD II_{14}–IV_{12} 81, 250, 270
CD $II_{14ff.}$ 249
CD II_{14} 253
CD $II_{15ff.}$ 242
CD II_{16} 86
CD II_{17} 267
CD II_{18} 83, 110, 111
CD III_{10} 254
CD $III_{12–16}$ 65
CD $III_{12ff.}$ 29, 263
CD III_{13} 263
CD III_{14} 105, 267
CD III_{18} 108, 258, 270

CD III$_{20}$ 163
CD III$_{21f.}$ 30
CD III$_{21}$ 264
CD IV$_{1-5}$ 85
CD IV$_1$ 267
CD IV$_{3-6}$ 266
CD IV$_3$ 30
CD IV$_{4-5}$ 249
CD IV$_{4-8}$ 262
CD IV$_4$ 245, 264
CD IV$_9$ 263
CD IV$_{12}$ 81, 259
CD IV$_{14}$ 268, 273
CD V$_{12}$ 259
CD V$_{13}$ 258
CD V$_{17-19}$ 133
CD V$_{18}$ 264
CD V$_{19}$ 180
CD V$_{20}$ 267
CD VI$_1$ 265
CD VI$_{2-11}$ 240
CD VI$_{2-8}$ 255–256
CD VI$_{2ff.}$ 37, 264, 268
CD VI$_{3-11}$ 273
CD VI$_3$ 243
CD VI$_{5f.}$ 37
CD VI$_5$ 264
CD VI$_{10}$ 278
CD VI$_{11-20}$ 16
CD VI$_{14}$ 262, 278
CD VI$_{14}$–VII$_4$ 240
CD VI$_{19}$ 22, 254
CD VI$_{20}$ 262
CD VII$_4$–VIII$_3$ 240
CD VII$_9$–VIII$_{19}$ 240
CD VII$_{18}$ 18
CD VII$_{20f.}$ 87
CD VII$_{21}$ 88, 150
CD VII$_9$ 240
CD VIII$_1$ 254
CD VIII$_{16-18}$ 255
CD VIII$_{21}$ 22
CD IX–XIV 234
CD IX$_{18ff.}$ 148
CD IX$_1$ 259
CD IX$_{2f.}$ 254
CD X$_6$ 84, 187
CD X$_{8-10}$ 262
CD X$_{10}$ 243, 256
CD X$_{20}$ 153
CD XI$_{17-21}$ 16, 256
CD XI$_{17}$ 258
CD XI$_{20f.}$ 243, 256, 268
CD XII$_{2-22}$ 264

CD XII$_3$ 267
CD XII$_{14}$ 258
CD XII$_{20f.}$ 146
CD XII$_{20}$ 259
CD XII$_{23}$ 265, 278
CD XIII–XVI 2
CD XIII$_{2f.}$ 84, 187
CD XIII$_{6ff.}$ 147
CD XIII$_6$ 262
CD XIII$_{14}$ 254
CD XIII$_{22}$ 146
CD XIV$_{6-8}$ 84, 85
CD XIV$_{7f.}$ 187
CD XIV$_{12}$ 153
CD XIV$_{17f.}$ 262
CD XIV$_{19}$ 265
CD XV–XVI 234
CD XV$_5$ 254, 259
CD XV$_7$ 278
CD XV$_{15}$ 243
CD XV$_{17}$ 258
CD XVI$_{1-12}$ 264
CD XVI$_{2-4}$ 75, 262, 263
CD XVI$_5$ 258
CD XVI$_6$ 243
CD XVI$_{13f.}$ 16
CD XIX$_1$ 245
CD XIX$_6$ 259
CD XIX$_{10f.}$ 150
CD XIX$_{10}$ 265
CD XIX$_{13f.}$ 254
CD XIX$_{14}$ 259
CD XIX$_{29-31}$ 255
CD XIX$_{33b}$–XX$_{34}$ 241
CD XIX$_{33f.}$ 22
CD XIX$_{35}$–XX$_1$ 243
CD XX$_1$ 265
CD XX$_4$ 165
CD XX$_{11}$ 259
CD XX$_{12}$ 22, 264
CD XX$_{13-14}$ 245
CD XX$_{13ff.}$ 243
CD XX$_{17ff.}$ 76, 83, 225
CD XX$_{17}$ 258
CD XX$_{25}$ 254
CD XX$_{27ff.}$ 242
CD XX$_{29f.}$ 259
CD XX$_{33}$ 259
4QD^{a-h} 11
4QD^a 1 234
4QD^a 2 I$_{1-6}$ 269
4QD^a 2 I$_{3-5}$ 269
4QD^a 2 II$_5$ 258
4QD^a 3 IV$_{10}$ 88

4QD^a 6 I$_{15}$ 146
4QD^a 17 I$_6$ 243
4QD^a 17 I$_9$ 258
4QD^a 18 V 234
4QD^a 18 V$_{10}$ 211
4QD^a 18 V$_{20}$ 239
4QD^b 1 234, 269
4QD^c 1 234
4QD^c 1$_{1-8}$ 269
4QD^c 1$_{5-8}$ 82, 224, 270
4QD^c 1$_5$ 270
4QD^c 1$_7$ 269
4QD^c 1$_{5-8}$ 269–270
4QD^e 9 II$_{13}$ 104
4QD^e 9 II$_{12-15}$ 265
4QD^e 11 II$_{15}$ 239
6QD 3$_4$ 265

Genesis Apokryphon

1QGenAp I$_{2f.}$ 47
1QGenAp II$_1$ 47, 88, 110
1QGenAp II$_3$ 88
1QGenAp II$_5$ 111
1QGenAp II$_8$ 88
1QGenAp II$_{12}$ 88
1QGenAp II$_{16}$ 110, 111
1QGenAp V$_4$ 111
1QGenAp XIX$_{10}$–XXI$_4$ 119
1QGenAp XX$_{12-16}$ 146

Hôdāyôt 8, 9, 297

1QH^a A 1$_7$ (Ed. Suk. 1$_{17}$) 211
1QH^a IV$_{26}$ (Ed. Suk. XVII$_{14}$) 264
1QH^a IV$_{37}$ (Ed. Suk. XVII$_{25}$) 86
1QH^a V (Ed. Suk. XIII) 260
1QH^a V$_{18}$ (Ed. Suk. XIII$_1$) 260
1QH^a V$_{24ff.}$ (Ed. Suk. XIII$_{7ff.}$) 40, 195
1QH^a V$_{24f.}$ (Ed. Suk. XIII$_{7f.}$) 242
1QH^a V$_{24}$ (Ed. Suk. XIII$_7$) 216
1QH^a V$_{25}$ (Ed. Suk. XIII$_8$) 88
1QH^a V$_{26f.}$ (Ed. Suk. XIII$_{9f.}$) 61
1QH^a V$_{26}$ (Ed. Suk. XIII$_9$) 62
1QH^a V$_{27}$ (Ed. Suk. XIII$_{10}$) 150, 216, 260
1QH^a V$_{28f.}$ (Ed. Suk. XIII$_{11f.}$) 57
1QH^a V$_{30}$ (Ed. Suk. XIII$_{13}$) 86, 87, 159, 178, 220, 230–231
1QH^a V$_{37}$ (Ed. Suk. XIII$_{20}$) 153
1QH^a VI$_{22f.}$ (Ed. Suk. XIV$_{11f.}$) 132, 212
1QH^a VI$_{23}$ (Ed. Suk. XIV$_{12}$) 222
1QH^a VI$_{30}$ (Ed. Suk. XIV$_{19}$) 129
1QH^a VI$_{35}$ (Ed. Suk. XIV$_{34}$) 258
1QH^a VII (Ed. Suk. XV) 216
1QH^a VII$_{21}$ (Ed. Suk. XV$_8$) 47, 56, 145

1QH^a VII$_{26ff.}$ (Ed. Suk. XV$_{13ff.}$) 195
1QH^a VII$_{26f.}$ (Ed. Suk. XV$_{13f.}$) 214, 242
1QH^a VII$_{26}$ (Ed. Suk. XV$_{13}$) 86
1QH^a VII$_{27}$ (Ed. Suk. XV$_{14}$) 216
1QH^a VII$_{28}$ (Ed. Suk. XV$_{15}$) 216
1QH^a VII$_{32}$ (Ed. Suk. XV$_{19}$) 216
1QH^a VII$_{35}$ (Ed. Suk. XV$_{22}$) 215, 216
1QH^a VIII$_{26}$ (Ed. Suk. XVI$_8$) 153, 203
1QH^a VIII$_{35}$ (Ed. Suk. XVI$_{17}$) 294
1QH^a IX (Ed. Suk. I) 30, 31, 40, 60, 195, 233, 297
1QH^a IX$_{2-22}$ (Ed. Suk. I$_{01-20}$) 32
1QH^a IX$_{2-5}$ (Ed. Suk. 24) 204
1QH^a IX$_{9-17}$ (Ed. Suk. I$_{7-15}$) 32
1QH^a IX$_9$ (Ed. Suk. I$_7$) 242, 243, 261, 279
1QH^a IX$_{13}$ (Ed. Suk. I$_{11}$) 60, 88
1QH^a IX$_{12f.}$ (Ed. Suk. I$_{10f.}$) 242, 261
1QH^a IX$_{15}$ (Ed. Suk. I$_{13}$) 60, 153
1QH^a IX$_{16}$ (Ed. Suk. I$_{14}$) 152
1QH^a IX$_{17}$ (Ed. Suk. I$_{15}$) 292
1QH^a IX$_{18}$ (Ed. Suk. I$_{16}$) 159, 178
1QH^a IX$_{19}$ (Ed. Suk. I$_{17}$) 150
1QH^a IX$_{20}$ (Ed. Suk. I$_{18}$) 178
1QH^a IX$_{21f.}$ (Ed. Suk. I$_{19f.}$) 175, 242, 261
1QH^a IX$_{21}$ (Ed. Suk. I$_{19}$) 32, 152, 279
1QH^a IX$_{23}$ (Ed. Suk. I$_{21}$) 58, 60, 107
1QH^a IX$_{25-27}$ (Ed. Suk. I$_{23-25}$) 81
1QH^a IX$_{25f.}$ (Ed. Suk. I$_{23f.}$) 292
1QH^a IX$_{25}$ (Ed. Suk. I$_{23}$) 280
1QH^a IX$_{26}$ (Ed. Suk. I$_{24}$) 82, 278
1QH^a IX$_{28f.}$ (Ed. Suk. I$_{26f.}$) 46, 49, 62, 297
1QH^a IX$_{28}$ (Ed. Suk. I$_{26}$) 62, 150, 129, 181
1QH^a IX$_{30}$ (Ed. Suk. I$_{28}$) 242, 261, 279
1QH^a IX$_{31}$ (Ed. Suk. I$_{29}$) 60
1QH^a IX$_{35}$ (Ed. Suk. I$_{33}$) 150
1QH^a IX$_{37}$ (Ed. Suk. I$_{35}$) 292
1QH^a X$_{2-21}$ (Ed. Suk. II$_{02-19}$) 200
1QH^a X$_4$ (Ed. Suk. II$_2$) 203
1QH^a X$_{5-21}$ (Ed. Suk. II$_{3-19}$) 96, 201, 203, 292
1QH^a X$_5$ (Ed. Suk. II$_3$) 203
1QH^a X$_{11}$ (Ed. Suk. II$_9$) 258, 292
1QH^a X$_{12}$ (Ed. Suk. II$_{10}$) 62
1QH^a X$_{15f.}$ (Ed. Suk. II$_{13f.}$) 106–107
1QH^a X$_{15}$ (Ed. Suk. II$_{13}$) 290
1QH^a X$_{18}$ (Ed. Suk. II$_{16}$) 127, 180
1QH^a X$_{20f.}$ (Ed. Suk. II$_{18f.}$) 106
1QH^a X$_{20}$ (Ed. Suk. II$_{18}$) 47, 55, 57
1QH^a X$_{22-32}$ (Ed. Suk. II$_{20-30}$) 200

1QH^a X$_{24}$ (Ed. Suk. II$_{22}$) 127

1QH^a X$_{33}$–XI$_5$ (Ed. Suk. II$_{31}$–III$_4$) 96, 200, 201

1QH^a XI$_{6-19}$ (Ed. Suk. III$_{5-18}$) 200, 201

1QH^a XI$_{20-37}$ (Ed. Suk. III$_{19-36}$) 200

1QH^a XI$_{21}$ (Ed. Suk. III$_{20}$) 222

1QH^a XI$_{23}$ (Ed. Suk. III$_{22}$) 88, 111

1QH^a XI$_{29f.}$ (Ed. Suk. III$_{28f.}$) 127

1QH^a XI$_{32f.}$ (Ed. Suk. III$_{31f.}$) 219

1QH^a XI$_{33}$ (Ed. Suk. III$_{32}$) 127

1QH^a XI$_{38}$–XII$_5$ (Ed. Suk. III$_{37}$–IV$_4$) 200

1QH^a XII$_6$–XIII$_6$ (Ed. Suk. IV$_5$–V$_4$) 200, 201

1QH^a XII$_{11}$ (Ed. Suk. IV$_{10}$) 127, 184

1QH^a XII$_{13f.}$ (Ed. Suk. IV$_{12f.}$) 219

1QH^a XII$_{14}$ (Ed. Suk. IV$_{13}$) 127

1QH^a XII$_{22}$ (Ed. Suk. IV$_{21}$) 180

1QH^a XII$_{27}$ (Ed. Suk. IV$_{26}$) 184

1QH^a XII$_{28-30}$ (Ed. Suk. IV$_{27-29}$) 107

1QH^a XII$_{29}$ (Ed. Suk. IV$_{28}$) 107

1QH^a XII$_{31}$ (Ed. Suk. IV$_{30}$) 222

1QH^a XII$_{37}$ (Ed. Suk. IV$_{36}$) 150

1QH^a XIII$_{7-21}$ (Ed. Suk. V$_{5-19}$) 200, 201

1QH^a XIII$_{10f.}$ (Ed. Suk. V$_{8f.}$) 62

1QH^a XIII$_{11}$ (Ed. Suk. V$_9$) 62

1QH^a XIII$_{12}$ (Ed. Suk. V$_{10}$) 180

1QH^a XIII$_{22}$–XV$_8$ (Ed. Suk. V$_{20}$–VII$_5$) 200, 201

1QH^a XIII$_{22}$ (Ed. Suk. V$_{20}$) 200

1QH^a XIII$_{25}$ (Ed. Suk. V$_{23}$) 254

1QH^a XIII$_{28}$ (Ed. Suk. V$_{26}$) 62, 127

1QH^a XIV$_7$ (Ed. Suk. VI$_4$) 58

1QH^a XIV$_9$ (Ed. Suk. VI$_6$) 258

1QH^a XIV$_{10-13}$ (Ed. Suk. VI$_{7-10}$) 257, 258

1QH^a XIV$_{11}$ (Ed. Suk. VI$_8$) 260

1QH^a XIV$_{20}$ (Ed. Suk. VI$_{17}$) 156

1QH^a XIV$_{35}$ (Ed. Suk. VI$_{32}$) 260

1QH^a XV (Ed. Suk. VII) 196

1QH^a XV$_{9-28}$ (Ed. Suk. VII$_{6-25}$) 200, 201

1QH^a XV$_{20}$ (Ed. Suk. VII$_{17}$) 214

1QH^a XV$_{25}$ (Ed. Suk. VII$_{22}$) 260

1QH^a XV$_{30ff.}$ (Ed. Suk. VII$_{27ff.}$) 196

1QH^a XV$_{30}$ (Ed. Suk. VII$_{27}$) 107

1QH^a XV$_{34}$ (Ed. Suk. VII$_{31}$) 145

1QH^a XV$_{35}$ (Ed. Suk. VII$_{32}$) 211

1QH^a XVI$_{5-41}$ (Ed. Suk. VIII$_{4-40}$) 200, 201

1QH^a XVI$_{13f.}$ (Ed. Suk. VIII$_{12f.}$) 196

1QH^a XVI$_{13}$ (Ed. Suk. VIII$_{12}$) 89, 156, 197, 214

1QH^a XVI$_{15}$ (Ed. Suk. VIII$_{14}$) 156, 214

1QH^a XVII$_{7f.}$ (Ed. Suk. IX$_{7f.}$) 277

1QH^a XVII$_{10}$ (Ed. Suk. IX$_{10}$) 150

1QH^a XVII$_{12}$ (Ed. Suk. IX$_{12}$) 150, 180

1QH^a XVII$_{20}$ (Ed. Suk. IX$_{20}$) 184

1QH^a XVII$_{34}$ (Ed. Suk. IX$_{34}$) 257

1QH^a XVIII$_3$ (Ed. Suk. X$_1$) 180

1QH^a XVIII$_7$ (Ed. Suk. X$_5$) 184

1QH^a XVIII$_{10}$ (Ed. Suk. X$_8$) 89

1QH^a XVIII$_{29f.}$ (Ed. Suk. X$_{27f.}$) 46, 49

1QH^a XVIII$_{33}$ (Ed. Suk. X$_{31}$) 156, 214

1QH^a XVIII$_{34}$ (Ed. Suk. X$_{32}$) 294

1QH^a XIX$_7$ (Ed. Suk. XI$_4$) 203

1QH^a XIX$_9$ (Ed. Suk. XI$_6$) 222

1QH^a XIX$_{11}$ (Ed. Suk. XI$_8$) 150

1QH^a XIX$_{12}$ (Ed. Suk. XI$_9$) 257

1QH^a XIX$_{13}$ (Ed. Suk. XI$_{10}$) 107

1QH^a XIX$_{16}$ (Ed. Suk. XI$_{13}$) 89

1QH^a XIX$_{17}$ (Ed. Suk. XI$_{14}$) 183

1QH^a XIX$_{22}$ (Ed. Suk. XI$_{19}$) 65, 294

1QH^a XIX$_{24f.}$ (Ed. Suk. XI$_{21f.}$) 85

1QH^a XX$_{7-14}$ (Ed. Suk. XII$_{4-11}$) 195

1QH^a XX$_{7ff.}$ (Ed. Suk. XII$_{4ff.}$) 29, 40, 231–232

1QH^a XX$_7$ (Ed. Suk. XII$_4$) 145, 277, 278

1QH^a XX$_{13f.}$ (Ed. Suk. XII$_{10f.}$) 152, 214

1QH^a XX$_{13}$ (Ed. Suk. XII$_{10}$) 62, 129, 150, 181, 226

1QH^a XX$_{14}$ (Ed. Suk. XII$_{11}$) 145, 216

1QH^a XX$_{26}$ (Ed. Suk. XII$_{23}$) 220

1QH^a XX$_{32}$ (Ed. Suk. XII$_{29}$) 156, 214

1QH^a XXI$_6$ (Ed. Suk. XVIII$_{20}$) 150

1QH^a XXI$_8$ (Ed. Suk. XVIII$_{22}$) 216, 219

1QH^a XXI$_{14}$ (Ed. Suk. XVIII$_{28}$) 254

1QH^a XXII$_{34}$ (Ed. Suk. 4$_{15}$) 150, 181, 226

1QH^a XXIII$_{30}$ (Ed. Suk. 2 I$_{10}$) 111

1QH^a XXVI$_{27}$ (Ed. Suk. 7 II$_2$) 260

1QH^b 1 196, 197

1QH^b 1$_5$ 196

1QH^b 2 196, 197

4QH^a 3 II$_5$ 145

4QH^b 4$_1$ 200

4QH^f 14 101

4QPseudo–*Hôdāyôt* 2$_2$ 145

Kalendarische Texte 8, 9

4QMiš A–H 13
4QMiš B^a 13
4QOtot 3, 13, 123, 125

Kriegsregel 8

1QM 10, 12
1QM I$_1$ 144, 148
1QM I$_4$ 278
1QM I$_6$ 260
1QM I$_{9f.}$ 127
1QM II$_2$ 13
1QM II$_5$ 257
1QM II$_7$ 264
1QM III$_2$ 264
1QM III$_9$ 99
1QM IV$_2$ 260
1QM IV$_{6-8}$ 262, 266
1QM IV$_{10f.}$ 264
1QM IV$_{11-13}$ 262, 266
1QM VI$_3$ 207
1QM VI$_6$ 127
1QM X$_{3-18}$ 41
1QM X$_8$ 127
1QM X$_{10}$ 145
1QM X$_{12}$ 89, 178
1QM X$_{14}$ 86
1QM XI$_{7f.}$ 265
1QM XII$_9$ 89
1QM XIII$_1$ 127
1QM XIII$_2$ 66, 127, 128, 151, 185
1QM XIII$_3$ 294
1QM XIII$_8$ 260
1QM XIII$_{10}$ 89
1QM XIII$_{13}$ 127
1QM XIV 6, 28
1QM XIV$_{12-15}$ 105
1QM XIV$_4$ 127
1QM XIV$_5$ 260
1QM XIV$_{8f.}$ 260
1QM XIV$_{13}$ 182
1QM XIV$_{14f.}$ 105
1QM XIV$_{14}$ 66, 105, 128, 151, 185
1QM XV$_{13}$ 127
1QM XVI$_1$ 127
1QM XVI$_8$ 47
1QM XVI$_{11}$ 99
1QM XVII$_4$ 211
1QM XVIII$_3$ 127
1QM XVIII$_6$ 127
1QM XIX$_1$ 89
1QM XIX$_{13}$ 127
4QM^a 12
4QM^a 8–10 6

4QM^a 8–10 I$_{11}$ 182
4QM^a 8–10 I$_{12}$ 66
4QM^a 8–10 I$_{13}$ 128, 151, 185
4QM^a 11 I$_{10}$ 292
4QM^a 11 II$_{16}$ 127
4QM^b 12
4QM^b 1$_{12}$ 127

Kupferrolle 11

Lieder des *maśkil* 41, 203

4Q510 1$_2$ 129, 150, 181
4Q510 1$_{4f.}$ 146, 148
4Q510 1$_4$ 145, 146
4Q510 1$_{6f.}$ 182
4Q511 1$_{7f.}$ 181
4Q511 1$_3$ 89
4Q511 2 I$_1$ 145
4Q511 8$_4$ 145
4Q511 30 41
4Q511 42$_3$ 178, 220
4Q511 63 III$_{2-3}$ 134
4Q511 111$_4$ 278

MMT 6, 8, 9, 28

MMT B 71 150
MMT C 14 285
MMT C 21 285
4Q399 11

Myst 1

1Q27 57
1Q27 1 I 40, 188, 305
1Q27 1 I$_{3f.}$ 59, 156
1Q27 1 I$_3$ 59
1Q27 1 I$_4$ 59, 60, 96
1Q27 1 I$_5$ 94
1Q27 1 I$_7$ 129, 156, 162
1Q27 1 I$_{12}$ 67
1Q27 1 II$_3$ 94
1Q27 1 II$_{11}$ 96
1Q27 3$_2$ 95
1Q27 5$_2$ 95
4Q299 57
4Q299 1$_{3f.}$ 97
4Q299 1$_3$ 100
4Q299 1$_7$ 67
4Q299 2 I–II 95
4Q299 2 I$_{17}$ 102
4Q299 2 II$_4$ 95
4Q299 2 II$_5$ 95
4Q299 2 II$_{9-16}$ 41, 42
4Q299 2 II$_{9ff.}$ 95, 101
4Q299 2 II$_9$ 101
4Q299 2 II$_{10}$ 95, 181, 184
4Q299 2 II$_{11}$ 95, 103

4Q299 2 II$_{12}$ 260
4Q299 2 II$_{15}$ 102
4Q299 6 II$_4$ 101
4Q299 8$_6$ 58
4Q299 32$_1$ 129, 151, 182
4Q299 40$_2$ 101, 102
4Q299 69$_3$ 129, 151, 182
4Q300 57
4Q300 1 II 95, 119
4Q300 1 II$_{1ff.}$ 95
4Q300 1 II$_1$ 95
4Q300 1 II$_2$ 102, 103
4Q300 1 II$_3$ 93, 102
4Q300 1 II$_4$ 102
4Q300 8$_5$ 101
4Q300 8$_7$ 102
4Q301 1 119
4Q301 1$_2$ 102
4Q301 2 119
4Q301 2$_1$ 95, 102

Pescharim

Midrasch on Eschatology 17

4QMidrEschat^a II$_{18}$ 12, 127
4QMidrEschat^a II$_{19}$–III$_7$ 15–16, 29
4QMidrEschat^a II$_{19}$–III$_{13}$ 29
4QMidrEschat^a III$_{6f.}$ 29
4QMidrEschat^a III$_{7ff.}$ 17
4QMidrEschat^a III$_{10-13}$ 16
4QMidrEschat^a III$_{11}$ 17, 18
4QMidrEschat^a III$_{17}$ 18, 30
4QMidrEschat^a IV$_{1ff.}$ 18, 285
4QMidrEschat^b VIII$_1$ 18
4QMidrEschat^b IX$_5$ 17, 18
4QMidrEschat^b IX$_{9-11}$ 18, 161
4QMidrEschat^b IX$_{12}$ 18
4QMidrEschat^b IX$_{16}$ 289
4QMidrEschat^b X$_5$ 18
4QMidrEschat^b X$_{8-11}$ 17
4QMidrEschat^b X$_9$ 12, 127
4QMidrEschat^b X$_{12}$ 75
4QMidrEschat^b X$_{13f.}$ 85
4QMidrEschat^b XI$_{12}$ 17
4QMidrEschat^b 18$_2$ 75

Pescher auf die Epochen 2, 299

4Q180 1 77, 79
4Q180 1$_{1-3}$ 152, 214
4Q180 1$_3$ 224
4Q180 1$_{1-5}$ 41
4Q180 1$_{1f.}$ 57, 151
4Q180 1$_2$ 242
4Q180 1$_3$ 75, 81, 83, 157, 292

4Q180 1$_5$ 133, 276
4Q180 1$_{7-10}$ 117, 299
4Q180 1$_{7ff.}$ 281
4Q180 1$_{8-9}$ 133, 276
4Q180 2–4.8 II 281
4Q180 2–4.8 II$_{3ff.}$ 275

11QMelch 17, 18, 276

11QMelch II$_{1-6}$ 18
11QMelch II$_5$ 110
11QMelch II$_7$ 18
11QMelch II$_{13-14}$ 18
11QMelch II$_{18}$ 265

1QpHab

1QpHab I 284
1QpHab I$_8$ 284
1QpHab I$_{11}$ 284
1QpHab I$_{13}$ 18, 284
1QpHab II$_{1f.}$ 18
1QpHab II$_2$ 18
1QpHab II$_5$ 283
1QpHab II$_{7-10}$ 96
1QpHab II$_7$ 99
1QpHab II$_{10}$ 99
1QpHab V$_4$ 293
1QpHab V$_7$ 278
1QpHab V$_{10}$ 18
1QpHab V$_{11f.}$ 17
1QpHab V$_{11}$ 18
1QpHab VI$_{12}$–VIII$_3$ 41
1QpHab VI$_{3-5}$ 282
1QpHab VI$_{12}$–VIII$_3$ 299
1QpHab VII$_{1f.}$ 99
1QpHab VII$_{4f.}$ 96
1QpHab VII$_{5-14}$ 299
1QpHab VII$_{5-8}$ 299
1QpHab VII$_5$ 108
1QpHab VII$_8$ 108, 156
1QpHab VII$_{9-14}$ 299
1QpHab VII$_{13}$ 278
1QpHab VII$_{14}$ 108, 299
1QpHab VIII$_1$ 17
1QpHab VIII$_{8-13}$ 15
1QpHab VIII$_8$ 18
1QpHab IX$_{6f.}$ 282, 283
1QpHab IX$_9$ 18
1QpHab IX$_{11}$ 150
1QpHab X$_3$ 293
1QpHab X$_{12}$ 294
1QpHab X$_{13}$ 293
1QpHab XI$_{4-8}$ 13, 15, 106
1QpHab XI$_{4-8}$ 96
1QpHab XI$_4$ 18
1QpHab XII$_2$ 18

1QpHab XII$_{4f.}$ 17
1QpHab XII$_6$ 184
1QpHab XII$_8$ 18
1QpHab XII$_{14}$ 293, 294
1QpHab XIII 282

1QpMic

1QpMic 10$_6$ 18

4QpJesa–e

4QpJes^b II$_2$ 150
4QpJes^b II$_{6f.}$ 17
4QpJes^b II$_6$ 18
4QpJes^b II$_{10}$ 18
4QpJes^c 23 II$_{10}$ 18
4QpJes^c 30$_3$ 18
4QpJes^d 1$_2$ 18
4QpJes^e 1–2$_3$ 17
4QpJes^e 9$_3$ 18

4QpHos^{a-b}

4QpHos^b 2$_2$ 18

4QpNah

4QpNah 3–4 I$_{1-6}$ 274
4QpNah 3–4 I$_2$ 18
4QpNah 3–4 I$_{5f.}$ 18
4QpNah 3–4 I$_{6f.}$ 25
4QpNah 3–4 I$_7$ 18
4QpNah 3–4 II$_2$ 18
4QpNah 3–4 II$_4$ 18
4QpNah 3–4 III$_3$ 18
4QpNah 3–4 III$_{6f.}$ 18
4QpNah 3–4 IV$_{3f.}$ 289
4QpNah 10$_{9-10}$ 274

4QpPs^a

4QpPs^a 1–10 I$_{26}$ 18
4QpPs^a 1–10 I$_{27}$ 290
4QpPs^a 1–10 II$_{15}$ 17, 18, 184, 291
4QpPs^a 1–10 II$_{17-19}$ 285
4QpPs^a 1–10 II$_{23}$ 17
4QpPs^a 1–10 III$_7$ 276
4QpPs^a 1–10 III$_{15}$ 18, 23
4QpPs^a 1–10 IV$_8$ 18
4QpPs^a 1–10 IV$_{14}$ 18
4QpPs^a 1–10 IV$_{19}$ 18
4QpPs^a 3–10 IV$_{6-8}$ 85

Sabbatlieder 8, 9, 145, 148

4Q400 1 I$_1$ 172, 173
4Q400 1 I$_{4-15}$ 81
4Q400 1 I$_{4-6}$ 76, 81, 89, 179, 224
4Q400 1 I$_5$ 89, 179
4Q400 1 I$_{15}$ 179, 224
4Q400 2$_8$ 129, 150, 181, 182

4Q400 2$_9$ 183
4Q400 3 II$_5$ 183
4Q401 11$_2$ 129, 150, 181, 182
4Q401 14 II$_7$ 66, 104
4Q401 17$_4$ 183
4Q401 20$_1$ 128
4Q401 35$_1$ 183
4Q402 2 175
4Q402 3 I 175
4Q402 3 II$_9$ 178
4Q402 3 II$_{13}$ 176, 180
4Q402 4 40
4Q402 4$_{1-15}$ 190
4Q402 4$_2$ 280
4Q402 4$_3$ 190
4Q402 4$_6$ 153
4Q402 4$_{7-11}$ 190
4Q402 4$_{11}$ 175
4Q402 4$_{12-14}$ 190
4Q402 4$_{12}$ 150, 226
4Q402 4$_{13f.}$ 207
4Q402 4$_{15}$ 175
4Q403 1 I$_{11}$ 183
4Q403 1 I$_{19}$ 183
4Q403 1 I$_{28}$ 153
4Q403 1 I$_{29}$ 177
4Q403 1 I$_{30}$ 172
4Q403 1 I$_{43f.}$ 86
4Q403 1 II$_3$ 86, 179
4Q403 1 II$_{16f.}$ 177
4Q403 1 II$_{18ff.}$ 105
4Q403 1 II$_{19f.}$ 183
4Q403 1 II$_{27}$ 105
4Q403 1 II$_{35}$ 105
4Q405 3 II$_1$ 183
4Q405 3 II$_9$ 105, 183
4Q405 8–9$_{3f.}$ 183
4Q405 20 II–22$_6$ 177
4Q405 20 II–22$_{13f.}$ 180
4Q405 23 I$_7$ 178
4Q405 23 II$_{12}$ 129, 150, 182, 185
1Q106 1$_2$ 171
4Q406 3$_2$ 172
11QŠirŠabb 3–4$_7$ 177
11QŠirŠabb 5–6$_2$ 86
MasŠirŠabb I$_{1-7}$ 40
MasŠirŠabb I$_1$ 175
MasŠirŠabb I$_4$ 152
MasŠirŠabb I$_7$ 177
MasŠirŠabb I$_8$ 178
MasŠirŠabb II$_{22}$ 128

4QSap A 1, 8

  1Q26 1_4 57, 58, 60
  4Q415 6_4 57
  4Q415 11_2 46
  4Q415 24_1 57
  4Q416 1 45, 46
  4Q416 1_{12} 48, 87, 111, 130
  4Q416 1_{13} 45
  4Q416 2 I–IV 46, 48
  4Q416 2 I5_f 60
  4Q416 2 I5 58, 60
  4Q416 2 II$_7$ 67
  4Q416 2 II$_{14}$ 47
  4Q416 2 II$_{19}$ 59
  4Q416 2 III$_{9f.}$ 60
  4Q416 2 III$_9$ 54
  4Q416 2 III$_{12f.}$ 67
  4Q416 2 III$_{12}$ 67
  4Q416 2 III$_{13}$ 58
  4Q416 2 III$_{14}$ 58, 60, 66
  4Q416 2 III$_{15ff.}$ 49
  4Q416 2 III$_{17f.}$ 58
  4Q416 2 III$_{18}$ 59, 60
  4Q416 2 III$_{21}$ 57
  4Q416 17_3 57
  4Q417 1 46, 49
  4Q417 1 I$_{10f.}$ 129
  4Q417 1 I$_{11}$ 94
  4Q417 2 I–II 46
  4Q417 2 I 40
  4Q417 2 I$_{1-18}$ 187–188
  4Q417 2 I$_{6ff.}$ 156
  4Q417 2 I$_8$ 49, 54, 129, 150, 181, 208,
     212, 225, 226, 230, 297
  4Q417 2 I$_{11f.}$ 129
  4Q417 2 I$_{11}$ 47
  4Q417 2 I$_{12}$ 128, 151, 180, 185, 219
  4Q417 2 I$_{14f.}$ 224
  4Q417 2 I$_{14}$ 48, 224
  4Q417 2 I$_{15ff.}$ 230, 280
  4Q417 2 I$_{15f.}$ 225, 292
  4Q417 2 I$_{15}$ 179, 224
  4Q417 2 I$_{16}$ 187
  4Q417 2 I$_{17f.}$ 129, 130, 212
  4Q417 2 I$_{17}$ 162
  4Q417 2 I$_{18f.}$ 129
  4Q417 2 I$_{24}$ 129
  4Q417 2 I$_{25}$ 144
  4Q417 2 II$_{10}$ 67
  4Q417 2 II$_{12}$ 66
  4Q417 3 46
  4Q417 4 46
  4Q417 29 I$_7$ 63
  4Q418 2 45

  4Q418 24_4 111
  4Q418 8 46
  4Q418 8_7 67
  4Q418 9_8 54
  4Q418 9_{12} 67
  4Q418 9_{14} 66
  4Q418 33 46
  4Q418 35_3 67
  4Q418 43_6 129, 150, 181, 226
  4Q418 43_8 63
  4Q418 43_{14} 54
  4Q418 45 II$_1$ 67
  4Q418 55_5 67, 129, 150, 181
  4Q418 55_{10} 46, 49
  4Q418 69 II$_7$ 58
  4Q418 77_1 149
  4Q418 77_2 59, 60, 65, 128
  4Q418 77_4 57
  4Q418 $81_{1f.}$ 87, 130
  4Q418 81_7 59
  4Q418 81_{15} 56
  4Q418 81_{18} 59
  4Q418 87_{14} 101
  4Q418 88_6 58
  4Q418 123 II$_{4f.}$ 56
  4Q418 123 II$_4$ 58, 60
  4Q418 158_3 59
  4Q418 167 46
  4Q418 172_1 57
  4Q418 176_3 47
  4Q418 184_2 58, 60
  4Q418 213 45
  4Q418 ohne Nummer 46

4QSap B 57

  4Q419 1_{11} 67
  4Q419 8 II$_4$ 61

Tempelrolle 10

  11QTemp^a LX–LXVI 81
  11QTemp^a LXI$_{10}$ 184
  11QTemp^a LXVI$_{8-11}$ 81, 82
  11QTemp^a LXVI$_9$ 81

Texte aus 1QS 28

1QS 2, 3, 8, 10, 57

4QS 11

4QS^f 3

4QS^j 11

1QS I$_1$–IV$_{26}$ 126

1QS I$_1$–III$_{12}$ 19, 125, 167, 168

  I$_1$ 121, 145
  I$_2$ 30

$I_{3ff.}$ 242
I_7 187, 260
$I_{12f.}$ 291
I_{15} 122
I_{16} 128, 167
I_{20} 167
I_{24} 167
$I_{24ff.}$ 242
I_{27} 264
$II_{1ff.}$ 17
II_2 264
II_3 30, 158
II_{4-7} 124
II_5 127
II_{11-22} 30
$II_{11f.}$ 167
II_{12-14} 124
II_{12} 254
II_{18} 167, 254
II_{19} 127
III_1 153
III_{4-9} 167
$III_{4f.}$ 121
III_5 153
III_{6-9} 30

Zwei–Geister–Lehre 31, 40, 61, 125, 188–190, 297

III_{13-15} 134, 189
III_{13} 59, 128
$III_{14f.}$ 61, 242
III_{15-18} 189
III_{15-17} 31, 32
$III_{15ff.}$ 175
$III_{15f.}$ 1, 31, 179, 181, 189
III_{15} 57, 62, 66, 128, 129, 181, 185, 186, 214, 219, 226, 277–279
$III_{16f.}$ 189
III_{16} 105
III_{18}–IV_1 189
$III_{18f.}$ 61
III_{19} 214
III_{20-22} 167
$III_{20f.}$ 127
III_{22} 30, 145
III_{23} 106, 127, 130, 278
III_{24} 12, 127
IV_{2-14} 189
IV_{4-6} 132, 137
IV_4 66, 128, 185, 219
IV_5 242
IV_{6-8} 189
IV_6 104, 130, 292
IV_9 127

IV_{11-14} 189
IV_{11} 95
IV_{12} 258, 259
IV_{13} 242, 278
IV_{14} 132, 135, 242, 258, 260, 298
IV_{15-18} 189
$IV_{15ff.}$ 128, 178
$IV_{15f.}$ 220
$IV_{16f.}$ 242, 278
$IV_{18f.}$ 189
IV_{18} 106, 127, 130
IV_{19-21} 189
IV_{20} 127
IV_{22} 111, 129, 132, 189, 241, 242, 260, 298
IV_{23} 127, 190
$IV_{24f.}$ 242
IV_{25} 242
$IV_{25f.}$ 242
IV_{26} 129, 132, 134, 165, 212

1QS V_1–IX_{26} 19, 20, 125, 167

V 123
$V_{1-13a+d}$ 126
V_1 125, 144, 166
V_2 30
V_5 86
V_{7-12} 65
V_8 254
V_9 30
V_{15b}–VII_{25} 126
V_{20} 145, 254
V_{26} 294
$VI_{14f.}$ 254
VI_{20} 148
VI_{24}–VIII_4 242
VIII–IX 16
VIII_{1-16a} 126
$VIII_{1f.}$ 65
VIII_3 258, 294
VIII_6 257
VIII_{10} 257
$VIII_{11f.}$ 65
VIII_{13} 245
VIII_{15}–IX_{11} 123, 125
VIII_{15} 123, 273
VIII_{16b-19} 126
VIII_{16} 265
VIII_{20}–IX_2 126
IX_3–X_{8a} 126
$IX_{3ff.}$ 16
IX_{11} 265
IX_{12-21} 108
$IX_{12ff.}$ 146

IX$_{12}$ 108, 123, 146
IX$_{13}$ 147
IX$_{14-16}$ 147
IX$_{16-21}$ 147
IX$_{17-19}$ 108
IX$_{17f.}$ 147
IX$_{17}$ 65
IX$_{21-25}$ 147
IX$_{21ff.}$ 146, 147
IX$_{21}$ 108, 123, 145, 146
IX$_{22}$ 294
4QS^b 5$_1$ 144, 148
4QS^d 1 I$_1$ 144, 148
4QS^d 1 II$_3$ 124
4QS^d 3 II$_9$ 124
4QS^e 1 III$_6$ 124
4QS^e 1 III$_{19}$ 124
4QS^e IV 123

1QS IX$_{26}$–XI$_{22}$ 29, 123

IX$_{20}$ 159
IX$_{26}$–X$_8$ 147
IX$_{26ff.}$ 232
X$_{1ff.}$ 195, 278
X$_2$ 47
X$_6$ 80, 224, 254
X$_8$–XI$_{22}$ 147
X$_8$ 80, 224
X$_9$–XI$_{22}$ 126
X$_{10}$ 47
X$_{11}$ 80, 224
X$_{12}$ 156, 214
X$_{16f.}$ 153
X$_{20f.}$ 259
X$_{20}$ 258
X$_{21}$ 242, 243, 259
X$_{23f.}$ 261
X$_{25}$ 292
XI$_{2-5}$ 107
XI$_{3f.}$ 58
XI$_6$ 65, 156, 180, 214, 292
XI$_8$ 111
XI$_{11}$ 151
XI$_{14}$ 258
XI$_3$ 57
4QS^f 3$_6$ 124
Sl 77 3 I$_{24}$ 105

1QSa 10, 167

1QSa I$_{6f.}$ 84
1QSa I$_7$ 76
1QSa I$_{24}$ 30

1QSb 10, 147, 167

4QTohorot A–C 8, 9

Höhle 2

2Q26 1$_1$ 75
2Q26 1$_3$ 75
2Q33 1$_1$ 278

Höhle 4

4Q159 5$_1$ 273
4Q176 16$_2$ 165
4Q181 17, 276, 297
4Q181 1 133–134
4Q181 1$_{1-6}$ 17, 127
4Q181 1$_{1f.}$ 111
4Q181 1$_2$ 111
4Q181 1$_5$ 134, 165
4Q181 2$_{1-2}$ 133, 276
4Q181 2$_2$ 277
4Q181 2$_3$ 276
4Q181 2$_4$ 133, 276
4Q184 2, 3
4Q184 1$_{8f.}$ 101
4Q185 2, 3
4Q185 1–2 I$_{13f.}$ 253
4Q185 1–2 II$_3$ 41
4Q185 1–2 II$_{8f.}$ 41
4Q185 1–2 III$_{11-12}$ 227
4Q185 1–2 III$_{11-13}$ 31, 41
4Q186 2, 61, 159–160
4Q280 2$_{4f.}$ 260
4Q280 2$_{4f.}$ 135
4Q286 1 II$_5$ 214
4Q298 146
4Q369 1 I$_5$] 88
4Q370 111
4Q377 2 II$_5$] 265
4Q379 12
4Q379 22 I$_6$ 129, 151, 182
4Q379 22 II$_5$ 127
4Q380 11
4Q381 11
4Q381 45$_1$ 47, 56
4Q420 1 II$_4$ 67
4Q421 1 II$_{15}$ 67
4Q448 25
4Q464 3 II$_7$ 273, 275
4Q477 23
4Q477 2 II$_5$ 166
4Q477 2 II$_9$ 166
4Q486 3
4Q487 3
4Q498 3
4Q499 10$_2$ 278
4Q502 8$_5$ 127, 132
4Q502 9$_{14}$ 127, 132
4Q502 9$_2$ 127, 132

4Q502 12
4Q502 14$_4$ 127, 132
4Q502 16 130, 132, 137
4Q502 24$_2$ 127, 132
4Q502 105–106$_1$ 127, 132
4Q503 12
4Q503 7–9$_6$ 127
4Q503 14$_2$ 127
4Q503 15–16$_8$ 127
4Q503 15–16$_{12}$ 127
4Q503 17$_2$ 128
4Q503 33 I–34$_6$ 127
4Q503 33 I–34$_{12}$ 127
4Q503 33 I–34$_{18}$ 127
4Q503 48–50$_3$ 127
4Q503 48–50$_7$ 127
4Q503 51–55$_6$ 127
4Q503 51–55$_{12}$ 127
4Q503 51–55$_{13}$ 66, 151, 185
4Q503 62$_1$ 127
4Q503 66$_2$ 127
4Q503 68$_2$ 127
4Q503 69$_2$ 127
4Q503 90$_2$ 127
4Q503 184$_1$ 127
4Q503 215$_5$ 127
4Q504 1–2 III$_3$ 211
4Q504 1–2 VI$_{12}$ 294
4Q504 1–2 VI$_{14}$ 75
4Q504 4$_4$ 129, 150, 181, 226
4Q509 5–6$_5$ 178
4Q509 12–13 I$_3$ 47
4Q509 12–13$_3$ 56
4Q512 12, 29
4Q512 1–6 XII$_4$ 77 ???
4Q512 1–6$_2$ 127
4Q512 1–6$_8$ 127
4Q512 11$_5$ 127
4Q512 29–32$_1$ 127
4Q512 29–32$_{5f.}$ 127
4Q512 29–32$_8$ 127
4Q512 29 32$_{21}$ 127
4Q512 40–41$_3$ 127
4Q521 1 II$_1$ 265
4Q521 8$_9$ 265
4Q525 1–3 3
4Q525 2 II$_{1f.}$ 101
4Q525 3 II$_{1–6}$ 37
4Q525 3 II$_3$ 67
4Q525 12$_2$ 101
4Q529 1$_6$ 75
4Q534 76
4Q534 1 I$_{5–10}$ 162
4Q534 1 I$_8$ 104

4Q534 I$_5$ 76 ???
4Q534 II$_{16}$ 110 ???
4Q534 II$_{18}$ 110 ???
4Q537 76
4Q537 1 75
4QTestLev^a 8 III$_{6–7}$ 110
4QTherapeia 122
Unveröffentlichtes Frag. 59

Höhle 5
    5Q13 4$_{2f.}$ 121
Höhle 8
    8Q5 2$_6$ 89
Höhle 11
    11QPs^a II$_{7f.}$ 111
    11QPs^a XVIII 3
    11QPs^a XVIII$_{3–6}$ 230
    11QPs^a XXVI$_{9–15}$ 32, 40
    11QPs^a XXVI$_{11f.}$ 33
    11QPs^a XXVI$_{11}$ 152
    11QPs^a XXVI$_{14}$ 213
    11QPs^a XXVII$_7$ 172
    11QPs^a XXVIII$_{7f.}$ 153
    11QtgJob XXVI$_5$ 63

NEUES TESTAMENT

Gal
    4,4 289
Phil
    4,3 72
Apk
    13,8 72
    17,8 72
    20,12 72, 79
    20,15 72

RABB. TEXTE

Mischna
    mAv 3,14 91
    mBer 9,1 207
Talmud Babli
    bSan 34a 290
Midraschim, Targumim und andere jüd. Texte

    BerR 1, 90 91
    BerR 23,6f. 87
    Mekhilta de Rabbi Yishmael S. 233 87
    PRE 7,16b 87
    SifDev 48 91
    Weisheitsschrift aus der Kairoer Geniza
        42

TJon Sach 3,5   64
TJon Sach 3,8   64

SONSTIGES

Berossos
    FGrHist 680 F 4,14f.   117
Demotische Chronik   271
Dēnkard
    III 123   155
Inschriften
    Beyer, Ergänzungsband, yyXX 16   110
    CIS I 6002   80, 224
    CIS II 3913 II$_{105}$ 64
    CIS II 3915 II$_{105}$ 47
    CIS II 3998 B$_1$ 153

Ostrakon mit Schreibübung   122
Saqqâra 48 II$_{1f.}$ 47, 64
Tadmorea 25$_{10}$ 47, 64
Mur 42$_4$ 15
Nonnus
    Dionysiaca   12,29–45, 70
Ovid
    Metamorphosen 15,809–815   70
Proklos
    Platonis Rem Publicam commentarii
    II,108,17–30   108
Ps. Manetho
    FGrHist 609 F 2   117

Abb. 1: 4Q417 2 I: PAM 42 578 Courtesy of the Israel Antiquities Authority

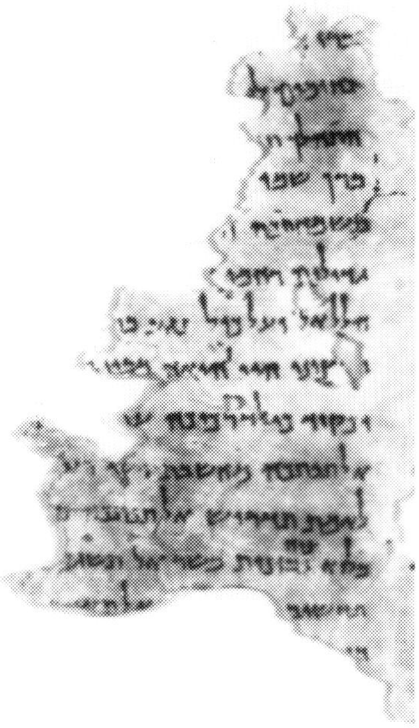

Abb. 2: 4Q417 2 II: PAM 42 578
Courtesy of the Israel Antiquities Authority

Abb. 3: Zeile 7 ohne Rekonstruktion

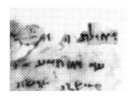

Abb. 4: Zu Beginn der Zeile wurde ואולת eingefügt.

Abb. 5: Zu Beginn der Zeile wurden die Buchstabe ופות eingefügt.

Abb. 6: Zeile 16 und 17 ohne Rekonstruktion.

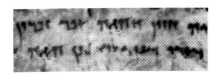

Abb. 7: In Zeile 16 wurde ההגה und in Zeile 17 הגה rekonstruiert.

Ausschnitte aus PAM 42 578: Courtesy of the Israel Antiquities Authority[1]

---

[1] Die Rekonstruktionsversuche der Abb. 4, 5 und 7 wurden auf elektronischem Weg mit Hilfe einer Bildverarbeitung erstellt. Zur Vorgehensweise s. Lange, CATT–Manual, 1–14.

STUDIES ON THE TEXTS
OF THE DESERT OF JUDAH

1. WERNBERG MOLLER, P. *The Manual of Discipline*. Translated and Annotated, with an Introduction. 1957. ISBN 90 04 02195 7
2. PLOEG, J. VAN DER. *Le rouleau de la guerre*. Traduit et annoté, avec une introduction. 1959. ISBN 90 04 02196 5
3. MANSOOR, M. *The Thanksgiving Hymns*. Translated and Annotated with an Introduction. 1961. ISBN 90 04 02197 3
5. KOFFMAHN, E. *Die Doppelurkunden aus der Wüste Juda*. Recht und Praxis der jüdischen Papyri des 1. und 2. Jahrhunderts n. Chr. samt Übertragung der Texte und Deutscher Übersetzung. 1968. ISBN 90 04 03148 0
6. KUTSCHER, E.Y. *The Language and linguistic Background of the Isaiah Scroll (1 QIsa^a)*. Transl. from the first (1959) Hebrew ed. With an obituary by H.B. ROSÉN. 1974. ISBN 90 04 04019 6
6a. KUTSCHER, E.Y. *The Language and Linguistic Background of the Isaiah Scroll (1 QIsa^a)*. Indices and Corrections by E. QIMRON. Introduction by S. MORAG. 1979. ISBN 90 04 05974 1
7. JONGELING, B. *A Classified Bibliography of the Finds in the Desert of Judah, 1958-1969*. 1971. ISBN 90 04 02200 7
8. MERRILL, E.H. *Qumran and Predestination*. A Theological Study of the Thanksgiving Hymns. 1975. ISBN 90 04 042652
9. GARCIA MARTINEZ, F. *Qumran and Apocalyptic*. Studies on the Aramaic Texts from Qumran. 1992. ISBN 90 04 09586 1
10. DIMANT, D. & U. RAPPAPORT (eds.). *The Dead Sea Scrolls*. Forty Years of research. 1992. ISBN 90 04 09679 5
11. TREBOLLE BARRERA, J. & L. VEGAS MONTANER (eds.). *The Madrid Qumran Congress*. Proceedings of the International Congress on the Dead Sea Scrolls, Madrid 18-21 March 1991. 2 vols. 1993. ISBN 90 04 09771 6 *set*
12. NITZAN, B. *Qumran Prayer and Religious Poetry* 1994. ISBN 90 04 09658 2
13. STEUDEL, A. *Der Midrasch zur Eschatologie aus der Qumrangemeinde (4QMidrEschat^{a,b})*. Materielle Rekonstruktion, Textbestand, Gattung und traditionsgeschichtliche Einordnung des durch 4Q174 („Florilegium") und 4Q177 („Catena A") repräsentierten Werkes aus den Qumranfunden. 1994. ISBN 90 04 09763 5
14. SWANSON, D.D. *The Temple Scroll and the Bible*. The Methodology of 11QT. ISBN 90 04 09849 6
15. BROOKE, G.J. (ed.). *New Qumran Texts and Studies*. Proceedings of the First Meeting of the International Organization for Qumran Studies, Paris 1992. With F. Garcia Martinez. 1994. ISBN 90 04 10093 8
16. DIMANT, D. & L.H. SCHIFFMAN. *Time to Prepare the Way in the Wilderness*. Papers on the Qumran Scrolls by Fellows of the Institute for Advanced Studies of the Hebrew University, Jerusalem, 1989-1990. 1995. ISBN 90 04 10225 6
17. FLINT, P.W. *The Dead Sea Psalms Scrolls and the Book of Psalms*. 1995. ISBN 90 04 10341 4
18. LANGE, A. *Weisheit und Prädestination*. Weisheitliche Urordnung und Prädestination in den Textfunden von Qumran. 1995. ISBN 90 04 10432 1

In Preparation:

BOYCE, J.M. *The Poetry of the Damascus Document*
GARCIA MARTINEZ, F. *An Introduction to the Literature from Qumran*
GARCIA MARTINEZ, F. *A Classified Bibliography of the Finds in the Desert of Judah, 1970-1991*